KB272904

유럽통합의 정치와 신자유주의적 통신정책

: 1980년대와 1990년대를 중심으로

유럽통합의 정치와 신자유주의적 통신정책

: 1980년대와 1990년대를 중심으로

구 갑 우 지음

　국민국가를 넘어선 '지역'이 다시금 한국의 화두가 되고 있다. 한반도의 역사에서 지역에 대한 논의는 한반도를 둘러싼 국제질서가 지각변동을 일으킬 때마다 등장하고 있는 것처럼 보인다. 중화질서가 근대국제질서로 이행하던 19세기말 조선의 정책결정자와 지식인들은 중국의 외교관인 황쭌셴(黃遵憲)이 『조선책략』에서 러시아의 위협을 가정하고 제안한 친(親) 중국, 결(結) 일본, 연(聯) 미국의 외교정책 및 지역정책을 둘러싸고 논쟁을 벌였다. 식민지시대에 접어들면서는 구체적으로 동아시아 지역이 논쟁의 대상이 되었다. 주권회복의 경로로, 일본을 매개로 한 아시아 연대론과 국민국가를 중심으로 한 민족주의론이 대립하는 형국이었다.

　동아시아 냉전체제와 한반도 분단체제가 유지되던 시대에 동(북)아시아 지역을 상상하는 것은 거의 불가능했다. 지역에 대한 구상이 편린처럼 존재하기는 했지만, 동맹질서가 지역질서를 압도했기 때문이다. 1990년대에 접어들면서 세계적 수준에서 냉전체제가 해체되기 시작하자, 한국에서 다시금 동(북)아시아라는 지역구상이 등장하기 시작했다. 김영삼정부와 김대중정부 시기에는 동북아시아, 동아시아, 아시아·태평양 다자안보대화가 제안되었고, 1997년 IMF 위기를 거치면서는 지역차원의 경제협력이 주요 의제로 상정되었다. 노무현정부는 동북아 경제중심, 동북아 시대를 정책목표로 설정하고 정부 내에 그 목표를 담당할 '위원회'를 설치하기도 했다.

　그러나 한국의 지역정책이 주변국들의 동의를 얻어 제도화의 단계에 진입한 것은 아니다. 한반도를 둘러싼 지역에서 지역통합에 대한 수요는 증가하고 있지만, 적절한 공급은 이루어지지 않고 있다. 1990년대 이후 지구화와 지역화가 동시적으로 진행되면서 거의 세계 전 지역에서 지역협력이 제도화되고 있음에도 동북아시아 국가들은 마치 섬처럼 남아 있는 상태다. 지역협력의 제도화의 부재는 지역의 범위와 경계에 대한 연관된 국가들의 이해관계의 차이 때문인 것처럼 보인다. 미국은 동(북)아시아에서 정치군사적 영역에서는 양자주의를 지속하면서 경제영역에서는 아시아·태평양이라는 넓은 지역을 선호하고 있다. 반면 중국은 아세안과의 경제협력 및 상하이협력기구를 기반으로 다자적 질서를 구축하려 하고 있다. 일본이 추진하려는 경제연계협정에는 아세안과 동북아시아 국가는 물론 인도, 호주, 뉴질랜드 등도 포함되어 있다.

한반도를 포함한 지역을 구상할 때, 우리가 참고할 수 있는 대표적 사례가 유럽통합이다. 1950년대에 시작된 유럽통합, 보다 정확히 이야기한다면 서유럽통합은, 심화와 확대를 거치면서 동유럽까지 포괄하게 되었다. 이차대전 이후 미국이 패권국가로 유럽과 동(북)아시아의 국제정치경제 질서의 형성에 개입했음에도 불구하고, 유럽에서는 동(북)아시아와 달리 경제영역뿐만 아니라 정치군사적 영역에서도 다자적 지역질서가 형성되었다. 유럽과 동(북)아시아에서 나타난 국제질서의 차이를 규명하는 것은 국제정치경제 연구의 중요한 연구과제 가운데 하나다. 두 지역에서 나타난 차이를 설명하기 위해서는 두 지역의 역사에 기초한 비교연구가 수행되어야 한다. 이 비교연구가 보다 진척된다면, 우리는 지역통합에 관한 보다 정교한 이론을 만들 수 있게 될 것이다. 1980년대와 1990년대 유럽통합의 정치와 그 산물인 유럽연합의 통신정책을 분석하고 있는 이 책도 본격적인 비교연구를 위한 작은 디딤돌이 될 수 있을 것이다.

이 책은 근대적 의미의 주권국가가 아닌 유럽연합에서 1980년대 이후 공공정책의 생산이 급증하고 있는 새로운 정치현상에 주목하고 있다. 유럽연합이 공공정책을 생산한다는 것은 유럽연합이 국민국가의 정부와 유사하게 다양한 이익집단들 사이에서 발생하는 갈등을 조정하고 그들에게 공공재를 제공하는 역할을 수행하게 되었음을 의미하는 것이다. 그렇다면, 1980년대 서유럽이라는 시공간에서, 국민국가가 여전히 공공정책을 생산하고 있었음에도 불구하고, 정치적 행위자들은 왜 유럽연합이라는 정치형태를 통해 또 다른 공공정책을 생산했는가, 라는 질문이 제기된다.

이 질문에 대답하기 위해 이 책에서는 유럽연합의 공공정책을 회원국가 공공정책의 연장으로 사고하는 국가중심적 통합이론에 대한 비판으로부터 출발한다. 즉 1980년대와 1990년대 유럽통합의 정치를 강대국 정치로 환원할 수 없다는 것이다. 국가중심적 통합이론에 따르면, 유럽연합은 정부간 협력을 증진하기 위한 국제레짐으로 정의되지만, 이 책에서는 유럽연합이 점차 근대국가 및 기존 국제기구와 다른 새로운 정치체로 발전하고 있다고 주장하는 탈국가중심적 통합이론을 지지하고 있다. 그러면서도 정부간 관계가 유럽통합 및 유럽연합 정치에서 수행하는 역할을 완전히 부정하지는 않는 절충적 입장을 견지하고 있다.

우선 1980년대와 1990년대 유럽연합 공공정책의 생산의 계기가 된 단일유럽시장의 형성과정에 대한 역사적, 이론적 분석을 시도한다. 단일유럽시장의 건설이라는 의제는 유럽시장을 주요 무대로 활동하고 있던 초국적 기업들과 이 기업들의 연합조직에 의해 제기되었다. 이 기업들은, 세계경제가 자신들에게 안정적 시장을 제공하지 않고, 기존의 국민경제가 제공하는 시장은 너무 협소하다는 인식을 기초로, 분절화된 유럽시장의 통합을 요구했다. 유럽의 초국가적 기업들이 유럽 자본주의들의 재편을 논의하던 1970년대 말과 1980년대 초반, 케인즈주의적 복지국가의 정치가 및 관료들 사이에는 시장이 모든 것을 결정한다는 신자유주의적 담론이 확산되었고, 점차 케인즈주의적 복지국가는 신자유주의적 기업국가로 변모되었다. 초국가적 기업의 축적전략의 변화와 그 뒤를 이어 나타난 국가형태의 변화로 인해 단일유럽시장의 형성을 위한 필요조건이 형성되었다. 이 지역통합에 대한 요구가 실제 정책으로 등장할 수 있었던 것은, 유럽차원에서 활동하던 신자유주의적 엘리뜨, 초국가적 기업의 최고책임자, 유럽연합 및 회원국가의 관료들로 구성된 초국가적 정책 네트워크의 적극적 활동 때문이었다.

단일유럽법의 제정을 전후로 해서, 유럽연합의 정책을 제안하고, 부분적으로 입안된 정책의 실행권한을 보유하고 있던 유럽연합 집행위원회의 자율성이 확대되었다. 이 자율성 확대는, 유럽지역 내부에서 지구화 논리가 관철되면서, 일정한 영토적 경계 내부에서 국민적 통합을 유지하는 국민국가이면서 동시에 자본주의적 생산관계의 재생산을 보증하는 자본주의국가로 기능하는 근대국가의 이중성이 탈구되면서 비롯되었다. 즉, 자본주의국가적 기능이 부분적으로 유럽차원으로 이전되면서, 달리 표현한다면 이차대전 이후의 국민적 자본주의국가 체제가 붕괴되면서, 국가기능의 공간적 분화 및 분업현상이 발생했다. 시장형성을 통해 새로운 정치체가 건설된 이 과정은, 근대국가의 등장 이후 자유시장이 그 내부에서 발전한 근대 초기의 경험과 근본적으로 상이했다. 국가 없는 시장의 형성은, 새로운 정치체로서 유럽연합이 생산하는 공공정책의 불균등 발전으로 표현되고 있다. 공공정책 중에서 시장자유화를 촉진할 수 있는 규제정책과 특정 산업에 대한 지원을 위한 산업정책이 가장 먼저 출현했다. 유럽의 저발전 지역에 대한 지원을 제외하고는 소득의 재분배를 도모하는 전통적 의미에서의 사회정책은 미약한 수준이지만, 신자유주의 이데올로기에 부합하는 사회적 규제정책은 점진적으로 발전하고 있다. 자유화정책과 산업정책의 공존은, 유럽연합이 내부적으로는 신자유주의적 지구화 논리를 수용하고 있지만, 외부적으로는 마치 중상주의적 국가와 같이 활동하고 있음을 의미한다.

이 책에서는 유럽연합의 신자유주의적 공공정책 가운데 구체 분석의 대상으로 통신정책을 선택한다. 통신정책은 두 가지 의미에서 유용한 사례이다. 첫째, 통신정책에는 규제정책적 고려, 산업정책적 고려, 그리고 사회정책적 고려가 포함되어 있다. 즉, 통신정책은 공공정책의 다양한 측면을 포괄하는 대표적 사례 가운데 하나이다. 둘째, 통신정책은 전통적으로 국민국가 고유의 배타적 정책영역으로 인정되었기 때문에, 국가는 통신정책의 영역에서 상당한 자율성을 갖고 있었다. 따라서 유럽연합 통신정책은 1980년대 이후 국제질서의 변화 및 근대사회에서 공공성 범주의 재편을 상징하는 사례이기도 하다.

유럽연합은 1980년대에 들어서서 통신정책에 개입할 수 있었다. 1980년대라는 시점을 강조하는 이유는, 그 이전에 간헐적으로 유럽연합 집행위원회가 공동의 통신정책을 입안하기 위해 노력했지만, 항상 실패로 끝났기 때문이다. 또한 단일유럽법 이전의 로마조약에 따르면 유럽연합은 통신정책을 입안할 권한을 갖고 있지 않았다. 통신은 교역될 수 없는 공공재로 간주되었기 때문이다. 회원국가의 통신정책 네트워크가 붕괴되고, 유럽적 수준에서 통신정책을 입안하려는 행위자들이 적극적 활동을 하게 되자, 유럽연합 통신정책이 등장할 수 있었다.

1970년대에 들어 경제위기가 가시화되면서, 디지털 혁명의 성과가 상업화되기 시작했고, 그에 따라 '정부-통신장비 생산기업-기업사용자'가 주도적 역할을 수행했던 국민국가의 통신정책 네트워크가 위기에 직면하게 되었다. 국민국가 정부들은 대부분 통신 네트워크의 개선을 위해 적극적 산업정책을 추진했지만, 기업사용자와 통신장비 생산기업들은 서서히 국민국가의 통신정책 네트워크를 이탈했다. 지구적 시장이 형성되고 그에 따라 기업들의 조직도 네트워크 형태로 변모되면서, 기업사용자들은 생산과정 및 판매과정을 새롭게 재편할 수 있는 독자적인 통신 서비스 네트워크를 건설하기 시작했다. 또한 통신장비 조달과정에서 국민국가 정부의 수요독점적 지위와 통신장비 생산기업의 공급과점적 지위가 해체되기 시작했다.

디지털 기술을 비롯한 새로운 통신기술의 개발에 막대한 투자가 필요할 뿐만 아니라 그 투자비를 회수하기에는 국민국가의 시장규모가 너무나 협소했기 때문에, 유럽의 통신장비 생산기업들은 연구개발투자에서 발생하는 위험을 공유하고 회원국가 정부의 차별적 조달정책과 비관세 장벽을 극복하기 위해 기업 간 전략적 제휴를 시도하게 되었다. 즉, 유럽의 통신 대기업들은 한편으로는 서로 경쟁하면서 다른 한편으로 미국 및 일본기업과의 경쟁에서 유리한 위치를 점하기 위해 공동전선을 형성했다. 이 대기업들은 유럽차원의 공동 연구개발정책을 제안하면서 동시에 유럽의 통신 서비스 및 장비시장의 자유화 정책을 추진하기 시작했다. 유럽연합 집행위원회는 이들을 동원하여 강력한 정치적 이익집단으로 형성하는 역할을 수행했다.

유럽연합 통신정책은 1983년에 의제로 상정되었다. 당시에 이미 집행위원회와 통신장비 생산기업 사이에는 정책연합이 형성되어 있었다. 1983년 말에는 회원국가의 통신관료들이 유럽연합 통신정책을 논의하는 모임이 결성되기도 했다. 1980년대 초반에 유럽연합 집행위원회, 통신 대기업, 신자유주의적 관료 및 정치가들이 참여한 맹아적 형태의 초국가적 통신정책 네트워크가 형성되었다고 평가할 수 있다.

1983년 이후 유럽연합 통신정책의 발전은 3단계로 구분할 수 있다. 1983년부터 1987년 『녹서』가 발행되기 전까지의 1단계에서는, 공동 연구개발정책 및 부분적 자유화 정책이 주요 의제였다. 단일유럽시장이 주요 의제로 상정되고, 1987년 『녹서』가 발간되면서, 통신 서비스 및 통신장비 시장의 자유화가 본격적으로 논의되었다. 45개 이상의 조직이 참여한 1987년

『녹서』에 대한 자문과정에는, 통신시장의 자유화를 지지하는 기업사용자 및 통신장비 생산기업이 적극 참여한 반면, 기존 체제의 고수를 원하는 노동조합의 참여는 극히 적었다. 이 자문과정은, 유럽차원의 '엘리뜨 다원주의'를 보여 주는 대표적 사례라고 할 수 있다. 이후 통신정책에 대한 자문과정이 제도화되었고, 그 제도화는 초국가적 통신정책 네트워크의 형성을 의미했다. 1992년 『리뷰』가 발간되면서, 유럽연합 통신정책은 완전한 자유화의 길을 걷기 시작했다. 이 『리뷰』의 자문과정에는 노동조합을 포함한 130개 이상의 조직들이 참여했다. 이 변화는 초기 생산자 네트워크의 성격이 강했던 초국가적 정책 네트워크가 이슈 네트워크로 변모했음을 보여 주는 것이었다. 유럽연합 집행위원회는, 통신부문에 경쟁정책을 도입하는 것이 확정되자, 유럽차원에서 보편적 서비스를 제공하기 위한 사회정책적 논의를 제기했고, 또한 중소기업들이 적극적으로 참여할 수 있는 공동 연구개발정책을 고안하기 시작했다.

이상에서 언급된 유럽연합 통신정책의 실행은, 일부 정책영역을 제외하고는 대부분 회원국가 정부의 책임이었다. 유럽연합의 통신정책은 대부분 회원국가 차원에서 새로운 법의 형태로 전환되어야만 효력을 발휘할 수 있는 '지침'(directive)의 형태로 작성되었기 때문이다. 따라서 정책의 실행과정도 정책의 형성과정과 유사하게 협상의 성격을 띠고 있었다. 유럽연합 통신정책에서 유럽연합의 역할은 이 실행과정에서 가장 명확하게 드러나고 있다. 유럽연합의 역할은 국민국가의 기술정책에서 나타나는 국가의 역할과 상당히 유사했다. 유럽연합이 국민국가 정부와 같은 독점적 구매자의 역할을 수행할 수는 없었지만, 유럽수준에서 통신부문을 규제하고, 공동 연구개발정책의 형태로 통신산업의 발전을 지원하는 역할을 수행했다. 그리고 유럽연합은 국제통신을 둘러싼 협상과정에서 회원국가의 공동이익을 대표했다. 또한 미약한 수준이기는 하지만, 유럽연합은 유럽인에게 보편적 서비스를 제공하기 위해 노력했다.

이상의 연구결과는 1980년대 이후 유럽통합 및 유럽연합 정치가 정부간 관계로 환원될 수 없음을 보여 준다. 지역통합의 공식적 승인이 정부간 협상을 통해 이루어지는 것은 부정할 수 없는 사실이지만, 사실 이 정부간 협상은 기업-기업 관계 및 정부-기업 관계의 변화에서 발생한 지역통합의 요구를 추인하는 과정이었다고 볼 수 있다. 즉, 1980년대 이후의 유럽통합은, 기업의 축적전략 및 정부정책의 변화에 의해 가속화된 지구화의 논리가 지역적 차원에서 실현된 것이라고 할 수 있다. 이 논리를 반영하듯, 유럽연합의 정책은 대기업의 이익과 관련된 영역부터 우선적으로 발전해 왔고, 앞으로도 대기업의 이해 변화에 따라 그 정책의 미래가 결정될 가능성이 높다. 따라서 유럽연합이라는 새로운 정치체에서 나타나고 있는 민주성의 결핍 또한 논란의 대상이 될 수밖에 없다.

1980년대와 1990년대 유럽연합의 통신정책에 대한 분석은 정보기술(IT)을 매개로 한 동(북)아시아 통합에 유용한 선행사례가 될 수 있을 것이다. 동(북)아시아 IT협력은 동(북)아시아 지역협력의 종속변수일 가능성이 높지만, IT의 특성상 그리고 동(북)아시아 국가들의 IT 수준의 차이가 국제협력을 발생시킬 수 있는 유리한 조건이라고 할 때, 유럽의 경험처럼, IT협력을 통해 동(북)아시아 지역통합을 추동하는 역의 발상이 가능할 수도 있다. 동(북)아시아 표준화 기구 및 연구소의 설립, 동(북)아시아 광대역 네트워크의 형성, 동(북)아시아 소프트웨어 협력, 동(북)아시아 정보발전소의 건설 등등이 동(북)아시아 IT협력의 사례가 될 수 있을 것이다. 이 과정에서 동(북)아시아 지역에 섬으로 남아 있는 북한을 적극 유인하는 작업도 가능할 것이다. 북한도 IT를 매개로 한 발전전략을 구상하고 있는 상황에서 북한의 IT발전을 동(북)아시아 지역협력의 맥락에 위치지울 수 있을 때, 북한을 포함한 동(북)아시아 지역통합의 구상이 의미를 가질 수 있을 것이다.

이 책은 필자의 박사학위 논문을 정리한 것이다. 학위논문을 책으로 출간하는 이유는 앞서 언급한 것처럼 1980년대와 1990년대의 유럽통합의 경험이, 동(북)아시아 국제질서의 지각변동의 시점에서 우리에게 실천적 대안을 제공해 줄 수 있을 것이라는 생각 때문이었다. 강대국에 둘러싸여 있는 중견국가인 한국의 지역정책에 이 책이 미력하나마 기여할 수 있기를 바란다. 이 책은 또한 유럽통합에서 시작하여 이제 동(북)아시아에서 지역

형성의 정치 및 동(북)아시아 및 한반도의 평화과정을 고민하는 긴 우회의 길을 걷고 있는 필자의 학문적 여정의 한 매듭이기도 하다.

책을 출간하면서 가장 먼저 필자의 지도교수이신 고(故) 구영록 교수님께 깊은 감사를 드리고 싶다. 구영록 선생님은 필자를 국제정치학의 세계로 인도해 주셨다. 그리고 필자가 거친 이론적 주장을 할 때마다 항상 너그럽게 이해해 주시면서도 날카로운 질문을 잊지 않으셨다. 이 책에서 전개되고 있는 필자의 논리는 선생님의 자상한 가르침 덕택에 정교해질 수 있었다. 영국의 쉐필드대학에서 공부하는 동안 또 한 분의 지도교수로서 필자의 논문을 읽어 주셨던 스티븐 조지(Stephen George) 교수님께도 감사를 드린다. 필자가 서울대 정치학과 대학원에서 정치학도의 길을 걸을 수 있게 해 주신 고(故) 김영국 선생님, 최명 선생님, 황수익 선생님, 김홍우 선생님, 이정복 선생님, 안청시 선생님, 장달중 선생님, 김세균 선생님, 박찬욱 선생님께도 깊은 감사를 드린다. 필자가 책읽기와 글쓰기를 업으로 삼을 수 있게 해 주신, 경남대학교와 북한대학원대학교의 박재규 총장님, 심지연 교수님, 함택영 교수님, 최완규 교수님, 윤대규 교수님, 이수훈 교수님, 류길재 교수님, 양무진 교수님, 신종대 교수님, 이우영 교수님, 양문수 교수님께도 깊은 감사를 드린다. 필자와 학문적 토론을 나누었던 선후배님과 동료들 그리고 대학원생들에게 학문적 정진을 계속하겠다는 약속으로 감사의 말을 대신하려 한다.

필자가 학문의 길을 갈 수 있도록 따뜻한 마음으로 지원을 아끼지 않고 있는 가족들에게도 고마움을 전하고 싶다.

마지막으로 책을 만드는 데 많은 수고를 해 주신 한국학술정보의 편집진 여러분께 깊은 감사를 드린다.

2007년 3월
삼청동 연구실에서

목 차

그림 목차

약어 정리

ACTS   Advanced Communications Technologies(유럽선진통신기술
          연구개발 프로그램)
APEC   Asia-Pacific Economic Cooperation(아시아-태평양 경제협력)
ASEAN   Association of Southeast Asian Nations(동남아국가연합)
AT&T   American Telephone and Telegraph(미국 전화 및 전신 회사)
BT   British Telecom(영국통신회사)
CCIR   International Consultative Committee for Radio(무선통신을 위한
          국제자문위원회)
CCITT   International Consultative Committee for Telephone and
          Telegraph(전신 및 전화를 위한 국제자문위원회)
CEC   Commission of European Communities(유럽공동체 집행위원회)
CEN   Comité Européen de Normalisation(유럽표준화위원회)
Cenelec Comité Européen de Normalisation
          Electro-technique(유럽전자기술표준화위원회)
CEPT   Conférence de Européene des Postes et des
          Télécommunications(유럽 우편 및 통신 협의회)
CNET   Centre National d'Etudes des Télécommunications(프랑스
          국립통신연구센터)
DBP   Deutsche Bundespost(독일연방통신기구)
EC   European Community(유럽공동체)
ECSC   European Coal and Steel Community(유럽석탄철강공동체)
EFTA   European Free Trade Association(유럽자유무역연합)
ERT   European Roundtable of Industrialists(유럽산업가의 원탁회의)
ESPRIT   European Strategic Programme for Research and Development
          in Information Technologies(유럽 정보기술의 연구개발을 위한
          전략 프로그램)

ETSI   European Telecommunications Standards
          Institute(유럽통신표준연구소)
ETUC   European Trade Union Confederation(유럽 노동조합 연합)
EU   European Union(유럽연합)
Euratom   European Atomic Energy Community(유럽핵에너지공동체)
FCC   Federal Communications Commission(미국 연방통신위원회)
GAP   Analysis and Forecasting Group(SOG-T 산하의 분석 및 예측
          집단)
IBC   International Broadband Communications(통합광대역통신)
INSEAD   Institut Européen d'Administration des Affaires(유럽문제연구소)
INTUG   International Telecommunications Users' Group(국제 통신사용자
          집단)
IPTT   Internationale des Postes et des Télécommunicaitons(우편 및
          통신 국제노동기구)
ITTF   Information Technology Task Force(정보기술 특별 조사단)
ISDN   Integrated Service Digital Network(종합 디지털 서비스
          네트워크)
ITU   International Telecommunications Union(국제통신연합)
NAFTA   North American Free Trade Agreement(북미자유무역협정)
OECD   Organization for Economic Cooperation and
          Development(경제협력 및 발전기구)
Oftel   Office of Telecommunications(영국 통신규제기구)
ONP   Open Network Provision(개방된 네트워크 제공)
PABX   Private Automatic Branch Exchange(자동식 구내 교환기)
PTT   Post, Telegraph and Telephone Authority(체신부)
RACE   Research and Development Programme in Advanced
          Communications Techniques in Europe(유럽 선진통신기술
          연구개발 프로그램)
SOG-T   Senior Official Group on Telecommunications(유럽 통신고위관료

모임)

STAR   Special Telecommunications Action for Regional
        Development(유럽 저발전 지역의 통신발전을 위한 특별
        프로그램)
TRAC   Technical Recommendations Applications Committee(CEPT
        산하의 기술적 권고 및 응용 위원회)
UNICE   Union of Industrial and Employers' Confederation of
        Europe(유럽 산업 및 고용주 연합의 동맹)
WTO   World Trade Organization(세계무역기구)

제1장 서 론

1. 문제의 설정

유럽연합[1](European Union, EU)이 '공공정책'(public policy)을 생산하고 있다. 시장기제의 원활한 작동을 위한 규제정책, 공적 권위체가 생산 및 분배활동을 지원하는 정책, 그리고 정치적 경제적 이익집단의 요구에 부응하는 재분배정책 등이 유럽연합에서 출현하고 있다.[2] 1950년대에 제정된

---

1) 1992년 조인되고 1993년 11월부터 실행된 마스뜨리히뜨 조약(Maastricht Treaty)에 따르면 유럽연합은 기존의 유럽공동체, 공동의 '대외정책 및 방위정책' 그리고 '사법 및 내무정책'을 다루는 정부 간 협력기구 등의 세 축(pillar)으로 구성된다. 즉, 유럽공동체는 마스뜨리히뜨 조약의 체결로 유럽연합의 부분집합이 된 것이다. 원래 유럽공동체라는 용어는 1951년 파리조약(Treaty of Paris)에 의해 설립된 '유럽석탄철강공동체'(European Coal and Steel Community, ECSC), 1957년 로마조약(Treaty of Rome)에 의해 설립된 '유럽경제공동체'(European Economic Community, EEC) 그리고 1957년 조인된 '유럽핵에너지공동체'(European Atomic Energy Community, Euratom) 등의 세 기구를 총괄하는 용어로 사용되었다. 따라서 유럽공동체는 복수(複數)의 유럽공동체(European Communities, ECs), 즉 유럽공동체들로 표기되어 왔다. 사실, 단수(單數)로 표현되는 유럽공동체(EC)라는 용어는, 1965년 합병조약(Merger Treaty)에 의해, 유럽석탄철강공동체와 유럽경제공동체가 집행위원회와 유럽의회를 공유하게 되면서 일반적으로 사용되기 시작했지만, 법적 규정력을 갖는 명칭은 아니었다. 유럽적 수준에서 초국가적 제도의 동학에 주된 관심을 갖고 있는 본 연구에서는 유럽연합이라는 용어보다 유럽공동체라는 용어가 보다 적절할 수 있다. 정확히 말한다면, 유럽연합의 한 축으로서 유럽공동체가 생산하는 공공정책이 본 연구의 분석대상이기 때문이다. 앞으로 유럽연합이라는 용어는 현재적 관점에서 유럽통합기구 일반을 지칭할 때 사용하고, 마스뜨리히뜨 조약 이전의 유럽통합체를 언급할 때는 유럽공동체라는 용어를 사용한다.

2) 공공정책을 규제적, 분배적, 재분배적 정책으로 분류하는 것은, 정책을 국가의사(state intention)의 표현 또는 국가의 실제행동으로 파악하는 미국의 정치학자의 T. Lowi의 견해를 수용한 것이다. Lowi는 이 세 가지 유형 이외에 권력에 대한 규칙을 제정하는 입헌적 정책도 공공정책에 포함시키고 있다. Lowi의 이 분류는 공공정책의 유형을 정책을 둘러싸고 일어나는 정치의 특성에 따라 구분

유럽공동체 조약들에도 부분적으로 공공정책적 내용이 담겨 있었고, 실제로 이 정책들이 입안되기도 했다. 그러나 그 수준은 '회원국가(member states)의 공공정책'을 조정하는 정도였다. 즉, 회원국가의 정책을 통합하거나 대체하는 공동정책(common policy) 또는 단일정책(single policy)의 성격을 갖고 있지는 않았다.[3] 공동정책 또는 단일정책으로 분류될 수 있는 '유럽연합의 공공정책'은 1980년대에 접어들면서, 즉 단일유럽시장의 형성을 전후로 급증하기 시작했고, 마스뜨리히뜨 조약을 계기로 그 영역이 확대되었다.[4]

그러나 이 정책들이 국민국가[5]의 공공정책과 형태적으로 유사하기는 하

하고 있다는 점에서, 정책을 정책대상에 따라 또는 정책을 요구하는 이익집단을 중심으로 분류하는 방법과 일정한 차별성을 갖고 있다. T. Lowi, "American Business, Public Policy, Case Studies, and Political Theory", *World Politics*, Vol. 16(1964), pp.677-715: 최병선, 『정부규제론: 규제와 규제완화의 정치경제』 (서울: 법문사, 1993), pp.50-1: P. Cerny, "Globalization and the Changing Logic of Collective Action", *International Organization*, Vol. 49, No.4(1995), pp.608-9.

3) 공동시장의 건설에 필수적 요소로 간주된 경쟁정책(competition policy)은 예외일 수 있다. 유럽공동체의 정책을 정책조정, 공동정책, 단일정책으로 구분하는 것은, E. Haas, "Turbulent Fields and the Theory of Regional Integration", *International Organization*, Vol. 30, No.2(1976), pp.199-208을 참조.

4) 구체적으로, 시장통합을 위한 장벽의 제거, 노동조건의 향상, 직업훈련의 강화, 남녀 고용차별의 폐지, 공중보건의 향상, 환경오염의 규제, 유럽 차원의 수송·통신·에너지 네트워크의 건설, 공동 연구개발정책, 유럽 내 저발전 지역을 지원하는 정책 등을 들 수 있다. 단일유럽법(Single European Act) 이전의 유럽공동체 조약들에 명시된 대표적 공공정책의 사례로는 재분배정책과 규제정책의 성격을 동시에 갖고 있는 사회정책을 들 수 있다. 파리조약에는, 석탄 및 철강산업의 구조재편으로 해직된 노동자들을 위한 기금의 설치 그리고 이 노동자들의 생활 및 노동조건을 조사할 책임이 조약에 명기되어 있었다. Euratom 조약에는 노동자와 일반대중의 보건 및 보호를 위한 기본기준이 설정되어 있었다. 로마조약에도 생활수준의 향상 및 사회적 기금의 형성이 규정되어 있었지만, 그 수준이 유럽 차원의 사회정책이라고 말할 정도는 아니었다. L. Hantrais, *Social Policy in the European Union*(London: Macmillan Press, 1995), pp.2-3. 더구나 환경정책, 산업정책, 연구개발정책 등의 공공정책은 1985년 단일유럽법이 제정되기 전까지 유럽공동체를 설립하는 조약에 그 법적 근거가 마련되어 있지 않았다.

5) 국민국가라는 용어는 영어의 nation-state 또는 national state의 번역이다. 그러

지만, 이를 유럽연합의 공공정책이라고 표현한다면, 국민국가를 넘어서는 영역에서도 "다양한 이익집단의 이해관계를 조정하는 '정부'의 선택적 행동"으로 정의될 수 있는 공공정책이 존재한다고 가정하는 것이다. 근대사회에서 공공정책은 일정한 영토적 경계 내부에서 폭력을 독점하고 있는 주권국가의 전유물이었다. 더구나, 제국주의적 확장의 시기에조차 공공재(public goods)의 공급은 모든 이해 당사자들에게 국민국가 수준에서 발생하는 현상으로 이해되었다.[6] 유럽연합의 정책결정과정에 다양한 이익집단이 참여하고, 그들 사이의 갈등이 그 과정에서 조정되고 있는 것은 사실이지만, 유럽연합에는 국민국가의 정부에 버금갈 수준의 제도적 장치가 마련되어 있지는 않다. 더 나아가 유럽연합이 근대적 의미의 주권국가도 아니다. 그렇다면 주권국가가 아닌 정치형태에서도 공공정책이 생산되는 새로운 현상이 발생하고 있는 것인가?

본 연구는 이 새로운 정치현상에 대한 의문에서 출발한다. 그리고 유럽연합의 공공정책 생산이 현대 세계에서 공공성 범주의 근본적 재편을 담지하고 있다는 인식을 기초로, 다음과 같은 질문을 제기한다. 만약 유럽연합이 공공정책을 생산하고 있다면, 1980년대 이후 유럽연합은 왜 그리고 어떻게 공공정책을 발전시킬 수 있었는가? 그 공공정책의 목표는 무엇인가? 그 정책은 어떻게 형성·실행되고 있는가? 그 정책은 실제로 어떠한 정치경제적 효과를 발휘하고 있는가? 유럽연합의 공공정책 생산이 정치적 행위자들의 전략적 선택의 결과였다면, 그들은 왜 1980년대 서유럽이라는 시공

나 nation-state와 national state는 상이한 대상을 지칭할 수도 있다. 국가의 구성원들이 강력한 언어적, 종교적, 상징적 정체성(identity)을 공유하고 있는 nation-state와 그 공유 정도가 강력하지 않은 national state가 개념적으로 또는 실제적으로 구분될 수 있다. C. Tilly, *Coercion, Capital, and European State, AD 990-1992*(London: Basil Blackwell, 1990), pp.1-2. 만약 이 차이가 중요한 의미를 갖는다면, 즉 정체성의 강약이 정치현상을 설명함에 있어 의미있는 변수로 기능한다면, nation-state는 '민족국가'로 national state는 '국민국가'로 표기할 수도 있을 것이다. '민족'이라는 용어가 '국민'과 비교하여 보다 강한 정체성을 함축하고 있기 때문이다. 그러나 본 연구에서는, 두 용어가 내포하는 차이를 양적인 것으로 전제하면서, 이차대전 이후 완성된 국제체계의 구성단위인 국가들의 동질성을 강조하기 위해, 두 용어를 모두 국민국가로 번역한다.

6) Cerny, *op. cit.*, p.608.

간에서, 국민국가라는 정치형태에서 공공정책이 생산되고 있음에도 불구하고 유럽연합이라는 정치형태를 통해 공공정책을 생산했는가? 이 정치적 행위자들은 누구인가?

유럽연합이 공공정책을 생산한다는 것을 인정하는 순간, 우리는 유럽연합의 공공정책 생산을 부정하거나 또는 극히 부분적으로만 인정하는 '국가중심적' 이론과 마주하게 된다. 현재, 유럽통합 및 유럽연합 정치(EU politics)를 둘러싼 이론논쟁은, 통합의 주체와 결과의 측면에서, 기존의 국민국가의 역할을 강조하면서 유럽연합이 국가활동을 보조하는 역할을 수행하고 있다고 주장하는 국가중심적 이론과 다양한 행위자들의 행태변화에 주목하면서 국민국가와 구분되는 새로운 형태의 정체가 등장하고 있다고 주장하는 '탈국가중심적' 이론의 대립으로 단순화할 수 있다. 즉, 유럽연합의 공공정책 생산을 둘러싼 논쟁은 국제정치경제의 영역에서 국가중심주의에서 탈국가중심주의로의 이행이라는 '시대적' 문제의 중심에 위치하고 있다.[7] 만약 유럽연합이 공공정책을 생산하고 있다면, 그것은 다양한 이익집단들 사이에 발생하는 갈등을 조정하고 '공공선' 또는 '공공재'를 제공하는 기능이 부분적으로 국민국가 수준에서 유럽연합 수준으로 이전되고 있음을 의미하기 때문이다. 따라서 유럽연합이 공공정책을 생산하고 있다면, 우리는 "유럽연합이 기존의 국민국가 및 국제기구와 구별되는 새로운 유형의 '정체'(政體, polity)인가"라는 질문을 제기해야 한다.

우선, 유럽연합을 새로운 정체로 인식하지 않는 전형적인 국가중심적 이론인 '신현실주의' 국제관계이론의 문제의식을 살펴보자.[8] 이 신현실주의

---

7) 구영록, "국가중심주의와 평화체제", 『국제정치논총』, 37집, 1호(1997).

8) 신현실주의(neorealism)라는 용어는, 비판적 국제관계이론가인 R. Cox가 K. Waltz로 대표되는 미국의 국제정치연구 조류를 비판하기 위해 처음 사용했다. R. Cox, "Social Forces, States and World Order: Beyond International Relations Theory", *Millennium*, Vol. 10, No.2(1981). 이후 R. Ashley가 H. Morgenthau나 E. H. Carr의 고전적 현실주의와 K. Waltz 이후의 실증주의적 현실주의를 구분하기 위해 후자를 신현실주의로 명명하면서 널리 사용되기 시작했다. R. Ashley, "The Poverty of Neorealism", *International Organization*, Vol. 38, No.2(1984). 일반적으로 국제관계라는 용어는 국제정치나 국제경제보다 포괄하는 범위가 넓다. 국제관계는 인간이나 집단 혹은 국가가 국제기구를 포함한 타 국가와 국경을 초월하여 횡적인 접촉, 관계 혹은 융합을 형성하게 될 때

이론은 본 연구에서 가장 중요한 비판의 대상이다. 국제정치경제의 지배적 패러다임인 신현실주의 이론에 의하면, 국제관계에 존재하는 대표적 공공재는 세계적 수준에서 헤게모니를 장악하고 있는 국가에 의해 제공되는 국제정치경제의 '안정'(stability)이다.[9] '힘의 균형'이나 '환율구조의 관리', '충분한 유동성의 제공' 등이 그와 같은 공공재의 사례일 수 있다. 그러나 이 신현실주의 이론에서는 국민국가 내부에서 공공재 공급이 소득의 재분배나 환경오염의 통제 등의 분야에까지 확대된 것처럼, 국제관계에서 공공재 공급이 확대될 것이라고 예견하지 않는다. 국제관계에는 공공재의 과소생산을 야기하는 무임승차자(free rider)의 문제를 처리할 수 있는 '세계정부'가 존재하지 않기 때문이다. 예를 들어 이 이론은 1970년대 유럽공동체의 발전이 정체되었을 때, 그 정체의 원인을 유럽공동체가 안고 있는 부담을 기꺼이 수용하려는 지도적 국가의 부재에서 찾았다.[10] 그러나 이 판단은 빗

사용되는 용어이다. 따라서 국제관계란 용어에는 공적인 측면과 사적인 측면이 모두 다 포함되어 있다. 기능적인 측면에서 볼 때, 국제관계는 정치·경제·사회·군사 기타 분야의 영역을 포함한 교류관계를 지칭하게 된다. 구영록, "국제관계", 『정치학대사전』(서울: 박영사, 1992), p.203. 따라서 엄밀히 이야기한다면, 국제관계(international relations)에서 국가들 사이의 관계(interstate relations)가 중요한 역할을 수행하기는 하지만, 그것으로 국제관계를 환원할 수는 없다. 그러나 국제관계라는 개념의 외연과 내포가 명확한 것도 아니다. 예를 들어, nation이 정의하기 힘든 사회학적 범주이고, nation들이 서로 의미있는 관계를 갖고 있는가에 대해 의문이 제기될 수 있다. M. Shaw, "Civil Society and Global Politics: Beyond a Social Movement Approach", *Millenium*, Vol. 23, No.2(1994), p.647. 본 연구에서는 일반적 관례에 따라 국제관계라는 용어를 국가 간 관계뿐만 아니라 다양한 사회적 관계를 포함하는 포괄적 용어로 사용한다. 사실, 시민사회에서 활동하고 있는 행위자들 사이의 국경을 초월한 관계를 묘사할 때는, 국제적이라는 용어보다는 초국가적(transnational) 또는 범지구적(global)이라는 용어가 적절할 것이다.

9) C. Kindleberger, World in Depression, 1929-1939(Berkley: University of California Press, 1973): R. Gilpin, *The Political Economy of International Relations*(Princeton: Princeton University Press, 1987): K. Waltz, Theory of International Politics(Reading, Mass: Addison-Wesley, 1979).

10) C. Kindleberger, "Dominance and Leadership in the International Economy: Exploitation, Public Goods, and Free Rides", *International Studies Quarterly*, Vol. 25, No.2(1981), pp.248-9.

나갔다. 1980년대 중반 이후 유럽공동체에서는 무임승차자의 문제가 과거와 다른 방식으로 해결되었고, 그 결과 공공정책의 생산이 급증했기 때문이다.

그러나 이 신현실주의 이론이 유럽통합의 무대에서 사라진 것은 아니다. 오히려 보다 세련된 형태로 유럽연합의 권한강화를 부정하면서, 유럽통합을 주요(major) 회원국가들 사이의 협상의 정치로 환원한다. 신현실주의 이론가들은 1980년대 이후 유럽통합의 가속화로 정부 간 협상과정에서 발생하는 거래비용(transaction cost)이 감소되고, 협상의 효율성이 제고되었다고 주장한다. 즉 현상적으로 유럽연합의 각종 기구들의 권한이 강화된 것처럼 보이지만, 사실상 회원국가 정부의 권력이 강화되었다는 것이 이들의 주장이다.11) 즉, 신현실주의 이론가들에게 유럽연합은 여전히 회원국가 정부들이 국가이익(national interest)을 극대화하기 위해 협상을 전개하는 '보다 제도화된' 게임의 장일 뿐이다.

그러나 가장 강력한 (신)현실주의 국제관계이론의 주창자조차 "유럽공동체의 르네상스가 심각하게 현실주의 이론에 도전하고" 있다는 사실을 인정한다.12) 이들도 유럽공동체의 회원국가들이 특정다수결(qualified majority voting) 제도를 통해 부분적으로 주권을 공유하고 있고, 집행위원회의 의제설정능력이 강화되면서 회원국가의 주권이 상당 정도 위임되고 있다는 점에서 유럽공동체가 특수한 국제레짐(international regime)의 성격을 띠고

---

11) 대표적으로, A. Moravcsik, "Negotiating the Single European Act: National Interests and Conventional Statecraft in the European Community", *International Organization*, Vol. 45, No.1(1991), pp.651-88; "Preference and Power in the European Community", in B. Bulmer and A. Scott(eds.), *Economic and Political Integration in Europe*(London: Blackwell Publishers, 1994), pp.29-80.

12) 또한 현실주의자들은, 국가들의 능력이 불평등하게 분포되어 있는 상황에서도, 국가들이 공동이익을 공유하고 협력적 질서의 수립을 위한 규칙을 준수한다면, 약한 국가들이 강한 국가들의 지배를 완화할 수 있는 가능성이 존재함을 인정하기도 한다. J. Grieco, "Understanding the Problem of International Cooperation: The Limits of Neoliberal Institutionalism and the Future of Realist Theory", in D. Baldwin(ed.), *Neorealism and Neoliberalism: The Contemporary Debate*(New York: Columbia University Press, 1993), p.302, 331.

있음을 인정한다.13) 특히 유럽법원의 초국가적(transnational) 역할이 확대되는 현상을 기능적 레짐이론을 벗어나는 '변칙'(anomaly)으로 간주한다.14) 즉, 신현실주의 이론가들은 유럽연합에서 정부 간 관계로 설명되지 않는 현상의 존재를 인정하면서도 이를 마치 자연과학적 실험에서 나타나는 조작상의 오차나 관찰주체의 인식적 한계 때문에 발생한 것으로 본다.

어떤 이론이 자신의 개념적 그물에 포착되지 않는 새로운 현상의 등장을 변칙으로 간주할 때, 그 이론은 위기에 직면하게 된다. 그러나 이 위기가 그 이론의 몰락을 초래하는 것은 아니다. 오히려 대부분의 이론은 기본가정을 폐기하지 않은 채 부수적 가정들을 신설한다. 국제관계가 '무정부상태'(anarchy)라는 신현실주의 국제관계론의 기본가정을 기각하지 않고, 국제협력의 증진을 설명하는 국제레짐 이론이 그 수정의 대표적 사례라고 할 수 있다. 이 수정판에서도 국제관계는 원칙적으로 정부 간 관계로 환원된다. 본 연구의 '이론적 문제설정'은 바로 이 동어반복적 진술에 대한 비판에 담겨져 있다. 즉, 신현실주의 국제관계이론이 변칙으로 간주하는 새로운 현상은 변칙이 아니라 정상적 국제관계의 산물일 수 있다. 기존의 국제관계학에 대한 비판, 특히 신현실주의 국제관계이론에 대한 비판의 핵심은, 근대 국제체계가 신현실주의 이론가들이 주장하는 것처럼 세계정부를 결여하고 있다는 의미에서 무정부상태이기는 하지만, 이 무정부상태를 신현실

---

13) 가장 전형적인 현실주의 이론가인 S. Hoffman도 유럽공동체의 특수성을 언급한다. S. Hoffman, "European Community and 1992", *Foreign Affairs*, Vol. 68, No.4(1989), pp.27-47. 국제레짐은 "주어진 국제관계의 장에서 행위자들의 기대가 수렴되는, 암묵적이거나 혹은 분명한 원칙, 규범, 규칙, 정책결정절차의 집합"으로 정의된다. S. Krasner, "Structural Causes and Regime Consequences: Regimes as Intervening Variables", in S. Krasner(ed.), *International Regimes*(Ithaca: Cornell University Press, 1983), p.2. 국제레짐이론에 대한 비판과 반비판은 Krasner(ed), Ibid.를 참조.

14) Moravcsik, "Preference and Power in the European Community", p.69. 그럼에도 현실주의자들이 유럽공동체를 바라보는 시각은 여전히 비관적이다. 단순성이 확실성을 증가시키고 확실성이 평화를 보증한다면, 양극체제가 사라진 유럽은 불안정하게 될 것이라는 주장이나 또는 체계적 힘(systemic force)이 결국에는 유럽공동체를 파괴할 수도 있을 것이라는 주장들이 바로 그것이다. J. Mearsheimer, "Back to the Future: Instability in Europe After the Cold War", *International Security*, Vol. 15, No.1(1990), pp.5-57: Grieco, op. cit.

32

주의처럼 초역사적 현상으로 간주하는 것이 아니라, 그 내부에서 자본주의적 사회관계가 작동하고 있는 역사적으로 '특수한 사회형태'(specific social form)로 인식하는 것이다.[15]

최근, 1980년대 이후 유럽통합의 진전을 관찰하면서, 유럽연합을 국제레짐이 아닌 새로운 형태의 정체로 인식하려는 경향이 증대하고 있다. 이미 1960년대 말에 신기능주의 이론가들은 유럽공동체가 맹아적 형태의 정체(would-be polity)로 발전하고 있다는 의견을 제시하기도 했다.[16] 부분적으로 이 신기능주의의 문제의식을 계승하고 있는 비교정치 이론가들은, 유럽통합의 과정에 대한 연구보다는 유럽연합 내부에서 전개되는 '정치'에 대한 연구에 초점을 맞추고 있다. 즉, 비교정치 이론가들은 유럽연합 정치가 국가 간 정치이면서 동시에 국내정치와 마찬가지로 그 자체의 고유 동학(dynamics)을 갖고 있는 정치로 인식한다.

만약 정부제도가 국가가 존재하지 않을 경우에도 기능할 수 있다고 가정할 수 있다면, 즉 정부제도가 "본질적으로 '비폭력적' 제재조치를 통해 분쟁을 해결하는 하나의 과정"이라는 매우 포괄적 정의에 동의한다면,[17] 베버적(Weberian) 의미에서 강제력을 정당하게 독점하고 있는 근대국가(modern state)가 아닌 유럽연합에도 정부제도가 존재한다고 주장할 수 있다. 유럽연합을 구성하는 제 조직들인 '각료회의'(Council of Ministers)·'집행위원회'(European Commission)·'유럽의회'(European Parliament)·'유럽법

---

15) J. Rosenberg는 무정부일반(anarchy in general)과 근대국가 간 체계를 특징짓는 권력동학의 외연을 나타내는 무정부라는 용어를 구분한다. 근대적 형태의 지정학적 권력을 특징짓는 것은 그것이 독립된 단위의 다원성 — 즉 무정부일반 — 에 의해 행사된다는 것이 아니라 그것이 더 이상 피지배자의 형식적 독립성을 부정하는 인격화한 지배관계의 형태를 띠지 않는다는 것이다. 그러나 Rosenberg도 지적하는 것처럼, 이 역사적으로 특수한 사회형태로서의 무정부상태는 무정부일반이라는 초역사적 일반화와 합성되면서 지속적으로 은폐되고 있다. J. Rosenberg, *The Empire of Civil Society: A Critique of the Realist Theory of International Relations*(London: Verso, 1994), p.146.

16) L. Lindberg and S. Scheingold, *Europe's Would-be Polity*(Englewood Cliffs, N.J.: Princeton Hall, 1970).

17) J. Hoffman, *Beyond the State: An Introductory Critique*(Cambridge: Polity, 1995), pp.3-5.

원'(European Court of Justice) 등이 유럽연합 수준에서 회원국가의 정부 및 각종 이익집단의 갈등을 비폭력적 방법을 통해 중재하고 있기 때문이다. 이 관점을 취하게 되면, 유럽연합을 가치의 권위적 배분을 수행하는 하나의 '정치체계'(political system)로 이해할 수 있는 가능성이 열리게 된다. 즉, 유럽연합이 회원국가의 주권을 보호하고 강화하는 단순한 국제레짐 이상의 역할을 수행하고 있지만 국민국가를 모방한 새로운 '연방국가'(federal state)는 아니라는 유동적 정의를 전제로, 기존의 비교정치적 분석틀 - 예를 들어 다원주의적 접근, 합리적 선택이론, 제도주의적 접근 등등 - 을 동원하여 유럽연합에서 공공정책이 산출되는 과정을 분석할 수 있다.[18]

만약 이 비교정치적 관점을 수용하게 되면, 국제정치가 '생존을 위한 투쟁'이고, 따라서 국제정치의 장에는 '선한 생활'(good life)을 목표로 하는 정치이론이 적용될 수 없으며, 더 나아가 국제정치는 국민국가 내부에서의 정치와 달리 진정한 의미의 정치가 아니라 '유사정치'(類似政治, quasi-politics)에 불과하다는 전통적 시각을 극복할 수 있는 길이 열릴 수 있다.[19] 즉 이 관점에 입각하게 되면, 통상적으로 국제정치경제의 연구대상이던 유럽통합 및 유럽연합 정치가 비교정치의 연구대상으로 전화한다. 따라서 유럽연합이 하나의 정치체계라는 점을 인정하게 되면, 비교정치와 국제정치 또는 안과 밖이라는 고전적 이항대립(binary opposition)의 경계가 허물어질 수도 있다.

본 연구에서는 이 새로운 정체론을 수용하면서도 이 비교정치적 문제설정에는 몇 가지 이론적 요소 - '정체론', '정치경제론', '정책실행론' - 가 보완되어야 한다고 생각한다. 첫째, 유럽연합을 하나의 정치체계로 규정한다면,

---

18) 정치체계론을 유럽연합 정치의 설명에 도입하려는 시도로는, W. Wallace, "Less than a Federation, More than a Regime: The Community as a Political System", in H. Wallace, W. Wallace and C. Webb(eds.), *Policy-Making in the European Community*(Chichester: John Wiley & Sons, 1983)을 참조. 최근의 조류로는, A. Sbragia(ed.), *Euro-Politics: Institution and Policymaking in the "New" European Community*(Washington D.C.: The Brookings Institution, 1992); S. Hix, "The Study of the European Community: The Challenge to Comparative Politics", *West European Politics*, Vol. 17, No.1(1994)를 참조.

19) 전통적 시각의 대표적 사례로는, B. Crick, *In Defence of Politics*(London: Penguin Books, 1964), pp.28-9; M. Wight, *Power Politics*(Leicester: Leicester University Press, 1978)을 참조.

자칫 유럽연합을 국민국가와 동일시할 가능성이 있다. 예를 들어 일부 비교정치 연구자들은 미국의 연방주의 모형을 유럽연합 정치의 분석에 적용하고자 한다.[20] 그러나 유럽연합은 기존의 국민국가와 구분되는 매우 독특한 '가변적 기하구조'(variable geometry)를 갖고 있는 '혼합정체'(混合政體, mixed polity)로 이해되어야 한다.[21] 아리스토텔레스의 정체개념에 귀족정의 요소와 민주정의 요소가 혼합되어 있던 것처럼,[22] 이 혼합정체에는 국민국가적 요소와 초국가적 또는 공동체적 요소가 결합되어 있다. 따라서 이 정체에는, 국민국가를 포함하여 국민국가 상위수준과 하위수준 그리고 공공부문과 민간부문을 가로지르는 다층적 수준(multi-levels)에서 활동하는 광범위한 행위자들이 연루되어 있다. 그렇기 때문에 유럽연합 정치를 묘사하는 개념으로 정부(government)라는 용어보다 '통치'(governance)라는 용어가 적절할 수 있다.[23] 만약 통치라는 개념을 사용하게 되면, 정치

---

20) A. Sbragia, "Thinking about the European Future: The Uses of Comparison", in A. Sbragia(ed.), *Euro-Politics: Institutions and Policymaking in the "New" European Community*(Washington, D.C.: The Brookings Institution, 1992), pp.257-291.

21) W. Wessels, "The Modern West European State and the European Union: Democratic Erosion or a New Kind of Polity?" in S. Andersen and K. Eliassen(eds.), *The European Union: How Democratic Is It?*(London: Sage, 1996), pp.57-69.

22) Aristotle, *The Politics*, translated by T. A. Sinclair, revised and re-presented by T. J. Saunders(London: Penguin, 1981), pp.258-63.

23) R. Rhodes에 따르면, 유럽국가들에서 공공부문(public sector)의 '재구조화' 작업이 시작되면서 통치라는 개념이 일반적으로 사용되기 시작했다. 국가장치를 축소하고, 공공 서비스를 제공하던 국영기업을 민영화(privatization)하는 과정에서 새롭게 등장한 통치형태가 기존의 시장(market) 및 위계구조(hierarchy)와 구분되어 통치로 명명되었다. 이 새로운 통치에 초점을 맞추게 되면, 우리는 국가와 시민사회, 공공부문과 민간부문의 구분이 흐려지고 있음을 발견할 수 있게 된다. 현재 통치의 개념이 명확히 정의되어 있지는 않지만, 국민국가 수준에서는 적어도 다음의 여섯 가지 방식으로 이 개념이 사용되고 있다: ① 최소국가(minimal state); ② 기업적 통치; ③ 새로운 공공경영; ④ 선한 통치(good governance); ⑤ 사회-사이버네틱 시스템(socio-cybernetic system); ⑥ 자기조직적 네트워크(self-organizing networks). Rhodes는 통치구조가 자기조직적, 조직 간(interorganizational) 네트워크를 의미한다고 주장한다. R. Rhodes, "The New Governance: Governing without Government", *Political*

적 활동이 주권국가 내부에만 위치한다는 전통적 사고를 극복할 수 있고, 더불어 정치과정에 개입하는 다양한 '비공식적'이고 '비정부적'인 행위자 및 그들의 네트워크를 포괄할 수 있는 장점이 있다. 즉, 최근 일부 국제관계 이론가들이 주목하고 있는 국제관계의 영역에서의 '정부없는 통치'가 유럽연합 수준에서 발생하고 있다고 가정할 수 있다.[24]

둘째, 1980년대 이후 유럽통합의 심화와 그에 따른 유럽연합의 공공정책 생산은 유럽연합 회원국가들에서 케인즈주의적 복지국가의 해체 및 '신자유주의적'[25](neoliberal) 정책의 선택과 깊은 상관관계를 갖고 있다. 회원국가의 이 정책전환을 유럽연합에서 공공성이 증대한 직접적 원인라고 주장할 수는 없지만, 부분적으로 회원국가들에서 시간적 차이를 두고 진행된 공공부문의 민영화 및 상품화(commodification)가 유럽연합의 공공정책 생산과 함수관계를 맺고 있는 것은 분명하다. 1980년대 이후 유럽연합의 공공정책이 대부분 규제완화(deregulation)를 목표로 하는 사회적·경제적 규제정책에 집중되었다는 사실도 이 상관관계를 입증하는 부분이다. 따라서 유럽연합의 공공정책 분석에 있어 회원국가 국내정치의 동학, 즉 회원국가에서 유럽연합 정책에 대한 정치적 지지가 '수렴'되는 과정을 고려하는 것이 불가피하다.

그러나 이 정치적 지지는, 신현실주의 이론가들이 주장하는 것처럼, 국민국

Studies, Vol. 44, No.4(1996), pp.652-67. 이 통치개념과 그것의 현실적 형태에 대한 자세한 소개로는 J. Kooiman(ed.), *Modern Governance*(London: Sage, 1993)을 참조. 또한 제도주의적 관점에서 통치의 개념을 고찰하고 있는 글로는, J. March and J. Olsen, "Institutional Perspectives on Governance", ARENA Papers(1993)을 참조.

24) 국제정치의 영역에서 정부없는 통치에 대한 논의는 J. Rosenau and E. Czempiel(eds.) *Governance without Government: Orders and Change in World Politics*(Cambridge: Cambridge University Press, 1992)를 참조.

25) 국제관계이론에서의 신자유주의적 조류는 본 연구에서 주요한 연구대상을 설정하고 있는 현대 세계의 이데올로기로서 '신자유주의'와 구분된다. 국제관계학에서 신자유주의적 경향은 신현실주의와 달리 국제제도를 통한 협력의 가능성을 강조하고 있다는 점에서, 시장의 전능성을 강조하는 이데올로기로서 '신자유주의'와 그 개념적 내용이 다르다. 앞으로 현대 세계의 이데올로기로서 '신자유주의'라는 용어를 사용할 때는 작은 따옴표를 사용할 것이다.

가의 정부를 통해 표현되지 않는다. 즉, 각종 이익집단들의 선호(preference)가 국민국가에 의해 독점적으로 집적되지는 않는다. 우리는 회원국가의 정부들이 최종적으로 유럽연합의 정책을 승인하는 위치에 있다는 점은 인정하지만, 정책의 협상과정에서 다양한 집단의 이익이 정부를 통하지 않고 직접적으로 유럽연합에 반영되고 있다고 생각한다. 안과 밖의 경계가 무너지는 이 추세는 국제정치경제의 무대에서 새롭게 그 권력을 증가시키고 있는 '정치적' 행위자들인 초국가적 기업·초국가적 엘리트·초국가적 기구 등의 활동에 의해 더욱 강화되고 있다.[26] 또한 유럽연합 회원국가들의 지방정치조직인 하위국가적(sub-national) 단위들과 녹색당(Green Party)이나 분리독립을 주장하는 극우 민족주의적 정당들도 회원국가의 정부를 경유하지 않고 직접 유럽연합에서 자신들의 이익을 실현하려고 하고 있다. 즉 유럽연합에서는 초국가적 및 초정부적(transgovernmental) 관계가 확산되면서 새로운 형태의 정치적 지배 및 대표체계가 형성되고 있다.[27]

셋째, 유럽연합의 공공정책은 정책영역에 따라 그 실행(implementation) 주체를 달리한다. 예를 들어, 공동 연구개발정책의 경우 일부 분야에서 유럽연합이 그 실행과정을 책임지지만, 자유화나 민영화 정책은 회원국가 내부에서 이루어지는 입법과정을 경유하여 회원국가의 정부가 그 공급형태를 결정한다. 즉, 많은 정책영역에서 유럽연합은 '지침'(directive)을 제공하고 그 실행을 감독하기는 하지만, 직접 그 정책을 실행하는 공적 권위체는 아니다. 따라서 유럽연합의 정책실행이 회원국가 정부에 의해 방해될 수 있다. 즉, 유럽연합 공공정책의 실행과정도 협상과정일 수 있다. 다른 한편으로 유럽연합과 회원국가의 정부는 유럽연합의 공공재 공급 결정을 '사적

---

26) 이들의 최우선 과제가 정치적 권력의 획득 및 국가정책에 영향을 미치는 것이 아니라는 점에서 이들은 정치적 행위자가 아닐 수 있다. 그러나 본 연구에서는 이들이 자신들의 목표 - 예를 들어 기업의 이윤극대화 행동 - 를 실현하기 위해서는 정치과정에 개입하여 국가정책을 자신들에게 유리하게 만드는 것이 필수적 요소가 되어 가고 있다는 점에서, 그리고 초국가적 행위자들에게는 기존의 국민국가의 영향력을 감소시키는 것이 자신들의 권력을 제고할 수 있는 기반이 된다는 점에서, 이들을 정치적 행위자로 규정한다.

27) S. Lash and J. Urry, *Economies of Signs & Space*(London: Sage, 1994), pp.282-3.

기관'(private agency)에 일임할 수도 있다.[28] 즉, 유럽연합 공공정책의 실행과정에도 초국가적 행위자 및 국가적 행위자들이 참여하고 있다.

지금까지 간략히 살펴본 비교정치적 문제설정에 대한 비판 및 보완에서 볼 수 있는 것처럼, 사실 하나의 정치체계로서 유럽연합 내부의 정치적 동학만을 고려할 때, 자칫 유럽연합을 자기 완결적 정체로 평가하는 오류를 범할 수 있다. 따라서 유럽연합에 대한 연구가 '국제정치경제'와 '비교공공정책'의 연구영역이 교차하는 지점에 위치하고 있다는 평가는 올바르다.[29] 즉 지역통합에 대한 연구는, 지역통합의 '과정'과 통합이 초래한 '결과'에 대한 구체분석 그리고 통합의 '궁극적 결과'에 대한 예측을 포함해야 한다. 달리 표현한다면, 지역통합에 대한 연구가 국제정치와 비교정치 가운데 어느 한 분과에 의해 주도될 수 없고, 더 나아가 이 두 분과를 통합하는 방향으로 진행되어야 함을 의미한다.

본 연구에서는 신현실주의의 국가중심적 이론을 기각하는 새로운 정체론을 수용하면서도, 비교정치 연구자들처럼 유럽연합이라는 정체를 주어진 것으로 간주하지 않고 유럽연합이라는 새로운 정체가 등장한 원인에 주목한다. 유럽연합이라는 특수한 정체에서 전개되는 정치 및 정책형성의 동학을 설명하기 위해서는 그 정체가 발생한 원인 및 과정에 대한 탐색이 필수적이기 때문이다. 이를 위해, 본 연구에서는 아담 스미스(A. Smith)의『국부론』(The Wealth of Nations) 이후로 사회과학계를 지배해 왔던 '방법론

---

28) 만약, 유럽연합의 공공정책이 사적 행위자에 의해 실행된다면, 유럽연합의 공공정책은 기존의 국민국가에 의해 제공되던 공공재를 사적재(私的財, private goods)로 변용하는 기능을 수행하게 된다. 따라서 우리는 공공정책을 통해 반드시 공공재가 생산되는 것은 아니라는 점을 유념해야 한다. 공공재를 사적재로 전환하는 정책, 또는 전략적 제휴와 같은 협력을 통해 몇 개의 기업들이 효율적으로 공유할 수 있는 자산이기는 하지만 공공영역으로부터 벗어나 있는 재화인 '유사 공공재'(類似 公共財, quasi-public goods)를 생산하는 정책 또한 공공정책으로 정의될 수 있다. 유사 공공재 개념에 대해서는, J. Atik, "Complex Enterprise and Quasi-Public Goods", *Journal of International Business Law*, Vol. 16, No.1(1995), p.39를 참조.

29) W. Coleman and G. Underhill, "Introduction: Domestic Politics, the Single Market and Global Economic Integration", *Journal of European Public Policy*, Vol. 2, No.3(1995), p.334.

38

적 국민국가주의'(methodological nationalism)를 기각하는 것으로부터 출발
한다.30)

앞서 간략히 지적한 것처럼, 국가의 주권을 존재를 전제할 때만, 정치가
존재하는 것으로 인식되어 왔다. 그러나 국가가 국경 안에서는 안정, 질서,
안보를 제공하지만, 국가 간 상호작용은 무정부상태라는 국가의 '양면성'은
사실 국제체계에 내재하는 '사회형성적 측면'을 간과함으로써 비롯된 것이
다.31) 정세적으로, 사회세력들에 의해 형성되는 국제관계는 국가 간 관계
에 의해 제약되기도 했다. 예를 들어 이차대전 이후 냉전체제와 경제적 국
민국가주의가 결합되어 있던 시대에는 안보가 우선적 과제로 제기되면서,
사회세력들의 국제적 활동은 주목의 대상이 되지 못했다. 사실 국제관계가
국가 간 관계로 환원될 수 있었던 것은 바로 이차대전 이후의 상황을 정상
상태로 이해했기 때문일 수도 있다. 그러나 국제관계에서 사회형성적 측면
을 고려한다는 사실이 곧 국내정치와 국제정치가 동일한 구조를 갖고 있다
는 것을 의미하지는 않는다. 국제정치경제의 무대에 세계정부가 부재한다
는 사실을 부정할 수는 없기 때문이다.

근대 이후로 세계정부는 존재하지 않았지만, 세계적 수준에서 통치가 존
재하지 않았던 것은 아니다. 근대국가가 국민국가의 형태를 띠기 시작하고,
자본주의적 제도가 국제적으로 확산되는 19세기 중반부터 세계적 수준에서
각종 '국제'기구가 등장했다. 이 국제기구들은 국민국가적 체계의 존재적
의의를 인정하면서, 산업자본주의의 재생산 및 세계적 확장을 보호하기 위
한 이데올로기적 합의와 그것에 대한 선전을 통해 세계적 수준에서 통치를
생산하는 대행자 역할을 수행했다.32) 달리 표현한다면, 국제정치경제의 장
에서 사적 주체의 행동양식과 국가개입 방식에 대한 제도적 합의라는 국제
적 조절체계,33) 즉 국제적 수준에서 존재하는 공공재는 바로 이 국제기구

---

30) J. Agnew, "The Devaluation of Place in Social Science", J. Agnew and J.
Duncan(eds.), *The Power of Place*(Boston: Unwin and Hyman, 1989).
31) J. Caporaso, "Introduction: The State in Comparative and International
Perspective", in J. Caporaso(ed.), *The Elusive State: International and
Comparative Perspective*(London: Sage, 1989), pp.9-10.
32) C. Murphy, *International Organization and Industrial Change: Global
Governance since 1850*(Cambridge: Polity, 1994).

가 수행하는 범지구적 통치에 의해 생산된 것이라고 할 수 있다.

1970년대에 들어서면서 이차대전 이후의 국제체제를 지탱하던 제도들 - 냉전체제·금과 달러의 태환을 보장하던 브레튼 우즈 체제·조직된 시장 또는 포드주의적 축적체제·복지국가 - 이 붕괴되면서 국제기구들의 통치능력이 위기에 직면하게 되었다. 경제위기 이후 세계적 수준의 통치에, 공적(public) 국제기구와 더불어 미국, 일본, 유럽의 대기업 최고책임자 및 그들의 이데올로그들로 구성된 '삼각위원회'(Trilateral Commission)나 '유럽 산업가의 원탁회의'(European Roundtable of Industrialists)와 같은 사적(private) 국제기구들이 자본주의 제도의 재편을 위해 국제관계에 개입하기 시작했다. 이 사적 국제기구의 개입은, 다국적 또는 초국가적 기업으로 명명되는 기업들의 축적전략 변화와 그에 기초한 기업들 간의 전략적 제휴의 증가를 반영한 것이다. 유럽통합이 다시금 의제로 상정된 시점은 '유럽 산업가의 원탁회의'와 같은 사적 국제기구들이 유럽 차원에서 적극적으로 활동하기 시작한 1980년대 초반이었다.

따라서 유럽연합이라는 새로운 정체가 등장한 원인, 달리 표현한다면 유럽적 수준에서 통치양식을 재편하기 위한 의도적 노력이 진행된 원인을 설명하기 위해서는 세계적 수준 및 유럽적 수준에서의 국가 - 자본 관계 또는 정부 - 산업 및 정부 - 기업 관계의 변화에 대한 분석에서 시작해야 한다. 즉, 1980년대 이후의 유럽통합 및 유럽연합 정치를 설명하기 위해서는 정치경제학적 접근이 필요하다.[34] 국민국가가 생산하던 공공정책이 국민통합의 도구이면서도 자본일반의 이익에 공헌했던 것처럼, 유럽연합이라는 정치형태는, 부분적으로 자본주의 세계경제의 상부구조의 일부로 출현한 것이기는 하지만, 반드시 자본주의 세계경제의 변화에 의해서 필연적으로 발생한 기능적 제도는 아니다.

---

33) J. Mistral, "국제체제와 각국의 진로," R. Boyer(ed.) *Capitalisme Fin de Siecle*, 김진엽 역, 『자본주의 위기론: 조절국면의 세계자본주의』(서울: 논장, 1988), p.226.

34) F. Laursen, "On Studying European Integration: Integration Theory and Political Economy", in F. Laursen(ed.), *The Political Economy of European Integration*(The Hague: Kluwer Law International, 1995).

즉, 본 연구의 이론적 문제설정의 기저에는, 신현실주의류의 국가중심적 이론과 그 대척에 있는 세계체제론류의 경제환원론을 벗어나서, 근대를 대표하는 두 제도인 국민국가와 자본주의 생산양식의 역동적 '상호작용' 또는 두 제도가 축적체제와 조절양식을 매개로 '접합'되는 방식을 탐구하는 정치경제학적 문제의식이 놓여 있다.[35] 따라서 국제관계가 자본주의적 사회관계와 내적으로 긴밀히 연관되어 있다는 명제가 본 연구의 출발점일 수 있다.[36] 국제관계에서 발생하는 복잡한 통치양식을 두 제도 가운데 어느 하나를 다른 하나로 환원하는 방법으로 분석하는 것은 불가능하다. 즉, 소극적 의미에서, 자본주의가 반드시 국민국가 (또는 국민국가 체계)라는 특수한 정치형태를 필요로 하지 않는다는 것이고, 역으로 국민국가의 경제적 기초가 반드시 자본주의 생산양식일 필요가 없다는 것이다.

---

35) 본 연구의 이론적 문제설정은 국제관계학에서 행위자와 구조를 통합하려는 시도인 구성주의적(constructivist) 국제관계이론과 유사하다. 대표적으로 A. Wendt는 신현실주의와 세계체제론이 분석의 대상으로서 주체나 구조 가운데 어느 한 쪽을 분석의 우위에 둠으로써 각각의 대상이 가지는 본질적 속성이 무엇인가를 파악할 수 없게 만들고 있다는 비판으로부터 새로운 내용의 국제관계이론의 정립을 시도한다. A. Wendt, "The Agent-Structure Problem in International Relations Theory", *International Organization*, Vol. 41, No.3(1987); "Collective Identity Formation and the International State", *American Political Science Review*, Vol. 88, No.2(1994). 본 연구에서는 구성주의적 국제관계이론의 기본적 문제의식이라고 할 수 있는 '구조화'(structuration) 개념을 수용하지만, 본질적으로 이들의 문제설정에는 자본주의와 국민국가 사이의 특수한 관계에 대한 문제의식이 결여되어 있다고 생각한다. 나중에 다시 언급하겠지만, A. Wendt의 참신한 방법론적 문제설정은 결국 신현실주의의 국가중심적 이론에 대한 굴복으로 귀결된다.

36) M. Rupert, "Alienation, Capitalism and the Inter-state System: Toward a Marxian/Gramscian Critique", in S. Gill(ed.), *Gramsci, Historical Materialism and International Relations*(Cambridge: Cambridge University Press, 1993), pp.67-92.

2. 연구주제

첫 번째 연구주제는, 1980년대 이후 유럽연합이라는 새로운 정체가 공공정책을 생산한 '원인', '과정', 그리고 '결과'에 관한 것이다. 1930년대의 지역주의(regionalism)가 군사적 제국주의에 기반하여 원자재의 원활한 공급과 자국상품의 가치실현이라는 국민국가주의적 동기들의 충돌로 설명되는 반면, '1980년대'에 등장하기 시작한 현재의 지역주의 및 지역통합 현상은 초국가적 생산자본 및 금융자본의 네트워크 형태로 등장하고 있는 새로운 세계경제(global economy)가 출현하면서 발생하고 있다. 즉 자본의 초국적화 또는 범지구화가 가속화되면서, 국민국가를 넘어서는 지역통합체가 출현하고 있다.

여기에 설명의 어려움이 있다. 지역통합의 원인을 과거와 같이 국가의 내부적 동기로만 환원할 수 없기 때문이다. 그렇기 때문에 현재의 지역통합을 설명하기 위해서는 국내정치경제의 변화라는 지역통합의 미시적 기초와 아울러 세계정치경제의 변화라는 지역통합의 거시적 기초를 동시적으로 고려해야 한다. 국가형태의 변형으로 초래된 정부정책의 변화-'국가의 기업화'-그리고 초국가적 기업의 형태변화 및 축적전략의 변화-'기업의 국가화'-라는 이중적 변화가 야기하는 불확실의 세계를 극복하기 위한 정치적 기획으로 지역통합이 발생하고 있다는 것이 본 연구의 주장이다. 즉, 유럽연합의 공공정책은 범지구화에 의해 야기되는 불확실성을 규제하고 동시에 국민국가 수준에서 나타나는 정책적 한계를 극복하기 위한 지역적 수준에서의 제도적 해결책이라고 할 수 있다. 따라서 범지구화의 논리가 지역통합체 내부에서 관철되고 있지만, 외부적으로 이 지역통합체는 마치 근대 국민국가와 유사한 기능을 수행하게 된다.

지역통합의 결과로 '근대국가 기능의 공간적 분화'(spatial differentiation) 현상이 발생하고 있다고 주장한다. 즉 기존의 국민국가와 새로이 형성된 지역통합체 사이에 국가기능의 공간적 분업체계가 형성되고 있다는 것이다. 근대국가는 국민국가와 자본주의국가의 접합체라고 할 수 있다. 범지구화가 가속화되면서 이 근대국가의 이중성이 탈구되는 현상이 나타나고 있다. 지역통합체는, 이 탈구에 기반하여, 지역적 수준에서 또는 초국가적 수준에서 근대국가의 자본주의국가적 기능이 이전되면서 형성되고 있다. 즉 지역통합체는 초국가적 자본주의제도로 기능하면서 범지구화 시대에 지역적 수준에서 필요한 공공정책을 생산하고 있다.

유럽연합이 생산하는 다양한 공공정책 가운데 구체적 사례로 '통신정책'이 선택된다. 이 통신정책이 두 번째 연구주제이다. 통신정책에는 분배적, 규제적, 재분배적 공공정책의 내용이 모두 포함되어 있다. 그리고 통신정책은 전통적으로 세계경제의 변화에 영향을 받지 않는 국민국가 고유의 배타적 정책영역으로 인정되어 왔다. 따라서 통신정책은 전형적인 국민국가 수준에서 입안되는 공공정책이었다. 예를 들어 통신정책의 결정과정에는 항상 안보적 고려가 포함되어 있었다. 그러나 '1980년대' 이후 유럽적 수준에서 통신정책 결정과정의 질적 전환이 발생했다. 유럽연합이 통신정책에 적극적으로 개입하기 시작한 것이다. 본 연구의 두 번째 질문은, 1980년대 이후로 유럽연합 보다 구체적으로는 유럽연합 집행위원회가 통신부문에 적극적으로 개입하게 된 '원인' 및 그 '개입방식' 그리고 그 '결과'와 관련된 것이다.

유럽공동체의 통신정책에 대한 개입은 정부 - 정부 관계, 정부 - 기업 관계, 기업 - 기업 관계의 변화를 배경으로 유럽연합 집행위원회가 초국가적 기업의 이해 및 회원국가의 '신자유주의적' 정책을 적극적으로 수용한 결과였다. 유럽연합 통신정책에 대한 구체분석을 통해, 현재 유럽연합 집행위원회가 통신부문에서 국민국가의 정부와 동일한 수준에서 통신장비 및 서비스의 '구매자'의 역할을 수행하고 있지는 않지만, 신기술의 도입과 시장상황을 통제하는 '규제자', 새로운 기술의 개발을 위한 산업정책의 재정적 법적 자원을 제공하는 '지원자', 회원국가의 집합적 이익을 국제협상의 무대에서 대표하는 '협상자', 그리고 한계적이지만 유럽인을 위한 '보편적 서비스(universal service)의 제공자' 역할을 하고 있음을 발견한다. 이 정책영역별 불균등 발전은 유럽연합을 초국가적 자본주의제도라고 규정할 수 있게 하는 경험적 증거이다.

유럽연합의 통신정책이라는 단일사례를 선택한 본 연구는, 단일사례 분석이 갖는 한계를 노정할 수도 있다. 일반적으로 단일사례 분석은 가정이나 이론을 검증하는 유용한 기술로 인정되지 않고 있다. 그러나 단일사례 분석이 반드시 적실한 의미를 갖지 못하는 것은 아니다. 만약 단일사례 분석이 모든 가능한 변수에 대한 관찰을 담고 있을 때, 그 분석은 인과적 설명을 평가하기 위해 유용할 수 있다. 그리고 만약 그 단일 사례분석이 다른 연구자에 의해 동일하게 단일사례로 분석되었다면, 그것은 더 이상 단일사례 분석이 아니다.[37] 또한 유럽연합 통신정책이 규제정책, 산업정책, 사회정책, 대외정책 등의 다양한 정책적 요소를 담고 있다는 점에서도 본 연구는 단일사례분석이 아닐 수 있다.

3. 연구대상: 공간과 시간 그리고 사상

본 연구의 대상은 이중적이다. 유럽연합이 새로운 정체로 등장하게 된 과정을 다루는 첫 번째 영역에서는 유럽통합의 현 주소가 종속변수의 역할을 수행하는 반면, 두 번째 영역인 통신정책의 생산과정에서는 새로운 정체로서 유럽연합의 성격이 독립변수로 다루어진다. 연구대상의 정교화를 위해, 간단하게 연구대상의 '시공간적' 속성을 검토한다. 연구대상의 존재양식인 공간과 시간에 대한 이해는, 사회과학의 세계에서 동일한 연구대상을 설정하고도 다양한 이론이 경쟁하고 있는 이유를 해명하기 위해서도 반드시 필요한 작업이다. 그러나 대부분의 이론들은 그 이론의 '의미기반'[38]이

---

37) G. King, R. Keohane and S. Verba, *Designing Social Inquiry*(Princeton: Princeton University Press, 1994), pp.211-2.

38) 의미기반의 개념은 물리과학에서 차용한 것으로, 이론 자체에 의미를 부여하는 개념의 기반을 형성하는 '은유' 혹은 '세계인식'이라고 할 수 있다. 의미기반은, "시간과 공간 내에 존재하는 어떤 임의로운 대상에 대하여 그것의 물리적 '특성'을 표상하고 그것의 '상태'를 서술할 어떤 일반적인 방식을 규정하"는 것이다. 예를 들어 뉴튼적 물리과학의 의미기반이 3차원적 시공간이었다면, 아인슈타인의 물리과학은 4차원이라는 의미기반에 기초하고 있다. 장회익, 『과학과 메타과학』(서울: 지식산업사, 1990), pp.88-105. 의미기반에 대한 재검토는 특히 패러다임 전환의 시기에 새로운 이론의 구성을 위한 유용한 지침을 제공할 수 있다.

44

라고 할 수 있는 공간과 시간에 대한 이해를 명시적으로 표현하지 않고 있다. 특히 기존의 사회과학은 '공간'을 고려하지 않는 이론구성에 매달려 왔다. 일반적으로 사회과학에서 공간은 시간과 달리 '수동적' 영역으로 간주되면서, 대상(object)과 그 대상들 간의 상호작용을 위한 '배경'으로 인식되어 왔다.[39]

우리가 서유럽 지역에서 발생하고 있는 정치경제적 통합을 연구대상으로 설정할 때, '유럽'이라는 공간의 외연과 내포를 확정하는 것은 쉬운 일이 아니다. 유럽이라는 명칭은 기원전 8세기 그리스의 시인인 헤시오도스의 작품에서 처음으로 등장한 것으로 알려져 있다. 즉 유럽이라는 지리적 공간의 장기지속은 부인할 수 없는 사실이다. 근대국가가 형성된 이후, 유럽 차원에서 새로운 '정책결정의 중심'을 형성하려는 유럽통합이라는 정치적 기획이 주기적으로 출현하기는 했지만, 그것의 첫 결실은 1951년 프랑스, 서독, 이탈리아, 벨기에, 네덜란드, 그리고 룩셈부르크 등의 6개국으로 구성된 유럽석탄철강공동체였다. 그 이후 유럽연합의 지리적 범위는 지속적으로 확대되어 1997년 현재 15개 나라가 유럽연합의 회원국가이고, 동유럽 국가들의 유럽연합 가입문제가 논의되고 있다. 그러나 회원국가의 산술적 합이 유럽연합이 아닌 것은 분명하다. 유럽통합과정에 적극적으로 참여했던 프랑스의 경제학자 J. Atali가 유럽이 단수(單數)가 아니라 '유럽들'(les europes)이라는 복수(複數)형태로 표현되어야 한다고 주장하고 있다는 사실에 주목할 필요가 있다.[40] 즉, 유럽연합이라는 정치형태의 공간적 성격을 지리적, 물리적 단위로 환원하는 것은 불가능하다.

유럽연합이라는 정치형태의 공간적 성격의 해명을 위해서는, 정치적 공간이 반드시 영토성에 기반하지 않을 수 있다는 인식의 전환이 필요하다.

---

39) D. Massey, "Politics and Space/Time", *New Left Review*, No.196(1992), pp.65-84; A. Giddens, *Social Theory and Modern Sociology*(Oxford: Basil Blackwells, 1987), p.144.

40) "유럽은 하나의 대륙도 아니고, 하나의 문화도 아니고, 하나의 민족도 아니며, 하나의 역사를 가진 것도 아니다. 유럽은 단일 국경, 공동 운명 아니면 '같은 꿈을 갖고 있다'는 소박한 말로 정의될 수 없다. …… 단지 '유럽들'이 존재할 뿐이다. 우리가 그 윤곽을 너무 분명하게 인식하려고 하는 순간 유럽이라는 개념은 안개처럼 사라져 버릴 것이다." 조선일보 1996/12/17.

본 연구에서는 유럽연합의 공간적 성격을 다양한 정책 '네트웍들의 네트워크'라고 가정한다. 만약 유럽연합의 공간적 기초를 이와 같은 방식으로 이해하게 되면, 유럽연합이라는 정치형태에서의 공간적 실천은 네트워크 연결망의 확대 및 복잡화를 통해 통합을 '불가역적으로' 만드는 것이 된다. 이 비유클리드적 공간을 둘러싼 통치가 바로 유럽연합 정치의 핵심적 내용이다. 이 네트워크 복합체의 구조, 즉 유럽통합의 형태와 내용은 시간의 변화에 따라 그 성격이 변해 왔다. 따라서 유럽통합의 역사에 대한 '시기구분'이 요구된다.

시간은 공간과 분리되어 존재할 수 없다. '시공간'(timespace 혹은 space-time)이라는 개념이 일반적으로 사용되는 것도 시간과 공간의 분리불가능성을 가정하기 때문이다. 일반적으로 인식되는 것처럼 시간은 단순히 달력에서 보이는 구체적 날짜로 환원되지 않는다. F. Braudel이 주장하는 것처럼, 시간은 인간과 자연환경의 관계 속에서 '장기지속'의 성격을 갖는 '구조적 시간', 완만하지만 인지할 수 있는 리듬을 갖고 있는 시간으로서의 '사회적 시간' 그리고 개별인간들의 역사로 표현되는 '개별적 시간'으로 구분할 수 있다.[41] 그리고 각 시간 내부에서도 다원성이 존재할 수 있다. 예를 들어 사회적 시간의 다원성은 유럽통합의 역사에서도 발견된다.

우리는 '1980년대'를 유럽통합의 '내용'과 '형태'가 질적으로 변하는 시점으로 설정하고, 1970년대부터 선진자본주의국가에서 발생한 정치경제적 위기로부터 논의를 전개할 것이다. 이 위기의 대응과정에서 정치적 시간, 경제적 시간, 사회적 시간의 부조응이 발견된다. 기업들이 이 위기에 대한 탈출전략으로 포드주의적 축적체제를 해체하고 유연화와 국제화 전략을 채택하고 있는 동안에도, 사회적으로 각인되어 있던 각종 규범들 예를 들어 노동조합 주도의 단체협상이나 대량생산체제에 기반한 소비규범 등은 여전히 강고한 형태로 남아 있었다. 정치적으로도 사회민주당과 기독교민주당의 동맹이 유럽 각국에서 정치적 지지를 획득하고 있었다. 유럽 각국의 정부들의 이 경제위기에 대한 최초의 대응이 재정정책을 통해 총수요를 확장하

---

41) F. Braudel, *The Mediterranean and the Mediterranean World in the Age of Phillip II* (New York: Harper & Row, 1966), pp.20-1.

거나 또는 공급 측면에서 기술혁신을 위한 산업정책의 추진이었다는 사실도, 사회적 시간의 다원성을 입증하는 대목이다. 1980년대부터 이와 같은 부조응이 해소되기 시작한다. 단일유럽시장의 형성으로 표현되는 유럽 차원의 '신자유주의적' 프로젝트가 궤도에 오를 수 있었던 것은, 국민국가 내부에서 정치, 경제, 사회, 문화 등의 각 영역에서 '신자유주의적' 전환이 가능한 조건이 조성되었기 때문이다.

1980년대 유럽연합의 형성이 본 연구의 일차적 연구대상이라면, 이 새롭게 형성된 지역통합체가 생산하는 공공정책 가운데 통신정책이 본 연구의 이차적 대상이다. 통신은 근대 국민국가의 완성을 위한 필수적 구성물이었고, 동시에 자본주의적 산업화의 하부구조였다. 그러나 현재는 통신이 국민국가의 정체성을 위협하는 도구로 사용되기도 한다. 즉, 통신기술의 발전으로 국민국가의 경계를 무력화하는 '시공간 압축' 현상이 발생하고 있다.[42] 새로운 형태의 통신정책이 국민국가 수준 또는 정부 간 협력의 수준을 넘어 초국가적 성격을 갖는 유럽연합에 의해 '주도'되고 있는 것도 이러한 변화를 반영하는 현상이다. 따라서 유럽연합의 통신정책에 대한 실증연구, 즉 유럽 차원에서 통신부문에 존재하는 통치구조에 대한 연구는 지역통합체의 실제적 활동을 평가하는 척도가 될 수 있을 것이다.

본 연구에서는 다양한 통신 분야 가운데, 한 국가의 통신 하부구조의 토대를 형성하는 '기본적 네트워크 서비스'(basic network service)를 둘러싼 '정치'를 주요한 연구대상으로 설정한다.[43] 사실 컴퓨터와 통신의 결합으로 새로운 통신 서비스가 증가하고 있지만, 이 서비스들은 시작부터 국민국가의 통제를 넘어설 가능성을 안고 있기 때문이다. 본 연구에서는 통신 서비스를 '기본적 서비스', '이동(mobile) 서비스', '부가가치(value added) 서비스'로 구분하는 방식을 따른다. 여기서 기본적 서비스는 자체 '전송 하부구조'(transmission infrastructure)를 갖고 있는 회사들이 제공하는 서비스와 자체 전송시설을 갖고 있는 회사들에 의해서만 제공되는 여타의 서비스를

---

42) D. Harvey, 구동회·박영민 공역, 『포스트모더니티의 조건』(서울: 한울, 1994).
43) 텔레콤 서비스의 유형분류 및 정의는 1995년 CIT 출판사에 의해 발간된 *Yearbook of European Telecommunications* 1995의 5판에 근거한다.

가리킨다. 기본적 서비스의 사례로는 전화통신, ISDN(Integrated Service Digital Network), 통신회선의 임대, 데이타 네트워크, 텔렉스(telex) 등을 들 수 있다. 그러나 기본적 서비스와 부가가치 서비스의 구분을 모호하게 하는 새로운 '지능(intelligent) 네트워크'이 등장하게 되면서, 기본적 서비스와 부가가치 서비스의 경계가 흐려지고 있는 것도 사실이다.

마지막으로 이 새로운 정치형태 및 공공정책의 등장과정에서 특정 시점의 '사상'(ideas)이 새로운 공간을 건설하는 과정을 탐색하는 것도 본 연구의 주요한 목표 가운데 하나이다. 단일유럽시장의 건설은 1980년대 국내정치경제 및 국제정치경제에서 지배적 이데올로기로 부상한 '신자유주의'에 부합하는 정책대응이었다. '신자유주의'의 외연과 내포는 명확하지 않지만, 작은 정부, 탈규제, 자유화, 민영화라는 구호에서 그 이데올로기적 성격이 극명하게 표현되고 있다. 1980년대의 유럽통합을 '신자유주의적' 정치기획으로 평가할 수 있지만, 다른 한편으로 유럽통합의 내용에는 '신자유주의' 이데올로기에 부합하지 않게 시장의 강제력을 거부하고 인위적으로 산업구조의 조정을 도모하는 '중상주의적'(mercantilist) 정책 또한 담겨져 있다. 유럽연합은 유럽 차원에서 벌어지는 기업의 매수·합병(merger & acquisition)이 시장질서를 교란할 목적으로 진행될 경우 이를 엄격히 규제하고 있지만, 유럽연합은 동시에 유럽기업들 간의 협력을 장려하는 정책을 입안하고 있다. 단일유럽시장의 형성을 '유럽요새'(fortress Europe)의 건설작업이라고 비판하는 근거도 바로 여기에 있다. 즉, '신자유주의'는 유럽통합과정의 기저에 자리하면서 필요에 따라 다른 이데올로기와 접합될 수 있는 메타(meta) 이데올로기로 기능하고 있다.

사실, 이 모순적 경향의 공존은 유럽연합 건설 초기부터 발생했던 논쟁을 반영하는 것이기도 하다. 유럽 차원에서의 경쟁정책을 산업정책을 위한 단순한 필요도구로 인식하는 '최소주의자'(minimalist)와 보다 적극적으로 공급 측면의 경제를 강조하는 '최대주의자'(maximalist) 사이의 갈등이 현실에서는 상이한 정책대응의 공존으로 나타나고 있는 것이다. 유럽연합의 통신정책도 이점에서 예외가 아니다. 유럽연합은 통신시장의 자유화를 적극 추동하면서, 동시에 첨단 통신기술의 개발을 위한 유럽 차원의 공동 연구개발정책인 'RACE'(Research and Development Programme in Advanced Communications Techniques in Europe) 프로그램을 입안하는 과정에서 결정적 역할을 수행했다. 유럽연합의 이 모순적 성격은 공동시장의 건설을 최우선 목표로 설정한 유럽연합의 역사적 기원에서 그 원인을 찾을 수 있지만, 그것이 완성된 형태로 출현할 수 있었던 것은 1980년대라는 시공간을 구조화한 '신자유주의' 이데올로기 때문이었다.

'신자유주의'의 이데올로기적 효과가 가장 극명하게 드러나는 부분이 유럽연합 회원국가를 비롯한 선진자본주의국가에서 진행되는 공공부문의 민영화라고 할 수 있다. 1945년 이후 선진 자본주의국가들에서는 공공영역이 '대량생산'되기 시작했다. 이 공공성의 증대는 노동과 자본의 타협체제에서 비롯된 것이었다. 1980년대 '신자유주의'는 이 타협체제를 해체하고, 노동이 배제된 공공정책의 생산을 정당화하는 이론적 근거로 활용되고 있다. 즉 공공정책이 자본의 이해를 배타적으로 고려하는 산업정책 및 규제정책으로 전화하고 있다. 공공성에 대한 재정의가 유럽연합 차원의 정책결정과정을 통해서 진행되고 있고, 이 과정에서 18세기 유럽에서 그 모습을 드러냈던 공공영역이 초국가적 정치공간인 유럽연합에서 새로운 형태로 등장하고 있다. 즉 유럽연합 정치가 회원국가에 제도화되어 있던 공공영역을 전복하고 재구성하는 형태를 띠게 되면서,44) 한편으로는 회원국가의 공공영역이 축소되고, 다른 한편으로는 유럽연합 집행위원회가 마치 공공이익의 수호자인 것처럼 활동하는 초국가적 정치공간이 형성되고 있다. 이 초국가적 공공영역에서 활동하는 초국적 기업의 정책결정자, 유럽연합의 관료 및 전문가, 회원국가의 관료 및 정치가들은 1980년대 이후 유럽통합을 가속화하는 초국가적 동맹체 또는 달리 표현한다면 초국가적 정책 네트워크를 형성하고 있다.45)

---

44) 정치를 공공영역의 재편과 전복의 관점에서 이해하고 있는 글로는, R. Bertramsen, J. Thomsen and J. Torfing, "From the Problems of Marxism to the Primacy of Politics", in R. Bertramsen, J. Thomsen, and J. Torfing(eds.), *State, Economy and Society*(London: Unwin Hyman, 1991), pp.1-34를 참조.

45) S. Gill, "The Emerging World Order and European Change: The Political Economy of European Union", in R. Miliband and L. Panitch(eds.), *Socialist Register 1992*(London: The Merlin Press, 1992), pp.157-93.

그러나 어떤 사상이 특정 시공간을 구조화하는 방식이 명확히 규명되어 있지는 않다. 특히 국제관계의 영역에서 하나의 사상이 이데올로기 시장에서 갑자기 지배적 위치로 부상하게 된 원인에 대한 적절한 이론적 설명도 부재하다.[46] 사실 어떤 사상이 지배적 담론으로 전화하게 되면, 항상 거기에 조응하여 공공정책의 변화가 수반된다. 그러나 사상만이 공공정책의 변화에 독립변수로 기능하는 것은 아니다. 이익, 제도, 사회적 구조 등도 공공정책의 변화에 영향을 미친다. 따라서 어떤 변수에 강조점을 두느냐에 따라 공공정책의 변화에 대한 설명방식이 크게 달라질 수 있다. 본 연구에서는 사상과 이익을 유럽통합과 유럽연합의 공공정책 생산을 설명함에 있어 핵심적 변수로 설정한다. 특정 계급 또는 분파의 이익이 공적 권위체가 입안하는 정책의 형태로 실현되기 위해서는, 즉 특수한 이익이 보편적 이익으로 전화하기 위해서는, 편익(benefits)의 재분배를 통한 타협뿐만 아니라 사상을 매개로 한 설득과 합의가 필요하기 때문이다.

4. 연구의 구성

1장에 이어 2장에서는 지역통합이론들에 대한 비판적 고찰을 수행한다. 우선 지역통합의 개념을 정의하고, 1980년대 이후 신지역주의의 등장원인 및 이를 분석하기 위한 개념적 도구를 제시한다. 다양한 기존이론들을 국가중심적 이론과 탈국가중심적 이론으로 나누어 소개하고, 각 이론들의 핵심 논지를 정리한다. 그리고 이들 이론들의 국제관계에서 구조와 주체에 대한 인식 그리고 사상·이익·제도라는 세 가지 변수의 설정방식을 비판적 국제관계이론의 관점에서 검토한다.

3장에서는 단일유럽시장의 형성과정을 설명하고, 유럽연합의 초국가적 공공정책 생산과정을 분석하기 위한 모형을 제시한다. 이론의 재구성 작업

---

46) N. Woods, "Economic Ideas and International Relations: Beyond Rational Neglect", *International Studies Quarterly*, Vol. 39, No.2(1995), pp.161-180.

에서는 먼저 근대를 상징하는 자유주의 이데올로기에 대한 이해를 기초로 국민국가이면서 자본주의국가일 수밖에 없던 근대국가의 이중성 그리고 안과 밖에서 다른 모습을 띨 수밖에 없었던 또 다른 근대국가의 이중성을 언급한다. 그리고 국가의 경계와 경제적 재생산 단위가 일치했던 특이한 체제인 이차대전 이후의 국제정치경제가 위기에 직면하게 되면서 '신자유주의적' 정치경제체제로 이행하는 과정을 고찰한다. 그리고 초국가적 수준에서의 '신자유주의적' 프로젝트로서 단일유럽시장의 형성과정을 분석하고, 그 결과로 등장한 새로운 정체의 성격을 제시한 다음, 유럽통합에 대한 규범적 평가를 수행한다. 그리고 이상의 이론적 논의에 기초하여 유럽통합 및 유럽연합 정치를 분석할 수 있는 대안적 모형을 제시한다.

구체적 분석의 시작이라고 할 수 있는 4장에서는 19세기 후반부터 20세기 초반까지 선진자본주의국가에서 나타난 통신정책의 정치경제를 분석한다. 이 작업을 통해 근대 통신정책의 '원형'(proto-type)을 발견한다. 통신정책의 정치가 국민국가 내부로 격리된 이유를 근대국가에서 공공성의 형성이라는 맥락 속에서 분석할 것이다. 이 원형의 탐색은 현대의 통신정책 정치를 분석할 수 있는 준거틀을 마련한다는 의미를 갖는다. 통신정치의 원형은 국내정치와 국제정치라는 이차원의 맥락에서 분석된다. 통신정치의 원형에 대한 탐색을 통해 유럽연합 통신정책이라는 단일사례를 분석할 때 발생할 수 있는 인과관계 구성의 난점이 보완될 수 있을 것이다.

5장에서는 유럽연합의 통신정책의 정치경제적 기원을 설명한다. 유럽공동체가 통신 부문에 개입하게 된 원인을 둘러싸고 다양한 설명이 경쟁하고 있다. 3장의 이론작업에서 도출한 초국가적 공공정책 생산과정의 분석을 위한 모형을 기초로 유럽공동체의 통신정책이 등장하게 된 과정이 분석될 것이다. '신자유주의적' 이데올로기의 주요한 구성부분인 기술결정론을 기각하면서, 유럽수준에서 통신정책이 등장하게 된 구조적 원인을 천착하기 위해, 통신부문에서 나타난 정부-정부, 정부-기업, 기업-기업 관계의 변화를 추적한다. 그리고 유럽연합 통신정책 등장의 필요조건이었던 회원국가 통신정책 네트웍의 붕괴 원인을 제시할 것이다.

이어 6장에서는 유럽연합 통신정책을 둘러싼 행위자들 사이의 관계가 제도화되는 과정에 초점을 맞춘다. 즉, 유럽연합 통신정책을 등장하게 한 충분조건을 제시한다. 유럽연합의 각 조직들, 초국가적 기업, 초국가적 기업의 동맹, 유럽 차원에 존재하는 사적 공적 국제기구, 회원국가의 정부, 각종 이익집단, 초국가적 엘리뜨 등이 초국가적 정책 네트워크를 형성하면서 유럽연합 통신정책을 생산하게 되는 과정이 분석의 핵심이다. 유럽연합 통신정책이 산업정책에서 규제정책으로 발전해 가면서, 점진적 자유화의 방향으로 나아갔음을 확인할 수 있다.

7장은 정치와 기술의 관계에 대한 거시이론을 토대로 실제의 정책내용을 분석한다. 즉 통신정책을 매개로 유럽연합의 독특한 성격을 분석하는 것이다. 구체적 정책내용과 그 효과에 대한 분석은 유럽연합이 실제로 '무엇을 하고 있는가'라는 질문에 대한 해답이 될 수 있다. 통신정책은 크게, 규제 및 표준화정책, 연구개발정책, 대외정책, 사회정책으로 분류된다. 각각의 정책내용과 그것의 실제적 효과를 분석한 다음, 유럽연합이 자본에 우호적인 통신정책을 형성하고 있음을 밝힌다. 유럽연합의 성공이 그 정체가 갖고 있는 '민주성 결핍'에 있음을 구체적 정책분석을 통해 제시한다. 이 정책분석은 탈국민적(post-national) 시대에 초국가적 수준에서 기능하고 있는 새로운 자본주의제도에 대한 이론적 논의에 기여할 수 있을 것이다.

결론에서는 이상의 논의를 요약한다. 그리고 비교공공정책 및 비교지역주의 연구를 위한 과제들을 간략하게 제시할 것이다. 그리고 나서 유럽연합 통신정책 내에서 앞으로의 연구과제를 제시하고, 유럽연합의 확대 또는 심화가 향후 유럽연합의 제도적 구조 및 통신정책에 미칠 영향을 언급할 것이다.

제2장 지역통합 이론들: 국가중심주의와 탈국가중심주의

1. 지역통합이란 무엇인가?: 지역통합의 정치

1-1. 근대적 딜레마로서 지역통합

근대 국민국가체계 속에서 정치권력을 국민국가의 상위에 존재하는 어떤 단위에 이양한다면, 그것은 국민국가체계를 부정하는 것이다. 지역통합은 국민국가체계 속에서 발생하는 현상이면서도, 그것을 추진하는 행위자가 의도하든 의도하지 않았든 국민국가체계를 규제하려는 운동이라는 평가를 받게 된다. 지역통합이 이루어진다면, 국민국가의 주권(sovereignty) 또는 정책 자율성(autonomy)이 제약될 수밖에 없기 때문이다.[1] 따라서 국민국가의 존재를 철저하게 부정하는 직접적 '정치'통합의 시도가 국제관계의 무대에서 희귀한 현상임은 우연이 아니다. 지역통합이 경제통합과 동의어로

---

[1] 국민국가의 주권과 정책 자율성은 구분되는 개념일 수 있다. D. Held는, 주권이 "국민국가의 정책방향에 대한 결정을 둘러싼 법적 실제적 통제를 의미하는" 것으로, 자율성은 "목표와 정책을 성취할 수 있는 국민국가의 능력"으로 규정한다. D. Held, "The Decline of the Nation-State", in S. Hall and M. Jacques(eds), *New Times*(London: Verso, 1990), pp.191-204. W. Wallace도 주권의 본질은 "국가권력의 궁극적 우선성" 즉 어떤 권위체에 대해서도 형식적으로 독립되어 있음을 의미하는 것으로, 그리고 자율성은 외적 제약에 대한 국내적 취약성과 관련된 '상대적 개념'으로 인식한다. W. Wallace, "Rescue or Retreat? The Nation-State in Western Europe, 1945-1993", *Political Studies*, No.XLII, Special Issue(1994), pp.52-76. 이들은 주권과 자율성을 구분함으로써 세계경제와 지역통합체가 국민국가의 자율성을 약화시키고 있지만, 주권은 궁극적으로 국민국가에 고유한 권한임을 강조한다. 이들의 구분은 현재의 변화를 분석함에 있어 유용할 수 있다. 그러나 이 구분은 자칫 근대 국민국가체계의 절대성에 대한 변명으로 이용될 소지를 안고 있다.

54

사용되는 것도 이 때문이다.

지역통합에 내재하는 이 '근대적 딜레마' 때문에 지역통합은 본질적으로 논쟁적인 개념이 될 수밖에 없다. 또한 지역통합의 개념 속에는 정치, 경제, 사회, 문화 등등의 인간사회를 구성하는 다차원적 요소들이 포함될 수 있고, 지역통합이라는 용어가 지역통합을 이루어가는 '과정'을 지칭하거나 또는 지역통합 협정을 통해 달성된 어떤 '상태'를 가리킬 수도 있기 때문에, 지역통합에 대한 엄밀한 정의를 찾는 것은 더더욱 어려운 작업이다.

일단 지역과 통합이라는 용어를 구분해 보자. 통합이라는 용어는 쉽게 정의될 수 있다. 통합은 "개별적 단위로써 일관성있는 체계를 형성하는 것으로, 개별단위들 간의 상호의존적 관계뿐만 아니라 그 개별단위들만으로는 가질 수 없는 '체계특성'(system properties)을 만들어 내는 체계단위 간 관계"를 지칭한다.2) 이 정의를 따르게 되면 체계특성의 존재여부가 통합을 규정하는 지표가 된다. 반면 지역이라는 용어의 외연과 내포는 상당히 모호하다. '지역'의 정의나 '지역성'(regionness)의 지표도 제기되는 질문에 따라 다양하게 규정될 수 있기 때문이다.3)

우선, 국제관계의 영역에서 지역통합과 호환적으로 사용되고 있는 '지역주의'(regionalism)에 대한 개념적 정의를 통해 지역 및 지역통합의 개념에 접근해 보자. 다음의 포괄적 정의는 이점에서 상당히 유용한 출발점을 제공한다:

> 지역주의는 하나 또는 그 이상의 정책영역에서 상호 이득의 추구를 위해 셋 혹은 그 이상의 지리적으로 인접한 독립국가들의 정부 또는 비정부적 기구들 사이의 협력으로 정의될 수 있다.4)

이 정의에 따르면, 국제관계에서 다른 협력의 형태인 쌍무주의(雙務主義, bilateralism) 및 다자주의5)(多者主義, multilateralism)와 지역주의를 구분하

---

2) 구영록, 『인간과 전쟁』(서울: 법문사, 1986), p.316.

3) A. Hurrel, "Explaining the Resurgence of Regionalism in World Politics", *Review of International Studies*, Vol. 21(1995), pp.333-4.

4) M. Alagappa, "Regionalism and Conflict Management: A Framework for Analysis", *Review of International Studies*, Vol. 21(1995), p.362.

는 특징은, 지역주의에 참여하는 주체의 숫자가 '셋 이상'이라는 점과 그 행위자들의 '지리적 인접'이다. 다자주의에도 셋 이상의 행위자가 필요하다는 점을 고려한다면, 결국 지역주의는 지리적 인접성에 기초한 협력의 형태로 정의될 수 있다. 이 지리적 인접성은 지역형성의 기반이라고 할 수 있는 지역적 정체성(regional identity)의 원천이 될 수 있다. 또한 지역주의와 다자주의의 차이는 회원자격의 부여문제에서도 극명하게 나타난다. '국제연합'(UN), '국제통화기금'(IMF), '세계무역기구'(World Trade Organization, WTO)와 같은 다자주의적 국제기구에서는 보편성(universality)의 원칙에 기반하여 일반적으로 모든 주권국가에 회원자격을 부여하지만, 지역주의적 기구의 회원자격은 개방적이지 않다.[6)]

---

5) 다자주의에 관한 집중분석으로는, J. Ruggie(ed.), *Multilateralism Matters: The Theory and Praxis of an Institutional Form*(New York: Columbia University Press, 1993)을 참조.

6) M. Kahler, "Multilateralism with Small and Large Numbers", in J. Ruggie(ed.), *Multilateralism Matters: The Theory and Praxis of an Institutional Form*(New York: Columbia University Press, 1993), p.295. 그러나 다자주의와 지역주의가 서로 상충하는 협력형태가 아닐 수도 있다. 전세계 무역자유화를 추진하는 WTO에서도, 지역주의와 다자주의가 원칙적으로 상호 긍정적인 관계를 유지할 수 없고 따라서 지역주의적 협력체가 무역자유화에 좀 더 헌신적으로 노력해야 함을 강조하면서도, 지역주의와 다자주의가 무역자유화를 심화하는 보완적 관계에 있음을 인정한다. WTO, *Regionalism and the World Trading System*(Geneva: WTO, 1995). 1993년 12월 우루과이 라운드(Uruguay Round)의 타결과 1994년 4월 마라케쉬 협정(Marrakesh Agreement)에 기초하여 작성된 "관세 및 무역에 관한 협정 1994"에서 다자주의와 지역주의의 관계를 다루고 있는 조항인 Article XXIV에는, 관세동맹 및 자유무역지대의 목적이 무역의 촉진에 있어야 하며, 무역장벽의 설치와 연결되어서는 안 된다는 점을 분명히 하고 있다. 조항의 세부내용은 GATT, *The Results of the Uruguay Round of Multilateral Trade Negotiation: The Legal Texts*(Geneva: GATT Secretariat, 1994), pp.522-5를 참조. 또한 국제정치에서 발생하는 정치군사적 갈등에 있어서도, '북대서양 조약기구'(NATO)와 같은 지역주의적 기구는 회원국가가 현 상태를 유지하는 데 공헌하게 함으로써, 범지구적 수준에서 갈등예방에 일정한 역할을 수행하고 있다고 주장된다. Alagappa, op. cit. 따라서 지역블럭화가 다자주의적 원칙을 위반하지 않는다는 주장을 수용하게 되면, 지역주의는 다자주의의 하위원리로 자리매김될 수도 있다. 그러나 지역주의가 보호주의적 경향을 보이는 것은 그 속성상 불가피할 수도 있다. 지역주의가 범지구적 무역레짐과 부합할 수 있도록 하기 위해 국제

그러나 위의 정의처럼, 지리적 인접성을 강조하게 되면, 자칫 한 지역의 형성을 자연적(natural) 과정으로 이해하는 오류를 범할 수 있다. 왜냐하면, 모든 지역은 사회적으로 '구성되는'(constructed) 것이기 때문이다.[7] 예를 들어 아시아·태평양이나 유럽이라는 지역이 일정한 지리적 기반을 갖고 있는 것은 부정할 수 없지만 사실상 이 지역들도 '상상된' 공간(imagined space)이라고 할 수 있다.[8] 따라서 지리적 인접성이 지역형성에 있어 중요한 요소이기는 하지만, 지역형성에 반드시 필요한 요소는 아닐 수도 있다. 통합의 최대효과를 산출할 수 있는 최적(optimal) 지역의 산출도 지리적 인접성에 의해 주어지는 것이 아니다. 그렇기 때문에 현실세계에서 지역의 경계는 새로운 지역형성의 정치경제적 유용성이 계산된 이후 참여 주체들의 협상을 통해 정치적으로 결정되는 것으로 이해되어야 한다. 그리고 이 정치적 결정은 지역을 하나의 단위로 응집시키기 위한 제도나 상징의 발명을 통해 대중적 충성심을 동원하는 방식으로 보완된다.[9]

이제 다시 지역통합으로 돌아가 보자. 위의 정의에서 지역주의가 어떠한 체계특성을 갖게 되는지가 불분명하다. 즉 위의 정의는 일정한 지역 내부에서의 정부 간 또는 비정부적 기구들 간의 '협력'을 지칭하고 있을 뿐이다. 그러나 협력과 통합은 구분되는 개념이다. 경제통합이 새로운 '지역경제단위'(regional economic unit)의 형성과 관련되어 있다면, 정부 간 협력은 주권국가 정부들 사이의 특수한 협상의 결과물이다. 다시 말한다면, 지

적 차원의 노력이 필요함을 주장하고 있는 논문으로는 R. Hormats, "Making Regionalism Safe", Foreign Affairs, Vol. 73, No.2(March/April 1994)를 참조.

7) Hurrel, *op. cit.*, p.334.

8) 유럽통합의 관점에서 유럽이라는 용어가 지칭하는 내용을 역사적으로 고찰하고 있는 글로는 W. Wallace, *The Transformation of Western Europe*(London: Pinter Publishers, 1990), pp.7-34를 참조. W. Wallace는 소련의 지도자였던 고르바초프가 주창한 '공동의 유럽의 집'(common European home)과 같은 수사에서 나타나는 것처럼, 유럽은 상상된 공간이라고 본다. 또한 유럽이라는 사고 및 지역이 형성되는 과정을 역사적으로 고찰하고 있는 글로는 K. Wilson and J. van der Dussen(eds.), *The History of the Ideas of Europe*(London: Routledge, 1995)를 참조.

9) P. Taylor, *International Organization in the Modern World: The Regional and the Global Process*(London: Pinter, 1993), p.7.

역통합은 회원국가들 사이의 정부 간 협력을 촉진할 수 있지만, 정부 간 협력은 지역통합에 대한 계획이 없이도 발생할 수 있다.[10] 따라서 지역주의가 지역통합의 형태로 발전할 수도 있지만, 지역주의의 출현이 곧 지역통합을 의미하는 것은 아니다. 즉, 지역통합은 지역 차원에서 새로운 제도의 형성을 특징으로 하는 지역주의의 특수한 형태로 정의될 수 있다.

1-2. '신지역주의'의 출현

지역주의 및 지역통합에 대한 국제관계 연구자들의 관심은 역사적 시기마다 그 강조점이 상이하다. 논란의 여지가 있을 수 있지만, 지역통합을 통해 "평화적 방법에 의한 초국가적 문제해결"을 모색하는 '규범적' 관점이 1970년대 이전의 지역통합 이론들의 기저에 놓여 있었고, 대부분의 주류 정치학자들은 주로 전쟁을 억제할 수 있는 '안보공동체'를 건설하는 과정으로 통합을 이해했다.[11] 그러나 유럽통합을 사례로 전개된 이 통합이론들은 1970년대에 유럽통합운동이 정체상태에 접어들게 되자 급격히 쇠퇴하기 시작했다.[12] 신기능주의 통합이론가인 E. Haas가 지역통합이론의 진부화를

---

10) P. Smith, "The Politics of Integration: Concepts and Themes", in Smith, Peter H.(ed.), *The Challenge of Integration*(New Brunswick: Transaction Publishers, 1993), p.5. 경제통합 이론가인 B. Balassa는 통합과 협력의 차이를 질과 양의 차이로 서술하고 있다. 즉, 협력이 차별을 줄이고자 하는 행동이라면, 경제통합은 다양한 형태의 차별을 금지하려는 시도이다. B. Balassa, *The Theory of Economic Integration*(London: Allen & Unwin, 1961), p.2.

11) D. Puchala and S. Fagan, "International Politics in the 1970s: The Search for a Perspective", *International Organization*, Vol. 28, No.2(1974), p.258. K. Deutsche, I. Claude E. Haas, L. Lindberg, D. Mitrany, B. Russet, J. Nye 등의 주류 정치학자들의 다양한 통합이론을 종합적으로 정리하고 있는 글로는, 구영록, *op. cit.*, pp.317-362를 참조.

12) 유럽공동체의 발전과정은 대략 다음과 같은 3단계로 구분해 볼 수 있다. 1단계는 유럽석탄철강공동체의 탄생부터 1966년 회원국가가 정책결정과정에서 거부권을 사용할 수 있도록 규정한 '룩셈부르크 타협'(Luxembourg compromise)이 발생한 시기까지로 '탄생'과 '성장'으로 특징지워지는 시기이다. 2단계는 '정체'와 '부활'의 시기인 1966년부터 1980년대 초 단일유럽시장 계획이 논의되는 시

선언한 1975년도 저서는 이점에서 현재에도 여전히 음미할 만한 내용을 담고 있다:

통합이론들이 쓸모없게 되어가고 있다. 왜냐하면 그 이론들이 범지구적 정책 및 연구의제로 떠오르는 가장 절박하고 중요한 문제들을 다룰 수 있도록 고안되지 않았기 때문이다.[13]

지역통합이론에 대한 이 반성은 범지구적 상호의존 또는 범지구화의 맥락에서 지역주의 및 지역통합을 이론화할 필요성을 제기했다는 점에서 매우 선구적이다. 특히 1970년대의 상대적 정체를 극복하고 다시 시작된 지역통합운동은 범지구화라는 맥락과 분리되어 사고될 수 없다.

현대 세계에서 지역통합 현상은 '1980년대'를 분기점으로 질적 변모가 이루어진다. 특히 정치·군사적 영역에서의 지역협력체보다는 유럽연합, 북미자유무역협정(NAFTA), 아시아·태평양경제협력(APEC), 동남아시아국가연합(ASEAN) 등의 경제통합체를 축으로 한 지역분할구도가 주목된다.[14] '신지역주의'(新地域主義)로 명명되는 이 현상은 과거 안보적 관심이 우위에 있던 구지역주의(舊地域主義)와 다음의 측면에서 구분될 수 있다.[15]

기까지이다. 단일유럽시장의 건설 이후를 3단계로 설정할 수 있다. 박찬욱·구갑우·김영순, "유럽공동체의 정책결정과정에서 국민국가와 초국가적 제도 간의 상호작용에 관한 연구", 『지역연구』, 3권 2호(1994), pp.46-7. 유럽통합의 역사를 개괄적으로 소개하고 있는 대표적 저서로는, D. Urwin, *The Community of Europe: A History of European Integration since 1945*(Harlow: Longman, 1991)을 참조.

13) E. Haas, *The Obsolescence of Regional Integration Theory*(Berkeley: Institute of International Studies, 1975), p.17.

14) 정치, 군사적 영역에서의 지역통합체들로는, Organization of African Unity(OAU), Organization for Security and Co-operation in Europe(OSCE), North Atlantic Treaty Organization(NATO) 등이 대표적이다. 또 다른 경제통합체로는, Andean Common Market, Caribbean Community(CARICOM), Southern and East African Preferential Trade Area(PTA), Economic Cooperation among the Countries of Magreb 등이 활동 중이다.

15) B. Hettne, "Neo-Mercantilism: The Pursuit of Regionness", *Cooperation and Conflict*, Vol. 28, No.3(1993), p.221; Hurrel, *op. cit.*, p.332.

첫째, 구지역주의가 냉전적 양극체제(兩極體制)의 맥락에서 형성되었다면, 신지역주의는 보다 다극적(多極的) 세계질서 속에서 형성되고 있다. 둘째, 구지역주의가 통상 '위로부터' 초강대국에 의해 창출되었다면, 신지역주의는 '아래로부터' 제기된 보다 자발적 과정의 산물이다. 셋째, 구지역주의가 설정한 목표가 특정사안에 집중되었다면, 신지역주의는 보다 광범위한 목표와 관련되어 있는 다차원적 과정으로, 그 과정에서 정치적 지역주의와 경제적 지역주의를 구분하는 경계가 모호해지고 있다.

특히 주목되는 측면은 이 신지역주의가, 영토국가의 경계가 자본·서비스·재화·노동을 위한 시장의 경계와 '시공간적으로 일치한' 이차대전 이후의 '예외적' 시기가 붕괴되면서 나타난 현상이라는 점이다.[16] 나중에 자세히 설명하는 것처럼, 이차대전 이후에 형성된 타협체제(embedded liberalism)는, 1930년대의 경제적 국민국가주의 시대와 달리 다자주의적이었고, 금본위제(金本位制, gold standard)와 자유무역을 특징으로 하는 자유주의 시대와 달리 그 다자주의는 국내적 개입주의에 입각해 있었다.[17] 즉 근대를 대표하는 두 사상인, 국민국가주의와 자유주의 사이의 갈등에서 국민국가주의를 중심으로 자유주의가 보완적 역할을 수행한 것이 바로 전후체제의 핵심적 특징이었다. 이 타협체제하에서는 무역과 통화의 안정적인 국제거래가 증진되면서도, 생산자본 및 금융자본의 이동성은 국내적 안정의 획득을 위해 정책적으로 제약되었다.

거시적 관점에서 본다면, 자유주의가 국민국가체계로부터 탈착될(脫着, disembedded) 수 있는 주객관적 계기가 마련되면서 신지역주의의 필요조건들이 형성된다. 1970년대 이후 자본 축적전략의 변화로부터 발생한 자본의 이동성 제고와 그 이후 이를 정당화하고 정책적 차원에서 새로운 전략

---

16) 이차대전 이후의 체제를 이와 같은 공간적 관점에서 파악하고 있는 글로는, F. Scharpf, "Negative and Positive Integration in the Political Economy of European Welfare States", in G. Marks, F. Scharpf, P. Schmitter, and W. Streek, *Governance in the European Union*(London: Sage, 1996), p.16을 참조.

17) J. Ruggie, "International Regimes, Transactions, and Change: Embedded Liberalism in the Postwar Economic Order", *International Organization*, Vol. 36, No.2(1982), p.393.

을 승인하는 사상 또는 이데올로기로서 '신자유주의'가 정책결정자들에게 하나의 확실한 신념으로 공유됨으로써 전후 타협체제는 붕괴된다. 그러나 이 붕괴로부터 곧 신지역주의의 등장을 도출할 수 없다. 우리는 범지구적 수준에서의 '신자유주의적' 경향 및 국민국가 수준에서 발생한 사회적 타협의 해체가 야기한 불확실성을 제거하려는 정치적 행위자들이 지역적 수준에서 안정화를 도모할 수 있는 '제도적 해결책'으로 새로운 지역통합체를 건설하고 있다고 생각한다.

1-3. 개념적 도구

이제 지역통합에 대한 구체분석을 위해 필요한 개념적 틀을 마련해 보자. 각 분과학문별로 지역통합을 보는 시각은 상이하다. 정치학자들에게 지역통합이 국민국가를 넘어서는 새로운 정책결정의 중심을 형성하는 문제로 다가온다면, 경제학자들은 지역통합을 국가들 사이에 교역되는 재화의 규모 및 종류가 변하면서 형성되는 진보를 통해 통합의 정도를 측정한다.[18] 또한 사회학자들에게는 지역통합이 지역정체성의 형성여부로 판단된다면, 법학자들은 법적 행정적 체계의 발전 정도를 기준으로 통합을 평가한다. 본 연구에서는, 법적 사회적 통합의 중요성을 필요한 정도로 언급하면서, 현실세계에서 실제로 정책의제로 상정되는 경제통합의 정치적 과정 및 정치적 효과에 논의를 집중한다. 즉 "정치적 경계의 경제적 중요성이 줄어드는 경향"인 지역통합에 대한 연구는, '정치경제적' 관점에서만 완전한 형태로 포착될 수 있기 때문이다.[19]

지역통합의 경제적 효과에 관심을 두는 경제학자들은 경제통합을 과정과 상태의 두 측면에서 조망한다. 과정으로서의 경제통합은 상이한 국민국가

---

18) M. Mols, "The Integration Agenda: A Framework for Comparison", in P. Smith(ed.), *The Challenge of Integration*(New Brunswick: Transaction Publishers, 1993), p.55.

19) 이 정의는 D. Henderson, "International Economic Integration", *International Affairs*, Vol. 68, No.4(1992), p.634를 참조.

들의 경제단위 사이에 차별을 폐지하기 위한 제반 조처들을 지칭하고, 상태로서의 경제통합은 국민경제 사이에 다양한 형태의 차별이 부재함을 의미하는 것으로 정의된다. 그리고 차별화의 정도와 발전단계를 기준으로 경제통합의 형태를, ‘자유무역지대’, ‘관세동맹’, ‘공동시장’(common market), ‘경제동맹’(economic union), 그리고 ‘완전한 경제통합’(complete economic integration)으로 구분한다.[20] 국민국가체계의 강고성을 인정한다면 이념형으로밖에 존재할 수 없는 완전한 경제통합을 위해서는, 생산물·자본·노동력·서비스의 자유로운 이동이 보장되고, 완전한 비차별의 상태 즉 경제학적 의미에서 외국인이 존재하지 않아야 한다.[21] 경제학자들은 이 이념형에 접근해 가는 단선적 과정의 중간단계로 각각의 형태를 설정하고 있다. 이 경제학적 문제설정의 저변에는 경제통합이 경제적 부를 증진하는 데 도움이 된다는 이데올로기적 확신이 놓여 있다.

통합의 경제적 효과에 강조점을 두면서 이 효과를 측정하는 세련된 도구를 개발하는 것에 주된 관심을 갖고 있는 경제학자들도, 경제통합이 정치적 과정이라는 사실을 부인하지 않는다. 정치적 동기에 의해 경제통합이 진행될 뿐만 아니라 경제통합이 정책결정과정의 변화를 야기한다는 점을 경제학자들도 인정하고 있다.[22] 경제통합의 ‘정치적 효과’ 또는 경제통합의 ‘정치학’은 국제적, 국내적, 그리고 초국가적 수준에서 검토하고 측정하는 것이 가능하다.

첫째, 경제통합의 일차적 목표가 시장자유화를 통해 다양한 행위 주체의 경제적 이익을 증진하는 것이지만, 경제통합은 또한 국가 간 힘의 균형상

---

20) B. Balassa에 따르면, 경제통합의 각 형태는 다음과 같이 간략하게 정의된다: 자유무역지대는 회원국 사이에 관세가 폐지되지만, 각국이 비회원국가에 대해 관세를 부여하는 상태이다: 관세동맹은 회원국들이 비회원국에 대해 공동관세를 설정하는 통합형태이다: 공동시장은 무역제한뿐만 아니라 생산요소의 이동에 대한 제한이 없어진 상태를 의미한다: 경제동맹은 공동시장이 발전된 형태로 국민국가의 경제정책이 상당한 정도의 조화(harmonization)를 달성한 상태이다: 완전한 경제통합은 회원국가의 통화·재정·사회정책 등의 분야에서 통일이 이루어진 상태로 초국가적 권위체를 필요로 한다. Balassa, *op. cit.*, pp.1-3.
21) Henderson, op. cit., p.635: P. Robson, *The Economics of International Integration*(London: George Allen & Unwin, 1980), p.1.
22) Balassa, *op. cit.*, pp.6-7: Robson, *op. cit.*, pp.2-4.

62

태를 재조정하는 파생적 역할을 수행한다. 즉, 경제통합은 국민국가체계에서 불가피하게 발생하는 갈등과 마찰을 제거하고자 하는 평화운동으로서의 성격을 지니고 있다.[23] 둘째, 경제통합은 국민국가 내부의 정책논쟁 및 정치적 갈등을 해소하기 위해 전략적으로 선택될 수 있다. 국제적 또는 범지구적 압력을 변명으로 삼아 국민국가의 정부는 초국가적 기업분파의 국내적 국제적 활동을 정당화하는 역할을 수행할 수 있다. 셋째, 경제통합은 새로운 정책결정 단위의 형성을 야기한다. 따라서 우리는 경제통합의 정치적 과정에 대한 연구뿐만 아니라 정치적 행위자들의 전략적 행동의 결과로 탄생한 이 새로운 제도의 성격에 대한 연구를 필요로 한다. 즉 경제통합의 정치적 과정에 대한 연구는 경제통합의 정치적 결과와 분리될 수 없다.

지역통합의 정치적 과정 및 정치적 결과를 분석하기 위해서는, 지역통합의 '주체', 지역통합의 '과정', 그리고 지역통합의 '결과'를 비교할 수 있는 개념도구가 필요하다. 첫째, 지역주의를 추동하는 주체가 반드시 국민국가의 정부일 필요는 없다. 국민국가 정부들의 형식적 승인이 없다면 지역통합체를 건설하는 것은 불가능하지만, 현재의 경제적 지역주의가 사적 행위자들의 강력한 통합의도에 의해 추진되고 있음은 부정할 수 없다. 1970년대 이후, 일정한 지역 내부에서 또는 범지구적 수준에서 기업들 사이에 '전략적 제휴'(strategic alliance)가 증가하고 있는 것도 지역통합운동의 재활성화와 긴밀히 연관되어 있다. 극단적으로 "경제적 지역주의의 가장 중요한 추동력이 시장에서, 사적 무역과 투자흐름으로부터, 그리고 기업의 정책과 결정으로부터 나온다"는 평가도 가능하다.[24]

둘째, 전통적으로 경제통합은 시장의 건설과 등치된다. 근대 유럽의 역사에서 국민국가 수준에서의 경제통합은 국가형성(state building) 이후, 국가의 안정적 재정의 확보를 위해 필요한 경제단위의 건설을 위한 시도로 이해될 수 있다. 즉 국민적 시장의 형성은, 일단 국민국가적 변이를 사상한다

---

23) 그러나 경제통합이 국제적 수준에서 반드시 평화적 관계를 보장하지는 않는다. Henderson, *op. cit.*, pp.652-3. 즉 경제통합을 통해 국가 간 관계가 보다 상호의존적으로 변해가면서 평화적 관계를 위한 필요조건이 형성될 수 있지만, 이를 통해 평화를 위한 충분조건이 확보되는 것은 아니다.
24) Hurrel, *op. cit.*, p.334.

면, 국가의 영토들이 안정된 이후, 그 내부에서 국가의 ‘보호’를 기반으로 발전되었다.25) 1547년-1548년의 기간 동안 영국에서 이루어진 잉글랜드와 스코틀랜드의 동맹, 1646년 프랑스의 중상주의자 꼴베르가 관세동맹을 건설하려던 계획, 1818년-1828년의 기간 동안 프러시아 주도로 건설된 독일의 관세동맹(Zollverein) 등이 국민국가 수준에서 이루어진 경제통합의 대표적 사례들이다. 현재의 경제적 지역주의도 유사하게 일정한 지역 내에서 ‘자유’시장을 건설하려는 공동의 목표를 갖고 있다.

그렇다면, 근대 초기의 경험처럼, 지역 ‘시장’의 형성은 지역 ‘국가’에 의해 추진되고 있는가? 만약 시장의 형성이 강력한 물리력을 갖는 국가를 반드시 필요로 한다면, 우리는 국가없는(stateless) 시장의 형성을 목도하고 있는 것인가? 아니면 근대 초기의 국가에 기능적으로 상응하는 새로운 정치적 권위체에 의해 지역시장의 형성이 추진되고 있는가? 이 질문들에 대한 대답은 다음 장에서 모색될 것이다. 이데올로기의 측면에서도 근대 초기의 시장형성과 현재의 시장형성을 비교하는 것도 유의미하다. 근대 초기에는 국민국가주의가 우선하면서 경제적 자유주의가 그 속에 내재되었다면, 현재의 지역주의에서는 경제적 자유주의가 국민국가주의로부터 탈착되는 현상이 나타나고 있다. 이 점에서 이데올로기는, 그것이 사전적으로 의제설정 및 정책형성과정에서 개입하든 아니면 정책의 실행 이후 사후적 정당화 과정에서 작용하든, 경제정책의 결정과정에서 중요한 역할을 수행하고 있다.

셋째, 국민국가 수준에서의 시장형성이 다양한 변이를 보이는 것처럼, 지역통합의 표준모형을 설정하는 것이 불가능할 수도 있다. 따라서 다양한 유형의 지역통합체를 비교할 수 있는 개념들이 요구된다. 일반적으로, 지역통합체가 포괄하는 쟁점의 ‘범위’(scope), 지역통합체 내부에서 ‘정책조화’의 정도(depth), 형식적인 ‘제도화’(institutionalization)의 수준, 지역통합체의 권위가 ‘중앙집중화’(centralization)되는 정도 등이 그 변수들로 제시된다.26) 본 연구에서는 이 기준 외에 객관적 지표로 측정이 불가능하기는 하

---

25) P. Kapteyn, *The Stateless Market: The European Dilemma of Integration and Civilization*(London: Routledge, 1996), pp.9-45.

64

지만, 지역통합체를 추진하는 엘리뜨들의 공유된 신념(shared belief) 또는
이데올로기적 정향을 중요한 변수로 설정한다.27) 유럽연합은 이 기준들의
관점에서 보면, APEC이나 NAFTA와 비교할 때, 가장 '선진적인' 지역통
합체라고 할 수 있다. 유럽연합은 경제정책에서부터 사회정책에 이르기까
지 다양한 정책을 생산하고 있고, 유럽연합의 경제정책이 국민국가의 정책
수립에 기준이 될 정도로 높은 수준의 정책조화를 보이고 있으며, 형식적
인 제도화 수준도 상당히 높은 편이다. 또한 지역 엘리뜨들의 통합에 대한
정치적 헌신 또한 상당히 높다.

이러한 이유 때문에 유럽통합은 오랜 기간 동안 국제관계의 연구자들에
게 지역통합을 대표하는 하나의 전형으로 인식되어 왔다. 그리고 유럽연합
의 특이한 제도적 구조는 1980년대라는 시공간에 형성된 것이 아니라 이차
대전 직후 특수한 경제적 안보적 고려 속에서 주조된 것임을 기억할 필요
가 있다.28) 유럽연합은 다양한 지역통합체 가운데 가장 극단적으로 제도적
통합이 이루어진 형태일 수 있다. 따라서 유럽통합은 하나의 예외로 취급
될 수 있다. 그러나 범지구화라는 새로운 정치경제적 맥락에서 진행되고
있는 현재의 지역통합체 사이에서는 일정한 수렴현상이 발견된다. 예를 들
어 아시아 지역에서는 유럽지역과 달리 비공식적인 네트워크 구조 속에서
지역통합이 발생하고 있다는 지적은 경청할 만하다.29) 아시아·태평양 지

---

26) P. Smith, *op. cit.*, p.5.
27) 여기에 '우리' 지역이라는 지역통합체 구성원들의 지역적 정체성 공유여부가 추
   가될 수 있다. 즉 역사적, 문화적, 종교적 전통에 뿌리를 두거나 또는 상징조작이
   나 신화만들기를 통한 지역정체성의 형성이 경제통합에 미치는 영향 등을 고려
   하는 것도 지역통합 연구에 중요한 분야가 될 수 있고, 그 변수를 통해 지역통합
   에 대한 비교연구가 가능할 수도 있다. 예를 들어, 구성원들의 사회적 정향 그리
   고 그들 사이의 사회적 커뮤니케이션의 발전은 지역통합체의 응집력을 제고하는
   중요한 변수가 될 수 있다. 그러나 본 연구에서는 지역통합이라는 정치적 기획에
   서 대중의 참여보다는 엘리뜨들의 합의를 보다 중요한 변수로 설정한다. 대중의
   지지는 지역통합을 사후적으로 정당화하는 수단이기 때문이다.
28) W. Wallace, *Regional Integration: The West European Experience*(Washington
   D.C.: The Brookings Institution, 1994); "Regionalism in Europe: Model or
   Exception?" in L. Fawcett and A. Hurrel(eds), *Regionalism in World
   Politics*(Oxford: Oxford University Press, 1995), pp.201-227.
29) P. Katzenstein, "Regionalism in Comparative Perspective", *Cooperation and*

역의 초국가적 기업 및 지역 엘리뜨의 네트워크가 유럽연합의 공식적 제도에 상응하는 기능적 등가물(functional equivalent)일 수 있기 때문이다. 또한 근래에는 유럽통합을 설명하는 이론적 도구를 통해 다른 지역에서 진행되는 통합현상을 설명하려는 시도가 일정한 성과를 거두고 있기도 하다.[30] 따라서 일정하게 범지구적으로 공유하고 있는 시공간을 전제로, 지역통합의 정치학에 대한 일반이론의 수립이 가능하다는 것이 본 연구의 기본관점이다.

지역통합의 다양한 차원에 대한 논의에서 가장 쟁점이 되는 부분은 바로 지역통합체의 초국가적(transnational) 성격이다.[31] 일반적으로, 쟁점의 범

Conflict, Vol. 31, No.2(1996), pp.123-159; J. Caporaso, "Four Central Controversies of Regional Integration Theories", Paper presented at Ideologies and Policies of Korea in the 21st Century, 1995.

30) R. Higgot, "Economic Co-operation in the Asia Pacific: A Theoretical Comparison with the European Union", *Journal of European Public Policy*, Vol. 2, No.3(1995); H. Milner, "Regional Economic Co-operation, Global Markets and Domestic Politics: A Comparison of NAFTA and the Maastricht Treaty", *Review of International Political Economy*, Vol. 2, No.3(1995).

31) 초국가적 관계는 "적어도 한 행위자가 비국가적 행위자이거나 또는 국민국가의 정부나 정부 간 기구를 대표하여 활동하지 않는 시점에서 국민국가의 경계를 가로지르면서 발생하는 규칙적 상호작용"으로 정의된다. T. Risse-Kappen, "Bringing Transnational Relations Back In: Introduction", in T. Risse- Kappen(ed.), *Bringing Transnational Back In: Non-State Actors, Domestic Structures and International Institutions*(Cambridge: Cambridge University Press, 1995), p.3. 이 초국가적 관계에 대한 주목은, 신자유주의적 국제관계 이론가들이 비국가적 또는 비정부적 행위자를 국가에 버금가는 행위자로 설정하면서 시작되었다. R. Keohane and J. Nye(eds.), *Transnational Relations and World Politics*-(Cambridge: Harvard University Press, 1972). 즉, 다국적 기업이 국제무대에 본격적으로 등장하게 되면서 초국가적 국제관계라는 용어가 사용되기 시작했다고 볼 수 있다. 반면, 신기능주의 이론가들과 초기 유럽통합을 주도한 정치가들은 국민국가의 상위에 존재하는 정책결정과정의 독특한 특징을 묘사하기 위해 supranational이라는 개념을 사용했다. 본 연구에서는 상위국가적이라고 번역될 수 있는 supranational이라는 개념이 초국가적이라는 개념의 부분집합이라고 생각한다. 따라서 transnational과 supranational을 모두 초국가적으로 번역한다. 최근, M. Porter는 범지구적 경제체제에서 활동하고 있는 기업의 유형을 분류하면서, transnational 기업을 분산된 국제적 생산시설을 갖추고, 중앙본부와 국민적

위가 확대될수록, 정책조화의 심도가 깊어갈수록, 제도화 수준이 높을수록, 그리고 중앙집중화의 정도가 강해질수록, 지역통합체의 초국가성은 제고된다고 볼 수 있다. 통상, 초국가적 정책결정을 수행하는 제도적 장치의 등장이 국민국가의 쇠퇴 또는 국민국가들의 주권이 이양된 연방국가의 건설로 해석되기도 한다. 그러나 초기 통합이론가들 및 정치가들은 초국가적 기구의 건설을 국민국가의 사멸로 이해하지는 않았다. 그리고 초국가적이라는 표현에 거부감을 나타내기도 했다.

초기 유럽공동체 제도를 설계했던 J. Monnet는 그의 회고록에서 다음과 같이 진술하고 있다:

> (1950년 4월 17일) …… 고등기관(High Authority, 이후 집행위원회로 개칭)은 '초국가적'으로 묘사되었다. 그러나 나는 그 단어를 싫어했고, 언제나 그 단어를 싫어해 왔다. 중요했던 것은 그 기관이 암시했던 과업이었다.[32]

Monnet는 고등기관의 결정이 프랑스, 독일, 그리고 다른 회원국가들에서 즉시 구속력을 갖는다는 점을 인정하면서도 그러한 권력에 대한 견제장치가 필요하다고 인식하고 있었다. 그럼에도 다른 한편으로 고등기관의 설치를 유럽석탄철강공동체 건설을 위한 핵심적 사업으로 사고하고 있었다. 1950년 6월 20일 Monnet는 "일단 그 기구가 적절하게 자리잡게 되면, 대약진이 이루질 수 있을 것이다"라는 의견을 표명했다.[33]

신기능주의 통합이론가인 E. Haas는 J. Monnet의 이러한 사고를 계승하면서 초국가성을 독특하게 해석하고 있다:

지역적 수준에 부응할 수 있는 탈집중화된 조직을 갖추고 범지구적 전략 및 국민국가와 지역의 고유한 성격에 필요한 전략을 동시에 수행하는 기업으로 분류한다. 따라서 초국가성은 범지구적, 지역적, 국민국가적 수준을 가로지르는 독특한 성격을 갖는다. M. Porter, *The Competitive Advantage: Creating and Sustaining Superior Performance*(New York: The Free Press, 1985).

32) J. Monnet, *Memoirs*, translated by Richard Mayne(London: Collins, 1978), p.297.

33) *Ibid.*, p.321.

…… 유럽공동체가 채택하고 있는 제도들이 UN이나 NATO가 아니라 연방제도들과 유사하지만, 이것은 연방주의도 긴밀한 정부 간 협력도 아니다. 초국가성은 국제적 정책결정의 독특한 스타일이다. 그것은 참여자의 성격, 정책결정이 이루어지는 맥락, 그리고 생산된 정책의 질(quality) 때문에 독특하다.[34]

E. Haas는, 정책결정과정에 회원국가의 고위공직자, 정치가, 그리고 이익집단 등의 다양한 성격의 행위자들이 참여하고, 경제적·사회적 결정이 정치의 영역으로 침투확산(spill-over)되며, 서로의 양보를 통해 공동이익을 증진하는 협상이 이루어지는 체계가 초국가적 성격을 갖고 있다고 주장하고 있는 것이다. 이 정의에 정치경제적 문제설정이 담겨져 있지는 않지만, 이 정의는 지역통합을 국민국가적 상상력의 틀 내에서 사고하면서, 지역통합체를 국민국가의 복제형태로 인식하는 빈곤한 상상력을 넘어설 수 있게 한다는 점에서 매우 유용하다. 만약 이 정의를 따르게 되면, 국민국가의 존재에 대한 긍정과 부정이라는 양분적 사고에 기반하지 않고도 초국가적 제도의 발생을 도출할 수 있게 된다.

2. 통합이론 및 유럽연합 정치이론의 분류

국민국가 체계에 본질적인 것으로 간주되는 갈등과 마찰을 제거하고, 이를 기초로 항구적 평화의 길을 모색하던 기능주의 통합이론이 실제로 적용된 곳은 양차 세계대전이라는 잔혹한 경험의 흔적을 간직하고 있던 서유럽이었다.[35] 이 기능주의 통합이론은 현실정치의 세계에서 평화체제를 갈구

---

34) E. Hass, "Technocracy, Pluralism and the New Europe", in S. Graubard(ed.), *A New Europe*(Boston: Bacon Press, 1964), p.64.

35) 기능주의 통합이론의 대표적 저작으로는, D. Mitrany, *A Working Peace System*(Chicago: Quadrangle Books, 1966)을 참조. 평화체제의 건설이라는 기능주의의 목적론적 이론구성을 배제하고, 냉전질서와 미국의 전후 자본주의 재편전략 및 유럽국가들에서의 계급관계 변화를 통해 초기 유럽통합을 설명하고

하던 일부 정치가들이 공유하고 있던 규범적 신념이기도 했다. 역사적으로 통합이론에는 항상 현실세계의 정치운동이 접합되어 있었다. 따라서 통합 운동의 역사적 변천에 따라 통합이론의 변형도 이루어져 왔다.

예를 들어, 1950년대 유럽통합운동은 상대적으로 회원국가의 정부가 가하는 제약으로부터 벗어나 있던 고등기관에 의해 통합의 방향이 결정되던 시기였다. 이 상황에 조응하여 기능주의가 대표적 통합이론으로 부각되었다. 1960년대에는 초국가적 압력집단의 활동과 강력한 국민국가주의적 발전전략의 하나인 드골주의(Gaullism)가 공존하면서, 정부 간 협상과 각료회의가 집행위원회의 상위에 위치하면서 통합이 지체되던 시기였다. 신기능주의가 출현한 것이 바로 이 시점이다. 1970년대 유럽통합운동의 정체와 더불어 통합이론 또한 쇠퇴하게 되었다.[36]

1980년대 초 단일유럽시장의 건설이 의제로 상정되면서 통합이론의 재활성화 시대가 도래했다. 1987년 단일유럽법이 조인된 이후, 유럽공동체의 정책결정과정은 아주 갑작스럽게 변했고, 그리하여 기존 이론들의 적실성에 대해 의문이 제기되었다.[37] 현재 지역통합 현상에 대한 이론화 작업은 폭발적으로 증가하고 있다. 지역통합에 대한 연구가 단지 국제관계 연구자들의 전유물이던 시대는 끝이 난 것처럼 보인다. 모든 정치학적 접근방법이 지역통합의 설명에 동원되고 있다고 해도 과언이 아니다. 제 이론들에서는 과거와 달리 이론적 엄밀성이 추구되면서 규범적 요소들이 감소하고 있다. 그리고 제 이론들의 상호침투를 통한 이론발전도 주목된다. 더구나 지역통합 현상의 다양성에 비례하여 각 이론들이 주목하는 부분도 상이하다. 따라서 각 이론의 계보를 정확히 정리하는 것도 매우 어려운 실정이다. 내용적으로도, 거대이론(grand theory)의 부활, 지역통합의 미시적 기초에 대한

있는 대표적 논문으로는 K. van der Pijl, "Class Formation at the International Level", *Capital & Class*, No.9(1979)를 참조.
36) J. Lodge, "EC Policy-making: Institutional Consideration", in J. Lodge(ed.), *The European Community and the Challenge of the Future*(New York: St. Martin's Press, 1989), p.28.
37) R. Keohane and S. Hoffman, "Community Politics and Institutional Change", in W. Wallace(ed.), *The Dynamics of European Integration*(London: Pinter, 1990), p.284.

천착, 초국가적 제도에 대한 재발견 등 다양한 형태로 이론적 관심이 표출되고 있다.[38]

본 연구에서는 1980년대 중반 이후 새롭게 등장한 통합이론 및 유럽연합의 동학을 설명하려는 정치이론에 초점을 맞춘다. 이론분류의 첫 번째 기준은 통합추진의 '주체'이고 두 번째 기준은 통합의 '결과'이다. 단순화한다면, 통합추진의 주체로 국가 또는 국민국가의 정부를 강조하는 있는 '국가중심적 이론'과 추진 주체에 사회세력을 포함시키고 있는 '탈국가중심적 이론'으로 구분 가능하다.[39] 통합의 결과로 국가중심적 이론은 국제레짐을 상정하고 있고, 탈국가중심적 이론은 새로운 정체론에 기울고 있다. 이를 도식화하면 〈그림 2-1〉과 같다.

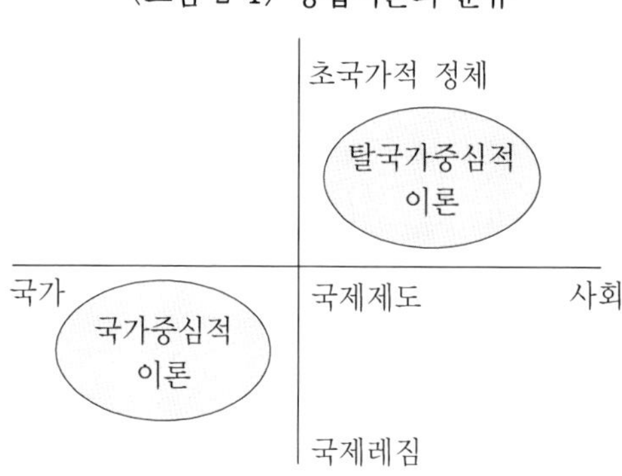

〈그림 2-1〉 통합이론의 분류

---

38) J. Carporaso and J. Keeler, "The European Union and Regional Integration Theory", in C. Rhodes and S. Mazey(eds.), *The State of the European Union: building a European polity*(Boulder: Lynne Rienner, 1995).

39) 통합이론 및 유럽연합 정치이론을 진보적 이론과 보수적 이론으로 구분할 수도 있다. 예를 들어, 신현실주의 이론이 보수적 이론을 대표한다면, 맑스주의적 이론은 진보적 이론으로 취급될 수도 있다. 그러나 본 연구에서는 이 보수와 진보의 구분이 현대의 통합이론에 적용될 수 없다고 생각한다. 왜냐하면, 보수적 이론이나 진보적 이론 공히 보수와 진보라는 잣대에 걸맞은 통일된 틀을 갖추지 못하고 있고, 각 이론진영 내부에서도 근본적으로 상이한 이론들이 생산되고 있기 때문이다.

〈그림 2-1〉에서 볼 수 있는 것처럼, 국가와 사회를 가로축으로, 국제레짐과 새로운 정체를 세로축으로 놓고, 원점을 통합추진의 주체이자 결과인 국제제도[40] – 예를 들어 유럽연합 집행위원회 – 로 놓을 때, 탈국가중심적 이론은 Ⅰ 사분면에 국가중심적 이론은 Ⅲ 사분면에 위치한다. Ⅱ 사분면과 Ⅳ 사분면이 공백인 이유는, 국민국가의 정부가 지역통합을 추진하면서 자신들의 정체성을 부정하는 것이 논리적으로 불가능하고, 탈국가중심적 이론을 선택할 때 대부분 지역통합의 결과로 최소한 국제제도 이상의 새로운 정치체를 상정하고 있기 때문이다. 그러나 현실 이론의 세계에서는 이 두 경향의 상호침투도 활발하게 진행되고 있다. 따라서 아래에서는 통합이론을 국가중심적 이론, 탈국가중심적 이론 그리고 절충론으로 구분한다.

2-1. 국가중심적 이론

현재 국가중심적 경향을 띠고 있는 이론들로는 신현실주의 통합이론, 신자유주의 통합이론, 제도주의적 접근, 그리고 일부 맑스주의 통합이론이 있다. 그러나 이 이론들이 국가중심성이라는 기본가정을 수용하는 방식에서 차이가 있다. 신현실주의가 통합의 주체로서 국가를 강조하고 유럽연합을 국제레짐으로 이해하는데 반해서, 신자유주의는 신현실주의의 국가중심성을 공유하면서도 국가이익이 국제제도나 사회세력에 의해 재정의될 수 있다는 입장을 갖고 있다. 제도주의적 접근은 통합의 출발점으로서 국가이익의 극대화 전략을 인정하지만, 일단 구성된 제도는 자율적 동학을 갖는다고 주장한다. 국가중심적 맑스주의 통합이론은 사회세력을 통합의 주체로 상정하면서도 통합의 결과에 대해서는 국가중심적 사고를 갖고 있다.

---

40) R. Keohane은 제도를 "행태적 역할을 규정하고, 행위를 제약하며, 기대를 형성하는 지속적이고 연관된(공식적이고 비공식적인) 규칙의 집합"으로 정의한다. R. Keohane, *International Institutions and State Power*(Boulder: Westview Press, 1989), p.3. 이 제도개념은 S. Krasner의 레짐개념보다 그 포괄범위가 넓다고 할 수 있다. 따라서 〈그림 2-1〉의 세로축에서 국제제도가 국제레짐의 상위에 위치한다.

2-1-1. (신)현실주의 통합이론: 정부 간 관계론에서 자유주의적 정부 간 관계론으로

유럽통합을 설명하기 위해 일차적으로 유럽사회에서 양차대전을 유발한 독일을 견제하려는 여타 유럽국가들의 현실정치적 요구 및 미국과 소련의 양극체제하에서 발언권을 신장하려는 유럽국가들의 권력정치적 요구를 강조하던 현실주의적 이론이 퇴색하면서, (신)현실주의 연구자들의 담론이 미묘하게 변하고 있다.[41] 당연히 신현실주의 담론에서 지배적 용어로 등장해야 하는 무정부, 주권, 갈등, 권력정치 등이 더 이상 강조되지 않고, 지역통합 현상을 설명함에 있어 순수하게 국제체계에서의 '위치'(position)에 의해 도출되는 이익이 아니라 국내의 정치과정을 통해 정의되는 '국내적 이익'에 보다 강조점이 두어지고 있다.[42]

신현실주의 통합이론의 지배적 형태인 '정부 간 관계론'(intergovernmentalism)은 유럽공동체의 주요 회원국가들인 독일, 프랑스, 영국의 정부 간 협상에 초점을 맞춘다. 따라서 국가이익을 극대화하려는 회원국가의 정부와 유럽공동체의 정부 간 제도라고 할 수 있는 유럽정상회담·정부 간 회의(intergovernmental conference)·각료회의 등이 정책결정과정의 주요 행위자로 설정되고, 집행위원회와 유럽의회와 같은 기구는 회원국가의 국가이익 실현을 보증하는 보조적 행위자로 취급된다.[43]

이 정부 간 관계론은, 외교정책의 국내적 원천 또는 국내정치와 국제정치의 연계를 고려하는 '자유주의적(liberal) 정부 간 관계론'으로 발전하고 있다.[44] 현재 이 국내적 원천에 대한 설명은 개별 사례분석을 넘어서 지역

---

41) 대표적인 현실주의 통합이론으로는, S. Hoffman, "Obstinate or Obsolete: The Fate of Nation-State and the Case of Western Europe", *Daedalus*, No.95(1966), pp.862-915; "Reflections on the Nation-State in Western Europe Today", *Journal of Common Market Studies*, No.21(1982), pp.21-38; "European Community and 1992", *Foreign Affairs*, Vol. 68, No.4(1989), pp.27-47 등을 참조.

42) Caporaso and Keeler, *op. cit.*, p.43.

43) A. Moravcsik, "Negotiating the Single European Act: National Interests and Conventional Statecraft in the European Community", *International Organization*, Vol. 45, No.1(1991), pp.651-88.

44) 국제정치와 국내정치의 연계는 국제정치 이론가들의 오랜 관심사였다. 대표적

72

통합의 정치에 대한 일반이론의 건설로 이어지고 있다.[45] 특히 국제정치와 국내정치를 통합하는 양면게임(two-level games) 이론은 이 이론화 과정에서 중요한 준거가 되고 있다.[46]

A. Moravcsik은 우선 국제적 분석수준에 절대적 역할을 부여하는 순수한 체계이론의 건설이 추상적 가능성임을 지적한다. 그리고 유럽통합을 이론화함에 있어 가장 근본적인 과제는 정부 간 협상을 설명하는 것이라고

저서로는 J. Rosenau, *Linkage Politics*(New York: Free Press, 1969); G. Allison, *The Essence of Decision: Explaining the Cuban Missile Crisis*(Boston: Little Brown, 1971); P. Katzenstein(ed.), *Between Power and Plenty*(Wisconsin: The University of Wisconsin Press, 1978) 등을 참조.

45) 개별 사례분석에 대한 간략한 소개로는, C. Rhodes and S. Mazey, "Introduction: Integration in Theoretical Perspective", in C. Rhodes and S. Mazey(eds.), *The State of the European Union: Building a European Polity*(Boulder: Lynne Rienner, 1995), pp.13-3을 참조.

46) 양면게임이론에 대해서는, R. Putnam, "Diplomacy and Domestic Politics: The Logic of Two Level Games", *International Organization*, Vol. 42, No.3(1988), pp.427-60; P. Evans, H. Jacobson, and R. Putnam(eds.), *Double-Edged Diplomacy: International Bargaining and Domestic Politics*(Berkely: University of California Press, 1993)를 참조. 정부 간 관계론에 자유주의적 요소를 결합하고자 시도하는 A. Moravscik은, 양면게임 이론이 두 분석수준 사이의 상호작용에 대한 강조점을 두고 있다는 점에서 '상호적 접근'(interactive approach)으로 명명한다. A. Moravcsik, "Introduction: Integrating International and Domestic Theories of International Bargaining", in Evans et al.(eds.), *Double-Edged Diplomacy: International Bargaining and Domestic Politics*(Berkely: University of California Press, 1993), pp.1-34. 현재, 유럽통합에 대한 설명에 양면게임 이론을 도입하려는 시도로는, M. Huelshoff, "Domestic Politics and Dynamic Issue Linkage: A Reformulation of Integration Theory", *International Studies Quarterly*, Vol. 38, No.2(1994)와 A. Moravscik, "Preference and Power in the European Community", in B. Bulmer and A. Scott(eds.), *Economic and Political Integration in Europe*(London: Blackwell Publishers, 1994)가 있다. 전자가 보다 게임이론적 정향을 보이고 있다면, 후자는 정부 간 관계론의 약점을 자유주의적 정치이론으로 보완한다. 본 연구에서는 정부 간 관계론의 연장선상에 위치하고 있는 A. Moravscik의 자유주의적 정부 간 관계론에 집중한다. M. Huelshoff는 Moravscik과 유사하게 유럽공동체 회원국가의 국내정치와 그들의 지역적 수준에서의 협상을 연결하는 모형을 제시한다. 그는 '정책결정 양식'과 '정부강도'(government strength)라는 두개의 국내적 변수가 협상과정에서 중요한 역할을 수행한다고 주장한다.

주장하면서, 2단계의 '연속적' 모형으로 구성된 이론을 제시한다. 즉 국가가 합리적으로 행동한다는 가정에 기초하여, 국민국가적 선호형성에 대한 자유주의적 이론과 국가 간 협상 및 제도창출에 대한 정부 간 관계론적 분석을 통합한다.[47]

첫째, 국제적 정책조정의 필요성, 즉 국제적 정책조정에 대한 '수요'는 국내정치의 결과물이고, 이 국내정치를 통해 국민국가적 선호가 형성된다. 여기서 선호형성을 설명하기 위해 자유주의적 국가−사회이론의 핵심 가정인, "집단은 선호를 구체화하고, 정부는 선호를 집적한다"는 명제를 도입한다.[48] 따라서 사회적 압력의 존재 유무에 따라 정부의 재량권이 결정된다. 또한 자유주의적 국제관계이론에 따르면 경제적 상호의존의 상황에서 국제적인 '정책 외부성'(policy externalities)이 발생하고 따라서 정책조정을 위한 유인이 발생하게 된다.[49]

---

47) Moravscik, "Preference and Power in the European Community", pp.29-75. Moravcsik은 신현실주의 국제관계이론에서 국가를 당구공이나 블랙박스로 간주하는 것에 찬성하지 않는다. 즉 국가는 부, 안보, 권력 등에 대해 고정된 선호를 갖고 있지 않는 것으로 가정된다. Moravcsik은 정부가 국제적 장에서 합목적적으로 행동한다고 가정하지만, 정부는 국내적으로 정의되는 목표에 기초해서 그렇게 행동한다고 가정한다. Moravcsik이 신현실주의의 국가에 대한 경직된 가정을 수정하는 방법은 양면 게임이론에서 국가를 국내적으로 분해하는 방법과 거의 일치한다.

48) 자유주의적 정부 간 관계론의 자유주의적 측면이 강조될 수도 있다. D. Long은 R. Keohane의 신자유주의적 국제관계이론과 A. Moravcsik의 자유주의적 정부 간 관계론이 동일한 문제의식에 기반해 있다고 주장하면서 이들을 '하버드 학파'(Harvard school)로 부르고 있다. 그는 이 하버드 학파의 자유주의 이론이 자유주의 사상이 가질 수도 있는 '비판적' 요소를 거세하고 있다고 주장한다. D. Long, "The Harvard School of Liberal International Theory", *Millenium*, Vol. 24, No.3(1995). 신기능주의 이론가인 L. Lindberg도 자유주의적 제도주의와 자유주의적 정부 간 관계론의 차이가 없다고 주장한다. L. Lindberg, "Comment on Moravscik", in B. Bulmer and A. Scott(eds.), *Economic and Political Integration in Europe*(London: Blackwell Publishers, 1994), pp.81-4. 그러나 본 연구에서는 자유주의적 정부 간 관계론에서 무엇보다도 정부 간 관계론이라는 현실주의적 요소가 자유주의적 요소보다 본질적 요소라고 생각한다.

49) 둘 혹은 그 이상의 정부들의 정책이 서로에게 부정적인 정책 외부성을 창출하는 경우에, 그리고 일방적인 조정전략이 효과적이지 않고 높은 비용을 야기하

둘째, 국제협력의 '공급'은 정부 간 협상을 통해 이루어진다. 이 과정에서 국민국가의 선호는 주어진 것으로 간주된다. 우선 공급의 측면을 설명함에 있어 자유주의적 정부 간 관계론은, 유럽공동체의 정책조정도 분배적 갈등을 유발할 수 있는 하나의 게임임을 강조한다. 즉 협력의 조건을 둘러싼 협상게임이 유럽공동체에서도 벌어지고 있고, 국내적으로 결정된 선호의 편성이 이 협상공간을 결정하게 된다.

이 자유주의적 정부 간 관계론의 결론은 신현실주의의 이론적 전통을 크게 벗어나지 않는다.[50] 유럽공동체는, 첫째로 정부 간 협상의 효율성을 제고하고, 둘째로 국민국가의 정치지도자들의 자율성을 증가시킨다는 것이다. 전자의 주장은 유럽공동체의 제도가 정부 간 협상에서 발생하는 불완전한 정보의 문제를 해결함으로써 정부 간 협상의 거래비용을 감소시키고 효율성을 증진시킨다는 기능주의적 국제레짐 이론에 기반해 있다. 후자의 주장은 지역통합의 규범적 평가와 관련하여 매우 중요한 의미를 갖는다. A. Moravcsik도 인정하는 것처럼 유럽공동체의 민주성 결핍(democratic deficit)은 유럽공동체 성공의 근본적 원천이었다.

유럽통합이 회원국가의 주권 내지는 자율성을 강화했다는 정부 간 관계론의 주장은 다른 이론적 전통에서도 발견된다. P. Talyor는 1980년대와 1990년대 초 유럽공동체 수준에서의 연방주의적 경향의 강화와 스페인·포르투갈·그리스·통일독일 등의 개별국가들이 유럽공동체를 자신들의 정체성 강화의 수단으로 사용하는 외관상의 모순을 해결하기 위해, '협의체적 민주주의'(consociational democracy)의 개념을 도입한다. 협의체적 민주주의를 유지하고 있는 국가들에서 항상적인 분열의 위협 때문에 소수의 권리

게 될 때, 정책조정을 위한 명확한 유인이 발생한다.

50) A. Moravcsik과 R. Putnam이 공히 인정하고 있듯이 국내와 국제라는 두 분석 수준에 대한 이론적 통합이 현실주의적 국제관계이론의 기각을 의미하지는 않는다. 이들은 국가가 중심적인 정책결정자'들'을 의미한다면, 국가를 단일 행위자(unitary actor)로 취급할 수 없고 국가를 국내적으로 분해해야 한다는 이론적 가정에 동의하고 있지만, 중앙 행정부가 국내정치에서 표현되는 다양한 선호를 집적하는 역할을 하고 있다는 사실을 부정하지 않는다는 점에서 국가중심적 국제관계이론의 전통을 이탈하지는 않는다. Moravcsik, "Introduction"; Putnam, *op. cit.*

를 인정하는 것처럼, 유럽공동체의 기능적 통합으로 회원국가들 사이의 연계가 심화되면서 동시에 그 구성단위들의 자율성이 강화되고 있다는 것이다. 따라서 유럽공동체와 회원국가의 공생(symbiosis)이 통합의 최종 상황이 된다.[51] 경제사학자인 A. Milward도 1945년 이후의 유럽공동체의 발전은 조직적 개념으로서 국민국가의 재확인 과정이었을 뿐만 아니라 만약 통합이 이루어지지 않았다면 유럽의 국민국가들은 자신들의 시민들에게서 충성과 지지를 받을 수 없었다고 주장한다. 즉, 유럽통합은 국민국가의 생존에 필수적인 '안보'와 '번영'을 제공했다는 것이다.[52]

2-1-2. 신자유주의적 통합이론

신자유주의적 국제관계이론은 무정부상태인 국제정치의 장에서 국가가 지배적 행위자로서 국가이익을 극대화한다는 가정을 신현실주의와 공유한다. 그러나 국가행동이 국가들 사이의 상호적 정치과정에 의해 강력하게 영향을 받는다고 주장한다.[53] 신자유주의 국제관계이론가인 R. Keohane이 지적하는 것처럼, 국제관계의 장에서 벌어지는 게임이 반복적인 용의자의 의 번민게임이라면, 즉 합목적적 행위자로서 개별국가들의 전략적 상호작용에서 '학습'(learning) 효과가 발생한다면, 국제제도가 형성되고, 이 국제제도는 국가의 행태에 영향을 미치게 되며, 따라서 국제협력이 발생할 수 있다는 것이다.[54] 유럽공동체는 이 국제제도의 역할과 개별 행위자들의 학습효과가 극명하게 나타난 사례라고 볼 수 있다.

---

51) Taylor, *op. cit.*, pp.80-109.
52) A. Milward, *The European Rescue of the Nation-State*(London: Routledge, 1992).
53) 신현실주의와 신자유주의의 이론적 논쟁은, 신현실주의의 핵심적 가정인 국제체제의 무정부성, 행위자로서의 단일한 국가, 국가이익의 불가분성, 협력을 제한하는 상대적 이득(relative gain) 동기 등에 대한 비판과 반비판으로 구성되어 있다. 신현실주의와 신자유주의의 논쟁에 대한 자세한 소개로는, D. Baldwin(ed.), *Neorealism and Neoliberalism: The Contemporary Debate*(New York: Columbia University Press, 1993)을 참조.
54) R. Keohane, *After Hegemony*(Princeton: Princeton University Press, 1984): *International Institutions and State Power*(Boulder: Westview Press, 1989).

신자유주의적 이론가들은, 1980년대 이후 유럽공동체의 제도가 어떻게 협력을 촉진했는가를 다음과 같이 설명하고 있다.[55] 첫째, 유럽공동체 제도를 매개로 '회원국가의 지도자', '정당의 대표', 그리고 '이익집단'이 지속적 접촉과 협력을 할 수 있게 된다. 둘째, 반복되는 상호작용으로 협력의 심화가 가능하다. 즉 유럽공동체는 안정성과 예측가능성의 환경을 조성함으로써, 행위자들이 상대방을 속일 가능성을 줄인다. 셋째, 유럽공동체의 제도들이 모든 이익을 조화할 수는 없지만, 탈퇴의 비용을 높이는 방식으로 협력에 공헌한다.

2-1-3. 제도주의적 접근

비교정치의 영역에서 발전해 온 제도주의 정치이론도 유럽통합 및 유럽공동체 정치이론에 적용되고 있다. 유럽연합 정치에 제도주의적 접근을 적용하려는 시도들은, 모두 1877년부터 1920년까지 행정적 능력의 전국적 확장이라는 관점에서 미국의 국가형성을 고찰하고 있는 S. Skowronek의 분석틀을 중요한 비교준거로 삼고 있다.[56] 이는 암묵적으로 유럽공동체에서 초국가적 제도의 발전을 국민국가의 형성, 특히 미국과 같은 연방국가의 형성과 비교하려는 시도라고 할 수 있다.

P. Pierson은 우선 "제도의 발전과 경로의존성(path dependence)에 초점을 맞추게 되면 제도가 그것을 최초로 고안한 행위자들의 장기적 이익을 담지하고 있을 것이라는 기대를 기각하게 된다"는 제도주의의 이론적 성과로부터 출발한다. 원래는 정부 간 제도로 고안된 유럽공동체의 제도들이 의제설정의 기능과 규제적 정책에 대한 관리자로서의 역할을 수행하면서

---

55) Cornett and Caporaso, *op. cit.*, pp.234-5.

56) 제도주의적 접근으로는, J. Bulmer, "The Governance of the European Union: A New Institutionalist Approach", *Journal of Public Policy*, Vol. 13, No.4(1994), pp.351-380; P. Pierson, "The Path to European Integration: A Historical Institutionalist Analysis", *Comparative Political Studies*, Vol. 29, No.2(1996), pp.123-59. 미국의 국가형성과정에 대해서는, S. Skowronek, *Building a New American State: The Expansion of National Administrative Capacities 1877-1920*(Cambridge: Cambridge University Press, 1982)를 참조.

일정한 자율성을 갖게 되는 과정에 주목한다. 그리고 정치적 정책결정자들이 선거에서의 승리에 관심을 갖기 때문에 제한된 시간지평에서 정책결정을 한다는 사실, 즉 회원국가의 정부들의 관심이 주권에 있는 것이 아니라 국내정치에서의 성공에 있음을 강조한다. 따라서 제도가 갖는 장기적 효과는 그 단기적 정책결정의 의도하지 않은 결과로 해석된다.

P. Pierson과 J. Bulmer은, 정치적 통제의 문제를 회원국가에서 초국가적 제도로 권위를 이전하는 제로섬(zero-sum) 게임으로 인식하지 않고, 규칙과 제도의 발전을 통해 모든 정치적 행위자의 선택이 제한되는 상황이 발생할 수 있다고 주장하면서, 통합의 결과로 새로운 정체론을 제시한다. 그들의 핵심결론은 유럽공동체가 더 이상 다자주의적 도구가 아니라 관료적 권한, 통일된 사법적 통제 그리고 정책을 발전시키거나 수정할 수 있는 권한을 갖고 있는 '초국가적 정체' 또는 '규제국가'(regulatory state)가 되어가고 있다는 것이다.[57]

---

57) 유럽공동체의 법체계 및 유럽법원의 초국가성에 주목하는 '법학자'도 이 제도주의 정치이론과 유사한 결론을 제시하고 있다. 회원국가의 정부가 항상 유럽공동체 정책 및 규범을 고안하는 과정에서 주역인 것은 사실이지만, 유럽법원이 마치 연방국가의 입헌적 질서와 유사한 '순응레짐'(compliance regime)의 건설과정에서 핵심적 역할을 수행했다는 것이다. 즉, 1960년대 이후 유럽법원의 활동을 매개로 '조용한 혁명'을 거치며 유럽공동체의 작동체계가 연방국가와 비교될 수 있는 '비단일적 정체'(nonunitary polity)로 발전해 왔다는 것이다. J. Weiler, "The Transformation of Europe", *Yale Law Journal*, Vol. 100, No.8(1991), pp.2403-83; "A Quiet Revolution: The European Court of Justice and Its Interlocutors", *Comparative Political Studies*, Vol. 26, No.4(1994), pp.510-33. 유럽공동체의 법체계 및 유럽법원의 초국가적 성격을 둘러싼 논쟁은 *The Yale Law Journal*, vol. 100, No.8에 실린 J. Weiler의 논문에 대한 P. Allot, R. Sadurska, P. Sands, H. Schermers의 논평을 참조. 또한 유럽적 차원에서 입헌적 정치(constitutional politics)의 변형에 주목하고 있는 글로는, K. Alter and S. Meunier-Aitsahalia, "Judicial Politics in the European Community: European Integration and the Pathbreaking Cassis de Dijon Decision", *Comparative Political Studies*, Vol. 26, No.4(1994), pp.535-58을 참조.

2-1-4. 국가중심적 맑스주의 통합이론

국가중심적 맑스주의 통합이론은 자본의 국제화로부터 유럽통합을 설명한다. 그러나 자본의 국제화가 국가의 정치적 구조들을 변형시키는 효과를 갖고 있지만 유럽 차원의 새로운 정치형태가 출현하고 있다는 주장에 대해서는 부정적 입장을 취한다. 1970년대 유럽통합 현상을 관찰하면서 N. Poulantzas는 여전히 국가의 과제가 여러 계급들로 이루어진 사회구성의 통합과 응집을 유지하는 것이라고 주장했다.[58]

이 이론의 현대적 변형은, 초국가적 또는 다국적 자본과 국가의 동맹을 강조하면서, 초국가적 자본의 권력원천으로 국민국가 내부에 대중정치에 의해 통제되지 않는 국가장치의 형성에 주목한다. 따라서 유럽공동체의 재활성화는 경제위기에 대한 '신자유주의적' 해결을 의미할 뿐이고, 유럽공동체는 초국가적 규제와 초국가적인 거시경제정책을 수행할 수 있는 새로운 정체가 아니라는 것이다.[59]

2-2. 탈국가중심적 이론

통합의 주제로 다양한 사회적 행위자를 강조하고, 통합의 결과로 국제레짐 이상의 새로운 정체가 형성되고 있다고 주장하는 탈국가중심적 통합이론 및 정치이론으로는, 신기능주의 이론, 대기업중심 이론, 일부 맑스주의 통합이론, 규제국가 이론, 그리고 비교정치적 접근 등이 있다. 특히, 이 이론들은 국가중심성을 벗어나기 위해 다양한 행위자들의 역할에 주목하고 있다는 점에서 '행위자 중심'(actor-centred) 이론이라고 할 수 있다.

---

58) N. Poulantzas, *Classes in Contemporary Capitalism*(London: Verso, 1978), pp.38-88.
59) S. Pooley, "The State Rules, OK? The Continuing Political Economy of Nation-States", *Capital and Class*, No.43(1991), pp.65-79.

2-2-1. 신기능주의

신기능주의 통합이론은 신현실주의가 권력과 구조에 강조점을 두는 것과 달리 행위자와 과정(process)에 초점을 맞춘다. 우선 통합의 주체로 신기능주의는 국가관료나 정치가가 아니라 초국가적 엘리뜨나 기술관료, 초국가적 이익집단과 같은 사회세력을 설정하고, 이 전문가들의 문제해결(problem-solving) 능력을 강조한다. 통합의 영역에 있어서는 사회가 분리 가능한 부문들로 구성되어 있다는 전제하에서 사회경제적 영역에 대한 통합을 우선으로 하여 여타의 영역으로의 침투확산을 기획한다.

E. Haas와 같은 초기 통합이론가의 저작에서도, 학습효과에 대한 고려 및 국내적 국제적 상호작용을 통해 국가이익이 변할 수 있다는 견해 등이 발견된다.[60] 그러나 신기능주의는, 분명한 연구프로그램을 갖고 있는 이론이라기보다는 행동의 원칙 내지는 행동의 이론이라고 할 수 있다. 따라서 신기능주의는 유럽통합의 부침과 운명을 같이 해 왔다. 더구나 그 이론 내부에서 기술관료적(technocratic) 정책결정에 대한 강조가 필연적으로 결과할 수밖에 없는 '정치를 결여한' 이론구성은 다양한 이론적 전통으로부터 비판의 대상이 되어 왔다.[61]

1980년대 중반 이후 유럽통합이 재활성화되면서 신기능주의도 통합이론의 무대에 재등장했다. 신기능주의의 침투확산의 논리가 일정 기간 동안의 양적인 발전에 대한 설명에서는 적실성을 갖지만 공동체의 질적 도약에 대한 설명에서는 한계를 드러낸다는 점을 인정하면서도, 정부 간 협상과정에서 이미 획득한 이익을 보호하기 위해서 새로운 부문으로 과제를 확장하려는 유인이 존재한다는 사실이 인정되고 있다.[62] 그러나 새로이 등장하고

---

60) E. Haas, *Beyond the Nation-State: Functionalism and International Organization*(Stanford: Stanford University Press, 1964).

61) 사실, 신기능주의는 기능주의가 정치이론을 갖고 있지 않다는 비판으로부터 시작했다. L. Lindberg, *The Political Dynamics of European Economic Integration*(Stanford: Stanford University Press, 1963). 따라서 신기능주의가 정치를 결여한 이론으로 평가하는 것은 문제가 있을 수 있다. 그러나 통합과정의 기능적 측면을 강조하게 될 때, 정치는 부차적 요소로 처리될 수밖에 없다.

62) Keohane and Hoffman, *op. cit.*, p.289. 그러나 이들은 침투확산이 원활히 진행되

있는 신기능주의 통합이론은 과거와 달리 매우 조심스럽게 그 이론의 적실
성을 타진하고 있다.63)

그럼에도 불구하고, 최근 유럽 차원에서 새로이 등장하고 있는 '유럽정
체'(Euro-polity)의 성격을 탐색하는 P. Schmitter의 작업에서 신기능주의가
다시 복원되고 있다.64) P. Schmitter는 '관점' 또는 '분석틀'로서 신기능주의
가 여전히 유효하다고 주장한다. 그는 신기능주의 기본명제로, 국가가 지역
적/국제적 체제에서 지배적 행위자가 아니고, 이익이 통합을 추진하는 동력
이기는 하지만 통합과정에서 이익이 재정의될 수 있다는 주장을 제시한다.
P. Schmitter는 이 기본가정과 더불어, 신기능주의의 핵심개념인 침투확산이
갈등없이 이루어지는 과정이 아니라 끊임없는 정치화(politicization)를 수반
한다는 점을 강조한다.

기 위해서는 정부 간 협상을 통한 국민국가 정부들의 동의가 전제되어야 한다는
점을 여전히 강조한다. 두 공동 필자 가운데 한 명인 S. Hoffman이 강력한 현실
주의자였다는 점을 생각하면, 이 부분적 인정도 매우 흥미로운 사실이다.

63) 예를 들어 단일유럽법 제정 이후 침투확산의 사례로 사회정책을 제시하고 있는,
J. Lodge, "Social Europe: Fostering a People's Europe", in J. Lodge(ed.), *The
European Community and the Challenge of the Future*(New York: St.
Martin's Press, 1989), pp.303-17; 유럽법원의 역할을 중심으로 신기능주의의 부
활을 시도하고 있는, A. Burley and W. Mattli, "Europe before the Court: A
Political Theory of Legal Integration", *International Organization*, Vol. 47,
No.1(1993), pp.41-76; 신기능주의를 부분적 접근으로 평가절하하면서도 신기능
주의의 유용성을 인정하고 있는, J. Transholm-Mikkelsen, "Neo-Functionalism:
Obstinate or Obsolete? A Reappraisal in the Light of the New Dynamism of
the EC", *Millennium*, Vol. 20, No.1(1991), pp.1-19를 참조.

64) P. Schmitter, "Examining the Present Euro-Polity with the Help of Past
Theories", pp.1-14; "Imagining the Future of the Present Euro-Polity with
the Help of Past Theories", in G. Marks, F. Scharpf, P. Schmitter, and W.
Streek, *Governance in the European Union*(London: Sage, 1996), pp.121-50;
F. Traxler and P. Schmitter, "The Emerging Euro-Polity and Organized
Interests", *European Journal of International Relations*, Vol. 1, No.2(1995),
pp.191-218.

2-2-2. 대기업 중심이론

정부 간 관계론에서 전형적으로 드러난 것처럼 다국적 기업이나 대기업의 이익은 국민국가의 정부를 통해 집적되고 대표되는 것으로 가정된다. 새로운 정치적 행위자로서 다국적 기업 및 대기업에 주목하는 이론적 흐름은 바로 이 현실주의적 관점에 대한 비판에서 시작한다. 그리고 이들은 범지구화가 진행되는 상황에서 유럽의 대기업들이 고려해야 하는 외부적 압력에 주목한다.

그러나 유럽통합의 초기부터 다국적 기업이나 대기업이 정치적 행위자로서 등장한 것은 아니다. 초기에 대기업들은 그들의 정상조직(peak association)을 통해 유럽통합에 대한 정보를 입수하고 그 과정을 감독하는 데 관심을 갖고 있었다. 회원국가의 '매우 중요한' 이해관계가 걸린 사안들에 대해서 회원국가의 거부권을 인정한 1966년 1월 '룩셈부르크 타협'의 결과로 국민국가의 산업조직은 자신들의 집합행동을 유럽 차원으로 확대할 유인을 갖지 않게 되었다.[65] 즉, 대기업들은 만약 유럽공동체 집행위원회의 어떤 제안이 자신의 이익에 영향을 미치게 될 때, 직접 집행위원회와 접촉하는 것이 아니라, 자신의 정부를 설득함으로써 문제를 해결할 수 있었기 때문이다.

이익집단이 유럽공동체의 정책결정과정에 미치는 영향에 관한 연구는 1980년대 초 단일유럽시장의 건설계획이 제시되면서 폭증하기 시작했다.[66]

---

65) M. G. Cowles, "The Changing Architecture of Big Business", Paper presented at the 1997 ECSA conference, 1997, pp.7-10. 1958년 유럽경제공동체의 수립과 때를 맞추어 국민국가의 산업을 망라하는 정상조직(national industry associations)의 연합체로 UNICE(Union of Industrial and Employers' Confederation of Europe)가 조직되었다. 그러나 UNICE는 유럽 차원의 관세동맹을 발전시키고자 하는 목적보다는 집행위원회의 행동을 감독하는 '방어 메카니즘'을 창출하려고 했다는 점에서 유럽 차원의 집합재(collective goods)를 추구했기보다는 집합적 비재화(collective bads)를 피하려는 것이 조직건설의 목적이었다. 단일유럽법에 대한 합의 이전의 이익집단 활동에 대한 연구로는 E. Kirchner and K. Schwaiger, *The Role of Interests Group in the European Community-*(Farnborough, Eng.: Gower, 1981)을 참조.

66) A. Butt Philip, *Pressure Groups in the European Community*(London: University Association for Contemporary European Studies, 1985); J. J. Greenwood, J. Grote, and K. Ronit(eds.), *Organized Interests and the European*

단일유럽시장의 계획안이 산업의 전 부문에 심대한 영향을 미칠 것으로 예상되면서, 유럽의 기업들이 자신들과 관련된 유럽공동체의 정책결정과정에 개입하기 위해 노력했기 때문이다. 새로운 정치적 행위자로서 대기업을 강조하는 이론적 조류는 바로 이 변화된 상황에 주목한다. 그리고 대기업을 의제설정과정에서의 핵심적인 정치적 행위자로 자리매김한다. 기업들이 선택적 물질적 유인에 대한 합리적 계산뿐만 아니라 정치적 동기 또는 '일반이익'의 추구를 위해서도 집합행동을 할 수 있고, 이 과정은 하나의 정치과정으로 설명되어야 한다는 것이다.[67]

이 새로운 경향을 대표하는 연구자인 M. G. Cowles는, 정부 간 관계론이 단일유럽법을 둘러싼 협상이 전개되던 시점에서 회원국가 정부들의 선호가 수렴된 이유를 설명하지 못하고 있다고 주장한다. 그녀는 단일유럽법의 '기원'을 설명하기 위해서는 유럽 대기업들의 최고 책임자들이 조직한 '유럽산업가의 원탁회의'(European Round Table of Industrialists, 이하에서는 ERT로 표기)에 주목하면서, 이 조직이 단일유럽시장이라는 '의제'를 설정하는 과정에서 핵심적 역할을 수행했다고 주장한다.[68]

Community(London: Sage, 1992); C. Andersen, *Influencing the European Community*(London: Kogan Page, 1992); M. van Schendelen(ed.), *National Public and Private EC Lobbying*(Aldershot: Dartmouth Publishing Company, 1993); S. Andersen and K. Eliassen, "European Community Lobbying", *European Journal of Political Research*, Vol. 27(1991); J. Greenwood(ed.), *European Business Alliances*(Hempel Hempstead: Prentice Hall, 1995).

67) Cowles, "The Changing Architecture of Big Business." 따라서 유럽 대기업 사이에 경쟁과 협력이 공존하는 독특한 조건이 창출되고 있다고 볼 수 있다. J. Greenwood, J. and L. Cram, "European Level Business Collective Action: The Study Agenda Ahead", *Journal of Common Market Studies*, Vol. 34, No.3(1996).

68) M. G. Cowles, "Setting the Agenda for a New Europe: The ERT and EC 1992", *Journal of Common Market Studies*, Vol. 33, No.4(1995).

2-2-3. 규제국가 이론

G. Majone는 신고전파 경제이론에 기초하여 유럽통합과정에 대해 매우 정교한 정치경제학적 설명을 제시하고 있다.[69] 그는 유럽통합과정에서 유럽공동체에 의한 '규제'가 증가하고 있음에 주목한다. 유럽공동체의 규제권력 증가를 그는 우선 세 가지 변수로 설명한다: 첫째, 공동체 예산의 경색과 경직: 둘째, 유럽공동체 집행위원회가 권한을 확장함으로써 그 자신의 영향력을 증대하려는 욕망: 셋째, 다국적 기업들의 단일한 규제에 대한 선호.

그러나 G. Majone는 이 변수들을 충분조건으로 설정하지 않는다. 이 변수들은 회원국가들이 중요한 규제적 권력을 초국가적 제도에 양도하려는 의지나 회원국가의 정책과 관련하여 중요한 혁신을 도입하려는 유럽공동체 집행위원회의 능력을 충분히 설명하지 못한다는 것이다. 이 설명의 한계를 극복하기 위해 그는 두 가지 충분조건을 제시한다:

> 첫째, 순수한 정부 간 해결의 유용성을 제한하는 국제적 맥락에서의 규제의 실패 문제: 둘째, 매우 특별한 유형의 정책형성으로서 규제가 높은 수준의 기술적 행정적 지침을 필요로 한다는 사실.[70]

그는 이 같은 설명에 기초하여 매우 강력한 결론을 제시한다. 잠재적으로 경쟁적인 산업들의 민영화와 탈규제가 모든 규제의 종언을 의미하지 않는다는 것이다. 민영화와 탈규제는 과거의 개입주의적(dirigiste) 국가를 대체하면서 동시에 새로운 규제의 등장을 위한 조건을 창출했고, 유럽공동체는 바로 이 새로운 형태의 '규제국가'로 자리매김된다.

---

69) G. Majone, "The European Community Between Social Policy and Social Regulation", *Journal of Common Market Studies*, Vol. 31, No.2(1993): "The Rise of the Regulatory State in Europe", *West European Politics*, Vol. 17, No.3(1994): "Paradoxes of Privatization and Deregulation", *Journal of European Public Policy*, Vol. 1, No.1(1994). 최근 이 규제국가이론을 체계적으로 정리한 저서로는, G. Majone, *Regulating Europe*(London: Routledge, 1996)을 참조.

70) G. Majone, "The Rise of the Regulatory State in Europe", pp.89-90.

2-2-4. 국내정치 모형의 적용

단일유럽법의 통과 이후 유럽연합 정치의 분석에 비교정치적 접근을 이용하려는 경향이 증대하고 있다. 한 비교정치 연구자는 유럽공동체에서의 정치가 모든 민주적 체제에서 정부의 실천과 본질적으로 다르지 않다라는 과감한 주장을 개진한다.[71] 즉, 그는 유럽연합을 가치의 권위적 배분이 이루어지는 하나의 정치체계로 이해한다. 그러나 명시적으로 연방주의적 방법을 유럽공동체 정치의 분석에 적용하려는 시도에서도 유럽공동체가 고유의 동학을 갖고 있음을 인정하기는 하지만, 유럽공동체가 '초국가'(superstate)도 아니고 그렇다고 '유럽합중국'(United States of Europe)도 아니라는 중간적 입장을 제시하고 있다.[72] 즉, 비교정치 이론가들은 유럽연합이 새로운 정체로 발전하고 있다고 주장하면서도, 그 정체에 명확한 정의를 부여하기를 주저하고 있다.[73]

---

71) S. Hix, "The Study of the European Community: The Challenge to Comparative Politics", *West European Politics*, Vol. 17, No.1(1994), pp.1-30.

72) A. Sbragia, A., "Introduction", in A. Sbragia(ed.), *Euro-Politics: Institutions and Policymaking in the "New" European Community*(Washington, D.C.: The Brookings Institution, 1992), p.2. 비교정치적 접근의 다른 사례로는 S. Andersen and K. Eliassen, "The EC as a New Political System", in S. Andersen and K. Eliassen(eds.), *Making Policy in Europe: The Europeification of National Policy Making*(London: Sage, 1993); "Policy-Making in the New Europe", in S. Andersen and K. Eliassen(eds.), *Making Policy in Europe: The Europeification of National Policy Making*(London: Sage, 1993)를 참조.

73) 최근 이 비교정치적 접근은 확산되고 있는 추세이다. 유럽 차원의 이익집단의 활동뿐만 아니라 유럽연합 수준에서 나타나는 다양한 정당활동이나 사회운동에 대한 연구도 활발하게 진행되고 있다. S. Hix, "Parties at the European Level and the Legitimacy of EU Socio-Economic Policy", *Journal of Common Market Studies*, Vol. 17, No.1(1995); S. Tarrow, "The Europeanization of Conflict: Reflections from a Social Movement Perspective", *West European Politics* Vol. 18, No.2(1995). 유럽연합 정치를 '정치적 기회구조 모형'(political opportunity structure model)을 이용하여 분석하려는 시도도 이 비교정치적 접근의 발전으로 해석될 수 있다. G. Ross, *Jacques Delors and European Integration*(Cambridge: Polity, 1995), pp.1-15.

2-2-5. 탈국가중심적 맑스주의 통합이론

국제적 수준에서의 자본집중을 통합의 동력으로 인식하는 맑스주의 통합이론에서도, 집중화된 자본이 공동시장을 형성하면서 초국가적 권력기구의 창출을 위한 물적 토대가 형성되고 있다고 주장하는 조류가 있다.[74] 단일유럽법 제정으로부터 시작된 유럽통합을 다국적 기업이 생산한 지역 네트워크의 상부구조로 설명하려는 시도도 이 이론의 연속선상에 위치지울 수 있다.[75]

2-3. 절충론

국가중심주의와 탈국가중심주의를 절충하는 이론들은, 신현실주의와 신기능주의의 융합을 도모하는 엘리뜨 협상이론 및 구성주의 국제관계이론, 신현실주의와 신기능주의의 대립을 넘어서서 새로운 이론을 추구하는 다층적 통치모형 및 초국가적 관계론, 비판적 국제관계이론 그리고 일반이론의 수립 불가능을 주장하는 경향으로 구분할 수 있다. 각 이론들은 두 이론적 경향을 절충하면서도, 유럽연합이라는 정체의 성격에 대해서는 의견을 달리한다. 본 연구에서는 이 가운데 비판적 국제관계이론을 부분적으로 수용하고 있다. 비판적 국제관계에론에서 제시하고 있는 통합이론은 이 장의 마지막 부분과 다음 장에서 자세히 언급될 것이다.

2-3-1. 정부 간 관계론과 신기능주의의 절충 또는 융합

W. Sandholtz와 J. Zysman은 신현실주의와 신기능주의를 비판하면서, 통합이 질적인 비약을 이루는 '시점'과 공동정책이 모색된 '이유'를 설명하기 위해 국제구조와 국내정치의 변화에 대응하려는 목적으로 형성된 유럽

---

74) E. Mandel, "International Capitalism and 'Supranationality'", in H. Radice(ed.), *International Firms and Modern Imperialism*(London: Penguin Books, 1975), pp.143-157.
75) 박병규, "범세계화인가, 지역주의인가", 『동향과 전망』 봄 – 여름(1993).

차원의 엘리뜨 협상을 강조한다.[76] 단일유럽시장이 형성되는 역사적 과정
을 면밀히 추적한 D. Cameron도 정부 간 관계론과 신기능주의를 종합하는
설명을 제시하고 있다.[77] 이들은, 구체적 정책을 사례로 유럽공동체의 '회
원자격'이 부분적으로 국가이익 또는 정부이익의 형성에 영향을 미친다는
구성주의적 관점을 수용하면서 그것을 증명할 수 있는 경험적 증거를 발굴
하는 형태로 발전하고 있다.[78]

2-3-2. 구성주의적(constructivist) 통합이론

구조보다는 과정에 초점을 맞추는 신기능주의 및 신자유주의적 국제관계
이론의 성과를 토대로 구조와 행위자를 동시에 고려하는 국제관계이론, 즉
구성주의적 국제관계이론이 형성되고 있다. A. Giddens의 사회학 이론을 국
제관계이론에 적용하려는 이 구성주의자들은 구조가 행위의 매개체이고 따
라서 구조가 과정과 분리되면 어떠한 인과적 힘도 가질 수 없다고 주장한
다.[79] 구성주의자들은 신현실주의의 주요 가정들을 수정하기 위해 '신기능

---

76) W. Sandholtz and J. Zysman, "1992: Recasting the European Bargain",
   World Politics, Vol. 42, No.1(1989), pp.95-128. 이 절충론에서는 제시된 이론
   의 적실성을 강화하기 위해 과거 유럽석탄철강공동체의 창설부터 '유럽인들'의
   정치적 기업가 정신이 유럽통합의 부분적 동력이었다는 점과 유럽통합의 진전
   과정은 항상 미국 – 유럽 관계의 변화라는 국제정치적 맥락에서 이해되어야 한
   다는 점을 지적하고 있다. 정부 간 관계론자인 A. Moravcsik은 자신의 입장을
   정부 간 제도주의로 규정하면서 위의 논문을 초국가적 제도주의로 분류하고
   있다. Moravcsik, "Negotiating the Single European Act", p.24. 반면 다양한
   통합이론을 정리하고 있는 한 논문에서는 위의 논문을 신현실주의로 분류한다.
   Cornett and Caporaso, *op. cit.*
77) D. Cameron, "The 1992 Initiative: Causes and Consequences", in A.
   Sbragia(ed.), *Euro-Politics: Institutions and Policymaking in the "New"
   European Community*(Washington, D.C.: The Brookings Institution, 1992),
   pp.23-74.
78) 예를 들어, W. Sandholtz, "Choosing Union: Monetary Politics and Maastricht",
   International Organization, Vol. 47, No.1(1993), pp.1-39.
79) A. Giddens, *Social Theory and Modern Sociology*(Oxford: Basil Blackwell,
   1987); D. Desseler, "What's at Stake in the Agent-Structure Debate?"
   International Organization, Vol. 43, No.3(1989); A. Wendt, "The Agent-

주의 통합이론', '구성주의', 그리고 '국가중심적 접근'을 결합한다. 그 핵심적 주장은, 국가가 국제정치이론에서 핵심적 분석단위임을 인정하면서도, 국제체계는 상호주관적(intersubjective) 구조이고 따라서 국가정체성과 국가이익은 인간 본성이나 국내정치로부터 외생적으로 주어지는 것이 아니라 역사적으로 우연적인 주체와 구조의 상호작용에 의해 구성된다는 것이다.[80]

이 구성주의적 논의가 유럽통합과 유럽연합 정치에 적용되고 있다. 정부 간 관계론이 국내적 이익에서 국민국가적 선호를 도출하고 그에 기초하여 정부 간 협상을 설명하고 정부 간 협상의 결과로 지역통합의 결과를 설명한다면, 구성주의는 국민국가의 선호 또는 이익이 국내정치는 물론 유럽연합에서 '상호작용의 맥락'(interaction context)에 의해 영향을 받는다는 점을 강조한다. 즉 회원국가가 먼저 그들의 이익을 정의하고 나서 브뤼셀에서 협상을 벌이기 위해 만나는 것이 아니라는 것이다.[81]

더 나아가 이 구성주의자들은 베스트팔리안(Westphalian) 국가체계의 변화에 주목한다. 정치적 권위가 반드시 중앙집중화될 필요가 없다는 인식에 기초하여, 그들은 국가들 사이의 상호작용에 의해 구성되는 집합적 정체성을 매개로 '국제국가'(international state) 또는 '다관점적(multiperspectival) 정체'가 형성될 수 있다고 주장한다. 유럽연합과 같은 국제국가는 '행위자'로서의 국가와 '구조'로서의 국가 사이의 공간적 일치가 파열되면서 나타나는 것으로 설명된다.[82]

Structure Problem in International Relations Theory", *International Organization*, Vol. 41, No.3(1987).

80) A. Wendt, "Collective Identity Formation and the International State", *American Political Science Review*, Vol. 88, No.2(1994), pp.384-94.

81) J. Lewis, "The European Union as a 'Multiperspectival Polity'", Paper prepared for the Fourth Biennial International Conference of the European Community Studies Association, May 11-14, 1995, pp.4-8.

82) J. Ruggie, "Territoriality and Beyond: Problematizing in International Relations", *International Organization*, Vol. 47, No.1(1993): Wendt, "Collective Identity Formation and the International State.": Lewis, *op. cit.* 단일 관점(single-point perspective)이라는 르네상스 시대의 발명이 정치에도 그대로 적용되어 왔다는 것이 J. Ruggie의 주장이다. 따라서 정치공간도 단일한 고정된 관점, 즉 영토성에 기반한 근대국가의 형태로 인식되었다.

2-3-3. 다층적 통치모형 및 초국가적 관계론

다층적 통치모형은 국내정치와 국제정치의 경계가 흐려지고 있다는 사실에 주목한다.[83] 다층적 통치모형론자들은, 회원국가의 행정부 또는 국내정치가 유럽통합과정에서 가장 중요한 역할을 수행한다는 점을 부정하지는 않지만, 1980년대 이후로 국가가 더 이상 유럽수준의 정책결정을 독점하지 못하고 있다고 주장한다. 그 결과, 정책결정의 권한이 다양한 행위자에 의해 공유되는 현상이 발생하고 있다는 것이 다층적 통치론자들의 주장이다.

이 다층적 모형의 원천에 대한 설명에서 이들은 전통적 정치학으로 회귀한다. 선출된(elected) 정치인들의 주된 관심이 그들의 지위를 계속 유지하는 것에 있다면, 그들이 초국가적 기구로 정책결정과정을 이동시키는 것은, 그들이 얻을 수 있는 정치적 혜택이 정치적 통제를 상실할 때 발생하는 비용보다 많거나 또는 그들이 비대중적 결정을 할 때 발생할 수 있는 책임의 문제에서 벗어나기 위한 것이라고 주장한다. 따라서 이들은 "국가가 유럽통합의 과정에서 왜 주권을 이양하는가?"라는 질문을 던지는 것이 아니라 "왜 특수한 행위자들, 특히 회원국가 정부의 지도자들이 제도적 규칙을 변화시키려 하는가?"라고 문제를 제기하게 된다.

1970년대 초 신자유주의적 국제관계이론가들은 비국가적 행위자의 중요성을 언급했다가 다시금 국가중심적 국제관계이론으로 후퇴했다. 최근 이 초국가적 관계이론을 복원하려는 시도가 이루어지고 있다.[84] 이 부활한 초국

---

83) 다층적 통치모형에 대한 연구로는, G. Marks, L. Hooghe and K. Blank, "European Integration and the State", Paper presented at the American Political Science Association Meeting, 1994; "European Integration from the 1980s: State-Centric v. Multi-level Governance", *Journal of Common Market Studies*, Vol. 34, No.3(1996)를 참조. 이하에서 논의의 요약은 주로 두 번째 논문에 의존한다. 이 모형에 입각한 경험적 연구로는, Marks, G., "Structural Policy in the European Community", in A. Sbragia(ed.), *Euro-Politics: Institutions and Policymaking in the "New" European Community*(Washington, D.C.: The Brookings Institution, 1992); Scharpf, F., "Community and Autonomy: Multilevel Policymaking in the European Union" *Journal of European Public Policy*, Vol. 1, No.2(1994)를 참조.

84) T. Risse-Kappen(ed.), *Bringing Transnational Back In: Non-State Actors,*

가적 관계론은 다양한 쟁점영역에서 나타나는 '국가 간 관계와 초국가적 관계의 상호작용'을 탐색한다. 이들의 명제는 고도로 제도화된 국가 간 관계는 초국가적 초정부적 관계가 번성할 수 있는 환경을 제공한다는 것이다.[85]

　대표적 이론가인 T. Risse-Kappen은, 초국가적 정치이론, 구성주의 국제관계이론, 비교정책분석 그리고 역사적 제도주의로부터 차용한 '정책 네트워크' 및 '연계정치'(Politikverflechtung, interlocking politics)라는 개념을 결합하여 유럽통합 및 유럽연합 정치에 적용 가능한 하나의 일반이론을 모색하고 있다. 이 초국가적 관계론은 그간 다양한 이론적 전통에서 발전되어 온 거의 모든 이론을 언급하고 있다. 따라서 정제된 이론이라기보다는 아직은 전 이론적 수준에서 머물고 있는 다양한 이론들의 혼합체라고 할 수 있다.

2-3-4. 절충적 맑스주의 통합이론

　절충적 맑스주의 통합이론은 자본의 국제화와 국가기능의 변화를 동시에 고려하고 있다. P. Cocks는, '1980년대 이전'의 유럽통합을 설명하면서도 근대사회에 나타나고 있는 축적과 정당화의 모순에 입각한다.[86] 즉, 국가-자본 관계의 변화에 주목한다. 그는 주류 진영의 통합이론이 역사를 결여하고 있다고 비판하면서, 서유럽 자본주의의 장기발전 맥락에서 유럽통합을 이해하고자 한다. 그는, 자본주의의 성장에 내재한 근본적 모순인 자본축적, 잉여가치의 실현 그리고 제도의 정당화 사시의 모순에 대한 대응인 국가기능의 지역적 확산으로, 국민국가 수준과 국제적 수준에서의 통합을

Domestic Structures and International Institutions(Cambridge: Cambridge University Press, 1995). 이 부활한 초국가적 관계론과 신자유주의 국제관계이론의 차이는, 후자가 초정부적 관계에 주목하지 않는 반면, 전자는 초국가적 관계를 '초사회적'(trans-societal) 및 '초정부적'(trans-governmental) 관계 양자를 포괄하는 개념으로 사용하고 있다는 점에 있다.

85) T. Risse-Kappen, "Exploring the Nature of the Beast: International Relations Theory and Comparative Policy Analysis Meet the European Union", *Journal of Common Market Studies*, Vol. 34, No.1(1996).

86) 대표적으로, P. Cocks, "Towards a Marxist Theory of European Integration", *International Organization*, Vol. 34, No.1(1980), pp.1-40.

설명한다. 이 P. Cocks의 설명은 다음 장에서 상세히 살펴보는 비판적 국제관계이론의 문제의식과 상당히 유사하다.

2-3-5. 일반이론 수립의 불가능

이제까지 살펴본 대부분의 통합이론은 지역통합에 대한 일반이론의 수립, 즉 단일한 이론적 틀의 완성을 지향하고 있다.[87] W. Sandholtz는, 정부 간 관계론과 그 이론이 갖는 기능주의적 성격을 비판하면서 유럽통합에 대한 일반이론의 수립이 불가능할 수 있다고 주장한다.[88] 또한 신기능주의가 목적론이라면 마찬가지 논리로 자유주의적 정부 간 관계론도 거래비용의 감소를 전제한다는 점에서 목적론이라는 비판도 제기된다.[89]

정부 간 관계론에 대한 이 비판은 상당히 도전적 함의를 지니고 있다. W. Sandholtz는 유럽통합에 대한 단일한 이론이 필요하지 않을 수도 있고, 창출될 수도 없다고 주장한다. 즉, 복잡한 현상의 다양한 부분을 이론화할 수 있을 뿐이고, 상이한 종류의 이론은 상이한 측면의 유럽공동체 정치에 적절할 것이라는 것이 그의 핵심적 결론이다. 이 결론은, 결국 유럽공동체에 대한 분석에서 일종의 '이론적 다원주의'를 인정하는 것이라고 할 수 있다.

---

87) J. Anderson, "The State of the(European) Union", *World Politics*, Vol. 47, No.3(1995).

88) W. Sandholtz, "Membership Matters: Limits of the Functional Approach to European Institutions", *Journal of Common Market Studies*, Vol. 34, No.3-(1996).

89) D. Wincott, "Institutional Interaction and European Integration: Towards an Everyday Critique of Liberal Intergovernmentalism", *Journal of Common Market Studies*, Vol. 33, No.4(1995); H. Kim, "Bones without Soul? Power Relations between Organized Labour and Business in the European Community", Ph.D dissertation at the University of Wisconsin-Madison(1997), pp.48-85. A. Moravcsik의 반비판은, A. Moravcsik, "Liberal Intergovernmentalism and Integration: A Rejoinder", *Journal of Common Market Studies*, Vol. 33, No.4(1995)를 참조.

3. 통합이론의 쟁점정리

이론논쟁의 핵심은 유럽통합 및 유럽연합 정치가 정부 간 협상 내지는 정부 간 정치로 설명될 수 있는가에 있다. 즉, 이론논쟁의 구도를 정부 간 관계론 대 기타 이론으로 단순화할 수 있다.

3-1. 정부 간 협상의 게임규칙이 실제로 변했는가?: 쟁점(1)

국제기구의 정책결정과정에서는 일반적으로 국력이나 국가의 규모에 상관없이 '형식적으로' 일국가 일투표 원칙이 준수된다. 유럽공동체의 정책결정과정에서도 1966년 1월 룩셈부르크 타협 이후 이 원칙이 유지되어 왔다.[90] 즉, 모든 회원국가가 특정 사안에 대해 거부권을 행사할 수 있었다. 그러나 1987년 7월 단일유럽법이 효력을 발휘하게 되면서, 단일유럽시장과 관련된 정책영역에 국한된 것이기는 하지만, 유럽공동체의 최고 의결기구인 각료회의에 특정다수결 제도가 도입되었다.[91] 특정다수결 제도하에서

---

90) 각료회의의 정책결정방식에 중대한 영향을 미친 룩셈부르크 타협은 1965년 7월부터 계속된 프랑스의 각료회의 불참에 대한 해결책이었다. 당시 집행위원장이던 W. Hallstein이 제안한 공동농업정책 및 공동체의 재원조달방식에 대해 프랑스는 각료회의의 불참이라는 방식으로 대응했고, 타협의 결과로 회원국가의 거부권을 원칙적으로 인정하는 결정이 이루어졌다. 이 각료회의의 의사결정방식은 부분적으로 유럽통합의 정체를 야기한 제도적 요인 가운데 하나라고 할 수 있다. 룩셈부르크 타협이 1980년대까지 유럽공동체의 정책결정과정에 미친 영향을 분석하고 있는 글로는, W. Nicoll, "The Luxembourg Compromise", *Journal of Common Market Studies*, Vol. XXIII, No.1(1984)를 참조.

91) 회원국가의 인구규모를 고려하여 각 회원국가에 특정 투표권과 의안의 가결을 위한 최소 득표수를 갖는 제도. 1995년 오스트리아, 스웨덴, 핀란드가 유럽연합에 가입한 이후 각 국가들이 갖는 투표 가중치는 다음과 같다: 벨기에 5, 프랑스 10, 독일 10, 이탈리아 10, 룩셈부르크 2, 네덜란드 5, 덴마크 3, 아일랜드 3, 영국 10, 그리스 5, 포르투갈 5, 스페인 8, 오스트리아 4, 핀란드 3, 스웨덴 4. 이 가중치는 인구비례에 정확히 조응하지 않으며, 또한 각 회원국가들의 국민총생산 규모와도 상당한 차이를 보이고 있다.

회원국가의 거부권은 현저히 약화되고 있다. 예를 들어 오스트리아, 스웨덴, 핀란드가 가입하기 이전의 단일유럽법에 따르면, 어떤 의제가 특정다수결로 처리되기 위해서는 최소한 총 76표 가운데 54표가 필요했다. 역으로 이야기한다면, 23표를 모을 수 있다면, 어떤 의안의 '통과 저지선'을 형성할 수 있었다. 달리 표현한다면, 영국, 프랑스, 독일, 이탈리아 등 주요 회원국가의 정부들도 단독으로 의안을 저지하는 것이 불가능했다.

오스트리아, 스웨덴, 핀란드 등의 EFTA 국가들이 유럽연합에 가입하게 되면서, 이 특정다수결 제도가 다시금 중요한 의제로 부각되었다. 이들의 가입을 전제로, 총 투표수는 87표로, 어떤 의안을 가결하기 위한 최저수준이 62표로, 통과 저지선은 26표로 계산되었다. 영국과 스페인 정부는 특정다수결하에서 통과 저지선을 다른 정부들이 제안한 26표가 아닌 23표로 유지하기를 원했다. 영국정부는 만약 이 통과 저지선이 유지되지 않으면, 이 국가들의 가입을 거부하겠다고 위협했다. 1994년 3월 29일 회원국가의 외무장관들은, 만약 23표에서 25표까지의 반대표가 존재할 경우, 각료회의는 최대한의 노력으로 적어도 65표에서 의안이 가결되어야 한다는 '아이오아니나 선언'(Ioannina Declaration)을 채택했다.[92]

이 선언은 특정다수결 제도에 룩셈부르크 타협의 요소를 보충한 것으로 볼 수 있다. 따라서 특정다수결 제도가 초래할 수 있는 정부 간 협력의 논리로부터의 이탈을 방지하기 위한 제도적 장치로 해석될 수 있다. 그러나 이 선언이 특정다수결 제도를 부정하는 것은 아니다. 예를 들어, 특정다수결이 적용될 경우 단 2표만을 행사하는 유럽공동체의 가장 작은 국가인 룩셈부르크의 투표권이 강화하는 결과가 초래되기도 한다.[93] 더구나 각료회의의 정책결정절차의 변화는 다양한 이익집단이 자국 정부뿐만 아니라 타국의 정부에도 로비활동을 할 수 있는 가능성을 제공하고 있다는 점에서

---

92) 그러나 이 선언으로 유럽연합을 건설하는 조약이 개정된 것은 아니다. 이 선언의 원문은, F. Hayes-Renshaw and H. Wallace, *The Council of Ministers*(New York: St. Martin Press, 1997), p.313을 참조.

93) M. Holsti, "Admission of European Free Trade Association States to the European Community: Effects on Voting Power in the European Community Council of Ministers", *International Organization*, Vol. 47, No.4(1993).

특정다수결 제도의 도입은 게임규칙의 변화로 간주될 수밖에 없다.

게임규칙의 변화와 관련하여 또 다른 주목대상은 집행위원회가 과거와 달리 각료회의와 협의를 거치지 않고 독자적으로 로마조약 90조를 이용하여 경쟁정책의 분야에서 회원국가의 정부 및 기업이 준수해야 하는 지침을 발행할 수 있다는 점과 마스트리히트 조약에는 각료회의가 특정 정책 분야에서 결정을 내리기 위해서는 반드시 유럽의회의 동의가 필요한 공동결정(co-decision) 절차가 도입되었다는 점이다. 그리고 통합의 시간이 경과하면서, 유럽법원의 결정이 국민국가의 당사자를 직접 구속할 수 있다는 점도 게임규칙의 변화로 언급될 수 있다.

정부 간 협상으로 환원될 수 없는 게임이 발생하고 있다는 주장, 즉 게임규칙이 변했다는 주장에 대해 다음과 같은 대응이 존재할 수 있다. 정부 간 협상을 야구게임에 비유해 본다.

우선, 게임규칙의 변화를 부정할 수 있다. 즉 여전히 야구게임이 벌어지고 있다고 말할 수 있는 것이다. 또는 야구게임의 규칙이 약간 바뀌기는 했지만, 야구게임의 핵심적 규칙은 변하지 않았다고 말할 수도 있다. 더 나아가 게임규칙은 변했지만, 즉 다른 형태의 야구게임이 되었지만, '게임의 결과'는 달라지지 않고 있다고 주장할 수 있다. 예를 들어 정부 간 관계론자들은 야구게임의 결과가 불변이라는 주장을 개진한다. 여전히 유럽연합은 정부 간 협상을 효율적으로 수행하기 위한 보조적 장치라고 주장할 수 있다. 추론한다면, 형식적 일국일표 원칙은 국가 간 실질적 능력의 차이를 은폐하는 체계이기 때문에, 사실상 특정다수결의 도입은 이 능력의 불평등을 현실화하는 제도라고 주장할 수 있는 것이다. 따라서 현실주의자들은 협상의 결과에 근거하여 게임규칙이 변했다는 주장을 기각한다.

그러나 이 같은 신현실주의의 예상되는 대응은 경험적으로 입증하기 어렵다. 예를 들어 게임규칙의 변화로 인해 인구규모나 경제력 등의 분야에서 상대적으로 능력이 작은 국가의 협상력이 강화되고 있거나 또는 정책결정절차의 변화로 이들 국가에게 더 많은 회유성 보조정책(side-payments)이 제공되고 있다면, 게임의 결과도 변한 것이 된다. 만약 국가 간 불평등이 더욱 심화되고 있다면, 신현실주의의 주장은 의미를 가질 수 있다. 그러나 이 불평등의 심화가 기존 국가능력의 차이에서 기인하는 것인지 아니면 정책결정의 변화 때문에 발생한 것인지를 측정하기는 매우 어려울 수 있다.

우리는 논리적으로 특정다수결하에서 약소국이 통과 저지선을 형성할 가능성이 높아지고 있고, 강대국들이 어떤 의안을 관철시키기 위해서는 약소국과 연합을 형성할 수밖에 없기 때문에 약소국의 협상과정에서의 지위가 향상되고 있다고 생각한다. 비유한다면, 9명씩 하는 야구게임이 9명과 8명 또는 9명과 7명이 하는 야구게임으로 변모되었다고 할 수 있다. 그리고 이 게임방식의 변화는 심판의 역할을 하는 집행위원회의 역할이 증대되면서 안정화되고 있다. 그렇다면, 강대국들의 '국가이익'이 침해될 수도 있는 게임규칙의 변화가 그 강대국들의 정부와 투표자들에 의해 승인된 이유는 무엇인가?

3-2. 게임규칙이 변했다면, 그 원인은 무엇인가?: 쟁점 (2)

이 질문은 구조의 수준과 행위자 수준 또는 구조와 행위자를 동시에 고려하는 방식으로 세분할 수 있다.

3-2-1. 어떠한 구조적 변화가 게임규칙의 변화를 야기했는가?: 쟁점 (2)-1

구조의 변화로부터 게임규칙의 변화를 직접적으로 도출하기는 매우 어렵다. 구조의 변화가 존재하더라도 행위자들이 선택할 수 있는 정책들이 다양할 수 있기 때문이다. 정부 간 관계론도 국가 간 체계를 강조하기는 하지만, 결국은 국내정치의 변화로부터 유럽통합 현상을 설명하고 있다. W. Sandholtz와 J. Zysman의 절충론에서도 미국의 쇠퇴와 일본의 부상으로 특징지워지는 국제구조의 변화를 설정하고 있기는 하지만, 그 구조변화는 행위자 수준의 변화를 가능하게 한 환경으로 취급된다. 전통적인 맑스주의적 입론에서도 자본운동 구조의 변화를 통해 유럽통합을 도출하고 있지만, 그 과정에 설정되어야 할 변수들이 무시되고 있다. 따라서 구조의 변화가 행위자들의 '인식' 변화로 이어지는 과정에 대한 천착이 중요한 과제가 된다.

구성주의자들의 주장처럼, 구조와 행위의 관계에서 구조를 내생적 변수로 이해할 때, 구조는 실천에 대한 가능성의 조건이고, 실천은 구조에 대한 존재방식이 된다. 만약 이 구조화(structuration)라는 문제설정을 수용한다면, 분석적으로 많은 문제점이 야기될 수도 있다.[94] 앞서 소개한 것처럼, 최근 새로운 이론적 조류는 대부분 행위자 수준의 변화에 관심을 집중하고 있다. 그러나 이 행위자 중심이론들을 넘어서기 위해서는, 구조가 행위자의 인식변화에 미친 영향을 추적할 필요가 있다. 제3장의 이론형성 부분에서는, 1980년대 초반 다양한 행위자들이 그들의 선택을 바꾸는 데 중요한 역할을 했던 정치경제적 구조에 상당한 지면을 할애한다. 특히, 정치경제학적 관점에서 국가-자본 관계와 자본-자본 관계의 변화가 행위자의 선택에 미친 영향에 주목한다.

3-2-2. 새로운 행위자가 새로운 게임규칙을 생산했는가?: 쟁점 (2)-2

정부 간 관계론에 대한 주요 비판은 유럽 차원에서 행위자의 인식변화와 밀접히 관련되어 있다. 첫째, 다층적 통치론자들이 주장하는 것처럼, 국가제도와 정치엘리뜨가 추구하는 목표에 차이가 있을 수 있음을 전제하면서, 정치엘리뜨가 유럽통합을 적극 추진하고 있다고 주장할 수 있다. 둘째, 회원국가의 정부들로 구성된 게임에 유럽공동체 집행위원회, 유럽의회, 유럽법원 등의 초국가적 기구 또는 지방정부와 같은 하위국가적 기구, 대기업 및 대기업 연합체 그리고 환경운동단체와 같은 다양한 이익집단이 새로운 행위자로 참가하게 되면서 회원국가의 협상에 의해 결정되던 유럽통합의 내용과 형식

---

94) 구조와 실천이 항상 함께 있는 것이라고 했을 때, 글의 서술에서 두 가지는 항상 함께 갈 수밖에 없다. 따라서 서술과정에서 간결성이 상실될 수 있다. 따라서 분석상의 어려움을 극복하기 위해 적절한 시기구분을 도입할 필요가 있다. 그러나 시기구분에 대한 합의는 이론의 통일만큼 어려운 일이기도 하다. 대체로 1980년대 초반이 유럽통합의 질적 전환의 시점이라는 사실을 부정하는 이론가들은 거의 없다. 정부 간 관계론의 관점에서 본다면, 여전히 정부 간 협상의 논리가 작동하는 것이겠지만, 이들도 어쨌든 결정적이지는 않지만 변화가 발생했다는 사실을 부정하지는 않는다.

96

이 변했다고 주장될 수 있다. 이 두 가지 가운데 어느 입장을 취하든, 또는 두 입장을 혼합하든, 정부 간 관계론에 대한 비판자들은 유럽연합의 게임규칙이 변했다고 주장한다. 그러나 새로운 행위자가 게임에 참여한다고 해서 게임규칙이 반드시 변하는 것은 아니다. 즉, 새로운 행위자와 새로운 게임규칙 사이에 인과관계를 설정하는 것은 매우 어려운 일이다.[95]

또 다른 문제는 만약 기존의 행위자들이 인식을 바꾸었다면, 이들의 행태 변화의 '원인'에 대한 설명이 추가되어야 한다. 만약 단기적 이득에 관심을 갖는 정치엘리뜨들이 선거적 성공을 위해 유럽통합을 추구하고 있다면, 이들의 행태변화를 가능하게 만든 구조에 대한 천착이 필요할 것이다. 마찬가지로 새로운 행위자들이 이미 유럽통합이라는 게임에 주동적으로든 보조적으로든 이미 참여하고 있었다면, 이들이 게임규칙을 개정할 만큼의 권력을 갖게 된 원인에 대한 설명이 필요하다. 이 행위의 변화는 첫째로 구조의 변화 차원에서, 둘째로 행위자의 상호작용 차원에서 설명될 수 있다. 사실 쟁점 (2)-2는 현재의 이론논쟁에서 가장 핵심적 부분이라고 할 수 있다.

첫째, 유럽연합 집행위원회나 유럽의회는 야구게임의 심판에 비유될 수 있다. 즉 정부 간 관계론에서 주장하듯이, 이 기구들은 회원국가 간 협상에서 발생할 수 있는 반칙을 찾아내는 역할을 하고 있다고 주장할 수 있다. 야구게임에서 심판의 역할이 강화되었다고 했을 때, 게임규칙이 변하는 것은 아니다. 다만 변할 수 있다면, 행위자들이 게임의 규칙을 위반하는 것이 좀 더 어렵게 될 뿐이다. 그러나 게임규칙의 변화를 수용한다면, 이 주장은 기각된다.

둘째, 다층적 통치론자들의 주장처럼 정치엘리뜨에 초점을 맞추게 되면, 제도주의자들이 주장하는 것처럼 '의도하지 않은 결과'라는 개념을 도입해야 한다. 즉, 정치엘리뜨의 단기적 이익추구가 초국가적 제도와 매개되면서 통합의 심화로 이어지고 있다고 할 수 있다. 또는 회원국가 정치엘리뜨들

---

95) 1997년 European Community Studies Association Conference에서 필자의 논문 (K.W. Koo, "The Disruption of National Policy Communities in Europe: The Precondition for a European Policy", Paper presented at the 1997 ECSA conference, 1997)에 대한 A. Moravscik의 비평이 이 부분의 논의를 정교화하는 데 큰 도움이 되었다.

의 상호작용 과정에서 발생하는 의도하지 않은 결과로 통합이 설명될 수 있다. 이 설명은 게임규칙의 변화를 기존의 행위자로부터 도출할 수 있다는 장점을 갖고 있다. 그러나 특정 시공간에서 정치엘리뜨의 인식이 급변하게 된 원인을 설명하기 위해서는 그 행위자들이 처해 있던 정치경제적 구조에 대한 설명이 필요하다. 정치엘리뜨들의 인식이 수렴되는 과정은 상호작용의 맥락을 통해 추적될 수도 있지만, 상호작용 이전에 구조에 대한 반응을 통해서도 수렴될 수 있기 때문이다.

셋째, 정치엘리뜨나 집행위원회 또는 유럽의회와 같은 제도적 행위자 이외에도, 다양한 이익집단, 특히 그 가운데 대기업 및 대기업의 연합체들이 정책결정과정에 참여하게 되면서 게임규칙이 변했다고 주장할 수 있다. 그러나 가장 논란이 될 수 있는 이 주장이 설득력을 갖기 위해서는 몇 가지 조건이 필요하다.

우선, 기업이 특수이익을 추구한다는 점에서 국가와 다른 정체성을 갖는 조직이라고 한다면, 기업은 다른 게임, 예를 들어 축구게임을 하고 있는 것이다. 즉 야구게임과 축구게임이라는 서로 공유할 수 없는 게임이 전개되는 것이다. 이 논리를 따르게 되면, 이 두 게임의 상관관계는 서로 게임결과를 통해 영향을 주고받는 것으로 가정할 수밖에 없다. 따라서 정부 간 관계론에서 주장하는 것처럼, 대기업도 국적을 갖고 있기 때문에, 축구게임의 결과가 간접적으로 야구게임에 참여하는 회원국가의 정부에 영향을 미치던지 또는 야구게임의 결과가 축구게임에 참여하는 기업들에 영향을 미친다고 가정할 수 있다. 그러나 문제는 특정 시공간에서 어느 게임이 더 중요한가를 판단하는 일이다. 대기업중심 이론의 정부 간 관계론에 대한 비판의 핵심을 비유적으로 표현한다면, 기업들의 게임이 1980년대 초반 유럽이라는 시공간에서 정부들의 게임보다 중요했다는 것이다. 이것은 국제무대가 정부 간 게임으로 환원될 수 없는 상황으로 변하고 있고, 이 변화는 야구게임의 규칙, 즉 정부간 게임의 규칙을 변경시키는 힘으로 기능하고 있다는 주장으로 연결될 수 있다. 본 연구의 기본적 관점인 이 주장의 체계적 진술은 제3장에서 수행될 것이다.

또한, 만약 기업이 국민국가의 정부와 유사한 역할을 수행하고 있다면,

기업이 정부 간 게임에 선수로 참여하고 있다고 말할 수도 있다. '기업의 국가화'로 묘사될 수 있는 이 상황은, 전혀 새로운 게임의 태동을 암시한다. 우리는 이러한 상황이 현재 전면화되고 있다고는 생각하지 않는다. 그러나 특정 정책영역에서 기업의 국가화 현상이 두드러지게 나타나고 있을 뿐만 아니라 이에 더해서 '국가의 기업화' 현상이 발생하고 있다. 달리 표현한다면, 시민적 조직의 정체성과 기업적 조직의 정체성이 혼재되고 있는 상황을 상정할 수 있다.

3-3. 게임규칙의 변화는 어떠한 효과를 생산하는가?: 쟁점 (3)

게임규칙의 변화가 모든 정책영역에 동일하게 관철되고 있지는 않다. 재화 및 서비스의 교환자유화가 유럽통합의 효과가 가장 잘 드러나는 정책영역이기는 하지만, 사회경제적 공공재의 제공과 같은 규제적 정책영역에서 유럽연합이 생산하는 정책이 증가하고 있다. 그러나 정치적 또는 재분배적 영역과 직접 관련된 유럽연합 정책은 공동체 내 저발전 지역에 대한 지원정책을 제외하고는, 국민국가적 수준으로 발전하고 있지는 않다. 사실 주목의 대상은 두 번째 영역이다.

규제국가 이론에서 주장되듯, 대기업의 선호가 유럽연합의 특수성과 맞물리면서, 두 번째 정책영역이 발전하고 있다. 경제적 규제의 증가, 보다 구체적으로 표현한다면, 탈규제 및 규제완화를 위한 규제의 증가는 규제국가 이론을 통해 부분적으로 설명될 수 있다. 논란의 대상은, 유럽연합 차원의 '사회적 규제'의 증가여부이다. 즉, 사회적 규제가 누구를 위해 무슨 목적으로 '점진적' 증가추세를 보이는가에 대한 명확한 이론적 경험적 분석이 필요하다. 이 논쟁은 또한 유럽연합이라는 새로운 정체의 성격과도 밀접히 관련되어 있다.

본 연구의 주요 대상인 유럽연합의 통신정책은 경제적 규제뿐만 아니라 사회적 규제의 내용을 담고 있다. 통신정책의 발전과정을 살펴보면 경제적 규제가 우선적으로 증가하면서 일단 경제적 규제가 궤도에 오르게 되자 사회적 규제가 의제로 설정되었음을 발견할 수 있다. 마치 국민국가에서 노동시간의 단축을 위한 각종 법령들이 한편으로 자본일반의 이해를 위해서 다른 한편으로는 노동자의 저항에 의해 형성된 것처럼, 유럽연합 차원에서 경제적 규제에서 사회적 규제로의 확대도 이 두 가지 의미를 모두 내포하고 있는 것처럼 보인다.

3-4. 게임규칙의 변화가 유럽인에게 어떠한 영향을 미치고 있는가?: 쟁점 (4)

정부 간 관계론에서 주장하는 것처럼, 유럽연합에서 나타나고 있는 민주성의 결핍이 역설적으로 유럽통합의 성공적 진행의 원천일 수 있다. 이것은 게임규칙의 개정을 통해 관중을 격리하는 방식일 수도 있다. 그러나 정부 간 게임이 아무리 비밀스럽게 진행될지라도 그 결과를 보고 관중들은 투표라는 절차를 통해 자신의 정부정책에 대해 평가를 내릴 수 있다. 그럼에도 불구하고 게임규칙이 변하게 되면, 관중들은 사실상 평가의 대상을 상실하게 된다. 이는 다층적 통치론에서 주장되듯, 정부 간 게임에 참가하는 정치엘리뜨들의 '의도한' 결과일 수 있다.

더구나 초국가적 기구 및 다국적 기업을 비롯한 대기업들이 정책결정과정에 참여할 수 있는 통로들이 열리면서 일반대중이 유럽통합이라는 게임에 참여할 수 있는 가능성은 상대적으로 제약되고 있다. 현재 각료회의 의사록의 공개를 포함한 정책결정과정의 투명성 보장, 유럽의회의 정책결정 권한의 강화, 회원국가의 의회를 통한 유럽연합의 정책결정과정에 대한 통제, 집행위원회장 및 집행위원의 직접선출 문제 등등의 제안이 유럽공동체의 민주성 결핍을 해결할 수 있는 대안으로 제시되고 있다.

그러나 유럽연합의 '정당화' 기능의 강화는 '효율성'의 잠식으로 이어질 수 있다. '기능적 대표'(functional representation)의 강화로 유럽연합 정책의 정당성을 제고할 수 있는 방안도 있을 것이다. 그렇다고 해도 문제는 기능적 대표과정에 참여할 수 있는 사람이나 이익집단의 숫자가 극히 제한될 수밖에 없다는 점이다. 즉, 유럽연합과 같은 전형적인 '기술관료적' 조직에 정당성을 부여하는 방식이 정치이론 분야에서 새로운 의제로 부상하고 있지만, 대부분의 통합이론은 이 문제의식을 결여하고 있다.

4. 통합이론의 재구성을 위한 출발점: 국제관계(학) 비판

유럽연합에서 작동하는 게임규칙의 변화를 둘러싼 논쟁을 통해 국제관계의 주요 개념에 대한 새로운 인식의 필요성이 제기되고 있다. 첫째, 국가가 유럽연합에서 지배적 행위자인가 아닌가를 둘러싼 논쟁은 국제관계에서 '주체와 구조의 관계'에 대한 논쟁의 다른 표현이다. 둘째, 정부 간 관계론과 기타 이론의 대립 속에는 국제관계의 설명에서 이익과 제도의 관계 또는 인과관계의 설정에 대한 논쟁이 자리잡고 있다. 셋째, 통합의 결과로서 유럽연합이 새로운 정체로 전화했는가를 둘러싼 논쟁은 근대 국민국가체계의 미래에 대한 판단과 연계되어 있다.

여기에서는 첫 번째와 두 번째 문제에 집중한다. 새로운 정치형태로서 유럽연합의 성격에 대한 규정은 다음 장에서 언급될 것이다. 이 두 문제에 대한 종합적 비판은 통합이론의 재구성을 위한 출발점이 될 수 있을 것이다. 이를 위해 본 연구에서는 국제관계이론의 새로운 조류라고 할 수 있는 '비판적(critical) 국제관계이론'에 의존한다. 우선 간략하게 비판적 국제관계이론의 문제의식을 살펴보고, 논의를 시작한다.

비판적 국제관계이론이라는 새로운 분야를 개척한 R. Cox는 그의 기념비적 논문인 "사회세력, 국가 그리고 세계질서: 국제관계이론을 넘어서"에서 역사를 결여한 이론인 '문제해결(problem-solving) 이론'과 과거뿐만 아니라 진행 중인 역사적 변화에 주목하는 역사이론인 '비판이론'(critical theory) 이론을 구분한다. R. Cox는 이론이 언제나 누군가를 위한 것이고 어떤 목적을 위한 것이라고 전제한다. 그리고 문제해결 이론이 기존의 지배적 사회관계를 주어진 것으로 간주하고 특정 문제의 해결에 집중하는 반면, 비판이론은 지배적 질서가 어떻게 발생했는지에 의문을 제기하고 그것을 변화시킬 수 있는 방법 및 그 가능성을 탐색하는 이론이라고 말한다.[96] 여기서 문제해결 이론은 실증주의적 인식론에 기초한 신현실주의를 지칭한다.[97]

따라서 비판적 국제관계이론은, 기존 세계질서에서 야기되는 불평등을 극복할 수 있는 가능한 대안과 이를 조직할 수 있는 주체형성의 방법을 모색한다. 예를 들어 국제관계에서 지배적 헤게모니에 대항할 수 있는 대항헤게모니(counter-hegemony)의 형성방법을 이론틀 속에 포함시키고자 한다. 이 비판적 국제관계이론은 선한 사회가 국민국가 내부에서만 실현될 수 있다는 현실주의적 국제관계이론의 규범적 관점을 기각한다. 그리고 정치가 "누가 언제 어떻게 무엇을 얻는가"라는 기술적 문제로 전화한 현실을 비판하면서 "누가 '왜' 얻는가"라는 고전적 정치의 개념을 복원하고자 한다.[98]

4-1. 국제관계이론에서 주체와 구조: 국가개념과 분석수준

1980년대 이후의 유럽통합현상을 둘러싼 이론논쟁에서, 현존하는 국제관

---

96) R. Cox, "Social Forces, States and World Order: Beyond International Relations Theory", *Millennium*, Vol. 10, No.2(1981), pp.87-91. R. Cox의 저작집으로는, R. Cox, with T. Sinclair, *Approaches to World Order*(Cambridge: Cambridge University Press, 1996)를 참조. Cox의 이 1981년 논문은 위의 저작집에 재수록된 논문의 페이지를 명기할 것이다.

97) 신현실주의 이론가인 K. Waltz는 Cox에게 응답하면서 자신의 이론이 의도적으로 문제해결에 집중되어 있음을 인정하면서 그것이 무슨 문제를 야기하는지를 되묻고 있다. K. Waltz, "Reflections on *Theory of International Politics*: A Response to My Critics", in R. Keohane(ed.), *Neorealism and Its Critics*(New York: Columbia University Press, 1986), p.339. 이 실증주의와 반실증주의의 대립은 국제관계학뿐만 아니라 사회과학 일반에서 제기될 수 있는 문제이기도 하다.

98) M. Hoffman, "Critical Theory and the Inter-Paradigm Debate", *Millennium*, Vol. 16, No.2(1987). 달리 표현한다면, 일군의 비판적 국제관계이론가들은 국제관계의 영역에서 계몽(enlightenment)의 프로젝트를 실현할 수 있는 가능성, 즉 선한 사회를 건설할 수 있는 가능성을 타진한다. R. Devetak, "The Project of Modernity and International Relations Theory", *Millennium*, Vol. 24, No.1(1995).

계이론들이 주체를 강조하든 혹은 구조를 강조하든 '정부없는 통치'에 대한 완전한 설명을 제공하지 못하고 있다는 비판이 존재한다.[99] 비교적 최근의 국제관계이론이라고 할 수 있는 구성주의적 국제관계이론과 비판적 국제관계이론이 그 출발점이나 이론형성의 방식 그리고 내용의 측면에서 근본적으로 상이한 관점을 견지하고 있지만, 두 접근 모두 주체와 구조 어느 쪽에 편향되지 않는 '구조화'라는 문제의식에 기반하고 있다는 점은 우연이 아니다. 유럽통합이 새로운 단계에 접어들기 시작한 1980년대에, 유럽통합의 이론화에 견인차 역할을 했던 국제관계이론의 분야에서 주체와 구조라는 용어가 재등장하기 시작한 것은 국제관계 이론영역에서 패러다임의 전환을 반영하는 것처럼 보이기도 한다.

앞서 살펴본 것처럼, 구성주의자들은 국가정체성과 이익이 주체들의 상호작용에 외생적이 아니라 내생적이라는 인식론적 가정에서 출발한다. 따라서 만약 현재의 세계가 신현실주의자들이 주장하는 것처럼, 자구(自救, self-help)의 세계라면, 그 세계는 신현실주의의 핵심가정인 무정부라는 구조로부터 도출되는 것이 아니라, 주체들 사이의 상호작용이라는 '과정'을 통해 그 세계가 구성된다고 주장한다.[100] 그러나 구성주의자들은 국제관계의 사회적 성격 또는 권력정치의 사회적 구성을 탐색하면서도, 국가중심적 이론을 포기하지 않는다. 대표적으로 A. Wendt는 새로운 형태로 등장하고 있는 '초국가적 정치적 정체성'에 대한 적절한 이론화를 위해 국가중심적 국제관계이론의 재구성이라는 방식에 의존한다.[101] 그렇다면, 우리는 왜 새로운 형태의 초국가적 정치적 정체성에 대한 탐구를 위해 국가중심적 이론을 필요로 하는가?

비판적 국제관계이론가들도 구조/주체라는 이항대립의 지양이라는 문제의식을 기초로 '탈베스트팔리안(post-Westphalian) 국가형태' 및 '정치적 권위의 국제화' 현상을 분석하려 한다.[102] 그러나 그들의 국제관계에 대한 인식론

---

99) Cornett and Caporaso, *op. cit.*
100) A. Wendt, "Anarchy is what States make of it: The Social Construction of Power Politics", *International Organization*, Vol. 46, No.2(1992), pp.391-425.
101) Wendt, "Collective Identity Formation and the International State", pp.424-5.
102) S. Gill, "Gramsci and Global Politics: Towards a Post-hegemonic Research

적 가정은 구성주의자와 근본적으로 상이하다. 이들의 기본명제는, 국제관계가 자본주의적 사회관계에 선행하는 것이 아니라 자본주의적 사회관계가 국제관계에 선행하고, 따라서 국제관계가 자본주의적 사회관계와 내적으로 연관되어 있다는 것이다.[103] 그러나 비판적 국제관계이론은 자본주의적 생산으로부터 자신의 논의를 시작하지만, 국가가 축적(accumulation)을 위한 조건을 창출하고 생산의 전체적 구조를 결정한다고 주장함으로써 경제결정론으로부터 한 걸음 벗어나 있다. 그리고 세계질서 속에서 국가의 위치 및 상대적 힘에 의해 각 국가가 생산관계를 변화시킬 수 있는 능력이 제약된다고 주장함으로써, 생산·국가·세계 질서를 연결하는 이론을 모색하고 있다.[104]

이 가운데 핵심적 위치를 차지하고 있는 국가를 개념화하는 데 있어서도 비판적 국제관계이론은 매우 독특한 시각을 갖고 있다. 우선, 정치와 국가에 관한 A. Gramsci의 이중적 개념화, 즉 계급에 기초한 지배장치로서의 국가 및 아리스토텔레스적 의미에서 선한 사회의 건설을 위한 조건 - 윤리적 공공영역의 형성 - 으로서 국가라는 윤리적 국가개념을 수용한다. 또한 A. Gramsci의 독특한 국가론인 '국가/사회 복합체'를 국제관계의 기본적 단위로 간주한다. 그리고 역사적으로 종별적인(specific) 국가구조를 지칭하는 개념인 '국가형태' - 국가형태는 축적체제 및 정치적 대표의 형태뿐만 아니라 '세계질서'에 의해서도 결정된다 - 의 차이가 국제관계에서 중요한 의미를 갖는다고 주장한다.[105]

이 국가개념은, 전체로서의 나라(country as a whole)라는 의미로, 즉

<hr>

Agenda", in S. Gill(ed.), *Gramsci, Historical Materialism and International Relations*(Cambridge: Cambridge University Press, 1993), pp.1-18: "Epistemology, Ontology, and the 'Italian School'", in S. Gill(ed.), *Ibid.*, pp.21-48.

103) M. Rupert, "Alienation, Capitalism and the Inter-State System: Toward a Marxian/Gramscian Critique", in S. Gill(ed.), *Gramsci, Historical Materialism and International Relations*(Cambridge: Cambridge University Press, 1993), p.84.

104) R. Cox, "Social Forces, States, and World Orders", pp.97-101: *Production, Power, and World Order: Social Forces in the Making of History*(New York: Columbia University Press, 1987), pp.398-9.

105) Gill, "Epistemology, Ontology and the 'Italian School'", pp.24-5: Rupert, "Alienation, Capitalism and the Inter-State System", p.79.

‘국민적 – 영토적’ 총체를 표시하는 개념으로 국가라는 용어를 사용하는 K. Waltz류의 신현실주의 국가개념과 명확히 구분된다.[106] 그러나 신현실주의적 전통 내부에서도 국가/사회 관계를 고려하여 국가를 ‘제도화된 질서로서의 행정적 장치’로 정의하기도 한다.[107] 이 정의에서 자본주의적 사회관계를 사회의 지배적 부문으로 간주하지는 않지만, 이 정의가 비판적 국제관계이론과 유사하게 국가/사회 관계를 포착할 수 있는 보다 유연한 개념화인 것은 분명하다. 다른 한편으로, 앞서 지적한 것처럼, 국가를 그 구성요소, 즉 정책결정의 단위들로 분해하여 국가의 이익과 선호가 구성되는 과정을 밝히려는 시도도 존재한다. 특히 이 시도는 신현실주의 통합이론가인 A. Moravcsik에서 전형적으로 나타나고 있다.

사실 우리가 일상생활에서 사용하는 국가라는 용어에는 전체로서의 나라라는 의미와 제도의 집합체라는 두 가지 의미가 모두 포함되어 있다. 그러나 분석적 개념으로서 후자가 상당히 유용한 것은 사실이다. 이 대안적 개념화는 국내적 갈등 또는 국가/사회 관계의 국제화로서 국제관계를 이해할 수 있게 할 뿐만 아니라 국내적 요인이나 국제적 압력으로 설명될 수 없는 ‘국가정책의 변화’를 부분적으로 국가제도의 자율성을 통해 설명하게 한다는 점에서, 그 개념화의 가치가 높이 평가될 수도 있다.[108]

그러나 이 개념화를 통해 신현실주의의 국제구조에 대한 가정을 기각할 수 있는 것은 아니다. 이 개념화는 국제관계에서 국가능력(state capabilities)이 국제체계적 수준에서의 변수뿐만 아니라 국가/사회 관계에서 발생하는 변수에 의해 영향을 받는다고 주장함으로써 신현실주의 기본가정을 단지 완화시킬 뿐이다. 즉 이 개념화에 의거한다면, 영토적 경계를 넘어서서 운동하고 있는 자본주의적 사회관계조차도 국민국가의 특별한 선호형성 기제를 통해 국내 정치체계에 흡수된다고 가정될 수밖에 없다. 결국, 이 제도주의적 국가개념도 범지구적 정치에서 등장하고 있는 이른바 ‘비국가적 행위자’ 또는 ‘사회

---

106) F. Halliday, *Rethinking International Relations*(London: Macmillan, 1994), pp.31-7.

107) S. Krasner, "Approaches to the State: Alternative Conceptions and Historical Dynamics", *Comparative Politics*, Vol. 16, No.2(1984), pp.223-4.

108) Halliday, *op. cit.*, pp.74-93.

세력'을 위한 적절한 자리를 제공하지 않을 수 있다.

국가가 제도의 집합체라는 사실을 인정하면서도 위의 국가/사회 관계를 고려하는 이론이 갖고 있는 국가중심성의 문제를 지적할 수 있다. 첫째, 근대사회에서 이 제도의 집합체가 자본주의적 사회관계를 반영하지 않는다면, 그 제도 자체의 생존이 위협될 수도 있다. 근대국가 초기에 무력을 통해 정치권력을 장악한 세력과 자본주의적 생산양식을 통해 부를 축적한 부르조아 세력의 동맹을 통해 국민국가가 형성된 것처럼, 이 제도의 집합체가 자본주의적 사회관계를 그 내부에 응축하지 않는다면, 그 제도의 생존 자체가 불가능할 수도 있다.

둘째, 앞서 지적한 것처럼, 국가/사회 관계를 통해 대외관계를 설명할 때, 암묵적 가정은 다양한 사회세력들의 이익이 국가를 통해 집적된다는 것이다. 즉, 국가/사회 관계론에도 국가가 국제관계에서 지배적 행위자라는 주장이 전제되어 있다. 본 연구에서 수용하고 있는 "사회관계의 제도화된 형태"로서의 국가개념도 사실 이 암묵적 가정과 연루될 수 있다. 만약, 사회세력의 이익이 기존의 국민국가를 매개로 표현되지 않고 유럽연합과 같은 다른 제도의 집합체에 의해 대표되고 있다면, 우리의 이론적 작업은 두 가지 선택에 직면하게 된다. 첫째는 국가가 사회적 이익을 집적하는 역할이 한계점에 다다르면서 새로운 형태의 '국가'가 발생하고 있다고 주장하는 것이다. 둘째는 좀 더 완화된 형태로 근대국가와 이 새로운 정체 사이에 분업을 상정하는 것이다. 이 두 번째 주장은 근대국가의 정체성을 부정하지 않으면서, 새로운 정체의 탄생을 설명할 수 있게 하는 이점이 있다.

따라서 비판적 국제관계이론의 국가론도, 한편으로 사회세력을 국제관계의 분석에 포함시키고 있다는 점에서 그리고 자본주의적 사회관계를 고려하고 있다는 점에서 국제관계를 바라보는 시각의 근본적 변화를 야기할 수도 있지만, 다른 한편으로 국가/사회 복합체를 국제관계의 기본단위로 간주할 경우 자칫 세련된 형태의 국가중심적 이론으로 귀결될 수도 있다. 만약 비교정치의 영역에서 사회중심적 이론으로 국가중심적 이론을 대치한다고 하더라도, 국가가 사회세력의 이익을 집적하는 유일한 제도라고 주장한다면, 그것은 국제관계의 영역에서 국가중심적 이론으로 전화할 수밖에 없기 때문이다. 그러므로 비판적 국제관계이론에서 "국가가 의심할 여지없이 일정한 자율성을 갖고 행위한다"고 주장할 때, 이 주장은 다양하게 해석될 소지를 안고 있다.[109]

생산, 권력, 그리고 세계질서를 종합하는 비판적 국제관계이론은 국가중심성, 세계체제의 제약, 그리고 세계사회적 과정 사이에 균형잡힌 시각을 제공하는 '새로운 현실주의'를 대변할 수 있다.[110] 예를 들어 유럽통합과정을 자본주의 대 자본주의, 즉 독일자본주의, 영국자본주의, 그리고 프랑스 자본주의라는 국민적 자본주의의 상호작용의 결과로 파악하는 비판적 국제관계이론의 일부 조류는 새로운 국가중심적 통합이론으로 읽힐 수 있다.[111] 그러나 이 국가중심적 통합이론은 비교정치 이론가가 주장하는 것처럼, 신현실주의와 유사하게 유럽수준에 존재하는 '국가' 또는 정치체계에 대한 문제의식을 결여할 수밖에 없다.[112] 반대로 R. Cox가 생산과 세계질서 사이에 국가를 위치지움으로써 국가를 단순한 '전도벨트'(transmission belt)로 간주한다는 비판도 존재한다.[113] 즉, Cox의 비판적 국제관계이론은 한편으로 국가중심적 이론으로 다른 한편으로는 탈국가중심적 이론으로 평가되고 있는 것이다.

그러나 국가자율성에 대한 인정이 반드시 국가가 국제관계의 무대에서 지배적 행위자임을 의미하지 않을 수도 있다. 달리 표현한다면, 생산, 권력,

---

109) R. Cox, *Production, Power, and World Order*, p.399-400. 그러나 Cox는 국가 자율성을 인정하면서도, 이 자율성이 국가의 역사를 반영하는 역사적 블록에 의해 그리고 세계체제가 부과하는 군사적 재정적 제약에 의해 조건화된다는 입장을 취하고 있다.

110) W. Olson and A. Groom, *International Relations Then & Now*(London: Routledge, 1991), p.280.

111) B. van Apeldoorn, B., "The Political Economy of Capitalism versus Capitalism and the Struggle for the Future Socio-Economic Order of the European Union: A Transnational Perspective", European University Institute, Robert Schuman Center, 1995.

112) Hix, "The Study of the European Community", p.10.

113) R. Cox, "Global *Perestroika*", in R. Miliband and L. Panitch(eds.), *Socialist Register 1992*(London: The Merlin Press, 1992); R. Cox의 '전도벨트'론에 대한 비판으로는, L. Panitch, "Globalization and the State", R. Miliband and L. Panitch(eds.), *Socialist Register 1994*(London: The Merlin Press, 1994)를 참조.

세계질서가 상호작용하는 범지구적 체계에서 국가가 지배적 행위자가 되기 위해서는 특정한 시공간을 필요로 한다. 1945년 이후의 체계는 국가가 지배적 행위자로 활동할 수 있는 조건을 제공했다. 우리는 1945년 이후의 포드주의 축적체제가 붕괴되면서, 국가 이외의 행위자들이 국제무대에 등장하고 있음을 발견한다. S. Strange가 주장하는 것처럼, 국제관계에서 기업이 정치적 행위자로 등장하고 있음에 주목한다.[114] 기업은 더 이상 영토국가의 경계에 의해 구속되지 않는다. 또한 국제적 생산과 관련되어 있는 기업들은 이윤동기에 의해서 움직일 뿐만 아니라 안보의 추구라는 '국가적' 목표를 갖고 있다. 더불어 국가의 국제화 현상 속에서 유럽연합과 같은 초국가적 기구들도 독립적인 정치적 행위자로 등장하고 있다. 본 연구에서는 국가/사회 관계가 국제관계에 미치는 영향을 고려해야 한다는 비판적 국제관계이론의 문제의식을 수용하면서도, 현대 세계에서 국가와 사회의 이해가 탈구되면서 국가-사회 복합체가 통합력을 상실할 수도 있다는 사실에 주목한다.

따라서 본 연구에서는 비판적 국제관계이론이 갖고 있는 국가중심성을 탈색시키기 위해, S. Strange의 '절충적' 접근과 R. Cox의 비판적 국제관계이론을 결합한다. 즉, 자본의 국경을 가로지르는 이동성이 제고되면서 '초국가적 관리계급'(managerial class)의 주도하에 범지구적 문제를 집합적으로 해결하는 범지구적 통치구조의 형성에 주목한다.[115] 달리 표현한다면, 유사한 이익과 목표를 갖고 있는 사회세력들, 특히 엘리뜨 집단이 국민국가의 경계를 가로지르면서 범지구적 수준에서 정치적 연합체를 결성하면서 기존의 국가-국가 관계에 버금가는 수준으로 국가-기업 그리고 기업-기업 관계에 의해 국제구조가 새롭게 형성되고 있는 것이다. 앞서 대기업중

---

114) S. Strange, *States and Markets: An Introduction to International Political Economy*(London: Pinter Publishers, 1988); "An Eclectic Approach", in C. Murphy and R. Tooze(eds.), *The New International Political Economy*(Boulder: Lynne Reinner Publishers, 1991), pp.33-49.

115) R. Cox, "Structural Issues of Global Governance: Implications for Europe", in S. Gill(ed.), *Gramsci, Historical Materialism and International Relations*(Cambridge: Cambridge University Press, 1993), p.261.

심 이론에서 살펴본 것처럼, 유럽연합 수준에서는 ERT가 그러한 역할을 수행하고 있다. 따라서 본 연구는 국가중심적 또는 사회중심적 접근과 구분되는 '초국가적 접근'이라고 할 수도 있다.[116]

이 현대 세계의 구조적 변화를 설명하기 위해서 우리는 R. Cox의 '역사적 구조' 개념에 의존한다:

> 역사적 구조의 방법은 소위 제한된 전체를 나타내는 것이다. 역사적 구조는 세계 전체를 의미하는 것이 아니라 역사적으로 위치한 전체 내에 인간 활동의 특정영역을 의미한다. …… 특정 구조의 정의를 사회체제나 생산양식의 어떤 추상적인 모형으로부터 도출하는 것이 아니라 그 구조와 관련을 맺고 있는 역사적 상황의 연구를 통해 도출한다.[117]

이 역사적 구조의 개념 속에는 물질적 능력, 사상, 제도가 상호작용하는 모형이 설정되어 있다.[118]

신현실주의와 비판적 국제관계이론 사이에 발생하는 논쟁의 핵심이 국제정치가 구조적 연속성인가 또는 역사적 변화인가에 달려 있기 때문에, 중세정치가 고대와 근대의 권력정치와 근본적으로 다른가의 여부를 검토하는 것이 결정적 문제라는 신현실주의 이론가의 주장은, 신현실주의와 비판적 국제관계이론의 대립지점이 어디인가를 매우 분명하게 밝혀 주는 적절한 지적이다.[119]

---

116) D. Skidmore and V. Hudson, "Establishing the Limits of State Autonomy: Contending Approaches to the Study of State-Society Relations and Foreign Policy-Making", in D. Skidmore and V. Hudson(eds.), *The Limits of State Autonomy: Societal Groups and Foreign Policy Formulation*(Boulder: Westview Press, 1993), pp.14-5.

117) R. Cox, "Social Forces, States and World Order", pp.97-101.

118) 본 연구에서는 기본적으로 이 역사적 구조라는 개념의 문제의식을 수용하면서도, 이 역사적 구조를 구성하는 세 가지 요소 가운데 물질적 능력이 행위와 연관되기 위해서는 이익이라는 형태로 표현되어야 한다는 가정하에 행위자 수준의 문제를 언급할 때는 사회경제적 구조 내지는 축적체제를 일단 주어진 것으로 가정하고, 이익, 사상, 제도의 상호작용을 고찰한다.

119) M. Fischer, "Feudal Europe, 800-1300: Communal Discourse and Conflictual Practices", *International Organization*, Vol. 46, No.2(1992), p.433. M. Fischer

따라서 역사적 구조라는 개념을 수용한다면, 국내와 국제 그리고 정치와 경제라는 전통적 이항대립도 초역사적인 것이 아니라 정세적인 것이 된다. 신현실주의의 국내와 국제를 가르는 분석수준에 대한 가장 적실한 비판은, 신현실주의가 이 구분에 '존재론적' 성격을 부여했다는 것이다.[120] 즉, 이 구분은 세계를 잘 설명하기 위한 것이지 세계의 실제 상태를 의미하는 것은 아니다. 정치와 경제의 분리 및 이 두 층위의 상호작용에 강조점을 두는 학문분과로서의 국제정치경제도 근대 국제체계의 독특하게 분화된 구조를 구성하는 '사회관계'에 대한 문제의식을 결여하고 있다는 비판에 직면하게 된다.[121]

우리는 범지구화라는 수사로 표현되는 현대 세계의 변화를 설명하기 위해 국내와 국제에 범지구적이라는 분석수준을 추가함으로써 문제를 해결할 수도 있을 것이다.[122] 그러나 이 추가적 설정을 통해서도 국내와 국제의 분리라는 문제의식을 벗어나는 것은 아니다. 만약 강력한 은유로서 수준들의 구분이 단순히 학자들의 분류적 편의를 위해 고안된 것이 아니라 우리

는 중세정치의 구조가 근본적으로 근대의 권력정치 구조와 다르지 않다고 주장하고 있다. 이 주장을 역사의 남용으로 규정하고 반박하는 글로는 R. Hall and F. Kratochwil, "Medieval Tales: Neorealist 'Science' and the Abuse of History", *International Organization*, Vol. 47, No.3(1993)을 참조. 이에 대한 재반박으로는, M. Fischer, "On Context, Facts, and Norms: Reply to Hall and Kratochwil", *International Organization*, Vol. 47, No.3(1993)을 참조.

120) R. B. J. Walker, *Inside/Outside: International Relations as Political Theory*(Cambridge: Cambridge University Press, 1993), pp.134-5: N. Onuf, "Levels", *European Journal of International Relations*, Vol. 1, No.1(1995), pp.35-54.

121) C. Boyle, "The Imagining the World Market: IPE and the Task of Social Theory", *Millenium*, Vol. 23, No.2(1994), pp.351-363. C. Boyle은 주류 국제정치경제 이론가인 R. Gilpin의 패권안정이론이나 R. Cox의 역사적 블록이론이 모두 근대 국제체계의 정치와 경제를 복잡한 이론적 모델로 접합하려고 시도한다는 점에서 동일한 인식론적 문제설정에 입각해 있다고 비판한다. 그러나 본 연구에서는 Cox의 비판적 국제관계이론의 국가중심성을 탈색시킨다면, Cox의 이론적 틀을 통해 우리의 세계의 실제 작동방식을 잘 설명할 수 있다고 생각한다.

122) 대표적으로 R. North, *War, Peace, Survival: Global Politics and Conceptual Synthesis*(Boulder: Westview Press, 1990).

세계를 전체로 이해할 수 있는 인식적 도구라고 한다면, 우리의 과제는 근대 세계를 관통할 수 있는 분석수준을 고안하는 것이어야 한다.

따라서 국제관계가 자본주의적 세계질서와 국가 간 체계의 연관을 통해 이해되어야 한다고 할 때, 생산, 국가, 그리고 세계질서라는 분석수준 사이의 상호작용을 통해 국제관계를 이해하고 설명하려는 비판적 국제관계이론의 문제의식은 상당히 유용하다. 이차대전 이후의 체제에서 자본주의가 국민국가체계 속에 머무는 형태였다면, 즉 자본주의체제의 불균등 발전 및 결합된 발전이 지정학적으로 관리되었다면, 1980년대 이후로 이 지정학적 관리의 새로운 형태로서 범지구화와 지역주의화가 출현하고 있다고 볼 수 있다.123) 이 과정에서 만약 국가가 국제관계를 설명하기 위해 여전히 의미 있는 제도의 집합체라고 한다면, 이것은 국가가 국제관계에서 지배적 행위자이기 때문이 아니라 초국가적 기업 및 국제기구의 행위를 접합하는 유일하지는 않지만 중요한 '결절점'이기 때문이다.

4-2. 인과관계의 설정: 사상·이익·제도의 상호작용

일반적으로 경제정책의 급격한 전환에 대한 설명에 있어, 네 가지 변수가 강조된다.124) 첫째, 케인즈주의에서 통화주의로의 전환과 같이 사상의 변화가 중시될 수 있다. 둘째, 정치적 행위자의 이해관계의 변화와 그에 따른 선호 표현의 변화를 지적할 수 있다. 셋째, 제도나 환경(habitat)의 변화 또는 제도의 지속이 초래하는 의도하지 않은 결과를 강조할 수 있다. 넷째, 사회경제적 구조의 변화를 통해 경제정책의 전환을 설명할 수 있다. 만약 사회경제적 구조의 변화를 주어진 것으로 가정한다면, 사상·이익·제도 가운데

---

123) 이 논의는, J. Rosenberg, "Issaac Deutcher and the Lost of History", *New Left Review*, No.215(1996)의 문제의식을 발전시킨 것이다.

124) C. Hood, *Explaining Economic Policy Reversals*(Buckingham: Open University Press, 1994); A. Gamble, "Ideas and Interests in British Economic Policy", in A. Gamble et al.(eds.), *Ideas, Interests and Consequences*(London: The Institute of Economic Affairs, 1989).

어느 것에 강조점을 두느냐에 따라 다양한 이론이 생산될 수 있다.

유럽통합 및 유럽연합 정치를 설명함에 있어 정부 간 관계론은 국내적 이익이 국민국가적 선호로 표출되고 다양한 국민국가적 선호가 경쟁하는 국가 간 협상을 통해 유럽통합이라는 결과가 생성된다는 인과관계를 설정하고 있다. 맑스주의적 접근도 자본의 이해에 강조점을 둔다는 점에서 이익을 중시하는 이론이라고 말할 수 있다. 구성주의는 유럽 차원에서의 상호작용 맥락과 국내적 힘이 동시에 국민국가적 선호에 영향을 미친다고 가정한다는 점에서 이익과 제도 양자를 동시에 고려하고 있다. 이상의 이론들이 어느 한 요소를 중시한다면, 비판적 국제관계이론은 사상·이익·제도의 상호작용을 통해 국제관계를 설명하고자 한다.[125]

이 다양한 인과관계의 경쟁은 우리에게 두 가지 질문을 제기하게 한다. 첫째, 인과관계란 무엇인가라는 질문이고, 둘째는 인과관계를 구성하는 세 가지 요소의 상호관계에 대한 질문이다.

원칙적으로 인과관계와 인과적 설명(causal explanation)은 구분된다. 인과관계가 한 사건이 다른 사건을 야기했는지의 여부(whether)를 다루는 존재론적인 문제설정이라면, 인과적 설명은 한 사건이 왜(why) 다른 사건을 야기했는지를 다루는 것이다.[126] 즉, 인과적 설명은 대상 자체의 속성에 의해 규정되는 것이 아니라 하나의 이론에 근거하여 구성된 법칙에 따라 어떤 현상을 설명하려는 시도이다. 본 연구에서는 편의상 인과관계를 인과적 설명과 동일시한다. 이는 복잡한 논의를 피하기 위해서이고, 동시에 인과적 설명을 통해서만이 인과관계가 해명될 수 있다는 인식론적 입장을 견지하기

---

125) 비판적 국제관계이론이 이 세 요소의 상호작용을 강조하고 있음에도 불구하고, 사상에 대한 고려가 구체분석에서 나타나지 않고, 오히려 단순한 계급분석이 시도되고 있다는 비판도 존재한다. A. Payne and A. Gamble, "Introduction: The Political Economy of Regionalism and World Order", in A. Gamble and A. Payne(eds.), Regionalism & World Order(London: Macmillan Press, 1996), p.9. 사실, Cox의 *Production, Power, and World Order*는 이 혐의로부터 자유로울 수 없다. 그러나 Cox의 이 저작의 주된 관심이 '국가와 생산의 관계'에 있었다는 점을 고려할 필요가 있다.

126) J. Elster, *Explaining Technical Change: A Case Study in the Philosophy of Science*(Cambridge: Cambridge University Press, 1983), p.25.

때문이다. 또 하나 우리는 보이지 않는 구조에 대해 인식론적 정당성을 부여하지 않고 따라서 가시적 대상만을 일반화하는 '왜라는 질문'(why-question)보다는 비가시적 대상의 실재를 인정하고 그 대상 속에 내재해 있는 인과 메카니즘을 설명하기 위해 '어떻게라는 질문'(how-question)에 초점을 맞추는 '과학적 실재론'(scientific realism)에 의존한다.[127]

이제 두 번째 질문, 즉 인과관계를 구성하는 세 가지 요소의 상호관계에 대한 질문에 주목해 보자. 우선 사상과 이익의 관계에 대해 그 유명한 J. M. Keynes의 언급으로부터 시작한다:

> …… 경제학자와 정치철학자들의 사상은, 그것이 옳을 때나 틀릴 때나 모두 일반적으로 이해되는 것보다 강력하다. 실제로 세계는 그것 이외의 것에 의해 지배되지 않는다. …… 나는 기득 이익(vested interests)의 권력이 사상의 점진적 침투와 비교하여 상당히 과장되어 있다고 확신한다.[128]

위의 언명은 사상이 이익에 우선한다는 주장으로 받아들여질 수 있다. 만약 우리가 세계를 개념을 통해서 알게 된다면, 사상과 이익의 대립은, 사실 두 가지 종류의 사상의 대립이 다른 형식으로 표현된 것이라고 볼 수 있다.[129] 따라서 우리는 인과적 변수로서 사상에 대해 다시금 주의를 기울일 필요가 있다. 우리는 '신자유주의적' 사상이 왜 현대 세계의 이데올로기 시장에서 우위를 점하게 되었는가라는 질문을 제기한다. 즉, 다양한 이익집단이 '신자유주의적' 정향을 보일 때, 사상이야말로 그들의 이익을 정당화하고, 다양한 정책연합을 접합하는 핵심적 역할을 하기 때문이다. 달리 표현한다면, 이익이 선호로 표현되기 위해서는, 즉 이익집단이 정체성을 갖기 위해서는 사상이라는 매개변수를 필요로 하고, 더 나아가 이익을 정의하기 위해서는 사상이 전제되어야 한다.[130]

---

127) Wendt, "The Agent-Structure Problem in International Relations Theory."
128) J. Keynes, *The General Theory of Employment, Interest, and Money*(London: Macmillan St. Martin Press, 1973), p.383.
129) Gamble, "Ideas and Interests in British Economic Policy", p.1.
130) 국제관계에서 사상이 차지하는 역할에 대해서는, N. Woods, "Economic Ideas and International Relations: Beyond Rational Neglect", *International Studies*

따라서 사상이 정책에 영향을 미치는 경로를 탐색할 필요가 있다. 다음의 주장은 이 맥락에서 음미할 만한 가치를 지니고 있다:

> ······ 사상은, 사상이 구체화하는 주의적(主義的, principled) 또는 인과적 신념(beliefs)이 행위자들의 목적 또는 목적－수단 관계에 대한 명확성을 증진하는 인식지도를 제공할 때, 그 신념들이 아무런 독특한 균형이 존재하지 않는 전략적 상황의 결과에 영향을 미칠 때, 그리고 정치적 제도에 포착(包着)되어 있을 때, 정책에 영향을 미친다.[131]

본 연구에서 주목하는 부분은 어떠한 균형도 존재하지 않는 상황에서 사상이 정책에 영향을 미치는 경로가 가시적이 된다는 것이다. 즉 정책의 급변 내지는 '이행의 시기'에, 각 행위자들은 자신들의 이익을 '재'정의해야 하고, 따라서 각 행위자들은 사상이 생산하는 주의적 신념이나 인과적 신념을 필요로 하게 된다. 예를 들어 국민국가 차원의 사회민주주의 정책의 쇠퇴와 유럽 차원의 '신자유주의적' 정책의 부상을 설명하게 될 때, 우리는 각 행위자들이 '신자유주의'가 생산하는 다양한 신념에 의거하여 자신들의 이익을 정당화하고, 사후적으로 자신들의 정책을 '신자유주의적'으로 해석하는 모습을 발견하게 된다.

사상이 정책에 영향을 미치는 경로를 조금 더 자세히 살펴보자. 사상이 정책형성의 직접적 계기가 되는 이익형성 및 선호표현의 도구로 사용되기 위해서는 특정 사상이 제도화되어야 한다. 달리 말한다면, 사상은 허공에

Quarterly, Vol. 39, No.2(1995), pp.161-80을 참조. 그리고 사상 또는 이데올로기가 국제관계에서 수행하는 역할에 대한 역사적 고찰로는 A. Cassels, *Ideology & International Relations in the Modern World*(London: Routledge, 1996)을 참조.

131) Goldstein, J. and R. Keohane, "Ideas and Foreign Policy: An Analytical Framework", in J. Goldstein and R. Keohane(eds.), *Ideas and Foreign Policy*(Ithaca: Cornell University Press, 1993), p.3. 예를 들어 "이자율이 오르면 인플레이션이 감소될 것이다"라는 주장은 인과적 신념이고, "동일한 양으로 모든 사람에게 과세하는 것이 도덕적으로 선호될 것이다"라는 주장이 주의적 신념이다. 이 신념들은 '신자유주의적' 사상이나 자유무역이론과 같은 세계관(world views)으로부터 도출된다. N. Woods의 위의 논문은 이 사상의 세 측면을 연결하는 고리에 주목하고 있다.

존재하는 것이 아니라 구체적 제도를 매개로 존재할 수밖에 없다. 국제관계이론에서, 전문가들의 '지식공동체'가 정책형성에 미치는 영향을 탐구하거나, 사적 공적 행위자들이 갖고 있는 권력자원의 상호의존을 설명하기 위해 '정책 네트워크'의 개념을 도입하거나 또는 특정한 행위자가 아무런 정책권한이 없던 영역에서 새로운 정책을 주도적으로 형성해 가는 과정에서 다양한 행위자들의 이익을 접합하면서 만들어 내는 정책 연합체의 활동에 주목하는 연구들이 있다.[132] 이 지식공동체나 정책 네트워크는, 그것이 공식적이든 비공식적이든, 정책의 변화 시기에 경쟁하는 사상을 접합하여 하나의 새로운 사상으로 생산하는 주체들이면서 동시에 일반적 행위자들의 '실제적' 지식과 '당파적' 이익을 '보편적' 지식과 '보편적' 이익으로 전화하는 역할을 한다.

이제 제도와 이익의 관계에 대해 살펴보자. 앞에서 간략히 살펴본 것처럼, 제도주의자들은 제도 내부에서의 점진적 정책변화 및 혁신을 통해 정책변화에 접근한다. 또한 각 행위자들의 이익이 제도를 매개로 정의됨을 강조한다. 그러나 동일한 제도에서 다른 정책결과가 생산되는 경우나 아니면 제도 그 자체의 변화를 설명하는 경우, 제도를 원인으로 상정할 수는 없다. 예를 들어 유럽공동체의 정책결정방식이 만장일치에서 특정다수결로 변한 원인을 제도로 환원하기는 매우 힘들다.

---

132) P. Haas, "Do Regime Matter? Epistemic Communities and Mediterranean Pollution Control", *International Organization*, Vol. 43, No.3(1989); "Introduction: Epistemic Community and International Policy Coordination", *International Organization*, Vol. 46, No.1(1992); J. Peterson, "The European Technology Community", in D. Marsh and R. Rhodes(eds.), *Policy Networks in British Government*(Oxford: Oxford University Press, 1992); K. W. Koo, "The Disruption of National Policy Communities in Europe: The Precondition for a European Policy", Paper presented at the 1997 ECSA Conference, 1997; P. Sabatier, "An Advocacy Coalition Framework of Policy Chagne", *Policy Science*, Vol. 21(1988). 지식공동체, 정책 네트워크, 주도연합의 개념은 미묘하게 차이를 갖고 있다. 정책 네트워크가 이미 특정한 수준에서 정책능력을 갖고 있는 영역에 존재하는 것이라면, 주도연합은 아무런 정책능력이 없던 영역에서 발생한다. 지식공동체는 정책 네트워크나 주도연합 내부의 전문지식에 기초한 공동체라고 할 수 있다.

제도주의에 대한 강력한 비판에서는, 일단 "제도가 중요하다"는 제도주의자들의 기본 명제를 인정하면서도, 제도주의자들이 무시하는 변수인 일련의 경제적－구조적 변수를 고려한다:

> …… (나는) 저변에 놓여 있는 구조가 정치적 경제적 제도를 배치(configuration)하고 작동하게 한다고 주장한다. 이 접근은 자본의 체계적 권력(systemic power)의 이해를 위한 기초를 제공하고, 또한 우리가 집합적 행위자들의 '이익'과 이 이익이 시간의 경과에 따라 어떻게 변하는지를 분석할 수 있게 한다. 구조적 권력관계와 이익의 가변성은 제도 변화의 정치에 결정적 중요성을 갖는다.[133]

J. Pontusson은 역사적 제도주의가 경제적 행위자를 자본과 노동이라는 범주로만 구분함으로써 이익형성의 정치과정을 포착하지 못하고 있음을 지적한다.[134] 이어 제도 변화의 정치를 설명함에 있어, 제도의 배치가 경제적 이익에 의해 정의되는 집합적 행위자 사이의 투쟁과 동맹의 산물이고, 제도의 재편성은 이익 그리고 또는 적절한 행위자의 권력이 변할 때, 발생한다고 주장한다. 이 이익의 가변성은 구조적 권력관계의 변화에 의해 발생한다. J. Pontusson의 제도주의 비판의 결론은, 현재 선진자본주의국가들에서 자본주의의 재구조화와 정치적 재편성에서 특징적인 것이 정책 및 제도적 질서의 '수렴'현상이고, 따라서 우리는 제도의 차이를 강조하기보다는 이 수렴현상에 주목하면서 자본주의국가에서 자본주의로 또는 비교공공정책에서 비교정치경제학으로 관심을 이동해야 한다는 것이다.[135] 즉, 이 언명은 자본주의 구조재편의 다른 이름이라고 할 수 있는 범지구화가 야기하는 동질화 과정에 대한 강조라고 할 수 있다.

위에서 간략히 요약한 제도주의 비판은, 사상·이익·제도의 상호관계에

---

133) J. Pontusson, "From Comparative Public Policy to Political Economy", *Comparative Political Studies*, Vol. 28, No.1(1995), p.120.

134) 그는, "'조악한 맑스주의자'가 일반적으로 이익집단을 계급으로 환원한 것처럼, 역사적 제도주의자들은 또한 일반적으로 계급을 이익집단들로 대체함으로써 정반대의 오류를 범하고 있다"고 지적하고 있다.

135) *Ibid.*, pp.117-147.

상당한 통찰력을 제공하고 있다. 만약 난점이 있다면, 그것은 제도주의를 대체하는 정치경제학적 이론에 사상을 접목하는 문제이다. J. Pontusson은 사상이 이익을 대신할 수 없다고 주장하면서도, "사상이 변화의 정치에 매우 중요하지만, 이익 또한 중요하고 진지한 분석의 대상이 되어야 한다"는 말을 덧붙이고 있다.136) 이 언명은 우리에게 사상과 이익의 관계에 대한 새로운 이론적 틀이 필요함을 강조하는 문구로 읽힐 수 있다. 예를 들어 단일유럽시장의 발전을 이익과 사상의 상호작용을 통해 설명하려는 시도도 있다. 행위자들의 다양한 선호가 존재하는 상황에서, 집합적 이득을 획득하기 위한 협력이 가능하기 위해서는 단일유럽시장의 예정된 효과라는 '공유된(shared) 신념체계'를 확산시키는 제도적 질서가 필요했기 때문이다.137) 우리는 선진자본주의국가에서 정책 및 제도적 질서가 수렴하고 있음을 보여 주는 대표적 사례로 유럽통합을 상정한다. 단일유럽시장의 형성부터 시작된 유럽통합은 회원국가의 정치경제적 수렴현상이 없었다면 불가능했기 때문이다.

이제 지금까지 논의한 사상·이익·제도의 상호관계를 요약해 본다. 본 연구에서는 지금까지의 논의를 기초로 정책의 급격한 변화의 시기, 즉 정책이행의 시기에 적용가능한 '특수' 모형을 제시해 본다.

사회경제적 구조의 변화는 자본의 구조적 권력의 변화양상을 측정할 수 있는 최초의 지표이다. 이 사회경제적 변화는 기존 축적체제의 위기로 표현된다. 이 위기 속에서, 과거의 경제적 정치적 성과(performance)에 대한 반성으로 그동안 다양한 이익집단을 접합했던 사상 및 제도적 질서가 붕괴되면서 새로운 정책에 대한 정당화를 수행할 수 있는 여러 경쟁하는 사상이 등장하게 된다. 이 가운데 하나의 사상-예를 들어 '신자유주의'-이 선택되면서 이 사상을 정교화할 수 있는 지식공동체나 또는 정책 네트워크가 형성된다. 이 선택은 근대인이 상상할 수 있는 사상의 한계를 벗어나지는

---

136) *Ibid.*, pp.142-3.
137) G. Garret, G. and B. Weingast, "Ideas, Interests, and Institutions: Constructing the European Community's Internal Market", in J. Goldstein and R. Keohane(eds.), *Ideas and Foreign Policy*(Ithaca: Cornell University Press, 1993).

않지만, 원칙적으로 우연적 과정일 수밖에 없다. 이 정책연합을 형성했던 주체들은 새로운 제도적 질서를 고안하면서 이를 통해 기존의 제도적 질서를 대체한다. 이 주체들은 정책입안에 필요한 구체적인 주의적 인과적 신념을 생산하고, 다양한 경로를 거쳐 이 신념을 각 행위자들이 공유하게 한다. 이 공유된 신념에 기초하여 행위자들은 자신들의 이익을 재정의한다. 이 이익들은 지배적 행위자들이 다수의 행위자들을 포섭하기 위해 수행하는 헤게모니 프로젝트(hegemony project)를 통해 접합되고, 그 결과 새로운 정책이 산출된다.[138]

---

138) 헤게모니 프로젝트는 특수이익과 일반이익 사이의 갈등이라는 추상적 문제의 해결할 수 있는 지배계급의 정책을 지칭한다. 이를 위해서는 헤게모니적 계급 분파의 장기적 이익을 발전시킬 수 있는 목표를 추구하기 위해 일반이익적 내용을 담고 있는 구체적인 국민적 - 대중적 프로그램에 대한 지지를 동원해야 한다. 또한 이 프로그램은 헤게모니 분파의 특수한 경제적 이익과 부합해야 하고, 동시에 그것과 일치하지 않는 여타의 특수한 이익의 추구를 물리칠 수 있어야 한다. B. Jessop, *State Theory: Putting the Capitalist State in its Place*(Cambridge: Polity, 1990), pp.161-2.

제3장 단일유럽시장의 형성과 초국가적 공공정책의 생산

1. 서론: 유럽연합과 공공성

현대[1] 세계에서 공/사(公/私) 경계가 흐려지고 있다. 국민국가 내부에서 이 경계의 위치변동은 가시적이다. 정부의 공공지출을 감소하려는 노력이 대부분의 국가에서 진행되고 있고, 이 정책의 일환으로 국민국가의 정부들은 공기업을 민영화하거나 또는 수혜자 부담원칙의 사회정책들을 고안하고 있다. 반면 시장기제의 원활한 작동을 위한 국민국가 수준에서의 규제정책, 즉 역설적 표현이기는 하지만 규제완화 또는 탈규제를 목표로 하는 규제적 공공정책은 더욱 강화되고 있다. 따라서 공공영역의 재편에 대한 연구에서도 국민국가 내부의 경계변동이 주요한 관심사였다. 그러나 '신자유주의'의 전 세계적 확산과 더불어, 세계정부가 존재하지 않는 국제관계의 영역에서도 공공정책의 생산이 증대하고 있다. 즉, 공/사 구분의 경계변화는 국민국가적 수준에서뿐만 아니라 국제적 수준에서도 발생하고 있다.

그 대표적 사례 가운데 하나가 유럽연합이 생산하는 공공정책이라고 할 수 있다.[2] 사실 1980년대 이후의 유럽통합은 유럽인의 공공생활에 지대한

---

1) 본 연구에서는 근대와 현대라는 용어를 구분하여 사용한다. 근대 혹은 근대성이라는 개념이 절대적 가치를 담고 있는 용어라면, 현대는 상대적 시간개념으로 현재를 지칭한다.

2) 또한 근래에 들어 그 활동을 강화하고 있는 국제기구인 WTO, IMF, IBRD 등과 같은 국제기구의 규제정책도 이제 국민국가의 공공정책에 상응하는 대우를 받고 있다. 더 나아가 이제 무역분쟁 및 국제금융시장이나 자본시장에서 발생하는 분쟁은 정부 간 기구의 중재나 국민국가 법정의 판결이 아니라 '국제상공회의소 중재재판소'(International Chamber of Commerce Court of Arbitration)나 '런던 중재재판소'(London Court of Arbitration)와 같은 사적 국제기구의 중재를 통해 해결되기도 한다. 즉 사적 국제기구가 마치 공공기관과 같은 역할을 수행하고 있다. A. Culter, "Global Capitalism and Liberal Myths: Dispute Settlement in Private

영향을 미쳐 왔다. 그러나 국민국가적 상상력 속에서는 공공성이 국민국가 내부에서의 정치를 통해서만 획득될 뿐이다. 만약 이 협소한 상상력을 벗어 난다면, 유럽연합 정치가 국민국가 내부에 제도화되어 있던 공공영역을 전복 하고 재편하는 과정을 관찰할 수 있을 뿐만 아니라 더 나아가 유럽연합 정 치를 통해 형성되고 있는 '초국가적 공공영역'을 탐색할 수 있다는 것이, 본 연구의 주장이다.

근대사회의 공공성 범주 속에는 사회관계의 역사적 특수성(specificity)이 매우 독특하게 표현된다. 근대사회에서 국민적 정치(national politics)와 자 본주의적 정치(capitalist politics)가 상호작용하면서 발생하는 이 공공성 범 주는, 이 두 정치의 접합양식에 변화가 발생할 때, 구성과 전복의 과정을 반복해 왔다.[3] 이 접합은 일반적으로 국가에 의해 매개되었다. 그러나 유 럽연합 정치를 통해 초국가적 공공정책이 생산되고 있다는 것이, 곧 유럽 연합이 근대국가와 동일한 형태의 국가로 전화하고 있음을 의미하지는 않 는다. 그럼에도 유럽통합의 효과로 인해 국민국가를 가로지르는 '공동의 세 계'가 확대되고 있음을 부정할 수 없다. 사실, 유럽통합 및 유럽연합 정치 의 이론화를 위한 출발점은 바로 여기이다.

현대 세계에서 초국가적 공공정책의 등장은, 자본의 국제화로 표현되는 '범지구적' 축적동학과 '국민국가적' 형태의 조절양식 사이에 발생하고 있는 긴장과 모순으로부터 그 원인을 찾을 수 있다.[4] 즉, 이 긴장과 모순을 해 결할 수 있는 새로운 제도의 모색과정에서 초국가적 공공정책이 등장하고 있는 것이다. 단일유럽시장의 형성으로 구체화된 1980년대 이후 유럽통합 은 이 모순을 지역적 수준에서 가장 제도화된 방식으로 해결하려는 시도라

International Trade Relations", *Millenium*, Vol. 10, No.2(1995), pp.384-97.

3) R. Bertramsen, J. Thomsen, and J. Torfing, "From the Problems of Marxism to the Primacy of Politics", in R. Bertamsen, J. Thomsen, and J. Torfing(eds.), *State, Economy and Society*(London: Unwin Hyman, 1991), pp.1-34.

4) 이 긴장과 모순에 대해서는, J. Peck and A. Tickell, "Searching for a New Institutional Fix: the *After*-Fordist Crisis and the Global-Local Disorder", in A. Amin(ed.), *Post-Fordism: A Reader*(Oxford: Blackwell, 1994), pp.280-311 을 참조.

고 할 수 있다. 그 과정에서, 이 제도를 창출하려는 초국가적 엘리트들의 토론장이라고 할 수 있는 '공공영역'이 발생하고 있고, 이 공공영역에 참여할 수 있는 다양한 계급 또는 집단들의 동맹으로 정의될 수 있는 '초국가적 정책 네트워크' 또는 '초국가적 역사적 블록'이 형성되고 있다.

이 초국가적 정책 네트워크를 결합시키는 접합제로서 '신자유주의' 사상은 공공성 개념에 새로운 의미를 부과하고 있다. 첫째, 공적인 것이 사적 행위 주체에 의해 생산될 수 있다는 관념의 확산이다. 실제로 사적 행위 주체가 안보, 환경, 에너지, 통신과 같이 과거에 공공재로 간주되던 재화들을 공급하는 사례가 증가하고 있다. 둘째, 그 결과 공공재가 자본축적에 기여하는 측면이 강조되는 반면, 정치권력의 정당화 또는 공동의 세계의 건설을 위해 필요한 공공재의 공급이 감소하고 있다. 국민국가 수준에서 민주적 통제를 벗어난 각종 규제적 국가장치의 등장과 국제적 또는 초국가적 수준에서 정치적 정당화를 필요로 하지 않는 다양한 제도들이 창출되고 있는 것도 이 변화를 반영한다.

현재의 변화는 18세기 서유럽 국가들에서 '부르조아 공공영역'이 등장하던 상황과 상당히 유사하다. J. Habermas에 따르면, 사적 인간들이 상품교환 및 사회적 노동과 관련된 일반규칙을 토론하는 영역으로 등장한 이 부르조아 공공영역은 '국민적' 사회의 일반이익을 자유롭게 토론할 수 있는 장이었다.[5] 유사하게, 현대 세계에서 벌어지고 있는 공공성 범주의 재편과정에서도 사적 인간들이 범지구적 사회 또는 지역적 사회의 일반이익에 대해 토론하는 초국가적 공공영역이 형성되고 있다. 국가의 감독을 매개로 확대되기 시작한 상품시장이 구래의 가정경제를 파괴하고 새로운 형태의 공/사 구분을 만들었던 것처럼,[6] 자본의 범지구화로 인해 기존의 국민경제가 파괴되면서 새로운 형태의 공/사 구분이 만들어지고 있다.

본 연구에서는 Habermas의 공공영역이라는 개념을 차용하지만, 비판적

---

5) J. Habermas, *The Structural Transformation of the Public Sphere*(Cambridge: Polity, 1989).

6) G. Eley, "Nations, Publics, and Political Culture: Placing Habermas in Nineteenth Century", in C. Calhaun, ed., *Habermas and the Public Sphere*-(Cambridge: The MIT Press, 1992).

자유주의(critical liberalism)로 규정될 수 있는 그의 규범적 입장을 기각한다. Habermas에 대한 비판자들이 주장하는 것처럼, 그리고 Habermas도 부분적으로 인정하는 것처럼, 근대 초기의 공공영역에 참여할 수 있었던 사람은 '남성 부르조아지'로 제한되었다.[7] 즉, 그 공공영역이 갖는 개방성은 참여의 배타성을 전제로 성립된 것이었다. 현재 등장하고 있는 초국가적 공공영역은 이 배타성을 더욱 강화하는 형태로 등장하고 있다.

현대 세계는, 약자의 가치가 강자가 행사하는 지도력의 도구로 사용되던 시대에서, 정치가들이 약속을 할 수 있지만 시장이 모든 것을 결정하는 새로운 정치의 세계에 접어들고 있는지도 모른다.[8] 그러나 시장이 결정한다는 것이 그 행위 주체의 소멸을 의미하지는 않는다. 초국가적 공공영역의 발견을 통해 시장이 지배하는 사회의 비밀스러운 원천을 해명할 수 있다. 즉, 누가 이 새로운 초국가적 공공정책을 왜 그리고 어떻게 생산하고 있는가라는 질문을 제기함으로써 시장이 지배하는 정치세계의 블랙박스(black box)를 해독할 수 있을 것이다. 이 질문에 대답하기 위해 본 연구에서는 비판적 국제관계이론에 기초하여 단일유럽시장의 형성을 설명한다. 즉, 기존의 국가중심적 국제관계론의 인식틀에서는 불가능한 것을 상상한다. 우선적으로 유럽연합의 공간적 기초를 해명한다. 그리고 상당한 우회의 길이기는 하지만, 현재의 변화를 위한 준거틀로서 근대 초기에 국민국가주의와 자유주의를 매개로 근대국가가 형성되는 과정을 고찰한다. 근대국가가 국민국가이면서 동시에 자본주의국가라는 근대국가의 '이중성'을 접합시키는 매개체로 근대사회에서 공적인 것이 출현하는 과정 및 이 공적인 것이 국민국가의 영토 내부로 유배된 이유가 설명된다.

둘째, 이 근대국가의 이중성이 탈구되면서 유럽적 수준에서 초국가적 공공정책이 등장한 원인을 설명한다. 이차대전 이후 선진자본주의국가들의 지배적 생산방식이었던 '포드주의 축적체제'(Fordist regime of accumulation)

---

7) Eley, op cit.: J. Habermas, "Further Reflections on the Public Sphere", in C. Calhaun, ed., *Habermas and the Public Sphere*(Cambridge: The MIT Press, 1992).

8) I. Agnell, "Winners and Losers in the Information Age", *Social Science and Modern Society*, Vol. 34, No.1(1996).

의 위기 및 이에 수반된 국가형태의 변화-케인즈주의적 복지국가에서 '신자유주의적' 기업국가로의 이행-를 유럽통합의 필요조건으로 제시한다. 그러고 나서 초국가적 기업의 최고책임자들, 유럽적 수준에서 활동하는 '신자유주의적' 정향의 관료 및 정치가들, 그리고 국제기구 및 초국가적 기업과 직간접적으로 연관을 맺고 있는 전문가 및 지식인으로 구성된 '초국가적 동맹'이 단일유럽시장을 형성하는 과정을 추적한다.

셋째, 이 시장형성과정에서 형성된 새로운 정체로서 유럽연합의 성격을 분석한다. 이 국가없는 시장형성과정은 앞서 지적한 근대국가의 이중성을 탈구시키는 역할을 수행했고, 그리하여 유럽적 수준에서 국가기능의 공간적 분화 및 분업현상이 발생하고 있다. 이 새로운 정체는 자본주의국가적 기능이 부분적으로 유럽 차원으로 이전되면서, 달리 표현한다면 국민적 자본주의체제가 붕괴하는 과정에서 형성되고 있다. 그리고 '신자유주의적' 공공정책이 누구를 위해 무엇을 목적으로 입안되고 있는가에 대한 평가작업을 덧붙인다.

이상의 설명을 기초로, 초국가적 공공정책의 생산을 분석할 수 있는 모형을 도출한다. 그리고 마지막으로 그 모형에서 행위 주체들 사이의 상호관계의 영역이라고 할 수 있는 유럽연합의 정책결정과정 및 입법과정을 분석할 수 있는 세부 모형을 제시한다.

2. 유럽연합의 공간적 기초: 의미기반

정치사상의 대표적 교과서 가운데 하나인 G. Sabine의 『정치이론의 역사』는 도시국가 이론, 보편적 공동체 이론, 국민국가 이론의 세 부분으로 구성되어 있다.[9] 이 구분은 공간적 관점에서 본다면 상당히 기묘하다. 도시국가와 국민국가가 경계가 분명한 정치공동체라고 한다면, 보편적 공동체는 정의상

---

9) G. Sabine, *A History of Political Theory*, 4th ed., revised by T. Thorson(New York: Holt, Rinehart and Winston, 1973).

124

지리적 경계에 구속되지 않는다. 따라서 우리는 정치공간의 속성과 정치이론의 연관을 가정할 수 있다. 정치이론은 매우 독특하게 공간의존적이다.

정치적 생활이 조직되는 공간에는 항상 복수의 경쟁하는 정치이론이 존재한다. 하나의 정치공간에서 생존하고 있는 정치이론들은, 그것들이 보수적이든 진보적이든, 정치공간이 그들에게 부과한 한계를 위반하지 않는다. 오히려 그 이론들은 그 정치공간을 고착화시키려고 한다. 왜냐하면 제 이론들은 그 공간 내부에서 이론적 정치적 권력을 획득하고자 하기 때문이다. 다양한 정치이론들을 통해 기존의 사회관계가 정당화되고, 또는 비판되고, 또는 재구성되면서, 이 이론들은 정치공간의 재생산과 일상화에 기여하고 있다. 즉 정치이론들의 담론적 효과(discursive effect)를 통해 하나의 정치공간은 어느 순간 선험적으로 주어진 것으로 인식된다. 따라서 정치이론의 구성 그 자체가 공간적 실천(spatial practice)이 된다.

그러나 사회관계가 변함에 따라 정치공간도 끊임없이 변해 왔다. 따라서 이행기에 존재하는 정치이론들은 구래의 이론들에 대한 공격을 통해 신화만들기 작업을 수행한다. 그럼으로써 사회관계의 변화를 승인하고 새로운 정치권력을 정당화한다. 그러나 제 이론들은 누가 그 새로운 정치공간을 구성해야 하는지 그리고 어떻게 그것이 구성되어야 하는지를 둘러싸고 대립하게 된다. 예를 들어, 유럽에서 근대로의 이행을 중세 정치공간의 근본적 재편의 관점에서 이해할 수 있다. 보편적 공동체에는 다양한 권위체들 사이에 고정된 경계가 설정되어 있지 않았다. 정치공간은 정치적 종교적 소속에 따라 동심원적으로 배치되어 있었다. 반대로 정의상 둘 이상의 국민국가가 존재하는 국민국가체계에서는 영토적 경계가 매우 중요한 정치적 의미를 지니게 되고, 따라서 공간적 배제의 원리가 중세의 위계적 복종의 원리를 대체하게 되었다.10) 구세주적 시간의 동질적이고 공허한 시간으로

---

10) J. Agnew and S. Corbridge, *Mastering Space: Hegemony, Territory and International Political Economy*(London: Routledge, 1995); J. Agnew, "Timeless Space and State-Centrism: The Geographical Assumptions of International Relations Theory", in S. Rosow, N. Inayatullah, and M. Rupert(eds.), *The Global Economy as Political Space*(Boulder: Lynne Rienner Publishers, 1994); R. B. J. Walker, "Security, Sovereignty and the

의 변형을 수반한, 이 공간혁명은 정치공간이 시간을 결여할 수 없음을 보여 준다.11) 따라서 "근대정치는 공간적 정치"라는 또는 "영토성은 국제정치에서 근대성을 가장 독특하게 정의한다"라는 강력한 주장이 놀라운 것은 아니다.12) 즉, 근대사회에서 영토성으로 대표되는 공간은 사회과정을 매개하는 역할을 수행하고 있다.

공간 및 공간적 실천에 관심을 갖는 몇몇 사회과학자들이 주장하는 것처럼, 공간은 사회적 권력을 담는 용기이고, 공간에 대한 지배는 사회적 권력의 원천이다.13) 따라서 명시적으로 표시되지 않는 공간인식을 추적할 때, 우리는 어떤 이론의 의미기반을 발견할 수 있다. 본 연구가 이론적 비판의 대상으로 설정하고 있는 신현실주의 국제관계이론의 공간인식은 사실상 신현실주의라는 패러다임을 지배하는 핵심적 구성물이라고 할 수 있다. 신현실주의 국제관계이론의 '지리적' 가정은, 바로 시간을 결여한 공간으로서 영토국가들의 체계이다.14) 따라서 신현실주의적 공간인식에 있어 국민국가들 사이의 '경계'가 절대적 요소가 된다. 예를 들어 국제관계이론의 분석수준을 인간, 국가, 국제체계로 설정할 때, 이 구분은 단지 방법론적 분리가

Challenge of World Politics", *Alternatives*, Vol. 13, No.3(1990).

11) 이 시간개념의 변화에 대해서는, B. Anderson, *Imagined Community*(London: Verso, 1983)을 참조.

12) R. B. J. Walker, "International Relations and the Concept of the Political", in K. Booth and S. Smith(eds.), *International Relations Theory Today*(Cambridge: Polity, 1995), p.306; J. Ruggie, "Territoriality and Beyond: Problematizing in International Relations", *International Organization*, Vol. 47, No.1(1993).

13) D. Harvey, 구동회·박영민 공역, 『포스트모더니티의 조건』(서울: 한울, 1994); H. Lefevre, The *Production of Space*, translated by D. Nicholson-Smith(Oxford: Basil Blackwell, 1984). 프랑스의 역사학자 F. Braudel은 다음과 같은 공간론을 피력하고 있다. 모든 사회적 현실은 그것이 차지하고 있는 공간으로 불가피하게 환원된다. 공간적 모형이란 사회적 현실이 그 위에 투사되고 부분적으로 설명되는 지도이며, 시간지속(특히 장기지속)의 모든 움직임과 사회에 관한 모든 범주를 위한 진정한 모형이다. F. Braudel, *Ecrits sur l'Histoire*(Paris: Flammarion, 1969), 이정옥 역, 『역사학 논고』(서울: 민음사, 1990), pp.83-4.

14) J. Agnew, "Timeless Space and State-Centrism: The Geographical Assumptions of International Relations Theory", in S. Rosow, N. Inayatullah, and M. Rupert(eds.), *The Global Economy as Political Space*(Boulder: Lynne Rienner Publishers, 1994).

아니라 존재론적 구분으로 전화한다.[15] 따라서 신현실주의의 공간인식을 수용한다면, 우리는 '국민적 – 영토적 총체'를 표시하는 '나라 전체'로서 국가의 개념을 갖게 되고, 사회적 과정 및 정치적 과정은 그 나라 안에만 존재하는 것으로 한정된다.[16]

이 공간인식은 우리가 '현재' 공유하고 있는 '지도'상의 선과 면으로 추상되는 공간과 동일한 것이다. 따라서 당연한 것으로 수용될 수도 있다. 그러나 이 지도제작적 공간인식은 앞서 지적한 것처럼, 중세가 해체되고 성립한 근대 국민국가체계에서 비롯한 것이다. 역사사회학적 연구성과에서 볼 수 있는 것처럼, 근대로의 이행기는 중세적 권력공간인 제국(empire)과 새로이 등장한 자본주의 생산양식에 기반한 도시국가가 경쟁하고 있는, 선으로 분할할 수 없는 공간적 중첩의 시기였다. 따라서 근대와는 달리 근대 이전에는 '영토성'을 기초로 권력관계가 형성되지 않았다.[17] 만약 우리가 공간형성의 역사적 성격을 고려하게 된다면, 현재 당연한 것으로 간주되는 공간인식에 의문을 제기할 수 있게 된다.

유럽통합을 포함한 현재의 범지구적 변화는 새로운 공간의 창출과 밀접하게 관련되어 있다. 세계지도라는 격자평면에서 기능하는 국제적 현상은 점차 '가변적 기하학의 공간'에서 기능하는 범지구적 현상에 의해 잠식되고 있다.[18] 그러나 국제적 현상이 완전히 사라질 운명에 처해 있다고 주장하는 것은 아니다. 국제적 현상은 초국가적 현상과 공존하고 있다. 이차대전 이후의 체제에서 국제체계가 범지구적 현상의 발생을 제약했다면, 이제는

---

15) K. Waltz, *Man, the State and War*(New York: Columbia University Press, 1959). K. Waltz의 분석수준에 대한 비판은, S. Rosow, "On the Political Theory of Political Economy: Conceptual Ambiguity and the Global Economy", *Review of International Political Economy*, Vol. 1, No.3(1994)를 참조.

16) F. Halliday, *Rethinking International Relations*(London: Macmillan, 1994), pp.34-7.

17) C. Tilly, *Coercion, Capital, and European States: AD 990-1992*(London: Basil Blackwell, 1992); Ruggie, "Territoriality and Beyond."

18) M. Castells, "Crisis, Planning, and the Quality of Life: Managing the New Historical Relationship between Space and Society", *Environment and Planning D: Society and Space*, Vol. 1, No.1(1983); S. Gill and D. Law, *The Global Political Economy*(Baltimore: Johns Hopkins University, 1988).

범지구적 현상이 국제체계를 파괴하고 있다. 달리 표현한다면, 근대 국제정치의 인식틀이라고 할 수 있는 안과 밖이라는 이항대립에 '틈'이 형성되면서, 현대 세계에는 비유클리드적 공간이 창출되고 있다.

다국적 기업 및 초국적 기업의 공간적 실천 및 국경을 가로지르는 사람, 정보, 상품, 문화의 이동으로 기존의 자연적 공간 및 기술적 공간과 동일한 시공간에 존재하지만, 근본적으로 상이한 사이버 공간(cybersphere)이나 통신공간이 창출되고 있다.[19] 대부분 영토성에 기반하지 않으면서 네트워크의 형태로 등장하고 있는 이 새로운 공간들의 형성은 마치 중세적 공간질서로의 복귀처럼 보이기도 한다.[20] 현재 국민국가의 상위에서 하위에서 새로운 공간이 창출되고 있다고 가정한다면, 이 새로운 공간형성의 '원인'에 대한 천착은 현재의 변화를 포착하기 위한 필수불가결한 작업이 될 것이다. 이 작업은 결국 특정 시점에서의 '사회관계'의 변화를 공간의 재구조화라는 맥락에서 설명하는 것이다.[21]

유럽연합의 공간적 속성은, 네트워크로서의 공간과 영토로서의 공간이라는 두 가지 측면에 모두 걸쳐 있다. 유럽연합은 내부적으로, 다양한 정책

---

19) T. Luke, "New World Order or Neo-world Orders: Power, Politics and Ideology in Informationalizing Glocalities", in M. Featherstone, S. Lash and R. Robertson(eds.), *Global Modernities*(London: Sage, 1995), p.91.

20) H. Bull은 '신중세'라는 은유를 다음과 같이 사용하고 있다: "중세시대에 국가가 '다른 결사체'와 세계정치의 무대를 공유한 것처럼, 오늘날 주권국가가 세계정치의 무대를 '다른 행위자들'과 공유하고 있다. …… 만약 근대국가가 그들의 시민에게 행사하는 권위 및 시민의 충성심을 통제할 수 있는 능력을 한편으로는 지역 및 세계적 권위체와 그리고 다른 한편으로는 하위국가적 또는 하위민족적 권위체와 공유하게 된다면, …… 신중세적(neo-mediaeval) 형태의 보편적 정치질서가 등장했다고 말할 수 있을 것이다." H. Bull, *The Anarchical Society: A Study of Order in World Politics*(London: Macmillan, 1977), pp.254-5. 그러나 Bull이 지적하는 것처럼, 신중세적 질서가 근대 국가체계보다 반드시 안정적이지 않을 수도 있다. 폭력 및 불안정이 도처에 존재하는 연속적 상황이 초래될 수도 있다. 따라서 우리는 신중세의 출현을 곧바로 안정과 연결시킬 수 없다. 신중세라는 은유는 비판적 국제관계이론가인 R. Cox의 논문인, "Global *Perestroika*", in R. Miliband and L. Panitch(eds.), *Socialist Register 1992*(London: The Merlin Press, 1992)에서도 발견된다.

21) J. Urry, "Social Relations, Space and Time", in D. Gregory and J. Urry(eds), *Social Relations and Spatial Structures*(London: Macmillan, 1985).

128

'네트워크들의 네트워크'으로 발전해 오고 있다. 즉, 유럽연합은 경쟁과 협력의 네트워크, 초국가적 기업의 네트워크로서, 수송의 네트워크로서, 통신의 네트워크로서, 그리고 기타 정책들의 네트워크로 발전하고 있다.[22] 만약 유럽연합의 공간적 기초를 이와 같은 방식으로 이해하게 되면, 유럽연합이라는 정치형태에서의 공간적 실천은 네트워크의 확대 및 복잡화를 통해 통합을 '불가역적'으로 만드는 것이 된다. 그러나 다른 한편으로 유럽연합은 외부적으로 영토성에 기반한 공간으로 기능할 수도 있다. 즉, 마치 보다 확대된 단위의 근대국가처럼, 다른 근대국가와 정치경제적 관계를 형성하는 단위이기도 하다. 유럽연합 외부의 국가들에게 유럽연합은 국민국가들의 연합체로서 기존 국민국가의 복제형태로 이해될 수 있다. 즉, 지역통합체로서 유럽연합에는, 내부적으로 범지구화의 논리가 관철되고 있지만, 외부적으로 유럽연합은 이 범지구화의 논리를 제약하는 역할을 한다.

　만약, 국제관계의 영역에서 영토성이 근대성과 등치된다면, 유럽연합과 같은 새로운 정치형태의 출현은 탈근대(postmodern)의 출현으로 해석될 수 있다. 그리고 탈근대의 관념과 영토적 경계의 해체를 연결하려는 시도들은 이미 제 이론들의 정치적 성향에 관계없이 표출되고 있다.[23] 만약 이 탈근대 담론이 맞는다면, 그리고 만약 국민국가의 체계가 거시적 미시적 지역기구들과 공존하는 신중세적 시기에 돌입하고 있다면, 인간이라는 주체적 행위자에 의해 생산되지만 그 행위자들의 자유에 족쇄를 채우는 사적 공적 정치권력에 대한 '비판적 반성'으로서 정치이론의 자리는 어디인가에

---

22) A. Barry, "The European Community and European Government", *Economy and Society*, Vol. 22, No.3(1993); A. Bressand and K. Nicolaidis, "Regional Integration in a Networked World Economy", in W. Wallace(ed.), *The Dynamics of European Integration*(London: Pinter Publishers, 1990), pp.41-7.
23) F. Jameson, "Postmodernity, or the Cultural Logic of Late Capitalism", *New Left Review*, Vol. 146(1984); J. Lyotard, *The Postmodern Condition*(Manchester: Manchester University Press, 1986); E. Laclau and C. Mouffe, *Hegemony and Socialist Strategy*(London: Verso, 1985). 특히 국제관계 분야에서 이러한 경향으로는 J. Rosenau, *Turbulence in World Politics*(Princeton: Princeton University Press, 1990)과 J. Der Derian and M. Shapiro(eds.), *International/Intertextual Relations: Postmodern Readings of World Politics*(Toronto: Lexington Books, 1989) 등을 참조.

대한 검토가 필요할 것이다.[24]

　우선 새로운 현실에 대한 비판이 새로운 정치공간에 이름을 붙이는 작업보다 중요하다는 점을 지적하자. 그리고 국제정치에서 근대성이 결코 영토성과 등치될 수 없음을 상기할 필요가 있다. 영토성이 자본주의적 사회관계와 접합되지 않는 한, 영토성이 근대성을 상징하는 표상으로 등장할 수 없기 때문이다. 또한 탈근대의 담론은 매우 손쉬운 방식으로 좌·우파 모두에게 범지구적 수준에서의 민주주의(cosmopolitan democracy) 또는 국제주의가 더 이상 유토피아가 아니라는 선언적 주장을 제공할 가능성이 있다.[25] 그러나 영토성이라는 분리불가능한 것처럼 보였던 속성이 해체되고 있는 것은 사실이지만, 영토성과 접합되어 있던 자본주의적 사회관계는 종결되지 않고 오히려 더욱 순수한 형태로 재구조화되고 있다. 설사 국민국가를 가로지르는 범지구적 연계를 통해 국제관계의 영역에서 민주적 실천의 가능성이 증대하고 있다고 할지라도 그 가능성은 끊임없이 자본의 운동에 의해 제약된다. 유럽연합 정치에서는 바로 이 자본주의적 정치의 우위가 극명하게 나타나고 있다.

3. 근대국가의 이중성

3-1. 국민국가와 자본주의국가의 접합: 공공성의 생산

　최근 서구국가에서는 '국가의 사멸'이라는 논쟁적 주제가 새롭게 부활하고 있다. 유럽통합도 이 국가사멸의 대표적 사례로 부각되고 있다. 새로운

---

24) 정치이론에 대한 이 관점은 검증가능한 가설로 구성되는 가설적 연역적 체계로 이론을 정의하는 실증주의적 관점과 명백히 구분된다. 국제관계이론의 실증주의적 경향을 비판적으로 탐색하고 있는 저서로는 S. Smith, K. Booth, and M. Zalewski, *International Theory: Positivism and Beyond*(Cambridge: Cambridge University Press, 1996)을 참조.

25) D. Held, *Democracy and the Global Order*(Cambridge: Polity, 1995); P. Drucker, *Post-Capitalist Society*(New York: Harper & Collins, 1993).

모습의 국가사멸론은, 과거의 국가사멸론들이 출발부터 한계적 위치를 점했던 것과 달리, 지배적 담론의 형태로 정치세계에 출현하고 있다. '국민국가의 종언'으로 표현되는 현재의 국가사멸론은 매우 단순한 논리구조를 갖고 있다. 투자·산업·정보기술·개별적 소비자의 이동성이 증가함에 따라 '국경없는 세계'가 형성되고 있고, 이 세계 속에서 이제 국민국가의 중개인 역할은 불필요하다는 것이, 새로운 국민국가 종언론의 핵심적 주장이다.[26] 주목할 만한 사실은 이 '국경없는 세계'가 먼 미래의 공간이 아니라 현재 만들어지고 있는 공간으로 묘사된다는 점이다.

정치적 담론 속에 '이데올로기'와 '과학'이 융합되어 있음을 보여주는 전형적 사례인 국가사멸론은 근대국가 혹은 정치일반에 대한 부정적 개념화와 긴밀히 연관되어 있다. 지배를 위한 제도적 장치의 복합체로서 근대국가는 이전의 정치형태와 다음과 같은 점에서 구분되고 또한 그 특징 때문에 부정적으로 인식되고 있다.[27] 첫째, 16세기 무렵부터 유럽에서 지배적 정치형태로 등장하기 시작한 근대국가는 '비인격적', '주권적' 정치질서의 출현을 표상한다. 따라서 근대국가가 주어진 영토 내에서 수행하는 통제와 관리에 의해 개인 혹은 집단의 자율성이 제약될 수 있다는 점에서, 근대국가는 부정적으로 인식될 소지를 갖고 있다. 둘째, 근대국가는 영토적 경계를 갖는 주권체로서 '국제체계'의 구성단위로 기능한다. 근대의 국가체계가 전쟁을 매개로 형성되었다는 사실을 상기한다면, 전쟁의 원인으로서 국제체계의 지양이 고려되는 것은 논리적으로 타당하다. 즉, 근대국가를 부정하려는 사유체계이면서 동시에 정치운동의 성격을 띠고 있는 국가사멸론의

---

26) K. Ohmae, *The End of the Nation State*(New York: The Free Press, 1996).

27) 근대국가의 성격에 관해서는, M. Mann, *The Sources of Social Power: The Rise of Classes and Nation-States*(Cambridge: Cambridge University Press, 1993); D. Held, *Political Theory and the Modern State: Essays on State, Power and Democracy*(Cambridge: Polity Press, 1989); I. Wallerstein, *The Politics of the World-Economy: The States, the Movements and the Civilizations*(Cambridge: Cambridge University Press, 1984); G. Poggi, *The Development of the Modern State*(Stanford: Stanford University Press, 1978); K. Dyson, *The State Tradition in Western Europe*(Oxford: Martin Robertoson, 1980) 등을 참조.

출현은 고대 및 중세의 정치사상에서는 발견되지 않는 순수하게 '근대적' 현상이라고 할 수 있다.[28]

국가사멸론은 근대 자유주의 사상에 그 뿌리를 두고 있다. 서구적 전통에서 자유(liberty)의 개념은 상업(commerce)의 발전 및 재산의 소유(property)와 불가분의 관계를 맺고 있다. 서구 사회에서 상업의 발전은 자유방임적(lassiez-faire) 정치의 '결과'이면서 동시에 법치(法治)를 확립한 '원인'이기도 했다.[29] 즉, 근대국가의 사법권은 국가나 왕에게 지출의 원인이라기보다는 오랜 기간 동안 수입의 원천이었다.[30] 주어진 영토 안에서 개인의 자유와 권리를 보장하는 법치의 제도화는, 상업의 발전에 대한 왕과 봉건영주의 합리적 선택 – 가신(家臣)의 구입보다는 새로운 재화의 구입을 가능하게 하는 과세체계(taxation system)의 확립 – 의 결과물이었다. 따라서 서구적 전통에서 정치적 의무로부터 탈출할 수 있는 "자유가, …… 마치 그것이 소유권인 것처럼 취급되었다"는 사실은 우연이 아니다.[31] 고전적 자유주의의 규범적 국가관은 바로 이 같은 자유론에 기반하고 있었다.

자유주의 사상 태동기에 등장한 T. Hobbes의 반(半)자유주의적 반(半)절대주의적 국가관을 예외로 한다면, J. Locke나 A. Smith와 같은 고전적 자유주의자들은 자율적 시민사회를 모든 덕의 원천으로 간주하면서, 국가에는 최소한의 역할만을 부여했다. 즉 자유는, 사적인 이해에도 공적인 의미를 부여하는 중간 영역인 사회적인 것 내부에 위치하고, 강제와 폭력은 정부의 독점권으로 인식되었다.[32] 국가의 역할은 소유권의 보호와 상업의 발전을 위해 국방이나 사법, 그리고 도로나 우편과 같이 "개인이 그것을 건설하고 유

---

28) 또한 동양의 정치전통에서는 국가의 사멸이라는 담론이 발견되지 않는다는 점에서 국가사멸론은 '서구적' 정치전통에 기반하고 있다. J. Hall, "Introduction", in J. Hall, ed., *States in History*(Oxford: Basil Blackwell, 1986).

29) J. Hall, *Powers and Liberties: The Causes and Consequences of the Rise of the West*(Oxford: Basil Blackwell, 1985), pp.13-4.

30) Adam Smith, *An Inquiry into the Nature and Causes of the Wealth of Nations*(Oxford: Claredon Press, 1976), 김수행 역, 『국부론』(서울: 동아출판사, 1996), p.213.

31) J. H. Hexter, 'The birth of modern freedom', *Times Literary Supplement*, 21 January 1983, p.51의 내용을 J. Hall, Power and Liberties, p.158에서 재인용.

32) H. Arendt, *The Human Condition*(Chicago: Chicago University Press, 1958).

지한다고 기대할 수 없는", '공공적' 성격을 갖는 재화들을 공급하는 것으로 제한되었다.[33] 즉 고전적 자유주의자들은 '최소국가'(minimal state)를 이상 적 국가형태라고 생각했다.[34] 그러나 이 최소국가론은 19세기에 접어들면서 자본주의적 산업화와 국민국가주의 이데올로기의 등장으로 더 이상 지탱될 수 없게 되었다.

19세기 영국에서 시작된 산업혁명으로 기계를 사용하는 자본주의 생산방 식이 일반적 생산방식이 되어 가면서, 단순히 노동일(勞動日)의 연장을 통 해 잉여가치를 추출하는 방식에 문제가 제기되었다.[35] 개별자본들이 노동시 간의 연장이라는 방법만으로 수익성의 제고를 도모한다면, '사회 전체적으 로' 또는 '자본일반'의 입장에서는 노동력의 안정적 재생산이 위협받을 수 있 기 때문이다. 즉, 자본주의적 상품경제의 확산이 초래한 사회적·경제적 파 괴현상과 이 사회적 문제에 대항하는 노동자계급의 집단주의적 운동으로 인 해 자유주의적 국가 및 국가이론은 위기에 직면하게 되었다.[36] 이 '이중적 운동'에 대한 국가의 적극적 대응이 노동자의 작업시간이나 작업조건을 개 선하는 노동입법이었다. 그러나 고전적 자유주의의 발원지인 영국의 사례에

---

33) Adam Smith, *op. cit.*, pp.221-308.

34) 이 최소국가론은 규범적 국가관 내지는 근대국가 이전의 근대국가에 대한 견 해, 또는 사유 속에 존재하는 국가관이라고도 할 수 있다. O. Hintze가 주장하 는 것처럼, 전쟁을 매개로 등장한 추상적이고 비인격적 국가인 '근대국가'의 패 러다임은 18세기 프러시아(Prussia) 국가일 수 있기 때문이다. O. Hintze, *The Historical Essays of Otto Hintze*, edited with an Introduction by F. Gilbert(New York: Oxford University Press, 1975), pp.178-215. 더 나아가 절 대주의 국가의 흔적을 별로 갖고 있지 않는 영국의 경우가 최소국가의 사례일 수 있지만, K. Dyson이 지적하는 것처럼, 영국이 일탈형(逸脱型)의 국가일 수 있다. Dyson, *op. cit.* 이 국가전통(state tradition)의 차이는 유럽통합을 수용하 는 태도의 차이로도 나타나고 있다. 예를 들어 R. Hamsen은 제도적 장치이면 서 국민적 정치공동체라는 관념을 담고 있는 유럽대륙의 국가관과 대외정책의 행위자로서 국가를 취급하는 앵글로-색슨 전통이 유럽통합을 수용하는 태도 에 있어 차이를 보인다고 주장한다. R. Hamsen, "The State and European Integration: France and the Netherlands", Paper presented for the Annual Conference of the Political Studies Association, April 10-12, 1996.

35) K. Marx, *Capital I*(London: Lawrence & Wishart, 1974).

36) K. Polanyi, *The Great Transformation: The Political and Economic Origins of Our Time*(New York: Farrar, 1944).

서 볼 수 있듯이, 노동자의 작업시간을 단축하는 '공장법'(Factory Act)은 '계약의 자유'에 제한을 가할 수 있다는 점에서 자유주의의 기본원칙과 모순되는 것이었다.

이 노동입법의 증가는 자유주의 국가론의 수정의 결과이면서 동시에 그 수정에 박차를 가한 원인이기도 했다. '집단주의적 개인주의'(J. S. Mill) 또는 '개인주의적 집단주의'(T. H. Green)로 이름 붙일 수 있는 이 '새로운'(new) 경향의 자유주의자들은 자본주의 시장경제의 확대로 초래된 사회적 문제들이 개인의 자유를 제한하고 있다는 윤리적 관점에 입각하여, 국가에 의한 사회개혁, 즉 구체적으로는 공공재 공급의 확대 및 산업규제를 주장하기 시작했다.[37] 이 새로운 흐름의 자유주의 사상이 고전적 자유주의의 최소국가론을 기각하고, 국가에 의한 사회개혁의 필요성을 인정하고 있다는 점에서, 우리는 이 새로운 자유주의를 '사회적'(social) 자유주의로 부를 수 있다.[38]

이 사회적 자유주의 국가관은, 효용주의의 창시자라고 할 수 있는 J. Bentham의 원형감옥 논의에서 볼 수 있듯이, 매우 흥미롭게도 국가에 의한 감시의 강화로 이어졌다.[39] 왜냐하면 그는 강력한 국가만이 자유로운 시장 및 자유교역을 유지할 수 있는 필수적 조건이라고 생각했기 때문이다. 개인의 적극적 자유를 신장하면서 동시에 자유시장경제를 유지하기 위

---

37) R. Bellamy, *Liberalism and Modern Society*(Cambridge: Polity, 1992), pp.9-57.
38) 19세기 후반에 사회적 자유주의가 등장할 수 있었던 상황적 요인에 대한 개괄적 소개와 사회적 자유주의가 정치적 의제로 전화하는 과정에 대해서는, *Ibid.*를 참조. 고전적 자유주의에 대항하여 자신들의 입장을 '새로운'(new) 자유주의로 자리매김한 사회적 자유주의자들은 고전적 자유주의자들의 기본원리인 타자에 의한 방해의 부재라는 '소극적 자유'의 개념 대신에 행위자가 무엇인가를 할 수 있는 능력인 '적극적 자유'의 개념을 제창했고, 이의 실현을 위한 '사회개혁'을 강조했다. 자유주의에 '집단주의적' 요소를 도입한 이 자유주의적 개혁가들이 국가의 역할을 강화하는 길로 나서게 된 것은 그 당시의 역사적 맥락에서는 당연한 귀결이었다고 할 수 있다. 국가를 제외하고 사회개혁 프로그램을 제공할 수 있는 주체가 부재했기 때문이다. 다소 논란이 있을 수 있지만, J. Bentham과 J. Mill의 자유주의 사상을 계승한 새로운 자유주의 사상가로는 T. Green, L. Hobhouse, J. Hobson, J. Keynes, W. Beveridge 등을 들 수 있다.
39) J. Bentham, *The Panopticon Writings*(London: Verso, 1995).

134

해서는 보다 세련화된 형태의 국가의 감시가 필요하다는 것이 이 사회적 자유주의자들의 국가관이었다.[40] 이 사회적 자유주의의 국가관은 사실상 현대의 '신자유주의적' 국가관에서 매우 세련된 형태로 재현되고 있다.

이 영국의 사회적 자유주의는 유럽대륙의 국가들에 의해 '모방'되었다.[41] 독일통일의 주역이었던 비스마르크 치하의 독일에서 1878년 노동자보험 제도가 최초로 도입되었다는 사실에 주목할 필요가 있다. 즉 복지제도가 근대국가에 접목된 원인을, 자본축적의 필요성 또는 국민국가주의 이데올로기에 기반한 통일적 국가권력의 강화요구 가운데, 어느 일방으로 환원할 수 없다.[42] '국민'이 근대의 시작과 더불어 인쇄자본주의(print-capitalism)를 매개로 상상되어 왔지만,[43] 그것이 하나의 이데올로기적 형태로 등장한 것은 19세기 후반 무력을 통한 국민국가의 건설을 통해서였다. 고전적 자유주의 사상에서는, 국민이 국가의 영토에 거주하는 개인들의 집합에 불과했고, 또한 국민감정의 소유 여부가 국민의 정의에 포함될 필요도 없었다.[44] 결국, 근대국가에서 노동입법의 등장은, 국제체계 속에서 생존하고자 하는 근대국가가 개인적 정체성을 국민적 정체성으로 전화시키는 과정의 부산물이었다고 할 수 있다. 즉 국민통합의 구체적 결과물은 바로 개개인에게 정치적·경제적·사회적 시민권(citizenship)을 부여하는 것이었다. 극단적으로 이야기한다면, 개개인에게 국민적 공간 내부에서 노동력을 판매할 자유를 제공하는 것이었다.

다른 한편으로 '주류' 사상 및 현실의 흐름과 달리, 고전적 자유주의 국가관의 극단적 연장인 국가사멸론이 자유주의 진영 내부에서 제기되기도

---

40) S. Gill, "The Global Panopticon? The Neoliberal State, Economic Life, and Democratic Surveillance", *Alternatives*, Vol. 20, No.2(1995), pp.4-11.

41) 사실 이 모방전통이야말로 근대를 특징짓는 '문화적' 현상이라고 할 수 있다.

42) 복지국가의 등장에 대한 정치적 설명과 정치경제학적 설명으로는, S. Wolin, *The Presence of the Past: Essays on the State and the Constitution*(Baltimore: The Johns Hopkins University Press, 1989), pp.151-79; I. Gough, *The Political Economy of the Welfare State*(London: Macmillan, 1979) 등을 참조.

43) B. Anderson, *op. cit.*

44) E. Hobsbawm, *Nations and Nationalism since 1780*(Cambridge: Cambridge University Press, 1990), pp.14-45.

했다. 현대 '신자유주의' 이론의 맹아를 담고 있는 H. Spencer의 국가사멸론은 자본주의적 산업화와 국가의 관계에 대한 독특한 인식에 기초하고 있었다. 근대국가가 전쟁을 매개로 출현했다는 통찰력을 기초로 그는, 개인주의의 발달로 사회생활이 자유로운 행위자들의 계약관계에 의해 인도될 수 있다면, 그리고 국제교역의 확대로 세계평화가 실현될 수 있다면, 국가가 사멸할 것이라고 주장했다.[45] 즉 산업문명의 확대로 국가 및 국제체계는 시민사회에 의해 대체된다는 것이다. 이 자유주의적 국가사멸론은 자유주의 진영 내부에서 주변적 위치를 점하고 있었지만, 고전적 자유주의가 국가에 대한 극단적 부정을 통해 '자유지상주의'(libertarianism)로 변형될 가능성을 보여 주는 중요한 사례라고 할 수 있다.

비슷한 시기에 등장한 맑스주의 국가사멸론도 근대국가에 대한 부정적 인식에서 출발한다. 당시의 맑스주의자들은 국가가 사회에 의해 대체되어야 한다는 사고를 극단적 자유주의자와 공유하고 있었다. 그러나 자유주의자들이 국가가 개인의 자유를 제약할 수 있다는 측면에서 국가를 부정적으로 인식하면서도 국가를 '중립적' 조정자로 간주한 것과 달리, 맑스주의자들은 초기자원의 불평등 분배에 주목하면서 국가를 계급지배의 도구로 간주했다. "국가가 궁극적으로 사회 전체를 대표하게 될 때, 즉 사회 전체가 생산수단을 소유하게 될 때, 국가는 불필요하게 될 것"이라는 주장으로 요약될 수 있는 맑스주의 국가사멸론은, 생산수단의 사회화를 국가사멸의 경제적 토대로 인식하고 있다는 점에서 자유주의적 국가사멸론과 구분된다.[46] 즉, 자유주의적 국가사멸론에는 산업문명의 지속적 확대에 대한 긍정적 인식과 근대국가의 폭력적, 군사적 기능에 대한 비판적 고려가 담겨 있다면, 맑스주의 국가사멸론에서는 자본주의 생산양식과 그것의 안정적 재생산을 보증하는 계급지배의 기관으로서 근대국가에 대한 비판이 수행되고 있는 것이다.

그러나 현실의 역사는 국가사멸론의 예견을 벗어났다. 자본주의체제에서

---

45) J. Hall, "Introduction."
46) F. Engels, *The Origin of The Family, Private Property and the State*(Moscow: Progress Publishers, 1990).

든 사회주의체제에서든 근대국가는 지속적으로 강화되어 왔다. 이 과정에서 국가사멸론은 서구정치의 무대에서 사라진 것처럼 보인다. 사실 국가사멸론의 퇴장 혹은 국가기능의 강화는 서구정치의 동학을 설명하는 중요한 단초를 제공한다. 국가의 위기는 국가기능의 약화 혹은 국가의 사멸로 이어진 것이 아니라, 국가기능의 강화로 귀결되었기 때문이다. 그러나 국가의 강화를 단순히 국가기능의 전반적 확대로 이해할 수 없다. 예를 들어 근대 초기에 국가가 보유하고 있던 종교적 기능은 시간이 지남에 따라 오히려 쇠퇴했지만, 국가가 약화된 것은 아니었다. 또한 국가의 강화가 반드시 국가장치의 확대를 의미하지도 않는다. 예를 들어 국가의 감시능력은 소규모의 국가장치를 통해서도 강화될 수 있기 때문이다.

만약 이러한 역사적 관점을 취하게 된다면, 근대국가의 역사는 국가가 인간의 모든 삶의 영역에 스며들어 간 과정으로 파악될 수 있다. 이 침투는, 앞서 지적한 것처럼, 긍정과 부정의 양면을 지니고 있던 모순적 과정이었다. 근대국가의 '근대성'(modernity)에 대한 이론적 고찰은 바로 이 모순을 해명할 수 있는 하나의 열쇠를 제공한다. 이 근대성의 개념에는 두 가지 의미가 내포되어 있다.[47] 첫째로 근대성은 19세기 이후의 산업문명을 지칭한다. 둘째로 근대성의 개념은 합리성, 질서, 국가, 통제, 진보에 대한 신념 등을 강조하는 계몽(啓蒙, Enlightenment)의 프로젝트와 밀접히 연관되어 있다. 전자가 '생산성과 이윤의 윤리', 즉 경제성장을 근대성의 실현으로 인식하는 영국적 전통에서 유래하고 있다면, 후자에서는 프랑스 혁명을 통해 극적으로 표현된 '보편적 인간해방'을 근대성의 핵심으로 보고 있다. 이 두 가지 근대성은 근대를 대표하는 두 가지 제도라고 할 수 있는 '자본주의 생산양식'과 '국민국가' 속에 용해되었다.

근대국가의 형성은 '군주'(prince)의 프로젝트였다.[48] 그러나 그 국가가 지

---

47) A. King, "The Times of Spaces of Modernity(or Who Needs Postmodernism?)", M. Featherstone, S. Lash and R. Robertson(eds.), *Global Modernities*(London: Sage, 1995), pp.108-20; E. Wood, "Modernity, Postmodernity, or Capitalism." *Monthly Review*, July-August(1996), pp.21-38.
48) M. Weber, *From Max Weber: Essays in Sociology*, translated, edited, and with an Introduction by H. Gerth and C. Mills(New York: Oxford

속되기 위해서는, 군주는 '다수자'가 되어야 했고, 이를 위해서는 인민의 대표성이 인정되어야 했다.[49] 이 과정은 바로 국민이라는 보편성이 획득되는 과정이었고, 달리 표현한다면, 근대국가가 국민국가로 전화하는 과정이었다. 이 전화과정에서 국가 간 전쟁은 중요한 매개적 역할을 수행했다. 앞서 언급한 것처럼, 과세체계의 확립이 일정한 영토 내부에서의 법치를 가능하게 했다면, 그것은 동시에 전쟁수행을 위한 자원의 추출방식이기도 했다. 따라서 19세기 후반에 성립된 국민국가체계가, 봉건제와 중세의 권력이 붕괴되면서, 서로 독립적으로 발전했던 자본-도시-착취와 강제-국가-지배의 논리가 전쟁을 매개로 접합될 수 있었던 지역, 즉 '자본화된 강제'를 추출할 수 있었던 국가들의 군사적 승리의 부산물이라는 설명은 상당한 설득력이 있다.[50] 바로 이 지점에서 자본주의라는 제도가 근대국가에 접합된다.

여기서 근대사회의 모든 정치이론이 마주치고 있는 해결하기 어려운 문제가 발생한다. 즉 자본주의 생산양식과 국민국가가 접합되는 '방식'의 문제이다. 이 두 새로운 제도의 접합은 바로 18세기 유럽에서 부르조아 공공영역이 다시 출현함으로써 가능했다. 공적인 것이 모든 사람이 사회의 일반이익을 정밀하게 검토할 수 있는 '개방'을 의미하고, 사적인 것이 가족과 친구들 관계로 한정되면서 '보호되는' 영역을 의미하게 된 것은 17세기 말이었다.[51] 특히 공적인 것은 사회에 존재하는 공동선 및 유기적 통치체

University Press, 1958), p.82.

49) L. Althusser, "Machiavelli's Solitude", *Economy and Society*, Vol. 17, No.4(1988), pp.468-79.

50) Tilly, *op. cit.* 이 이론은 군사중심적 이론으로 비판되기도 한다. M. Mann, "Book Review: Coercion, Capital, and European States", *American Journal of Sociology*, Vol. 96, No.5(1993). 그러나 이 설명에서 바로 근대국가의 이중성이 형성된 이유를 추출할 수 있다.

51) 공적인 것과 사적인 것의 구분은 사회로부터 경제가 분리되는 것보다 먼저 출현했다. 서구 사회에서 이 구분은 고대 그리스로 거슬러 올라간다. 고대 그리스에서 폴리스는 그 구성원 사이에 평등한 관계가 유지되었다는 점에서 일차적으로 가정경제(Household or oikos)와 구별되었다. 반면 가정은 가장 엄격한 불평등 관계의 중심이었다. 따라서 사적인 것은 "어떤 것으로부터 박탈된 상태"를 의미했다. Arendt, *op. cit.*, p.32. 즉 고대 그리스의 정치공간은 '자유시민'을 위한 공공영역과 '필요'(necessity)라는 기준과 긴밀히 연관된 사적영역으로 구분되어 있었다. 그리고 공적인 생활(public life)은 시장인 아고라(agora)

138

(body politic)를 표상했다.[52] 그러나 이 시민적(civic) 관점은, 근대사회가 발전하면서 국가 행정부를 공적인 것으로, 시장을 사적인 것으로 이해하는 자유주의적 해석에 압도되기 시작했다.[53] 본 연구에서는 이 새로운 형태의 공공영역, 즉 부르조아 공공영역이 자본주의 생산양식과 국민국가가 접합

에서 이루어졌다는 점에서 공적인 것이 정치적인 것과 등치되지는 않았다. Habermas, *The Structural Transformation*, p.4. 이 독특한 공공영역의 형성은 자신들의 시민권을 소유가 아니라 공유되어야 할 것으로 생각했던 시민 대다수의 집합적 실천을 통해 가능했다. Sabine, *op. cit.*, p.21. 이 시민들은 노예와 혼혈인을 지배할 수 있는 정치권력과 경제권력을 보유하고 있었다. 그러나 내부정치가 과두제든 혹은 민주제든 도시별로 계급이익이 유사해져 가고, 지속적으로 지배계급들 사이에 공동의 대의가 형성되어 가면서, 이 공공영역은 지역에 보다 강조점이 두어지는 애국주의적 경향을 띠기 시작했다. *Ibid.*, p.129. 매우 흥미롭게도 이 지점에서 Sabine은 다음과 같은 상상의 나래를 펴고 있다. "만약 아리스토텔레스에게 그 도시국가보다 큰 자족적 정치단위에 흡수되어야 할 필요가 있다는 생각이 있었다면, 어떤 일이 발생했을가라는 추측을 하는 것은 매우 흥미로운 일이다. …… 그러나 이것은 아리스토텔레스의 정치적 상상력을 벗어나는 일이었다." 우리는 그리스에서 공공영역의 탄생과 사멸을 정치공간 '내부'에서의 계급정치와 정치공간들 '사이'에서의, 즉 폴리스 사이에서의 '계급 간 정치'를 통해 정확히 이해할 수 있다. 로마법의 영향이 강하게 남아 있던 중세시기에는, 공공영역은 공공소유와 관련된 *res publica*와 사적영역은 사적소유와 관련된 *res privatus*와 등치되었다. Habermas, *The Structural Transformation*, p.4: Culter, *op. cit.*, pp.381-4. 공적 생활은 일반 사람들이 수동적으로 참여하게 되는 공식적 의무로 취급된 반면, 사적인 것은 기독교적 원리에 기반했다. R. Sennet, *The Fall of Public Man*(Boston: Faber and Faber, 1977), pp.3-4. 즉 중세의 보편적 공동체에서는 공동의 인간본성을 갖는 세계인과 사적인 생활영역을 갖는 개인이라는 관념이 공존하고 있었다. 공적 권위체의 부재와 모든 사회형태의 기독교적 규범으로의 포섭으로 묘사될 수 있는 중세시대에는 기독교적 형제애(Christian brotherhood)가 공적인 것으로 전화되었고, 그 체제에서 봉건영주는 농노들에게 그들의 '사적' 정치권력을 행사할 수 있었다.

52) Sennet, *op. cit.*, pp.16-7.
53) 공/사 구분을 둘러싼 다양한 관점에 대해서는, J. Weintraub, "The Theory and Politics of the Public/Private Distinction", in J. Weintraub and K. Kumar(eds.), *Public and Private in Thought and Practice*(Chicago: The University of Chicago Press, 1997), pp.1-38; J. Caporaso and D. Levine, *Theories of Political Economy*(Cambridge: Cambridge University Press, 1992), pp.11-7을 참조.

되기 위한 필수적 조건이었다는 절충적 해결방식을 제시한다.

우선, 가장 높은 추상수준에서 자본이 본성상 공간적 제약으로 자유롭다고 한다면, 새로운 정치권력의 등장은 정치공간의 재편과 맞물려 있다는 점을 상기하자. 만약 앞서의 논의처럼, 공간이 사회적 권력을 담는 그릇이고 이 공간의 재구조화가 특정 시점에서 사회관계의 재구조화와 연관되어 있다면, 당시 지배적 사회관계로 부상하던 자본주의 생산양식과 국민국가, 그리고 국민국가의 공간적 정체성의 기반인 국민형태와의 관계를 고려해야 한다. 그러나 여기에 난점이 존재한다. 자본이 본성상 공간적 구속력으로부터 자유롭다는 사실과 권력관계를 재구성하는 투쟁은 공간적 토대를 재조직하려는 투쟁이라는 모순에 직면하게 된다.[54]

이 모순을 인정한다면, 자본주의 생산관계에서 국민형태 및 국민국가를 단선적으로 연역하거나 또는 그 역을 상정하는 것은 불가능하다.[55] 극단적으로 이야기한다면, 원칙적으로 자본주의는 국민국가 또는 국민국가체계를 필요로 하지 않고, 국민국가도 자본주의를 반드시 필요로 하는 것은 아니다. 이 주장을 수용한다면, 자본주의적 사회관계로부터 국민국가를 도출하거나, 또는 그 반대로 국민국가로부터 자본주의적 사회관계를 연역하는 것은 불가능하다. 이는 자본주의 생산양식이 필요로 하는 국가형태 또는 정치형태가 사전에 결정될 수 없음을 의미한다. 그렇다면, 자본주의 생산양식과 국민국가의 공존을 역사적으로 우연적인 접합으로 이해할 수밖에 없다. 예를 들어 국민국가의 주요한 제도들인, 관료제, 상비군, 조세체계 등이 자본주의 생산양식의 필연적 구성물이 될 수 없다는 것이다.

이 접합은, K. Polanyi의 표현을 따른다면, 화폐, 노동력, 토지 등과 같은 허구적 상품(fictious commodity)을 통해 매개되었다. 그가 정확히 지적하는 것처럼, 이 허구는 시장기제가 작동할 수 있는 가장 중요한 조직원리를 제공했다.[56] 즉 이 허구적 상품은 자본주의적 생산과 유통의 필수적 구성

---

54) Harvey, *op. cit.*, p.291.

55) E. Balibar, "The Nation Form", in E. Balibar and I. Wallerstein, *Race, Nation, Class*(London: Verso, 1991).

56) K. Polanyi, *The Great Transformation: The Political and Economic Origins of Our Time*(New York: Farrar, 1944).

물이었다. 그러나 다른 한편으로 이 허구적 상품은 국민국가의 상징이었다. 화폐의 발행은 주권 그 자체를 표상한다. 노동력을 자유롭게 판매할 수 있다는 것은 일정한 영토 내에서 시민권을 획득했음을 의미한다. 또한 토지는 국민국가의 고유한 속성인 영토성의 구체적 형태이다. 또한 생산된 상품이 실현되기 위해서는 구매자와 판매자의 실질적 계약이 성립되는 장소로 시장이 필요하다. 이 교환체계가 강도행위가 아니라 주고받기가 되기 위해서는 이 협정을 실행할 수 있는 법적 물리적 하부구조가 요구된다. 이 과정에서 과세체계가, 자본가에는 자본주의적 생산과 유통에 필요한 하부구조를 제공받는 데 대한 대가를 지불하는 체계로 또한 국민국가 관료들의 관점에서는 자신의 정치권력을 유지할 수 있는 물질적 원천을 제공할 수 있는 핵심적 제도로 기능했다.57) 따라서 자본이 자신의 재생산을 위해 필요한 고정된 사회적 물리적 하부구조를 필요로 하는 순간, 자본은 공간의 생산에 의존적이 된다. 결국, 자본주의는 그것의 재생산을 확실하게 보증하는 국민국가 내부로 유배되었다.

그러나 여전히 풀리지 않는 이론적 문제가 남는다. 만약 자본주의 생산양식이 국민국가와 접합되었다면, 이 국민국가는 자연스럽게 자본주의국가로 전화하는가의 문제이다. 근대국가를 묘사할 때, 각 이론가들의 정치적 관점 또는 이론적 필요에 따라 국민국가와 자본주의국가라는 개념이 혼재되어 사용되고 있다.58) 이 이론적 문제는 근대사회에서 공적인 것의 등장 과정에 대한 천착을 통해 부분적으로 해결 가능하다.

국가의 기원에 대해 갈등론적 입장을 취하든 또는 통합론적 입장을 취하든, 국가가 무장한 채로 등장했다는 점과 그것이 고유의 제도를 갖고 있다는 사실은 부정할 수 없다.59) 이 국가 실체는 필연적으로 하나의 형태를

---

57) P. Kapteyn, *The Stateless Market: The European Dilemma of Integration and Civilization*(London: Routledge, 1996), pp.14-5.

58) 이 논의에 대해서는, E. Wright, "Models of Historical Trajectory: An Assessment of Giddens's Critique of Marxism",; B. Jessop, "Capitalism, Nation-State and Surveillance." in D. Held and J. Thompson(eds.), *Social Theory of Modern Societies: Anthony Giddens and His Critics*(Cambridge: Cambridge University Press, 1989)를 참조.

59) 국가의 기원에 관해서는, J. Haas, 최몽룡 역, 『원시국가의 진화』(서울: 민음사,

수반하게 된다. 왜냐하면, 하나의 국가가 국가로서의 자격을 갖추기 위해서는 역사적으로 종별적인 사회구성 속에 존재해야 하기 때문이다. 따라서 국가를 정의할 때, 국가가 사회 위에 존재하는 독립적 구조 또는 제도의 집합이라는 점과 동시에 이 제도들이 사회관계를 반영하고 있다는 점을 고려해야 한다. 따라서 제도의 집합체로서 근대국가는, 국민국가이고 동시에 자본주의 생산양식에 필요한 정치적 기능을 제공하는 자본주의국가이다.

J. Habermas가 매우 명확하게 지적하는 것처럼, 완전히 발전된 부르조아 공공영역은 모여서 하나의 공중을 형성하는 사적인 개인들이 담당하는 두 가지 역할, 즉 재산소유자로서 그리고 인간일반으로서의 역할이라는 허구적 정체성에 기반했다.[60] 이 부르조아 공공영역의 이중성은 근대국가가 갖고 있는 이중성의 맹아적 형태라고 할 수 있다. 즉, 근대국가는 자본축적과 상품실현을 보증해야 할 뿐만 아니라 국민적 통합을 유지해야 한다.

자본주의적 생산과 교환관계가 확장되어 감에 따라 사적 영역이 강화되었고, 자본가들은 교회로부터 그리고 아직은 자본주의국가가 아니었던 절대주의국가로부터 독립성을 획득하기 시작했다. 또한 자본가들은 친족(kinship)이나 후견인-가신(patron-client) 관계가 아니라 인쇄된 언어를 매개로 한 상상에 기초하여 서로를 결합한 최초의 지배계급이었다.[61] 자본가계급이 사적 영역에서 기업을 운영하기 위해서는, 역설적으로 공적 규제를 필요로 했고, 따라서 자본가계급은 공적인 것의 생산에 개입해야 했다.

그리하여 자본가계급은 국가를 포위하기 시작했다. 한편으로, 자본가계급은 극장, 음악, 쌀롱, 소설, 비평과 같은 문화세계에 대한 지원을 함으로써 공공영역의 건설을 자극했고, 또한 국가가 여론이라는 매개체를 통해 사회의 필요와 접촉할 수 있도록 이 공공영역을 건설해 갔다. 다른 한편으로 자본가계급은 정치에 개입하기 시작했다. 자본가계급은 자신들의 안정적 이윤추구를 가능하게 하는 조건인 경제적 자유를 보증할 수 있는 정치적

1989）: J. Hall and G. Ikenbery, *The State*(Milton Keynes: Open University Press, 1989); Engels, *op. cit.*: G. Deuleuze and F. Guattari, *Anti-Oedipus*(Minneapolis: University of Minnesota Press, 1983)을 참조.
60) Habermas, *The Structural Transformation*, p.56.
61) B. Anderson, *op. cit.*, pp.76-7.

142

상부구조로 '의회주의적 개혁'을 요구했고, 이 과정에서 정치적 공공영역이 형성되어 갔다.62)

그리하여, 비판적이고 공개적인 논쟁의 장으로서 부르조아 공공영역이 자본가계급의 집합적 이익을 대표하기 위하여 국민국가 내부에 형성되었다. 자본주의가 그 힘을 점점 증가시켜가면서, 정열적 자본가들은 국가의 공적인 것의 생산에 더욱 깊숙하게 개입하게 되었고, 그럼으로써 근대국가는 공공영역이 그 내부에서 '제조되고', '대량생산되는' 자본주의국가의 성격을 띠게 되었다.63) 이차대전 이후의 서구 국가들은 바로 이 공적인 것의 생산과정에서 초기 부르조아 공공영역이 갖고 있던 비판적 개방성이 거세되면서, 다양한 공공재들이 자본주의적으로 대량생산된 근대국가였다.

3-2. 안과 밖, 그리고 자본주의: 근대정치의 독특성

근대국가가 국민통합이라는 목적을 위해서든 또는 자본주의 생산양식이 초래하는 동질화의 효과에 의해서든, 공공성이라는 기반 위에 존재한다는 점은 부정할 수 없다.64) 어떠한 주장이 수용되든, 공적인 것, 즉 공중, 공공성, 공공서비스, 공공규제 등의 생산은 근대정치가 제로섬 게임이 아니라는 사실을 상기하게 한다. 국가가 반드시 자신들의 시민에게 제공해야 하

---

62) Habermas, *The Structural Transformation*, pp.57-88.
63) F. Webster, *Theories of the Information Society*(London: Routledge, 1995), pp.101-5.
64) 예를 들어 근대 초기에 대량의 상품을 전시하는 백화점이 상품의 효용이나 낮은 가격을 통해서가 아니라 오히려 거기에 갈 수 있는 사람들의 외양적 동질성을 이용함으로써 공중을 유인할 수 있었던 것처럼, 자본주의 생산양식이 결과하는 동질화의 효과를 통해 공적인 것이 성립될 수도 있다. Sennet, *op. cit.*, pp.142-9. 근대국가의 또 다른 기초인 민족주의도 바로 회원자격의 익명성에 기초하고 있다. 유기적 통치체 내부에서 익명성이 최종적으로 승인된 것은 18세기에 이르러서였다. E. Gellner, *Culture, Identity and Politics*(Cambridge: Cambridge University Press, 1987), pp.6-8. 즉, 자본주의의 동질화 효과와 민족주의 이데올로기의 익명성이 결합되면서, 근대적 공공성이 형성될 수 있는 기초가 마련되었다.

는 것으로 인식되는 근대적 신화 가운데 하나인 공적인 것의 공급은 또한 각 국가별로 상당한 차이를 보이고 있다. 그렇다면, 근대사회에서 공적인 것이 존재하는 이유는 무엇인가? 그리고 그 내용과 형태는 어떻게 결정되는가?

K. Polanyi가 주장하는 것처럼, 공적인 것은 사회가 자기규제적 시장에 의해 야기되는 폐해로부터 스스로를 보호하기 위한 완충장치일 수 있다. 이러한 체계는 부족사회, 봉건사회, 또는 중상주의 시대에는 존재하지 않던 것이다. 즉 근대사회에서 공적인 것의 존재는 근대사회가 갖고 있는 자기파괴적 기제를 무력화하는 보호적 반작용으로 해석될 수 있다.

역사가 증명하는 것처럼, 국민적 시장은 근대국가에 의해 조직된 경제공간이다. 따라서 자본주의사회에서 경제적인 것과 정치적인 것의 분화, 보다 정확히 말한다면, 정치적 기능 그 자체의 분화는, 정치적 기능을 국가 내의 사적 경제적 영역과 공공영역에 분리하여 할당하는 것을 의미한다. 즉, 자본주의는 정치권력의 궁극적 사유화를 표현하고, 경제영역은 그 정치적인 것에 의존한다.[65] 그러므로 우리는 자본주의사회에서 정치적인 것을 정체(polity)와 경제를 분화시키는 힘으로 이해할 수 있다. 이러한 이해에 기초한다면, 국가, 사회, 생산 수준에서의 힘관계를 변화시키는 원천으로서 정치적인 것은, 사회구성 내부에서 분리된 하나의 영역으로서가 아니라 도처에 편재하는 것이 된다.

따라서 근대사회에서 정치적인 것과 경제적인 것의 구분은 공적인 것과 사적인 것의 구분에 조응하지 않는다. 공적인 것의 생산은 자본주의가 부과하는 경제적 강제력의 범위 안에서 정치적인 것에 의존한다. 그러나 공적인 것은 또한 근대사회에 등장한 국민이나 민족과 같이 상상되기도 한다. 이미 언급한 것처럼, 공적인 것의 생산은 국민적 통합의 필요성에 근거할 수도 있다. 사실 이 이중적 경향에 기초할 때만이 공적인 것의 내용과 형태를 결정하는 근대정치의 독특성을 정확히 이해할 수 있다.

R. Walker는 "정치적인 것에 대한 근대적 설명은, …… 이중적 담론, 즉

---

65) E. Wood, *Democracy against Capitalism*(Cambridge: Cambridge University Press, 1995).

영토국가 내부에서의 삶에 적절한 정치이론 또는 사회학으로서 그리고 영토국가들 사이의 관계에 대한 보다 비참한 이론으로 등장한다"고 주장한다.[66] 특정한 공간 내부에 유폐된 근대 정치이론들은 선한 생활은 영토국가 내부의 생활에 참여함을 의미한다는 가정에 의존한다. 이 공간적 정치학은, 국제관계의 장에서 '현실정치'(realpolitik)라는 담론에 의존하면서, 상당 정도 자본주의적 정치를 압도해 왔다. 대표적으로, 이차대전 이후 '냉전체제'하에서 이 공간적 정치가 자본주의적 정치에 우선했고, 따라서 국제정치는 선한 생활의 실현을 담지하고 있는 진정한 의미의 정치로 간주되지 않았다.

근대사회에서, 경제적 지배계급은 시장에서 개별적 행동을 통해 중요한 목표를 추구할 수 있는 능력, 즉 집합행동의 수준에서 조직적 권력 없이도 정치권력을 행사할 수 있는 '구조적 권력'을 갖고 있음에도 불구하고, 그들은 스스로 국가로 전화하지 않는다.[67] 이 분리를 통해 국가는 원칙적으로 '자본일반'에 구조적으로 의존적임에도 불구하고 공적인 것을 생산하는 대행자(agency)로 자신을 위치지울 수 있게 된다. 결국, 근대국가는 그 자신의 정치권력을 정당화하기 위해 공적인 것을 필요로 하는 동시에, 자본일반은 그 자신의 안정적 축적을 보증하기 위해 공적인 것을 필요로 한다. 따라서 근대국가의 이중성이 접합하는 지점이자 근대국가의 완충지대로 공적인 것의 생산은 일차적으로 국가-자본 관계의 함수이다.

근대정치는 헤게모니적 실천을 통해 안정되고, 일상화되며, 제도화된다. 국가관료, 자본가계급의 분파, 노동조합의 관료들, 그리고 지식인을 포함하는 특별한 집단, 즉 역사적 블록(historic bloc)의 구성원들이 여타의 동맹집단에 대해 정치적이며 동시에 도덕적·지적 지도력을 발휘하면서 국민적 정치와 국제정치에서 헤게모니를 장악하게 될 때, 적대적 집단을 안정적으로 지배하게 된다.[68] 특히 그 역사적 블록이 세계를 인식하는 도구인 사상

---

66) Walker, "International Relations and the Concept of the Political", p.306.

67) W. Streeck, *Social Institutions and Economic Performance*(London: Sage Publications, 1992), pp.76-102: M. Rupert, *Producing Hegemony: The Politics of Mass Production and American Global Power*(Cambridge: Cambridge University Press, 1995), pp.22-5.

또는 이데올로기가 다양한 집단의 이익을 접합하고 자본주의적 정치를 국민적 정치로 전화시키는 과정에서 결정적 역할을 수행한다.

이 지점에서 하나의 자본주의가 아니라 자본주의의 국민국가적 변이들을 논의할 수 있는 단초가 마련된다. 즉 자본주의가 본성상 공간의존적이 아니라는 사실에도 불구하고, 그것은 국민국가체계와 공존하면서 일국자본주의 또는 국민적 자본주의의 형태로 존재해 왔다. 특히, 이차대전 이후의 국제체제는 일국자본주의국가들 간의 체계의 완성형태였다. 따라서 일국자본주의 또는 국민적 자본주의가 지배적 형태인 한, 공적인 것은 국가에 의해 생산될 뿐이다. 그리고 공공영역은 국민적 성격을 띨 수밖에 없다.

4. 유럽통합의 정치경제적 기원: 포드주의 축적체제의 위기

K. Polanyi는 그의 저서 『거대한 변환』을 19세기 문명의 기반이었던 네 가지 제도의 붕괴로부터 시작한다. 그 네 가지 제도는, 세력균형체계·국제 금본위제·자기조정적 시장·자유주의 국가이다. 그는 국제 금본위제의 상부구조로서 세력균형체계를, 그리고 자기조정적 시장의 창조물로 자유주의 국가에 대해 이야기한다. 자기조정적 시장의 국제적 확장인 국제 금본위제의 몰락에서부터 그는 19세기 문명의 위기를 탐색하고 있다.

지금 우리는 마치 Polanyi가 1944년의 시점에서 19세기 문명의 위기를 논했던 것처럼, 다시금 거대한 변환의 시기에 직면하고 있다. 서구사회에서 극단의 20세기의 후반부를 지탱하던, 냉전체제·금과 달러의 태환을 보장하던 브레튼 우즈 체제·조직된 시장 또는 포드주의적 축적체제·복지국가 등의 제도가 붕괴하면서 20세기 서구문명은 위기에 직면하고 있다. 이 체제의 위기는 또한 생산자본 및 금융자본의 분파뿐만 아니라 국가장치, 중앙파적 정당, 그리고 조직된 노동을 포함했던 국제적 수준에서의 역사적

---

68) A. Gramsci, *Selections from the Prison Notebook*, edited and translated by Q. Hoare and G. Smith(New York: International Publishers, 1971), pp.137, 168.

블록의 해체로 이어지고 있다.[69]

Polanyi가 19세기 문명의 동력으로 강조했던 자기조정적 시장에 비교될 수 있는 20세기의 조직된 시장의 해체가 사실상 이 급격한 변환을 야기한 근본원인이라고 할 수 있다. 이 위기는 영토적 경계와 국가 간 체계가 동일시되었던 이차대전 이후의 독특한 국제관계를 해체하고 있다. 우리는 이 조직된 시장의 위기를 좀 더 포괄적인 경제성장 모형인 포드주의 축적체제의 위기로 진단한다.[70]

4-1. 케인즈주의의 신화와 유럽공동체

국민경제가 상호작용하는 체제로 등장한 완성된 국제경제는 다음과 같은 특수한 조건의 산물이었다.[71] 첫째, 미국과 소련의 대립을 축으로 한 냉전체제는 경제의 재생산 체제를 국민국가 틀 안에 위치지운 정치적 요인이었다. 둘째, 미국의 달러화를 기축통화로 1944년 성립된 브레튼 우즈 체제를 통해, 화폐자본의 투기적 이동이 제약되고 생산자본의 상대적 안정이 보증됨으로써, 국민경제가 세계적 자본이동으로부터 유리되어 존재하는 것이

---

69) S. Gill and D. Law, *The Global Political Economy: Perspectives, Problems and Policies*(New York: Harvester, 1993), pp.127-58.

70) 조절이론에 따르면, 축적체제는 사회적 생산물의 분할과 재분배의 체계적 양식으로, 장기간에 걸쳐 생산조건의 변형과 최종 소비조건에서의 변형 사이에 특정한 일치를 획득한 상태로 정의된다. 이 개념화에 의거하면, 외연적 축적은 기술변화가 생산재 생산부문에서 현저하게 일어나는 반면, 소비재 생산부문은 대부분 불변인 상황이고, 황금시대의 기초인 내포적 축적체제는 이 두 부문의 균형적 발전이 일어나는 상태를 가리킨다. A. Lipietz, *Towards a New Economic Order: Postfordism, Ecology and Democracy*(New York: Oxford University Press, 1992), p.6.

71) J. Holloway, "Global Capital and the Nation-State", *Capital and Class*, No.52(1994), p.39. 사회주의국가들이 존재했기 때문에 완성된 국제경제체제가 아니었다는 반론도 제기될 수 있다. 그러나 사회주의국가들도 국민국가의 형태로 국제적 교환에 참여했고, 사회주의국가들이 '국가자본주의' 체제였다는 주장을 수용한다면, 이차대전 이후의 체제는 국민국가를 단위로 상호작용이 전개된다는 점에서, 근대적 문제제기인 국민국가 프로젝트가 완성된 상태였다.

가능했다. 미국정부는 이 체제의 유지를 위해 자국의 경제력을 바탕으로 범지구적 수준에서 집합적 수요의 성장을 유도할 수 있었다. 셋째, 선진자본주의국가의 포드주의적 축적체제는 국민경제의 정치적 조직화를 위한 경제적 토대였다. 넷째, 국민경제의 정치적 토대로서, 각 국가별로 그 내용과 형태가 상이하기는 하지만, 유럽의 선진자본주의국가들에서는 국가수준의 행위자와 자본가계급 그리고 노동자계급 사이에 사회타협적 정치적 연합이 형성되었다.

이 '일국자본주의들'의 체제를 이념적으로 추인한 것은, 정의상 경제 주체이면서 사회적 권력의 원천으로 '개인'을 상정하고 개인의 사적 소유를 바탕으로 한 시장경제를 이상적 형태로 간주하는 보편주의적 자유주의 경제이론과, 19세기 후반 국민국가주의라는 이데올로기를 통해 형성된 국민경제를 경제발전 및 분석의 단위로 하던 '국민경제' 이론의 결합산물로서 등장한 케인즈주의이다. 케인즈주의는 자유주의와 국민국가주의의 이념경쟁을 종합할 수 있었을 뿐만 아니라, 정치적으로 정책을 위한 동의를 동원할 수 있었다. 케인즈주의적 경제이론은, 지리정치학적 공간인 국민경제 내에서 국민적 통화를 측정단위로 하여 국민총생산, 국민소득 등의 지표를 사용하고, 환율, 국제무역 등을 국민경제들 간의 경제적 거래로 포착함으로써, 재생산단위로서 국민경제라는 신화를 더욱 공고화했다.[72]

미국의 정치경제적 패권에 기반한 국제제도 및 포드주의적 축적체제에

---

72) H. Radice, "The National Economy: A Keynesian Myth", *Capital and Class*, No.22(1984), p.121. 케인즈주의의 핵심은 국가에 의한 총수요관리였다. 정책결정자가 총수요 수준을 통제할 수 있고, 정책수단의 변화를 총수요의 변화가 정책목표에 도달할 수 있게끔 변화를 유도할 수 있어야만, 케인즈주의는 존립가능하다. J. Croty, "The Limits of Keynesian Macroeconomics in the Age of the Global Marketplace", in A. MacEwan and W. Tabb(eds.), *Instability and Change in the World Economy*(New York: Monthly Review Press, 1989), pp.82-99. 즉, 총수요의 예측가능성은 케인즈주의 경제정책의 핵심을 구성한다. 조절이론에 따르면 이러한 총수요관리는, 자본 전 부문의 기술적 구성의 성장률과 생산재 생산부문의 생산성 상승률이 동일하고, 임금소득자의 실질 소비성장률과 소비재 생산부문의 생산성이 동일하다는, 두 가지 기본조건의 우연적 결합산물이었다. A. Lipietz, "Behind the Crisis", *Review of Radical Political Economics*, Vol. 18, No.1&2(1986).

148

기반한 '케인즈주의적 복지국가'라는 국가형태는, 자본주의국가와 국민국가가 공간적으로 완전히 일치된 형태였다. 노동자의 구매력향상이 축적체제에 순기능적으로 작용할 수 있는 포드주의 축적체제에서는 자본과 노동이 타협할 수 있는 조건이 마련되었고, 경제성장이 노동자의 이익으로 전환될 수 있는 이 축적체제에서 자본주의국가는 계급을 넘어선 '국민적' 헤게모니 프로젝트를 추진할 수 있었다. 즉, 강제의 공간과 자본의 공간이 일치하고, 사회관계에서 자본-노동의 계급타협이 성립되어 있는 체제에서, '국가이익'이 대외정책의 결정 기준으로 자리잡을 수 있었다.[73] 이차대전 이후 이 국가이익의 개념은 국가 간 상호작용을 지배하는 핵심개념으로 범지구적으로 확산되었다. 이러한 체제에서 대부분의 사회과학자들이 인식하는 현실의 공간은 국제라는 격자평면이었다.[74]

이 일국자본주의체제에서 유럽공동체의 정책은 회원국가의 국가이익을 극대화하는 보조적인 정책도구였다. 1966년 프랑스의 드골 정부에 의해 주도된 룩셈부르크 타협으로 매우 중요한 국가이익과 관련된 정책 분야에서 회원국가의 거부권이 인정되었다. 이 타협에는 유럽공동체의 초국가적 정향을 제어하려는 프랑스정부의 의지가 반영된 것이었다. 그러나 상대적 차이는 있지만, 모든 유럽공동체 회원국가들이 이차대전 이후 국가가 직접적 경제 행위자로 중심적 역할을 수행하는 성장전략을 추구하고 있었기 때문에, 다른 회원국가들도 이 타협에 반대하지 않았다.[75]

포드주의 축적체제하에서 유럽공동체는 두 가지 측면에서 회원국가의 이

---

73) 국가이익 개념에 대해서는 구영록, 『한국의 국가이익』(서울: 법문사, 1995), pp.19-36을 참조.

74) 국제경제를 국민경제의 상호작용의 결과물 혹은 국민경제의 집합으로 인식하는 것은, 맑스주의적 이론전통에서도 마찬가지이다. 차이가 있다면 자유주의나 현실주의가 거부하는 국가 간 관계의 질적인 비대칭성-제국주의이론-을 강조한다는 것이다. 맑스주의의 국가독점자본주의나 조절이론의 축적체제론도 국민적 사회구성이나 국민적 가치공간의 응집체제로 국제경제를 개념화하고 있다는 점에서 현실주의 국제정치이론의 공간개념과 다를 바 없다. 대표적으로, 조절이론가인 M. Aglietta의 "World Capitalism in the Eighties", *New Left Review*, No.136(1982)를 참조.

75) G. Ross, *Jacques Delors and European Integration*(Cambridge: Polity, 1995), p.22.

익을 극대화하는 방향으로 기능했다. 첫째, 영국의 경제학자 N. Owen이 검증한 것처럼, 포드주의 축적체제하에서의 시장통합의 효과가 가장 분명하게 드러난 부분은 냉장고, 세탁기, 텔리비젼과 같은 내구성 소비재를 생산하던 부문이었다. 포드주의 축적체제의 핵심부문인 이 생산물을 생산하던 기업들은 유럽공동체 내부교역이 확대되면서 보다 큰 규모의 경제 효과를 누릴 수 있었다.[76] 즉, 당시 유럽공동체는 주요 회원국가들의 핵심 기업의 생산품 판매를 위한 시장으로 기능했다. 둘째, 유럽공동체는 유럽공동체 외부의 국가에 공동관세를 설정함으로써 유럽시장을 자유무역의 바람으로부터 보호하는 역할을 수행했다. 이 외부장벽은 회원국가들이 국민국가적 성장전력을 안전하게 추구할 수 있는 정책도구였다.[77]

따라서 포드주의 축적체제하에서 회원국가들은 자신들의 거시경제적 정책도구를 초국가적 기구인 유럽공동체 이전할 아무런 유인을 갖고 있지 않았다. 대부분의 회원국가들은 경제성장을 위해 필수적으로 거시경제정책에 대한 통제가 필요하다고 생각했기 때문이다. 그렇기 때문에 유럽공동체의 제도적 발전 및 정책영역의 확대는 유럽의 '국민적 자본주의'가 필요로 했던 수준에서 정지했다.[78]

4-2. 축적체제의 위기, 위기인식 그리고 세계경제의 출현: 유럽 통합의 필요조건 (1)

1968년 프랑스의 5월혁명, 1968년 브레튼 우즈체제의 붕괴, 1974년 석유위기는 이차대전 이후 선진자본주의국가들의 안정적 축적체제에 종언을 알리는 상징적 사건들이었다.[79] 이 정치경제적 위기는 또 다시 범지구적으로

---

76) C. Murphy, *International Organization and Industrial Change*(Cambridge: Polity, 1994), p.121, 232.
77) Ross, *Jacques Delors and European Integration*, p.23.
78) *Ibid.*
79) 1848년이나 1968년처럼 서로 다른 장소에서 혁명적 열기가 동시에 일어나면 모든 지배계급은 공간지배의 우월성이 위협받기 때문에 심한 공포를 느낀다.

확산되었다. 이것은 '일국자본주의체제'의 존립 불가능성을 알리는 신호탄
이었다. 즉, 축적체제의 위기는 안과 밖에서 동시에 진행되기 시작했다.

안으로부터 축적체제는 자본의 유기적 구성의 고도화를 상쇄하는 생산성
향상이 지체되면서 위기에 직면했다.[80] 수익성의 위기는 생산성 상승과 실
질임금 상승을 연동하는 생산성의 정치를 붕괴시키는 힘으로 작용했다. 밖
으로부터는 포드주의 축적체제의 투입재로서 저가격을 유지하던 원유가격
의 급상승과 브레튼 우즈 체제의 붕괴에 따른 환율불안정으로 인해, 국민
경제의 정책자율성에 구조적 위협이 가해지기 시작했다. 축적위기는, 전후
타협의 기초였던 완전고용의 해체를 의미하는 실업의 증가와 동시에 인플
레이션이 심화되는 스테그플레이션으로 나타났다.

이제 위기해결이 국민국가 차원이 아니라 범지구적 차원에서 모색되기
시작했다. 대표적으로, 1973년 미국, 일본, 유럽의 '범지구적 기업'들의 최고
책임자들과 그들의 이데올로그들은 범지구적 위기를 진단하고 해결하기 위
해 '사적' 국제기구인 '삼각위원회'(Trilateral Commission)를 결성했다. 삼
각위원회는 세계적 차원에서 자본주의 축적위기를 관리하기 위한 국제조절
체계의 형성을 도모하던 국제조직이었다. 그들의 자본주의 재편전략은, 범
지구적 기업의 출현을 당연한 것으로 전제한 조건에서, 전후체제를 지탱했
던 국제적 국내적 제도에 대한 재검토에 집중되어 있었다. 그들의 위기진
단은 세계질서의 재편을 예시하는 것이었다. 주요 내용은 다음과 같이 요
약될 수 있다.[81]

첫째, 역사가 증명하듯이 모든 효과적인 국제체계는 보호자를 필요로 한

바로 이러한 상황에서 세계자본주의는 일국의 이해에 대해 매우 공격적일 수
도 있는 '국제적 음모'의 유령을 키우고, 또 때로는 공간을 지배하는 능력을 보
전하기 위해 일국의 국가권력을 빌린다. Harvey, *op. cit.*, p.290.

80) Lipietz, "Behind the Crisis."

81) H. Sklar, "Trilateralism: Managing Dependence and Democracy", in H.
Sklar(ed.), *Trilateralism*(Boston: South End Press, 1980), pp.1-55. 이 국제조
직에 참여한 인사들의 명단은 H. Sklar and R. Everdell, "Who's Who on the
Trilateral Commission", in *Ibid.*, pp.90-130을 참조. 비판적 국제관계이론의 관
점에서 이 국제조직의 활동을 분석한 뛰어난 성과로는, S. Gill, *American
Hegemony and Trilateral Commission*(Cambridge: Cambridge: University
Press, 1990)를 참조.

다는 것이다. 즉 미국 헤게모니의 약화에서 초래되고 있는 국제체제의 불안정을 미국의 후견 아래 독일과 일본이 비용을 분담하는 형태의 '집합적 관리'를 통해 해결하고자 시도했다. 둘째, 삼각위원회의 구성원들은 효율성의 '객관적' 기준인 이윤에 따라 세계자원을 최적으로 활용할 수 있는 '지구적 기업'(cosmocorp)이 위기해결의 주체임을 명확히 했다. 셋째, 제한된 민주주의가 '통치가능한 민주주의'라는 그들의 언명에서 볼 수 있듯이, 삼각위원회는 전후 구축된 자본－노동 타협체제를 민주주의의 과잉체제라고 주장하면서, 노동에 대한 공격과 정부와 기업의 협력강화를 정책대안으로 제시했다.

70년대 초부터 80년대 중반까지 계속된 삼각위원회의 활동은 사실상 자본주의 재구조화의 지침이었다. 우리는 이들의 주장에서 현재의 세계주의와 지역주의의 원형을 발견할 수 있다. 그러나 경제적 위기가 국가형태의 변형으로 즉각 이어지지는 않았다. 케인즈주의적 경제정책은 1980년대 초반까지 여전히 유효한 정책대안으로 인식되었다. 사회 속에 이미 깊이 각인되어 있던 노동조합 주도의 단체협상, 대량생산에 조응하는 소비규범, 사회민주주의적인 복지이데올로기 등은 해체되지 않았고, 국가들도 위기극복의 방법으로 신기술의 개발을 위한 적극적 산업정책을 추진했다. 또한 1970년대에는 비관세장벽을 이용한 보호주의적 무역정책이 선택되기도 했다. 즉, 1970년대 가시화된 경제위기로부터 정치적 정책결정자의 '신자유주의적' 전환까지는 거의 10여 년의 시간이 소요되었다.[82]

국가형태의 변화가 지체되었음에도 불구하고, 포드주의 축적체제의 위기해결을 위한 '기업의 전략'은 근본적으로 변화하고 있었다. 첫째는 포스트 포드주의적인 유연생산체제로의 전환이고, 둘째는 생산자본 및 금융자본의 국제화였다.[83] 포스트 포드주의적 재구조화는 극소전자혁명이라는 기술의 변화

---

82) 유럽국가들의 경제위기에 대한 대응방식에 대해서는, E. Damgaard, P. Gerlich and J. Richardson(eds.), *The Politics of Economic Crisis*(Aldershot: Avebury, 1989)를 참조.

83) 자본이 화폐형태, 상품형태, 생산형태로 변태되는 과정이 일국 차원에서 실현되지 않는 현상을 지칭하는 자본의 국제화는, '자본의 가치증식의 국제화'와 '사회관계로서 자본주의적 관계의 국제화'라는 두 가지 의미를 내포하고 있다. C.

를 기초로 노동조합의 역할과 국가개입을 줄이고, 유연적 노동관행을 실천하는 방향으로 진행되었다. 포스트 포드주의적 축적체제가 현재의 위기를 해결할 수 있는 대안일 수 있는지 또는 지배적 생산방식인지에 대해서는 논란이 있지만,84) 이 전환 또는 이 담론을 통해 이차대전 이후의 자본－노동타협체제를 파괴되고 있는 것은 분명하다.

생산의 국제화 및 금융자본의 국제화는 새로운 세계경제(global economy) 형성의 동력이었다. 자본의 국제화는 1970년대부터 서서히 증가하기 시작해서, 1983년을 기점으로 폭발적으로 증가하고 있다.85) 선진자본주의국가들 간의 상호투자 형태로 나타나기 시작한 초기의 자본국제화는 국민국가의 보호주의적 규제를 피하기 위한 '방어적인 수출대체적 투자'의 성격이 강했다.86) 이후 자본국제화는 시장점유를 증대시키려는 방어적 성격을 넘어서서 "잠재적 축적공간을 세계로 확대한 개별자본이 보다 양호한 축적공간을 탐색"하는 형태로 발전하고 있다.87) 브레튼 우즈 체제의 붕괴 이후 유로달러(Euro-dollar) 시장의 급성장으로 상징되는 금융자본의 국제화는, 생산자본

Palloix, "The Internationalization of Capital and the Circuit of Social Capital", in H. Radice(ed.), *International Firms and Modern Imperialism*(London: Penguin Books, 1975). 자본의 국제화를 요즘 유행어인 세계화의 실질적 지표라고 할 때, 이를 해석하는 방식은 다음과 같이 세 가지로 나누어 볼 수 있다. 첫째, 국제화는 역사의 시작 이후로 진행된 과정이지만 최근에 들어 가속화되었다. 둘째, 국제화는 근대화 및 자본주의의 발전과 동 시간적이고, 최근에 가속화되었다. 셋째, 국제화는 탈산업화, 탈근대화 혹은 자본주의의 탈조직화와 결합된 최근의 현상이다. M. Waters, *Globalization*(Milton Keynes: The Open University Press, 1995), p.4. 본 연구에서는 세 번째 입장을 지지한다.

84) 포스트 포드주의를 둘러싼 논쟁에 대해서는, W. Bonefield and J. Holloway(eds.), *Post-Fordism & Social Form: A Marxist Debate on the Post-Fordist State*(London: Macmillan, 1991)를 참조.

85) 자본국제화의 경제지표라고 할 수 있는 직접투자의 시계열적 추이는 박복영, "1980년대 이후 자본의 국제화와 국제적 경제조절", 『국제화와 한국사회』(서울: 나남, 1995)를 참조.

86) S. Picciotto, "The Internationalization of the State", *Capital and Class*, No.43(1991); UNCTC, *Regional Economic Integration and Transnational Corporations in the 1990s*(United Nations, 1990).

87) 박복영, *op. cit.*, p.82.

의 국제화가 생산을 위한 특별한 '장소'를 필요로 하는 것과 달리, 특정 장소가 아닌 전기통신기술을 이용하여 국제적 네트워크를 형성할 수 있기 때문에 훨씬 더 국제화가 급격히 전개되고 있다.[88]

또 하나 기업의 축적전략 변화와 관련하여 주목하는 것은 '기업형태'의 변화이다. 생산과 교환이 범지구적으로 이루어지게 되면서 초국가적 기업들은 자신들의 생산거점 및 판매거점을 연결하는 '네트워크 형태'의 조직을 갖추기 시작했다. 이 제도적 혁신은 디지털 혁명으로 상징되는 통신기술의 발전을 토대로 현실적으로 가능하게 되었다. 이와 더불어 첨단기술 분야에서는 초국가적 기업들의 상호협력의 네트워크인 '전략적 제휴'(strategic alliance)가 증가하기 시작했다. 특히, 급속하게 변하는 첨단기술의 영역에서 단일 대기업이 투자위험을 관리하는 것이 점점 어렵게 되면서 이 전략적 제휴가 증가하게 되었다.[89]

이 전략적 제휴는 세계정부가 부재한 상황에서 기업 자신들이 국민국가의 묵인하에 스스로 생산의 일반적 조건을 제공하는 역할을 하면서 생산된 '유사공공재'(quasi-public goods)의 성격을 띠고 있다.[90] 또한 우리는 "만약 네트워크가 국제경제 조직의 중심적이고 상시적 특징이 된다면, 집합적 경제정책 결정의 초점이 불가피하게 범지구적 산업정책의 문제로 전환될 것"이라는 한 국제정치이론가의 통찰력에 귀를 기울일 필요가 있다.[91] 세계정부가 부재한 상황에서 국민국가를 넘어서는 기업들 사이의 전략적 제

---

88) 금융자본은 재정거래와 화폐적 거래를 담당하는 분파이면서, 동시에 이동성이 있고, 유동적인 형태로 존재하는 자본의 총량이라는 이중적 성격을 담지하고 있다. 따라서 현존하는 인간들과 기계에 연관되어 있는 생산자본과는 구별되는 측면을 갖고 있다. 특히 은행으로 대표되는 금융자본의 '유동성 선호'와 그들의 자유시장적 정향을 둘러싸고 생산자본의 이해관계와 갈등을 빚을 수도 있다. K. van der Pijl, "Ruling Classes, Hegemony, and the State System", *International Journal of Political Economy*, Vol. 19, No.3(1989).

89) J. Ruggie, "At Home Abroad, Abroad at Home: International Liberalisation and Domestic Stability in the New World Economy", *Millenium*, Vol. 24, No.3(1995), p.521.

90) J. Atik, "Complex Enterprises and Quasi-Public Goods", *Journal of International Business Law*, Vol. 16, No.1(1995).

91) Ruggie, "At Home Abroad, Abroad at Home", p.522.

154

휴가 가질 수밖에 없는 불확실성을 제거하기 위해서는, 개별 국민국가가 그 제휴를 승인하거나 또는 그 기업들에게 공공재를 제공하는 것이 아니라 국민국가 상위에 존재하는 기구가 그러한 역할을 수행하는 것이 보다 효율적일 수 있다. 유럽연합과 같은 초국가적 기구가 공공재를 생산할 수 있는 조건이 형성된 일차적 원인은 이상과 같은 기업전략 및 기업형태의 변화로부터 추론될 수 있을 것이다.

생산자본 및 금융자본의 범지구화로 상징되는 1970년대 이후 자본주의 질서의 재편을 국민경제 간 상호의존의 증대로 평가하거나, 실증적 지표를 기준으로 1914년 이전 수준으로의 복귀라는 주장이 제기되기도 하지만,[92] 공간의 정치경제학이라는 측면에서 볼 때, 현재의 변화는 국제경제라는 격자평면과는 질적으로 구분되는 세계경제라는 새로운 공간의 등장으로 이해될 수 있다. 예를 들어 초국적 기업의 세계적 연결망과 전기통신의 혁신으로 성립한 세계적 금융망은 국민국가가 아닌 세계도시(global city)를 중심으로 발전하고 있고, 국제무역, 기술, 화폐자본의 국제적 흐름이 초국가적 기업의 특별한 공간, 즉 '내부시장' 안에서 발생하기도 한다.[93] 따라서 현재의 세계는 세계경제라는 비유클리드적 공간과 국제정치경제라는 격자평면이 공존하고 있는 새로운 세계로 규정될 수 있다.

따라서 범지구화를 통해 우리의 세계가 '동질적' 공간이 되어 가고 있다고 주장할 수는 없다. 범지구화의 과정이 국민국가주의 또는 인종주의를 강화하는 '분열'(fragmentation)과 동시적으로 진행되고 있다거나 또는 범지구적 자본주의(global capitalism)가 형성되어 가면서도 국민국가적 차이

---

92) P. Hirst and G. Tompson, "The Problem of 'Globalization': International Economic Relations, National Economic Management and the Formation of Trading Bloc", *Economy and Society*, Vol. 21, No.4(1992); H. Schwartz, *States versus Markets: History, Geography, and the Development of the International Political Economy*(New York: St. Martin's Press, 1994); A. Glyn and B. Sutcliffe, "Global but Leaderless", in R. Miliband and L. Panitch(eds.), *Socialist Register 1992*(London: The Merlin Press, 1992) 등을 참조.

93) J. Feagin and M. Smith, "Cities and New International Division of Labor: 'An Overview'", in M. Smith and J. Feagin(eds.), *The Capitalist City*(London: Basil Blackwell, 1987); C. Michalet, "Global Competition and Its Implication for Firms", in OECD, *Technology and Productivity*(OECD: Paris, 1991).

가 여전히 중요한 의미를 가진다는 주장도 설득력이 있다.94) 현재 범지구
화의 담론을 둘러싸고 격렬한 논쟁이 전개되고 있다.95) 본 연구에서는 우
선 범지구화라는 '현실'과 그것이 담고 있는 '담론'을 구분한다.

　첫째, 현실로서의 범지구화는 우선적으로 금융자본을 포함한 초국가적
기업의 축적전략의 변화 및 그에 수반된 기업형태의 변화를 지칭하는 것으
로 국한될 필요가 있다. 실제로 범지구적 수준에서 활동하고 있는 행위자
들은 초국가적 기업과 그 기업의 논리를 반영하는 정치적 엘리뜨들이다.
즉, 초국가적 기업이 선택한 '전략'으로서의 범지구화는 국민국가의 경계가
과거와 같은 절대적 장벽으로 기능할 수 없게 된 상황을 지칭한다. 그러나
이 범지구화 현상이 우리의 세계 전 지역에 걸쳐 있는 것은 아니다. 북미,
유럽, 동아시아 이외의 지역은 범지구적 재구조화 과정에서 배제되어 있다.
따라서 우리는 범지구화의 실제적 모습이 이 세 지역을 중심으로 한 '삼극
화'(triadisation) 현상으로 나타나고 있다는 사실에 주목할 필요가 있다.96)

　둘째, '담론'으로서의 범지구화는 자유시장 이데올로기와 등치될 수 있다.
범지구화 담론을 앞세운 사회세력들의 핵심 목표는 초국가적 기업들이 자

---

94) I. Clark, *Globalization and Fragmentation: International Relations in Twentieth Century*(Oxford: Oxford University Press, 1997); S. Berger and R. Dore(eds.), *National Diversity and Global Capitalism*(Ithaca: Cornell University Press, 1996). 또한 범지구화의 첨병인 다국적 기업들에게서도 내적 통치구조, 재정구조, 연구개발정책에 대한 접근방법, 연구시설의 위치, 해외투자 그리고 기업 내 무역전략 등에서 국민국가적 차이가 지속되고 있다는 주장도 제기되고 있다. 이 주장은 신현실주의적 정부 간 관계론을 지지하는 증거로 사용된다. L. Pauly and S. Reich, "National Structures and Multinational Corporate Behavior: Enduring Differences in the Age of Globalization", *International Organization*, Vol. 51, No.1(1997), pp.1-26.
95) 범지구화의 다양한 측면에 대한 논의로는, M. Waters, *Globalization*(London: Routledge, 1995); R. Robertson, *Globalization: Social Theory and Global Culture*(London, Sage, 1992); S. Hall, D. Held and T. McGrew(eds.), *Modernity and Its Future*(Cambridge: Polity, 1992)를 참조. 특히 S. Hall et al, *op. cit.*, pp.62-99에는 범지구화가 국민국가에 미치는 영향 – 예를 들어 국민국가 강화론, 약화론, 기능재편론 등 – 에 대한 논쟁이 잘 요약되어 있다.
96) W. Ruigrok and R. van Tulder, *The Logic of International Restructuring* (London: Routledge, 1995), pp.118-151.

유롭게 활동할 수 있는 시장공간의 창출이라고 할 수 있기 때문이다. 그러
나 현실의 모습이 삼극화라고 할 때, 그리고 이 삼극화가 '신자유주의적'
담론에 기초하여 진행되면서도 일정하게 국민국가주의의 연장인 지역수준
에서 중상주의라는 목표와 결합되어 있다고 할 때, 이 담론과 현실의 운동
은 면밀히 구분되어야 한다.

4-3. 국가형태의 변화: 유럽통합의 필요조건 (2)

1970년대 경제위기에 대한 정책결정자들의 일차적 대응은 기존의 케인즈
주의적 정책을 유지하는 것이었다. 즉, 정책결정자들은 기업과 달리 국민국
가 수준에서 추구해 온 성장모형을 포기하지 않았다. 그러나 세계경제의
구조재편이 가시화되자 정책결정자들은 결국 새로운 변화에 순응하기 시작
했다. 그리하여 국가의 발전전략 및 정치적 대표의 방식 또한 변하게 되었
고, 이는 국가형태의 재편을 의미했다.

새로운 세계경제의 출현은 케인즈주의적 복지국가의 경제개입 및 사회개
입 형태의 변화를 야기한 외적 요인이었다. 세계경제가 국민국가에 가한
일차적 제약은 총수요관리를 위한 국가의 재정정책 및 통화정책의 효과를
무력화시킨 것이었다. 국가가 자본에 구조적으로 의존적이지 않을 수 있는
특수한 상황에서 정부의 수요확대정책은 자본에게 가치실현의 기회를 제공
하고, 임금이 생산비용이 아닌 수요의 원천으로 기능하게 한다.[97] 그러나
국민경제가 국제경제와 세계경제에 편입될수록, 재정정책은 타국 기업의
시장점유를 증대시킴으로써 국제수지의 악화로 연결될 수 있고, 평가절하
나 평가절상 같은 일방적 환율정책의 효과 또한 줄어들 수밖에 없다. 수요
측면의 정책이 무력화된다고 할 때, 자국을 세계경제로부터 유리시킬 힘을
갖고 있지 못한 국가들은, 자국 기업의 경쟁력 제고를 위해 기술혁신, 투
자, 노동시장 등에 영향을 미칠 수 있는 공급중심의 개입정책으로 전환할

---

97) A. Przeworski and M. Wallerstein, "Structural Dependence of the State on
    Capital", *American Political Science Review*, Vol. 82, No.1(1988).

수밖에 없었다.[98]

이 정책전환은 기존의 사회타협적 구조의 해체로 이어졌다. 국가의 사회 개입 형태도 노동시장의 유연성 및 경쟁력 제고를 위한 요구에 종속되었다. 즉, 시민적 목표가 우선했던 케인즈주의적 복지국가에서 시민적 조직과 기업적 조직이 결합된 '신자유주의적 기업국가'로 국가형태가 변환되기 시작한 것이다. 특히, 유럽공동체를 매개로 국민국가적 성장전략을 추진해 오던 유럽국가들에서는 이 성장전략이 불가피하게 초래했던 상호의존의 결과로, 이 국가형태의 변화가 포드주의적 재화의 수출입처럼 역내 자유시장에서 확산될 가능성이 높았다. 이 효과는 유럽공동체를 고안했던 행위자들이 의도하지 않았던 결과였다고 할 수 있다.[99]

복지국가에서 기업국가로의 전환은 국가장치의 재조직화에 명확히 반영되었다. 자본주의국가와 국민국가의 공간적 일치를 보증하던 조건이 붕괴하면서, 국가장치의 통일성이 파괴되었던 것이다. 이것은 마치 단일행위자인 것처럼 행동하던 국민국가 정부조차도 그 단일성을 유지할 수 없게 될 수도 있음을 의미하는 것이었다. 국가－자본 관계의 변화를 반영하는 이 국가장치의 재구조화 또는 국가의 국제화는 다음과 같이 진행되었다.

첫째, 국민경제가 세계경제로 편입되는 현상을 관리하기 위해 세계경제와 관련된 국가장치, 예를 들어 재무부나 외무부의 역할이 강화되었다. 반면 과거 포드주의 축적체제에서 국가의 발전전략 및 사회통합과 관련하여 중요한 기능을 수행하던 경제기획원이나 노동부 등의 역할이 감소했다.[100]

---

98) T. Mayer and T. Mott, "Effective Demand and Structural Dependence of the State", in E. Greenberg and T. Mayer(eds.) *Change in the State*(London: Sage, 1990). 그러나 이 공급중심의 개입정책도 노동의 영향력이 강한 국가들과 그렇지 못한 국가들 사이에 상이하게 나타나고 있다는 점을 부정할 수는 없다. G. Garret and P. Lange, "Political Response to Interdependence: What's 'left' for the Left", *International Organization*, Vol. 45, No.4(1991).

99) W. Wessels, "The Modern West European State and the European Union: Democratic Erosion or a New Kind of Polity", in S. Andersen and K. Eliassen, eds., *The European Union: How Democratic Is It?*(London: Sage, 1996), pp.57-69.

100) R. Cox, "Social Forces, States, World Order: Beyond International Relations", pp.107-9.

즉, 국가장치 간 힘관계가 재편되고 있는 것이다.

둘째, 국가의 기능이 부분적으로 국제기구나 유럽공동체와 같은 초국가적 기구로 이전되는 현상이 발생했다. 특히 세계경제가 등장하게 되면서 자본주의적 국가기능의 국제기구로의 이전이 두드러졌다. 이는 새로운 세계경제 내부에서 벌어지는 게임규칙의 형성을 위해 필요한 작업이기도 했다.

셋째, 초국가적 기업을 위한 국민국가적 토대가 국가장치 내에 형성되기 시작했다. 국민국가로서는 사회적 부의 제고라는 자신의 목표 달성을 위해서 지배적 자본분파인 초국가적 기업과 동맹을 결성할 수밖에 없었다. 이 동맹은 자본-노동 타협체제를 대신하는 것으로 노동이 철저히 배제되어 있다는 점에서 전통적인 대중정치에 의해 구속되지 않는 '피난처'의 성격을 띠고 있었다.[101] 유럽공동체가 활성화되면서 정부관료들의 자율성이 제고되었고, 따라서 유럽공동체의 '민주성의 결핍'이 유럽공동체 성공의 원천이라는 역설적 평가도, 바로 대중에 의해 통제되지 않는 국가장치가 지역통합체의 형성에서 중요한 역할을 수행함을 입증하는 것이다.

넷째, 세계경제의 결절점으로 세계도시들이 부상하면서 지방정부의 역할이 강화되었다. 특히 국민국가를 경유하지 않는 지방정부 사이의 직접적 결합 또는 초국가적 기구와 지방정부간의 수직적 결합현상들이 나타나기 시작했다.[102] 이 현상은 특히 유럽공동체에서 두드러지게 나타났다.

그러나 B. Jessop의 표현을 따르면 국민국가의 공동화(hollowing out) 현상이라고 할 수 있는 이러한 국가장치의 재구조화가 곧 국민국가의 몰락을 의미하는 것은 아니다. 세계경제가 자본이 지배하는 공간이기는 하지만, 자본의 재생산에 필수적인 노동력의 재생산의 관리는 상당 부분 국민국가의 고유한 역할로 남아있기 때문이다.[103] 또한 세계경제를 관리하는 초국적

---

101) S. Pooley, "The State Rules, OK? The Continuing Political Economy of Nation-States", *Capital & Class*, No.43(1991), pp.65-79.
102) B. Jessop, "Toward a Schumpeterian Workfare State? Preliminary Remarks on Post-Fordist Political Economy", *Studies in Political Economy*, No.40(1993); W. Stohr(ed.), *Global Challenge and Local Response*(New York: The United Nations University, 1990).
103) 또한 복지국가의 수혜자였던 노동세력의 '국민국가주의적' 경향도 노동력 재

기구들이 국민국가의 토대인 '상상된 공동체'로서 민족을 대신할 공동의 '정체성'을 생산하지 못하는 한, 그 기구들이 국민국가에 고유한 사회통합의 기능을 수행할 능력을 확보하기는 쉽지 않을 것이다. 따라서 국민국가와 자본주의국가의 공간적 일치가 파열되면서 국가형태의 변화가 발생하고 있지만, 이것이 곧 국민국가의 종언을 의미하지는 않는다.

즉, 범지구화의 논리가 새로운 국가사멸론자들이 주장하는 것처럼, 국가권력의 침식을 결과하지는 않는다. '신자유주의' 이데올로기를 전파하는 데 일정한 역할을 수행하고 있는 *The Economist*는 범지구화의 논리를 수용하면서도, 국가권력의 약화 테제 또는 국가사멸의 테제가 하나의 '신화'라고 주장하고 있다.[104] 오히려 국가장치의 재편에서 볼 수 있듯이, 범지구화의 논리가 가속화되면서 국가기능은 새로운 모습으로 분화되고 있다.[105] 앞서 지적한 것처럼, 범지구화의 논리가 삼극화를 결과하고 있고, 삼극 내부에서만 범지구화의 논리가 관철되고 있다고 할 때, 범지구화의 담론 자체가 신화일 수 있다. 그리고 삼극화의 가속화로 인해 범지구화의 논리가 제약될 수 있다. 즉, 지역통합은 범지구화의 논리를 반영하는 대표적 사례이기는 하지만, 그 지역통합을 통해 국가의 사멸이나 약화현상이 나타나고 있다기보다는 기존 근대국가가 새롭게 변화된 환경에 적응하면서 국가기능이 공간적 차원에서 분화되는 현상이 일어나고 있다.

5. 단일유럽시장의 형성: 국가없는 시장의 형성

기업의 축적전략의 변화 및 뒤이은 국가형태의 변화가 '신자유주의' 이데

생산의 국제화를 저지하는 요인 가운데 하나라고 볼 수 있다.

104) *The Economist*, 1995/10/7.

105) L. Weiss, "Globalization and the Myth of the Powerless State", *New Left Review*, No.225(1997), pp.1-27. L. Weiss는 범지구화와 국가의 관계를 다음과 같이 유형분류하고 있다: (1) 강력한 범지구화와 국가권력의 침식: (2) 강력한 범지구화와 국가권력의 불변: (3) 약한 범지구화와 국가권력의 범위 축소: (4) 약한 범지구화와 국가권력의 적응 및 분화.

올로기로 접합되면서 불완전하기는 하지만 국가 및 기업의 축적전략 변화를 반영하는 새로운 움직임이 '유럽적 수준'에서 단일유럽시장의 형성으로 구체화되었다. 그렇다면, 왜 이 범지구적 변화가 유럽적 수준에서 지역통합이라는 모습으로 등장하게 되었는가가 설명되어야 한다.

5-1. 자본의 '고정성'과 국가의 '이동성': 초국가적 공공영역의 형성

새로운 세계경제의 등장 및 국가형태의 변화와 더불어 세계경제와 국민경제 사이에 '지역경제'가 등장하고 있다. 앞에서 지역통합의 필요조건으로 제시한 축적체제의 위기 및 국가형태의 변화가 지역통합으로 이어지기 위해서는, 지역적 수준에서 이를 적극적으로 추진하는 행위자들이 필요하다. 즉, 지역적 수준에서 이 정치적 행위자들은 자본의 '이동성'을 제약하고, 국가의 '고정성'을 해체하는 방식으로 지역통합을 추진해야 한다.

케인즈주의적 복지국가에서 '신자유주의적' 기업국가로의 이행으로, 자본의 권력이 강화되고 있다는 것이 일반적 주장이다. 그리고 사실 이 주장은 의문의 여지가 없는 듯이 보인다. 그러나 정부-기업 관계의 구체적 동학을 살펴보게 되면, 역설적으로 기업이 정부에 의존하는 경우들이 발견된다. 특히 기업이 자신의 생산물을 실현하기 위해서는 안정적 시장의 확보가 필수적이기 때문에, 정부가 기업에게 안정적 시장을 제공할 수 있다면, 기업은 정부와의 타협을 적극적으로 모색할 것이다. 따라서 단순하게 초국가적 기업의 권력강화를 말할 수 없다.

첫째, 자신들이 생산한 상품의 안정적 가치실현이 봉쇄될 때, 자본의 국제화로 인해 오히려 초국가적 기업들의 권력약화가 초래될 수도 있다. 초국가적 자본이 창출한 세계경제는 경쟁이 없는 조화로운 공간이 아니다. 초국가적 기업의 내부 네트워크 안에서 이전가격설정을 통해 초국가적 기업이 안정적 이윤을 확보할 수 있는 수단이 존재하기는 하지만, 다른 측면에서 이 새로운 세계경제의 공간에서 초국가적 기업들 사이의 시장확보를 위한 경쟁은 더욱 치열해질 수밖에 없다. 따라서 초국가적 기업을 위한 시장조건은 과거보다 불확실해질 수도 있다.

둘째, 초국가적 기업이 국제화 전략을 통해 선택할 수 있는 '장소'의 질이 균등하지 않기 때문에 초국가적 기업은 정부의존적 행태를 보일 수 있다. 공간장벽의 중요성이 감소될수록 공간 내부의 장소 차이에 대한 자본의 민감도가 높아지면서 자본을 끌어들일 수 있도록 장소를 차별화하고자 하는 동기가 커진다고 볼 수 있기 때문이다. 그 결과, 세계경제 내부에서 분절화, 불안정성, 그리고 불균등발전이 발생할 가능성이 높아지게 된다.106) 여기에 장소에 고착되어 있는 노동력 재생산 문제까지 고려한다면, 초국적 기업의 선택은 더더욱 제약될 수밖에 없다.

셋째, 자본이 국가를 필요로 한다면, 세계경제에 조응하는 세계정부가 출현하지 않고 있다는 사실도 초국가적 기업의 이동성을 제약하는 요인이다. 아니면 극단적으로 국가가 완전히 사라진 세계가 출현하지 않는 한 초국가적 기업의 이동성은 제약될 수밖에 없다. 따라서 초국가적 기업은 자본의 확대재생산에 필요한 안정적 시장의 확보 및 안정적 노동력 공급을 위해 초국가적 수준에서 '국가'와 같은 제도를 필요로 할 수밖에 없다. 그러나 현존하는 국제기구들인 UN, OECD, IMF와 같은 기구들로는 초국가적 기업이 당면한 이 과제들을 해결할 수 없다.

초국가적 기업들이 직면하는 이상의 제약요인들이 세계경제와 국민경제라는 공간에서 해결될 수 없다는 것이 1980년대 초국가적 기업들이 직면한 심각한 과제였다. 세계경제는 초국적 기업이 효율적으로 운동할 수 있는 공간을 마련해 주지만 안정적 시장을 제공하지 않고, 국민경제는 초국가적 기업을 위한 시장으로는 협소했기 때문이다.

유럽의 초국가적 기업들도 동일한 문제에 직면하고 있었다. 더구나 유럽의 초국가적 기업들은 첨단산업 분야에서 미국 및 일본의 기업들보다 경쟁적 열위의 상태에 있었고, 유럽적 수준에서 다양한 자본분파를 흡수할 정도의 헤게모니를 장악하고 있지도 않았다. 이 유럽국적을 갖고 있는 초국가적 기업들은, 유럽시장에서 활동하는 기업, 세계시장의 개척에 주력하는 기업, 그리고 범지구적으로 활동하는 금융기관으로 분류되었다. 첫 번째 부

---

106) Harvey, *op. cit.*, pp.359-60.

류의 기업으로는 프랑스의 전자산업이나 자동차산업 그리고 유럽 내 저발전 국가에 진출해 있는 외국기업(특히 독일기업) 등이 있었고, 두 번째 부류의 기업은 지속적으로 세계시장을 개척해 왔던 독일기업을 들 수 있다. 세 번째 부류의 기업으로는 영국의 금융자본이 대표적 사례였다.[107]

1980년대 초반 유럽공동체 내부의 비관세장벽을 제거하는 단일유럽시장의 건설을 적극적으로 추진했던 기업군이 바로 유럽시장을 대상으로 하는 초국가적 기업들이었다. 범지구적 차원에서 활동하면서도 동시에 다른 유럽국가들에 자회사를 보유하고 있던 독일자본의 입장에서도 이 전략이 그들의 이익을 침해할 여지는 없었다. 오히려 독일자본은 범지구적 수준에서의 경쟁적 우위에 더해 단일유럽시장의 형성을 통해 유럽공동체라는 안정적 시장을 확보할 수 있었기 때문에, 이 유럽지향적 자본의 요구를 적극적으로 지지했다.[108]

유럽의 초국가적 기업들이 단일유럽시장을 요구한 또 다른 이유로, 앞서 지적한 것처럼, 초국가화를 추진하는 기업들의 형태변화를 들 수 있다. 이 기업들은 생산의 전문화와 규모의 경제를 도모하기 위해 네트워크형 조직을 갖추기 시작했고, 특히 정보 기술관련 분야에서는 기술혁신을 둘러싼 경쟁이 격화되면서, 기업 간의 전략적 제휴가 급증했고, 이로 인해 초국가적 기업의 네트워크화가 촉진되었다. 이 초국가적 기업들의 네트워크가 효율적으로 작동하기 위해서는 각 지역에 산재해 있는 생산, 판매, 연구 및 개발 거점 간에 상품뿐만 아니라 자본, 기술, 노동력 등의 이동이 자유로워야 한다.[109]

---

107) O. Holman, "Transnational Class Strategy and the New Europe", *International Journal of Political Economy*, Vol. 22, No.1(1992), p.16.

108) *Ibid.*

109) 박병규, "범세계화인가, 지역주의인가", 『동향과 전망』 봄-여름(1993), pp.140-1. 선진국 간 상호투자를 통해 세계시장에서 다국적 기업 간 경쟁이 격화됨에 따라 자본국제화의 형태에 새로운 변화의 조짐이 나타나기 시작했다. 다국적 기업은 단순히 해외에 진출하는 것으로 그치는 것이 아니라 전 세계에 흩어진 자회사 사이에 통합된 네트워크를 구축하기 시작했다. 네트워크형 자본국제화는 두 가지 측면을 내포한다. 첫째, 많은 부품과 공정이 요구되는 산업에서는 다국적 기업은 그 내부에서 국제적 분업체계를 구축하고자 하는 것이다. 둘째, 네트워크형 자본국제화에는 세계시장을 둘러싼 경쟁에 있어 상대적으로 경쟁상의 열위에 놓여 있는 다국적 기업이 자신의 근거지에 보다 강한 경쟁력을 확보하기 수

단일유럽시장은 이 생산요소의 자유로운 이동을 보장하는 정책이었다.

초국가적 자본의 기업통합과 지역통합의 함수관계는 사실상 '1980년대'라는 시점에서 발생하고 있는 역사특수적 지역통합을 이론화하는 데 있어 핵심적 부분이다. 1970년대부터 시작된 유럽산업의 재편요구 이후, 오늘날의 초국가적 기업이 유럽공동체의 시장통합이라는 목표와 국제경쟁력 강화를 성취하는 데 있어 결정적인 도구가 되었을 뿐만 아니라 그 기업의 최고 책임자들이 '신자유주의적' 정치가의 우호적 동맹세력이 되고 있다는 신고전파 경제학자들의 평가나, 그 내부조직이 유럽의 모든 나라에 걸쳐 있는 소수의 대기업들이 유럽대륙을 지배하게 된 결과가 1980년대 이후의 유럽통합이라는 좌파적 시각 모두 현재의 지역통합을 초국가적 기업에 가해지는 제약과 초국가적 기업의 형태변화를 지역통합과 연결지어 설명하려는 시도라고 볼 수 있다.[110]

유럽의 초국가적 기업들은 1970년대 후반부터 집합행동을 시작했다. 우선적으로, 초국가적 기업들 사이에 전략적 제휴가 증가하기 시작했다. 전략적 제휴에서 가장 큰 비중을 차지하고 있던 것은 바로 '공동 연구개발'과 '시장점유율 확대'를 위한 합작이었다.[111] 즉, 초국가적 기업들은 기존의 독점을 통해 향유했던 이득을 독점체 간의 협력을 통해 유지하려고 했다. 이 전략적 제휴가 이미 존재하던 유럽공동체를 매개로 가장 제도화된 형태로

단이라는 의미도 내포되어 있다.

110) 신고전학파의 유럽통합에 대한 설명으로는, J. Dunning and P. Robson, "Multinational Corporate Integration and Regional Economic Integration", *Journal of Common Market Studies*, Vol. XXVI, No.2(1987); P. Robson and I. Wooton, "Transnational Corporations and the Theory of Regional Integration", *Journal of Common Market Studies*, Vol. 32, No.1(1993)을 참조. 지역통합에 대한 신고전파 경제이론도 과거 무역창출과 무역전환 효과에 분석의 초점을 맞추었다면, 현재는 직접투자의 창출과 전환의 측면에서 지역통합을 분석하려 시도하고 있다. 이 초국가적 기업의 역할에 대한 좌파적 시각으로는, J. Grahl and P. Teague, "The Cost of Neo-Liberal Europe", *New Left Review*, No.174(1989)를 참조.

111) A. Amin and M. Dietrich, "From Hierarchy to 'Hierarchy': The Dynamics of Contemporary Corporate Restructuring in Europe", in A. Amin and M. Dietrich(eds.), *Towards a New Europe? Structural Change in the European Economy*(Aldershot: Edward Elgar, 1991), p.63.

등장한 부문이 바로 첨단산업인 정보기술 분야였다. 그리고 이 분야에서의 협력은 단일유럽시장의 형성을 자극하는 촉매제 역할을 수행했다.

유럽공동체 집행위원회의 산업담당 집행위원이었던 E. Davignon의 주도 하에 유럽의 정보기술 관련 기업들이 원탁회의의 형식으로 결집했다. 영국의 ICL, GEC, Plessey, 프랑스의 Thompson, Bull, CGE, 독일의 AGE, Nixdorf, Siemens, 이탈리아의 Olivetti, STET, 네덜란드의 Phillips가 참가기업이었다. 유럽공동체 집행위원회의 주도로 이 대기업들이 유럽 차원의 정보기술 관련 공동 연구개발정책을 제안한 것이 1980년이었다. 유럽 차원의 축적전략을 모색하는 이 기업들의 모임은 1983년보다 보편적인 형태로 구체화되었다. 1983년 스웨덴의 자동차 생산기업인 Volvo의 최고 책임자인 P. Gyllenhammar의 주도로 유럽의 17개 대기업이 참여하는 '유럽 산업가의 원탁회의'[112](Roundtable of European Industrialists, 이하에서 ERT로 표기)가 조직되었다. 이 집단의 조직에도 유럽공동체 집행위원회의 E. Davignon이 깊게 개입되어 있었고, 그는 집행위원직을 사임한 후 벨기에 기업인 Sibeka의 최고 책임자가 된 이후 이 ERT의 구성원이 되었다.[113] 이 집단에는 앞서 조직된 원탁회의 구성원 가운데 Phillips, Siemens, Olivetti 등이 또 참여했다.

미국 및 일본 기업과의 경쟁에 위협을 느끼고 있던 이 ERT의 구성원들은, 이 위기를 극복하는 구체적 방법으로 단일유럽시장의 완성, 유럽 차원의 기술정책, 그리고 유럽 차원의 하부구조 네트워크의 건설과 같은 일반이익적 내용을 담고 있는 '공공정책'을 제시했다. 이들은 포드주의 축적체제하에서 국가가 그들에게 제공했던 공공재를 유럽공동체가 제공하기를 원했다. 즉, 이들은 유럽공동체 내부에서의 '신자유주의'의 실현 및 유럽수준의 산업정책을 원하고 있었다. 그러나 이 ERT 참여 기업들이 대부분 포드주의적 생산부문을 담당하고 있던 기업이었기 때문에 포드주의를 넘어서는 새로운 축적체제가 제시되지는 않았다. 이들의 활동 가운데서 가장 주목되

---

112) 이 조직은 1980년대 말 그 명칭을 European Round Table of Industrialists로 바꾸었다. 따라서 이 조직의 약칭은 일반적으로 ERT로 표기되고 있다.

113) G. Merrit, "Knights of the Roundtable: Can They Move Europe Forward Fast Enough?" *International Management*, July(1986).

는 것은 바로 유럽적 수준에서 기업집단, 유럽공동체 각 제도들, 그리고 회원국가 정부가 함께 모여 유럽 차원의 축적전략을 고안하는 '공개적' 토론의 장을 건설한 것이었다. 단일유럽시장이 완성된 이후에도 이들은 이 공개적 토론의 장을 이용하여 자유시장원칙에 기반한 유럽의 정치경제적 구조의 재편에 관한 의견을 계속적으로 제기했다.114) 그러나 이들의 '신자유주의적' 담론의 지향점은 완전한 경쟁시장이라기보다는 집중과 집적을 통해 형성된 과점체 사이의 제한된 경쟁이었다고 볼 수 있다.115)

유럽적 국민국가 체계하에서 이 초국가적 기업의 의도가 관철되기 위해서는 회원국가 정부와 이 초국가적 기업의 국내적 타협뿐만 아니라 회원국가 정부들 사이의 타협, 즉 '정부 간 협상'을 통과해야 한다. 그러나 유럽공동체 회원국가의 정부나 유럽공동체 제도가 초국가적 기업의 도구로만 기능한 것은 아니었다. 회원국가의 정부는 항상 자신의 영토적 경계 내에 있는 투표자들을 고려해야 했고, 유럽공동체 제도는 회원국가의 정부정책에 민감한 반응을 보이고 있었기 때문이다. 즉, 이 초국가적 기업이 제안하는 공공정책이 실현되기 위해서는 초국가적 기업, 회원국가의 정부, 그리고 유럽공동체 집행위원회를 접합하면서 그 관계를 안정화하는 초국가적 정책 네트워크 또는 초국가적 역사적 블록이 필요했다.

5-2. 정부 간 협상: 게임규칙의 변화

1980년대 유럽통합의 재활성화는 정보기술 분야에서 추진된 유럽공동체의 공동 연구개발정책인 ESPRIT(European Strategic Programme for Research and Development in Information Technologies)로부터 시작되었다. "재화, 사람, 서비스, 자본의 자유로운 이동"을 보장하고, 공동체 내부의 모든 비관세 장벽 – 기술적, 물리적, 재정적 장벽 – 을 제거하려는 '1992 프로젝트', 즉 단일

---

114) Holman, *op. cit.*, pp.17-20: J. Monod, P. Gyllenhammar, and W. Dekker, *Reshaping Europe: A Report from the European Roundtable of Indus-trialists*(Paris: ERT, 1991).

115) A. Amin and M. Dietrich, *op. cit.*, pp.68-9.

166

유럽시장 건설계획보다 유럽 차원의 공동 연구개발정책의 제안이 시간적으로 선행했다는 사실은 1980년대 이후의 유럽통합을 설명함에 있어 중요한 시사점을 제공한다. ESPRIT가 제안되는 과정에서 주요한 행위자로 등장한 세력은 초국가적 기업과 유럽공동체 집행위원회였다. 즉, 1980년대 유럽통합은 유럽공동체의 전통적인 경쟁정책을 위반할 수도 있는 공동 산업정책으로부터 시작되었다. 그러나 단일유럽법이 통과되기 이전의 로마조약에 의거하면, 집행위원회는 공동 연구개발정책을 입안할 권한이 없었다. 따라서 집행위원회의 추진력은 법적으로 한계를 가질 수밖에 없었다. 따라서 유럽공동체의 정책결정과정에서 형식적으로든 실질적으로든 최종 결정권자인 회원국가의 대표들로 구성된 각료회의의 승인이 없다면, ESPRIT의 입안 및 실행은 불가능할 수밖에 없었다. 각료회의의 승인에 의해 ESPRIT의 시험단계가 시작된 것은 1983년이었다.

단일유럽시장이 의제로 상정된 것도 비슷한 시점인 1980년대 초반이었다. 신자유주의적 국제관계이론가들은 1985년 집행위원회가 제출한 시장자유화 '백서'(white paper)가 단일유럽법의 모태였다고 주장하지만, 국가중심적 이론가에 의하면 단일유럽의 씨앗은 1981년 독일과 이탈리아의 외무장관이 제안한 겐셔–콜롬보 의정서로 소급된다.116) 그러나 대기업 중심이론에서 주장하는 것처럼, 단일유럽시장이라는 의제가 상정되는 과정에서도 앞서 언급한 ERT가 사실상 핵심적 역할을 수행했다. 특히, ERT의 의장이던 P. Gyllenhammar와 당시 프랑스의 대통령이었던 F. Mitterand과의 개인적 친분을 토대로 ERT 구성원들은 프랑스정부의 고위관료와 접촉할 수 있었고, 이 과정에서 단일유럽시장이 유럽공동체의 의제로 상정되었다.117) 이 ERT와 프랑스 사회당 정부의 관계가 중요하게 평가되는 이유는, 단일유럽시장이 의제로 상정되던 시점인 1984년에 프랑스정부가 유럽공동체 정책결정과

---

116) W. Sandholtz and J. Zysman, "1992: Recasting the European Bargain", *World Poetics*, Vol. 42, No.1(1987), pp.113-20; A. Moravscik, "Negotiating the Single European Act", *International Organization*, Vol. 45, No.1(1991), pp.33-44.
117) M. G. Cowles, "Setting the Agenda for a New Europe: The ERT and EC 1992", *Journal of Common Market Studies*, Vol. 33, No.4(1995), pp.509-10.

정에서 정부 간 갈등 및 회원국가 정부와 집행위원회의 갈등을 중재할 수 있는 위치인 각료회의 의장직을 수행하고 있었기 때문이기도 하다.

단일유럽시장의 형성이라는 '의제'에 대해서는 유럽공동체 주요 회원국가들이 이미 동의하고 있었다고 해도 과언은 아니다. 이미 회원국가들은 케인즈주의적 개입정책을 포기한 상태였다. 1978년 독일에서 기독교민주당의 승리, 1979년 영국 보수당의 집권, 그리고 1983년 프랑스 사회당의 '일국사회주의' 포기선언으로, '신자유주의적' 유럽통합을 위한 정치적 조건이 형성되어 있었다. 특히, 프랑스 사회당 정부의 전환은 중요한 의미를 지닌다. 프랑스정부의 정책전환은 서유럽 지역에서 복지국가를 지탱하던 좌익의 퇴조와 좌익이든 우익이든 시장지향적 정책을 채택하게 되었음을 상징한다.[118] 즉, 프랑스 사회당 정부의 이 변화는 유럽적 수준에서 '신자유주의'가 이제 공식적 이데올로기로 자리를 잡게 되었음을 의미하는 것이었다.[119]

유럽공동체 회원국가들이 단일유럽시장의 형성을 의제로 상정하는 것에 반대하지 않았지만, 그 협상과정이 순조롭지는 않았다. 회원국가 정부들의 이익은 각자의 정치경제적 조건에 따라 상이하게 나타났다. 협상과정의 쟁점은, 첫째 공동체 차원의 새로운 정책이 도입되는 정도, 둘째 새로운 정책의 발의와 추진과정에서 유럽공동체 각 기관에 대한 힘의 배분정도, 셋째 다수결의 정책결정규칙이 적용되는 범위와 회원국가의 거부권 유지여부 등이었다.[120]

---

118) 프랑스 사회당이 추진한 공공정책과 그 정책의 좌절로 인해 시장지향적 경제정책으로 전환하는 과정에 대해서는, P. Cerny and M. Schain(eds.), *Socialism, the State and Public Policy in France*(New York: Methuen Inc., 1985); S. Mazey and M. Newman(eds.), *Mitterand's France*(London: Croom Helm, 1987)를 참조.

119) 당시 프랑스정부는 ERT가 영국식의 극단적 '신자유주의' 정책을 실현하려는 조직이 아니라고 생각했다고 한다. Cowles, "Setting the Agenda", p.510.

120) E. Kirchner, *Decision-Making in the European Community*(Manchester: Manchester University Press, 1992), p.45. E. Kirchner는 유럽공동체의 여러 제도 가운데 각료회의 의장직에 초점을 맞추어 유럽공동체의 정책결정과정을 분석하고 있다. 정부 간 협상이 난국에 봉착하고, 정부들의 입장과 초국적 기구의 견해가 갈등으로 비화될 때, 각료회의 의장이 이를 중재할 수 있는 위치에 있다는 것이 핵심논지이다.

협상의 주제는 유럽시장의 자유화와 특정다수결의 도입을 포함한 유럽공동체 제도의 개혁이었다. 대부분의 회원국가들은 시장자유화의 필요성을 인정하고 있었지만, 제도개혁에 대해서는 국가에 따라 상이한 입장을 보이고 있었다. 특히, 프랑스정부와 독일정부는 시장자유화와 제도개혁의 연계를 강력히 주장했다. 양국 정부는 제도개혁을 통해 유럽공동체의 초국가성을 제고하기를 원했고, 이는 양국 초국가적 기업의 의견이 반영된 것이었다. 이 단일유럽법을 둘러싼 협상은 로마조약을 개정하는 문제였기 때문에 회원국가의 만장일치가 필요했고, 따라서 각 국가들은 원칙적으로 거부권을 행사할 수 있었다.

〈표 3-1〉 단일유럽법의 협상을 둘러싼 회원국가의 대립구도

	1987년 이전	영국 (덴마크)	프랑스, 독일 (베네룩스)	남부유럽 (아일랜드)
역내시장에서의 경제적 개입	국가의 보호정책	EC에 의한 광범위한 규제완화	EC수준에서의 재규제	EC수준에서의 재규제
각료회의의 투표방식	만장일치와 거부권	비공식적 특정다수결의 만장일치	특정다수결	단순다수결

자료: G. Garret, "International Cooperation and Institutional Choice", *International Organization*, Vol. 46, No.2(1991), p.543.

위의 〈표 3-1〉에서 볼 수 있는 것처럼, 회원국가들의 입장은 크게 세 개의 진영으로 나뉘어져 있었다. 영국의 보수당 정권과 덴마크의 기독교민주당 정권은 물리적 장벽의 제거와 더불어 국가적 기준의 상호인정(mutual recognition), 선별적 공공조달정책과 보조금의 지급과 같은 정부개입적 정책의 철폐, 그리고 금융부문의 자유화를 지지했다. 기독교민주당과 자유민주당이 연합정권을 유지하고 있던 독일은 자국의 산업경쟁력을 기반으로 시장자유화를 적극 지지했고, 프랑스의 집권 사회당은 상호인정의 원칙은 수용했지만, 유럽공동체 차원의 탈규제에 대해서는 반대의사를 표명했다. 개방형 경제를 유지하던 베네룩스 국가들은 독일과 프랑스의 입장에 기본적으로 동의했고, 남부 유럽의 국가들은 공동체 차원의 지원을 기대하면서,

유럽공동체가 국민국가와 유사한 역할을 수행하는 유럽 차원의 규제를 선호했다.

처음에 제도개혁에 강력한 반대의사를 표명했던 영국정부도 결국은 제도개혁의 필요성을 인정했다. 회원국가가 시장자유화 정책에서 이탈하는 것을 방지하고, 또한 협력을 강화하기 위해서는 보다 높은 수준의 통제 메카니즘이 필요하다는 인식이 공유되었기 때문이다. 또한 이 제도개혁은 초국가적 정책결정과정의 신속성을 보장할 수 있는 것이었다. 결국, 회원국가 간 협상은 제도개혁의 강화가 시장자유화를 강제할 수 있는 유럽공동체 차원의 규제강화로 연결되어야 하는가를 둘러싸고 논쟁이 전개되었다. 이 논쟁은 유럽공동체가 유럽자본주의의 원활한 작동을 위한 정치적 틀을 제공하는 기능을 수행할 것인가라는 문제와 긴밀히 연관되어 있었다.

단일유럽시장의 최종목표가 탈규제인가에 대해서는 회원국가 사이에서, 유럽공동체의 제도 안에서, 그리고 초국가적 행위자들 간에도 이견이 존재했다. 완전한 규제완화를 주장하는 '신자유주의자들'과 유럽 차원의 재규제(reregulation)를 주장하는 사회민주주의자들의 주장이 대립했다. 집행위원회 의장인 J. Delors로 대표된 후자의 세력은 '사회적 유럽'(social Europe)까지도 실현할 수 있는 유럽국가 건설을 사고했던 반면, 영국과 프랑스정부는 국민국가의 경제적 주권을 유지할 수 있는 정부 간 협정의 수준을 희망했다.[121]

이 대립은, 유럽기업들의 생존문제와 직결된 단일유럽시장에 대한 합의가 이루어진 이후에도 계속되었다. '1993년'부터 단일유럽시장을 작동시키는 것에 대한 원칙적 합의는 1985년 12월 룩셈부르크 정상회담에서 이루어졌다. 단일유럽시장에 대한 준비가 한창이던 1988년 9월, '신자유주의' 이데올로기를 대표했던 영국 수상 M. Thatcher는 벨기에의 브뤼헤(Bruges)에 위치한 유럽대학(College of Europe)에서 행한 연설에서, 영국적 전통에 기반한 유럽통합에 대한 자신의 의견을 피력했다. 그녀는 단일유럽시장의 형성으로 대표되는 1980년대 이후의 유럽통합이 관료화된 단일한 '초국가'(superstate)

---

121) G. Ross, "Confronting the New Europe", *New Left Review*, No.191(1992), pp.61-4.

로 회원국가를 흡수하는 것이 아님을 분명히 했다. 1년이 지난 1989년 10월, 유럽공동체 집행위원회 위원장인 J. Delors는 동일한 장소에서, '주권의 공동행사'가 유럽의 장래에 필수적이라는 연설을 했다. 그러면서도, 유럽통합의 가속화가 M. Thatcher가 염려하는 것처럼, 국민국가를 넘어서는 거대단위의 건설로 이어지지는 않을 것이라는 언명을 덧붙였다.[122]

이 대립은 국민적 자본주의의 상이한 전통을 반영하는 것이기도 했다. 즉, 단일유럽법을 둘러싼 협상과정 및 그 실행을 둘러싼 갈등은 각기 다른 모형의 자본주의체제를 갖고 있던 유럽국가들 사이의 경쟁으로 이해될 수 있다.[123] 즉, 자유시장경제의 영국모형, 사회적 시장경제(social market economy)의 독일모형, 그리고 개입주의적 정향을 보이던 프랑스 모형의 경쟁으로 단일유럽시장의 건설과정이 설명될 수 있다. 이 설명은 보다 세련된 형태의 국가중심적 이론일 수 있다. 그러나 우리는 단일유럽시장의 건설과정이, 국민적 자본주의들의 경쟁이라기보다는 국민적 자본주의체제의 해체를 통해서 이루어졌다고 생각한다. 즉, 자본주의 체제의 국민국가적 변이에도 불구하고, 단일유럽시장에 대한 합의가 도출된 것은 범지구화 논리의 가속화로 인한 자본주의체제의 수렴의 결과라고 볼 수 있다. 유럽대륙 국가들의 일국사회주의가 난국에 봉착하고, 포드주의 축적체제의 대안으로 제시되었던 영국의 극단적 '신자유주의'가 성장과 고용창출의 측면에서 가시적 성과를 거두지 못하게 되면서, 단일유럽시장의 형성이 하나의 '신화적' 대안으로 등장한 것이다.[124]

따라서 정치적 의미에서 단일유럽시장의 건설과정을 '신자유주의' 세력과

---

122) M. Thatcher와 J. Delors의 연설원문은 B. Nelsen and a. Stubb(eds.), *The European Union: Readings on the Theory and Practice of European Integration*(London: Lynne Rienner Publishers, 1994), pp.45-64를 참조.

123) B. van Apeldoorn, "The Political Economy of Capitalism versus Capitalism and the Struggle for the Future Socio-Economic Order of the European Union: A Transnational Perspective", European University Institute, Robert Schuman Centre, 1995, pp.4-31. 이 자본주의 대 자본주의의 관점, 즉 국민적 자본주의의 경쟁에 대한 뛰어난 분석으로는, M. Albert, *Capitalism vs. Capitalism*(New York: Four Walls Eight Windows, 1993)을 참조.

124) 자세한 설명은, Lipietz, *Towards a New Economic Order*, pp.127-43을 참조.

사회민주주의의 세력의 갈등으로 묘사하는 것은 적절하지 않다. 즉, 유럽정치의 좌우 균열구조가 유럽적 의제에 대해서는 더 이상 작동하지 않게 된 것이다. 이제 국민국가의 주권을 둘러싼 대립구도가 좌우 균열을 대체한 것처럼 보이기도 한다. 좌·우파의 사상적 수렴이 발생하면서, 사회민주주의 세력조차도 이미 이차대전 이후 형성된 조직적 시장을 해체하려 한다는 점에서 '신자유주의화'된 사회민주주의 세력으로 전환했다고 볼 수 있다. 유럽공동체 회원국가들이 자신들의 역사적 전통에 기반한 독특한 형태의 국민적 자본주의를 유지하고 있기는 했지만, 그들은 유럽 차원에서의 자본주의적 질서는 자유시장원칙에 근거해야 한다는 신념을 공유하고 있었다. 즉, 유럽 차원의 자본주의를 지탱하는 이념으로 '신자유주의'가 중심에 위치하고 있었고, 사회민주주의는 부차적 의미를 갖는 것이었다. 따라서 이 두 이념의 대립이라기보다는 '신자유주의'가 초래할 수 있는 정당성의 위기를 사회민주주의적 요소에 의해 보완하려고 했다고 보는 것이 올바를 것이다.

결국, 회원국가의 정부들은 시장자유화라는 대원칙에 합의하면서, 시장자유화와 관련된 정책영역에는 특정다수결을 도입했다. 그러나 공동외교정책, 경제정책 및 통화정책, 사회정책, 연구개발정책 등의 분야에서는 만장일치 규정이 그대로 유지되었다. 그러나 집행위원회는 그동안 로마조약에서 법적 근거를 갖지 못하던 연구개발, 환경, 역내시장의 완성 등의 분야에서 정책 발의권을 갖게 되었고, 역내시장의 입법과 관련된 분야에는 각료회의와 유럽의회가 그 정책결정과정에서 주요 행위자로 활동하는 '협력절차'(cooperation procedure)가 도입되었다.

단일유럽시장의 협상과정을 살펴보면, 시장자유화라는 최소의 공통분모에 수렴되고 있음을 확인할 수 있다. 특히 상호인정의 원칙은 국민국가의 자율성을 최대한으로 인정하면서 초국가적 규제를 실현하는 독특한 방식이라고 할 수 있다. 따라서 상호인정 원칙은 유럽공동체가 여전히 정부 간 기구 수준을 넘지 못하고 있음을 보여 주는 전형적 사례로 평가되기도 한다.[125] 또한 우리는 정부 간 관계론의 주창자들이 관찰했던 것처럼, 회원국

---

125) W. Streeck, "From Market Making to State Building? Reflections on the Political Economy of European Social Policy", in S. Leibfried and P.

가들의 타협을 도출하기 위해 '일괄타결'(package deal)의 방식이 사용되고 있음을 알 수 있다. 즉, 시장자유화와 제도개혁은 각국의 입장 차이에도 불구하고 일괄적으로 처리되었다. 이상의 내용들은 정부 간 관계론의 협상이론, 즉 자국의 국가이익을 극대화하는 게임이론의 타당성을 입증하는 사례로 보이기도 한다.

그러나 정부 간 협상과정에 초국가적 기업이 개입하는 방식이 의제설정 과정을 제외하고는 가시적이지 않기 때문에 초국가적 기업의 영향력은 협상결과를 통해 간접적으로 확인할 수밖에 없지만, 사실상 단일유럽법에서 볼 수 있는 시장자유화라는 '신자유주의적' 논리와 공동 연구개발정책이라는 신중상주의의 공존은 앞에서 언급한 초국가적 기업의 축적전략과 정확히 일치한다. 세계경제에서 유럽공동체의 지위를 강화한다는 의미는 결국 유럽의 초국가적 기업이 미국이나 일본의 기업과 경쟁할 수 있는 발판을 마련하는 것이라는 평가에 주목할 필요가 있다.[126] 즉, 유럽 대기업들의 안정적 시장점유와 기술혁신을 위한 정치경제적 토대를 형성하는 것이 단일유럽시장 형성의 핵심적 내용임을 부인할 수는 없다.

정부 간 관계론에서 아마 이러한 반론에 대해 결국 초국가적 기업도 '국적'을 갖는 기업이고, 따라서 그들의 이해도 국내적으로 국가이익을 정의하는 과정에서 반영되었다고 주장할 수 있다. 만약 이 견해를 수용한다면, 단일유럽시장의 결과를 놓고, 자국의 초국가적 기업의 이익이 그 국가의 국가이익과 동일시되었다는 결론에 이를 수밖에 없다. 정부 간 관계론은 아마 이 등식을 거부할 것이다.

본 연구에서도 국민국가의 정부가 단순히 초국가적 기업의 이해를 반영하는 '도구'라고 주장하지는 않는다. 그러나 정부가 추구하는 국가이익과 초국가적 기업의 이해가 수렴하는 경향을 보이고 있다면, 그리고 정부조차도 단일행위자로 기능할 수 없을 정도로 분열되어 있다면, 지역통합의 협상과정을 정부 간 관계로 환원하는 것은 오류라고 할 수 있다. 즉 '신자유주의'가

Pierson(eds.), *European Social Policy: Between Fragmentation and Integration*(Washington, D.C.: The Brookings Institution, 1995), pp.393-4.

126) UNCTC, *Regional Economic Integration and Transnational Corporations in the 1990s*(United Nations, 1990).

지배적 이데올로기로 부상하고 있는 시점에서 정부의 독점적 이익대표 기능에 의문이 제기될 수밖에 없다. 따라서 정부 간 관계의 이면에 자리잡고 있는 초국가적 기업 – 국민국가의 정부 – 초국가적 기구의 삼자동맹의 비가시적 정치과정의 표피적 형태로 정부 간 협상은 이해되어야 한다.

　그리고 헤게모니 프로젝트로서 국가이익의 개념이 단순히 국부의 향상이라는 수준을 넘어 일국 내에서 부의 평등한 분배까지를 내포하는 개념이라고 한다면, 생산과정 및 분배과정에서의 비대칭성을 생산하고 있는 현재의 국가이익 극대화 논리가 진정으로 '국가'이익인지를 재고해야 한다.[127] 유럽공동체라는 정치무대에서 벌어지는 게임은 국내적으로 노동에 대한 공격의 정당화 도구로 회원국가 정부들에 의해 이용되고 있다.

　협상이론의 측면에서도 위의 협상결과들을 국내적으로 형성되어 협상과정에 고정되어 있는 국가이익으로부터 도출하는 것은 불가능한 것처럼 보인다. 정부 간 관계론은 최소의 공통분모로의 수렴에 강조점을 두고 있지만, 일괄타결의 형식이 등장하고 정부 간 갈등이 타협의 방향으로 나아가고 있는 것은 구성주의에서 주장하는 것처럼, 체계적 상호작용을 통해서도 국가이익 개념이 재구성될 수 있음을 의미하는 것이다. 더 나아가 협상과정에서 협상국들의 국가이익이 수렴되는 경향을 발견할 수 있다면, 회원국가의 정부들이 보이는 이러한 행태를 설명할 수 있는 방법은, 각국의 정부정책에 가해지는 제약을 통해 수렴과정을 설명하는 것이다. 바로 이 제약은 1980년대 이후 초국가적 기업의 축적전략의 변화에 의해 야기된 것이다.

---

127) 따라서 탈이념적이고 상호의존적 시대의 도래로 전통적인 국가이익 개념의 한계가 노정되고 있다는 주장이나, 국제정치의 분석도구로서 국가이익 개념을 사용하고자 한다면 국가이익이 사회관계를 통해 형성되는 메카니즘을 규명할 필요가 있다는 논의에 주목할 필요가 있다. 구영록, "대외정치의 핵심개념으로서의 국가이익", 『한국과 국제정치』, 10권 3호(1994); 함택영, "국가와 국가이익", 『국가와 전쟁을 넘어서』(서울: 법문사, 1994).

5-3. 시장의 형성을 통한 '정체'의 형성: 보조성의 원칙과 공공정책의 불균등 발전

단일유럽시장의 형성을 계기로 유럽연합의 정책 자율성이 증대되면서, 유럽연합이라는 새로운 정치형태의 성격에 대한 관심이 제고되고 있다. 근대역사에서 자유시장이 국가의 강제를 전제로 해서 성립되었다는 사실을 고려할 때, 단일유럽시장의 형성은 근대국가와 같은 일정한 영토적 경계 내에서 폭력을 독점하고 있는 제도적 집합체를 매개로 하지 않은 시장형성의 방법으로 이해될 수 있다. 그리고 만약 시장형성을 통해 새로운 정체가 생산되었다면, 이 지역통합의 '결과'에 대한 이론적 연구의 필요성이 제기될 수밖에 없다.

1991년 네덜란의 마스뜨리히뜨에서 열린 유럽정상회담에서는 유럽공동체의 로마조약에 유럽통화동맹(European Monetary Union)에 관한 조항을 삽입하고, 공동 외교 및 안보정책, 그리고 사법 및 내무정책에서의 협력을 규정한, 두 정부 간 협력체(pillars)을 포괄하는 유럽연합의 건설에 대한 합의가 이루어졌다. 종종 가다가 멈추면 쓰러지고 마는 '자전거'에 비유되는 유럽통합과정에서, 단일유럽시장에서 마스뜨리히뜨 조약으로의 이행은 침투확산(spill-over)의 효과로 해석될 수 있다. 마스뜨리히뜨 조약의 내용을 둘러싼 협상과정에서는 단일유럽시장을 협상하는 과정에서 나타난 대립구도가 반복되었다. J. Delors를 중심으로 한 초국가적 세력은 세 개의 기둥(pillars)으로 이루어진 '신전'(temple)보다는 여러 개의 가지를 가진 하나의 '나무'(tree)를 건설하기를 원했지만, 마스뜨리히뜨 조약은 보다 심화된 통합체인 유럽공동체와 정부 간 관계가 여전히 유지되는 두 기둥으로 구성되었다.[128]

J. Delors를 포함한 정치세력은 초국가적 기업의 이해를 적절히 반영한 통화동맹에 대해서는 만족을 표시했지만, 정치통합에 관한 협정은 너무 성

---

128) 이 비유는 당시 벨기에의 장관이었던 M. Eyskens의 것이다. C. Grant, *Delors: Inside the House that Jacques Built*(London: Nicholas Brealey Publishing, 1994), p.190.

급했고, 유럽연합의 정책결정과정 절차의 단순화 그리고 정책결정과정의 투명성 확보 및 민주화가 마스뜨리히뜨 조약에서 배제된 것에 불만을 갖고 있었다.[129] 그러나 우리는 마스뜨리히뜨 조약을 계기로 유럽연합의 정책영역 — 사회정책, 교육정책, 보건정책, 문화정책, 소비자정책, 외교정책, 내무정책 등등 — 이 대폭 확대되고, 특정다수결로 처리되는 정책들이 늘어나게 되면서, 유럽연합 제도가 갖는 정책 자율성이 증대되었다는 점을 부정할 수 없다.[130] 즉, 유럽연합은 점점 더 '근대국가'와 유사한 모습을 갖게 되었다.

사실, 유럽연합이 국가라는 생각은 사회과학계에서 수용되지 않고 있고 정치가들의 담론에서는 아주 분명하게 그 사고가 부정되고 있다.[131] 그럼에도 단일유럽시장의 형성과 마스뜨리히뜨 조약의 발효 이후, 유럽연합이 새로운 국가인가라는 질문이 본격적으로 제기되고 있다. 대표적으로 비판적 국제관계이론에서 발전된 국가형태론을 유럽연합에 적용하려는 시도가 존재한다. J. Caporaso는 국가형태론을 도입하면서 국가가 정치의 영원한 고정설비로 간주되어서는 안 된다는 주장을 개진한다. 그러면서 그는 통치, 정부, 그리고 국가의 개념을 구분한다. 그에 따르면, 통치가 공적 영역에서 집합적 문제해결을 언급하는 것이라면, 정부는 핵심적인 제도적 역할과 지위를 점령하고 있는 제도와 행위자들과 관련된 것이다. 국가에 대한 정의로는 "사회의 통치와 지배의 구조"라는 정의를 수용하면서, J. Caporaso는 유럽연합이 국민국가의 정부와 같은 중앙집중화되고 위계적인 정치적 구조, 즉 국제정부는 아니지만, 정치적 행위자들이 그 내부에 존재하는 정치적 권위의 구조로서 이미 통치의 국제적 구조, 즉 국제국가가 되어 있다고 주장한다.[132] 이 주장은 정치적 권위구조가 반드시 영토를 필요로 하지 않

---

129) J. Delors가 마스뜨리히뜨 조약을 부정적으로 평가하는 모습은, *Ibid.*, pp.181-210를 참조.

130) 특히 주목되는 것은 국민국가의 경제주권을 침해할 수 있는 통화정책과 국민국가의 노동력 재생산 관리에 대한 독점권을 파괴할 수도 있는 사회정책의 유럽연합 조약으로의 편입이다.

131) J. Bulmer, "The Governance of the European Union: A New Institutionalist Approach", *Journal of Public Policy*, Vol. 13, No.4(1994), p.352.

132) J. Caporaso, "The European Union and Forms of State: Westphalia, Regulatory or Post-Modern?" *Journal of Common Market Studies*, Vol. 34,

는다는 구성주의자들의 국제국가론을 수용하는 것이라고 볼 수 있다.

유럽연합의 '국가성'에 대한 주장은 다양한 형태로 표출되고 있다. 영토성의 해체를 탈근대성(post-modernity)의 징표로 이해하면서, 유럽연합을 탈근대적 적응(adaptation)의 사례로 설명하거나 또는 정치권력의 분절화(fragmentation)를 특징으로 하는 탈근대적 국가로 설명하려는 시도도 존재한다.[133] 다른 한편으로, 유럽연합에서 영토와 주권에 대한 필요가 쇠퇴하고, 국가와 시민사회 사이의 기능적 차이가 흐려지는 '탈홉스주의적'(post-Hobbesian) 국가가 되고 있다는 주장도 위의 탈근대 논의와 상당히 유사하다.[134] 그러나 '탈'이라는 형용사가 암시하듯, 회원국가의 정부를 통해 배타적으로 표현되는 영토적 이익의 대표체계와 유럽수준에서의 초국가적 이익결사체를 통한 기능적 대표체계라는 이중적 토대에 기반하고 있는 유럽연합이, 이미 불회귀의 지점에 도달해 있기는 하지만, 그 정체의 미래는 여전히 '열려 있는 상태'라는 주장이 개진되기도 한다.[135]

만약 유럽연합이 새로운 정체라면, 또는 유럽연합이 진정으로 탈근대적 정치형태라면, 우리는 당연히 "누가 그 공동체의 구성원이고 누가 배제되

No.1(1996). J. Caporaso의 이 국가개념은, R. Benjamin and R. Duvall, "The Capitalist State in Context", in R. Benjamin and S. Elkin(eds.), *The Democratic State*(Lawrence: The University Press of Kansas, 1985)의 정의를 수용한 것이다. 본 연구에서는 이 정의를 수용하면서, 동일한 맥락에 놓여 있는 정의이기는 하지만, 국가를 "사회관계의 제도화된 형태"로 정의하는 것이 좀 더 명료한 국가정의라고 생각한다.

133) J. Anderson and J. Goodman, "Regions, States and the European Union: Modernist Reaction or Postmodern Adaptation", *Review of International Political Economy*, Vol. 2, No.4(1995).

134) P. Schmitter, "The European Community as Emergent and Novel Form of Political Domination", Estudio/Working Paper 1991/26, Centro de Estudios Avanzados en Ciencias Sociales, Fundacion Juan March, Madrid, September, 1991.

135) P. Schmitter, "Examining the Present Euro-Polity with the Help of Past Theories", pp.1-14; "Imagining the Future of the Present Euro-Polity with the Help of Past Theories", in G. Marks, F. Scharpf, P. Schmitter, and W. Streeck, *Governance in the European Union*(London: Sage, 1996), pp.121-50.

고 있는가"라는 질문을 제기할 수 있다.[136] 유럽연합이 국민국가의 구성원들이 '평등하게' 공유하고 있는 민족적 정체성(national identity)에 상응하는 정체성을 제공하고 있는지에 대해서는 여전히 의문이 제기되고 있다.[137] 그러나 이들의 유럽적 정체성에 대한 부정적 인식은, 유럽연합이 기존의 국민국가와 동일한 형태로 발전하지 않을 것임을 보여주는 중요한 이론적 공헌일 수 있다. 예를 들어, 유럽통합이 공공영역에 미치는 영향에 관한 한 연구에서도, 회원국가의 공공영역이 여전히 강고하게 기능하고 있음에도 불구하고, 유럽 차원의 초국가적 공공영역의 형성에 주목하기도 한다.[138] 일반대중의 유럽통합에 대한 지지 내지는 유럽연합에 대한 관심은 경향적으로 증대해 왔지만, 이 지지가 곧 '유럽적 정체성'의 형성으로 연결될 수 있을 것인지에 대해서는 의문이 제기될 수밖에 없다. 더 나아가 일반대중이 유럽연합을 인지하는 경로에도 국내적 정치과정과 유럽적 수준에서의 정치과정이 공존하고 있다.[139] 당연히 일반대중은 국내적 정치과정을 통해 유럽연합의 존재를 확인할 수밖에 없을 것이다.

　그러나 정체성과 국가형성의 관계에 대한 인식의 전환이 발생하고 있다. D. Laitin은 유럽 차원에서 국가형성이 진행 중이며, 그 국가형성과정은 1516년 이후의 프랑스가 아니라 1947년 이후의 인도와 유사하다는 것이다. 즉, 그는 다언어, 다중의 문화적 정체성이 존재하는 유럽국가를 상정한다. 이는 다국민국가(multinational state)를 유럽연합을 위한 모형으로 제시하고 있는 견해와 유사하다.[140] 이 인식의 전환은, 유럽적 정체성을 국민국가

---

136) J. Olsen, "Europeanization and Nation-State Dynamics", ARENA Working Paper 96/3(1996), pp.262-8.

137) Anthony Smith, "National Identity and the Idea of European Unity", *International Affairs*, Vol. 68, No.1(1992); E. Bakke, "Towards a European Identity?" ARENA Working Paper No.10/95(1995).

138) P. Schlesinger, "Europeanisation and the Media: National Identity and the Public Sphere", ARENA Working Paper No.7/95, 1995.

139) R. Eichenberg and R. Dalton, "Europeans and the European Community: The Dynamics of Public Support for European Integration", *International Organization*, Vol. 47, No.4(1993).

140) D. Laitin, "The Cultural Identities of a European State", *Politics & Society*, Vol. 25, No.3(1997), pp.277-99.; M. Lapius, "Beyond the Nation-State: The

에서 나타나는 민족적 정체성과는 아주 상이한 복합적 정체성으로 파악할 수 있는 길을 열어 준다. 달리 표현한다면, 진정한 의미에서 '유럽 엘리뜨들'의 '국가'로서 유럽연합이 자리매김될 가능성이 높아지고 있는 것이다.

다시금 "유럽연합이 어떠한 정치형태인가"라는 질문으로 돌아가 보자. 기존의 논의 가운데 우선 우리는 유럽연합이 탈근대국가라는 주장을 기각한다. 앞에서 지적한 것처럼, 국제관계에서 근대성이 단순히 영토성으로 환원될 수 없기 때문이다. 즉, 영토성이 자본주의적 사회관계와 접합되지 않는 한, 근대를 상징하는 표상이 될 수 없다. 오히려 유럽연합은 탈근대적 정치형태라기보다는 자본주의사회에 존재하고 있는 '탈국민적'(post-national) 정치형태라고 할 수 있다. 그러나 유럽연합이 규제국가의 역할을 하고 있다는 주장은 부분적으로 수용한다. 그러나 규제국가 이론이 왜 '지금', '여기에서' 규제의 실패가 발생하고 있는가를 설명하지 못한다는 점, 즉 이 이론이 의존하고 있는 신고전파 경제이론에서 발견되듯, 규제국가이론은 역사적 구조에 대한 설명을 결여하고 있다.

'탈국민적 규제국가'로서 유럽연합이 갖는 '유동적' 성격은 마스뜨리히뜨 조약 합의 이후 본격적 논란의 대상이 된 '보조성'(subsidiarity) 원칙이라는 모호한 개념 속에 정확히 반영되어 있다. J. Delors는 앞서 언급한 브뤄헤 연설에서, 주권의 공동행사와 아울러, 유럽연합과 같은 보다 큰 정치단위에의 위임(entrust)이 반드시 최상의 성과를 보장하지는 못한다는 보조성의 원칙을 언급하면서, M. Thatcher류의 국민국가적 세력의 논의를 반박했다. 그러면서도 그는 보조성의 원칙이 구체적 사례에 적용되기 위해서는 더 많은 토론이 필요함을 인정했다.[141]

마스뜨리히뜨 조약 3b조에 명문화된 보조성의 원칙은, 제안된 행동의 목표가 회원국가에 의해 충분히 성취될 수 없는 한에서, 즉 제안된 행동의 규모와 효과 때문에 유럽연합이 그 임무를 더 잘 수행할 수 있을 때만, 유럽연합이 행동을 취하는 것으로 규정되어 있다. 이 조문에서 볼 수 있듯이,

---

Multinational State as the Model for the European Community", *TELOS*, No.91(1992), pp.57-76.

141) Nelsen and Stubb(eds.), *op. cit.*, p.59.

보조성의 개념은 한편으로 유럽연합 정책의 정치적 정당성을 강화하는 역할을 할 수도 있지만, 다른 한편으로 그 정당성을 파괴할 수도 있는 개념이다.[142] 따라서 보조성 원칙의 적용은 권력관계를 반영할 수밖에 없고, 그 해석도 자의적일 가능성이 높다. 보조성의 원칙에 따라 유럽연합의 공공정책으로 등장한 영역은, 규제적 공공정책 및 분배적/생산적 공공정책이었다. 즉, 초국가적 기업의 안정적 활동공간을 보장할 수 있는 유럽 차원의 규제정책과 초국가적 기업의 연구개발활동을 지원하는 공동 산업정책이 유럽연합이 보다 적절하게 그 역할을 수행할 수 있는 정책으로 인식된 것이다.

본 연구에서는 이와 같이 독특한 정치적 구조를 갖고 있는 유럽연합을 형성 중인 국가로 규정한다. 따라서 유럽연합이 새로운 정체이기는 하지만, 아직은 근대국가와 같은 형태로 발전하지는 않은 상태라고 본다. 이 새로운 정체의 등장이 국민국가의 사멸을 의미하지도 않는다. 보조성의 원칙에

---

142) J. Golub, "Sovereignty and Subsidiarity in EU Environmental Policy", *Political Studies*, Vol. 44, No.4(1996), p.702. 로마 가톨릭 교회에서 사용된 보조성이라는 용어의 어원은 예비군을 지칭하는 *subsidiarii*이다. 보조성의 개념은 아리스토텔레스, 토마스 아퀴나스, 프루동, 또끄빌 등에 의해 사용되었다. 현대적 의미에서 보조성은 작은 단위가 제 역할을 수행하지 못할 경우에만 큰 단위가 기능할 수 있음을 지칭한다. 현대에 들어서 이 개념이 사회조직원리로 다시 정식화된 것은 1931년 로마 교황의 회칙(Quadragesimo Anno of 1931)에서이다. 당시를 국가의 과도한 권력으로 인한 사회적 무질서와 혼란의 시기로 보았던 교황 Pius 6세는 사회를 재조직할 대안으로 거대한 제도로부터 개인과 소집단으로의 권한과 책임의 이양을 제시하면서, 이를 subsidiarity로 개념화했다. 유럽공동체에서 이 원리가 논란의 대상이 된 것은 1970년대 중반부터이다. 1976년 집행위원회는 유럽동맹에 대한 틴데만스 보고서에 대한 논평에서 이 원리를 언급했다. 당시 논쟁의 초점은 회원국가들의 공동행동을 증진하는 수단과 관련된 것이었지만, 별 다른 진전은 없었다. 이 원리를 연방주의적 관점에서 유럽공동체의 권력강화에 이용하려는 정치세력과 이 원리를 통해 초국가적 권력을 견제하려는 정치세력들이 논쟁의 주체였다. 마스뜨리히뜨 조약에 이 원리가 명문화되었음에도 불구하고 그 해석을 둘러싸고 많은 논쟁이 벌어지고 있다. 보조성의 원칙을 둘러싼 논쟁에 대해서는, M. Wilke and H. Wallace, "Subsidiarity: Approaches to Power Sharing in the European Community", RIIA Discussion Papers 27(London: Royal Institute of International Affairs, 1990): K. Neunreither, "Subsidiarity as a Guiding Principle for European Community Activities", *Government and Opposition*, Vol. 28, No.2(1993), pp.206-20 등을 참조.

대한 강조에서 볼 수 있듯이, 국민국가는 필요한 경우 유럽연합의 정책권한을 견제할 수 있다. 유럽연합은 근대국가 기능이 공간적으로 분화되고 있는 대표적 사례 가운데 하나이다. 즉, 기존의 국민국가와 새로이 형성된 지역통합체 사이에 국가기능의 분업체계가 형성되고 있다는 것이다. 이 초국가적 정체는, 근대국가의 이중성이 탈구되면서 자본주의국가적 기능이 지역적 수준으로 이전되면서 발생하고 있다. 따라서 유럽연합은 맹아적 형태의 탈국민적 자본주의국가라고 할 수 있다. 유럽연합에 나타나고 있는 정책영역별 불균등발전─규제적, 분배적 공공정책의 증가와 재분배적 공공정책의 상대적 저발전─은, 바로 자본 친화적 정체로서 유럽연합의 성격을 극명하게 드러내 주는 사례이다.

5-4. 규범적 평가: 누구를 위해, 무엇을 목적으로

5-4-1. 축적전략과 헤게모니 프로젝트의 탈구

단일유럽시장의 형성은 유럽적 수준에서의 '두 국민'(two nations) 전략에 비유될 수 있다. 국민국가 수준에서 '신자유주의'가 지배적 이데올로기로 부상하고, 물질적 양보와 상징적 보상을 통해 전 국민의 지지를 동원하는 '하나의 국민' 전략으로 케인즈주의적 복지국가가 후퇴하면서, 전략적으로 의미가 있는 부문의 지지만을 동원하고자 하는 보다 제한된 형태의 헤게모니 프로젝트로서 '두 국민' 전략이 등장하게 되었다.[143] 사실, 단일유럽시장의 형성은 이 두 국민 전략이 국제화된 형태라고 말할 수 있다. 국민국가 내부에서 케인즈주의적 복지국가를 해체하는 것이 회원국가들 사이에서 매우 불균등할 수밖에 없는 조건에서, 단일유럽시장의 건설 프로젝트는 케인즈주의적 복지국가를 해체할 때 발생하는 국내적 저항을 분쇄할 수 있는 효과적 무기였다.

따라서 '신자유주의' 이데올로기가 가장 빠르게 확산되었던 영국에서 볼

---

143) B. Jessop, K. Bonnett, S. Bromley and T. Ling, *Thatcherism: A Tale of Two Nations*(Cambridge: Polity, 1988)을 참조.

수 있는 것처럼, 우리는 유럽 차원에서 단일유럽시장의 형성을 계기로 축적전략과 헤게모니 프로젝트가 탈구되는 모습을 발견할 수 있다. 이론적으로 축적전략이 국민국가적 또는 국제적 수준에서 경제성장과 관련된다면, 헤게모니 프로젝트는 주로 군사적 안정, 사회개혁, 또는 정치적 안정과 같은 다양한 비경제적 목표들과 관련된다.[144] 단일유럽시장의 효과를 예견하고 있는 체치니 보고서에서 볼 수 있듯이, 단일유럽시장의 건설을 통해 획득할 수 있는 목표들은, 규모의 경제를 통한 비용의 절감, 산업구조의 합리화를 통한 효율의 향상, 비교우위에 입각한 산업 간 조정 등으로 설정되었다.[145] 즉, 단일유럽시장은 유럽 차원에서 활동하고 있는 초국가적 기업들을 위한 축적공간의 확보와 긴밀히 연관되어 있었다.

회원국가들의 노동조합이나 사회주의 정당들은 단일유럽시장이 특정지역에서의 기술부족 현상이나 실업의 증가를 초래할 것이라는 비판을 가하기도 했다.[146] 즉, 단일유럽시장의 프로젝트에는 케인즈주의적 복지국가 체제에서 '국민적 – 대중적'(national-popular) 동의를 위해 제공되던 비경제적 공공재에 대한 고려가 시장통합을 위해 필요한 정도로만 존재한다. 따라서 우리는 단일유럽시장의 건설을 초국가적 기업을 선택적으로 고려하는 제한된 형태의 헤게모니 프로젝트로 규정할 수 있다.

그러나 단일유럽시장이 건설된 이후 집행위원회는 유럽의 저발전 지역의 발전을 위한 지역정책이나 유럽 차원의 사회정책이나 중소기업 지원정책 등을 통해 '초국가적 – 대중적'(transnational-popular) 프로그램을 추진하고 있다. 그러나 유럽 차원의 '초국가적 동맹'이 국민국가 수준의 사회적 타협체제가 향유하던 정치적, 도덕적, 지적 지도력을 확보할 수 있을 지는 의문이다. 현재, 유럽연합이 주도하는 유럽 차원의 헤게모니 프로젝트가 전 유럽인의 지지획득을 추구하는 방향으로 전개되고 있는가에 대해서는 격렬한 논쟁이 전개되고 있다. 대표적으로 유럽 차원의 사회정책을 둘러싸고 비관론과 낙

---

144) B. Jessop, *State Theory: Putting the Capitalist State in Its Place*(Cambridge: Polity, 1990), p.208.

145) P. Cechnni, *The European Challenge 1992*(Aldershot: Gower, 1988).

146) J. Pelkmans and A. Winters, *Europe's Domestic Market*(London: RIIA, 1988), pp.83-6.

관론이 대립하고 있고, 그 정책이 어떻게 전개될 수 있을 지에 대해서는 명확한 대답이 존재하지 않는다.147) 그러나 현재 입안되고 있는 사회정책은 제한된 형태의 헤게모니 프로젝트로 이해하는 것이 올바를 것이다.

유럽연합에서 나타나고 있는 이 제한된 형태의 헤게모니 프로젝트는, 유럽연합의 '민주성의 결핍'을 반영하는 것이다. 더구나 경향적으로 유럽인에 의해 선출되지 않은 기술관료 집단인 집행위원회의 정치권력이 증대하고, 유럽연합의 정책결정과정이 갖는 전문성이 점점 더 증대한다고 할 때, 유럽 차원의 민주주의의 실현가능성은 제약될 수밖에 없다. 각료회의의 의사결정과정의 공개, 유럽의회의 권력강화, 회원국가 의회를 통한 유럽연합 정책결정과정의 통제, 보조성의 원칙을 통한 민주적 정당성의 제고 등이 유럽연합의 민주성 결핍을 치유하기 위한 방안으로 제시되고 있지만, 그 전망은 불투명하다.148) 더 나아가 유럽연합이 민주주의를 필요로 하는 정체인지에 대해서도 의문이 제기될 수 있다.

---

147) 비관론자들은 대부분 정부 간 관계론을 수용하는 연구자들이다. 이 비관론에 대한 강력한 비판으로는, H. Kim, "Bones without Soul? Power Relations between Organized Labour and Business in the European Community", Ph. D. Dissertation at the University of Wisconsin-Madison, 1997.

148) 유럽연합의 민주성 결핍에 대해서는, S. Williams, "Sovereignty and Accountability in the European Community", *The Political Quarterly*, Vol. 61, No.3(1990); V. Bogdanor and G. Woodcock, "The European Community and Sovereignty", *Parliamentary Affairs*, Vol. 44, No.4(1991)을 참조. 유럽연합의 민주성 및 책임성에 대한 근래의 새로운 논의로는, J. Peterson, "The European Union: Pooled Sovereingnty, Divided Accountability", *Political Studies*, Vol. 45, No.3(1997), pp.559-78; S. Andersen and T. Burns, "The European Union and the Erosion of Parliamentary Democracy: A Study of Post-Parliamentary Governance", in S. Andersen and K. Eliassen(eds.), *The European Union: How Democratic Is It?*(London: Sage, 1996), pp.227-52; S. Andersen and K. Eliassen, "Democracy: Traditional Concerns in New Institutional Settings", in *Ibid.*, pp.253-67; J. Grahl and P. Teague, "Economic Citizenship in the New Europe", *The Political Quarterly*, Vol. 65, No.4(1994), pp.379-96 등을 참조.

5-4-2. '신자유주의'의 역설: 메타 이데올로기로서 '신자유주의'

1980년대 이후의 유럽통합을 전형적인 '신자유주의' 프로젝트라고 할 때, 우리는 이 '신자유주의'의 담론과 현실에서 실현되는 모습의 차이를 발견할 수 있다. '신자유주의'가 표방하는 자기조정적 시장이라는 '유토피아적' 담론에도 불구하고, 현실에서는 시장이 지배적 행위자에 의한 '경쟁'과 '폐쇄'(closure)가 반복되는 권력체계로 기능하고 있다.[149] 단일유럽시장의 형성은, 국가-자본-노동의 타협을 기초로 폐쇄되어 있던 국내시장이, 초국가적 기업의 요구로 경쟁체제로 전환된 것으로 해석되었다. 그러나 그 경쟁체제도 초국가적 기업들 사이의 전략적 제휴를 기초로 한 '과점적' 경쟁체제였다.

'신자유주의'의 이 역설은 자유주의의 완전한 승리가 운위되고 있는 우리의 세계를 이해하는 데 중요한 지침을 제공한다. 현대 세계에서 '신자유주의'의 공세는 이데올로기 경쟁의 종료라는 주장으로 이어지고 있다. 오늘날의 경쟁적인 세계에서 국민국가들은 더 이상 자신들의 목표를 실현할 수 있는 자원을 보유하지 못하고 있고, 더 나아가 국경없는 세계에서 전통적인 국가이익의 실현이라는 것이 정부보조금과 보호정책을 은폐하기 위한 구실에 불과하게 되었다는 앞서의 국민국가 종언론과 더불어, 냉전의 종언으로 자유민주주의가 최종적 승리를 거두었음을 의미하는 '역사의 종언론'이 등장하고 있다.[150] 이 두 종언론을 관통하고 있는 철학적 이론적 배경은 바로 자유주의 사상이다. 이들은 다양한 이데올로기들 가운데 하나로서 자유주의를 언급하는 것이 아니라, 이데올로기 경쟁의 종료를 전제로, 중립적이고 보편적인 '메타 이데올로기'(meta-ideology)로 자유주의를 사고하고 있다. 즉 "우리는 이제 모두 자유주의자다"라는 선언이 어색하지 않을 만큼, 자유주의는 현대 세계에서 벌어지는 이념 논쟁을 가름하는 기본척도로

---

149) 베버주의적 관점에서 시장을 권력체계로 파악하고 있는 글로는, A. Cawson, K. Morgan, D. Webber, P. Holmes, and A. Stevens, *Hostile Brothers: Competition and Closure in the European Electronic Industry*(Oxford: Claredon Press, 1990), pp.15-35를 참조.

150) F. Fukuyama, *The End of History and the Last Man*(London: Hamish Hamilton, 1992).

전화하고 있는 것이다.[151]

그러나 이 종언론들의 대척점에는 역설적이게도 '자유주의의 종언론'이 위치하고 있다. 프랑스 혁명 이후 '자본주의 세계경제(world-economy)'의 이데올로기적 접합제 역할을 수행하면서 동시에 국민국가의 존재를 정당화하는 기제로 기능했던 자유주의는, 1989년 현실 사회주의의 붕괴와 더불어 역사무대에서 퇴장했다는 것이다.[152] 국민국가의 통합력 상실이 자유주의의 죽음의 징표이다. 종족주의의 부활이 그 사례일 수 있다. 만약 초국적 사회세력들의 활동공간인 국경없는 세계 속에서 부자와 빈자 사이에 뛰어넘을 수 없는 진짜 경계선이 계속 높아지고 있다는 입론이 성립한다면,[153] 이백여 년의 역사를 갖고 있는 근대 자유주의 이데올로기가 전면적 자기부정의 상황으로 진입하고 있다는 진단이 올바를 것이다.

현재의 세계를 해석하는 이 근본적으로 화해할 수 없는 관점들의 공존은 자유주의라는 정치적 개념이 '본질적으로 논쟁적'이라는 사실과도 연관되어 있다. 자유주의 이데올로기에 대한 이해는 '국민국가체계'와 '자본주의 생산양식'의 접합으로 표현되는 정치경제적 '근대성'의 출현이라는 역사특수적 조건과 분리될 수 없다. 즉 자유주의 이데올로기는 초역사적이지 않다. 그러나 그 관계는 투명하지 않다. 자유주의와 국민국가, 자유주의와 자본주의, 그리고 국민국가와 자본주의의 관계는 상호 보족적이면서 동시에 상호 대립적일 수 있기 때문이다.

예를 들어 국가를 개인의 자유를 실현하기 위한 조건이 아닌 방해물로 인식하고 궁극적으로 국가의 사멸을 희망하는 '고전적' 자유주의와, 국가를 개인의지의 정당한 총합으로 간주하고 개인의 자유와 평등의 실현을 위한

---

151) R. Bellamy, *Liberalism and Modern Society*(Cambridge: Polity Press, 1992); "Liberalism", in R. Eatwell and A. Wright(eds.), *Contemporary Political Ideologies*(Boulder: Westview Press, 1993).

152) I. Wallerstein, "The Collapse of Liberalism", R. Miliband and L. Panitch(eds.), *Socialist Register 1992*(London: The Merlin Press, 1992).

153) M. Miyoshi, "A Borderless World: From Colonialism to Transnationalism and the Decline of the Nation-State", *Critical Inquiry*, Summer(1993), 김승순 역, "국경없는 세계인가?: 식민주의로부터 초국적주의로," 창작과 비평, (1993 겨울호).

조건으로 국가개입의 필요성을 주장한 '사회적' 자유주의는, 자유주의적 관점에서 국가와 개인의 관계를 인식하는 대립적 담론의 대표적 사례들이다.[154] 자유주의와 자본주의의 관계에 있어서도, 자유주의의 기본원칙으로 옹호되는 사적 소유와 시장경제원리가 자본주의 생산양식의 발전에 순기능적이었다고 주장할 수 있지만, 일단의 사회적 자유주의자들은 '자본가의 전제(tyranny)'로부터 노동자와 소비자를 해방시키는 것을 자유주의 실현을 위한 핵심적 과제로 받아들이기도 했다.[155]

따라서 자유주의의 승리 혹은 종언을 둘러싼 수사학적 논쟁은 일차적으로 자유주의 그 자체에 대한 이해의 차이에서 비롯된 것이라고 할 수 있다. 현대 세계를 조망하면서, 자유주의 승리론이 고전적 자유주의로 회귀를 통해 계급이나 국민과 같은 집단적 정체성에 우선하는 개인의 존재에 대한 인정과 시장의 자기조정적 운동을 강조하고 있다면, 자유주의 종언론은 자유주의의 현실적 형태이자 동시에 '불가피한' 역사적 경향이었던 사회적 자유주의의 개혁 프로그램, 즉 '중립적' 성격을 갖는 국가의 개입을 통해 집단 속에서 생활하는 개인의 적극적 자유를 신장하려는 정치적 실천의 불가능성을 주장한다. 따라서 현재 세계적 차원에서 새로운 사회질서의 형성을 둘러싼 이데올로기적 갈등은, 고전적 자유주의로의 복귀와 사회적 자유주의의 유지라는 대립구도로 요약될 수 있다.

그러나 1980년대와 1990년대를 거치면서 사회적 자유주의는 이데올로기 논쟁에서 주도권을 상실하게 된다. 경제성장 및 경제적 효율이라는 무기로 사회적 자유주의를 희생양으로 만드는 작업이 성공을 거둔 것처럼 보인다. 시장질서를 왜곡하고 인위적으로 특정산업을 보호하는 정부정책이 부(wealth)의 창출을 가로막는 장애물이라는 낯설지 않은 자유주의적 정책제안이 모든 가치에 우선하는 하나의 '공리'로 제시되고 있다. 이 새로운 경향의 자유주의는 사회적 자유주의를 대신한다는 의미에서 '신자유주의'로

---

154) 자유주의의 역사를 고전적 자유주의와 사회적 자유주의 사이의 투쟁의 역사로 보는 관점에 대해서는, 김세균, "신자유주의 정치이론의 연구경향과 문제점", 『이론』, 15호(1996)를 참조.
155) A. Ryan, "Liberalism", in R. Goodin and P. Pettit(eds.), *A Contemporary Political Philosophy*(Oxford: Basil Blackwell, 1995).

불리고 있다.156)

  그러나 '신자유주의적' 이론들이 현실에서 검증된 상태는 아니다. 예를 들어 '신자유주의적' 이론가들도 자본축적에 강조점을 두는 신고전학파의 성장모형이나 기술변화를 성장의 동력으로 고려하는 내생적(endogenous) 성장모형을 인정하면서도, 이 모델들이 '자유무역'과 '기업의 자유로운 활동'과 같은 중요한 요소들을 배제하고 있다고 비판한다.157) 즉, 경제적 자유의 신장과 경제성장이 의미있는 상관관계를 갖고 있다는 주장도 제기된다.158) 그러나 신고전파 성장이론가조차 경제적 자유를 제한할 수도 있는

---

156) 사실 '신자유주의'는 고전적 자유주의 현대적 변형이라고 할 수 있다. 따라서 수식어로서 '신'(neo)은 큰 의미를 갖지 못한다. '신자유주의' 역시 다양한 조류가 존재한다. 일반적으로 하이에크가 주도한 오스트리아 학파, 통화주의 학파, 합리적 기대론, 공공선택이론 등이 '신자유주의' 경향의 (정치)경제이론으로 간주된다. 각 학파의 시장과 국가에 대한 견해는 약간의 편차를 보이고 있지만, 시장 메카니즘에 절대적 가치를 부여한다는 점에서 공통분모를 갖고 있다. 각 학파에 대한 간결한 소개와 비판으로는, 이상헌, "경제학과 신자유주의", 『이론』, 15호(1996)를 참조.

157) *The Economist*, 1996/9/30. 가장 기본적인 신고전학파 성장모형은 생산함수로 표현된다. 산출 Y는 자본 K와 노동 L의 함수인 $Y = F(K, AL)$이다. 여기서 A는 기술수준을 가리킨다. 이 함수에서 경제성장의 동력인 K/AL은 저축률, 인구성장률, 기술성장률, 자본의 감가상각률에 영향을 받게 된다. 그리고 자본스톡의 변화에 영향을 미치는 4가지 요소들은 외생변수로 처리된다. 이에 반해서 내생적 성장이론은 신고전파 성장모형에서 외부에서 주어진 것으로 간주되는 기술발전과 같은 변수에 주목하면서, 새로운 지식의 창출 유인 및 새로운 기술이 확산되는 방식 등을 성장모형에 포함시키려 하고 있다. 신고전파 성장모형에 대한 개괄적 소개 및 그 모형의 단순함이 갖는 경제정책적 함의에 대해서는, N. Mankiw, "The Growth of Nations", *Brookings Papeprs on Economic Activity*, No.1(1995), pp.275-309를 참조.

158) 이 주장은 1986년부터 1993년까지 Fraser Institute of Vancouver와 Liberty Fund of Indianapolis가 지원한 여섯 차례 회의의 결과물에서 명확히 제시되고 있다. 이 보고서에서는 경제적 자유를 측정하기 위해 정부가 제약하는 경제적 자유와 관련된 17개 항목을 조사하여 이를 지표화하고 있다. 이 항목은 크게 4영역으로 분류된다: ① 통화와 인플레이션 - 정부는 가치의 축적체로서 통화를 보호하고, 그것이 교환의 매개물로 사용되도록 하고 있는가?; ② 정부 규제 - 누가 어떤 재화가 생산되고 소비되는 것을 결정하는가?; ③ 소득과 차별적 과세 - 당신은 소득을 올리고 그것을 유지하는 데 있어 자유로운가?; ④ 국제교환 - 당신은 외국인과 재화와 통화를 교환하는 것이 자유로운가? *The*

정부의 적극적 개입이 경제성장을 촉진할 수도 있음을 인정한다. 특정 유형의 자본활동이 긍정적 외부경제(positive externalities)를 생산한다면, 정책결정자들은 이러한 방향으로 자원이 배분되도록 노력해야 한다는 신고전파 이론가의 신중한(modest) 입장은 '신자유주의적' 정책처방에 대한 반론이기도 하다.159)

사실 자유주의 종언론도 '신자유주의'에 대한 강력한 비판을 담고 있다. 자유주의 종언론은 현대 세계에서 '민주주의'의 축소 내지는 후퇴현상에 주목한다. 예를 들어 '1985년' 이후 전 세계적으로 경제 자유화의 흐름이 증대하면서, 생산요소의 국경을 초월한 자유로운 이동이 권장되고 있지만, 노동력의 이동은 상대적으로 제약되고 있다.160) 시장기제에 의해 산출되는 분배적 불평등을 해결하려는 시도라고 할 수 있는 자본과 노동의 타협구조 또한 경제 자유화의 증대로 말미암아 해체되어 가고 있다. '신자유주의적' 관점에서 성장윤리가 분배정의에 우선하고 분배정의는 경제성장의 부산물로 취급되고 있는 것이다. 한마디로 '신자유주의' 정치학의 핵심은 '자율적' 시장의 보호를 위해 사회구조를 전복하고 재편하는 것이라고 할 수 있다.

현대의 '신자유주의'가 원칙적으로는 보수주의에 반대하면서도, 시장기제의 원활한 작동과 시장기제를 통한 정치적 지배를 보증하고, 자신의 정당성을 확보하기 위해, 국민·종교·가족과 같은 전통적 가치를 부활시키려는

Economist, 1996/9/30.

159) Mankiw, op. cit., pp.308-9. 그러나 경험적으로, 정부의 지출 및 소득이전과 같은 개입정책이 경제성장과 상관관계가 없다는 주장도 제기된다. 19세기 자유방임국가도 높은 경제성장률을 기록했지만, 이차대전 이후의 복지국가도 역시 높은 경제성장률을 기록했기 때문이다. M. Olson, "How Ideas Affect Societies" in Gamble, A. et al., Ideas, Interests and Consequences(London: The Institute of Economic Affairs, 1989). 따라서 정부개입과 경제성장 사이에 인과관계를 설정하는 것은 타당하지 않을 수도 있다.

160) Fraser Institute 보고서에서는, 1975년에서 1985년 사이에는 전반적인 경제적 자유에서 거의 변화가 없음을 지적한다. The Economist, 1996/9/30. 우리는 서구 자본주의의 경제위기가 1970년부터 시작되었음을 알고 있다. 그렇다면, 이 시간격차, 즉 경제위기의 시작과 경제정책의 전환이 이루어지는 시기 사이에 상당한 간극이 있다는 사실은 경제위기로부터 직접적으로 경제정책의 전환을 도출할 수 없음을 의미한다.

신보수주의(neoconservatism)와 결합하고 있음에 주목할 필요가 있다.[161] 이 과정에서 신자유주의적 경제이론의 필수적 구성물인 최소국가 이론은 신보수주의의 '강한 국가'(strong state) 이론으로 변형되고 있고, 시장은 개인의 자유실현을 위한 원천이라기보다는 개인을 규율하기(discipline) 위한 도구로 그 의미가 변하고 있다.[162] 복지국가의 시장규제 메카니즘이 경제성장을 저해하고 복지의존적 개인을 양산하고 있다고 비판하는, 신자유주의와 신보수주의 정치세력은 현재 '신우익'(new right)으로 불리우고 있다.

유럽통합의 과정에서도 이 '신자유주의' 정치학은 전형적으로 그 모습을 드러내고 있다. "모든 시장이 규제의 요소를 담고 있다"는 베버주의자들의 주장처럼, 단일유럽시장의 형성을 계기로 규제적 공공정책이 증가하고 있다.[163] 또한 사회정책보다는 사회적 규제가 유럽연합의 주요 정책으로 자리를 잡아가고 있다. 제도적으로도 행위자들이 의도했든 의도하지 않았든 유럽연합 기구들의 권력강화 현상이 나타나고 있다. '신자유주의적' 정부관료, 초국가적 기업의 최고 책임자 그리고 집행위원회의 동맹이 강화되면서 이들의 이익을 대표하는 집행위원회의 권력강화 현상이 나타나고 있다. 그리고 유럽연합이 포괄하는 정책의 범위가 넓어지면서 이를 정당화하기 위해 유럽연합 내에서 유일하게 유럽인의 투표에 의해 선출된 유럽의회의 권력강화도 부수적 현상으로 나타나고 있다.

그러나 '신자유주의' 이데올로기가 현대 사회의 정치경제적 문제들을 해결할 수 있는 만병통치약인가에 대해서는 많은 연구자들이 의문을 제기하고 있다. 즉, 단일유럽시장의 형성으로 대표되는 유럽연합 차원의 프로젝트

---

161) G. Thompson, *The Political Economy of the New Right*(London: Pinter, 1990). 보수주의의 정치적 비관주의는 자유주의의 혁명적 낙관론과 비교될 수 있다. 인간사회에 존재하는 각종 이항대립(binary oppositions) - 정신과 물질, 인간과 자연, 개인과 사회, 통치자와 피통치자, 자유기업과 국가규제 - 을 제거하는 것은 불가능하다는 정치적 현실주의를 보수주의의 철학적 기초로 제시하면서, 보수주의의 역사를 개괄하고 있는 글로는, N. O'Sullivan, "Conservatism", in Eatwell, R. and A. Wright(eds.), *Contemporary Political Ideologies*(Boulder: Westview Press, 1993)을 참조.

162) A. Gamble, *The Free Economy and the Strong State*(Durham: Duke University Press, 1988).

163) A. Cawson et al., *op. cit.*, p.16.

가 이차대전 이후의 국내 및 국제제도를 대체하는 새로운 축적체제 및 정치적 대표양식을 생산할 것인가에 대해서 회의적 의견들이 존재한다. 앞서 살펴본 것처럼, 단일유럽시장의 형성은 이차대전 이후의 축적체제를 전면적으로 대체하는 새로운 형태의 축적전략이 아니기 때문이다. 정치적으로도, 자연적이고, 중립적이고, 합의적이고, 효율적이라는 신화를 담지하고 있는 '신자유주의적' 담론의 효과로 '정치'가 실종되고 있다는 비판에도 귀를 기울일 필요가 있다.164) 즉, 현대 세계에서 '신자유주의'는 대중정치의 약화라는 효과를 생산하고 있다. '신자유주의'를 대안으로 간주하지 않는 연구자들은, 오히려 이제는 이 대중정치의 강화를 위해 '전통적' 가치 및 '탈근대적' 가치를 추구하는 새로운 타협의 정치를 모색하고 있기도 하다.165) 결국, 현대 세계를 지배하고 있는 '신자유주의'가 대안적 정치경제체제를 제공할 수 없다면, 그 이데올로기의 미래는 다시금 근대사회의 정치에 의해 결정될 것이다. 그러나 그 정치투쟁은 현재의 정치경제적 환경하에서 국민적 정치로의 복귀를 통해 해결될 수 없다. 이 새로운 정치의 결과가, 이차대전 이후와 같은 타협체제일지 아니면 약자가 철저히 배제된 체제일지에 대해서는 누구도 대답을 할 수 없는 상태이다.

---

164) Culter, *op. cit.*, pp.379-80.
165) A. Giddens, *Beyond Left and Right: The Future of Radical Politics*(Cambridge: Polity, 1994), pp.11-20: K. van der Pijl, "The History of Class Struggle: From Original Accumulation to Neoliberalism", *Monthly Review*, Vol. 49(1997), p.43: A. Lipietz, "The Regulation Approach and Capitalist Crisis: An Alternative Compromise for the 1990s", in M. Dunford and G. Kafkalas, *Cities and Regions in the New Europe: The Global-Local Interplay and Spatial Develpment Strategies*(London: Belhaven Press, 1992), pp.309-30.

6. 초국가적 공공정책의 생산과정: 분석틀

우선, 이제까지의 논의를 간략히 요약하면서 범지구화 과정의 분석을 위한 틀을 제시한다. 이 범지구화 과정은 초국가적 공공정책의 생산을 위한 필요조건이다. 다음으로 초국가적 공공정책의 생산이 일정한 제도를 매개로 할 때만 가능하다는 인식하에서 유럽연합의 제도적 동학을 충분조건으로 제시한다. 1980년대 이후의 유럽통합과정에는 범지구화의 논리가 관철되고 있다는 것이 본 연구의 기본적 입장이다. 그리고 유럽연합 고유의 동학 때문에, 유럽연합은 특이한 제도적 질서를 갖고 있다고 생각한다.

유럽공동체 공공정책의 입법과정은 형식적으로 "집행위원회가 제안하고(propose), 각료회의가 결정하는(dispose)" 형태를 띠고 있다. 이 골격은 단일유럽법의 제정 이후에도 큰 변화가 없다. 그러나 단일유럽법 및 마스뜨리히뜨 조약의 제정을 계기로 유럽의회의 권한이 강화되고, 상당한 정책영역에 특정다수결이 도입되면서 입법과정은 보다 복잡한 양상을 띠게 되었다.

이 형식적 입법과정은 다양한 이익집단의 개입으로 인해 더욱 복잡한 양상으로 전개되고 있다. 즉, 우리는 유럽 차원에서 사적 행위자들과 공적 행위자들이 서로의 자원을 공유하면서 초국가적 공공정책을 생산하는 과정을 고려해야 한다. 이 행위자들의 결합을 우리는 공적 행위자와 사적 행위자 그리고 국민국가에서 활동하는 행위자와 초국가적 행위자가 결합해 있는 '정책 네트워크'(policy network) 또는 '정책연합'(policy coalition)으로 정의한다.

6-1. 초국가적 공공정책의 생산: 범지구화와 초국가적 정책 네트워크의 형성

지금까지 우리의 역사적—이론적 논의를 추상화해 보자. 우리는 국민국가와 자본주의국가가 공간적으로 일치했던 특수한 사례인 이차대전 이후의 케인즈주의적 복지국가의 위기로부터 이론적 논의를 시작했다. 이 과정을

요약하면 다음과 같다:

(1) 국민국가와 자본주의국가의 영토적 조응은, 자본-노동의 타협을 가능하게 한 포드주의 축적체제와 미국의 패권에 기반한 국제질서의 안정이라는 특수한 조건의 결합산물이다:

(2) 1970년대 이후 케인즈주의적 복지국가의 위기가 시작되었다. 이 위기는 포드주의 축적체제의 소진과 자본의 자유로운 이동을 억제하던 국제제도의 붕괴에 의해 발생했다:

(3) 경제위기와 경제위기에 대한 정치적 인식과정에서 '신자유주의적'이데올로기가 부상했고, 지배적 자본분파의 축적전략의 전환이 발생했으며, 이 전환을 통해 네트워크적 기업형태가 출현했다:

(4) 초국가적 기업의 축적전략이 전환되면서, 생산자본 및 금융자본의 국제화가 가속화되었다:

(5) 국민국가들의 대응은 각국의 정치경제적 조건에 따라 상이했고, 또한 시간적 지체현상이 발생하기도 했지만, 결국 케인즈주의적 복지국가의 '신자유주의적' 기업국가로의 형태변환이 이루어졌고, 동시에 자본의 국제화에 조응하여 국가의 국제화라는 전략이 구사되기 시작했다. 이로 인해 국제협상의 내용과 형태가 변하기 시작했다:

(6) 그 결과, 국가와 초국가적 기업 및 금융을 연결하는 '초국가적 정책 네트워크' 또는 그람시적 의미에서 '초국가적 역사적 블록'이 형성되고 있다. 이 초국가적 정책 네트워크의 등장은 현대 사회에 국민국가의 영토성과 구분되는 새로운 공간이 출현하고 있음을 의미하는 것이다.

이 과정이 초국가적 공공정책의 생산으로 연결되기 위해서는, 이 새로운 공공정책의 생산을 위한 '주체의 형성'을 필요로 한다. 우리는 이 주체형성 과정을 물질적 힘·제도·이데올로기 사이의 역사적 일치 또는 보다 폭 넓게는 계급세력 간 동맹으로 정의할 수 있는 '초국가적 정책 네트워크' 또는 '초국가적 역사적 블록'의 형성과정으로 규정한다. 이차대전 이후 미국의 포드주의 축적체제가 국제적으로 이식되면서 생산자본과 금융자본의 분파 뿐만 아니라 국가장치, 중앙파적 정당, 그리고 비공산주의적인 조직된 노동을 포괄했던 '국제적' 역사적 블록이 1980년대 이후가 범지구화가 가속화되면서 해체되고 있다. 현재는 이 역사적 블록을 대체할 수 있는 새로운 '초국가적' 역사적 블록이 형성되는 과정이라고 할 수 있는 것이다.

이 초국가적 정책 네트워크의 형성과정을 지금까지의 이론적 논의를 기초로 모형화를 시도한 것이 〈그림 3-1〉이다.

<그림 3-1> 초국가적 정책 네트워크의 형성: 분석틀(1)

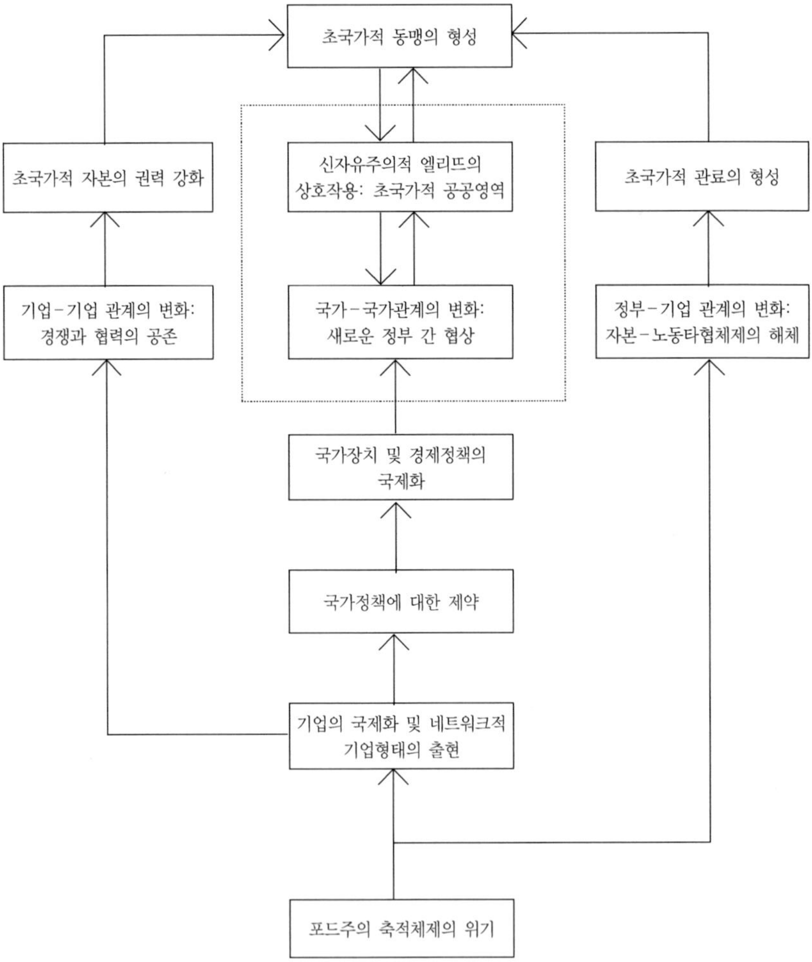

위의 그림이 기존의 국제관계를 설명하는 방식과 다른 점은, 전통적인 정부-정부 관계 이외에도 기업의 축적전략의 변화 및 네트워크적 기업형

태의 출현을 기초로 기업-기업 관계 및 정부-기업-노동 관계를 국제관
계의 변화를 추동하는 핵심적 동력으로 설정하고 있는 것이다. 포드주의
축적체제하에서 다양한 이익집단, 특히 기업들의 이익이 정부를 통해 대표
되었다면, 이제는 정부를 경유하지 않고도 자신들의 이익을 실현할 수 있
는 통로가 형성되고 있다.

이 변화는 자본의 '구조적' 권력의 증대에서 비롯한 것이다. 가장 높은
추상수준에서 경제성장이 보편적 이데올로기로 받아들여지는 조건에서 자
본가의 특권적 지위가 유지될 수밖에 없다. 경제성장을 최고의 목표로 내
세우는 '신자유주의' 이데올로기가 지배적인 상황에서 자본가의 구조적 권
력은 '더욱' 증대할 수밖에 없다. 보다 구체적으로 국민국가의 정부가 자본
에 대한 규제를 강화하게 되면, 자본가들은 극단적으로 투자기피 또는 투
자파업을 감행할 수도 있다. 국민적 시장이 자본의 가치실현을 위한 공간
으로 충분한 여지를 갖고 있을 때, 자본의 투자 기피는 제한될 것이다. 사
실, 자본의 국제화는 이 투자파업의 다른 형태라고 할 수 있다.

그러나 자본의 구조적 권력의 증대로 인해 국가 간 체계가 붕괴되지는
않는다. 보다 많은 경쟁하는 국가들로 세계가 분할되어 있을 경우 자본의
구조적 권력은 더욱 증대될 수 있기 때문에 초국가적 기업은 여전히 국민
국가 간 체계를 선호할 수 있다.[166] 또한 정치가들이나 사회집단도 국내경
제와 국제관계에서의 규칙성과 예측 가능성 때문에 국가 간 체계를 선호할
수 있다.[167] 새로운 '신자유주의적' 국제질서를 수립하려는 우루과이 라운
드 협상에서 볼 수 있듯이, 정부-정부 관계는 여전히 국제관계의 영역에
서 주요한 의사결정 고리로 기능하고 있다. 이와 동시에 우리는 기업-기
업 관계의 변화도 추적할 수 있다. 기업 간 시장점유를 둘러싼 경쟁이 치
열해지고 있지만, 동시에 기업 간 전략적 제휴도 증가하고 있다. 정부-기
업-노동 관계에서도 전통적인 사회적 타협체제가 붕괴하면서 기업의 권력
이 증대하고 있지만, 범지구화 시대에 생존할 수 있는 숙련 노동자 및 '신

---

166) P. Burnham, "Neo-Gramscian Hegemony and the International Order",
    Capital and Class, No.45(1991).
167) H. Spruyt, "Institutional Selection in International Relations: State Anarchy
    as Order", *International Organization*, Vol. 48, No.4(1994), p.556.

자유주의적' 정향의 정부관료는 새로운 초국가적 역사적 블록을 구성하는 주요한 세력으로 등장하고 있다.

이 세력재편을 추동하는 또 다른 힘이 바로 사적 국제기구들의 활동이다.[168] 앞서 ERT의 활동에서 볼 수 있는 것처럼, 초국가적 기업의 최고 책임자, 신자유주의적 관료, 신자유주의적 지식인 및 전문가들로 구성된 초국가적 엘리뜨들의 활동은 이 다양한 세력들을 접합하는 역할을 수행하고 있다. 이들이 구성하는 초국가적 공공영역은 초국가적 블록의 핵심적 구성요소가 되어 가고 있다.

이 모형을 유럽연합의 공공정책 생산과정에 적용하기 위해서는 약간의 수정이 필요하다. 관철되고 있는 기본논리는 동일하다고 볼 수 있지만, 유럽연합이 다른 국제기구나 지역통합기구와 비교하여 높은 '제도화' 수준을 유지하고 있기 때문이다. 특히 위의 모형에서 점선으로 표시된 정책결정과정의 핵심단위가 유럽연합에서는 독특한 형태를 띠고 있다. 유럽연합에서는 엘리뜨 사이의 상호작용과 정부－정부 관계가 유럽연합의 다양한 공식기구들에 혼재되어 있을 뿐만 아니라 유럽 엘리뜨의 비공식적 개입도 정책결정과정에서 중요한 역할을 수행하고 있기 때문이다.

6-2. 유럽연합의 공공정책 생산과정: 가설 및 분석틀

6-2-1. 가설: 초국가적 정책 네트워크의 형성

현재 유럽연합의 정책결정방식에 대한 성격규정을 둘러싸고 흥미있는 논쟁이 전개되고 있다. 그 과정에서 서구 자유민주주의 국가들에서 공적 행위자와 사적 행위자의 '이익매개'(interests intermediation)의 양식을 설명하는 분석틀 또는 권력분배 모델이라고 할 수 있는 '다원주의', '사회타협주의', 그리고 '정책 네트워크' 개념이 도입되고 있다.[169] 이들의 공통점은 유럽연합을

---

168) 범지구적 수준에서 활동했거나 활동하고 있는 사적 국제기구들로는 Council on Foreign Relations, Bilderberg Group, Montpellier Group, Club of Rome, Trilateral Commission, Davos Economic Forum 등을 들 수 있다.

하나의 정치체계로 전제한다는 점이다. 이 가운데 행위자들이 정책결정을 위해 서로의 '자원'(resource)에 의존하는 것에 주목하는 중위수준(meso-level)의 개념인 정책 네트워크의 개념을 이용하여 유럽연합의 정책결정과정을 분석하려는 시도가 증대하고 있다. 국민국가 수준에서의 사회타협주의가 초국가적 다원주의로 이행하고 있다는 거시적 설명으로는 유럽연합 내에서의 정책영역별 불균등 발전을 포착할 수 없기 때문이다. 즉, 유럽연합의 정책결정과정을 단일의 모형으로 설명하는 것은 불가능할 수도 있다.

일반적으로 국민국가 수준에서 발전된 정책 네트워크는, '통합정도', '회원자격', '구성원 사이의 자원분배'에 따라 다음과 같이 그 유형을 분류할 수 있다:

(1) 정책 공동체(policy community): 관계의 안정성, 매우 제한된 회원자격의 연속성, 서비스 제공 책임의 공유에 기초한 수직적 상호의존, 그리고 다른 네트워크 및 일반대중으로부터의 격리로 특징지워지는 네트워크.

(2) 전문가 네트워크(professional network): 정책결정에서 한 종류의 참여자, 즉 전문가들의 참여가 두드러진 네트워크.

(3) 지방정부 간 네트워크(intergovernmental network): 지역권위체들의 대표조직에 기초한 네트워크.

(4) 생산자 네트워크(producer network): 정책결정에서 경제적 이익집단들의 두드러진 역할, 그들의 유동적인 회원자격, 산업조직의 중심에 대한 의존, 그리고 경제적 이익집단 사이의 제한된 상호의존으로 특징지워지는 네트워크.

(5) 이슈 네트워크(issue network): 제한된 정도의 상호의존을 갖고 있는 많은 수의 참여자로 특징지워지는 네트워크.[170]

---

169) W. Streeck and P. Schmitter, "From National Corporatism to Transnational Pluralism: Organized Interests in the Single European Market", *Politics and Society*, Vol. 19, No.2(1991); J. Peterson, "The European Technology Community", in D. Marsh and R. Rhodes(eds.), *Policy Networks in British Government*(Oxford: Oxford University Press, 1992); J. Sargent, "Corporatism and the European Community", in W. Grant(ed.), *The Political Economy of Corporatism*(New York: St. Martin Press, 1985); D. Obradovic, "Prospects for Corporatist Decision-Making in the European Union: The Social Policy Agreement", *Journal of European Public Policy*, Vol. 2, No.2(1995).

170) R. Rhodes and D. Marsh, "Policy Networks in British Politics: A Critique of

이 네트워크들 사이의 경계가 뚜렷한 것은 아니다. 즉 정책공동체와 이슈 네트워크는 정책 네트워크의 연속선상에서 양 끝점에 위치한다.

유럽연합에는 이 다양한 형태의 정책 네트워크가 공존하고 있다. 국민국가 내부에 존재하는 표준화된 이익매개 양식이 유럽연합 수준에서는 존재하지 않기 때문에 정책영역에 따라 정책공동체부터 이슈 네트워크까지 그리고 위의 정책 네트워크가 혼합된 잡종 형태의 정책 네트워크가 형성되고 있다. 예를 들어 농업정책 분야에는 정책공동체에 근접하는 정책 네트워크가 형성되어 있다면, 사회정책 분야에서는 이슈 네트워크와 유사한 정책 네트워크가 작동하고 있다. 이 공존 및 잡종의 번창은 부분적으로 유럽연합 집행위원회가 '미숙한 관료제'(adolescent bureaucracy)라는 사실에서 기인한 것이기도 하다.[171]

본 연구에서는 유럽연합의 통신정책을 사례로 초국가적 수준에서 정책 네트워크의 형성과정을 고찰한다. 전통적으로 통신부문에는 국민국가 '정부' 주도하에 강력한 정책공동체가 형성되어 있었다. 따라서 유럽연합 통신정책의 등장은 이 정책공동체의 해체와 새로운 정책 네트워크의 형성을 의미한다. 본 연구에서 유럽연합 통신정책에 대한 분석을 통해 입증하고자 하는 가설은 다음과 같다:

(1) 회원국가 수준에서 존재하던 '정책공동체'의 붕괴가 유럽연합 통신정책의 등장을 가능하게 한 필요조건이었고, 이 붕괴는 범지구화의 논리에 의해 가속화되었다:

(2) 유럽연합 통신정책의 형성과정에서 유럽수준의 초국가적 정책 네트워크가 형성되었다:

(3) 이 초국가적 정책 네트워크의 구성원인 유럽연합 집행위원회의 관료, 초국가적 기업의 최고 책임자, 유럽화한 관료 및 정치가, 그리고 통

Existing Approaches", in D. Marsh and R. Rhodes(eds.), *Policy Networks in British Government*(Oxford: Oxford University Press, 1992), pp.13-4.

171) S. Mazey and J. Richardson, "Introduction: Transference of Power, Decision Rules, and Rules of the Game", in S. Mazey and J. Richardson(eds.), *Lobbying in the European Community*(Oxford: Oxford University Press, 1994).

　　　신 전문가들의 적극적 활동이 유럽연합 통신정책 등장의 충분조건이
　　　었다:
　(4) 유럽연합 집행위원회는 마치 국민국가 정부처럼 이 초국가적 정책 네
　　　트워크를 접합시키는 역할을 수행하고 있다:
　(5) 유럽연합 집행위원회는 초국가적 기업과 회원국가의 정부에 동시적으
　　　로 의존적이지만, 초국가적 기업의 의견을 수집하여 회원국가의 정부
　　　를 설득하고자 한다.

　유럽연합의 통신정책 생산은 회원국가 정책 네트워크의 붕괴 또는 변화
를 전제로 할 때만 가능할 수 있다. 즉 유럽연합 집행위원회가 어떤 정책
영역에서 주요 행위자로 기능하기 위해서는 기존의 '폐쇄적' 네트워크가 개
방되어야 하기 때문이다. 이 정책 네트워크의 개방은 통신장비 및 서비스
시장의 범지구화와 긴밀히 연관되어 있었다. 기업사용자와 통신장비 생산
업체들은 국민국가 수준의 정책과정에서 이탈하면서 동시에 통신부문에서
작동하고 있던 규제 메카니즘에 기초한 행위자들 사이의 합의를 해체하기
위해 노력했다. 이 작업은 국민국가 수준에서 그들의 이익을 보호하기 위
한 새로운 형태의 정책 네트워크의 건설로 이어졌다.[172]

　이 변화가 통신정책의 '유럽화'로 이어지기 위해서는 유럽연합 집행위원
회의 관료 및 통신관련 기업의 최고 책임자들의 적극적 지지가 필요했다.
그리고 이 새로운 통신정책은 회원국가 정부에 의해서 승인되어야 했다.
이는 회원국가의 정부도 통신정책의 유럽화와 국민국가에서 정책공동체의
해체과정에 동참했음을 의미한다.

　그러나 유럽연합 수준에서 정책 네트워크가 존재한다는 주장에 대해 강
력한 반론도 제기되고 있다.[173] 유럽연합의 정책과정이 유동적이기 때문에

---

172) 이와 유사한 변화가 강력한 정책 공동체가 존재하던 농업정책의 영역에서도 발
　　생했다. 영국이 유럽공동체에 가입한 이후 영국내의 농업 정책공동체의 회원자
　　격이 더욱 확대되었고, 그 정책공동체의 폐쇄성을 유지하는 것이 더욱 어렵게 되
　　었다고 한다. M. Smith, "The Agricultural Policy Community: Maintaining a
　　Closed Relationship", in D. Marsh and R. Rhodes(eds.) *Policy Networks in
　　British Government*(Oxford: Claredon Press, 1992), pp.27-50.
173) H. Kassim, "Policy Networks, Networks and European Union Policy Making:
　　A Sceptical View", *West European Politics*, Vol. 17, No.4(1994). H. Kassim이

정책 네트워크의 개념을 적용할 수 없다는 것이다. 즉, 이익매개를 동원할 수 있는 국민국가의 정부와 같은 공식적 제도의 부재로 인해 유럽연합의 정책과정은 유동적이라는 것이다. 우리는 유럽연합의 정책과정이 유동적이기는 하지만, 경향적으로 경제적 이익집단이 핵심적 역할을 수행하는 '생산자 네트워크'로 발전하고 있다고 생각한다. 그러나 이 네트워크는 국민국가 수준에서 기업들을 연결하는 정상조직에 의해 통제되지 않는다는 점에서 이슈 네트워크와 유사한 '개방적' 성격을 갖고 있다. 그러나 이 개방성은 유럽적 수준에서 활동하고 있는 엘리뜨에게만 부여된다. 따라서 유럽연합의 정책결정과정이 '엘리뜨 다원주의'로 묘사될 수도 있다.174)

이 정책 네트워크의 안정성은 유럽연합 집행위원회에 의해 담보되고 있다. 집행위원회는 통신과 관련된 이익집단의 의견을 정책결정과정에 반영하기 위해 다양한 형태의 자문절차를 운영하고 있고, 공식적 입법과정에 이 이익집단이 개입할 수 있는 다양한 통로를 개설하고 있으며, 이 이익집단과 비공식적 모임을 통해 의견을 교환하고 있다. 더 나아가 유럽연합 집행위원회는 자신이 제안한 정책에 대한 지지를 획득하기 위해 스스로 새로운 이익집단을 만들기도 한다. 즉, 집행위원회는 '기능적 대표체계'를 적절하게 이용하여 정책 네트워크의 안정성을 유지시키고 있다.

그러나 단순히 집행위원회가 초국가적 기업의 집행위원회로만 기능하고

제기하고 있는 또 다른 중요한 반론은 정책과정과 그 결과에 대한 완전한 설명을 제공하기 위해서는 정책 네트워크 이론이 국가이론과 같은 거대이론과 결합되어야 한다는 것이다. 사실 정책 네트워크의 개념을 고안자들에게도 이것은 중요한 이론적 문제로 남겨져 있다. 사실, 정책 네트워크의 개념이 다양한 국가이론들, 예를 들어 다원주의 국가이론이나 맑스주의 국가이론과 결합될 수 있다. H. Kassim의 비판에 응답하면서, J. Peterson은 기존의 신현실주의 통합이론이나 신기능주의 통합이론이 국가이론에 상응하는 거대이론으로 사용될 수 있다고 주장하고 있다. 본 연구에서는 정책 네트워크 개념이 사용되기 위해서는 거대이론이 필요하다는 주장을 수용하면서, 이 거대이론으로 비판적 통합이론을 제시하고 있다. J. Peterson, "Policy Networks and European Union Policy Making: A Reply to Kassim", *West European Politics*, Vol. 18, No.2(1995).

174) D. Coen, "The Evolution of the Large Firm as a Political Actor in the European Union", *Journal of European Public Policy*, Vol. 4, No.1(1997).

있는 것은 아니다. 유럽연합의 정책결정이 반드시 회원국가의 동의를 토대로 해서만 가능하기 때문에 유럽연합은 회원국가의 통신부문 관료들과 정책결정과정에서 긴밀한 협력을 유지하고 있다. 집행위원회 산하에 조직되어 있는 다양한 위원회와 회원국가의 브뤼셀 상주대표부가 집행위원회의 자율성을 제약하는 역할을 수행하면서 동시에 집행위원회와 회원국가의 예상되는 갈등을 조정하는 역할을 수행하고 있다.

6-2-2. 분석틀 (2): 유럽연합의 입법과정

유럽연합의 공식적 정책결정과정에서 행정부의 기능은 집행위원회와 각료회의가 공유하고 있고, 입법부의 기능은 각료회의와 유럽의회가 공유하고 있다. 그리고 유럽법원이 사법부의 기능을 수행하고 있다. 즉, 유럽연합에서는 국민국가와 달리 입법부와 행정부의 제도적 '경계'가 명확하지 않다. 보다 협소한 의미에서 공식적 입법과정은 집행위원회의 발의와 각료회의의 결정으로 구성되고, 유럽의회가 부분적으로 그 과정에 개입한다. 1986년 단일유럽법과 1992년 마스뜨리히뜨 조약의 제정으로, 유럽연합의 최종 정책결정기구인 각료회의에서 다수결 투표방식이 확대되었고, 유럽의회의 권한이 강화되었다.

따라서 유럽연합에서는 정책영역별로 상이한 입법절차가 적용된다. 유럽연합의 입법과정은 각료회의의 의사결정방식이 특정다수결인가 또는 만장일치인가 그리고 유럽의회의 개입방식이 동의인가, 자문인가, 협력인가 또는 공동결정(co-decision)인가에 따라 그 형태가 달라지기 때문이다. 자문절차가 적용되는 정책영역에서는 집행위원회가 발의안을 만들고 유럽의회의 자문을 거친 후에 각료회의가 최종결정을 한다.[175] 협력절차가 적용되

---

175) 자문절차에서 유럽의회의 역할은 상당히 미미하지만 그 절차의 운용을 통해 유럽의회는 각료회의를 통제하기도 한다. 1980년 유럽법원의 '아이소글루코스'(isoglucose, 전분질 곡물에서 얻는 설탕대용물) 판결은 유럽의회가 자문절차의 지연을 통해 각료회의를 통제할 수도 있음을 보여준 대표적 사례이다. 각료회의가 유럽의회의 의견을 묻지 않고 법안을 채택했다는 이유를 들어 유럽법원이 절차상의 문제가 있다고 판결한 것이다. 이리하여 집행위원회의 발의안이 유럽의회에서 검토되지 않으면 각료회의는 결정을 내릴 수 없게 되었고, 따라서 신속한 결정이 요구되는 정책에서 유럽의회의 자문역할이 보다 강

는 정책영역에서는 유럽의회가 의견을 제출하지 않으면 각료회의가 집행위원회의 발의안을 입법화할 수 없다. 공동결정이 적용되는 정책영역에서는, 유럽의회가 각료회의의 공동입장을 기각하면 각료회의가 만장일치로 유럽의회의 의견을 번복할 수 있는 협력절차와 달리 유럽의회가 각료회의의 공동입장을 기각하면 유럽의회와 각료회의가 동수로 대표되는 조정위원회(conciliation committee)의 결정을 거쳐야만 입법화가 가능하다.[176]

특히, 1980년대 이후 제도개혁 가운데, 한계적이기는 하지만 유럽의회의 역할이 경향적으로 증대하고 있다는 사실에 주목할 필요가 있다. 유럽의회는 유럽인의 직접선거로 선출되는 유일한 유럽연합 기관이다. 그리고 원내집단의 구성에 있어서도 국적보다는 각 의원의 이데올로기적 정향에 따라 유럽 차원의 조직을 구성한다. 따라서 유럽의회는 유럽공동체 기관 가운데 가장 초국가적 성격을 띠고 있다고 할 수 있다.[177]

사실, 이 같은 성격을 갖는 유럽의회가 입법과정에 개입하는 정도가 높아지면 높아질수록 입법과정은 지연될 수밖에 없을 것이다.[178] 또한 유럽의회의 권한강화는 유럽연합 제도 간 권력관계에도 영향을 미칠 수밖에 없다. 즉, 유럽의회의 권한강화는 집행위원회나 각료회의의 권한약화로 이어질 소지를 안고 있다. 그럼에도 유럽의회의 권한이 강화된 것은, 유럽공동체의 취약점으로 지적되어 온 '민주성의 결핍'을 부분적으로 해소하고, 유

력한 힘을 발휘할 수 있게 되었다. F. Jacobs and R. Corbett, *The European Parliament*(Boulder: Westview, 1990), p.8.

176) 유럽의회의 개입방식에 대한 자세한 소개로는 박찬욱·구갑우·김영순, "유럽공동체의 정책결정과정에서 국민국가와 초국가적 제도 간의 상호작용에 관한 연구", 『지역연구』 제3권, 제2호(1994), p.100을 참조.

177) 유럽의회에 대한 자세한 소개로는, M. Westlake, *A Modern Guide to the European Parliament*(London: Pinter, 1994)를 참조.

178) T. Sloot and P. Verscuren, "Decision-making Speed in the European Community", *Journal of Common Market Studies*, Vol. 29, No.1(1990). 이들은 입법과정의 속도에 영향을 미치는 변수로 유럽의회의 개입방식 이외에도 발의안의 종류, 각료회의 투표방식, 정책압력 등의 변수를 설정하고 경험적 연구를 수행하고 있다. 이들의 연구결과에 의하면, 발의안이 구속력이 강한 법규인가 아니면 지침인가 그리고 유럽의회의 개입방식이 입법과정의 속도에 가장 크게 영향을 미치는 변수이다.

럽연합이 생산하는 '정책의 정당성'을 제고하며, 마지막으로 초국가적 결정에 대한 '구속력'을 증대시키기 위한 방안으로 해석될 수 있다. 예를 들어 유럽의회는 공동결정 방식의 입법과정이 증대할수록 유럽연합의 투명성이 더욱 증진될 것이라는 입장을 표명하고 있다.[179)]

이상의 복잡한 입법과정을 가장 단순화한다면 〈그림 3-2〉와 같다. 〈표 3-2〉는 각료회의의 투표방식 및 유럽의회의 개입방식을 기준으로 정책영역을 분류한 것이다.

〈그림 3-2〉 유럽연합의 입법과정: 가장 단순한 모형

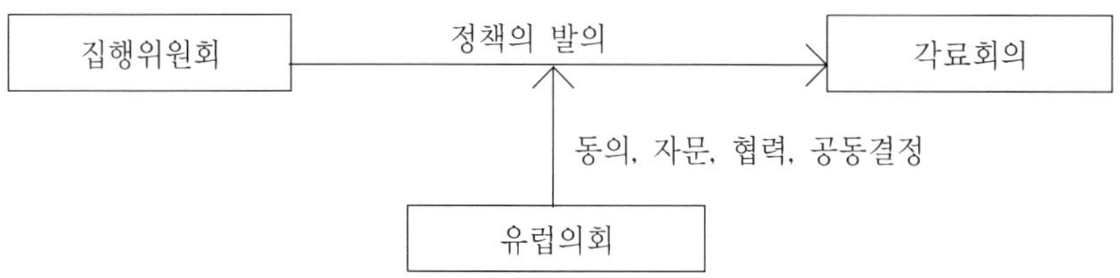

〈표 3-2〉 각 정책영역별 입법절차

각료회의 \ 유럽의회	비개입	동 의	자 문	협 력	공동결정
만장일치	사회(일부), 문화(일부), 어려운 경제상황을 교정하는 조처들	시민권, 지역정책 기금, 국제협정의 일부, 공동체 가입, 선거절차의 통일	시민권(일부), 기업설립의 권리(일부), 수송, 과세, 입법의 조화, 비자(일부), 사회(일부), 지역(일부), 환경(일부), 산업, 재정규제(예산문제), 국제협정의 일부		문화(일부), 연구개발 프로그램
특정다수결	교육(일부), 보건(일부), 무역정책, 사회(일부), 무역협정		공동농업정책, 비자(일부), 연구개발(일부), 국제협정의 일부	비차별, 수송(일부), 사회(일부), 사회기금, 직업훈련, TENs(일부), 지역정책의 실행, 연구개발정책의 실행, 환경(일부), 발전협력, 다자간 감시, 금융기관의 규제(일부), EMU하에서 주화의 발행	노동자의 자유로운 이동, 기업설립의 권리(일부), 서비스, 내부시장, 교육(일부), 환경(일부), TENs(일부), 보건(일부), 소비자 보호
비 고	조약의 개정, 새로운 회원국가의 가입, 유럽의회의 선거절차의 통일, 시민권의 일부분야에서는 회원국가의 비준이 요구됨				

자료: F. Hayes-Renshaw and H. Wallace, *The Council of Ministers*(New York: St. Martin Press, 1997), p.43.

---

179) EP News, May 1997.

〈표 3-2〉에서 볼 수 있는 것처럼, 유럽연합이 결정하는 많은 수의 정책이 각료회의의 특정다수결 및 유럽의회와의 협력 또는 공동결정으로 입법되고 있다. 이 정책영역에는 과거 회원국가의 독자적 영역으로 간주되던 공공 서비스 정책, 사회정책, 연구개발정책, 환경정책, 재정 및 금융정책 등이 포함되어 있다. 그리고 특정다수결과 협력 및 공동결정이 이루어지는 정책영역에서는 초국가적 정책 네트워크가 형성되고 있다고 볼 수 있다.

이 정책 네트워크의 일차적 구성원은 회원국가의 관료들 및 유럽연합 각 기구들의 구성원이라고 할 수 있다. 여기에 더해서 국민국가 수준에서의 정책결정과정처럼 안정적이지는 않지만, 다양한 이익집단들이 유럽연합의 정책결정과정에 참여하고 있다. 특히, 단일유럽법의 제정 이후 유럽수준에서 활동하고 있는 이익집단의 로비활동이 급증하고 있다. 유럽연합이 생산하는 다양한 공공정책들이 갑자기 폭증하면서 실제적으로 관련 행위자들의 이익에 영향을 미치게 되자, 단일유럽법 이전에는 보통 자국 정부를 통해 로비활동을 벌였던 이익집단들이 이제 유럽연합 정책결정과정에 직접 개입하려고 시도하고 있기 때문이다.[180]

유럽 차원의 이익집단(Euro-groups)이라고 명명되는 이 이익집단들 가운데서 1990년을 기준으로 산업적 상업적 이익을 추구하는 사용자 집단이 거의 50%를 차지하고 있고, 농업 및 식품업 관련 집단이 25% 정도이고, 약 20%가 금융을 비롯한 서비스 산업의 이익집단들이었다. 반면 노동조합, 소비자 보호, 환경문제 등과 같이 사회적 목표를 추구하는 유럽 차원의 이익집단은 약 5% 정도였다.[181] 또한 근래에 들어서는 개별 기업이나 회원국가의 지방정부 그리고 미국출신의 초국가적 기업이나 EC Committee of the American Chamber of Commerce(Amcham)와 같은 조직들이 적극적으로 유럽 차원에서 로비활동을 전개하고 있다.

〈그림 3-2〉에서 제시한 단순한 모형을 보다 복잡화하는 작업을 통해 이

---

180) 브뤼셀에 자리한 로비활동 전문회사인 Robinson Linton Associates의 managing partner인 P. Linton은 각료회의에서 만장일치라는 의사결정방식이 고수되는 상황에서 로비활동은 거의 아무런 의미를 가질 수 없었다고 주장하면서 1980년대 이전의 로비활동은 취미이지 직업이 아니었다고 말한다.

181) Mazey and Richardson, *op. cit.*, p.7.

이익집단들이 유럽연합 정책결정과정에 개입하는 방식을 고찰해 보자. 유럽연합의 정책결정과정은 의제설정단계, 정책협상 및 형성단계, 그리고 정책실행단계의 3단계로 구분할 수 있다.

유럽연합의 정책결정과정에 개입하고자 하는 이익집단의 로비활동이 가장 집중되는 부분은 의제설정단계이다. 일단 의제가 설정되면 그것을 역전시키는 데 소요되는 로비활동의 비용이 의제설정에 영향을 미치는 것보다 훨씬 더 많은 비용이 들 수 있기 때문이다. 집행위원회는 매년 초 일년 동안 예상되는 정책발의안을 제시하지만, 이 집행위원회의 의제설정은 매우 유동적이다. 또한 집행위원회라는 조직 자체가 회원국가에 의해 임명된 집행위원들로 구성되어 있고, 업무영역이 매우 분절화되어 있기 때문에 이 유동성이 더욱 증가하고 있다.[182]

집행위원회 정책담당 부서에서 작성하는 정책초안은 공식적으로 집행위원회에 의해 승인되어 각료회의와 유럽의회에 제출되기 전까지는 출간되지 않는다. 그러나 정책초안에 대한 비공식적 접근은 자유로운 편이다. 회원국가의 전문가들, 이익집단, 그리고 관련 당사자들은 이 정책초안을 열람할 수 있을 뿐만 아니라 정책초안에 대한 자문과정에 초대되기도 한다.[183] 그러나 UNICE나 ERT와 같이 유럽 차원에서 다양한 기업들을 포괄하고 있는 조직들이 이 과정에 대한 접근에 있어 특권적 지위를 갖고 있음은 부정할 수 없다.[184] 특히, 이 조직들은 기업특수적 목표가 아니라 전반적인 정치경제적 환경의 설정 또는 새로운 성장모형과 같은 공공정책을 제안하는 정치적 이익집단의 성격을 띠고 있다. 그리고 개별 기업들, 특히 대기업들은 집행위원회 내부의 각 DG와 긴밀히 연결되어 있기 때문에 독자적으로 영향력을 행사할 수도 있다.[185]

---

182) *Ibid.*, p.10.
183) M. Calingaert, "Government-Business Relations in the European Community", *California Management Review*, No.35(1993), p.123.
184) F. Bindi, *The Role of Eurogroups in the EU Decision-Making Process-* (Florence: European University Institute, 1994): G. Merritt, "Knights of the Roundtable: Can They Move Europe Forward Fast Enough?" *International Management*, July(1986).
185) 유럽기업들이 집행위원회에 침투하는 방식은 각국의 기업문화에 따라 상이하

집행위원회는 정책발의안의 완성 전에 정책초안을 토론하기 위한 문건[186]을 각료회의와 유럽의회에 보내거나 또는 사안의 중요성에 따라 공개적인 정책토론을 위한 문건인 녹서(green paper)를 발간하거나 또는 정책내용을 담고 있는 백서(white paper)를 발간하기도 한다. 녹서를 발간할 경우 해당 정책과 관련이 있는 대부분의 이익집단이 자문과정에 초대된다. 특히, 집행위원회가 소수의 인원으로 전문적 정책영역을 다루고 있기 때문에 공식적 비공식적 자문과정은 불가피하다고 볼 수 있다. 따라서 유럽연합의 의제설정과정은 정책에 대한 사전협상 과정으로 간주될 수 있다. 그렇기 때문에 6개월에 한 번씩 담당하는 각료회의 의장직을 수행하고 있는 회원국가의 정부가 예상되는 갈등을 사전에 조정할 수 있는 역할을 수행하기도 한다. 또한 환경단체와 같은 이익집단은 각료회의 의장직의 변동을 면밀히 관찰하면서 친환경적 정권이 들어서 있는 국가가 각료회의 의장직을 수행하는 시점에 환경관련 의제를 상정하여 이를 관철시키기도 한다.[187]

따라서 이익집단들이 집행위원회의 의제설정과정에 영향을 미칠 수 있는 통로로, 집행위원회 관료, 회원국가들의 해당 전문가, 유럽의회, 자국 정부 등이 상정될 수 있다. 그 가운데서 특히 집행위원회 관료들에 대한 로비활동이 가장 중요하게 부각될 수밖에 없다. 집행위원회의 관료들과 접촉할 수 없는 이익집단들의 경우, 자국 정부와 유럽의회가 중요한 로비활동의 대상으로 설정된다. 특히, 자국 정부에 대한 로비활동은 위험이 적고 가장 효율적일 수 있다. 그래서 여전히 회원국가의 이익집단들은 자국 정부를 통한 로비활동을 중요하게 생각하고 있다.[188] 의제설정단계에서 소극적 역

게 나타나고 있다. 자국의 정부-기업 관계의 성격에 따라 기업들이 집행위원회에 접근하는 방식은 상이하다. 예를 들어 가장 자유화되어 있던 영국기업의 경우 경쟁정책을 담당하는 DGIV와는 긴밀한 관계를 유지하고 있으나 중상주의적 정향을 보이는 DG XIII과는 그렇지 않다. 이 기업행태의 국가별 차이 및 기업이 집행위원회와 연계를 맺는 방식에 대해서는, K. Middlemas *et. al.*, *Orchestrating Europe: The Informal Politics of European Union, 1973-1995* (London: Fontana, 1995), p.63을 참조.

186) 이 문건들은 일반적으로 Communication이라는 제목을 달고 있다.

187) Royal Society for the Protection of Birds의 manager인 J. Taylor와의 면담.

188) W. Grant, "Pressure Groups and the European Community: An Overview", in S. Mazey and J. Richardson(eds.), *Lobbying in the European Community*

할을 수행할 수밖에 없는 유럽의회를 통해서 의제설정과정에 영향을 미치려는 이익집단들은 대부분 노동세력이나 환경운동단체와 같이 집행위원회와 정기적 접촉을 할 수 없는 이익집단들이다.[189]

〈표 3-3〉은 1993년에 제안된 집행위원회 정책발의안의 기원을 정리한 것이다.

〈표 3-3〉 집행위원회 정책발의안의 기원

발의안의 기원	비율(%)
순수하게 '자발적인' 집행위원회의 발의	6
국제협정을 준수하기 위한 발의	18
현존하는 법률의 개정	15
회원국가의 요구에 대한 반응	13
각료회의와 합의된 프로그램	12
조약의 요구사항	8
각료회의가 요구하는 것을 이행	8
산업의 요구	8
유럽법원의 판결을 이행	2

자료: M. Westlake, *The Council of the European Union*(London: Cartermill, 1995).

위의 표에서 볼 수 있듯이 집행위원회의 순수한 자발적 발의는 6%에 지나지 않는다. 국제협정의 준수, 현존하는 법률의 개정, 각료회의와 합의된 프로그램을 위한 발의가 45%나 된다는 점에서 일정하게 신기능주의자들이 주장하는 침투확산의 효과가 있음을 확인할 수 있다. 회원국가 및 각료회의의 요구가 21%라는 점에서 여전히 회원국가의 영향력이 가장 크다는 것을 확인할 수 있다. 따라서 이익집단들이 유럽연합 정책결정과정에 영향을

(Oxford: Oxford University Press, 1994)를 참조. 역으로 회원국가의 이익집단들은 국내정책에 영향을 미치기 위해 유럽공동체 차원에서의 새로운 의제설정을 위해 노력할 수도 있다. 역(逆)로비활동이라고 할 수 있는 이 로비활동도 현재 유럽공동체에서 자주 시도되고 있다. 특히, 회원국가의 각종 규제조치를 완화하거나 폐지하기 위해 보다 자유주의적 정책을 추진하고 있는 유럽공동체에 의존하는 것은 상당히 유효한 로비활동일 수 있다.

189) Mazey and Richardson, *op. cit.*, p.12.

미칠 수 있는 통로로 회원국가의 정부는 여전히 유효하다. 그러나 주목되는 점은 산업의 요구에 의한 정책발의안이 8%에 지나지 않지만 경향적으로 이 비율이 증가하고 있다는 점이다. 특히, 이 산업집단은 국민국가를 경유하지 않고 직접 유럽연합에서 로비활동을 수행하는 경우가 많다.

의제설정단계에서 나타나는 다양한 이익집단의 개입 및 제도 간 관계를 도식화하면 〈그림 3-3〉과 같다.

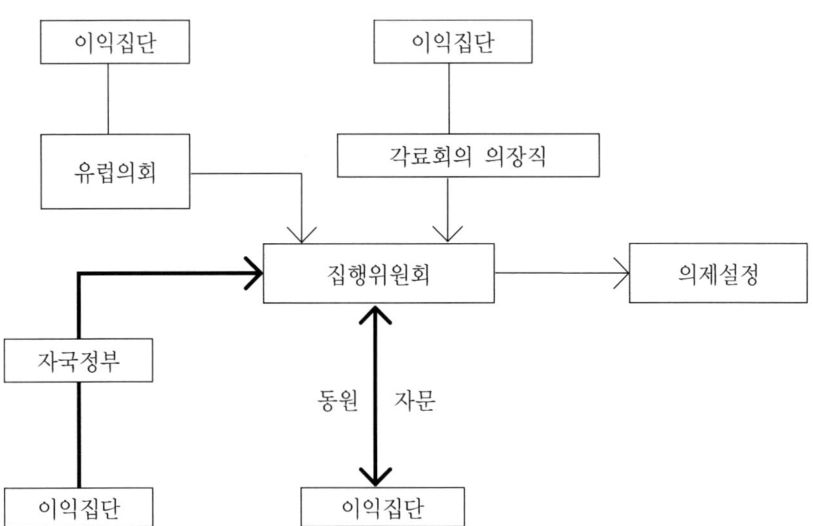

〈그림 3-3〉 의제설정단계에서 이익집단의 개입 및 제도 간 관계

*실선의 굵기는 영향력의 강약을 의미한다.

일단 의제가 상정되면, 이 의제는 각료회의로 이관되고 정책영역별로 유럽의회가 개입하게 된다. 각료회의의 의사결정방식이 부분적으로 특정다수결로 전환되면서 각료회의에 대한 로비활동이 증가했다. 만약 영국, 프랑스, 독일, 이탈리아, 스페인의 5개 국가가 합의하면 특정다수결 제도하에서도 어떤 의제도 통과될 수 있지만, 이들 사이에 갈등이 발생한다면 이익집단이 개입할 여지가 생기게 된다.[190] 특히 유럽 차원의 이익집단들은 자신

---

190) 회원국가들 사이에 특별한 갈등이 존재하지 않는 의제는 대부분 각료회의에

들에게 불리할 수도 있는 어떤 의안에 대한 '통과 저지선'을 형성하기 위해 소규모 회원국가들과 협상을 벌일 수도 있다. 또한 이 이익집단들은 유럽의회의 협력 및 공동결정이 소극적 반대를 이끌어낼 수 있기 때문에 어떤 의제에 대한 반대를 위해 유럽의회에 접근할 수도 있다.

유럽의회가 집행위원회와 유사하게 이익집단에 개방되어 있는 반면, 각료회의는 그 활동을 일반에 공개하지 않는다. 최근 각료회의의 결정과정에 대한 투명성 제고를 요구하는 스칸디나비아 국가들의 요구에 따라 부분적으로 각료회의 회의록이 공개되고 있지만 여전히 각료회의는 비밀주의 원칙을 고수하고 있다. 각료회의의 하부에는 회원국가에서 파견된 상주대표부가 있고 그 밑에는 회원국가의 고위 관료들로 구성된 다양한 특별위원회들이 있다. 그리고 각료회의의 활동을 보조하는 사무국이 설치되어 있다. 사실상 전문적인 의제에 대한 토의는 회원국가의 관료들로 구성된 상주대표부와 특별위원회에 의해 수행된다고 해도 과언이 아니다. "상주대표부가 어떻게 일하고 있는가를 관찰하는 것이 유럽연합이 어떻게 작동하는가를 이해하는 것이다"라는 말이 있을 정도로 상주대표부와 그 하부 기구는 사실상 정책결정에 있어 핵심적 기능을 수행한다.[191]

따라서 이익집단들의 관점에서 자신들의 이익을 실현하기 위해서는 유럽 차원에서 로비활동보다는 자국 정부의 관료들을 만나는 것이 더 유익할 것이다. 특히 정부-기업 또는 정부-산업 관계의 측면에서 보면, 유럽대륙의 사회타협적 국가들에서 자국 정부에 대한 로비활동은 상당히 구조화되어 있다고 볼 수 있다. 이 국내적 수준에서의 로비활동은 기업 단독으로 수행되기도 하지만 대부분의 회원국가에서는 일반적으로 프랑스의 Patronat, 독일의 Association of German Industry(BDI), 영국의 CBI와 같은 포괄조직이나 산업부문별 조직에 의해 수행된다. 그러나 각국별로 정부-산업 관계는 차이를 보이고 있다.

상정되지 않고 집행위원회와 회원국가의 상주대표부(COREPER)가 합의 형식으로 통과된다. 이것은 'A 학점 절차'로 불리우고 있다. 자세한 내용은 F. Hayes-Renshaw and H. Wallace, *The Council of Ministers*(New York: St. Martin Press, 1997), pp.80-1을 참조.

191) *Ibid.*, p.72.

　학연으로 정계와 재계의 인물들이 긴밀히 얽혀 있는 프랑스는, 강력한 정부의 주도하에 정부-기업, 정부-산업 관계가 매우 밀접한 국가이다.[192] 독일도 정부-산업 관계가 매우 밀접하기는 하지만 노동조합이 정부-산업 관계에 개입할 수 있는 여지가 많은 국가이다. 반면 영국에서는 산업세력이 국내적 정책결정과정에 참여하는 것이 제도화되어 있기는 하지만 유럽대륙 국가들과 비교한다면 긴밀하지 않은 편이고, 특히 1979년 보수당 정권이 들어선 이후 정부의 산업에 대한 지원이 감소하고 있다. 이 영국의 상대적으로 덜 긴밀한 정부-산업 관계가 영국의 이익집단들이 유럽수준의 조직에 대한 적극적 지지 및 브뤼셀에서 가장 열정적인 로비활동을 하게 만든 요인으로 해석될 수도 있다. 다른 유럽대륙 국가보다 정부의 불안정 때문에 정부-산업 관계가 안정화되어 있지 않은 이탈리아에서도, 많은 기업 및 이익집단들이 유럽 차원의 로비활동을 적극적으로 전개하고 있다.

　대부분의 유럽대륙 국가들에서 정부-산업 및 정부-기업 관계 또는 정책 네트워크가 안정화되어 있다고 평가할 수 있지만, 특정다수결이 적용되는 사안에 대해 어떤 이익집단이 반대의사를 갖고 있을 경우 타국 정부를 설득하는 것도 유용한 방식이 될 수 있다. 더 나아가 범지구적 차원에서 활동하고 있는 대기업의 최고 책임자들이 동맹을 형성하여 회원국가의 영향력 있는 정치가 및 관료들 또는 국가수반과의 모임을 통해 직접적으로 자신들의 이익을 실현하는 것도 가능할 수 있다. 특히 유럽 차원에서 전략적 제휴가 증가하면서 이러한 형태의 로비활동의 가능성이 증대하고 있다.

---

192) 대부분의 프랑스의 정관계 및 재계 인사들은 소위 grandes écoles 출신이다. 1985년부터 집행위원회 위원장직을 역임하면서 단일유럽시장의 형성을 적극적으로 견인한 인물인 J. Delors가 이 grandes école 출신이 아니라는 점이 매우 흥미로운 사실이다. 따라서 그가 유럽인으로 활동할 수밖에 없었던 이유를 추측할 수 있다. 그가 프랑스의 정재계의 인맥에 참여하는 것은 쉽지 않은 일이었을 것으로 보인다. 그의 유럽에 대한 관심은 이 출신배경으로부터 추론될 수도 있다. 현재 Delors의 정치여정과 그의 유럽통합에 대한 헌신을 전기적으로 저술한 책으로는, C. Grant, *Delors: Inside the House that Jacques Built* 와 G. Ross, *Jacques Delors and European Integration*가 유용하다. 전자가 언론인의 관점에서 본 J. Delors와 유럽통합에 대한 기록이라면 후자는 전문적 유럽연구자의 참여관찰을 토대로 작성된 기록이다.

단일유럽시장의 형성과정에서 확인할 수 있듯이 유럽의 대기업 최고 책임자들은 이제 '정치가'로서 활동하고 있다.

만약 어떤 정책사안에 대해 회원국가들 사이에 갈등이 심화되면, 각료회의는 '협상'의 장으로 변모하게 된다. 그러나 이 협상은 전통적인 정부 간 협상과 차이를 보이고 있다. 신기능주의나 구성주의에서 주장하는 것처럼, '회원국가'의 선호가 정부 간 상호작용 및 비정부적 행위자의 개입을 통해 '재정의'되면서 합의가 이루어지는 이른바 '공동체 방법'(Community method)이 작동하고 있다고 볼 수 있다.[193] 이 공동체 방법은 집행위원회가 회원국가 사이의 갈등을 중재하는 역할을 수행함으로써 더욱 안정적 협상틀로 발전하고 있다. 그러나 이 방법이 모든 정책영역에 적용되는 것은 아니다. 유럽연합에서 나타나는 정책영역별 불균등발전은 바로 이 공동체 방법이 적용되는 영역과 그렇지 않은 영역을 구분하는 것이 중요함을 말해주는 것이다. 본 연구에서 일관되게 주장하고 있는 것처럼, 순조로운 정책발전이 이루어지는 부분은 초국가화한 자본의 이해와 밀접하게 관련되어 있는 영역들이다.

유럽의회의 각종 위원회는 사적 행위자들에게 개방되어 있다. 유럽의회 자체가 소극적 권력을 유지하고 있다는 점에서 사적 행위자들도 특정 사안에 대한 정책결정을 방해하기 위해 유럽의회에 접근할 수 있다. 따라서 유럽의회는 주요한 로비활동의 대상이 아니라고 할 수 있다. 유럽의회에 대한 접근은 일반적으로 특정 정책을 담당하고 있는 유럽의회 의원(MEP)과의 접촉을 통해 이루어진다. 500명이 넘는 유럽의회 의원이 존재하지만, 아주 구체적 정책영역을 담당하고 있는 의원은 극히 소수이다. 각 정파별로 특정 정책을 담당하는 의원이 배당되기 때문이다.[194]

정책형성단계에서 이익집단의 개입 및 제도 간 관계를 도식화하면 〈그림 3-4〉와 같다.

---

193) Hayes-Renshaw and Wallace, *op. cit.*, pp.253-73
194) Calingaert, *op. cit.*, p.127.

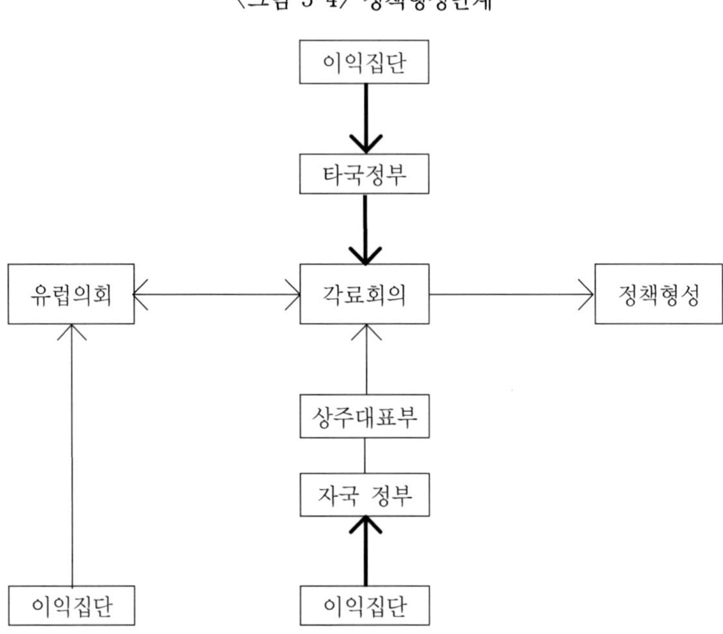

<그림 3-4> 정책형성단계

*실선의 굵기는 영향력의 강약을 의미한다.

유럽연합의 정책실행은 '보조성'의 원칙에 따라 가장 적절한 실행 주체에 부과된다. 따라서 대부분의 정책실행은 회원국가 정부의 책임이다. 집행위원회에 위임되는 대표적 정책은 바로 '경쟁정책'이다. 집행위원회는 각료회의의 위임에 기초하여 정책실행 및 정책실행의 감독을 위해 법규, 지침, 결정 등을 제정할 수 있다. 집행위원회 내부의 정책실행을 위한 의사결정은 원칙적으로 집행위원들의 단순 다수결 투표로 이루어진다. 그리고 특별한 반대가 없다면 서면절차로 간소화된다. 그러나 각료회의로부터 권한이 위임된 사안을 위한 이차적 입법에는 특별한 절차가 도입된다.

1987년 7월 13일 각료회의의 결정으로 이른바 '위원회 절차'(comitology)가 도입되면서 회원국가가 집행위원회의 의사결정과 정책실행과정을 견제하는 방법이 보다 세련화되었다. 이 결정으로 집행위원회와 함께 정책실행과정을 토론하는 '자문위원회'(advisory committee), '운영위원회'(management committee), 그리고 '규제위원회'(regulatory committee)가 '공식적'으로 운영되기 시작했다.195) 만약 이들 위원회가 집행위원회의 제안에 대해 호의적 의견을 제시하지 않는다면, 그 안건은 다시 각료회의에 회부된다. 그러나 이 위원회들의 운영원칙이 위의 각료회의 결정에 명확히 언급되어 있지는 않다.196)

이 위원회 절차의 공식화로 인해 유럽연합 제도 간 갈등이 유발되기도 했다. 유럽의회는 이 위원회들이 기각한 제안이 각료회의로만 이관되는 것에 강력히 저항했지만, 유럽의회의 이 저항은 특별한 소득을 거두지 못했다. 따라서 이 위원회 절차로 인한 가장 큰 피해자로 유럽의회를 지적하기도 한다.197) 또한 집행위원회 산하에 회원국가의 대표들로 구성된 위원회가 설치됨으로써, 정책실행과정에서 회원국가 사이의 갈등 및 회원국가들의 이익과 공동체 이익의 갈등을 사전에 조정할 수 있는 메커니즘이 마련되었다는 이점이 있기는 하지만, 이 위원회 절차로 인해 집행위원회가 각료회의의 '식민지'로 전락할 가능성도 높다.

유럽연합의 정책실행에 있어 중요한 역할을 하는 또 다른 기구가 유럽연합을 구성하는 조약들을 해석하는 기관인 유럽법원이다.198) 집행위원회는

---

195) 원래 이 위원회들은 유럽공동체 예산 가운데 가장 많은 양이 투입되는 공동농업정책의 실행과정에서 실제로 운영되던 것들이었다. 자문위원회는 집행위원회에 정책실행과 관련된 의견을 제시한다. 그러나 집행위원회에 대한 구속력은 없다. 집행위원회는 운영위원회에 입법초안을 제출하고 운영위원회는 특정다수결의 방식으로 의견을 제출한다. 만약 집행위원회와 운영위원회의 의견이 상충될 경우 이 안건은 각료회의로 이관되고 각료회의는 1개월 이내에 집행위원회의 결정을 번복할 수 있다. 운영위원회 제도는 아주 폭 넓게 사용되고 있고 매우 원활하게 작동하고 있다. 규제위원회는 자문위원회나 운영위원회보다 강한 구속력을 갖고 있는 위원회로, 식료품이나 환경보호 등과 같이 유럽 차원의 공동기준을 마련하는 과정에서 사용되기 시작했다. 규제위원회가 특정다수결로 집행위원회의 실행조처를 승인하지 않는다면, 정책실행은 불가능할 수도 있다. E. Noel, *Working Together-The Institution of the European Community*(Luxembourg: Office for Official Publications, 1992), pp.16-7.

196) M. Cini, *The European Commission: Leadership, Organisation and Culture in the EU Administration*(Manchester: Manchester University Press, 1996), p.162.

197) *Ibid.*, pp.162-3.

198) 유럽법원의 작동방식 및 유럽법원이 유럽공동체의 발전과정에서 수행한 역할에 대해서는, J. Dine, S. Douglas-Scott and I. Persaud, *Procedure and the*

정책실행과정에서 위반이 발생할 경우 해당 행위자에게 사유서를 제출하도록 요구한다. 그러나 사유서 제출 이후에도 여전히 정책실행을 위반하는 사례가 발견되면 집행위원회는 그 행위자를 유럽법원에 제소한다. 유럽법원의 결정은 제소자와 피제소자 모두에게 구속력을 갖는다. 유럽법 연구자들의 연구성과에서 볼 수 있듯이, 유럽법원은 유럽공동체 기구 가운데 가장 초국가적 성격을 띠고 있다. 유럽법원의 결정은 각료회의나 집행위원회의 정책의도를 넘어서는 경우가 발생하기도 한다. 그렇기 때문에 유럽법원이 '대체입법자'라는 평가를 받기도 한다.

유럽법원도 이익집단들이 로비활동의 대상으로 삼는 주요한 기관 가운데 하나이다. 특히, 환경조직이나 여성운동단체 등이 유럽연합의 환경지침이나 남녀평등지침을 실행하지 않는 회원국가들에 저항하기 위해서 유럽법원을 활용하고 있다.[199] 환경운동, 여성운동, 소비자운동 등과 같이 유럽 차원의 연대를 형성할 수 있는 조직들은 현재 유럽법원을 자신들의 조직된 이익을 실현할 수 있는 기구로 생각하고 있다. 역으로 회원국가의 정부들도 유럽연합 집행위원회나 유럽의회의 권한을 축소하기 위해 유럽법원을 이용하기도 한다. 그럼에도 유럽법원이 '유럽적 이익'(European interest)를 수호하면서 집행위원회의 활동을 적극 지지하는 대표적 기관임은 분명하다.

정책실행과정을 단순화하면 〈그림 3-5〉와 같다.

European Court(London: Chancery, 1991)을 참조.
199) Mazey and Richardson, *op. cit.*, p.15.

<그림 3-5> 정책실행과정

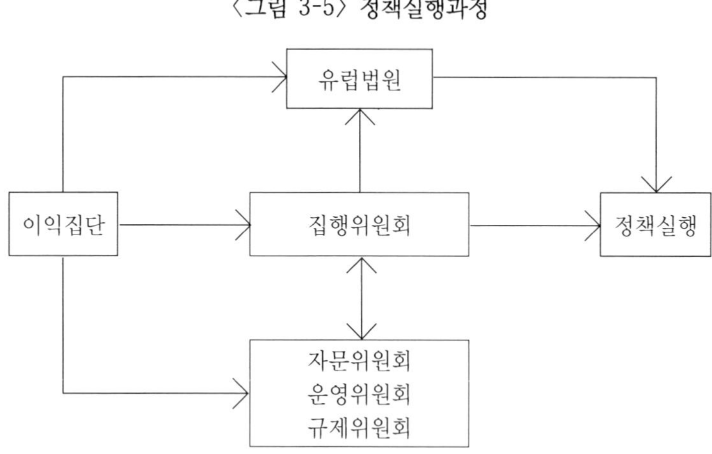

6-3. 보론: 유럽연합의 법

　유럽연합의 입법은 유럽연합을 설립하는 각각의 개별 조약에 근거한다. 예를 들어 각료회의가 테러리스트의 처벌을 위해 공동체 차원에서 사형제도의 도입을 결정하는 것은 조약에 근거한 것이 아니기 때문에 실현이 불가능하지만, 공동체 차원에서 테러리스트를 추적하는 법률을 제정하는 것은 유럽연합 조약에서 그 입법의 근거를 발견할 수 있기 때문에 가능하다.[200]

　현재 유럽연합의 법은, 각료회의와 집행위원회가 법규(regulation), 지침(directive), 결정(decision), 권고(recommendation), 의견(opinion)의 형태로 제정한다. 법규는 일반적으로 적용되고, 적용 대상자 모두에게 '구속력'을 갖고 있으며, 회원국가 내에서 다른 특별한 절차를 거치지 않고 회원국가의 국내법과 동일한 지위를 갖는다. 지침은 법규와 마찬가지로 구속력이 있지만, 그 실행의 방법은 회원국가에 일임된다. 결정은 구속력과 개별적 적용성을 갖지만, 그 적용대상이 불특정다수가 아니라 특정 회원국가 또는 특정 당사자에 국한된다는 점에서 법규와 다르다. 권고와 의견은 구속력이

---

200) S. Budd and A. Jones, *The European Community*(London: Kogan Page, 1992), p.52.

없는 '연성법'(soft law)이다. 연성법들이 구속력이 없기는 하지만, 회원국
가, 유럽연합 기구, 기업 및 개인의 행동에 영향을 미치고 있고 이를 통해
공동체의 결속이 강화되기도 한다.[201] 이상의 법률 가운데 실행과정에서
회원국가의 자율성을 인정하는 '지침'이 가장 자주 사용되는 정책도구이다.

그러나 이 형식적 규정이 현실에서는 변형되고 있다. 이 과정에서 유럽
법원이 개입하여 문제가 되는 법을 재규정하는 상황도 발생하고 있다. 예
를 들어 법규로 규정되었지만 결정의 내용을 담고 있을 수 있고, 지침의
경우에도 회원국가가 형태와 방법을 선택할 수 없는 경우도 있다. 따라서
유럽법원은 형식적 규정보다는 실제적 내용에 중점을 두고 판결을 내리고
있다.[202] 또한 유럽연합 법의 범주에는 들어 있지 않지만, 1971년 유럽도로
수송협정(European Road Transport Agreement)을 둘러싼 각료회의와 집
행위원회의 갈등이 발생한 이후, 유럽법원은 각료회의의 자율성이 충분히
인정되는 '결정'(resolution)을 새로운 법의 형태로 인정했다. 이와 더불어
각료회의가 채택한 각종 선언이나 헌장 등도 연성법으로 인정되고 있다.

---

201) Cram, *op. cit.*, pp.4-5.
202) T. Hartley, *The Foundation of European Community Law*(Oxford: Oxford
University Press, 1981), pp.83-5.

제4장 통신정책의 정치경제: 그 원형의 탐색

1. 서 론

대부분의 국가들에서 자국이 운용하는 통신 네트워크의 지리적 경계는 국민국가 내부로 한정되었다. 따라서 국제적 혹은 세계적 차원의 통신 네트워크는 국민국가 네트워크들의 '상호접속'을 통해 구성되었다. 통신 네트워크의 이 지리적 경계는 사실상 국가의 지리적 경계와 동일시되었다. 즉, 근대적 형태의 통신들인 우편, 전신, 그리고 전화 서비스 등은 근대국가의 형성, 자본주의적 시장의 형성 그리고 국민건설의 과정에서 중요한 매개체 역할을 수행했다.

예를 들어 통신 네트워크는 국민국가들의 영토적 경계를 획정하는 데 있어 결정적 역할을 수행한 각종 전쟁에서 승리하기 위한 필수적 도구였다. 또한 통신 네트워크가 부재했다면, 폭력의 독점, 입법과정, 과세 등과 같은 국가의 중심적 기능들을 실행하는 것이 불가능할 수도 있었다. 국가가 외부의 폭력과 경쟁으로부터 보호되는 국민적 시장(national market) 및 자본주의적 경제질서를 건설하는 과정에서도 통신 네트워크는 필수적 시설이었다.

통신은 국민건설의 과정에서도 중요한 역할을 수행했다. 국가 내부에서 통신 네트워크의 지리적 확장을 통해 지배계급은 영토 내의 인민들을 국민으로 통합할 수 있었다. 즉, 하나의 헤게모니 프로젝트로서 국민건설 과정은, 상당 정도 통신기술의 발전에 의존했다.[1] 특히, 국민적 정체성이 상상되는 과정에서 중요한 역할을 수행한 '인쇄 자본주의'(print-capitalism) 산업에 종사하던 자본가들이 그들의 독자에게 생산된 인쇄물을 전달하기 위

---

1) 대부분의 민족주의 연구자들은 국민건설 과정에서 통신수단이 수행한 역할을 언급하고 있다. K. Deutsche, *Nationalism and Social Communication*(Cambridge: The MIT Press, 1966); E. Gellner, *Nation and Nationalism*(London: Basil Blackwell, 1983); B. Anderson, *Imagined Communities*(London: Verso, 1983)을 참조.

해 우편사무를 관리하는 책임자들과 동맹을 형성했다는 사실에 주목할 필요가 있다.[2] 이 제휴관계는 통신부문에 등장한 정책연합 또는 정책 네트워크의 최초 형태였다.

그러나 통신 네트워크의 '국민국가적 성격'이 필연적인 것은 아니었다.[3] 원칙적으로 생각해 본다면, 통신 네트워크가 반드시 국민국가 내부로 한정될 필요는 없다. 근대적 통신수단들이 등장하던 시점에서의 기술적 능력의 한계로 인해 통신 네트워크가 국민국가 수준에서 건설되었다고 주장될 수도 있지만, 기본적으로 통신 네트워크의 국민국가적 성격은 국가에 의해 인위적으로 부과된 것이었다. 즉, 지리적 경계를 넘어서는 통신 네트워크의 형성은 국가에 의해 제약되어 왔다.

2. 통신이란 무엇인가?: 통신의 기술적 구조

먼저 통신의 기술적 구조부터 살펴본다. 통신의 정치와 경제는 상당 부분 그 기술적 구조를 기초로 구성되기 때문이다. 일반적으로 통신에 대한 정의는 해당 통신 네트워크에 사용되는 기술과 정보의 전달방식에 따라 다양할 수 있다. 이 장에서는, 통신의 기본 개념을 추출하기 위해, 하나의 교환 시스템(switching system)을 갖는 가장 단순한 모형을 가정한다.

telecommunications이라는 영어 단어는 고대 그리스어에서 '멀리 떨어져'(far off) 있음을 의미를 갖는 *tele*와 라틴어에서 '공유하다'(share)라는 의미를 갖고 있는 *communicare*라는 단어의 합성어이다. 즉, 통신은 원격 코뮤니케이션 혹은 원격 통신을 의미한다. 여기서 코뮤니케이션은 사람들, 장소, 혹은 기계들 사이에 정보를 재현하고, 이전하며, 해석하고, 가공 처리

---

2) B. Anderson, *op. cit.*

3) 예를 들어 국내 전화와 국제 전화 요금의 차이가 반드시 지리적 거리에 의해 결정되지는 않는다. 국경 근처에 살고 있는 전화 사용자는 멀리 떨어져 있는 국내의 친구에게 전화할 때보다 지리적으로 가까운 거리에 있는 외국 친구에게 국제 전화를 할 때, 더 많은 요금을 지불할 것이다.

하는 과정이다. 그 과정에는 송신자 혹은 송신기, 수신자 혹은 수신기, 그리고 전송매체의 세 가지 구성요소가 존재한다. 그리고 그 과정에서 정보가 유통된다.[4]

따라서 통신은 정의상 네트워크를 필요로 한다.[5] 그 네트워크는 결절점(nodes), 연결선(links), 그리고 통화량(traffic)으로 구성된다. 결절점은 교환 시스템으로 표현되고, 연결선은 전송장치로 표현된다. 통화량은 네트워크 내부에서, 결절점 사이에서, 그리고 연결선을 통과하는 정보의 흐름이다.[6] 통신이 그 존재 특성상 네트워크 속성을 갖는다는 사실은 통신산업의 생산물에도 반영되고 있다. 즉, 통신산업은 적어도 세 가지 다른 유형의 장비를 생산해야 한다.

첫째, 네트워크에는 단말기들(terminals)을 연결하고, 중앙 통제소에서 전체 통신을 조정할 수 있는 '교환장비'가 필요하다. 둘째, 단말기 스테이션과 교환 센터 사이에서 신호(signal)를 운반하는 '전송장비'가 필요하다. 이 전송장비는 단순한 이중 구리선부터 광섬유(optical fibre) 그리고 인공위성에 이르기까지 매우 다양하다. 셋째, 한 명의 최종 사용자로부터 다른 최종 사용자에게 네트워크를 통해 정보를 전송하는 '단말기'가 있어야 한다. 이 단말기의 종류로는 단순한 전화기, 자동식 구내 교환기(Private Automatic Branch Exchange, 이하 PABX로 표기), 팩시밀리 등이 있다.[7] 〈그림 4-1〉은 이 세 장비가 연결되는 가장 단순한 형태이다.[8]

---

4) J. Pecar, R. O'Connor and D. Garvin, *The McGraw-Hill Telecommunications Factbook*(New York: McGrw-Hill, 1993), p.4.
5) 통신 네트워크 개념과 순수과학에서부터 사회과학에 이르기까지 분석도구로 사용되는 다양한 네트워크 개념에 대한 소개로는, E. Noam, *Telecommunications in Europe*(Oxford: Oxford University Press, 1992.), pp.26-8을 참조.
6) Pecar et al., *op cit.*, p.5.
7) OECD, *Telecommunications: Pressures and Policies for Change*(Paris: OECD, 1983), pp.19-20; A. Roobeek, "Telecommunications: An Industry in Transition" in H. W. de Jong(ed.), *The Structure of European Industry*(Dordecht: Kluwer Academic Publishers, 1988), p.302.
8) 우편, 전신, 무선 통신, 그리고 뉴미디어를 사용하는 네트워크를 묘사하기 위해서는 또 다른 그림이 필요할 것이다. 그러나 여타의 통신망을 구성하는 기본개념은 위의 전화통신 네트워크와 크게 다르지 않다.

<그림 4-1> 통신 네트워크: 음성 전화통신의 사례

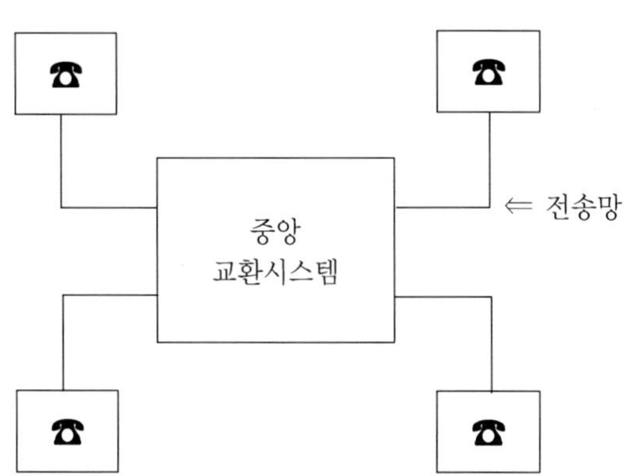

그러나 기술적 장비만으로 통신 네트워크는 작동하지 않는다. 통신 네트워크가 기능하기 위해서는, 즉 기술적 장비들이 하나의 네트워크로 통합되기 위해서는, 이 네트워크의 운용체계를 규정하는 '규칙' 및 '제도'가 존재해야 한다. 예를 들어 우리가 일상에서 자주 사용하는 자동차의 사례를 보면, 규칙이나 제도의 필요성이 쉽게 이해된다. 조각조각의 복잡한 기계장비들이 자동차로 기능하기 위해서는, 그것을 수송수단으로 운용할 수 있게 하는 도로와 규칙이 있어야만 한다. 만약 이 도로와 규칙이 없다면, 자동차는 박물관의 전시물이 될 수밖에 없다.9) 동일하게 통신장비들도 통신 네트워크가 기능할 수 있게 만드는 필요조건일 뿐이다. 거기에 더해, 만약 통신 서비스가 하나의 상품이라면, 그것은 또한 사회 속에 존재하고 있는 사용자들에 의해 소비되어야 한다. 따라서 통신 네트워크는 다음과 같은 기본적 행위 주체들을 필요로 한다.

(1) 통신 네트워크에 관한 규칙을 제정하는 '규제자'(regulator);
(2) 통신 네트워크를 설계·관리·통제·유지하는 '운용자'(operator);
(3) 통신장비 '공급자'(supplier);
(4) '사용자'(user).

---

9) J. Street, *Politics & Technology*(London: Macmillan, 1992), p.9.

1980년대 초반까지 대부분의 유럽지역의 나라들에서는, 정부의 한 부처나 혹은 공공기업이 통신 네트워크의 규제와 운용을 모두 책임져 왔다. 통신 서비스가 국민경제의 하부구조로 인식되고, 동시에 국민 일반에게 공급해야 하는 공공재로 간주되었기 때문이다. 그러나 미국에서는 '연방 통신위원회'(Federal Communications Commission, 이하에서 FCC로 표기)가 통신 네트워크와 관련된 제반 사항을 규제하고 통신정책을 입안하는 역할을 수행했지만, 통신 네트워크는 1980년대 초반까지 사기업인 American Telephone and Telegraph(이하에서 AT&T로 표기)와 그의 지역 자회사인 Bell 시스템에 의해 독점적으로 운용되었다. 사실 통신 네트워크의 규제 및 운용과 관련하여 제기되는 중요한 문제는 '누가', '무엇을' 위해 그리고 '누구를' 위해 통신 네트워크를 통제하는가이다. 이점에서 1980년대 중반 이후 규제와 운용을 제도적으로 분리하려는 경향에 주목할 필요가 있다.

1980년대 중반까지 대부분의 유럽국가들에는 하나 혹은 두개의 기업이 교환장비를 공급해 왔다. 이 기업들은 대부분 국민국가를 대표하는 대기업이었고, 이 기업의 최고 책임자들은 통신 네트워크의 운용자와 친밀한 관계를 유지하고 있었다. 1980년대 중반 이후, 통신 네트워크 운용자들과 이 기업들의 수직적 통합이 해체되기 시작했다.

일반적으로 사용자는 '기업사용자'와 '가정사용자'로 구분한다. 통신 네트워크의 주 사용자는 기업이라고 할 수 있다. 대부분의 국가에서 전화는 1960년대까지 사치품으로 분류되었다. 따라서 모든 자본주의국가들에서 통신 네트워크의 운용방식에 대한 기업사용자의 의견은 통신정책의 형성에 지대한 영향을 미쳐 왔다. 1970년대 초반부터 기업사용자들은 새로운 종류의 통신 서비스를 도입하기 시작했고, 또한 통신 네트워크 운용자가 새로운 서비스를 제공하도록 압력을 가하고 있다.

당분간, 통신 네트워크의 기술적 구조에서 도출한 위의 행위 주체들을 통신정치에서 핵심적 역할을 수행하는 주요 행위자로 가정한다. 그러나 통신부문과 이해관계를 갖고 있는 정치제도와 경제적 이익집단들을 고려한다면, 행위자의 숫자는 상당 정도 증가할 것이다. 좀 더 많은 수의 행위자가 개입하는 통신정치에 대해서는 나중에 다시 언급할 것이다.

3. 사적 네트워크에서 공공 네트워크로의 이행

3-1. 생산의 일반적 조건

처음부터 국민국가 정부나 공공기관이 통신 네트워크를 소유한 것은 아니었다. 당연히 통신 네트워크의 규제 및 운용도 정부의 독점적 영역이 아니었다. 국민국가 정부들이 강제적으로 또는 법 제정 절차를 거쳐 통신 네트워크를 국유화하기 이전에는, 사적 통신 네트워크들이 경쟁하고 있었다. 우편 서비스도 예외가 아니었다. 예를 들어 영국에서 우정국(郵政局, Post Office)이 우편업무를 개시한 것은 1609년이지만, 거리에 상관없이 표준요금을 지불하는 '페니 포스트'(penny post) 제도가 도입된 1840년 직후에야 사적 우편기관이 사라졌다.

따라서 유럽국가들처럼 정부가 통신 네트워크를 소유한 경우나 또는 미국과 같이 공공기관이 규제의 역할을 수행하고 사기업이 네트워크를 운영하는 경우 모두, 사적 통신 네트워크의 경쟁체제보다 독점적 체제가 보다 효율적인 서비스와 저렴한 요금을 제공할 수 없었다면, 그 독점체제가 생존하는 것이 매우 어려웠을 것이다. 이것은 사실이었다. 즉 정부가 통신 네트워크를 소유하고 통제한 유럽국가들에서도 미국과 유사한 수준의 통신 서비스가 제공되었다. 그리고 통신 네트워크가 완벽하게 발달하지 않은 국가들에서는 현재도 정부가 통신 네트워크를 소유하고 통제하는 것이 더 높은 경제적 효율성을 산출할 수도 있다. 그러나 상황은 변하고 있다. 특히 1980년대 중반 이후 선진자본주의국가들에서 통신 네트워크를 소유하고 있는 정부기관들이 통신 네트워크의 탈독점화 및 민영화 정책을 추진하고 있기 때문이다.

통신독점을 바라보는 부정적 시각의 확산은 선진자본주의국가들에서 산업구조의 전면적 재편을 반영하고 있는 것처럼 보인다. 왜냐하면 근대가 시작된 이래로 통신은 전체 산업을 위한 하부구조로 간주되어 왔기 때문이다. 그렇다면, 이제 통신은 전체 산업의 하부구조의 역할을 수행하지 않게 되었는가? 이 질문에 답하기 위해서는 전체 산업에서 통신이 수행하는 역할에 대한 역사적 고찰이 필요하다.

K. Marx의 '생산의 일반적 조건'(general conditions of production)에 대한 다음과 같은 진술은 통신과 다른 산업의 관계를 고찰하는 데 유익한 지침을 제공하고 있다:

> 공업과 농업의 생산양식에서의 혁명은 생산의 사회적 과정의 일반적 조건들, 즉 통신과 수송 등에서의 혁명을 필수적인 것으로 만들었다. …… 매뉴팩쳐 시대로부터 전해 내려 온 통신과 수송 수단은 얼마 안있어 근대산업(Modern Industry)에 대한 참을 수 없는 장애물이 되었다.[10]

즉 근대의 대량생산과 대량분배 체제는 다량의 재화 및 정보의 신속한 이동을 가능하게 했던 새로운 수송과 통신 하부구조에 의존했다.[11] 이는 통신이 당시의 특별한 기업의 이익이 아니라 '자본일반'(capital in general)의 이해와 부합할 수 있었음을 의미한다.[12] 또한 역으로 근대산업이 새로운 통신기술의 발명을 자극하고, 이 기술을 매개로 생산과정이 합리적으로 개선되고, 유통과정의 시간이 단축되었음은 주지의 사실이다.

그러나 통신이 근대산업의 발전을 위한 필수적 조건이라는 사실로부터 통신이 반드시 독점체제로 운용되어야 한다는 결론을 이끌어 낼 수는 없다. 즉, '이상적인 집합적 자본가'로서 국가가 반드시 생산의 일반적 조건을 제공해야 한다고 주장할 수 없다.[13] 다른 한편으로 경쟁자본주의가 독점자본주의로 변형되면서, 통신 네트워크도 중앙에서 집중적으로 통제하게 되었다고 주장할 수 있다. 그러나 그 인과관계 설정은 설명되어야 할 부분을 너무나 많이 남기고 있다. 우리는 "'그 당시에' 왜 경쟁적 네트워크가 아닌 독점적 네트워크가 선택되었는가"라는 질문을 제기할 필요가 있다. 선험적

---

10) K. Marx, *Capital I*(London: Lawrence & Wishart, 1974), p.362-3.
11) A. Chandler, *The Visible Hand*(Cambridge: Harvard University Press, 1977).
12) A. Davies, *Telecommunications and Politics*(London: Pinter Publishers, 1994), pp.98-9.
13) B. Lüthje, "On the Political Economy of Post-Fordist Telecommunications", *Capital & Class*, No.51(1994), p.84.

으로 통신 네트워크가 경쟁체제로 유지된다고 해서 생산의 일반적 조건이 제공되지 않는다고 가정할 수 없기 때문이다.

통신 네트워크의 독점에 대한 지금까지의 지배적 설명은 통신산업이 여타 산업과 기술적 측면에서 매우 상이하기 때문에 불가피하게 독점적으로 운용되어야 한다고 주장하는 '자연독점'(natural monopoly) 이론이다. 일종의 '기술결정론'이라고 할 수 있는 자연독점 이론은, 거의 대부분의 나라들에서 통신 서비스 부문에 독점이라는 '실체'가 존재한다는 사실 때문에 강력히 지지되고 있다. 그러나 역사적으로 고찰해 본다면, 독점의 '형태'에 있어 상당한 변이가 존재했고, 독점의 형성이 기술적·경제적 요인에 의해 추동된 것만도 아니었다.

그러나 본 연구에서는, 각국이 매우 독특한 '통신문화'14)를 갖고 있다는 부정할 수 없는 사실이 존재함에도 불구하고, 독점형태의 차이를 강조하지는 않는다. 사실 우리가 통신문화라는 용어를 사용한다면, 각국별로 차이가 존재한다는 사실을 암묵적으로 전제하게 된다. 국민국가적, 지역적, 세계적 수준에서 발생하고 있는 수렴현상에 주목하고 있는 본 연구에서는 통신 서비스의 독점이 이루어지던 시기에 유럽국가 및 미국에서 전개된 정치과정의 공통 속성을 추출하고자 한다. 통신독점의 성립을 둘러싼 정치에 대한 연구는 통신정치의 원형을 추출하는 데 도움이 될 뿐만 아니라 오늘날 통신부문에서 벌어지고 있는 사건들을 이해하고 설명하는 데 중요한 준거틀을 제공할 수 있을 것이다. 단순화한다면, 사적 경쟁체제로의 복귀라고 말할 수 있는 현재 통신부문에서의 변화는 과거의 독점화와 정확히 반대의 방향으로 진행되고 있기 때문이다.

---

14) K. Dyson은, '산업문화'(industrial culture)라는 용어를 사용한다. 각국의 산업문화는 사회구조나 정치적 법적 전통뿐만 아니라 산업화의 역사적 조건에 의해 형성된다. K. Dyson, *The State Tradition in Western Europe*(Oxford: Martin Robertoson, 1980). 이 산업문화의 개념은 구체적인 산업부문에 적용될 수 있을 것이다. 따라서 통신문화라는 개념도 성립될 수 있다.

3-2. 독점화의 정치 (1): 영국의 사례

영국정부가 전신(電信)을 국유화한 사례는, 사적 네트워크가 공공 네트워크로 전환된 전형적 사례였다고 할 수 있다.[15] 19세기 무렵 지속적으로 전쟁의 위협에 시달리던 프러시아, 러시아, 프랑스 등의 다른 유럽국가들이 안보적 이유 때문에 전신을 국유화한 것과 달리, 섬나라라는 지리적 이점을 갖고 있던 영국에서는 처음부터 전신 서비스를 기업과 가정에서 사용할 수 있었다. 따라서 영국에서 전신국유화를 둘러싼 정치과정에는 통신정치의 제 요소―이익·제도·사상의 상호작용―가 결합되어 있었다.

영국에서 전신을 국유화하는 과정을 설명하는 가장 그럴듯한 방식은 우정국의 자기이익(self-interest)을 강조하는 것이다. 몇몇 연구자들은 우정국이 이미 우편 서비스의 독점을 통해 획득했던 기득권, 즉 '제도적 권력'에 주목한다. 그리고 이 권력이 전신국유화 운동의 가장 강력한 원천이었다고 주장한다.[16] 즉, 우정국이 자기이익을 극대화하려는 의도에서 전신산업이 국유화되었다는 것이고, 이는 전신의 국유화를 우정국의 조직적 확장과 동일시하는 것이다. 그러나 이 주장은 국유화의 정치를 지나치게 제도적 관점에서만 이해하는 단점을 지니고 있다.

첫째, 우정국이 전신을 독점화하려는 욕망을 갖고 있었던 것이 사실일지라도, 우정국이 자신의 의지대로 그러한 정책을 추진할 수는 없었을 것이다. 즉, 산업 전체에 심대한 영향을 미칠 수 있는 국유화와 같은 정부결정이 지배적인 기업집단의 확실한 동의없이 이루어지기는 불가능하다. 특히 영국과 같이 자본가의 정치적 영향력이 매우 컸던 국가에서 국유화가 정부만의 힘으로 추진되기는 더더욱 힘들었을 것이다. 실제로 몇몇 기업집단은 국유화가 사적 기업활동에 대한 공격이며 자유주의 경제원칙을 위반하는 정책이라는 이유로 국유화에 반대했다.[17]

---

15) 프러시아와 영국에서 우편 서비스를 국유화하는 과정도 공공 네트워크로 이행의 대표적 사례들로 평가될 수도 있다. Noam, *op. cit.*, pp.7-17. 그러나 두 사례에는 근대적 의미에서 '이익집단의 정치'가 나타나지 않고 있다.

16) Davies, *op. cit.*, p.62.

17) H. Robinson, *The Post Office*(London: Penguin, 1948), p.406.

둘째, 국유화와 같은 정치적 결정은 반드시 일반대중의 지지를 필요로 한다. 특히 전신이 일반대중의 생활과 긴밀히 관련되어 있었다는 점도 고려되어야 한다. 따라서 여론의 지지를 얻을 때만, 정치가들이 그러한 정책을 추진하는 것이 용이할 것이다. 즉 전신의 국유화는 기술적·행정적 결정이라기보다는 '정치적' 결정이었다. 정치가들이 항상 정치적 지위의 계속적 유지에 민감하다고 한다면, 그들이 자신들의 정치적 이익이 손상될 수도 있는 정책을 선택하는 것은 매우 어려운 일이라고 할 수 있다. 설사 그러한 결정이 자신들의 정치적 이익과 직결되는 것은 아닐지라도, 최소한도로 그들은 그 정책을 정당화해야 하는 어려움에 직면하게 된다.

셋째, 전신의 국유화는 당시의 지배적 사상에 부합하는 것이었어야 한다. 일반적으로 특정 시공간에서 정치적 경제적 지배계급은 동일한 사상적 기초를 갖고 있는 것이 보통이다. 전신의 국유화가 국가수준에서 새로운 형태의 '제도건설'을 의미한다고 할 때, 당시 지배계급이 공유하고 있던 사상의 변화가 수반될 때만 이 정책결정이 가능할 수 있었을 것이다. 따라서 전신의 국유화를 우정국 공무원들의 자기이익이나 공공 서비스를 제공하고자 하는 열정으로만 환원할 수는 없다.

마지막으로, 전신의 국유화를 우편독점의 연장으로 보는 것은 전신 서비스와 우편 서비스의 기술적 차이를 고려하지 않는 단견이라고 할 수 있다. 두 서비스에 응용되는 기술은 근본적으로 상이한 것이었다.

〈표 4-1〉에서 볼 수 있는 것처럼, 두 사용자 집단, '상공회의소'(Chamber of Commerce)와 '언론'이 전신의 국유화를 가장 강력하게 지지한 이익집단이었다.[18] 이들은 사적 운용자들이 너무 높은 가격으로 저질의 전신 서비스를 제공하고 있다고 주장했다. 상공회의소가 자본가계급의 집합적 이익을 대표하고 있었다면, 언론은 국민통합의 선봉에 위치한 이익집단이었다. 두 집단은 또한 공생적 관계를 유지하고 있었다. 상공회의소의 회원들은 그들이 생산한 상품의 선전에 언론을 활용했다. 기업이 광고주의 역할을

---

18) 특히 당시 보수당(Conservative Party)은 지방 신문업자들이 저질의 전신 서비스를 불평하는 것에 민감한 반응을 보이고 있었다고 한다. C. Perry, *The Victorian Post Office: The Growth of a Bureaucracy*(Suffolk: The Boydell Press, 1992), pp.104-5.

수행함에 따라 언론은 안정적 재원을 확보할 수 있게 되었다. 동시에 전신을 통해 뉴스를 전송할 수 있게 됨에 따라 '전국적 신문'의 등장이 촉진되었고, 그 결과 안정적인 국민적 시장이 형성될 수 있었다.[19] 사실 이 공생관계는 대량생산 대량판매라는 근대생산체제의 발전과 궤를 같이하는 것이었다.

〈표 4-1〉 국유화 이슈에 대해 우정국에 제출된 청원의 숫자

국유화에 반대하는 청원	전신회사 11, 철도 10, 주식보유자 329, 기타 6
사적 시스템의 변환에 찬성하는 청원	공공기관 4, 상공회의소 2, 주식보유자 2
국유화에 찬성하는 청원	상공회의소 32, 일반 대중 24, 언론 297, 공공기관 64

자료: C. Perry, *The Victorian Post Office: The Growth of a Bureaucracy*(Suffolk: The Boydell Press, 1992), p.105.

따라서 상공회의소와 언론이 효율적인 전신 네트워크를 강력히 요구했다는 사실에는 의심의 여지가 없다. 그러나 전신 네트워크를 국유화하는 것이 유일한 선택은 아니었다. 게다가 만약 효율이 가장 중요한 기준이라면, 원칙적으로 상공회의소나 언론이 국유 네트워크를 선호할 아무런 이유도 없었다. 그럼에도 정부는 결국 전신을 국유화했다. 따라서 다음과 같은 간단한 질문이 제기될 수 있다: "왜 그리고 어떻게 국유화가 선택되었는가?" 그러나 이 질문에 대한 대답은 간단하지 않다. 본 연구에서는 다음과 같은 논리를 제시한다.

    (1) 새로운 통신기술의 발명은 새로운 생산시스템을 창출하는 데 공헌했고, 역으로 새로운 생산시스템의 출현은 새로운 통신기술의 발명을 촉진했다:

---

19) *The Times, Daily Telegraph, Daily News, The Standard* 등이 당시의 전국적 신문이었다. 조세정책의 변화도 이 전국적 신문의 발전에 기여했다. 광고세는 1853년에, 신문세는 1861년에 폐지되었다. N. McCord, *British History 1815-1906*(Oxford: Oxford University Press, 1991), p.354.

(2) 경제적 이익집단과 정치적 이익집단이 새로운 기술의 출현과 더불어
형성되었다:

(3) 사회적 수준에서의 경제적 이익과 그 당시 존재했던 지배적 사상이
정책선택의 범위를 결정했다:

(4) 경제적 이익집단은 정치가들이 산출하는 정책에 의존했고, 정치가들
은 제도의 관성으로부터 자유롭지 못했다:

(5) 결국, 국가수준에서의 정치가 통신 네트워크의 형태를 결정했다.

19세기 말에 대부분의 영국 정치가들은 그 당시 존재하던 전신 네트워크
에 대한 비판을 수용하고 있었다. 전신의 국유화를 둘러싼 논쟁이 전개되던
시점에서 정치권력을 장악하고 있던 보수당은 국유화 계획에 찬성했지만,
야당인 자유당은 국유화에 대해 부정적이었다. B. Disraeli[20]의 지도하에 있
던 보수당은 전신의 국유화를 다음 선거에서 승리하기 위한 정책도구로 활
용하고자 했다. 즉, 전신의 국유화를 보수당 정부의 업적으로 이용하려고 했
다.[21] 일단의 자유당원 및 자유주의자들은 사적 제도가 원칙적으로 공공기
관보다 우위에 서야 한다는 가정을 포기하지는 않았지만, 전신의 국유화가
'자유교역'을 촉진할 수 있는 수단이 된다면 환영한다는 입장을 개진했다.[22]

우정국이 전신 네트워크를 접수하려는 열정 또한 정치가들의 공적인 것
과 사적인 것의 관계에 대한 인식을 변화시키는 데 일정하게 기여했다. 우
정국이 전신의 국유화에 적극적으로 개입한 것은 페니 포스트의 대성공에
고무되었기 때문이다. 우정국이 페니 포스트 제도를 도입하자, 이 우편제도
는 사적 경제체제의 활성화에 기여했을 뿐만 아니라 영국국민의 생활을 근
본적으로 변화시켰다. 페니 포스트 제도의 도입은 영국 역사에서 1832년의
선거법 개정안(Great Reform Bill)에 의해 촉발된 영국의 정치혁명을 계승
한 하나의 '사회혁명'으로 평가되었다.[23] 따라서 우정국의 고위 관료들의

---

20) 생존연대는 1804-81년이다. 1868년과 1874-1880년 사이에 수상을 역임했다.
21) 그러나 불행히도 보수당은 1868년의 총선거에서 승리하지 못했다.
22) Perry, *op. cit.*, pp.92-119.
23) Robinson, *op. cit.* 1900년경에 이르러 매년 거의 20억 통의 편지가 발송되었다.
   이는 당시 세계에서 가장 높은 숫자의 편지의 교환이었다. 일반대중들의 문맹
   률 감소와 구매력 증가로 인해 일인당 평균 편지의 숫자는 1871년에서 1990년
   사이에 거의 두배로 증가했다. McCord, *op cit.*, p.423. 한 저자는 페니 포스트

자기이익은 기업가 집단의 특수이익 및 대중의 일반이익과 동일시될 수 있었다.[24] 결국 전신의 국유화 법안은 1869년에 확정되었다. 전신의 국유화는 이후 전화의 국유화에 비해서 상대적으로 순조로운 과정이었다.

집합적 행위자로서 우정국이 매우 강력하게 전신의 국유화를 추진했지만, 우정국은 전화의 국유화에 있어서는 주저하는 태도를 보였다.[25] 게다가 상공회의소나 시영(市營)회사 연합 등과 같은 기업관련 이익집단이나 주(州)나 도시의 의회 그리고 자치도시연합 들도 로비활동을 전개하기는 했지만, 전신의 국유화 논쟁에서와는 달리, 전화의 국유화를 강력히 지지하지는 않았다. 특히 기업관련 이익집단들의 주요 관심은 국유화 여부가 아니라 자신들의 이윤과 밀접히 연관되어 있는 '전화요금의 구조'였다. 당시에 전화회사들은 특허권을 갖고 있었지만, 우정국은 공공의 목적을 위해 도로를 사용할 수 있는 지역권(地役權, wayleave)에 기반하여 전화선을 설치할 수 있는 권리를 갖고 있었다. 1910년이 지나면서 상공회의소 연합은 전화요금 인하를 위해 계속적으로 로비활동을 했고, 이 주제에 대한 결의안을 1911년 3월 런던 회합에서 통과시켰다.

따라서 전화의 사례에서는 전신의 경우처럼, 우정국과 상공회의소나 언론 등의 기업집단과의 영향력 있는 동맹이 형성되지 않았다. 의회 또한 우정국이 우편 서비스에서 보여준 성공과 미래의 전화 서비스에서 보여줄 능력 사이에는 아무런 자동적 상관관계가 없다고 결론지었다.[26] 즉, 지도적

의 성공을 다음과 같이 묘사하고 있다: 이 기쁜 날을 환호하라! 우편요금 법안은 / 헤아릴 수 없는 축복을 가져다주고 있다: / 그리고 무엇보다도 우리가 기뻐해야 할 것은, / 그것이 단지 1페니에 불과하다는 것이다. // 존 오그로츠로부터 잉글랜드의 끝에 이르기까지, / 노포크로부터 킬케니에 이르기까지, / 이제 편지가 친구에게 도달할 수 있다, / 그리고 그것은 단지 1페니 밖에 들지 않는다. Robinson, *op. cit.*, p.302.

24) 우정국의 일부 관료들은 "정부의 목표가 사회적 개선(social betterment)이"라는 신념을 공유하고 있었다. 그리고 "거의 동시간대의 전신 속도는 모든 계급에게 제공되어야 하는 기본적 서비스"라고 생각하고 있었다. Perry, *op. cit.*, p.89.

25) 이 차이는 전화의 국유화가 의제로 상정된 시점에서 우정국 내부에 F. I. Sucadamore와 같은 적극적 국유화 주창자가 없었기 때문에 비롯된 문제라고도 할 수 있다.

인 정치가들조차 전화의 국유화에 대해서는 긍정적 입장을 갖고 있지 않았다. 부분적으로 이러한 회의적 자세가 만연한 것은 전화가 보통 사람들을 위한 재화가 아니라는 인식 때문이기도 했다.[27] 이러한 회의적 분위기가 팽배했음에도 불구하고, 영국정부는 1912년에 전화를 국유화했다. 다시 한번 동일한 질문이 제기된다: "왜 국유화가 선택되었는가?"

첫째, 침투확산의 효과가 고려될 수 있다. 1878년 우정국의 책임자는 1869년 제정된 전신법을 개정하려고 시도했다. 그는 전신법에 "전신이라는 용어는 …… 메시지의 전송 또는 전기, 자력(磁力) 혹은 다른 장치의 도움으로 이루어지는 여타의 통신을 포함한다"라는 구절을 삽입하고자 했다. 이 제안은 하원에서 기각되었지만, 1880년 법원의 결정으로 우정국은 법적 독점권을, 전화회사들은 특허권을 보유할 수 있게 되었다.[28]

둘째, 이 반공공적(semi-public) 전화 시스템이 건설됨에 따라 국유화의 가능성이 상당히 높아지게 되었다. 일부 정치가들이 국유화에 대한 대안으로 사적 경쟁을 촉진하는 방안을 제안하기도 했지만, 이데올로기적 선입관과 실용적 고려가 국유화를 결정하는 과정에서 결정적 역할을 했다.[29] 우선적으로 전신사업이 전화와의 경쟁 때문에 심각한 적자에 시달렸다는 점을 지적할 수 있다.[30] 또한 정부의 기본방침이었다고 할 수 있는 전화사업에의 경쟁정책 도입은 실패로 귀결되었다. 오히려 사적 독점체제가 더욱 강화되는 결과가 발생했기 때문이다.[31] 무엇보다도 정부는 우정국이 운영하고 있던 전신사업에 투자된 '매몰자본'(埋沒資本, sunk capital)을 고민할 수밖에 없었다. 결국, 정부는 '정부이익'을 보전할 수 있는 정책을 선택할

---

26) Perry, *op. cit.*, p.192.
27) 1912년 1월 14일 *The Times*에는 다음과 같은 기사가 실려 있었다: [전화는] 부유 계급을 위한 편의시설이고, 전화요금을 지불할 수 있는 능력이 있는 사람들의 상거래를 위한 기기이다. …… 인구의 대다수는 그것을 사용하지 않고 있고, 그것을 사용하려고도 하지 않을 것이다. *Ibid.*, p.199-200.
28) J. Hills, *Deregulating Telecom: Competition and Control in the United States, Japan and Britain*(London: Frances Pinter, 1986), p.80.
29) Perry, *op. cit.*, p.195.
30) Robinson, *op. cit.*
31) Noam, *op. cit.*, pp.21-2.

수밖에 없었다.

셋째, 전신과 전화의 국유화가 고전적 자유주의의 사회적 자유주의로의 변환과 동시대적 사건임을 주목할 필요가 있다. 전신의 국유화는 바로 영국정부가 사기업의 활동에 개입한 첫 번째 사례였다. 당시에 점차 지배적 사상으로 전화하고 있던 '사회적 자유주의'는 전신과 전화의 국유화 정책에 정당성을 부여할 수 있는 근거를 제공했다. 자유주의 경제학의 창시자라고 할 수 있는 A. Smith조차도 우정국이 자유방임주의의 기본원리에 대한 예외일 수 있음을 인정했다는 점도 참고할 만한 사항이다.[32] 그러나 고전적 자유주의의 관점에서 볼 때, 아무런 폭력이 발생하지 않고 국유화가 진행된다고 할지라도, 사적으로 운영되는 기업을 정부가 징발하는 것은 원칙적으로 허용될 수 없는 일이었다.

1880년대의 고전적 자유주의는 사회적 자유주의로 변모하기 시작했다. 가장 근본적인 수정은 바로 개인적 자유와 자유교역의 양립불가능성에 대한 인식이다. 1859년 저명한 자유주의 사상가이자 현실 정치가였던 J. S. Mill은 『자유론』에서 다음과 같이 주장하고 있다:

> 현재 저렴한 가격의 상품과 양질의 상품 모두 …… 생산자와 판매자를 완벽하게 자유롭게 함으로써 가장 효과적으로 제공될 것이라는 점이 인정되고 있다. …… 이것이 소위 자유교역의 교리로서, 이는 …… 개인적 자유의 원리와 …… 상이한 근거에 의존하고 있다.[33]

따라서 사회적 자유주의가 지배적 사상이 되어 가면서 국가개입을 위한 근거가 확립되었다고 말할 수 있다. 그리고 이 국가개입은 개인적 자유를 보호하고 증진하는 수단으로 인식되었다. 그러나 국가개입의 증가가 단지 고전적 자유주의의 수정으로만 정당성을 획득한 것은 아니었다. 규제되지 않는 산업주의와 상업주의가 사회적 안전과 안정성에 위협을 가할 수도 있다는 사상은

---

32) A. Smith, *An Inquiry into the Nature and Causes of the Wealth of Nation*(Oxford: Claredon Press, 1976), 김수행 역, 『국부론』(서울: 동아출판사, 1992), pp.221-305.
33) J. Mill, *On Liberty*(London: Penguin Books, 1985), p.164.

또한 보수주의와 인도주의(humanitarianism)에 기반하고 있었다.[34]

사실 이 거대한 변화는 자유방임 자본주의에서 '독점자본주의'로의 이행과 동시에 고전적 자유주의를 대체하는 집단주의의 발흥에 대한 고려 없이는 이해될 수 없다.[35] 한편으로, 독점자본주의 단계에 접어들면서, 자유시장이라는 질서가 왜곡됨에 따라, 국가는 자유시장의 원리를 회복하고, 독점기업의 활동을 규제한다는 명분으로 국가개입을 정당화할 수 있었다. 다른 한편으로, 국가는 정치적 사회적 권리를 요구하는 노동운동의 등장에 적절히 대응할 필요가 있었다.

그러나 집단주의라는 개념은 지배적 사상의 전환을 설명함에 있어 적절하지 않은 것처럼 보인다. 집단주의의 출현은 민족주의라는 이데올로기의 '정치적 발명'(political invention)과 밀접히 연관되어 있었기 때문이다.[36] 노동운동과 사회주의 운동이 아래로부터의 민족주의를 반영하고 있다면, 보수주의는 위로부터의 민족주의에 대한 또 다른 표현이라고 할 수 있다.[37] 그러므로 사회적 자유주의 혹은 자유주의의 근대화는 자유주의와 민족주의의 '결합'으로 이해되어야 한다.[38] 만약 사회적 자유주의의 등장을 이러한 방식으로 이해하지 않는다면, 1880년대 중반에 보수당이 사회개혁을 위한 일련의 법안들을 제안하고, 대부분의 정당들이 사회입법 프로그램

---

34) G. Sabine, *A History of Political Theory*, 4th ed. revised by T. Thorson(New York: Holt, Rinehart and Winston, 1973).

35) S. Hall and B. Schwarz, "State and Society, 1880-1930", in M. Lanman and B. Schwarz(eds.), *Crises in the British State 1880-1930*(London: Hutchinson, 1985).

36) E. Hobsbawm, "Mass-Producing Traditions: Europe, 1870-1914", in E. Hobsbawm and T. Ranger(eds.), *The Invention of Tradition*(Cambridge: Cambridge University Press, 1983), pp.264-5.

37) 국가와 지방자치체의 사업을 개척한 사람은 선량한 자본가, 전제 군주, 자유주의자 또는 보수주의자들이었다. 이들은 좌익이라는 골칫거리에 대한 무자비한 억압자들이었다. H. Heaton, *Economic History of Europe*(New York: Harper & Brothers, 1936), p.732.

38) 자유주의와 민족주의가 상보적 이데올로기이고, 특히 자유주의가 그 이상의 실현을 위해 민족주의를 필요로 했다는 견해에 대해서는, H. Steiner, "Territorial Justice", in P. Gummet(ed.), *Globalization and Public Policy*(Cheltenham: Edward Elgar, 1996), pp.198-205를 참조.

을 도입한 이유를 설명하는 것이 매우 어렵게 된다.[39] 즉 당시에 의회를 통해 제정된 다양한 사회입법은 노동자계급을 국민의 일원으로 인정하는 효과를 발휘했다.

만약 민족주의가 중앙집중적인 정부를 필요로 하고 정부가 중앙집중적인 통신 네트워크를 통해 그것을 실현하려고 노력했다면, 전신과 전화의 국유화는 불가피한 결과물이라고 할 수 있다. 이 정책선택은 영국에서 지방자치체가 전화 네트워크를 규제하고 운용하는 것을 제한했지만, 그 정책의 실현은 국민통합을 가속화하는 데 크게 기여했다. 게다가 위에서 살펴본 것처럼, 전신과 전화의 국유화는 자본일반의 이익과도 부합하는 것이었다.

3-3. 독점화의 정치 (2): 유럽대륙과 미국의 사례

통신독점의 유형을 분류한다면, 한쪽 끝에는 반강제로 전신과 전화를 독점한 유럽대륙의 형태와, 다른 쪽 끝에는 사적 행위자들이 전신과 전화를 독점하고 정부가 그것을 승인한 미국의 형태로 구분할 수 있다. 영국의 사례는 이 연속선상에서 중간에 위치하고 있다. 즉 이데올로기 스펙트럼을 통신정책의 측면에서 단순화한다면, 유럽대륙의 국가들은 민족주의적 경향을, 미국은 전형적인 자유주의적 경향을 보이고 있다고 주장할 수 있다. 그러나 위의 극단적 사례들은 동일한 정책목표를 실현한 것처럼 보인다.

유럽국가들에서 독점의 성립은 우편 서비스가 확립된 '절대주의'(absolutism) 시대로 거슬러 올라간다. 일단 우편 서비스가 제도의 형태로 등장하게 되자, 이를 담당하는 정부부서인 체신부(遞信部)는 다른 종류의 통신 서비스에 개입하기 시작했다. 그러나 영국과 달리 유럽국가들에서는 정부이익이 기업이익에 우선하여 고려되었다. 그리고 영국의 독점모형이 유럽국가들에서의 통신정책의 미래를 예시한 것은 아니었다. 오히려 영국이 유럽국가들의 독점

---

39) A. Gamble은 1886년과 1926년 동안의 기간에 보수당의 정치적 헤게모니가 정초되었고, 20세기에 지속되었던 많은 수의 정치형태들이 창출되었다고 주장한다. A. Gamble, "The Crisis of Conservatism", *New Left Review*, No.214(1995), pp.3-25.

화 정책을 추종했다고 볼 수 있다. 전신과 전화의 국유화는 유럽국가들에서 먼저 시행되었기 때문이다.

국가의 권위가 일찍부터 중앙집중적 형태를 취하기 시작한 프랑스에서는 1725년에 정부가 우편 서비스를 포함한 모든 수송 시스템을 국가의 독점적 영역으로 설정했다. 1837년에 프랑스정부는, 일부 자본가들이 사적 전신망을 건설하기 위한 시도를 했음에도 불구하고, 법령의 제정을 통해 전신을 국유화했다.[40] 프랑스정부는 나폴레옹 전쟁 기간 동안에 광전신(光電信, optical telegraph) 네트워크를 대폭 확충했다. 1842년경에 프랑스 전쟁부 (War Department)는 순전히 정부만이 사용할 수 있는 3천 마일 이상의 광전신망을 보유했다. 특히 프랑스정부는 전신 네트워크가 노동자 계급에 의해 이용될 가능성에 대해 우려를 표시하고 있었다. 다음의 구절은 당시 프랑스정부의 전신 네트워크에 대한 견해를 극명하게 보여 준다:

> 독약과 폭발물은 국가의 감독하에 제공되어야 한다. 그리고 만약 확실히 전신이 나쁜 사람들의 수중에 들어가게 된다면 가장 위험한 무기가 될 것 이다. 리용의 비단을 생산한 노동자들의 폭동이 전신 네트워크를 통해 일 시에 전국 방방곡곡에 알려지게 되는 상황을 상상해 보라.[41]

프랑스의 전화 네트워크도 초기에는 사기업들에 의해 운영되었다. 프랑 스정부도 영국이 전화국유화를 결정한 시점에 우려했던 것처럼, 사기업 3 개의 결합을 통해 형성된 독점 전화사업자(Société générale de Téléphone) 가 정부의 재정수입을 위협할 것이라고 생각했다. 결국 이 우려 때문에 1889년에 전화에 대한 국유화 결정이 내려졌다. 그 과정에서 정부는 사적 독점체가 자신의 기업을 양도하는 것을 거부했기 때문에 '강제적으로' 전화 회사를 접수했다.[42]

독일은 유럽무대에 가장 나중에 등장한 강대국이다. 프러시아 정부는,

---

40) Noam, *op. cit.*, pp.133-4.

41) *Ibid.*, p.134.

42) G. Brock, *The Telecommunications Industry*(Cambridge: Harvard University Press, 1981), p.138.

1871년 이미 새로운 독일제국이 형성되기 이전에 전신 네트워크를 소유하고 있었다. 독일의 통일이라는 필요성 때문에, 군사적 권위를 강조하는 민족주의가 독일에서 부르조아 자유주의나 부르조아 민족주의를 제치고 지배적 이데올로기가 되었다는 사실은 어쩌면 매우 당연한 귀결이었다고 할 수 있다.[43] 독일의 '1871년 헌법'에는 전신의 관리 및 행정에 대한 중앙집중적 통제가 명문화되었다. 우편과 전신을 담당하는 부서(Reichpost)는 세계 최초로 1877년에 공공전화 서비스를 개시했다. 그리고 나서 1881년에는 발생기에 있는 전국적 전화독점을 수호하기 위해 모든 지방자치체의 전화 네트워크를 폐지했다.[44] 이 과정에서 1847년부터 통신장비의 공급을 독점하던 Siemens도 공공전화 네트워크 건설에서 중요한 역할을 수행했다.[45]

스웨덴, 노르웨이, 핀란드 등의 북유럽국가들에서는 독일이나 프랑스와 달리 전화 서비스가 개시되고 상당 기간 동안 지방에 근거를 두고 있는 다양한 운용자들이 전화 서비스를 제공했다. 이탈리아, 덴마크, 네덜란드 등에서도 지방자치체가 또한 지방의 전화 네트워크를 관리 운용했다. 중앙집중적 정치제도의 부재를 반영하는 이러한 시스템은 19세기 말, 20세기 초까지 계속되었다.[46]

1869년 이전의 영국과 달리 대부분의 유럽대륙 국가들에서 전신의 공공소유는 지체된 산업화의 산물이었다.[47] 즉, 국민국가의 정부들은 통신 서

---

43) Kapteyn, *op. cit.*, pp.37-40. 독일국가는 프랑스국가보다 위계적이거나 중앙집중적이지 않았다. 왜냐하면 중앙집중적으로 조직된 국가가 가질 수 있는 제반 기능들이 새로운 제국의 구성에 참여했던 이전의 국가들과 단위들에 위임되었기 때문이다. 독일의 이러한 국가전통은 현재에도 매우 중요한 의미를 지닌다. 특히, 현재 독일의 각 주(州, Länder)가 유럽연합에서 중앙정부를 경유하지 않고 정책결정과정에 참여할 수 있는 것도 이러한 국가전통에서 연유한 것처럼 보인다.

44) Davies, *op. cit.*, pp.65, 73.

45) 당시 Siemens의 활동에 대해서는 Noam, *op. cit.*, pp.71-5를 참조.

46) A. Davies는 이러한 종류의 '전화 지방자치주의'를 독점과 경쟁이라는 이분법적 도식을 벗어날 수 있는 제3의 길이라고 주장한다. 또한 이 대안적 조직형태에서는 지역의 전화회사가 독립적으로 장거리전화회사와 상호접속을 하는 것이 가능하다고 제안한다. Davies, *op. cit.*

47) 일본의 통신역사는 유럽대륙 국가들과 유사하다. 일본에 전보가 소개된 것이 1871년이었고, 1880년에 국가적 전신망이 정부통제하에 설치되었다. 일본에 전화가 도입된 것은 1890년이었다. 일본에서도 전화는 중앙정부에 의해 통제되었

234

비스 사업을 수행할 수 있는 사적 자본의 부족을 극복하기 위해 통신 네트워크를 국유화할 수밖에 없었다.48) 바로 정부의 통신정책은 경제성장 전략과 궤를 같이하는 것이었다. 영국 정부는 나중에 이 정책을 수입했다. 따라서 전신과 전화 서비스에 나타난 국가개입의 정도를 비교해 보면, 유럽대륙의 국가들이 영국보다 훨씬 더 강했고, 현재도 이 상태는 지속되고 있다.

미국에서는 정부가 유럽과 동일한 방식으로 우편 서비스를 제공했음에도 불구하고, 기업의 이익이 전신과 전화 서비스 분야에서는 압도적 우위를 점했다.49) 전신 분야에서는 1866년 3개회사의 합병을 통해 탄생한 Western Union이 시장을 지배했음에도 불구하고, 정부와 기업사용자들은 이 사적 독점을 문제로 삼지 않았다. 이것은 Western Union이 자신들의 독점적 지위를 남용하려 하지 않았기 때문이다.50) 반면 전화부문에서는, 1876년 A. G. Bell이 전화를 발명한 이후, Bell 회사는 1934년까지 독립적 네트워크 운용자들과 경쟁해야 했다. Bell 회사가 독점적 지위를 유지할 수 있게 만든 힘은 바로 Bell 회사와 금융관련 이익집단의 동맹이었다. 또한 Bell 회사는 예상되는 정부개입에 저항하는 공동전선을 형성하기 위해 가장 유력한 고객인 General Motors나 Ford 등의 자동차회사와 철강회사로부터 지지를 획득하기 위해 노력했다.

1884년에 Bell 회사는 처음으로 전국적 네트워크 건설의 기초라고 할 수 있는 장거리 통신 네트워크를 설치했다. 장거리 통신망의 건설과 운용에 필요한 재정을 확보하기 위해 Bell 회사는 1885년에 AT&T라는 기업을 설립했다. 당시의 지배적 금융회사였던 Morgan 금융집단이 AT&T를 지원했다. 사실 장거리 통신망의 건설을 둘러싼 전화회사들 간의 경쟁은 금융집단 사이의 경쟁이라고 해도 과언이 아니었다.51) AT&T가 승리한 후에,

---

다. 일본도 유럽대륙과 유사하게 국유화 이전까지 어느 정도의 경쟁기간을 경험하지 못했다. 일본에서도 전화보유는 이차대전 직후까지 일종의 신분적 상징으로 간주되었다. 일본의 통신역사에 대해서는 J. Hills, *op. cit.*, ch. 5를 참조.

48) *Ibid.*, p.63.

49) 미국의 전신과 전화에 대한 역사적 이론적 분석은 Brock, *op. cit.*, pp.55-125와 Bornholz and Evans, *op. cit.*를 참조.

50) Chandler, *op. cit.*, p.200.

51) Bornholz and Evans, *op. cit.*, pp.10-2.

Bell 회사는 매수·합병, 독점가격의 설정, 상호접속의 금지 등의 방법을 이용하여 전화사업에 완벽한 진입장벽을 건설하려고 했다.

AT&T는 이 진입장벽의 설치를 '보편적 서비스(universal service)의 제공'이라는 구호로 정당화했다. 1907년 AT&T의 연례 보고서에 처음으로 등장한 보편적 서비스의 개념은, 당시 그 기업의 대표였던 Theodore Vail에 의해, '하나의 체계, 하나의 정책, 보편적 서비스'로 표현되었다.[52] 즉, 보편적 서비스의 개념은 만인에게 공평한 서비스를 제공하는 것이 아니라 다양한 전화 네트워크의 상호접속을 가능하게 하기 위한 구호였고, 실제적으로는 AT&T의 독점을 정당화하기 위한 것이었다.

1934년 뉴딜(New Deal) 시기에 통신과 방송을 규제하는 기관으로 FCC가 설치되었다. 이는 유럽국가들의 국유화에 버금가는 사건이었다. 이 새로운 법안인 통신법(Communication Act)은 FCC에 새로운 서비스에 대한 승인권, 상호접속을 강제할 권리, 그리고 주파수 배분권 등을 부여했다.[53] 사실상 FCC가 규제를 시작했을 무렵에는 Bell 회사와 경쟁할 수 있는 기업이 거의 존재하지 않았다. FCC는 실제로 '보편적 서비스의 제공'이라는 관점에서 AT&T의 전국적 독점을 승인했다. 그 이후 AT&T는 장거리전화선과 그의 22개 지역회사를 통해 전화 네트워크의 90퍼센트를 장악하게 되었다.

그러나 미국에서도 정부가 전신과 전화의 국유화 시도를 하지 않은 것은 아니다. 전신의 발명과정에서 사기업들은 미국정부로부터 강력한 재정적 지원을 받았다. 1844년에 미국의회는 워싱턴(Washington)에서 볼티모어 (Baltimore)에 이르는 실험용 전신선을 건설할 비용으로 미화 3만 달러의 지출을 승인했다. 1845년에 우정국이 이 전신선의 운영권을 인수했지만, 재원의 충당과 관리의 어려움 때문에 전신은 이듬해에 다시 사기업에 인도되었다.[54] 미국의회 또한 1846년에 사기업의 특허권을 정부가 구입하는 문제

---

52) J. Pascual, "Why did Telecommunications Monopolies Appear?: Reflections on the Evolution of the Notions of Common Carrier, Public Service and Universal Service, and Their Relation with the Concept of Monopoly", June Paper, Department of Law, European University Institute(1996), pp.40-1.
53) 1934년 법령에 대한 자세한 설명은 Hills, *op. cit.*, ch. 3을 참조.
54) Chandler, *op. cit.*, p.197.

에 대해 반대 의사를 표시했다.

영국에서 전화의 국유화가 결정되자, 미국에서도 이 문제에 대한 논쟁이 벌어졌다. 전신과 전화의 '우편제도화'를 주장한 사람들은 Bell 시스템이 유럽의 정부운용 시스템보다 제도적으로 비효율적임을 지적했다. 게다가 제1차세계대전의 발발로 정부소유의 필요성이 강력히 제기되었다. 1918년에 미국의회는 우편책임자가 전화와 전신을 관리할 수 있게 하는 결의안을 채택했다. 그러나 연방정부가 전화 네트워크를 통제하고부터 적자가 누적되자, 다음 해에 전신과 전화 네트워크는 원래의 사적 소유자에게 반환되었다.[55]

그러나 전신과 전화의 국유화가 미국에서 이루어지지 않았다는 사실이 곧 유럽과 미국의 통신정책에 실질적인 차이가 있었음을 의미하지는 않는다. 왜냐하면 미국의 공적으로 규제되는 사적 독점과 유럽국가들에서 볼 수 있었던 정부소유의 독점은 형태상 차이를 갖고 있었지만, 실제적으로는 생산의 일반적 조건의 제공이라는 동일한 정책목표를 획득했기 때문이다. 더 나아가 우리는 미국의 사례를 통해 하나의 기업이 '국가 내부의 국가'(a state within a state) 역할을 수행하고 있음을 확인할 수 있다. 즉, 미국에서 AT&T는 준정부기관의 역할을 수행한 것이다.[56]

---

55) Davies, *op. cit.*, pp.59-60.

56) 이 국가 내부의 국가는 사회적 통제에 대한 심각한 문제점을 야기한다. 이 문제들은 매우 복잡한 형태를 띠고 나타난다. 한편으로 민주적 장치에 의해 통치되고 문화적, 종교적, 경제적 고려에 의해 동기유발되는 모국가(母國家)가 존재한다. 다른 한편으로 독재에 의해 통치되고, 주로 통제와 이윤에 의해 동기유발되는 자국가(子國家)가 존재한다. B. Lüthje, *op. cit.*, p.110. 이 상충하는 원리의 공존에서 발생하는 문제점은 현재 '신자유주의적' 정책에서도 동일하게 재현되고 있다.

3-4. 소 결

사실 독점형태의 변이는 근본적으로 공적 정치권력과 사적 정치권력 사이의 힘의 균형으로부터 설명될 수 있다. 미국에서는 사기업과 그들의 동맹세력이 매우 강력한 권력을 행사했고, 따라서 국가개입이 직접적인 형태로 나타나지는 않았다. 반면, 유럽대륙의 국가들에서는 정부가 사적 정치권력을 통제할 수 있었다. 영국은 그 중간에 위치했다고 할 수 있다.

〈표 4-2〉는 영국, 유럽국가, 그리고 미국의 통신 독점화의 사례를 제도, 이익, 그리고 사상의 측면에서 간략히 도식화한 것이다.

〈표 4-2〉 세 가지 사례의 간략한 비교: 제도·이익·사상

	유럽의 사례	영국의 사례	미국의 사례
독점의 형태	정부소유	정부소유	사적 소유
규제기관	우정국	우정국	독립기관
이익의 우선순위	정부이익	기업이익	기업이익
	기업이익	정부이익	(정부이익)
	공공이익	민족주의와	공공이익
사상	민족주의	자유주의	자유주의

4. 자연독점 이론에 대한 정치학적 비판: 통신정책 연합의 형성

모든 선진자본주의국가에서 통신부문은 독점의 형태를 띠고 있었다. 이 통신독점은 '자연독점'이라는 경제이론에 의해 정당화되고 있다. 이 경제이론이 과거의 독점체에 대해 정당성을 부여했던 것과 마찬가지로, 자연독점에 대한 근래의 비판은 통신장비 및 서비스 시장의 자유화 정책을 정당화하는 도구로 사용되고 있다. 당연한 진술일 수도 있지만, 경제이론이 경제정책을 결정하는 것처럼 보이기도 한다.

238

그러나 역사적으로 살펴보면, 경제정책은 정치적 산물이고, '사후적으로' 경제이론을 통해 정당화의 근거를 마련해 왔다. 그러나 시간이 흐름에 따라 경제정책의 정치는 무대에서 그 모습이 사라져 간다. 즉, 어떤 정치체계가 안정적으로 재생산되는 시기에는 정치가 불필요한 것처럼 보이게 된다. 그러나 이행의 시기에는 '감추어진 정치'가 전면에 등장하게 된다. 그러나 정치가 감추어져 있다는 것이 정치의 부재를 의미하지는 않는다. 자연독점 이론은 정치의 부재를 가능하게 하는 정치이론으로 기능해 왔다.

경제이론에서, 단 하나의 기업이 다수의 기업보다 효율적으로 시장수요를 충족시킬 수 있다면, 그 산업은 자연독점이라고 주장된다. 일반적으로 많은 연구자들은 산출이 비례적으로 증가하면서도 비용이 그것에 비례하여 증가하지 않을 때, 규모의 경제(economies of scale)가 존재하고, 규모의 경제가 한 산업이 자연독점인지 아닌지를 결정한다는 사실에 동의한다.[57] 특히 네트워크를 건설하기 위해 대량의 고정자본 투자가 필요한 통신산업은 불가피하게 자연독점이 될 수밖에 없다고 주장된다. 따라서 자연독점 이론에 따르면, 통신부문에 대한 국가개입은 정당할 뿐만 아니라 동시에 반드시 필요한 것이 된다.

위의 역사적 분석에서 볼 수 있는 것처럼, 독점형태의 차이는 있었지만, 통신부문은 모두 독점을 향해 나아갔다. 이것은 부정할 수 없는 사실이다. 그러나 무엇보다도 우선적으로 제기될 수 있는 질문은, 이 독점이 '자연적' 인가 하는 문제이다. 경제사적 관점에서 보면, 가스나 전기 등과 같이 일반 대중이 요구하는 일부 재화들을 공급함에 있어 사적 자본들은 효율적이지 못했지만, 그럼에도 그러한 재화들이 처음으로 제공되던 실험적 시기에 사적 자본은 매우 높은 독점가격을 향유했다.[58] 유럽에서 사적 자본이 제공하던 전신과 전화 서비스도 기업 집단과 일반대중의 수요를 만족시키지 못한 것도 사실이다.

---

57) 자연독점 이론에 관해서는, Chandler, *op. cit.*; W. Sharkey, *The Theory of Natural Monopoly*(Cambridge: Cambridge University Press, 1982); D. Evans and J. Heckman, "Natural Monopoly", in D. Evans(ed.), *Breaking Up Bell*(New York: North Holland, 1983) 등을 참조.
58) Heaton, *op. cit.*, pp.732-42.

이 경험적 증거를 통해 정부의 통신부문에 대한 개입이 불가피했다고 주장할 수 있다. 그러나 만약 이 주장이 맞는다면, 미국의 사례는 예외로 취급되어야 한다. 더 나아가 우리는 과연 전신과 전화가 공공재였는가라는 근본적 질문을 제기할 수 있다. 앞서 지적한 것처럼, 전화는 생활필수품이 아니라 사치품이었다.59) 따라서 통상적으로 독점을 정당화하기 위해 부가되는 보편적 서비스의 제공이라는 담론도 독점의 등장을 설명함에 있어 중요한 요소가 아닐 수 있다. 또한 독점체가 일반대중에게 전화보급을 확대하겠다고 약속하고 있지만, 이 약속에 근거하여 독점이 필수적이었다고 주장할 수는 없을 것이다.

그러므로 통신기술의 특징으로부터 유추할 수 있는 규모의 경제가 자연독점의 필연성을 설명할 수 있는 핵심요인일 수 있다. 통신 네트워크에서 정보당 고정비용은 정보 유통량이 증가함에 따라 감소하기 때문이다. 그러나 최근에 일군의 경제학자들, 특히 자유주의 경제학의 본산이라고 할 수 있는 시카고학파(Chicago school)에 영향을 받은 경제학자들은 이 전통적 이론에 대해 근본적인 비판을 가하고 있다. 예를 들어 시카고학파의 대표적 학자인 G. Stigler는 경제적 규제가 특별한 기술적 문제 때문에 효과적 시장경쟁이 제약되는 산업에 부과된다는 가정을 기각한다. 즉 그의 주장에 따르면, 규제의 공급은 정치적 고려 때문에 발생한다.60) 이 맥락에서 전통적인 자연독점 이론은 다음과 같이 비판된다.

첫째, 자연독점 이론은 통신 네트워크의 어느 부분에서 실제로 규모의 경제가 발생하는지를 설명하지 못한다. 즉, 일정한 영역에서 규모의 경제가 발생할 가능성이 존재하기는 하지만, 규모의 경제가 이미 소진된 상황에서 여타의 부분에서는 선형적(linear) 기술이 존재할 수 있기 때문이다.61) 둘

---

59) 1885년경에 미국에서는 500명당 1대의 전화가 보급되었고, 이 수치는 스웨덴의 1,000명당 1대, 독일의 3,000명당 1대, 그리고 프랑스의 5,000명당 1대보다 상당히 높은 비율이다. 1895년에 미국에서는 235명당 1대, 스웨덴에서는 115명 1대, 독일에서는 397명당 1대, 그리고 프랑스에서는 1,216명당 1대꼴로 전화가 보급되었다. Brock, *op. cit.*, pp.143-4.

60) G. Stigler, "The Theory of Economic Regulation", *Bell Journal of Economics and Management Science*, No.2(1971).

61) G. Knieps, "Deregulation in Europe: Telecommunications and Transportation",

째, 자연독점 이론은 모든 기업이 동일한 기술을 사용하고, 따라서 모든 수준의 생산에서 동일한 비용을 지불한다고 가정한다. 그러나 현실세계에서 기업들은 규모의 경제를 산출할 수 있는 다양한 기술들 가운데 하나를 선택하는 상황에 직면하게 된다.[62]

이 비판의 핵심은 기술진보와 관련된 것이다. 대부분의 경제학적 연구는 규모의 경제와 기술진보의 효과를 명확히 구분하고 있지 않다. 이것은 사실일 수 있다. 그러나 시간의 변화를 염두에 두고, 통신 시스템의 네트워크적 효과와 기술진보의 효과를 구분하여 측정하는 것은 매우 어려운 작업이다. 그리고 대안적 기술이 존재하지 않는 경우에, 즉 사기업이든 공기업이든 동일한 기술을 사용한다면, 그 기업들은 순수한 규모의 경제 효과를 가질 수 있음을 인정해야 한다. 따라서 기술발전을 고려하는 이 자연독점 이론에 대한 비판적 주장은 독점이 처음으로 확립되던 20세기 초에는 적용되지 않을 수도 있다. 또한 근래의 계량경제학적 연구에서는, 통신 서비스의 제공과 관련하여 규모의 경제가 존재한다는 증거도 발견된다. OECD 보고서에서는 통신산업에서 산출이 1퍼센트 증가할 때, 비용이 0.6 내지는 0.7 퍼센트 증가한다는 경험적 자료가 제시되고 있다.[63]

자연독점 이론에 대한 또 다른 비판은 독점의 성립이 자연스러운 과정이 아니라 정부의 의도적 정책이 초래한 결과였다는 주장이다. 만약 통신이 자연독점 산업이라면, 정부 또는 규제자가 진입장벽을 설치할 아무런 이유가 없기 때문이다.[64] 즉, 자연독점은 결코 자연스럽지 않은 인위적 독점이라는 것이다. 인위적 독점의 경우에도 정부의 규제는 불가피하다고 할 수 있다. 예를 들어 독점체는 항상 단기간에 매몰(埋沒)자본을 벌충하기 위해 통신 소비자에게 왜곡된 가격을 강제할 가능성이 항상 존재하기 때문이다.

---

in G. Majone(ed.), *Deregulation or Re-regulation*(London: Pinter Publishers, 1990), pp.74-6.

62) Evans and Heckman, *op. cit.*, pp.130-1.

63) OECD, *Telecommunications: Pressures and Policies for Change*(OECD: Paris, 1983), p.29.

64) L. Gasman, *Telecompetition: The Free Market Road to the Information High Way*(Washington D.C.: Cato Institute, 1994); Evans and Heckman, *op. cit.*, pp.131-2.

그러나 규제만이 능사는 아니다. 규제비용의 증가로 인해 규제되는 기업이 비효율적으로 행동할 가능성도 있고, 정부가 만약 진입장벽을 설치한다면 보다 효율적인 기술의 발전이 저해될 가능성이 있기 때문이다.

위에서 지적한 것처럼, 자연독점 이론은 많은 결점을 갖고 있다. 그렇지만 우리는 자연독점 이론을 부분적으로 수용한다. 즉 일정한 기술수준, 예를 들어 수동식이나 기계식 전화교환 체계에서, 통신은 자연독점 산업이 될 수 있다는 것이다. 그러나 자연독점 이론을 부분적으로 수용한다는 것이 전신과 전화의 독점이 자연사적 과정이었음을 의미하지는 않는다. 통신 네트워크의 '최적 규모'(optimal scale)는 규모의 경제이론으로 설명되지 않기 때문이다. 통신 네트워크의 최적 규모는 기술적, 경제적 조건이 아니라 국가의 국경선에 따라 결정되어 왔다.

이제 논의를 독점의 형태로 이동해 보자. 국민국가의 정부는 통신 네트워크가 국민경제의 성장과 국민통합에 필수불가결한 하부구조로 인식해 왔다. 따라서 통신산업은 특별한 부문으로 취급되었다. 이미 지적한 것처럼, 통신산업은 대량의 선도투자를 필요로 한다. 따라서 모든 자본주의국가에서는 통신 네트워크에 필요한 재원을 조달하는 수단을 강구하는 것이 매우 중요한 문제로 제기된다. 사실 이 요인이 통신산업의 구조와 소유형태를 결정했다고 볼 수 있다.

먼저 우리는 우정국의 수입이 국민계정에서 중요한 항목이었고, 우편 서비스가 매우 수익성이 높았다는 사실에 주목할 필요가 있다. 대체로 유럽의 정부들은 새로이 등장하고 있던 전신 및 전화 서비스가 안정적인 정부수입을 위협할 것으로 보았다. 그러나 사적 자본이 대량의 투자를 동원할 수 있고, 자유주의적 산업문화가 지배적이었던 미국에서는, 전신과 전화산업이 사기업에 의해 시작되었고, 따라서 사적 독점이 확립되었다고 할 수 있다. 반면, 사적 정치권력의 행사가 국가에 의해 제약되고, 전신과 전화가 국가의 사업으로 개시된 유럽국가들에서는, 사적 자본의 저발전으로 인해 결국은 국유화가 이루어졌다고 볼 수 있다. 이 유럽적 현상은 이후 유럽국가들의 정부가 통신 네트워크에 필요한 재원을 조달할 준비가 되어 있지 않았다는 사실로부터도 확인할 수 있다.[65] 예를 들어, 영국의 재무부는 처

242

음부터 전화의 국유화에 반대했다. 재무부는 전화가 사치품이고 따라서 경쟁시장에서 사기업에 의해 발전되어야 한다는 입장을 견지했다. 게다가 재무부는 사기업을 인수하는데 너무 많은 비용이 들고, 우정국이 전화 네트워크를 관리할 수 있는 능력이 있는 지에 대해서도 회의적이었다.[66] 즉 '재정적', '행정적' 난관으로 인해 전화의 국유화는 불가능할 수도 있었다. 영국뿐만 아니라 정부가 통신을 운용했던 모든 나라들은 이 같은 문제에 직면해야 했다.

　요약한다면, 자연독점 이론은 통신 분야에서 발생한 제도들에 대한 사후적 정당화를 제공할 수 있다. 그러나 그 자연독점은 다양한 행위자들이 동맹을 형성할 수 있었던 역사적으로 우연적인 정세하에서 자연스럽게 형성된 것이다. 이 동맹에서 우정국 그리고 미국에서는 AT&T가 헤게모니적 역할을 수행했다. 우정국이나 AT&T는 다양한 기업집단에게 통신이 사기업들이 서로 경쟁하는 산업이 아니라 산업전체를 위한 생산의 일반적 조건이라는 것을 믿게끔 설득할 수 있었다. 또한 조건이 상이했던 미국에서는 통신자본과 금융자본의 연합이 정부의 법적 승인을 바탕으로 통신산업에 진입장벽을 설치할 수 있었다.

　조절이론의 관점에서 본다면, 이 동맹을 단단하게 결합시킬 수 있던 힘은 '독점적' 조절양식이었다. 그러나 이 주장은 외연적 축적체제는 경쟁적

---

65) 19세기 말에서 20세기 초에 이르는 기간 동안 미국과 유럽의 전화 시스템의 발전을 비교하면서, 다음과 같은 주장이 제기되고 있다. "경쟁하에서 전화의 발전속도가 사적 독점하에서 보다 훨씬 더 빨랐다. 그리고 사적 독점하에서 전화의 발전속도가 정부독점하에서 보다 빨랐다." 그러고 나서, "만약 급속한 성장을 위한 자본이 부족하게 되면, 공공기관은 재투자 비용의 확보를 위해 그리고 과잉수요를 질식시키기 위해, 이윤극대화 수준을 넘어서는 가격을 설정할 수 있다. …… (유럽에서) 전화의 발전과 재정확보와 관련하여 공공 독점체의 위험 회피적 행태는 새로운 기술에 대한 그들의 대응에서도 여전히 계속되었다"고 덧붙이고 있다. Brock, *op. cit.*, pp.143-7. 이러한 주장은 오늘날 통신시장의 자유화와 탈규제를 주장하는 이데올로그들에 의해 수용되고 있다. 그러나 당시에 전화의 전파속도의 차이를 독점형태나 산업구조의 차이로부터 추론하는 것은 과도한 단순화이다. 왜냐하면 일인당 소득이나 전화 이외의 다른 통신수단의 효율성 등과 같은 변수들이 고려되어야 하기 때문이다.

66) Perry, *op. cit.*

조절양식에 조응하고, 임금관관계가 축적체제와 조절양식의 형태를 결정한다는 조절이론의 일반적 가정을 기각하는 것이다. 즉, 통신부문에서 나타난 특유의 축적체제는 독점적 조절양식을 필요로 했다.[67] 그렇지만 당시에는 역사적 조절양식으로서 경쟁적 조절양식이 자본주의 사회를 지배하고 있었다. 이 독점적 조절양식의 때 이른 출현이, 전화가 1880년대 중반부터 전형적인 포드주의적 대량소비재가 되었음을 의미하지는 않는다. 오히려 앞서 지적한 것처럼, 통신은 주로 기업사용자를 위한 것이었다. 그럼에도 불구하고, 독점적 조절양식이 이차대전 이전에 통신 부문에 등장한 이유는, 통신자본이 매우 독특한 성격을 갖고 있었고, 더 나아가 정부가 이 자본을 소유했기 때문이다.

통신산업의 임금관계는 다른 여타 산업과 크게 다르지 않았지만, 국민국가의 정부들은 통신요금의 승인권 및 통신 네트워크와 장비에 대한 허가권이라는 규제의 도구를 보유하고 있었다. 독점적 가격설정은 정부소유 자본의 축적전략을 대표하는 것이었다. 이 가격설정 메카니즘은 장거리전화 서비스의 높은 수익률을 이용하여 지역전화를 보조하기 위한 것이었다고 주장될 수 있다. 그러나 실제적으로 이 상호보조 정책이 실시된 것은 1970년대 초반에 들어서였다.[68] 이 가격설정 메카니즘의 또 다른 기능은 고정자본 투자의 증가에 따른 이윤율의 하락을 봉쇄하는 것이기도 했다.[69] 바꾸

---

67) 통신부문에서 축적체제와 조절양식 사이의 불균형은 반자동적 교환 시스템인 Strowger 시스템이 발명된 이후 해결되었다: "외연적 규모의 경제는 전화 시스템에 대한 접근이 가입자의 증가로 달성되었다. …… 그러나 초기 전화 서비스의 외연적 발전이 한계비용의 감소를 결과하지는 않았다. …… 이것이 소위 '스위치보드(switch board) 문제'이다. …… 다른 한편으로 내포적 규모의 경제는 대규모 통화량을 다룰 수 있는 능력의 향상으로 달성될 수 있었다. …… 조직적 기술적 혁신의 결합으로 그 능력이 확장되었고, 전화교환 시스템의 규모를 줄일 수 있었다." Davies, *op. cit.*, pp.23-5. 이 혁신은 통신부문의 노동과정에 대한 근본적 변형을 가능하게 했다. 즉 이 혁신으로 접속 가능한 범위를 확장할 때 발생하는 가변비용의 증가를 줄일 수 있게 되었고, 그것에 의해 통신 자본가들이 위계적으로 작업조직을 합리화할 수 있었다.

68) Pascual, *op. cit.*, p.42; M. Mueller, "Universal Service in Telephone History", *Telecommunications Policy*, July(1993), pp.351-69.

69) Lüthje, *op. cit.*

어 말하면, 정치적 가격설정은 통신 자본의 유기적 구성의 고도화 문제를 외부화하는(externalize) 수단이었고, 통신자본이 생산과 소비의 측면에서 축적위기를 탈피하는 것을 가능하게 했다. 국민국가의 정부는 이 가격설정 메카니즘을 보편적 서비스의 제공이라는 담론으로 정당화할 수 있었다.

통신요금에 대한 정치적 가격설정과 농촌이나 오지에 저렴한 가격으로 통신 서비스를 제공하는 지역정책과 같이 통신정치에서 파생된 일종의 '사회계약'(social contract)을 통해 형식적으로는 일반대중이 통신 네트워크에 평등한 접근권을 가질 수 있게 되었다. 이 독점적 조절양식을 통해 통신 부문에 연루된 다양한 계급들 사이의 동맹으로 정의될 수 있는 '통신정책 연합' 또는 '통신정책 네트워크'이 형성되었다.[70] 이 연합을 통해 다양한 계급의 이익이 접합되었고, 이 연합은 통신부문에 존재하던 다양한 제도적 장치를 안정화하는 역할을 수행했다.

그러나 이 연합은 몇 가지 의도하지 않은 결과를 생산했다. 첫째, 우편, 전신, 그리고 전화를 책임지는 행정부서인 체신부라는 단일한 구매자가 시장을 지배하는 수요독점(monopsony)이 형성되면서 안정적인 공급과점(oligopoly)이 창출되었다. 수요독점적 관점에서 볼 때, 불완전 경쟁 상태하에 있는 공급시장에서 체신부는 투입 및 생산물 시장에 대한 통제로부터 발생하는 지대의 일부를 전유할 수 있게 되었다.[71] 이러한 경제적 이유뿐만 아니라 국내시장을 보호하고, 전략적으로 민감한 산업에서 공급의 안정성을 보장하며, 그 산업의 고용을 보호하고자 하는 정치적 목표 또한 수요독점 및 공급과점을 창출한 중요한 요인이었다.[72] 이 정치적 목표는 국민국가 정부의 산업정책을 매개로 실현되었다.

둘째, M. Weber가 지적했던 것처럼, 근대 통신수단이 집합적 방법으로 관리되어야 하는 그 기술적 특성으로 인해 대규모의 중앙집중적 조직의 발

---

70) E. Noam은, '우편-산업 복합체'(postal-industrial complex)라는 용어를 사용하고 있다. 이 복합체는 독점적 지대(monopoly rents)에서 일정한 몫을 획득하는 것을 대가로 정치적 지지를 제공하는 광범위한 연합을 지칭한다. Noam, *op. cit.*
71) OECD, *Telecommunications: Pressures and Policies for Change*, pp.35-40.
72) A. Cawson, K. Morgan, D. Webber, P. Holmes and A. Stevens, *Hostile Brothers*(Oxford: Claredon Press, 1990), p.78.

전이 촉진되었고, 그리하여 정부의 성장과 관료화가 진행되었다. 셋째, 체신부의 성장은 동시에 공공부문에 대한 고용을 엄청나게 증가시키는 결과를 초래했다. 체신부의 권력이 증가하고, 공공부문 노동자가 결사의 자유[73]를 갖게 되자, 공공부문 노동자들도 통신정책에 영향력을 행사하기 시작했다. 따라서 우정국은 조직된 노동세력과 조화로운 관계를 유지하고자 했다. 이리하여 공공부문 통신 노동조합도 통신정책 연합을 강화하는 중요한 행위자 가운데 하나가 되었다.

따라서 통신정책 연합을 구성하는 주요 행위자는 다음과 같이 정리될 수 있다:

(1) 운용자:
(2) 규제자:
(3) 산업정책을 입안하는 산업부:
(4) 운용자에게 재정적 지원을 하는 재정부:
(5) 통신 네트워크의 군사적 사용에 관심을 갖는 국방부:
(6) 통신 네트워크 운용과 관련된 부문의 노동조합:
(7) 통신장비의 공급자:
(8) 통신장비 공급업체에 조직된 노동조합:
(9) 기업사용자:
(10) 일반 소비자.

이 연합은 20세기 초 20년 동안 대부분의 유럽국가들에서 확립되었고, 그 후로 지속으로 유지되었다. 그러나 1980년대와 1990년대에 이르러 이 연합은 위기에 직면하게 된다. 유럽공동체 집행위원회와 같이 새로이 등장한 행위자들도 이 연합의 해체에 참여했다.

---

73) 19세기에 공공부문 노동자들은 그들의 동료인 사적 부문 노동자들보다 훨씬 열악한 상황에 놓여 있었다. 그들의 임금은 상대적으로 적었고, 그들의 시민권은 침해되었다. 그들은 조합이나 협동조합에 가입할 수 없었고(벨기에), 또는 대중집회에 참가하거나 사회주의자가 될 수 없었다(프랑스). 당시에 파업은 반란으로 간주되었다. Heaton, *op. cit.*, p.740.

5. 통신과 국제관계

5-1. 국제통신연합의 정치

통신과 수송의 발전으로 인해 시간에 의한 공간의 파괴현상이 나타났다. 즉 수송과 통신의 발전으로 국민국가의 영토를 넘어서는 지역을 정복할 수 있는 무기가 마련된 것이다. 전신이 상용화된 초기에, 전신은 제국주의적 확장을 위한 수단으로 사용되었다. 국민국가의 정부들은 해외 식민지에 설치된 기구들과의 일상적 접촉을 수행할 목적으로 국제적 전신 네트워크를 활용했고, 사기업들은 무역 및 기업활동을 촉진하기 위해 국제적 전신 네트워크를 필요로 했다.[74]

1851년에 영국의 전신은 이미 유럽대륙으로부터 정보를 받을 수 있는 상태였고,[75] 해저 케이블이 설치됨에 따라 모스크바나 지중해 지역까지로 전신 네트워크가 확장되었다. 1865년경에 케이블은 인도의 캘커타까지 이어졌고, 1866년에는 대서양에 그리고 1871년에는 오스트레일리아까지 해저 케이블이 건설되었다. 유럽대륙의 국가들도 전신 네트워크의 활용을 위해 국제협력을 강화했다. 1850년에는 '오스트리아-독일 전신연합'(Austro-German Telegraph Union)이, 1855년에는 프랑스, 벨기에, 스위스, 스페인, 사르디니아가 참여한 '서유럽 전신연합'(Telegraphic Union of Western Europe)이

---

74) K. Lee, *Global Telecommunications Regulation: A Political Economy Perspective*(London: Pinter, 1996), p.58.

75) 당시의 국경상황은 다음과 같이 묘사되고 있다: "스트라스부르그에는 두 명의 전신 노동자가 근무하는 전신교환소가 설치되어 있었다. 그중에 한 명은 프랑스 체신부에서, 다른 한 명은 독일의 바덴에서 파견되었다. 예를 들어 프랑스 노동자는 파리로부터 전신을 받았다. …… 이 메시지는 특별한 형태로 손으로 쓰여져서, 다시 그의 독일동료에게 테이블을 통해 전달되었다. 그러면 그 독일동료는 전신을 독일말로 번역하여, 그것을 다시 독일 쪽으로 보냈다." W. Drake, "The Transformation of International Telecommunications Standardization: European and Global Dimension", in C. Steinfield, J. Bauer, and Caby L.(eds.), *Telecommunications in Transition: Policies, Services and Technologies in the European Community*(London: Sage, 1994).

건설되었고, 1858년에는 벨기에, 프랑스, 네덜란드, 프러시아, 사르디니아, 스위스 등의 국가들이 '베른 전신협약'(Berne Telegraph Convention)을 체결했다.

이 전신 네트워크의 확장으로 세계는 하나의 통신 네트워크로 연결되기 시작했다. 이 네트워크를 매개로 세계시장의 형성이 촉진되었다. 19세기 이후로 통신의 발전을 매개로 형성된 세계시장이 많은 사람들의 복지와 직접 연결되는 새로운 세계가 형성되기 시작한 것이다. 대부분의 제3세계 국가의 정부들이 자신들의 통신 네트워크를 국유화한 것은 이차대전 직후의 일이다. 그 이전에 제3세계국가들은 독자적 통신 네트워크를 갖고 있지 않았다. 따라서 1945년 이전의 통신의 국제관계는 국민국가의 통신 네트워크들 간의 관계가 아니었다. 통신의 국제관계가 국가 간 관계로 전화할 수 있었던 것은, 유럽적 국민국가체계가 범지구적으로 확산되었기 때문이다.

이차대전 이전의 국제통신은 세계를 세 개의 독특한 시스템으로 나누는 형태로 분할되었다.[76] 첫째, 영국이 통제하는 네트워크로, 이 네트워크에는 영국 본토, 식민지, 그리고 일부 유럽국가들이 포함되었다.[77] 둘째, 서반구를 지배했던 미국의 중심의 네트워크가 존재했다. 셋째, 대부분의 국가가 1865년 '파리 회의'(Paris Conference)를 통해 설립된 '국제전신연합'(International Telegraph Union)과 1906년에 설립된 '국제무선전신연합'(international Radiotelegraph Union)의 구성원이었던 유럽대륙의 체신부(Post, Telegraph, and Telephone Authority, 이하에서 PTT) 중심의 네트워크가 존재했다.[78] 영국과 미국의 네트워크와 달리, 유럽의 네트워크는 국

---

76) M. Zacher and B. Sutton, *Governing Global Networks: International Regimes for Transportation and Communications*(Cambridge: Cambridge University Press, 1996), p.162-3.
77) 20세기 초 이 네트워크의 지배기업은, 1927년에 Marconi Company와 합병되어 Cable and Wireless라는 기업이 된 Eastern and Associated Companies였다.
78) 1874년에는 국경을 가로지르는 우편흐름을 조정하기 위해 '만국우편연합'(Universal Postal Union)이 설립되었다. 이 연합의 설립으로 근대적인 국제우편체계의 틀이 마련되었다. 이 연합은 또 이전의 체계 구분되는 많은 특징들을 갖고 있었다. 중요한 특징은 우편물이 이동하는 국가에 대해서 나중에 일정한 요금이 지불된다는 조건으로, 우편물이 시작되는 국가에서 우편물을 모으고 전체 우편요금을 매기는 것이었다. 이 국제우편레짐에 대한 자세한 설명으로는

민국가의 자율성이 보장되는 '국가 간' 관계의 형태를 띠고 있었다. 그러나 이 체계하에서 통신기술의 결합발전이 가능하기는 했지만, 국가 간 불균등 발전 현상도 발생했다. 이 새로운 형태의 국제기구의 등장은 유럽수준에서 국민국가체계의 완성과 밀접한 관계를 갖고 있었다:

> (국제전신연합은) 전신이 기원하고, 이동하며, 최종기착지가 되는 국가들 사이에서 가격을 결정하고 수입을 분할하는 조직체였다. 그리고 그 규칙은 전신법규(Telegraph Regulations)에 명시되었다. …… 이 국가들의 핵심적 관심사항은 이제 막 발생한 산업에서 재정적 확실성을 증진하고, 체신부를 위한 적정의 재정적 이득을 보증하는 것이었다.[79]

이와 같은 유럽적 질서는 국민국가들의 통신 국제관계의 미래형태를 예시하는 것이었다.

국제전신연합은 근대에 들어서 건설된 최초의 국제기구라고 할 수 있다. 이 국제기구는 혁명적 통신기술을 규제하려는 목적에서 건설된 것으로, 국제적 수준에서 새로운 형태의 통치구조를 창출하려는 최초의 시도였다.[80] 국민적 자본주의의 발전을 위한 하부구조를 제공하는 분야이면서 동시에 정치가들에게는 국가안보와 직결된 영역으로 인식되던 통신 분야에서 가장 먼저 공식적 국제협력이 이루어졌다는 것은 매우 놀라운 일로 평가될 수 있다. 그러나 국제통신이 상이한 네트워크의 상호접속을 필요로 한다는 점을 상기한다면 이 국제협력은 필수적인 것이었다.

Zacher and Sutton, *op. cit.*, pp.181-211을 참조. 이 국제우편조직의 창설과정에서는 독일의 우편체계를 통합하는 데 혁혁한 공을 세운 우정국 책임자인 Von Stephen이 중요한 역할을 수행했다고 한다.

79) *Ibid.*, p.163.

80) C. Murphy, *International Organization and Industrial Change: Global Governance since 1850*(Cambridge: Polity, 1994), p.7. 새로운 세대의 국제기구의 등장을 새로운 형태의 통신기술의 등장 및 산업의 발전과 연결시킨다. 예를 들어, 1906년의 국제무선전신연합이 무선통신을 규제하려는 기구였다면, 1964년에 건설된 미국 주도의 Intelsat(International Telecommunications Satellite Organization)은 유엔체제 외부에서 과거의 기구들과 달리 서비스의 규제 수준을 넘어서서 세계 수준에서 통신 하부구조를 제공하려는 새로운 국제기구였다.

당시에 전신은 초당 약 300,000km의 속도로 범지구적으로 전파될 수 있었지만, 그것이 가능하기 위해서는 정치적 경계에 의해 설정되는 장애물이 존재하지 않아야 했다. 따라서 국가 간 통신이 원활히 이루어지기 위해서는 최소한 통신장비의 표준화 그리고 통신 네트워크의 운영절차 및 행정절차에 대한 합의가 필요했다.[81] 즉 통신 관련 국제기구의 창설은, 정부 간 기구를 매개로 국제시장을 창출하고 보존하며 그럼으로써 산업을 양성하고, 국제간 거래에서 발생할 수 있는 잠재적 갈등을 관리하고자 하는 전형적 사례였다.[82] 그러나 국제전신연합이 창설되고 3년이 지나서야 상설 사무국이 설립되었던 것에서 볼 수 있듯이 회원국가의 정부들은 그들의 권위를 국제기구에 이전하는 것을 매우 주저했다.[83]

국제전신연합은 영국이 세계적 수준에서 헤게모니 국가로 활동하던 시기(1850년대에서 1860년대)에 건설되었다. 따라서 당시에 세계적 수준에서 작동하던 역사적 블록의 맥락에서 그 건설과정을 이해할 필요가 있다.[84] K. Polanyi가 지적한 것처럼, 19세기의 역사적 블록은 세력균형체계·국제금본위제·자기조정적 시장·자유주의 국가라는 제도적 질서에 기초하고 있었고, 이 역사적 블록을 지배한 사상은 자유주의였다. 통신이 국제무역을 촉진한 수단이었던 것처럼, 이 국제전신연합은 자유시장의 원칙을 강화하는 기능을 수행할 것으로 예상되었다. 더구나 이 국제전신연합은 최초로 일국 일표 원칙에 기반한 국제기구로서, 개인의 자유라는 자유주의적 가치를 국제적으로 실현한 최초의 국제기구로 평가된다.[85]

그러나 영국은 처음에 국제전신연합에서 배제되었다. 왜냐하면 영국에서는 사기업이 전신 네트워크를 운용하고 있었기 때문이다. 또한 영국정부는 이 정부 간 기구가 영국이 해저 케이블 분야에서 갖고 있던 지배적 지위를

---

81) H. Jacobson, "ITU: A Potpourri of Bureaucrats and Industrialists", in R. Cox and H. Jacobson(eds.), *The Anatomy of Influence*(New Haven: Yale University Press, 1973), p.59.

82) Murphy, *op. cit.*, p.34.

83) H. Jacobson, *Networks of Interdependence*(New York: Alfred A. Knopf, 1979), p.40.

84) Lee, *op. cit.*, p.59.

85) *Ibid.*, p.59.

위협할 수도 있다고 생각했다.[86] 다른 한편으로 영국정부는 이 지배적 지위를 유지하기 위해 전신을 국유화했다고 할 수 있다. 영국이 국제전신연합에 가입한 것은 1868년이었다. 따라서 국제기구가 헤게모니 국가의 주도하에 건설된다는 신현실주의의 헤게모니 안정이론은 기각될 수밖에 없다.[87] 국제전신연합의 건설을 비판적 국제관계이론의 관점에서 설명하고 있는 저작에서도 이 오류가 발견된다.[88]

국제전신연합의 건설과정도 국민국가주의와 자유주의의 결합이라는 관점에서 이해될 수 있다. 국제전신연합의 건설과정에서 이른바 국가이익과 정부이익이 가장 우선적으로 고려된 것은 부정할 수 없는 사실이다. 그러나 우편, 전신, 전화의 국유화 과정에서 볼 수 있는 것처럼, 자유주의 사상가나 자유주의적 국제주의자, 그리고 개혁주의적인 정부관료의 국제적 차원에서의 공공성 증대 노력을 무시할 수 없다. 19세기 후반 국제적 수준에서의 '공공체계 건설자들'(public system builders)은 전문가 연합의 건설 필요성과 국경을 가로지르는 연대에 대한 의식을 공유하고 있었을 뿐만 아니라 국제기구를 통한 경제적 효율의 증대와 통제의 정치적 비용을 최소화하기 위해, 국민국가를 설득하여 국민국가로부터 해당 국제기구의 운영을 위한 자원을 동원하기 위해 노력했다. 자유주의적 국제주의자로 분류될 수 있는 이 공공체계의 건설자들은 대부분 귀족 출신이었고, 따라서 국민국가의 정부에 특권적 접근권을 갖고 있었다. 국제전신연합을 건설하는 회의에 참가한 26명의 대표들 가운데 9명이 작위(爵位)를 갖고 있었다.[89]

그러나 국제전신연합의 자유주의적 성격이 과장되어서는 안 된다. 이 자유주의적 가치는 주요 강대국들의 식민지 경영에 기반한 것이었기 때문이다. 국제전신연합의 일국 일표 원칙은 1875년 영국정부의 제안으로 회원국가에게 식민지배하에 있는 영토를 대신하여 투표할 권리를 부여함으로써 사실상 폐기되었다고 볼 수 있다. 1925년에 이르러 영국, 프랑스, 이탈리아, 포르투갈은 7표를 행사할 수 있었고, 이 식민적 투표방식은 1973년까지 폐

---

86) Noam, *op. cit.*, p.294.
87) Murphy, *op. cit.*, pp.9-10.
88) Lee, *op. cit.*
89) Murphy, *op. cit.*, pp.62-81.

지되지 않았다.[90]

국제전신연합의 건설은 영국에서 우편제도의 혁신을 가져 온 페니 포스트 제도의 국제적 수준에서의 확대로 평가될 수 있다. 예를 들어 국제전신연합의 창설로 전신의 통화량은 급격히 증가했고, 전신요금은 인하되었다. 국제전신연합은 페니 포스트 제도처럼 단일요금체계를 설정하는 동시에 새로운 기술에 대한 정보를 각국 정부에 전달함으로써 전신분야에서 국제협력의 증진에 기여한 것이다.[91] 따라서 신현실주의 이론가들이 주장하는 것처럼, 국제적 수준에서의 공공재가 헤게모니 국가의 지도력에 의해서만 제공된다는 이론적 주장을 기각할 수 있는 단초를 19세기 국제기구의 건설과정에서도 발견할 수 있다.

1932년 마드리드 회의에서, 국제전신연합과 국제무선전신연합이, '전화 및 전신을 위한 국제자문위원회'(International Consultative Committee for Telephone and Telegraph, CCITT), '무선통신을 위한 국제자문위원회'(International Consultative Committee for Radio, CCIR) 등으로 구성된 '국제통신연합'(International Telecommunications Union, ITU)이 창립되었다. 1947년에는 이 국제통신연합을 재구조화하는 회의가 Atlantic City에서 개최되었다. 이 회의를 계기로 '국제 주파수등록 위원회'(International Frequency Registration Board)가 신설되었고, 국제통신연합의 운영을 감독하는 회원국가의 대표로 구성되는 행정위원회가 설치되었다.[92] 그리고 이 회의를 계기로 국제통신연합은 국제연합(UN) 산하의 전문기구로 그 성격이 새롭게 규정되었다. 이 변화는 국제기구가 고정된 건축물이 아니라 끊임없이 변화하는 '역사적 과정'이고 그것을 통해 헤게모니 제도와 이데올로기가 발전된다는 비판적 국제관계이론의 주장을 뒷받침하는 사례이다. 이후 다자주의적 국제기구로서 국제통신연합은 통신부문에서 '포착된(包着, embedded) 자유

---

90) Lee, *op. cit.*, p.60.

91) Murphy, *op. cit.*, pp.86-7.

92) 1965년 몽뜨뢰(Montreux)에서 국제통신연합의 주요 조직이 완성되었다. 위에서 열거되지 않은 주요 조직으로는 전권대표회의(Plenipotentiary Conference), 행정위원회(Administrative Council), 행정회의(Administrative Conference), 총사무국(General Secretariat) 등이 있다. 각 조직에 대한 자세한 소개로는 Jacobson, "ITU: A Potpourri of Bureaucrats and Industrialists"을 참조.

주의체제'로 표현되는 국제적 역사적 블록을 유지하는 기능을 수행하게 되었다.

통신 분야에서 국제협력의 증진을 목표로 하는 국제통신연합은 구체적으로 통신표준을 설정하고, 통신시설과 네트워크를 발전시키며, 또한 효율적 서비스에 부합하는 가장 낮은 요금을 책정하는 임무를 수행했다.[93] 이 가운데 국제규제기구로서 국제통신연합의 가장 중요한 과제는 다양한 국민국가의 통신 네트워크의 '상호접속'을 증진하는 것이었다. 그러나 이 과정에서 국민국가의 표준이 대체로 존중되었고, 상호접속을 용이하게 할 수 있는 국민국가 네트워크와 네트워크의 연결장비인 '관문장비'(關門裝備, gateway equipment)의 표준화로 그 역할이 국한되었다. 이 관문장비는 디지털 혁명이 발생하기 이전에는 전자기계식 장비였다. 국민국가 내부에서 통신 네트워크는 일반적으로 장거리 통신 네트워크와 지역(local) 통신 네트워크로 구분되었다.

그러나 국제통신연합이 단순히 정부 간 문제의 조정역할에 머무른 것만은 아니었다. 1951년 국제통신연합은 국제연합 기술원조확대 프로그램(United Nations' Expanded Program of Technical Assistance)에 참가하기로 결정했다. 이것을 계기로 국제통신연합은 전통적인 포럼기능에다 서비스 제공 또는 통신 운용기능을 자신의 역할로 추가할 수 있었고, 그 결과로 국제통신연합의 전문관료의 숫자가 상당 수준 증가할 수 있었다. 또 하나의 계기는 1959년 세계 행정무선회의(World Administrative Radio Conference)가 새로이 등장한 통신기술인 우주통신의 문제를 논의하기 위해 1963년에 특별회의 소집을 권고한 것이었다. 현재 우주통신에 관해 국제통신연합은 특별한 임무를 부여 받고 있지는 않지만 이 권고는 국제통신연합이 기술변화에 조응하여 자신의 역할을 재규정할 수 있는 가능성을 열었다는 점에서 그 의미는 상당히 크다고 할 수 있다.[94]

---

93) P. Cowhey, "The International Telecommunications Regime: the Political Roots of Regime for High Technology", *International Organization*, Vol. 44, No.2(1990), p.175. 이를 제외한 국제통신연합의 임무는 다음과 같은 것들이다: 무선주파수 스펙트럼의 할당, 무선주파수의 등록, 코뮤니케이션 인공위성의 궤도의 조정, 발전도상국의 통신 네트워크의 수준을 향상시키는 것.

그러나 이 혁신에도 불구하고 국제통신연합이 전형적인 정부 간 조직의 성격을 이탈한 것은 아니다. 국제통신연합은, 국가 간 통신이 사활적 국가이익을 침해하게 될 때 회원국가가 이를 저지할 배타적 권리를 인정했다.[95] 예를 들어, 국제통신연합의 조약 51조에는 회원국가들이 자국의 육해공군의 군사적 무선시설에 대해서는 완전한 자율권을 가질 수 있도록 보장하고 있었다. 따라서 국제통신연합은 정부의 통신독점을 더욱 강화하는 역할을 수행했다고 볼 수 있다. 미국의 AT&T와 같은 사적 통신운용자들이나 독일의 Siemens와 같은 통신장비 생산업자들이 통신 운용장비의 표준화 문제 등을 논의하는 국제통신연합의 각종 자문위원회에 참석할 수 있었지만, 국제통신연합의 정책을 결정하는 경우에는 회원국가의 정부 대표자에게만 투표권이 부여되었다.

통신장비 시장에서도 이 국가중심적 논리가 여실히 반영되어 있었다. 〈표 4-3〉에서 볼 수 있는 것처럼, 국내 통신장비의 소비에서 수입부분이 차지하는 비율은 1975년에조차 통신장비 공급업체를 보유하고 있던 프랑스, 독일, 영국, 일본, 미국 등의 선진자본주의국가들에서는 10퍼센트 이하였다. 통신장비 업체들도 스스로를 범지구적 또는 지역적으로 활동하는 기업이라기보다는 국민국가 내부에서 활동하는 기업으로 스스로를 규정하고 있었다. 따라서 선진자본주의국가들이 통신부문에서는 폐쇄적인 '자급자족적'(autarkic) 경제를 유지했다고 말해도 크게 지나치지 않다.

즉, 국제통신연합이라는 국제레짐이 회원국가들에게 외국기업을 배제할 수 있는 규범을 제공했고, 그 레짐의 일반규칙은 반경쟁(反競爭, anti-competition), 국가독점의 보호, 그리고 반탈퇴(反脫退, anti-defection)였다.[96] 결국, 국제 통신레짐은 정부독점의 강화에 기여했고, 그럼으로써 통신저발전국을 제외한 대부분의 국민국가들에서 통신장비 및 서비스 시장은 외부의 압력으로부터 자유로울 수 있었다. 즉 국제 통신레짐은 국민국가가 보유하고 있던 통신능력의 불균등한 분포를 반영하면서 동시에 그것을 유지하

---

94) Jacobson, "ITU: A Potpourri of Bureaucrats and Industrialists", p.63.
95) D. Blatherwick, *The International Politics of Telecommunications*(Berkely: University of California Press, 1987), pp.3-13.
96) Zacher and Sutton, *op. cit.*, pp.127-180.

는 기능을 수행한 것이다. 이 통신레짐은, 자연독점이 자연스러운 현상이 아니었던 것처럼, 기술적 발명품이라기보다는 정부이익을 보호하기 위한 '정치적' 발명품이었다.[97]

〈표 4-3〉 통신장비생산에서 무역이 차지하는 비율(1975년)

	국내소비에서 수입이 차지하는 비율(%)	국내생산에서 수출이 차지하는 비율(%)
오스트리아	40.0	30.8
벨기에	32.8	49.2
캐나다	17.2	15.2
프랑스	4.6	12.1
독일	3.5	13.7
이탈리아	8.9	9.3
일본	1.4	23.7
네덜란드	49.0	46.9
포르투갈	31.5	14.1
스웨덴	12.1*	83.4
영국	8.5	13.9
미국	1.7	3.6

*1976년의 수치
자료: OECD, *Telecommunications: Pressures and Policies for Change*, (OECD: Paris, 1983), p.132.

그럼에도 세계에서 가장 큰 통신 서비스 시장과 장비 생산업체를 보유하고 있던 미국정부는 국제통신연합의 활동에 소극적이었다. 이는 마치 국제전신연합의 창설 당시 세계적 수준에서 헤게모니 국가였던 영국이 국제전신연합 가입을 주저했던 것과 유사하다. 미국정부는, 국제통신연합의 회원국들에서 대부분 정부가 통신 네트워크를 운용하고 있기 때문에 사적 독점체가 통신 네트워크를 지배하고 있는 미국이 이 연합에 참여할 경우 불이익을 받을 수도 있다고 생각했다. 그 이유 때문에 미국정부는 1932년까지 국제통신연합 가입을 거부했다. 또한 미국정부는 자신들의 이해를 반영하

---

97) Cowhey, *op. cit.*

여, 사기업들이 국제통신연합의 정책과정에 참여할 수 있어야 한다고 주장했다. 그러나 미국정부의 이 요구가 점차적으로 수용되기는 했지만, 사기업들이 국제통신연합에서 투표권을 획득할 수는 없었다.[98]

인공위성을 이용하는 새로운 통신기술이 개발되자 앞서 지적한 것처럼 국제통신연합은 이에 적극적으로 대응했다. 그러나 미국정부는 1964년 국민국가의 전화회사에 민간 인공위성 서비스를 제공하는 것을 책임지는 독립적 국제기구로 '국제상업위성통신기구'(Intelsat)의 발족을 주도했다. 이 기구는 국제통신연합의 하위기구가 아니었다. 미국정부는 국제통신연합이 '일국 일표'의 원칙을 준수하는 것에 불만을 갖고 있었고, 따라서 새로이 형성된 이 기구에서는 선진자본주의국가에 특혜를 부여하는 가중투표 방식이 채택되었다.[99]

더 나아가 1982년 미국의 레이건 행정부는 국제통신연합이 본래의 임무를 벗어나서 저개발국에 대한 기술적 지원을 강화하고 있다는 이유로 사실상 국제통신연합의 회원국가로 활동하는 것을 중지하게 된다.[100] 이는 당시 미국정부가 UNESCO와 같은 유엔 산하 전문기구들이 추진하던 범지구적 차원에서 저발전 국가들을 지원하는 '발전주의적' 정책에 반발한 것과 궤를 같이하는 것으로, 이는 '신자유주의' 이데올로기의 범지구적 확산을 알리는 신호탄이었다. 통신부문으로 국한한다면, 기존의 국제레짐은 이미 강력한 비교우위를 갖고 있던 미국 통신산업의 이익을 신장시킬 수 있는 조직이 아니었다. 또한 이미 통신부문의 자유화를 준비하고 있던 미국정부의 관점에서 국제통신연합은 이 자유화 정책의 걸림돌로 간주되었다.

저명한 국제기구 연구의 전문가가 지적하는 것처럼, 국제통신연합은 가장 오래된 전문 국제기구이면서 가장 작은 기구 가운데 하나이고, 상당히 중요한 상업적 정치적 함의를 갖는 문제들을 처리함에도 불구하고 가장 덜 알려진 국제기구 가운데 하나였다.[101] 앞서 지적한 것처럼, 통신 분야는 국제협력이 반드시 필요한 분야이면서도 동시에 국민국가의 사활적 이익인

---

98) Lee, *op. cit.*, pp.60-1.
99) Noam, *op. cit.*, pp.298-300; Cowhey, *op. cit.*, 181-2.
100) Murphy, *op. cit.*, p.258.
101) Jacobson, "ITU: A Potpourri of Bureaucrats and Industrialists."

국가안보와 긴밀히 연관되어 있었고, 동시에 국민국가에 근거하고 있는 자본일반의 이해와도 직결되었기 때문이다. 따라서 1980년대의 통신 자유화 정책이 이 국제기구 '외부에서' 추진된 것은 이 국제기구의 속성을 고려할 때 당연한 일이었다고 할 수 있다.

5-2. CEPT의 정치

유럽적 수준에서, 통신 관련 부서의 이익을 조정하는 국제레짐은 1959년에 설립된 '유럽우편 및 통신협의회'(Conférence de Européene des Postes et des Télécommunications, 이하에서 CEPT로 표기)였다.[102] 최초 이 CEPT에는 서유럽 25개국과 헝가리 그리고 유고슬라비아가 참여했다. 여타의 동유럽국가들은 1990년 이후에 회원자격을 획득했다. 이 위원회의 주요 임무는, 국제통신연합과 유사하게, 통신요금의 원칙을 확립하고 각종 국제기구나 국제회의에서 유럽국가들의 공동입장을 정립하고 장기간의 발전계획을 수립하는 것이다. 이 협의회는 강력한 유럽국가들의 견해를 대표하고 있었기 때문에, 국제통신연합의 CCITT 모임 등에서 강력한 영향력을 행사했다. 또한 이 협의회가 생산하는 권고안은 실제적으로 회원국가에 영향을 미칠 수 있었다. 매우 보수적 성격의 이 협의회는 자신들의 모임을 언론에 공개하지 않았을 뿐만 아니라 일반대중이 이 협의회의 문건을 열람할 기회

---

102) 이 협의회에 대항하는 노동자의 조직으로 체신노동자인터내셔날의 유럽위원회가 1967년에 건설되었다. 이 위원회는 유럽의 회원조직 사이에 연대와 상호이해를 증진하고, 유럽 특유의 문제에 대해 공동의 태도와 정책을 취하고자 노력했다. 이 위원회는 체신노동자인터내셔날의 일반정책 틀 내에서, 유럽노동조합연합(European Trade Union Confederation, ETUC) 등의 유럽 차원의 각종 국제기구에서 체신노동자의 이익을 대변하고 있다. 이 위원회는 ETUC에서 하나의 산업위원회로 인정되고 있다. A. Butt Philip(ed.), *The Directory of Pressure Groups in the European Community*(Harlow, Essex: Longman, 1991), pp.311-2. 또 다른 조직으로 Féderation Européenne du Personnel des Services Publics(EUROFEDOP)는 1966년에 설립되었고, 역시 우편과 통신부문의 노동자의 이익을 대변하고 있다.

도 부여하지 않았고, 심지어 통신 관련 기업들이 이 협의회에 참가하는 것도 쉽지 않았다.[103] 이 점에서 이 협의회는 국제통신연합보다도 훨씬 더 강력한 형태의 정부 간 조직으로 평가될 수 있다.

CEPT가 유럽적 수준에서 통신 사업을 '독점'하는 것에 대한 상당한 반발도 있었다. 유럽적 수준에서 정치, 사회, 문화 및 법적 협력을 강화하기 위해 1949년 5월에 설립된 유럽각의[104](Council of Europe)도 통신사업에 개입하려고 시도했다. 유럽각의는 공동의 우표 발행과 같은 유럽의 우편 및 전신부문의 통일을 제안하기도 했다. 1950년대에는 유럽각의의 자문역할을 담당하는 총회에서 '유럽 우편 및 전신연합'을 요구하는 결의안이 통과되기도 했지만, 그 결의안은 유럽각의의 각료위원회에서 기각되었다.[105]

유럽공동체도 간헐적으로 통신부문에 대한 개입을 시도했다. 유럽경제공동체의 체신장관들이 최초의 회합을 갖은 것은 1964년이었다. 그러나 그 모임에서는 단지 우편요금을 조화시키는 문제만이 토론되었을 뿐이다.[106] 또한 유럽공동체가 통신 공동체를 건설하려는 시도는 항상적으로 정치공동체의 건설 움직임으로 의심되었다. 통신과 같이 국민국가의 정치경제와 긴밀히 연관을 갖는 산업부문에서 초국가적 조직이 창출되는 것을 유럽공동체의 회원국가들이 두려워했기 때문이다.

결국, 정부 간 협력론이 지배적인 상황에서 유럽공동체가 통신부문에 개입할 여지는 전혀 없었다고 볼 수 있다. CEPT가 유럽 내 국민국가들의

---

103) Noam, *op. cit.*, p.300.
104) 유럽각의는 협정 전문에서 유럽의 공동유산인 동시에 경제 및 사회발전을 용이하게 하는 이상과 원칙을 보장, 실현하기 위해 회원국가 간의 긴밀한 유대 관계를 달성하는 것을 그 목적으로 설정하고 있다. 유럽연합과 달리 회원가입에 제한을 두거나 각국 주권의 포기를 요구하지 않는다. 조직기구로는 의사결정기구인 각료위원회(Committee of Ministers), 의원총회(Parliamentary Assembly), 유럽인권재판소(European Court of Human Rights) 등이 있으며 사무국은 프랑스의 스트라스부르그에 위치하고 있다.
105) V. Schneider and R. Werle, "International Regime or Corporate Actor? The European Community in Telecommunications Policy", in K. Dyson and P. Humphrey(eds.), *The Political Economy of Communications*(London: Routledge, 1990), pp.85-6.
106) *Ibid.*, p.87.

통신관련 이익을 조정하는 데 있어 확고한 지위를 갖고 있었기 때문이다. CEPT의 독점적 지위가 허물어지기 시작한 것은 1980년대 초반부터이다. 이는 국제통신연합이 위기에 처하게 된 시점과 일치한다. 즉 통신산업의 구조적 조건이 변하고, 이에 따라 정부정책이 자유화의 방향으로 선회하게 되면서, 기존의 정부 간 기구로서는 처리할 수 없는 문제들이 발생하게 되고, 이에 조응하여 유럽공동체와 같은 초국가적 기구가 새롭게 통신부문에 개입할 수 있게 된 것이다. 1980년대에 들어서면서 유럽공동체는 한편으로는 CEPT와 경쟁하면서, 다른 한편으로는 CEPT와 협력하면서, 유럽 차원의 통신정책을 주도하게 된다.

6. 결 론

1945년 이후 통신 분야의 국제관계는 국민국가의 통신 네트워크 사이의 관계로 한정되었다. 바꾸어 말하면, 통신 네트워크의 운용자들은 통신 분야에서 발생하는 모든 국제적 문제들을 독점적으로 처리했다. 그러나 이러한 국제관계의 모습도 자연독점의 사례와 마찬가지로 결코 자연스러운 것은 아니었다. 이 관계도 통신산업의 축적체제와 조절양식이 안정상태에 있는 조건하에서만 성립될 수 있는 역사적으로 우연적인 것이었다. 이제까지의 논의를 정리하면 다음과 같다.

첫째, 우리는 제도의 관성에 주목할 필요가 있다. 국민국가의 통신 네트워크는 국가형성 및 국민통합의 기초 가운데 하나였다. 따라서 통신자본이 안정적인 국내시장을 향유할 수 있는 기회가 제공되었다. 게다가, 통신 네트워크의 건설은 헤게모니 프로젝트로서의 특징을 갖고 있었다. 이 프로젝트를 통해 일반대중은 물질적이고 이데올로기적인 측면에서 통신 소비자가 되었다.

둘째, 국민국가 수준에서 통신산업의 축적체제가 완전히 소진되지 않는 한에서, 즉 국민적 통신자본이 지속적 성장이 가능할 정도의 수익을 산출하고 있는 조건하에서는, 이 통신자본이 다른 성장모형을 모색할 아무런 이유가 없었다. 초창기 몇몇 사적 통신기업의 희생을 대가로, 정부에 포획된 국민적 통신자본은 자본일반에게 생산의 일반조건, 즉 경제적 하부구조를 제공했다.

셋째, 이러한 종류의 국민적 축적체제는 국민국가들 사이에 상호인정에 기초한 국제레짐에 의해 더욱 강화되었다. 표층적 수준에서 이 국제레짐에 소속된 회원국가들은 평등한 관계를 유지했다. 그러나 통신 네트워크의 불균등 발전이 바로 그 평등한 관계 속에 내재되어 있었다. 이 불균등 발전이 심화되고, 사적 행위자들이 국내적 국제적 통신정책에 개입하게 되면서, 정부 간 기구의 성격을 띠는 국제레짐이 위기에 직면하게 되었다.

넷째, 근대적 통신기술이 발명된 이후 통신정치는 항상 국민국가를 중심으로 조직되어 왔다. 이 통신정치는 국민적 통합과 자본주의적 사회관계를 접합하고, 이데올로기적으로는 국민국가주의와 자유주의를 결합하는 데 공헌했다. 1980년대 초반에 이르러 이 통신정치의 구조가 근본적으로 변형되기 시작했다.

제5장 유럽연합 통신정책의 정치경제적 기원: 회원국가 통신정책 네트워크의 붕괴

1. 서 론

유럽공동체는 출범 당시부터 첨단기술 분야에서의 협력을 주요 의제 가운데 하나로 설정했다. 1955년에 설립된 J. Monnet의 '유럽합중국을 위한 행동위원회'(Action Committee)는 집행위원회 주도로 유럽 차원의 기술협력을 증진할 수 있는 새로운 제도의 건설을 요구하기도 했다. 그러나 1950년대의 상황에서 우편, 전신, 전화로 대표되는 통신 분야는 첨단산업이 아니었고, 또한 통신혁명 또는 정보혁명이라고 부를 수 있는 근본적인 기술적 변화가 확산되던 시기도 아니었다. 따라서 통신부문은 협력의 대상이 아니었다.

그럼에도 유럽공동체 집행위원회는 공동체 창설 초기부터 통신 분야에서의 협력에 대해 지속적 관심을 표명했다. 제4장에서 살펴본 것처럼, 통신이야말로 가장 국민국가적인 정책영역이었고, 따라서 이 분야에서 협력이 발생한다면 공동체의 초국가성이 보다 강화될 수 있다고 생각했기 때문이다. 예를 들어 1959년 유럽석탄철강공동체(ECSC)에는 '우편 및 전신연합'을 창설하자는 의견이 제출되기도 했다.

이 제안을 가장 강력하게 반대한 것은 프랑스의 드골 정부였다. 집행위원회의 의도를 정확하게 읽고 있던 프랑스정부는 이 연합의 건설을 공동체의 초국가적 권력의 강화로 이해했다. 이 제안이 기각된 또 다른 이유로는 유럽지역의 통신부문에서 중요한 위치를 차지하고 있던 영국이 석탄철강공동체의 회원국이 아니었다는 사실을 들 수 있다. 과거 국제전신연합의 사례에서 볼 수 있는 것처럼, 국제통신 분야에서 상당한 영향력을 갖고 있던 영국이 배제된 국제기구는 결함을 가질 수밖에 없었기 때문이다. 더구나

1959년에는 유럽 차원에서 통신부문의 갈등과 협력의 문제를 해결하기 위해 전형적인 정부 간 협력기구인 CEPT(Conférence de Européene des Postes et des Télécommunications)가 설립되었다. 이 기구에는 유럽공동체 회원국가를 포함한 대부분의 유럽국가들이 참여했다.

1960년대와 1970년대에 걸쳐서도 유럽공동체 집행위원회는 통신을 포함한 정보기술 분야에서 공동정책을 입안하기 위해 많은 노력을 기울였다.[1] 여타의 과학기술 분야에서 점진적 변화가 발생하기는 했지만, 통신 분야는 거의 변화가 없었다고 해도 과언이 아니다. 집행위원회는 '통신정책 공동체'를 구성하고 있던 회원국가의 정부, 회원국가의 PTTs(Post, Telegraph, and Telephone Authorities) 그리고 통신관련 기업의 지속적인 적대적 반대에 직면해야 했다.[2] 즉, 회원국가 내부에 강고히 구축되어 있던 통신정책 공동체를 해체하고, 유럽공동체 집행위원회가 새로운 행위자로 활동하는 것은 불가능했다고 볼 수 있다. 1950년대에 프랑스정부가 그러했던 것처럼, 회원국가의 정부들은 1960년대와 1970년대에 걸쳐 유럽공동체 수준에서의 통신정

---

1) 유럽공동체 회원국가들은, 야금술, 해양학, 수송, 통신, 환경 및 데이터 처리 등의 분야에서 협력을 모색하기 시작했다. 1967년에 첨단기술 분야에서 협력을 강화하기 위한 위원회가 설치되었고, 1974년에 이 위원회는 집행위원회와 각료회의 산하의 공동위원회인 CREST(Committee for Research into European Science and Technology)로 개편되었다. 그러나 집행위원회는 첨단기술 분야에서 유럽 차원의 협력을 추진할 수 있는 법적 제도적 하부구조를 결여하고 있었다. 따라서 집행위원회의 모든 제안들은 반드시 각료회의에서 승인되어야 했다. 또한 회원국가의 정부들은 유럽 차원의 연구개발 프로그램이 유럽공동체 예산의 증대로 이어질 수도 있었기 때문에 집행위원회의 각종 제안을 적극적으로 지지하지도 않았다. L. Cram, *Policy-Making in the EU: Conceptual Lenses and the Integration Process*(London: Routledge, 1997), pp.71-5.
2) 1968년 10월 유럽공동체 집행위원회는 또 다시 우편 및 통신 공동체의 건설을 제안했다. 그러나 그 제안은 각료회의에서 부결되었다. 그 이후 유럽공동체 회원국가의 통신관련 장관들이 다시 회동한 것은 13년이 지난 1977년 9월이었다. V. Schneider and R. Werle, "International Regime or Corporate Actor? The European Community in Telecommunications Policy", in K. Dyson and P. Humphrey(eds.), *The Political Economy of Communications*(London: Routledge, 1990), p.87. 1979년 5월 각료회의가 로마조약 100조의 무역정책에 근거하여 표준편지에 대해 통일적 요금을 부과하는 권고안을 채택한 것이 사실상 당시까지 유럽공동체가 통신 분야에서 이룩한 유일한 성과였다고 할 수 있다.

책을 둘러싼 정책조정 및 협력에 강한 의구심을 나타냈다.

유럽공동체 집행위원회의 주기적 제안에도 불구하고 그 제안이 각료회의 및 회원국가 정부에 의해 수용되지 않은 몇 가지 이유가 있다. 첫째, 1957년 로마조약은 통신 분야와 관련하여 유럽공동체 집행위원회에 어떠한 권한도 부여하지 않았다. 통신은 여전히 교역될 수 없는 '공공재'로 간주되었기 때문이다. 따라서 회원국가의 정부들에게 통신정책은 국제경제로부터 유리된 국내적 정책으로 간주되었고, 따라서 공동시장의 건설을 목표로 하는 로마조약에도 통신부문은 포함되지 않았다. 둘째, 유럽공동체 집행위원회가 로마조약에 근거하지 않은 어떤 정책을 입안하기 위해서는 로마조약 235조에 규정되어 있듯이 각료회의의 만장일치를 필요로 했다. 따라서 만약 한 국가라도 유럽 차원의 통신정책에 반대한다면, 집행위원회가 아무리 노력을 기울여도 정책의 수립이 불가능했다.

더구나 통신부문은 GATT 조항에도 포함되어 있지 않았다. 1976년 유럽공동체 내부에서 공공조달(public procurement) 계약을 부분적으로 자유화하는 지침을 제정했을 때도 통신부문은 당연히 언급되지 않았다.[3] 따라서 통신부문에서 연성의(soft) 협력체제라고 할 수 있는 CEPT가 경성의(rigid) 협력체제라고 할 수 있는 유럽공동체보다 선호되었다는 평가는 매우 적절하다.[4] CEPT와 같은 정부 간 기구인 국제통신연합을 지배했던 규범도 '공동으로 제공되는 서비스'(jointly provided services)였다. 즉, 통신서비스는 교역의 대상이 아니라 둘 이상의 국가들을 위한 공동의 하부구조로 인식되었다.[5] 국제통신의 가격설정도 국민국가 정부들의 고유한 업무였다. 결과적으로, 국제 통신관계는 국가들 사이의 다자적 관계이면서도 동시에 '쌍무적' 또는 '삼각형태의' 관계였다고 할 수 있다. 그러므로 통신기업들 간의 '사적인' 국제관계도 거의 찾아 볼 수 없었다.

따라서 1980년대 이전에는 유럽공동체가 통신정책의 통합을 적극적으로

---

3) Cram, *op. cit.*, p.76.

4) Schneider and Werle, *op. cit.*, p.87.

5) P. Cowhey, "The International Telecommunications Regime: the Political Roots of Regime for High Technology", *International Organization*, Vol. 44, No.2(1990), pp.177-8.

추진할 수 있는 국제적 환경이 마련되어 있지 않았다고 볼 수 있다. 그러나 유럽공동체가 통신장비 산업 – 교환기기, 전송장비 및 단말기 등 – 의 부문에서 각종 관세 및 비관세 장벽을 철폐하려는 노력을 기울이지 않은 것은 매우 이상한 일이라고 할 수 있다. 로마조약의 핵심조항들은 바로 무역장벽의 철폐와 밀접히 관련되어 있기 때문이다. 그러나 통신장비조차도 각국에서 특별히 보호되어야 하는 재화로 취급되었다. 유럽공동체 회원국가들은 이 같은 보호조치가 '공공 서비스'의 제공을 위해 필수적인 것이라고 생각하고 있었다.6)

그러나 1970년대에 들어 통신부문에서 경쟁이 격화되기 시작하면서 각국의 통신정책 공동체의 구성원들은 매우 다른 방식으로 행동하기 시작했다. 국민국가의 정부들은 산업정책적 목표를 갖고 통신부문에 적극적으로 개입하기 시작했다. 그러나 이미 통신과 관련된 정부부처들의 통일성은 해체되어 가고 있었다. 또한 통신장비를 생산하는 기업들도 국제경쟁에 노출되었고, 그리하여 이 기업들의 안정적 공급자로서의 위치가 흔들리기 시작했다. 기업사용자들은 자신들의 조직이 범세계적으로 확산되자, 자기들 나름의 고유 통신 네트워크를 건설하는 방식으로 기존의 통신정책 네트워크에서 탈퇴했다. 반면, 노동조합과 일반대중은 여전히 수동적 행위자였다. 이 변화하는 행태들 속에서 유럽공동체 집행위원회는 통신부문에 개입할 기회를 갖게 되었다. 즉, 회원국가에 존재하던 통신정책 네트워크의 붕괴되면서 유럽공동체가 통신부문에 개입할 수 있는 길이 열리게 된 것이다. 유럽공동체가 통신부문에 개입하기 시작한 것은 1980년대 초반이었다.

---

6) 당시 회원국가의 정책에 대해서는, H. Ungerer and N. Costello, *Telecommunications in Europe*(Luxembourg: CEC, 1990), pp.25-34를 참조.

2. 유럽연합의 개입 원인을 설명하기 (1): 기존 설명에 대한 비판

유럽공동체가 통신부문에서 핵심 행위자 가운데 하나가 되고, 동시에 유럽공동체 집행위원회가 통신정치의 구조적 재편을 강력하게 추진했던 이유를 설명하는 세 가지 접근법이 있다. 첫 번째 접근은, 국민국가 정부와 통신산업 사이의 관계 변화라는 맥락에서 유럽공동체 또는 유럽공동체 집행위원회의 새로운 역할에 강조점을 둔다. 반면 두 번째 접근은, 유럽공동체의 통신부문에 대한 개입을 신자유주의적 국제관계이론에 입각하여 설명하고자 한다. 셋째, 새로운 경향으로 비교정치적 접근방식을 통해 유럽공동체 통신정책을 설명하려는 시도가 존재한다.

앞서 2장에서 지적한 것처럼 각각의 접근은 유럽공동체에 대한 나름의 이미지를 갖고 있다. 게다가 각 접근은 이 나름의 이미지를 증명하기 위해 유럽공동체의 통신정책을 동원하고 있다. 경쟁하는 제 이론들의 새로운 각축장으로서, 유럽공동체 통신정책에 대한 연구는 이미 전통적인 정부 간 관계론을 넘어선 것처럼 보인다.

2-1. 정부-산업 관계적 접근

먼저, 정부-산업 관계에 기초한 유럽공동체 통신정치에 대한 설명을 살펴본다. 통신이 유럽공동체에서 중요한 의제로 부상된 이유로 두 가지 요인이 제시된다:

첫째는 미국으로부터의 외적 압력이다. 1982년 미국은 AT&T를 분할하는 중대한 결정을 내렸고, 유럽공동체 집행위원회는 이 결정을 세계시장에서 새롭지만, 보다 강화된 경쟁단계로의 이행으로 이해했다. 두 번째는 통신, 데이타 처리, 그리고 청각 및 시각매체 등 사이의 부문적 경계를 허물게 한 디지털화, 광섬유, 새로운 케이블과 인공위성망과 같은 새로운 기술에

266

의해 제공된 기회였다.[7]

더 나아가 이들은 다음과 같이 주장한다:

> 1980년대 말에는, …… 절대적으로 국민시장을 위해 봉사하던 국민국가의
> 기업들이 점차적으로 세계시장에 접근하기 위해 급속하게 국제기업으로 변
> 모했다. …… 영국의 주도로, 국민국가의 정부들은 선별적 산업정책으로부
> 터 민영화 및 탈규제와 연관된 시장에 의해 주도되는 정책을 추진했다.
> …… 유럽경제공동체는 국민국가 정부들의 권력 희생을 대가로 자신의 권
> 력을 개척해 나가는 중요한 초국가적 준국가체계(transnational quasi-state
> system)로 등장했다.[8]

대부분의 통신정치 연구자들은 미국으로부터의 압력과 기술혁명이라는
두 요소가 유럽공동체의 통신부문에 대한 개입을 가능하게 했던 '필요조건'
이라는 사실에 동의한다. 특히 두 번째 요소는 기술결정론적 담론을 선호
하는 유럽공동체 집행위원회에 의해 강력히 지지되고 있다.[9] 결국, 정부 –
산업 관계라는 비교정치적 시각에서 유럽공동체의 통신정책을 조망하는 연
구자들은, 산업정치에 관한 연구가 미래에는 유럽시장과 더 넓게는 세계시
장을 충분히 고려하는 하나의 틀에서 이해되어야 하고, 그 그림의 중심에
는 기업의 정치가 자리잡아야 한다고 주장한다.[10]

이 접근법은 국민국가 수준에서 그리고 유럽수준에서 정부 – 산업 관계의
변화를 설명함에 있어 상당히 유용한 지침을 제공한다. 특히 범지구화의
논리가 가속화되면서, 정부 – 산업 관계와 국제정치경제 또는 세계정치경제

---

7) A. Cawson, K. Morgan, D. Webber, P. Holmes and A. Stevens, *Hostile Brothers*(Oxford: Claredon Press, 1990), p.185.

8) *Ibid.*, p.350.

9) 대표적으로, Commission of the European Communities(이하 CEC), *Telecommunications*(Communication from the Commission to the Council), COM(83) 329 final(Brussels: CEC, 1983); *Green Paper on the Development of the Common Market for Telecommunications Services and Equipment*, COM(87) 290 final(Brussels: CEC, 1987).

10) Cawson et al., *op. cit.*, p.378.

사이에 중요한 수렴의 지점이 존재하고 있기 때문이다.[11] 그러나 이들의 연구는 유럽공동체가 통신에 개입하게 된 충분조건을 제시하지 못하고 있다. '외적 위협과 내적 기회'가 반드시 공식적인 '경성의' 협력체제를 결과하지 않을 수도 있기 때문이다. 회원국가의 정부들은, 만약 어떤 형태로든 국제협력이 필요했다면, 유럽공동체 대신에 CEPT를 강화할 수도 있었을 것이다.

2-2. 유럽연합 집행위원회의 국제적 지도력

일군의 신자유주의적 국제관계이론가들은 유럽공동체의 통신정책을 사례로 국제관계의 주류 이론인 신현실주의를 비판한다. 특히 유럽수준에서 '집합행동 문제'(collective action problem)의 해결이라는 측면에서 유럽공동체 집행위원회와 같은 국제제도의 지도력을 강조한다.[12] 그리고 유럽공동체의 통신정책을 사례로, 무정부적 질서를 특징으로 하는 국제체계에서 국가 간 협력이 제약될 수밖에 없다는 신현실주의의 기본가정에 도전한다. 그리고 나서 보다 구체적으로는 국제레짐의 수정이 헤게모니 국가의 탈퇴나 일방적 행동과 같은 공공적 위협에 의해 시작되고, 따라서 국제 통신레짐의 변화는 미국이 다른 국가에게 통신개혁을 수행하도록 강제했기 때문에 발생했다는 주도적 현실주의자의 견해를 반박한다.[13]

비판의 핵심적 내용은 다음과 같다:

---

11) A. Gamble, "The New Political Economy", *Political Studies*, Vol. 43, No.3(1995), pp.516-30.

12) W. Sandholtz, "ESPRIT and the Politics of International Collective Action", *Journal of Common Market Studies*, Vol. XXX, No.1(1992): "Institutions and Collective Action: The New Telecommunications in Western Europe", *World Politics*, Vol. 45, No.2(1993).

13) 통신정책의 변화에 대한 현실주의적 견해로는, S. Krasner, "Global Communication and National Power: Life on the Pareto Frontier", *World Politics*, Vol. 43, No.3(1991), pp.336-366 참조.

집합행동이 반드시 일어날 수 있다고 가정될 수 있는 두 가지 조건 - 국민국가 정부들의 (정책대응의 실패에 따른) 적응과 국제적 지도력 - 이 유럽공동체의 통신사례에서 모두 나타났다. 게다가 국제기구가 집합행동을 위해 국제적 지도력을 행사할 수 있다는 명제는 유럽공동체 집행위원회가 수행한 역할을 통해 확인되고 있다. …… 기술과 시장의 변화가 국민국가의 개혁노력을 아무리 잘 설명할지라도, 그것만으로는 유럽공동체 수준에서의 등장했던 집합행동의 존재를 결코 설명하지 못한다.[14]

그리고 다음과 같은 주장을 덧붙이고 있다:

사람들은 유럽공동체 집행위원회가 독립적인 영향력을 행사했는지 또는 유럽공동체의 핵심 국가들이 이미 희망했던 것에 맞추어 자신의 제안을 형성했는지에 대해 질문을 던질 수 있다. …… 회원국가는 집행위원회의 제안에 반응한 것이지, 그 역은 아니다.[15]

신자유주의자들의 주장처럼, 유럽공동체 집행위원회가 국민국가의 정부들이 유럽수준에서 자신들의 전략을 고안하기 이전에 통신정책을 준비한 것은 사실일 수 있다. 그리고 유럽공동체 집행위원회가 적극적으로 통신부문에 개입하게 된 이유에 대한 질문은 회원국가들의 정책대응 실패로 대답될 수도 있을 것이다. 그러나 신자유주의자들은 '왜' 그리고 '어떻게' 유럽공동체 집행위원회가 그러한 지도력을 갖게 되었는가라는 공격에 대해서는 무기력을 드러낸다. 즉, 집행위원회 지도력의 원천이 설명되어야 한다. 본질적으로 우리는 유럽공동체의 통신정책이 단지 국민국가의 정부와 국제기구들만이 행위자로 참여하는 게임인지에 대해 의문을 제기한다. 즉, 현재의 국제관계는 국가중심적 이론의 적실성에 의문을 제기하게 만들고 있다.

---

14) Sandholtz, "Institutions and Collective Action: The New Telecommunications in Western Europe", pp.268-9.
15) *Ibid.*, p.269.

2-3. 유럽연합 집행위원회의 자율성

유럽연합 정치를 정치체계론적 관점에서 분석하는 연구자들은 유럽공동체의 통신부문에 대한 개입을 설명하기 위해 집행위원회의 자기이익(self-interests)을 강조한다.[16] 그들의 주장은 다음과 같이 요약될 수 있다:

> 유럽공동체라는 (사적, 준공적 그리고 공적 제도의) 복합체는 …… 보다 큰 범위의 통합을 향해 나아갈 채비가 되어 있는 그 나름의 행위자원과 제도적 자기이익을 갖는 단일 행위자로 이해되어야 한다.[17]

이들은 유럽공동체 집행위원회를 '진정한 유럽적 이익'을 추진하는 행위자로 설정한다.[18]

그렇다면, 통신부문에서의 진정한 유럽적 이익이란 무엇인가? 만약 유럽적 이익이 실제로 존재한다면, 그것은 협의의 의미에서 유럽공동체 집행위원회의 자기이익으로 정의될 수도 있을 것이다. 광의로는 유럽인의 이익과 등치될 수도 있다. 그러나 이들이 주장하는 진정한 유럽적 이익이 무엇인지는 명확하지 않다. 만약 그것이 유럽기업들의 이익을 의미한다면, 유럽공동체 집행위원회는 기업의 이익을 대표하고, 조정하며, 보호하는 역할을 수

---

16) Schneider and Werle, *op. cit.*; G. Dang-Nguyen, V. Schneider and R. Werle, "Networks in European Policy-Making: Europeification of Telecommunication Policy", in S. S. Andersen and K. A. Eliassen(eds.), *Making Policy in Europe*(London: Sage, 1993); G. Fuchs, "ISDN: 'The Telecommunications Highway for Europe after 1992' or Paving a Dead-End Street?': The Politics of Pan-European Telecommunications Network Development", Discussion paper 93/6, Max-Planck Institute für Gesellschaftsforschung, Cologne, 1993; "Policy-Making in a System of Multi-Level Governance: the Commission of the European Community and the Restructuring of the Telecommunications Sector", *Journal of European Public Policy*, Vol. 1, No.2(1994); "The European Commission as Corporate Actor? European Telecommunications Policy After Maastricht", in C. Rhodes and S. Mazey(eds.), *The State of the European Union: Building a European Polity*(Boulder: Lynne Rienner, 1995).

17) Dang-Nguyen *et al.*, *op. cit.*, p.96.

18) *Ibid.*, pp.94-5.

행하는 것이다. 즉 유럽공동체 집행위원회는 단지 유럽기업의 임무를 대행하는 기관에 지나지 않게 된다. 만약 이것이 사실이라면, 유럽적 이익은 단지 이데올로기적 수사에 불과할 뿐이다. 또한 이들의 주장에는 집행위원회가 끊임없이 회원국가 정부에 의해 견제되는 기구라는 고려가 빠져 있다.

2-4. 규제국가 이론과 유럽연합의 통신정책

유럽공동체의 통신정책은 앞서 2장에서 소개한 규제국가이론의 적실성을 증명하는 대표적 사례 가운데 하나로 제시된다. G. Majone는 정부 간 협력을 통해 해결하기 힘든 규제의 실패를 교정하기 위해 유럽공동체와 같은 새로운 초국가적 규제기구가 필요하다고 주장한다. 특히, 통신과 같이 아직 경쟁적 조건이 성숙하지 않은 산업에서 민영화를 통해 공적 독점이 사적 독점으로 전환되는 것을 방지하기 위해서도 유럽공동체와 같은 새로운 초국가적 규제기구가 필요하다고 주장한다.[19]

이 규제국가이론은 유럽공동체 통신정책이 등장하게 된 필요충분조건을 제공한다. 그리고 유럽공동체 집행위원회의 규제적 권력의 강화가 CEPT의 권한강화보다 회원국가의 정부와 '다국적 기업들'에 의해 선호된 이유를 설명함에 있어서도 매우 유용한 틀을 제공할 수 있다. 사실 유럽공동체의 통신정책이 통신장비 시장 및 서비스 시장에서 비관세장벽을 제거하는 단순한 자유화 수준을 넘어서서, 유럽공동체의 규제적 권력의 증가와 연계되었다는 점을 고려할 때, 이 규제국가이론은 상당한 예측력을 갖고 있다고 평가될 수도 있다. 그러나 앞서 규제국가이론에 대한 비판에서 살펴보았듯이, 이 이론에는 통신부문에서의 규제의 실패가 왜 '지금', '여기에서' 발생하고 있는지에 대한 설명이 없다. 즉 규제국가 이론에는 역사와 공간에 대한 문제의식이 결여되어 있다.

---

19) G. Majone, "The Rise of the Regulatory State in Europe", *West European Politics*, Vol. 17, No.3(1994).

2-5. 사적 행위자를 위한 '활동무대의 창출'

J. Esser와 R. Noppe는 유럽공동체 통신정책에 대한 경험적 연구를 토대로, 유럽공동체 제도, 특히 집행위원회의 자율성을 강조하는 다양한 이론적 입장을 비판한다. 이들은, 사적 행위자들, 즉 통신기업들이 유럽 차원의 선진 통신기술 개발을 위한 프로그램인 RACE나 새로이 건설된 '유럽통신표준연구소'(European Telecommunications Standards Institute, ETSI) 등의 활동무대를 이용하여, 그 동안의 공공이익 지향성을 폐기하고, 세계 통신시장에 범지구적 행위자로 참가하게 되었다는 것이다. 따라서 유럽공동체 집행위원회는 이 사적 행위자들에게 활동무대를 제공하는 '상상된' 단일 행위자에 불과하다는 것이 이들의 핵심주장이다. 더 나아가 이들은 유럽 차원의 통신정책이 민주적 정당성을 결여하고 있다는 주장까지 개진하고 있다. 민주적 참여의 관점에서 본다면, 사기업을 위해 활동무대를 마련하는 과정은 매우 선택적이라는 것이다. 소비자, 공공 사용자, 노동조합, 사회운동과 같은 사회적 행위자들이 정책결정과정에 참여할 수 있는 여지가 없다는 것이 이들이 유럽공동체 통신정책에 가하는 '규범적' 비판이다.[20]

이들의 주장은, 유럽공동체 집행위원회의 권력이 '어디에서' 유래하는가라는 질문에 대한 대답이 될 수 있다. 즉 1980년대 이후로 유럽공동체가 통신부문에서 초국가적 정책 네트워크 또는 정책연합을 구성할 수 있던 힘은 바로 국민국가에 안주하고 있던 통신기업의 선호 변화에서 찾을 수 있다. 만약 극단적으로 평가한다면, 이들의 주장은, 유럽연합 집행위원회가 순수한 형태의 '초국가적 기업을 위한 일반업무를 담당하는 집행위원회'라는 결론으로 이어질 수 있다. 그러나 이 개념화에는 상당한 난점이 존재한다. 왜냐하면, 유럽공동체 집행위원회는 초국가적 기업을 위한 집행위원회이면서 동시적으로 '회원국가의 정부 또는 관료들을 위한 집행위원회'의 성격을 띨 수밖에 없기 때문이다. 만약, 정부이익과 초국가적 기업의 이익이

---

20) J. Esser and R. Noppe, "Private 'Muddling through' as a Political Programme?: The Role of European Commission in the Telecommunications Sector in the 1980s", *West European Politics*, Vol. 19, No.3(1996), pp.547-562.

범지구적 환경하에서 점진적으로 수렴하고 있다는 것을 증명한다면, 이들의 주장이 설득력을 가질 수도 있을 것이다.

3. 유럽연합의 개입 원인을 설명하기(2): 대안의 모색

본 연구에서는 앞서 통신정치의 원형을 탐색한 제4장에서 추출한 국민국가의 통신정책 네트워크의 위기로부터 이 개입의 원인을 설명하고자 한다. 만약 이 네트워크가 붕괴되지 않았다면, 유럽공동체가 통신부문에 개입하는 것은 불가능했기 때문이다. 19세기에 전신과 전화가 독점체제로 변모했던 과정에 대한 설명 - 이익집단의 정치, 새로운 사상의 등장, 제도의 형성 -은 현재의 변화를 설명함에 있어서도 매우 유익한 통찰력을 제공할 수 있다. 우선, 국민국가 수준에 형성되어 있던 통신정책 네트워크에서 1970년대 이후로 발생했던 변화를 살펴보자.

1970년대 초반 대부분의 유럽공동체 회원국가에서 통신정책의 변화가 시작되었다. 당시에 이미 '신자유주의적' 경제사상이 범지구적으로 확산되기 시작했지만, 대부분의 국민국가 정부들은 통신을 포함한 첨단기술의 영역에서 국민국가의 혁신능력이 강화되어야 한다는 생각들을 하고 있었다.[21] 이 사고는 대부분의 국민국가에서 정파를 초월하여 공유되었다. 이러한 정책시도, 즉 정부주도의 연구개발정책은 1980년대 중반까지 계속되었다. 그렇다면, 우리는 이 변화를 통신정책 네트워크의 붕괴로 이해할 수 있을 것인가? 오히려 정부주도의 산업정책이 추진되었다는 것은 기존의 통신정책 네트워크가 순조롭게 작동하고 있었음을 의미하는 것은 아닌가?

유럽공동체 집행위원회가 유럽 차원의 통신정책의 수립에 대한 최초의 포괄적인 계획서인 '통신에 관한 공동체 행동 프로그램'(Community Action Program on Telecommunications)을 발표한 것은 '1983년'이었다. 이 시점에

---

21) A. Roobeek, "Telecommunications: An Industry in Transition" in H. W. de Jong(ed.), *The Structure of European Industry*(Dordecht: Kluwer Academic Publishers, 1988), p.88.

회원국가의 정부들은 여전히 통신부문에 대한 지원을 계속하고 있었다. 그렇다면, 회원국가 정부들이 산업정책을 입안하면서 무엇 때문에 유럽 차원의 통신정책을 필요로 했는가? 이 시간적 불일치는 어떻게 설명될 수 있는가?

　다른 유럽공동체 정책과 달리 통신이 1980년대에 들어서야 유럽공동체의 의제로 상정된 이유로 다음과 같은 요인들이 제시되고 있다.[22] 첫째, 프랑스정부가 'Nora와 Minc의 보고서'[23]를 계기로 통신부문에 집중적으로 투자를 하게 되면서, 유럽의 정책결정자들에게 통신이 갖는 경제적 중요성에 대한 인식이 확산되기 시작했다. 둘째, 통신사용자와 통신장비 공급업자들에게 유럽시장의 분절화가 하나의 장벽으로 인식되면서, 회원국가에 존재하던 통신정책 연합이 약화되었다. 셋째, 보다 일반적 수준에서 1970년대 이후로 케인즈주의적 타협이 붕괴되기 시작했다. 넷째, 미국이 시행하던 탈규제 정책이 경제성장과 국제경쟁력 강화를 위한 유일한 방안으로 간주되었다. 다섯째, 1970년대 이후 새로운 세계정치경제가 형성되었다. 이 같은 변화 때문에 국민국가들의 선호가 수렴되었고, 그리하여 유럽 차원의 통신정책이 추진되었다는 것이다.

　위의 설명은 유럽공동체 통신정책이 등장하게 된 '역사적 맥락'을 고려하고 있다는 점에서 다른 여타의 설명보다 적실성을 갖고 있다. 그러나 위의

---

22) J. Bauer and C. Steinfield, "Telecommunications Initiatives of the European Communities", in C. Steinfield, J. Bauer and L. Caby(eds.), *Telecommunications in Transition: Policies and Technologies in the European Community*(London: Sage, 1994), p.53.

23) Nora와 Minc의 보고서, *L'informatisation de la société*는 1976년 프랑스정부에 제출되었고, 1978년에 프랑스어로 출간되었다(영문판은 1980년 출간). 이 보고서에서 이들은 텔레마띠끄(télématique)라는 표현을 조어했다. 이 텔레마티끄는 통신과 컴퓨팅의 수렴을 의미하는 개념이었다. 이 보고서는 특히 프랑스가 전자공학 분야에서 후진적 상태를 극복하지 못할 경우, 흥미롭게도 '국가주권'이 위협받을 수 있다는 점을 강조했다. 당연히 이 보고서는 '국가적 차원에서 조정된 대응'을 제안했다. 이는 PTT가 텔레마티끄 발전에서 중심적 역할을 해야 한다는 주장으로 이어졌다. 따라서 이 보고서에서는 국가주권의 보존을 위해 정부가 기업에게 보조금을 제공하고 보호주의적 정책을 추진해야 한다는 결론이 도출되었다. 한 연구자는 Nora와 Minc의 분석을 '정치적 텔레마티끄'라고 표현한다. E. Noam, *Telecommunications in Europe*(Oxford: Oxford University Press, 1992), pp.64-5.

주장에는 제시된 다양한 요인들을 결합할 수 있는 계기에 대한 설명이 결여되어 있다. 본 연구에서는 앞서 이론부분에서 언급한 케인즈주의적 체제의 붕괴를 하나의 환경으로 설정하면서, 다음과 같이 유럽공동체 통신정책이 등장하게 된 필요충분조건을 제시한다.

첫째, 통신부문에서 확산되기 시작한 기술혁신과 그 기술혁신을 상업화할 수 있는 조건이 형성되고, 국민국가 통신 네트워크의 구성원이었던 '기업사용자'의 이익이 다변화되면서 이 사용자들이 통신 네트워크에서 탈퇴하게 되었다. 즉, 19세기 전신 및 전화의 독점화가 기업사용자의 이익에서 비롯된 것처럼, 현재의 탈독점화도 이 기업사용자의 이익변화로 말미암아 발생하고 있다. 또한 기술혁신의 결과가 상업화되면서, 통신장비 시장 및 통신 서비스 시장의 경계가 국민국가 내부로 한정되지 않게 되었다. 즉, 통신장비 및 통신 서비스의 범지구화 또는 초국가화 현상이 나타나기 시작했다. 이 과정에서 기업사용자와 통신장비 생산업자들은 기존의 통신정책 네트워크를 탈퇴하면서 동시에 국민국가 수준에서 새로운 형태의 통신정책 네트워크를 건설하려고 노력했다. 본 연구에서는 통신부문에서 나타난 범지구화 현상 및 이 때문에 야기된 통신정책 공동체의 붕괴가 '통신정치의 유럽화'를 추동한 필요조건이었다고 주장한다.

둘째, 통신정치의 범지구화가 가속화할 때 발생할 수 있는 불확실성을 제거하기 위해 유럽공동체 통신정책이 제기되었다. 통신정치의 범지구화가 가속화되고 이 범지구화의 사상적 기초라고 할 수 있는 '신자유주의' 이데올로기가 확산되면서, 국민국가의 정책 자율성이 약화되자, 이에 대한 대안으로 '지역적' 수준에서의 해결책이 모색된 것이다. 이 과정에서 통신이 경제에서 갖는 중요성을 인식하고 있던 회원국가의 관료 및 정치가, 통신기업을 포함한 유럽 대기업의 최고책임자, 그리고 유럽통합에 찬성하는 다양한 행위자들을 결집시킬 수 있는 제도적 역량을 갖고 있던 유럽공동체 집행위원회 등이 구성원으로 참여하는 유럽 차원의 통신정책 네트워크가 형성되었다. 이 '초국가적 통신정책 네트워크'의 활동이 통신정치의 유럽화를 가능하게 했던 충분조건이다.

이 초국가적 통신정책 네트워크의 생성을 가능하게 한 매개체는 '신자유주의' 사상이었다. 통신부문에서의 '신자유주의' 사상의 확산은 곧 독점체제로 운용되던 통신부문의 자유화를 의미했다. 특히 1980년대 초 미국에서 진행된 AT&T의 분할은 이 '신자유주의적' 사상의 확산에 지대한 영향을 미쳤다. 그러나 유럽적 수준에서 등장한 '신자유주의'는 양면성을 지니고 있었다. 정책결정자들은 한편으로 미국의 정책을 모방하면서 유럽의 분절화된 시장을 통합하려고 시도하면서도, 다른 한편으로 지역적 수준에서 유럽기업의 경쟁력을 강화할 수 있는 '유럽요새'(fortress Europe)를 구축하려 했기 때문이다. 즉, 유럽공동체 통신정책은 한편으로 통신정치의 범지구화의 결과이면서 동시에 통신정치의 범지구화를 제약하는 역할을 수행했다.

이 장에서는 우선 유럽공동체 통신정책이 등장하게 된 필요조건을 분석한다. 초국가적 통신정책 네트워크가 형성되는 과정은 다음 장에서 분석될 것이다. 필요조건에 대한 분석은 앞서 제3장에서 제시된 분석틀에 입각한다. 통신부문에 형성되어 있던 축적체제의 변화를 야기한 통신혁명에 대한 설명을 기초로, 기존의 통신부문에 형성되어 있던 정부-정부 관계, 정부-기업 관계, 기업-기업 관계가 어떻게 재편되고 있는가에 주목할 것이다. 이 작업을 통해 유럽공동체 통신정책의 등장을 가능하게 한 필요조건인 회원국가 통신정책 공동체의 붕괴원인을 제시할 것이다.

4. 회원국가 통신정책 네트워크의 붕괴

4-1. 통신혁명: 생산의 특수한 조건으로서 통신

일반적으로, 통신과 컴퓨터의 결합을 가능하게 한 디지털 혁명(digital revolution)과 새로운 전송기술의 도입으로 인해 통신정책의 급진적 변화가 발생했다고 주장된다. 이것은 넓은 맥락에서는 사실이다. 그러나 과거의 경험을 토대로 볼 때, 기술혁신이 현실의 생산과정에 적용되기까지에는 상당한 시간이 소요된다. 즉, 새로운 기술을 상업화하기 위해서는, 그것이 생산

자에게는 확실한 이윤을, 사용자에게는 분명한 혜택을 제공한다는 보장이
있어야 한다.

통신부문에서의 기술혁신은 1950년대와 60년대 군사적 수요의 증가가 계
기가 되었다. 군부는 새로운 통신기술을 개발하는 동력이었고, 또한 이 새
로운 통신장비의 구매자였다.[24] 통신정책 네트워크를 구성하는 행위자 가
운데 하나였던 군부는, 분산되어 있는 예하 부대를 통제하고 그들과 정보
를 교환하며 나아가 군사상 필요한 첩보를 효율적으로 수집하기 위해, 통
신기술에 지대한 관심을 갖고 있었다. 더구나 현대의 무기체계가 컴퓨터
네트워크에 의해 운용되는 관계로 디지털화(digitization)는 군부에 의해 더
욱 촉진되었다.[25] 부분적으로 이 군사적 필요성 때문에 기술혁신이 발생했
고, 그 혁신은 정부의 특혜적 조달정책에 의해 강력히 지지되었다. 그 결과
기존의 통신정책 네트워크는 더욱 강화되었다. 그러나 이 기술혁신의 의도
하지 않은 결과는 통신정책 네트워크에서 군부의 탈퇴였다. 왜냐하면 군부
가 자신의 네트워크를 형성하게 되면서, 그들에게 공공 네트워크의 효용이
반감되었기 때문이다.

일반적으로 통신혁명의 세 가지 측면이 강조된다.[26] 첫째, 교환 시스템
에 디지털 기술이 도입되면서, 최종 서비스의 비용이 점점 더 감소하게 되
었다. 둘째, 마이크로프로세서(microprocessor)가 보편적으로 사용되면서,
다양한 통신 서비스를 제공할 수 있게 되었다. 즉 일반 음성통신과 데이터
처리 기능이 혼합되는 양상이 나타나기 시작했다. 셋째, 완전한 디지털 기
술의 도입으로 ISDN(Integrated Service Digital Network)을 통해 음성, 데

---

24) 김진균·홍성태, 『군신과 현대사회: 현대 군사화의 논리와 군수산업에 관한 연
　　구』(서울: 문화과학사, 1996), pp.104-16.

25) G. Locksely, "Information Technology and Capitalist Development", in R.
　　Little and M. Smith(eds.), *Perspective on World Politics*(London: Routledge,
　　1991). 이 변화는 소위 군의 정보통신망이자 의사결정체계인 C^3I(Command·
　　Control·Communications·Intelligence)로 발전되었다. 여기에 컴퓨터가 결합
　　되면서 군의 정보통신망은 더욱 고도화되고 있다. 김진균·홍성태, *op. cit.*,
　　pp.99-104.

26) G. Dang-Nguyen, "Telecommunications: A Challenge to the Old Order", in
　　M. Sharp(ed.), *Europe and the New Technologies*(Ithaca: Cornell University
　　Press, 1986), p.99; Roobeek, *op. cit.*, pp.307-11.

이터, 그리고 화상 서비스를 통합할 수 있게 되었다.

〈표 5-1〉은 통신기술의 역사적 궤적을 단순화한 것이다. 이후 살펴보는 것처럼, 정부정책과 기업의 축적전략이 변하게 되면서 통신에 디지털 기술이 적극적으로 도입되기 시작했다. 그러나 통신정책 네트워크의 제도적 관성 또는 그 네트워크 구성원들의 지대추구적(rent-seeking) 속성 때문에 신기술의 도입이 지연되기도 했다. 예를 들어 아닐로그와 디지털 기술의 공존은 바로 국민국가에 존재하던 정책 네트워크의 제도적 관성 때문이었다고 할 수 있다. 또한 통신부문의 기술발전은 국가별로 균등하지 않았다.

〈표 5-1〉 통신 하부구조 발전의 3단계

단계	통신방식	교환 시스템	전송 시스템	서비스의 종류
I	아날로그	크로스바(Crossbar) 스위치	전선/케이블	전화, 전신, 텔렉스
II	아날로그와 디지털의 혼합	circuit과 패킷(packet) 스위치	단파, 위성, 광섬유	고속 데이타 통신 팩시밀리
III	디지털	ISDN, virtual routing messaging	무선휴대전화 케이블 TV	광대역(broadband) 통신

자료: J. Hart, "The Politics of Global Competition in the Telecommunications Industry", *Information Society*, Vol. 5, No.3(1988), p.170.

1970년대 초 경제위기가 가시화되면서, 이 새로운 기술은 대부분의 자본주의국가에서 상업적으로 이용되기 시작했다.[27] 새로운 통신을 포함한 정보기술은 자본, 노동 그리고 원자재를 절약하고, 에너지 소비를 줄이며, 동시에 보다 높은 정도의 유연성(flexibility)을 제공할 수 있는 핵심기술(core

---

[27] 어떤 발명품이 상업적으로 이용되기 위해서는 기업가들이 그 발명품을 시장에서 판매 가능한 생산물로 전환하기 이전에 적절한 경제적 조건이 충족되어야 한다. G. Mensch, *Stalemate in Technology*(Cambridge, MA: Ballinger, 1979). 이 시간지연은 장기파동이론의 관점에서도 설명된다. E. Mandel은 다음과 같이 주장하고 있다: "경제사는 …… 이러한 기초적 혁신이 대량으로 응용되기 위한 투자지출이 일반적으로 10년 이후에 발생함을 보여준다." E. Mandel, *Long Waves of Capitalist Development*(London: Verso, 1995), p.30.

technologies)의 하나로 인식되었다.[28] 즉 이 새로운 기술의 상업화는, 선진 자본주의국가들에서 케인즈주의적 체제의 일반적 위기를 투입과정의 변화를 통해 극복하려는 시도였다. 그 과정에서 정보는 점차 하나의 상품이 되어 가고 있었다.

이 기술혁명이, 생산의 일반적 조건이었던 통신의 성격을 근본적으로 변화시킨 것은 아니었지만, 점차 통신은 개별기업의 경쟁력과 수익성의 원천인 '생산의 특수한 조건'의 성격을 갖게 되었다. 정보가 상품으로 전화하면서, 더욱더 통신은 생산의 특수한 조건이 되어 갔다. 특히 범지구적으로 활동하는 기업들은 생산과정을 능률적으로 운용하고, 수요와 공급의 조정을 원활하게 하기 위해 새로운 통신기술에 기반한 그들만의 독자적 통신 네트워크를 필요로 하고 있었다. 결과적으로 이러한 변화는 자본일반의 이익과 개별자본의 이익이 통신부문에서 분기될 수도 있음을 의미했다. 한편으로 국민국가 정부는 1970년대 이후 통신 네트워크에 대량의 투자를 하기 시작했지만, 다른 한편으로 기업사용자들은 정부정책과는 별도로 1950년대 이후 자신의 독자적 네트워크 건설에 매진하고 있었다.

4-2. 회원국가 정부의 통신정책과 정부 간 관계: PTTs의 역사적 임무의 종료?

1970년대부터 1980년대 초반까지 유럽공동체 회원국가의 통신정책은 통신 네트워크의 개선을 위한 산업정책과 통신제도의 개선을 위한 정책으로 구분할 수 있다. 이 회원국가 정부의 통신정책을 검토하면서 우리는 다음과 같은 질문을 제기한다: 이 '정부정책' 때문에 회원국가 정부의 통신정책

---

28) R. van Tulder, R. and G. Junne, *European Multinationals in Core Technologies*(Chichester: John Wiley & Sons, 1988), pp.6-7. 이들은 핵심기술을 다음과 같이 정의한다: "핵심기술은 다수의 새로운 생산물을 만들 수 있게 하고: 생산과정에 강력한 영향을 미치며: 다수의 경제부문에서 적용가능하고: 전후 경제부흥기에 발생한 문제들을 …… 완화한다." 이 핵심기술은 두 가지 군집, 미시전자공학(microelectronics) 군집과 생명공학(biotechnology) 군집으로 분류된다.

네트워크가 붕괴되면서, 유럽공동체 통신정책의 등장을 위한 필요조건이 형성되었는가?

4-2-1. 회원국가의 산업정책

국민국가의 정부와 기업사용자가 각기 다른 전략을 추구하게 되자 통신정책 네트워크가 곧바로 위기에 직면한 것은 아니었다. 왜냐하면 1970년대만 해도 전화는 일반대중이 소비할 수 있는 재화가 아니었기 때문이다. 대부분의 PTTs는 일반대중에게 전화 서비스를 제공하는 것을 자신들의 중요한 임무 가운데 하나로 설정하고 있었다. 따라서 전통적인 통신장비 및 서비스 시장은 당시까지 성장의 잠재력을 갖고 있었다. 즉, 당시에는 기존의 축적체제가 유지될 명분과 또한 거기에 상응하는 이익이 존재했다.

〈표 5-2〉와 〈표 5-3〉에서 볼 수 있는 것처럼, 1970년대부터 1980년대 중반까지 전화와 텔렉스의 보급은 주요 유럽공동체 회원국가들에서 매우 빠른 속도로 증가했다. 이 성장률은 통신부문에서 강도 높은 산업정책을 시행한 결과였다. 예를 들어 가장 산업정책에 대한 의지가 강했던 프랑스에서는, 1976년에 100명당 16대이던 전화가 1986년에는 100명당 42대로 증가했다. 이를 계기로 전화는 일반대중이 소비하는 품목이 되었다. 즉, 영국을 제외한 유럽국가들은 당시 정부개입이나 정부주도의 경제정책이 유효수요를 창출하고, 그에 따라 경제성장이 촉진된다는 케인즈주의적 사고를 고수하고 있었다. 특히 일본경제의 빠른 성장은 유럽국가들이 산업정책 및 혁신정책을 선택하는 데 크게 공헌했다. 통신부문에서는 이 케인즈주의적 사고가 전형적으로 표출되었다.

280

〈표 5-2〉 기간 통신선(main line)의 발전(1976-1986): 프랑스, 독일, 이탈리아, 영국, 벨기에, 네덜란드, 덴마크, 스페인

년 도 국 가	1976	1977	1978	1979	1980	1981	1982	1983	1984	1985	1986
기간 통신선(1,000)											
프랑스	8,444	10,060	12,010	13,959	15,898	17,743	19,478	20,942	22,086	23,031	23,911
독일	14,212	15,748	17,305	18,917	20,535	21,769	22,713	23,550	24,603	25,589	26,399
이탈리아	10,166	10,778	11,456	12,172	13,017	13,860	14,698	15,601	16,521	17,396	18,253
영국	13,962	14,059	15,173	16,462	17,696	18,523	19,083	19,550	20,193	20,921	21,654
벨기에	1,923	2,032	2,159	2,297	2,442	2,578	2,722	2,818	2,951	3,060	n.a.
네덜란드	3,612	3,933	4,280	4,605	4,892	5,103	5,291	5,462	5,643	5,823	6,029
덴마크	1,835	1,954	2,055	2,155	2,226	2,289	2,352	2,403	2,466	2,543	n.a.
스페인	5,118	5,679	6,185	6,698	7,229	7,654	8,017	8,457	8,882	9,341	n.a.
연간 성장률(%)											
프랑스	18.9	19.1	19.4	16.2	13.9	11.6	9.8	7.5	5.5	4.3	3.8
독일	8.3	10.8	9.9	9.3	8.6	6.0	4.3	3.7	4.5	4.0	3.2
이탈리아	5.2	6.0	6.3	6.3	6.9	6.5	6.0	6.1	5.9	5.3	4.9
영국	5.5	0.7	7.9	8.5	7.5	4.7	3.0	2.4	3.3	3.6	3.5
벨기에	3.95	5.69	6.24	6.40	6.30	5.94	5.22	3.53	4.73	3.70	n.a.
네덜란드	8.27	8.89	8.82	7.60	6.23	4.32	3.68	3.23	3.31	3.19	3.54
덴마크	7.53	6.49	5.16	4.87	3.27	2.82	2.74	2.20	2.61	3.14	n.a.
스페인	8.94	10.96	8.91	8.29	7.93	5.88	4.75	5.48	5.03	5.16	n.a.
100명당 기간 통신선											
프랑스	15.6	18.5	22.0	25.5	28.9	32.1	35.0	37.4	39.3	40.8	42.2
독일	23.1	25.6	28.2	30.8	33.4	35.3	36.9	38.3	40.3	41.9	43.2
이탈리아	18.0	19.0	20.2	21.3	22.8	24.6	25.9	27.4	28.9	30.4	31.8
영국	25.0	25.2	27.2	29.5	31.7	33.1	34.1	34.8	35.8	37.1	38.3
벨기에	19.58	20.66	21.94	23.31	24.76	26.22	27.59	28.59	20.94	30.99	n.a.
네덜란드	26.15	28.30	30.60	32.68	34.43	35.72	36.88	37.94	39.04	40.08	41.25
덴마크	36.16	38.38	40.20	42.08	43.46	44.71	45.96	46.98	48.25	49.70	n.a.
스페인	14.2	15.6	16.8	18.0	19.3	20.3	21.0	21.9	23.1	23.8	n.a.

자료: H. Ungerer and N. Costello, *Telecommunications in Europe*(Luxembourg: Offices for publications of the Commission of the European Communities, 1990), p.26: 벨기에는, J. Müller, "Telecommunications in Belgium", in J. Foreman-Peck and J. Müller(eds.), *European Telecommunications Organisations*(Baden-Baden: Nomos, 1988); 덴마크는, S. Jeppesen, K. Paulsen, and F. Schnelder, "Telecommunications in Denmark", *in ibid.*: 네덜란드는, Wieland, B., "Telecommunications in the Netherlands", *in ibid.*: 스페인은, D. Manning, D. von Jagow, J. Foreman-Peck and J. Müller, "Telecommunications in Spain", in *Ibid.*

〈표 5-3〉 회원국가에서 전화 및 텔렉스의 침투(1986년)

국 가 ＼ 내 용	전화연결 (1,000)	100명당 전화연결	텔렉스 가입자 기간선(1,000)	100명당 텔렉스 가입자 기간선
벨기에	3,257	33.0	28	0.28
덴마크	2,683	52.4	13	0.13
프랑스	23,911	42.2	134	0.24
독일	26,399	43.2	165	0.27
그리스	3,292	33.0	22	0.22
아일랜드	751	21.2	7	0.20
이탈리아	18,253	31.9	69	0.12
룩셈부르크	162	45.3	2	0.63
네덜란드	6,029	41.3	40	0.27
포르투갈	1,512	14.8	21	0.21
스페인	9,801	25.2	40	0.10
영국	21,654	38.3	105	0.18
유럽공동체	117,703	35.8	646	0.20

자료: H. Ungerer and N. Costello, *Telecommunications in Europe*(Luxembourg: CEC, 1990), p.30.

통신부문에서의 산업정책은, PTTs 자체의 연구개발 프로젝트가 존재했기 때문에, 기업에 연구개발을 위한 보조금을 제공하는 방식으로 진행되지는 않았다.[29] 당시 PTTs는 당시에 전화교환 시스템의 개발에 많은 투자를 하고 있었다. 이 교환 시스템은 통신산업에서 가장 큰 비중을 차지하고 있었을 뿐만 아니라 국민국가를 대표하는 생산물이기도 했다.

회원국가들 가운데 가장 강력한 국가개입의 전통을 갖고 있던 프랑스에서는, PTT가 이차대전 이후부터 그레노블(Grenoble)에 위치한 자체 연구소인 CNET(Centre National d'Etudes des Télécommunications)를 통해 연구개발을 책임지고 있었다.[30] CNET의 연구진에 의해 최초의 디지털 교환 시스

---

29) van Tulder and Junne, *op. cit.*, p.169.
30) 이차대전으로 인해 프랑스의 전화 네트워크의 상당부분이 파괴되었다. 그러나 독일이 점령하고 있던 시기에는 군사적 목적을 위해 장거리 네트워크가 확장되었다. 1941년부터 1944년까지 비시(Vichy) 정부는 근대화 사업의 일환으로 다양한 연구조직을 단일 조직인 CNET로 통폐합했다. Noam *op. cit.*, p.140.

282

템인 E10이 1970년에 세계 최초로 개발되었다. 그럼에도 프랑스 전화 네트워크의 후진성은 1974년 대통령 선거에서 쟁점사항이 될 정도였다. 그 이후 통신산업의 발전은 프랑스정부의 최우선 목표가 되었다고 해도 과언이 아니다.[31] 통신 네트워크를 개선하고자 하는 프랑스정부의 의지는 제도개혁으로도 나타났다. 1968년에는 DGT(Direction Générale des Télécommunications)의 설립으로, 정부의 통신담당 행정부서와 통신을 운용하는 기업적 활동이 분리되었다. 1974년에는 DGT내에 '산업 및 국제문제국'(Direction des Affaires Industrielles et Internationales, DGII)이 설치되었다. 이 조직은 통신 네트워크에 대한 투자를 관리하는 기구였다.[32]

사회적 시장경제체제를 유지하고 있던 독일에서는, 1972년에 설립된 '연구 및 기술부'(Federal Ministry of Research and Technology, BMFT)가 "국가의 미래에 필수적인 것으로 간주되는 산업의 국제경쟁력"을 향상시키기 위해 정보산업 부문에 직접적 정부지원을 수행했다.[33] 이 부서는 공공 연구개발기금을 통해 첨단산업을 지원했다. 1970년대 사회민주당 정권하에서 독일의 PTT인 DBP(Deutsch Bundespost)도 사회정책적 목표를 갖고 전화 보급률을 확장하는 데 중요한 역할을 했다. 독일의 DBP는, 독일연방에서 가장 큰 지방정부인 노르트하인-베스트팔렌(Nordrhein-Westfalen)의 예산을 훨씬 상회할 정도로 큰 기업이었다. 또한 DBP도 다름쉬타트(Darmstadt)에 통신기술센터(FTZ), 자부르큰(Saarbruecken)에 통신 중앙 인허(認許) 사무실(FZZ), 두 개의 기술대학, 하나의 과학연구소, 그리고 18,000개 이상의 지역사무실을 갖는 대기업 가운데 대기업이었다.[34]

---

31) *Ibid.*, p.141. 예를 들어 1978년에 시작된 Telematic Plan은 저렴한 가격의 단말기 수출을 증진하려는 정책이었고, 1982년의 Plan Câble은 광섬유 생산을 자극하기 위한 정책이었다. G. Dang-Nguyen, "Telecommunications in France", in J. Foreman-Peck and J. Müller(eds.), *European Telecommunications Organisations*-(Baden-Baden: Nomos, 1988), p.138.

32) Dang-Nguyen, "Telecommunications in France", p.132.

33) T. Howell, W. Noellert, J. MacLaughlin, and Alan Wm. Wolff, *The Microelectronics Race: The Impact of Government Policy on International Competition*(Boulder: Westview Press, 1988), pp.171-4.

34) Noam, *op. cit.*, pp.79-80.

1969년 노동당 정부에 의해 공기업이 된 영국의 우정국도 대기업 가운데 하나였다. 우정국은 영국 내 공공부문 가운데 선진기술의 개발을 위한 가장 큰 규모의 연구개발 시설을 갖고 있었다.[35] 그렇지만 〈표 5-2〉와 〈표 5-3〉에서 볼 수 있는 것처럼, 1970년대와 1980년대 초반 영국의 전화보급률은 프랑스와 독일에 비해 낮은 편이었다. 그러나 영국의 통신부문에 대한 투자가 프랑스나 독일보다 그렇게 낮은 편은 아니었다. 예를 들어 1981년 기준으로, 과도한 개입주의 국가로 묘사되는 프랑스의 통신부문 투자가 전체 투자에서 차지하는 비율이 3.36%였던 데 반해 통신부문에 대한 명시적 우선성을 표현하지 않았던 독일과 영국은 각각 3.20%와 3.5%였다.[36] 〈표 5-2〉에서 볼 수 있는 것처럼, 영국의 기간 통신선 성장률은 1979년 이후로 지속적으로 하락했다. 이는 1979년 집권한 영국 보수당이 정부의 '직접 개입'을 통한 전화보급률의 확대를 꺼렸기 때문인 것으로 보인다.

복수의 행위자가 네트워크를 과점하고 있던 이탈리아에서는 빈번한 정권 교체로 인해 일관된 통신정책이 부재했다. 〈표 5-3〉에서 볼 수 있는 것처럼, 이탈리아의 100명당 전화보급률은 독일, 영국, 프랑스에 비해 현저히 낮았다. 더구나 이탈리아가 평균 18%에 달하는 극심한 인플레이션에 시달리던 1974년에서 1980년까지의 기간 동안, 통신요금의 인상은 정치적으로 저지되었고, 그 결과 1970년대 동안 이탈리아에서는 통신을 위한 충분한 투자가 이루어지지 않았다.[37]

벨기에서는 RTT(Régie des Télégraph et des Téléphone)가 유럽 내에서 가장 강력하게 전통적 역할을 고수하고 있었지만, 전화 보급률은 평균 이하였다. 공공사업, 조달, 서비스 계약 등에 관한 1976년 법률과 1981년 이 법률의 개정으로 경제적 사회적 조정을 위한 부처 간 위원회(interministerial committee)가 설립되었다. 이 기구의 설립목적은 공공구매에 산업정책적 관심을 부가하는 것이었다.[38]

---

35) Cawson et al., *op. cit.*, p.87.

36) Noam, *op. cit.*, p.142.

37) J. Foreman-Peck and D. Manning, "Telecommunications in Italy", in J. Foreman-Peck and J. Müller(eds.), *European Telecommunications Organisations*(Baden-Baden: Nomos, 1988), p.182.

유럽대륙의 서쪽 관문인 네덜란드는 전화보급률이나 신기술의 도입 등에서 매우 성공적이었다. 그리고 네덜란드 경제가 무역의존적 경제라는 속성 때문에 미국과 영국에서 전개된 통신개혁에 상당 정도 영향을 받았다. 〈표 5-2〉에서 볼 수 있는 것처럼, 기간 전화선의 성장률은 1981년부터 급격히 저하되기 시작했다. 이것은 네덜란드의 전화 네트워크가 거의 포화상태에 이르렀기 때문이다. 네덜란드와 유사하게 덴마크도 아주 높은 전화 보급률을 기록하고 있었다.

1986년에 유럽공동체 회원국가가 된 스페인에서는 지역마다 전화 보급률의 편차가 매우 컸다. 기업활동이 집중된 지역의 전화 보급률이 매우 높았던 반면에 농촌지역의 보급률은 다른 유럽국가들의 평균보다 상당히 낮은 편이었다. 스페인과 함께 유럽공동체에 가입한 포르투갈은 유럽국가 가운데 가장 낮은 전화 보급률을 기록했다. 포르투갈 정부가 전화 보급률에 깊은 관심을 드러내면서, 1980년대에 통신에 대한 투자가 급증했다. 아일랜드와 그리스도 다른 유럽국가들에 비해 전화 보급률이 상당히 낮은 편이었다. 그중에서도 그리스는 1978년부터 1987년까지의 기간 동안 전화선당 투자액이 서유럽 국가들 가운데 가장 낮았다.[39]

4-2-2. 1980년대 초반까지 통신관련 제도의 개혁[40]

1970년대 이후로 각 회원국가들에서 산업정책적 관심이 제고되면서 통신부문의 규제구조도 조금씩 변하기 시작했다. 〈표 5-4〉에서 볼 수 있는 것처럼, 1977년의 시점에서 대부분의 유럽공동체 회원국가들은 PTT 체제를 통해 통신 서비스의 운용 및 규제를 실시하고 있었다. 1980년대에 접어들면서 유럽공동체 회원국가들은 통신 서비스 사업을 '공기업화'하거나 또는

---

38) J. Müller, "Telecommunications in Belgium", in J. Foreman-Peck and J. Müller(eds.), *European Telecommunications Organisations*(Baden-Baden: Nomos, 1988).

39) Noam, *op. cit.*, p.243.

40) 1990년대 이후 유럽연합의 규제정책이 각 회원국가의 통신관련 제도의 개혁에 미친 영향 및 각국의 제도개혁과정 및 그 구체적 내용은 7장에서 자세히 다루어진다.

정부지분을 유지한 채 '민영화'하는 정책을 채택하기 시작했다. 또한 통신에 대한 '규제'와 통신 네트워크의 '운용'을 분리하려는 시도도 조금씩 나타났다. 그러나 영국을 제외하고는 급격한 자유화 조처가 취해지지 않았다.

〈표 5-4〉 유럽공동체 회원국가에서 통신담당 행정부서(1977년)

국 가	제 도
벨기에	RTT. 우편 및 통신부서에 보고.
덴마크	P&T. 공공사업부서에 보고.
프랑스	DGT. 우편 및 통신부서의 산하기구. FCR(France Cable et Radio)는 국가소유기업.
독일	DBP. 연방행정조직.
그리스	OTE는 공공소유지만 재정적으로는 자율성을 갖고 있음.
아일랜드	우편 및 전신부서에 의해 운영되는 P&T.
이탈리아	ASST(Azienda di Stato per i Servizi Telefonici), DCST(Direzione Centrale Servizi Telegrafici), DCSR(Direzione Centrale Servizi Radioelettrici)를 우편 및 통신부서가 직접 통제. 국가가 통제하는 자회사가 존재.
룩셈부르크	P&T. 정부의 행정부서.
네덜란드	교통 및 시민업무 부서의 책임하에 있는 국가조직으로 PTT.
포르투갈	리스본(Lisbon)과 오포르토(Oporto)의 지역에서는 TLP, 이 외부에서는 CTT. 이들은 모두 국가소유, 그러나 재정적 자율성을 갖고 있음.
스페인	정부부서로서 CYT.
영국	우정국은 국가소유의 기업. 산업부에 보고.

자료: CEC, *Green Paper on the Development of the Common Market for Telecommunications Services and Equipment*, COM(87) 290 final(Brussels: CEC, 1987), p.60.

특히, 주목되는 제도변화는 영국과 네덜란드에서 먼저 일어났다.

영국에서는 1979년 보수당이 정권을 잡게 되면서, 우정국이 급격한 제도변화에 휩싸이게 되었다. 보수당 정부는 이차대전 이후에 국가가 소유하게 된 기업들을 자신들이 경영하는 것에 상당한 불만을 갖고 있었다. 이들의 논리는 매우 단순했다. 경제가 어려움을 겪는 이유는, 시장에 의해 효과적으로 배분될 수 있는 자원이 공기업에 의해 선점되고, 정부가 제공한 독점권에 의해 시장의 압력으로부터 공기업이 보호되기 때문이라는 것이었다.[41] 1981년의 '통신법'(Telecommunications Acts)에 의해 새로운 이름의 공기업으로 British Telecom(이하에서 BT로 표기)이 설립되었고, 또한 통신 서비스 시장도 경쟁상태로 접어들게 되었다. Mercury가 BT의 경쟁자로 1982년에 설립이 허가되었다. 최종적으로 1984년 통신법에 따라 BT는 주식회사가 되었고, 그 주식의 51%가 매각되었다. 또한 1984년 법령에 따라 새로운 독립적 규제기구로 Oftel(Office of Telecommunications)이 설치되었다. 이 제도개혁 과정에서 정부의 재정고문이면서 증권 인수기업인 Kleinwort Benson의 역할이 지대했다고 한다.[42]

영국에서 발생한 이 제도적 변화는 '신자유주의적' 사상이 이익과 제도에 미친 영향을 가장 극명하게 보여 주는 사례였다. 그리고 이 제도적 변화는 국민국가의 통신정책 네트워크의 붕괴를 예시하는 것이었다. 첫째, 복수의 네트워크가 통신 법령에 의해 공식적으로 인정되었다. 즉 20세기 초 이후로 유지되어 왔던 네트워크 독점이 사실상 해체되었다. 이것은 통신장비 시장도 자유경쟁체제로 접어들 수 있음을 의미했다. 둘째, 규제기능이 사실상 운용기능과 분리되었다. 특히 '공적 책임성'(public accountability)을 결

---

41) S. Young, "The Nature of Privatisation in Britain", *West European Politics*, Vol. 9, No.2(1986).

42) 영국의 무역 및 산업부(Department of Trade and Industry, DTI)도 텔레콤 정책의 감독자로서 규제적 역할을 수행한다. 1984년 법령에 의해 신설된 제도 가운데 하나는 '영국 통신승인위원회'(British Approvals Board for Telecommunications, BABT)이다. 이 기구는 통신장비의 검사와 검정을 책임지고 있다. 또 다른 기구로 '영국표준연구소'(British Standards Institute, BSI)는 장비의 검사를 위한 표준을 설정하는 책임을 지고 있다. J. Foreman-Peck and D. Manning, "Telecommunications in the United Kingdom", in J. Foreman-Peck and J. Müller(eds.), *European Telecommunications Organisations*(Baden-Baden: Nomos, 1988). 규제기구로서 Oftel의 주요 임무는 다음과 같다: ① 서비스 제공을 보장하는 것; ② 소비자, 구매자, 사용자의 이익을 증진하는 것; ③ 통신의 공급자들 사이에 효과적 경쟁을 유지하고 증진하는 것; ④ 주요한 해외 사용자들이 영국에 위치하도록 유도하는 것; ⑤ 영국의 통신 생산자들이 영국과 영국 외부에서 효과적으로 경쟁할 수 있게 하는 것. Cawson et al., *op. cit.*, p.87, 94. BT의 민영화 과정에 대한 자세한 소개로는, J. Vickers and G. Yarrow, *Privatization: An Economic Analysis*(Cambridge: The MIT Press, 1988), pp.195-241을 참조.

여하고 있는 독립적 규제기구의 등장이 매우 흥미로운 사실이다. 급진적 민영화와 탈규제의 결과로 국가장치 가운데 대중의 통제로부터 벗어난 독립적 규제기구가 증가하고 있다는 사실은 매우 중요하다. 즉 민영화와 탈규제를 규제의 종언이나 국가의 후퇴로 해석할 수 없는 것이다.

　1984년 네덜란드 정부는 다른 유럽국가보다 앞서서 PTT 독점에 대한 전반적 재검토를 시작했다. 그리고 이 제도적 개혁의 수행을 위해 Swarttouw Commission과 Steenbergen Commission이라는 두 개의 위원회를 신설했다. 이 위원회의 의장은 산업경영자들이었고, 이 위원회의 명칭도 그들의 이름을 따른 것이었다. 1984년 Steenbergen Commission은 통신부문의 조직을, ① 공공 통신 서비스: ② 원칙적으로 경쟁에 노출되어야 할 활동들: ③ 표준설정과 승인 등의 세 개의 영역으로 분리할 것을 제안했다.43) 이 권고안은 거의 채택되었다고 한다. 1985년, PTT 개혁을 통해 기본적 네트워크 서비스를 제외한 다른 영역의 서비스를 제공하는 반독립적(semi-independent) 통신회사를 설립하는 정부결정이 이루어졌고, 1988년부터 이 결정은 실행되었다.44) 네덜란드의 이 제도개혁은 정부독점을 해체하지 않은 상태에서 개방형 소국경제가 새로운 경쟁적 환경에 적응한 선구적 조처로 평가될 수 있다.45)

　다른 유럽국가들이나 미국과 달리 프랑스에서는 1986년도까지 탈규제를 둘러싼 공개적 논쟁이 벌어지지 않았다. 이는 부분적으로 DGT가 통신 네트워크를 근대화하는 과정에서 보여 준 아주 우수한 실행능력에 기인한 것이었다. 또한 프랑스에는 영국에서 통신정책을 개혁하는 과정에서 엄청난 영향을 끼쳤던 금융자본의 중심지인 '시티'(City of London)와 같은 동질적 기업사용자들이 부재했다는 점도 매우 중요하다. 따라서 정부는 강력한

---

43) B. Wieland, "Telecommunications in the Netherlands", in J. Foreman-Peck and J. Müller(eds.), *European Telecommunications Organisations*(Baden-Baden: Nomos, 1988).

44) Noam, *op. cit.*, pp.169-77.

45) 네덜란드의 통신제도 개혁에 대한 연구로는, W. Hulsink, "Persistent Divergence in a Converging European Industry: A Comparison of Telecommunications Restructuring in France, the Netherlands and the United Kingdom", Paper presented at the Workshop on European Industrial Strategies, Rotterdam, 26/7 April 1996을 참조.

산업정책을 입안할 수 있었다. 1989년에 DGT를 통해 통신 네트워크를 규제하고 통신 네트워크를 운용하는 부서를 공기업의 형태인 France Télécom으로 그 명칭을 변경했다.

독일의 DBP는 1949년 독일헌법에서 독점권을 부여 받은 조직이었다.[46) 따라서 유럽공동체 회원국가 가운데 독일이 통신제도를 바꾸기 가장 힘든 국가로 간주되었다. 독일의회에서 헌법을 개정하기 위해서는 2/3의 찬성이 필요했기 때문이다. DBP는 기업가조직, DBP 직원 및 노동조합, 지방정부, 그리고 의회에 진출한 정당으로부터 추천된 24명으로 구성된 관리이사회에 의해 감독되었다. 1985년에 통신정책의 개혁을 위한 위원회가 설립되었고, DBP를 개편하기 위한 법률이 1989년 7월 1일 통과되었다.

이탈리아에서는 통신 서비스의 제공 및 감독기능이 통일되어 있지 않았다.[47) 1985년 이탈리아정부의 산업부는 통신 네트워크를 발전시키려는 계획서를 출간했다. 1988년 기독교 민주당은 통신기관들을 Italia Telecom이라는 하나의 조직으로 통일시키는 계획안을 제출했다.[48)

벨기에에서는 1984년 12월 7일에 제정된 법에 따라 RTT는 예산부와 재정부뿐만 아니라 특별히 설립된 전신과 전화부의 감독하에 놓이게 되었다. 1986년에 벨기에 정부는 통신정책의 전반적 검토를 목적으로 하는 특별위원회를 설치했다.

---

46) 1954년 '우편행정법'(Postal Administration Law)에서는 DBP를 독일에서 통신업무를 취급하는 조직으로 규정했고, 1928년의 '통신 촉진법'(Telecommunications Facilities Law)에서는 DBP에게 통신시설을 건설하고 운용하는 독점권을 부여했다.

47) 우편, 전신 그리고 무선 통신 서비스는 '우편 및 텔레콤 부서'(Postal and Telecommunications Administrations)가 담당했고, 전화 서비스에 대한 책임은 ASST(Azenda di Stato per i Servizi Telefonici)에게 부여되어 있었다. 또한 산업부 산하에는 연구, 스펙, 그리고 승인기구인 'Instituto Superiore delle Poste a delle Telecommunicazioni'가 존재하고 있었다. 그리고 행정 및 기술위원회들 (Comstoglio di Administrazione, Consiglio Superiore Tecnico delle Poste e delle Telecommunicazione e della Automazione)은 경제적 기술적 문제에 대한 자문 역할을 수행했다. J. Foreman-Peck and D. Manning, "Telecommunications in Italy", in J. Foreman-Peck and J. Müller(eds.), *European Telecommunications Organisations*(Baden-Baden: Nomos, 1988), p.183.

48) Noam, *op. cit.*, p.243.

룩셈부르크는 그 소규모 경제의 특성상 통신서비스가 상당히 중요한 수입원이었다. 통신보급률은 상당히 높았고, APT(Administration for Posts and Telecommunications)가 독점적으로 통신 네트워크를 운용했다. 1992년 APT는 국가 소유의 공기업으로 전환되었다.

지방의 전화회사들이 통신서비스를 제공하고 하나의 전국적 통신회사가 국내 및 국제 서비스를 제공했던 덴마크에서는, 국가가 표준의 설정, 가격설정, 통화량 계획 등을 중재하는 역할을 수행했다. 이 협약은 1980년대에 들어서면서 불안정해지기 시작했다. 1982년, 통신정책을 책임지고 있던 공공사업부에서는 행정부처, PTT, 독립적인 전화회사, 가입자, 통신산업의 담당자들, 그리고 노동조합이 참여하는 '통신위원회'(Telecommunications Council)를 설립하여 통신정책을 근본적으로 재검토하기 시작했다. 매우 흥미롭게도, 1990년 덴마크정부는 ISDN이나 지능네트워크[49](intelligent network)과 같이 비용이 많이 드는 통신부문에 투자가 중복되는 것을 방지하기 위해 1992년까지 코펜하겐(Copenhagen) 전화회사와 주트랜드(Jutland) 전화회사를 구매하기로 결정했다. 그리고 보수적 정부는 사회민주주의자와 여러 개로 나뉘어져 있는 전화회사를 TeleDenmark라는 하나의 기업으로 만든다는 계획에 합의했다.[50]

Telefonica로 이름을 바꾼 스페인의 독점 사업자는 사기업이기는 하지만 스페인 정부가 상당량의 주식을 보유하고 있는 기업이다. 스페인에서도 1982년 초 수송·여행·통신부의 주도하에 규제제도에 대한 전면적 재검토가 시작되었다.[51] 그러나 여전히 Telefonica는 독점적 지위를 향유하고 있

---

49) 지능 네트워크를 건설하려는 계획은 미국의 벨 전화회사 가운데 하나인 Ameritech의 요구로 Bell Communications Research에 의해 처음으로 시도되었다. 현재 CCITT는 지능 네트워크를 다음과 같이 정의하고 있다: "(이 지능 네트워크는) 모든 통신 네트워크를 위한 새로운 개념이다. 지능 네트워크는 보다 많은 유연과 새로운 능력에 기초한 서비스의 제공을 용이하게 할 목적으로 건설되고 있다. 현재, 지능 네트워크는 빠르고 저렴한 가격으로 다양하게 현존하는 시장에서의 요구를 만족시키기 위해 통신 서비스 제공자들의 주도로 진행되고 있다. 또한 이 서비스 제공자들은 통신 서비스의 질을 향상시키고 네트워크 서비스의 운용 및 관리에 드는 비용을 줄이기 위해 노력하고 있다." R. Mansell, *The New Telecommuni- cations*(London: Sage, 1993), pp.19-22.

50) Noam, *op. cit.*, p.226.

었다. 포르투갈의 통신 네트워크는 공공사업부의 감독하에 세 개의 기구에 의해 운영되었지만, 1990년 Telecom Portugal로 통합되었다.

1983년에 통과된 통신 서비스 법령으로, 아일랜드에서는 통신 서비스에서 우편 서비스가 분리되었고, 이들은 각각 독립적 회사가 되었다. 동시에 통신정책을 감독하는 행정부처로 통신부가 설립되었다. TE(Bord Telecom Eireann)는 국영기업임에도 불구하고, 상당한 자율성을 갖고 운영되고 있었다. 그리스에서는 OTE(Hellenic Telecommunications Organization)가 수송 및 통신부의 감독하에서 통신 네트워크를 독점적으로 운영하고 있는 상태였다.

4-2-3. 정부 간 관계와 유럽공동체 통신정책

이 시점에서 우리는 유럽공동체가 통신에 적극적으로 개입하기 시작한 시점이 1983년이었다는 점을 기억할 필요가 있다. 앞에서 살펴본 것처럼, 독자적 산업정책과 제도개혁을 추진하고 있던 회원국가의 정부들이 유럽공동체의 틀 내에서 통신정책을 통합할 특별한 이유가 존재하지 않았다. 따라서 정부 간 기구로서 CEPT가 여전히 정책조정의 기능을 수행할 수 있는 상황이었다. 즉, 1980년대 초반에는 여전히 '제도의 관성'이 변화를 요구하는 압력보다 더 큰 힘을 발휘하고 있었다고 볼 수 있다.

그러나 국민국가 정부들의 통신정책이 1983년을 기점으로 변하기 시작한 것은 사실이다. 한 연구자는 그 변화를 다음과 같이 서술하고 있다:

> 서유럽의 통신정책은 1983년 이후 세 가지 요인에 의해 형성되어 왔다: …… 정치적 전략으로부터 산업정책으로의 전환; 비교적 장기간 높은 수익성을 올리고, 통신혁명으로부터 중요한 경제적, 사회적 정치적 효과가 십 년 이상 걸릴 것으로 간주되던 통신산업의 침체; 위험을 완화하는 데 일조하는 새로운 유형의 복합기업(conglomerates)과 다국적 제휴기업의 등장. 다시 서유럽은 미국을 따라가고 있는 것처럼 보인다.[52]

---

51) D. Manning, D. von Jagow, J. Foreman-Peck and J. Müller, "Telecommunications in Spain", in J. Foreman-Peck and J. Müller(eds.), *European Telecommunications Organisations*(Baden-Baden: Nomos, 1988).

따라서 유럽공동체 회원국가들이 1983년 이후로 미국의 통신정책을 모방하기 시작했다고 평가할 수도 있다. 미국정부는 1970년대부터 통신산업의 규제를 완화하라는 압력을 가해 왔다. 그리고 1980년대 초반 AT&T와 그 자회사의 독점체제를 해체했다. 미국정부의 이 압력은 유럽공동체 회원국가의 정부들에게 기존의 통신제도에 대한 근본적 재검토를 강제한 요인이었다. 즉, '수입된 압력과 수입된 신자유주의 사상'이 유럽공동체 회원국가들에서 통신제도의 점진적 변화 및 통신정책의 수렴을 야기한 요인이었다고 할 수 있다. 그러나 이 요인만으로 유럽공동체 회원국가들의 '정책협력' −즉, 유럽공동체 통신정책의 수립−을 위한 필요조건이 성립되었다고 주장하기는 쉽지 않다.

우선, 유럽공동체 회원국가의 적극적 산업정책이 상당한 성과를 거두고 있었다는 점에 주목할 필요가 있다. 사실, 국민국가의 통신정책이 실제적으로 공기업과 사기업의 기술적 경제적 성과에 미치는 영향을 측정하는 것은 쉬운 일이 아니다:

> 정부의 혁신정책이 개별기업에 미치는 실제적 영향에 대해서는 거의 알려진 사실이 없다. …… 그 효과가 얼마나 되는지는 이론적 문제이기는 하지만, 혁신정책은 서독, 스웨덴, 그리고 일본 등의 나라들에서의 경험을 통해 도출되는 중요한 한 가지 특징을 갖고 있다: 그 정책은 작동한다![53]

따라서 정부주도의 혁신정책이 갖는 직접적 효과를 측정하는 어려운 일일 수 있다. 그러나 위의 주장을 간접적으로 증명할 수 있는 지표들을 수집할 수는 있다. 〈표 5-5〉에서 제시되고 있는 것처럼, 유럽국가들에서 공공 통신부문의 피고용자 대비 수입은, 인플레이션을 감안하더라도, 1990년까지 급격하게 증가했다.[54] 특히, 피고용자 일인당 유럽공동체 국가들에서 기간 통신

---

52) K. Dyson, "West European States and the Communication Revolution", *West European Politics*, Vol. 9, No.4(1986), pp.40-1.

53) R. Rothwell and W. Zegveld, *Industrial Innovation and Public Policy*(London: Frances Pinter, 1981), p.235.

54) 그러나 피고용자 대비 수입에는 상이한 아웃쏘싱(outsourcing)과 같은 함정이 도사리고 있다. 예를 들어, 룩셈부르크의 경우에 높은 수입은 이 나라에서 발

선의 평균이 일본과 미국의 그것보다 짧음에도 불구하고, 노동생산성 상승 비율은 일본 및 미국에 뒤지지 않았다. 이 통계가 반드시 정부주도 혁신정책의 긍정적 효과를 증명하는 것은 아니지만, 유럽공동체 회원국가들에서 1970년대 이후의 적극적 산업정책이 유럽의 PTTs와 PTOs의 통신수입 및 효율성의 증가와 상관관계가 있음을 입증하는 자료로 사용될 수 있다.[55]

〈표 5-5〉 피고용자당 공공 통신수입(1,000 US $)

국가 \ 년도	1982	1987	1990	1991	1992	CAGR*	기간선당 수입 (US $, 1992)
벨기에	33.8	73.5	103.4	108.1	124.1	13.87	754
덴마크	42.2	92.8	133.1	132.0	145.8	13.20	859
프랑스	43.7	93.3	120.7	131.4	149.1	13.04	775
독일	58.2	95.4	118.4	126.1	150.3	9.95	975
그리스	21.1	30.4	46.1	48.8	59.3	10.84	323
아일랜드	21.3	55.3	95.9	93.5	103.1	17.07	1,167
이탈리아	49.9	107.9	157.1	170.4	190.4	14.31	765
룩셈부르크	58.0	117.1	207.8	202.2	289.2	17.42	1,122
네덜란드	71.1	119.8	157.6	168.6	192.6	10.48	855
포르투갈	19.7	36.8	59.1	71.2	91.1	16.49	613
스페인	34.5	69.2	115.1	133.3	156.6	15.82	818
영국	45.2	74.6	106.8	116.7	134.0	11.48	975
유럽공동체	41.6	80.5	118.1	124.7	148.3	13.66	851
일본	54.3	128.9	160.0	184.2	215.7	14.79	947
미국	83.4	162.3	168.4	179.5	195.1	8.06	870

*Compound Annual Growth Rate(CAGR)

자료: OECD, *Communication Outlook*, p.102: 기간 통신선당 수입은, ITU, *World Telecommunication Development Report 1994*(Geneva: ITU, 1994), A-47 and A-48.

생하는 상대적으로 이윤이 많이 나는 국제전화의 양이 많기 때문일 수 있다. 이 점에서 수입과 운용지출(operation expenditure)의 관계가 PTTs의 효율성을 측정하는 더 좋은 지표일 수 있다. OECD, *Communications Outlook*(Paris: OECD, 1995), p.101.

55) 앞서 제도변화의 부분에서 지적한 것처럼, 유럽공동체의 몇몇 PTTs들은 1980년대에 'Public Telecommunications Organizations'(PTOs)로 전환되었다.

〈표 5-6〉 피고용자당 기간 통신선

국가＼년도	1982	1990	1991	1992
유럽공동체	105.27	149.70	157.79	168.77
일본	124.82	200.28	211.46	227.90
미국	110.43	149.49	155.09	162.60

사회적 목표라는 측면에서도 유럽공동체의 PTTs는, 그리스, 아일랜드, 포르투갈을 제외한다면, '보편적 서비스'라는 목표를 성취했다고 볼 수 있다. 정부가 전화 보급률을 증대시키기 위해 적극적으로 개입했던 대부분의 유럽공동체 국가들에서는 빈곤층과 시골에 거주하는 주민을 위한 특별한 보조정책이 실시되었다. 통신 서비스는 전 국민이 향유해야 하는 공공 서비스의 성격을 띠고 있었기 때문이다. 통신 서비스의 전국적 확산이라는 과제는 주요 유럽공동체 국가들에서 〈표 5-3〉과 〈표 5-7〉에서 볼 수 있는 것처럼, 1980년대 중반에서 1990년대 초반에 이르러 완수되었다고 할 수 있다.

결론적으로, PTTs 산업정책의 경제적 사회적 성과라는 측면에서 본다면, PTTs를 중심으로 한 통신정책 네트워크가 1970년대 이후로 약화되었다고 평가하기는 매우 힘들다. 오히려 정부의 적극적 산업정책으로 이 네트워크가 더욱 강화된 측면도 있다. 그러나 위의 표에서 볼 수 있는 것처럼, 전화 서비스는, 100명당 50대의 전화보급을 최대치로 잡는다면, 몇몇 국가에서는 이미 1980년대 중반에 포화상태에 접어들었다. 따라서 통신정책 네트워크의 내파는 역설적으로 정부독점의 성공에서 기인했다고 할 수 있다.

독점의 붕괴는 전화서비스를 발전시키고 그것이 보편적이고 본질적이게 만드는 전통적 체계의 바로 그 성공에 기인한다. 시스템이 확장됨에 따라, 재분배와 과대확장을 유발하는 정치적 동학이 발생한다. 이것은 공유연합에서 탈퇴하고자 하는 유인을 제공한다. 그리고 종국에는 안정적인 단일 네트워크 연합(공공네트워크)으로부터 분리된 하위연합들(subcoalitions)로 네트워크를 '전복'하고자 하는 유인을 제공한다.[56]

---

56) Noam, *op. cit.*, p.30.

〈표 5-7〉 유럽국가들에서 100명당 기간 통신선(1992) 및 전화 대기수준

국가	100가구당 가정사용용 기간선	전화선을 위한 대기명단 (CAGR 1983-92)	수요의 충족(1992)
벨기에	89.1	-9.6	99.8
덴마크	103.3	-	100.0
프랑스	119.8	-100.0	100.0
독일	87.3	49.1	96.7*
그리스	87.6	-3.4	87.2
아일랜드	77.2	-36.1	99.9
이탈리아	88.0	-23.1	99.8
룩셈부르크	103.1	3.2	98.9
네덜란드	93.5	-11.2	99.7
포르투갈	59.2	1.2	96.0
스페인	89.5	-14.3	99.5
영국	86.9	-100.0	100.0
일본	88.0	-	100.0
미국	103.9	-	100.0

CAGR: Compound Annual Growth Rate
 -: 0 또는 기본단위의 반 이하의 양
*: 독일에서 만족도가 낮게 나타난 것은 1990년 독일통일로 구동독 지역이 포함되었기
   때문이다.
자료: 기간 통신선은, OECD, *Communication Outlook*, p.40; 대기명단, ITU, *World Telecommunication Development Report 1994*(Geneva: ITU, 1994), A-8과 A-9.

즉, 회원국가 통신정책 네트워크의 위기는 부분적으로 PTTs의 역사적 임무가 종료되었기 때문에 발생했다고 결론 내릴 수 있다. 따라서 1980년대 초반에 정부 간 관계가 근본적으로 변형될 이유는 존재하지 않았다고 볼 수 있다. 즉, 국민국가의 정부가 통신정책 네트워크의 붕괴에 일조했다고 볼 수 없다. 그러나 통신정책 네트워크 내부에서 각 행위자들 사이의 권력관계는, 정부정책의 바로 그 성공 '이전에', 범지구적 수준에서 통신장비 및 서비스 시장의 재구조화가 시작되면서 질적으로 변했다. 유럽공동체 통신정책도 바로 그 성공 '이전에' 등장했다. 신자유주의적 국제관계 이론가가 주장하는 것처럼, 회원국가 정부들이 정책대응에 실패했기 때문에 유럽공동체 통신정책이 등장한 것은 아니었다.

　그러나 1980년대 중반에 접어들면서 유럽공동체 회원국가 정부들은 부분적으로 협력의 필요성을 느끼고 있었다. 1980년대 중반 이후 유럽 이외의 국가들에서는 연구개발을 위한 재원조달이 민간부문의 주도로 이루어지기 시작했지만, 유럽지역에서는 여전히 정부기관이 연구개발 기금이 거의 20%를 차지하고 있었다. 반면, 미국이나 일본에서는 이 비율이 약 12%와 9%에 지나지 않았다. 결국, 세계적으로 볼 때, 총 연구개발 기금에서 유럽공동체가 차지하는 비율이 점차로 줄어들고 있었다. 유럽공동체의 12개국이 OECD 지역에서 국내총생산(GDP)의 34%를 차지했지만, 연구개발에 대한 지출은 28%에 지나지 않았다.[57] 따라서 유럽공동체 회원국가들에게 있어 연구개발비의 증액은 경쟁력 강화를 위해 필수적인 것으로 인식되고 있었다. 유럽 차원에서 공동 연구개발정책이 최초의 유럽공동체 통신정책으로 등장한 것은 이 변화하는 조류를 반영한 것이라고 볼 수 있다.

4-3. 정부-기업 관계

　통신부문에서 정부-기업 관계는 정부-장비생산기업 관계와 정부-기업사용자(및 민간 통신 사업자) 관계로 나누어 볼 수 있다. 사실 정부-장비생산기업-기업사용자의 삼각동맹은 국민국가 통신정책 네트워크의 안정적 재생산을 보증하던 핵심 축이었다.

4-3-1. 정부-기업사용자 관계

　기술진보는 사용자의 수요가 증가하면서 가속화되는 경향을 갖기도 한다. 기업사용자들이 새로운 기술에 관심을 갖게 되면서, 디지털 기술의 상업화는 더욱 촉진되었다. 일반적으로 기업은 효율적이고 빠른 정보관리를 필요로 한다. 게다가 하나의 기업이 새로운 시장을 개척하고 자신들의 투자를 다변화하려고 시도한다면, 즉 공간적 확장을 도모한다면, 그 기업은

---

57) OECD, *Science and Technology Indicators.*

생산과 마케팅을 조정할 수 있는 보다 세련된 형태의 데이터 처리 시스템을 필요로 할 것이고 또한 기업의 본부와 넓은 지역에 걸쳐 있는 자회사를 연결할 수 있는 통신 네트워크를 필요로 할 것이다. 이러한 이유 때문에, 근대적 통신이 등장하던 시기에 언론과 새로이 등장한 대량생산기업들이 효율적인 전신과 전화 시스템을 요구했던 것처럼, 현대의 다국적 다분할 기업들은 기업운영을 위해 선진적 통신 네트워크를 구축하기 시작했다:

> 첫째, 다분할 기업의 등장과 특히 1945년 이후 그 기업들의 지속적인 지리적 확장 활동으로 인해 장거리 통신에 대한 필요성이 증대했다. …… 둘째, 전화 시스템이 기술적으로 음성 메시지뿐만 아니라 대규모의 데이터를 전송하기 위해서는 기술적으로 향상되어야 했다.[58]

이 주장은 현대 기업들의 축적전략과 새로운 통신 네트워크에 대한 요구가 밀접한 관련을 가지고 있음을 간명하게 지적하고 있다. 즉, 위의 언명은 통신이 "모든 기업에게 전략적 무기가 되었"음을 의미한다.[59] 즉 단순히 전화와 텔렉스 메시지를 전송하는 통신 시스템을 넘어, 기업들은 대량의 데이터를 보내고, 계획서나 청사진을 팩시밀리를 통해 전송하며, 화상회의를 개최하는 등의 과제를 수행하기 위해 새로운 통신 네트워크를 필요로 했다. 또한 이 기업들의 생산과정도 변하기 시작했다. 전자 데이터 처리 기술의 발전으로, 연구개발, 디자인, 엔지니어링, 재정, 그리고 생산물의 통제에 이르기까지 생산과정 내부에서 모든 정보활동이 변형되었다.[60] 예를 들

---

58) A. Davies, *Telecommunications and Politics*(London: Pinter Publishers, 1994), pp.99-100.

59) *Business Week*, "Telecommunications Liberalization", in T. Forester(ed.), *The Information Technology Revolution*(Oxford: Basil Blackwell, 1983), p.120.

60) 예를 들어, 몇몇 자동차 회사들은 특별한 시장을 위해 필요한 생산, 즉 유연생산 시스템을 건설하기 위해 그 조직을 재편했다. 동시에 이 재편은 새로운 모델의 생산에 드는 비용을 최소화하는 작업이기도 했다. 이를 위해 자동차 회사들은 생산공장에 Computer Numerically Controlled Tools, Flexible Manufacturing Systems 등을 설치했고, 엔지니어링과 디자인 분야에서는 Computer Aided Engineering과 Computer Aided Design 등을 도입했다. Davies, *op. cit.*, pp.120, 129. 생산과정의 컴퓨터화에 기초한 이 전환은 그 회사 내부에 새로운 통신시스

어, 포드(Ford) 자동차 회사는 1970년대 이후로 범지구적 규모의 '사적' 통신 네트워크의 건설을 시도했다. 특히 자신의 세계 자동차(world car) 프로젝트 가운데 하나인 ESCORT 계획이 수립되었을 때, 여러 나라에서 이 자동차를 조립하고 그것을 범지구적으로 판매하기 위해서 포드 자동차는 자신의 통신 네트워크를 다시금 점검했다. 포드 자동차의 유럽 자회사는 1980년대 중반에 이르러 유럽의 34개 지역을 연결하는 사적 네트워크를 건설했다.[61]

금융회사들도 사적 통신 네트워크의 건설에 지대한 관심을 표명했다. 국민국가의 금융정책의 자율성을 유지해 주었던 고정 환율제가 붕괴하면서 화폐는 '전자현상'으로 변형되었다. 따라서 범지구적으로 활동하는 금융회사들에게 있어 통신네트워크의 품질, 능력, 책임성 등은 24시간 작동하는 외환, 증권, 선물 시장 등에서 정말로 중요한 자원으로 자리잡게 되었다.[62] 이 새로운 금융시장의 형성 또한 새로운 통신기술에 의해서 가능하게 되었다. 또한 '동일 시간'(real time)에 정보를 제공하는 새로운 통신 네트워크의 등장으로 소매산업, 여행산업, 언론기관 등에도 일대 혁신이 발생했다. 이러한 산업에서의 변화와 더불어 정부, 대학, 각종 연구소 등도 자신들의 통신 네트워크를 개선하는 작업에 착수했다.

따라서 1970년대 이후로 유럽공동체 회원국가들에서 통신 네트워크를 발

　　템의 건설로 이어졌다.

61) *Business Week, op. cit.,* p.127. 다른 다국적 기업들도 또한 사적 네트워크의 건설을 중요한 과제로 생각하고 있다. *The Economist*는 1987년에 이 사적 네트워크의 발전을 다음과 같이 예견했다. "올해 말이면, 제너럴 모터스(General Motors)는 전 세계에 걸쳐서 250,000개의 전화세트와 동일한 숫자의 컴퓨터 단말기를 연결하는 사적 네트워크를 보유하게 될 것이다. 기존의 전화회사가 이 네트워크의 건설비용인 5억 달러부터 얻는 이윤은 거의 없을 것이다. 사적 네트워크의 건설사례는 대단히 많다. 항공회사인 보잉(Boeing)은 70,000개, 맥도넬 더글라스(McDonnell Douglas)는 54,000개, Unilever는 30,000개, Xerox는 17,000개 이상의 전화를 연결하는 사적 네트워크를 갖고 있다." *The Economist,* 1987/10/17. 포드의 사적 네트워크에 대한 자세한 설명으로는 Davies, *op. cit.,* pp.128-34를 참조.

62) P. Daniels, *Service Industries in the World Economy*(Oxford: Blackwell, 1993), pp.32-8.

전시키려는 대량의 투자가 발생한 것은 이러한 사용자의 요구에 대한 반응이라고 할 수 있다. 역사적 사실로부터 이 주장을 뒷받침할 수 있다. 예를 들어 1970년대에 처음으로 디지털 네트워크를 개발한 프랑스에는 1975년 이전에 단지 6백만 개의 전화가 설치되어 있었을 뿐이다. 서독에서는 1960년대에 단지 5%의 숙련노동자만이 전화를 보유하고 있었고, 비숙련노동자들의 전화보유율은 이보다 훨씬 낮았다.[63] 따라서 1970년대 이전에 전국적 범위에서 전화서비스의 확산이라는 과제가 국민국가 정부의 통신정책에서 주요한 관심사가 아니었다는 점은 분명하다.

위의 주장에 대한 반격으로, 전화 서비스의 개선에 대한 대중적 압력이 1970년대 이후로 증대해 왔고, 새로운 통신에 대한 대중의 태도도 변했으며, 따라서 국민국가의 정부가 이에 대응한 것이 1970년대 이후의 적극적 산업정책이라고 주장될 수 있다. 그러나 이것은 사실이 아니다. 통신정책의 정당화과정을 면밀히 고찰하고 있는 한 연구에 따르면, 대중의 태도는 중앙정부와 지방정부, 정당, 그리고 노동조합의 엘리뜨들의 의견에 의해 형성되어 왔다.[64] 즉 대중은 초기 통신정책의 형성과정에서 볼 수 있던 것처럼, 여전히 수동적 행위자였다.

일반적으로 유럽공동체 회원국가에서 1970년대에 정보기술 및 통신기술 분야에서 산업정책이 적극적으로 추진된 이유, 달리 표현한다면 새로운 개입주의의 등장에 대해서는, 첨단산업에서의 경쟁력 저하 가능성, 미국 및 일본과의 기술격차, 그리고 임박한 통신혁명에 대한 인식의 증가 등이 변수로 제시된다.[65] 즉 정치가들의 인식변화가 새로운 통신정책의 수립에서 결정적 역할을 수행했다고 볼 수 있다. 경제위기가 정책변화로 이어지기 위해서는 정책결정자들의 인식변화가 필수적이기 때문이다. 그러나 과거와 달리 이 인식변화의 저변에는 정부이익과 기업이익의 탈구현상이 관찰된다. 즉 국민적 정치를 중심으로 조직되어 있던 정부이익과 범지구적으로 조직된 기업이익이 일치하지 않을 수 있었기 때문이다. 따라서 정부의 혁신정책은 그들의

---

63) *The Economist*, 1987/10/17.

64) P. Humphrey, "Legitimating the Communication Revolution", *West European Politics*, Vol. 9, No.4(1986).

65) *Ibid.*

자본친화적 산업정책을 정당화하기 위한 '상징정치'(symbolic politics)의 맥락에서 이해될 필요가 있다:

> 강력한 산업적 이익과 기업의 지위 및 권력에 대한 관심이 이 정당화 전략의 이면에서 관찰될 수 있다. …… 조사위원회 및 정부가 지원하는 연구는 통신정책에 대한 독립적 영향만큼이나 그것들의 상징적 사용이라는 측면에서 중요성을 갖는 것으로 해석될 수 있다.[66]

　기업, 특히 대기업이나 다국적 기업을 위한 정부정책이 사회적 목표에 대한 언급없이 정당화되기는 매우 힘들 수도 있다. 실제로 앞서 지적한 것처럼, 정부의 혁신정책은 보편적 통신서비스의 확산이라는 측면에서도 실제적 효과를 생산했다. 따라서 이 혁신정책이 대중의 삶에 미친 영향 때문에 정부주도의 혁신정책에 대한 대중의 적대감은 완화될 수 있었을 것이다. 즉 상징정치도 그것이 대중에 대한 물질적 보상을 수반해야만 기능할 수 있기 때문이다.

　사실, 가장 논란이 되는 문제는 1970년대 이후의 국민국가 정부의 통신정책이, 19세기 중반에서 20세기 초반에 걸쳐 이루어진 전신 및 전화의 국유화와 달리, 산업의 이익과 충돌할 수 있었다는 점이다. 예를 들어 포드 자동차회사는 16개로 나뉘어져 있는 유럽의 PTTs가 운용하는 분절된 네트워크를 조정하는 어려움 때문에 공공 네트워크 시설을 사용하는 것을 주저하기도 했다. 따라서 포드 자동차회사를 대신하여 독일의 통신장비 기업인 Siemens가 포드넷(Fordnet)이 연결되는 나라의 PTTs와 협상을 수행했고, 또한 포드의 전용회선, 단말기 장비, multiplexors, PABXs 사이의 게이트웨이 장비들을 설치하는 작업들을 대행했다.[67] 다른 주요 행위자인 금융회사 또한 그들의 네트워크를 완벽하게 통제할 수 있기를 원했다. 왜냐하면 그들은 통신이 그들의 사업을 통합적으로 운용할 수 있게 하는 도구이면서 동시에 치열한 경쟁에서 승리하기 위한 필수품이라고 생각하고 있었기 때문이다.[68]

---

66) Dyson, *op. cit.*, pp.32-3.
67) Davies, *op. cit.*, p.131.

기업사용자들이 독자적 통신 네트워크를 건설하기 위해서는 불가피하게 PTTs로부터 전용회선을 임대해야 했다. 이 전용회선 임대 문제는 기업사용자와 PTTs의 갈등을 심화시킨 요인이었다. PTTs는 전용회선 임대를 통해 기업사용자들을 종속시키려고 했다. 사실, 기업사용자와 PTTs의 이해가 균열되면서, 1970년대 이후의 통신정책의 정치는 급격한 소용돌이에 휘말리게 되었다고 볼 수 있다. 특히, 사적 네트워크의 출현은 한 국가에 '복수의'(plural) 네트워크가 존재할 수 있음을 의미했고, 따라서 공공 네트워크와 사적 네트워크 사이의 접속과 같은 기술적 정치적 문제가 발생할 수 있었기 때문이다.

대기업의 이러한 행태변화는 기술혁신이 없었다면 불가능했을 것이다. 사실 컴퓨터와 통신을 결합하기 위해서는 넘어야 할 기술적 장벽들이 존재했다. 첫째, 컴퓨터는 데이터를 전송을 위해 고안되었지만, 전화 시스템은 목소리를 전송하도록 설계되었다. 둘째, 데이터 전송은 디지털 정보를 비트(bit) 단위로 구분할 수 있는 고도의 정밀성이 필요한 반면, 아날로그 전송은 약간의 오류나 오차가 존재해도 정보를 전송하는 데 어려움이 없다. 인간의 귀가 정보의 왜곡을 어느 정도 극복할 수 있기 때문이다. 셋째, 컴퓨터 시스템은 짧은 시간에 시스템의 실패를 극복할 수 있도록 설계된 반면, 전화 시스템의 붕괴는 모든 가입자에 대한 서비스를 중단하게 한다. 이상의 교환 및 전송 과정에서 발생하는 문제들은 상당 정도 새로운 발명품에 의해 해결되었다. 하나의 신호를 전파형태로 전송하지 않고, 이진법적인 디지트(digit)로 변환하는 디지털 교환 시스템과 신호를 빛의 펄스(pulse)로 보내는 광섬유를 통해 컴퓨터와 통신은 결합될 수 있었다. 결국, 이 기술혁신으로 더 많은 정보를 전송할 수 있는 ISDN이 탄생했고, 그리하여 목소리, 데이터, 화상을 통합할 수 있게 되었다.[69] 한편으로, PABXs, 패킷(packet) 교환기술, 근거리통신망(Local Area Network, LAN)과 같은 주요한 기술혁신도 사적 디지털 네트워크의 건설에 커다란 영향을 미쳤다.[70]

---

68) *The Economist*, 1987/10/17.

69) Davies, *op. cit.*, pp.105-6.

70) 예를 들어, PABXs로는 abbreviated calling, call forwarding, automatic call-back 등의 통신 서비스가 가능하다. 1960년대 미국의 Defence Advanced

새로운 장비의 등장으로 인해 통신장비 시장도 큰 변화를 겪게 되었다. 첫째, 장비시장이 다변화되었다. 즉 통신장비의 범위가 단순한 전화세트에서 PABXs와 패킷 교환설비에 이르기까지 다양하게 확대되었다. 둘째, 기업사용자들이 자신의 통신 네트워크를 위해 통신장비를 구매하게 됨에 따라 통신장비 시장에서 PTTs의 수요독점적 지위가 약화되었다. 이 새로운 장비의 많은 부분도 PTTs에 의해 구매되고 있음을 부정할 수는 없지만, 기업사용자들이 구매자로 등장함으로써 통신장비 시장은 근본적으로 재편되기 시작했다. 셋째, 통신네트워크가 디지털화되면서, 컴퓨터 회사들이 통신정책 네트워크에 새로운 행위자로 참가하게 되었다.

기업사용자의 통신정책 네트워크에서 이탈에 버금갈 정도의 중요성을 갖는 변화로, 새로운 통신 서비스를 제공하는 민간기관의 등장을 들 수 있다. 기술혁신이 가속화되면서 민간 통신 사업자들이 PTTs와 경쟁할 수 있게 되었다. 특히 비음성 부가가치 서비스는 주로 이 민간 통신 사업자들이 제공했다.71) 예를 들어, 1973년 국제적 금융거래를 향상시키기 위해 설립된 SWIFT는 1988년에 이르러 64개국에서 1,500개의 은행을 포괄했다. SWIFT가 개발한 기술표준은 국제표준기구인 ISO에 의해 인준되었다. 항공정보시스템인 SITA도 1988년의 시점에 90개 나라 184개 항공회사를 포괄했다.

이 새로운 서비스 제공자들도 국민국가의 PTTs와 갈등할 수밖에 없었다. 왜냐하면 그들도 PTTs로부터 전용회선을 임대해야 했기 때문이다. 게다가 이 새로운 서비스 제공자들이 설정한 기술표준도 국민국가의 PTTs가 설정한 표준과 다른 경우가 많았다. 미국정부가 통신장을 자유화하기 시작했을 때, 컴퓨터 제조회사인 IBM이 통신기업의 성격을 띠고 유럽에 상륙했다. 유럽의 PTTs와 IBM 사이에는 통신네트워크의 접속표준을 둘러싸고 갈등이 발생했다. IBM은, OSI(Open System Interconnection)가 아닌 자신의 기술 SNA(Systems Network Architecture)를 이용하여 데이터 통

Research Agency에 의해 개발된 패킷 교환 시스템은 다양한 정보를 패킷 단위로 네트워크를 통해 전송함으로써 그 경로를 공유할 수 있게 한다.

71) 1985년 이후 프랑스정부의 통신담당 부서가 적극적으로 추진한 Minitel 서비스는 예외일 수 있다. 프랑스정부는 3백만 개의 미니텔 비디오텍스트 단말기를 설치했다.

신 네트워크를 건설할 계획이었다. IBM은 또한 서독의 DBP와 새로운 통신 서비스인 쌍방향 비디오텍스트(Bildschirmtext)를 위한 컴퓨터 센터의 건설계약을 체결했다. 이것은 5천만 마르크에 달하는 계약이었고, 그 입찰과정에서 영국의 수상이 직접 자국 기업인 GEC를 지원했음에도 불구하고 결국은 IBM이 승리했다. 또한 1984년 IBM은 영국의 BT와 유럽진출 이후 최대의 계약을 성사시켰지만, 통신 네트워크의 표준을 둘러싼 갈등 때문에 결국 영국정부는 이 계약을 무효화했다.

IBM과 같은 새로운 행위자와 PTTs 사이에 벌어진 이 새로운 갈등은 1970년대 이후 증가하기 시작했고, 이를 전통적인 정부 간 기구인 CEPT가 조정할 능력은 거의 없었다. 따라서 범지구적 수준에서 그리고 유럽적 수준에서 이 갈등을 해결할 새로운 기구가 요구되었다. 이 과정에서 유럽공동체가 집행위원회가 유럽공동의 이익을 대표하기 위해 통신부문에 개입할 수 있는 기회가 발생했다고 볼 수 있다.72) 또한 유럽의 정부들은 통신부문에 대한 엄격한 규제 때문에 IBM과 같은 통신기업과 대적할 만한 유럽의 기업들이 생겨나지 못하고 있다는 반성을 하기 시작했다. 이 요인들이 바로 유럽공동체 통신정책 등장을 촉진했다. 1985년 4월 25일 유럽공동체 집행위원회는 IBM이 대형컴퓨터 시장에서 지배적 지위를 남용했다고 선언했다. 그 구체적 내용은 IBM이 인터페이스(interface)에 관한 정보를 유보했다는 것이다. 당시 레이건 행정부는 유럽공동체 경쟁정책 집행위원이었던 F. Andriassen에게 이 같은 결정을 철회하도록 압력을 가하기도 했다.73) 그 이후 IBM은 자신의 SNA 정보를 유럽기업들과 공유하기로 했다. 그러나 이 타협으로 SNA가 유럽표준으로 정착될 가능성도 있었다.74)

4-3-2. 정부-장비생산기업 관계

PTTs와 장비공급업자의 공생관계도 또한 통신장비 시장이 초국적화되면서 파괴되기 시작했다. 국민국가를 대표하는 기업을 양성하려는 정부의

---

72) Schneider and Werle, *op. cit.*, pp.92-3.
73) *The Economist*, 1984/4/28.
74) *The Economist*, 1984/8/4.

혁신정책도 부분적으로 의도하지 않은 결과를 초래했다. 그 결과 가운데는 PTTs의 권력약화도 포함된다. 1970년대부터 대부분의 유럽공동체 회원국가들은 정치적 스펙트럼에 상관없이 기업이 연구개발에 투자를 주저하는 것과 같은 시장 불완전성을 치유하기 위해 통신부문에 개입해 왔다.[75] 특히 국민국가들은 교환설비의 혁신에 그들의 산업정책적 관심을 가장 적극적으로 표현했다. 유럽공동체 회원국가들도 교환설비의 혁신에 그들의 노력을 집중했다. 교환설비가 통신장비 시장의 약 50%를 점하고 있었고, 이 기술이 사실상 통신 네트워크에서 가장 중요했기 때문이다. 유럽공동체 회원국가 가운데 교환설비산업을 가지고 있는 나라들은 영국, 프랑스, 독일, 이탈리아 등의 주요 국가와 네덜란드였다. 1995년 유럽연합에 가입한 스웨덴의 Ericsson도 유럽국가들의 PTTs에 교환설비를 공급하던 주요 기업 가운데 하나였다.

전자-기계식 시스템, 즉 크로스바(crossbar) 시스템[76]을 전자교환 시스템으로 대체하려는 시도들은 1950년대 말부터 시작되었다. 디지털 혁명은 새로운 시스템의 발전에 지대한 영향을 미쳤다. 교환 시스템의 발전과정에서 가장 주목되는 것은 아날로그 공간분할(space division) 교환 시스템에서 디지털 시간분할 다중통신(time division multiplexing)으로의 발전이었다.[77] 통신부문에서의 디지털 혁명을 상징하는 이 새로운 교환 시스템의

---

75) Roobeek, *op. cit.*, pp.88-94.

76) 크로스바 스위치는 전화회선을 연결하기 위해 특별히 고안된 전자석 중계장치(electromagnetic relays)의 복합체로 구성되어 있다. 이 시스템에서 대부분의 전송은 전선 케이블을 통해 이루어진다.

77) 전화교환 시스템은 두 개의 주요한 부분으로 구성된다. '통제부분'(control part)은 전화를 감독하고, 통화자를 인식하며, 자유로운 채널과의 통화를 가능하게 하고, 통화를 유지하며, 통화가 끝났을 때 그 통화선을 개방하고, 요금책정의 기준이 되는 펄스(pulse)를 측정한다. '접촉 시스템'(contact system)은 체계간의 물리적 연결을 담당한다. 전화교환 시스템에 컴퓨터 시스템이 도입되면서 이 두 기능이 혁신되기 시작했다. '공간분할 스위칭'(space division switching)은 통제기능을 위해 컴퓨터를 사용하지만, 가입자들의 통화를 연결하기 위해서는 여전히 과거의 시스템을 사용한다. 즉 통신신호는 여전히 아날로그 신호이다. 반면 '시간분할 스위칭'(time division switching)은 통제기능뿐만 아니라 아날로그 신호를 펄스 코드 모듈레이션(pulse code modulation)을 거쳐 디지털 신호로 변환한다. 공간분할 방식과 시간분할 방식의 중요한 차이는 바로 이 상이한 전송방식에

304

발명은 이후 모든 국가들과 기업들의 축적전략에 지대한 영향을 미쳤다. 공공 교환 시스템을 둘러싼 정치도 유럽공동체 통신정책의 등장과 관련하여 매우 중요한 함의를 지니고 있었다. 교환기기를 생산하던 국가들에서 교환 시스템의 개발을 둘러싸고 전개된 국가-기업 관계를 살펴본다.

영국의 우정국은 통신부문에서 경쟁력을 강화하기 위해 매우 적극적으로 디지털 시간분할 교환 시스템을 개발하기 위해 노력해 왔다. 디지털 교환 시스템을 개발하기 위한 우정국의 System X 프로젝트는 1969년에 공식적으로 제기되었고, 1973년 보수당 정부에 의해 승인되었다. 그러나 크로스바 시스템과 반(半)전자식 교환 시스템인 TXE4를 생산하고 있던 Plessey, GEC, STC(ITT의 자회사)는 1977년까지 이 계획에 강력히 저항했다. 왜냐하면 이 기업들은 반전자식 교환 시스템을 생산하기 위해 투자된 매몰자본(埋沒資本)을 고려해야 했고, 또한 여전히 이들이 생산하는 전자-기계식 교환 시스템은 높은 수익을 올리고 있었기 때문이다.[78] 따라서 이 기업들은 영국의 PTT인 BT를 민영화하는 것에 대해서도 강력히 반대했다. 그들은 민영기업인 BT가 스스로 교환 시스템을 개발할 수도 있음을 두려워했고, 또한 국내의 안정적 구매자로서 BT가 민영화된다면 자신들보다 낮은 가격으로 교환 시스템을 판매하는 외국의 기업들로 구매선을 이전할 수도 있다고 생각했다.[79]

영국에서 디지털 교환 시스템인 System X가 사용되기 시작한 것은 1980년대 들어서였다. 동시에 아날로그 교환 시스템인 TXE4도 System X와 함께 사용되었다. 영국의 디지털 교환 생산기업인 Plessey와 GEC가 직면한 가장 큰 문제는 이 새로운 교환 시스템의 수출이 순조롭지 않았다는 점이다.[80] 대부분의 주요 국가들이 독자적인 디지털 교환 시스템의 개발을 시도하고 있었기 때문이다. 영국에서는 1984년 이후로 전화기, 모뎀, PABX 등의

있다. Dang-Nguyen, "Telecommunications", p.100.

78) 이 기간 동안, 이 두 기업들은 크로스바의 수출잠재력을 강조하면서 동시에 통신장비 산업의 재구조화가 대량 실업으로 이어질 수 있다고 위협하면서 정부와 협상을 벌였다. Cawson *et al., op. cit.,* p.107.

79) *Ibid.,* p.96; Dang-Nguyen, "Telecommunications", p.103.

80) Cawson *et al., op. cit.,* p.113.

통신단말기 시장이 개방되었고, 더 나아가 BT는 Thorn-Ericsson, AT&T-Phillips 등에 공공 교환 시스템 설비를 주문함으로써, 공공 교환설비 시장의 과점구조를 파괴하기 시작했다.[81]

프랑스에서 디지털 교환 시스템의 발전과정은 매우 독특했다. 1960년대에 전자-기계식 교환 시스템을 생산하던 소규모 기업이었던 CIT-Alcatel은 전자식 교환 시스템의 개발에서 다른 경쟁기업에 비해 상당히 뒤처져 있었다. 프랑스정부와 CIT-Alcatel은 아날로그 공간분할 교환 시스템을 거치지 않고 곧장 디지털 시간분할 교환 시스템을 개발하는 작업에 착수했다. 프랑스 DGT 산하의 연구소인 CNET가 Ericsson과 Alcatel의 공동 자회사인 SLE-Citerel과 협력하여 디지털 교환 기술의 개발을 추진하기 시작한 것은 1957년이었고, 그 이후 CNET와 Alcatel이 공동으로 이 기술을 개발하기 위해 노력했다.[82]

〈표 5-11〉에서 볼 수 있는 것처럼, 프랑스에서 교환설비의 공급은 소수의 기업들이 경쟁하는 체제였다. 미국에서 기원한 다국적 기업인 ITT, 스웨덴 기업인 Ericsson, 그리고 CIT-Alcatel이 시장을 분점하고 있었다.[83] CNET와 CIT-Alcatel의 협력으로 최초의 디지털 교환기기인 E10이 1970년 초 개발되기는 했지만, DGT는 CIT-Alcatel에만 디지털 교환 시스템의 공급을 의존할 경우, 그 자신의 협상력이 감소될 수 있음을 우려하여 스웨덴의 Ericsson과 ITT를 공급업자로 선택하기도 했다.[84] 이 정부-기업 관계는, 영국에서 1984년 이전에는 교환 시스템의 공급을 둘러싼 경쟁이 거의 존재하지 않았다는 점에서, 영국의 통신산업과 프랑스의 통신산업을 구별짓는 특징이라고 할 수 있다.

프랑스정부가 디지털 교환 시스템의 개발에 적극적으로 개입하면서 가장 강조점을 두었던 부분은 이 새로운 교환 시스템이 수출신장에 기여할 수 있다는 점이었다. 1970년이라는 시점에 대부분의 교환장비 생산기업들이 여전

---

81) W. Sandholtz, *High-Tech Europe: The Politics of International Cooperation* (Berkeley: University of California Press, 1992), p.218.
82) Cawson *et al., op. cit.,* p.138.
83) CIT-Alcatel은 Compqngnie Générale d'Electricité(CGE)의 자회사였다.
84) Cawson *et al., op. cit.,* p.138.

히 아날로그 교환 시스템을 생산하고 있었다는 점을 고려할 때, 프랑스정부의 이 수출진흥정책은 큰 효과를 발휘할 수도 있었다. 그러나 CIT-Alcatel은 기술부문에서 지도적 역할을 수행했음에도 불구하고 전 세계에 걸친 판매망의 부족으로 수출부문에서 예상 외로 큰 성공을 거두지는 못했다. 즉 프랑스정부의 적극적 산업정책은 그 자체로 성공을 거두었으나, 새로운 시장을 개발하는 것이 새로운 기술을 개발하는 것보다 더 어렵다는 사실을 입증한 대표적 사례라고 할 수 있다.[85] 프랑스 미테랑 정권은 1982년 CIT-Alcatel의 모회사인 CGE와 Thompson을 국유화하고, 동시에 CIT-Acatel은 국내의 경쟁사로서 아날로그와 디지털 교환 시스템을 생산하던 Thompson의 통신부문을 흡수하여 Alcatel-Thompson이 되었다. 1986년에는 ITT의 유럽지역 통신사업을 흡수하게 되면서(Alcatel NV), AT&T 계열의 Western Electric에 이어 세계 두 번째의 통신장비 생산기업이 되었다.[86]

독일의 PTT인 DBP와 교환설비 생산기업 사이의 관계는 프랑스와 영국의 중간 정도에 위치하고 있었다. DBP는, 한편으로 한 가지 유형의 교환설비를 원하면서도, 다른 한편으로는 단일한 공급자가 존재하는 것을 원하지 않았다. 즉 DBP는 교환기기 산업에서 Siemens의 독점체제보다는 Siemens의 지도력이 유지되는 선에서의 과점체제를 원했다.[87] 1966년 DBP는 아날로그 공간분할 방식의 전자교환 시스템의 개발계획을 제안했고, 1974년 Siemens는 EWS-A(Elektronisches Wahlsystem-Analog)를 생산했다. 그러나 EWS-A는 DBP와 Siemens에게 대실패를 안겨 주었다. Siemens가 다른 교환설비 생산업체와 함께 조직한 콘소시움은 EWS-A에 필요한 적절한 소

---

85) T. Durand, T. and B. Stymne, "Technology and Strategy in a Hi-Tech Industry Reflections on the Past and Future of Two European Telecoms Companies", in L. Mattsson and B. Stymne, *Corporate and Industry Strategies for Europe*(Amsterdam: North-Holland, 1991).
86) ITT는 1985년경에 시간분할 다중통신 스위칭 시스템을 출시했다. 따라서 Alcatel의 기술경쟁력은 이 합병을 통해 더욱 강화될 수 있었다.
87) Cawson *et al., op. cit.*, p.161. 1950년대 말 이후로 전자기계식 시스템인 EMD(Edelmetall-Motor-Drehwahler)의 시장점유율을 보면, Siemens가 DBP 주문의 46%, SEL이 30%, Detewe 14%, TN Telenorma 10%였다. 그러나 Siemens를 제외한 다른 기업들의 수출은 극히 제한되었다. Siemens가 자신의 특허를 이용하는 대가로 이 수출제한을 요구했다.

프트웨어를 제공하지 못했을 뿐만 아니라 콘소시움 내부적으로 협력체제가 유지되지 못했기 때문이다. 더구나 Siemens는 EWD의 수출을 통해 적정한 이윤을 확보하고 있었기 때문에 EWS-A의 상업화에 별 다른 관심을 보이지 않았다.[88]

1978년 DBP의 몇몇 책임자들은 미국을 방문했다. 그들은 미국의 통신산업을 둘러 본 후 Siemens의 아날로그 교환설비인 EWS-A의 기술적 능력 및 그것의 시장전망에 대해 의문을 표시했다.[89] 이미 세계의 통신산업은 디지털 교환으로 이동하고 있었기 때문이다. 1979년에 이르러 Siemens는 공간분할 전자교환 시스템인 EWS-A를 폐기할 것임을 선언했고, 그리하여 DBP는 통신 하부구조 및 통신인력의 교육 측면에서 10억 도이치 마르크의 손실을 초래했다.[90] EWS-A의 실패로 인해 DBP는 정부와 교환설비 생산기업 사이의 관계에 대해 전면적으로 재검토하기 시작했다.

1980년대 초, DBP는 Siemens가 보유하고 있던 기술 측면에서의 독점적 지위를 위협할 수도 있는 '경쟁'정책을 시행하기 시작했다. 즉 2개 이상의 디지털 교환 시스템을 도입하기로 결정한 것이다. 노동 측의 강력한 요구로 독일 내에 생산시설을 갖추고 있는 기업만이 DBP에 디지털 교환설비를 공급하기로 결정되었고, 그리하여 Siemens의 EWS-D, ITT의 System 12를 공급하려던 SEL, 그리고 네덜란드 기업인 Phillips의 자회사인 Tekade의 PRX가 예상 공급업체로 선정되었다.[91] Ericsson과 Northern Telecom은 독일 내에 생산설비를 보유하고 있지 않다는 이유로 이 게임에 참가할 수 없었다. Siemens는 DBP의 선택권을 제약하기 위해 ITT의 독일 자회사이면서 기존의 교환설비 공급업체인 SEL과 협력을 시도했지만, SEL은 상당한 시장잠식 내지는 시장으로부터의 추방 가능성을 무릅쓰면서도 ITT의 디지털 기술을 고수하는 전략을 선택했다.[92] 결국 1983년, Siemens와 SEL이 DBP에 의해 선택되었다. Phillips는 DBP가 설정한 납품일자를 지키지 못했기 때문에

---

88) *Ibid.*, pp.162-4.
89) *Ibid.*, pp.164-5.
90) Dang-Nguyen, "Telecommunications", p.102.
91) *Ibid.*, p.104.
92) Cawson *et al.*, *op. cit.*, p.167-8.

선택되지 못했다.

독일에서 DBP와 Siemens의 안락한 공생관계는 결국 디지털 교환기 도입을 둘러싼 정치과정에서 붕괴되었다. 그 과정에서 Siemens와 ITT의 가격경쟁은 더욱 치열해졌다. 그러나 독일에서 교환설비의 도입을 둘러싼 정치의 진정한 승자는 제3자라고 할 수 있는 다국적 기업 ITT였다고 할 수 있다. ITT의 System 12가 DBP에 의해 승인되면서 ITT가 다른 시장에 접근할 수 있는 가능성이 더욱 높아졌기 때문이다. 그리고 교환기기 공급업체가 동일 기술을 사용하지 않는다는 점에서 DBP는 양자의 경쟁을 활용하여 자신의 권력을 극대화할 수 있었지만, 예전과 같은 독점적 구매자의 지위를 향유하기는 힘들게 되었다.

이탈리아에서는 PTT인 ASST가 규제기능과 더불어 통신 네트워크 가운데 중계회선(trunk line)만을 담당하고 있었기 때문에 영국, 독일, 프랑스와 같은 정부−기업 관계가 나타날 수가 없었다. 대신 STET가 통신네트워크를 운용하면서 동시에 통신장비의 생산을 담당하고 있었다는 점이 이탈리아의 특수한 사정으로 지적될 수 있다. 1968년부터 STET는 Siemens의 특허로부터 벗어나기 위해서 디지털 교환설비를 개발하기 위해 노력했다. 앞서 지적한 것처럼, 지속적인 재정위기로 인해 STET는 새로운 기술의 개발을 위한 투자를 줄일 수밖에 없었다. 1978년에 소규모의 Proteo가 개발되었고, 이후 미국에 설치한 연구소를 통해 좀 더 개량된 형태의 Proteo UT 10/3을 1982년에 생산했다. 1982년 STET는 Proteo와 미국의 GTE가 생산한 EAX를 결합하기로 결정했다.[93] 이탈리아의 통신기업들은 그들의 기술적 후진성을 극복하기 위해 세계 최대의 통신기업인 미국의 AT&T와 제휴를 시도했고, AT&T는 이 제휴를 통해 유럽시장에 진출할 수 있는 발판을 마련하고자 하였다.

네덜란드에서는 자국 기업인 Phillips와 스웨덴의 Ericsson이 교환 시스템을 공급하고 있었다. 이후 미국기업인 AT&T의 ESS5와 Phillips의 PRX를 결합하는 합작이 이루어졌다. 1983년, Phillips가 적극적으로 AT&T와 합작을 실현할 수 있었던 것은 이 기업의 혁신정책이 네덜란드 국내의 통신 서

---

93) Dang-Nguyen, "Telecommunications", p.105.

비스와 연계되지 않고 진행될 수 있었기 때문이다. 이는 스웨덴의 Ericsson 의 혁신정책에도 마찬가지로 적용되는 논리라고 할 수 있다. 소규모 개방경제에서 성장한 Phillips와 Ericsson에게는 국내수요의 부족 때문에 철저히 보호되고 있는 다른 국민국가의 시장에 진출하는 것이 기업의 사활과도 관련된 핵심적인 전략적 목표였다고 할 수 있다.

〈표 5-8〉은 처음으로 유럽공동체의 통신정책이 등장하는 1983-4년 기간 동안의 교환설비 시장의 점유율이다. 표에서 볼 수 있는 것처럼, 1984년의 시점에서 디지털 교환설비시장은, 교환기기 생산기업을 보유하고 있던 영국, 프랑스, 독일, 이탈리아에서는 자국 기업이 50% 이상을 점유하고 있음을 알 수 있다.94) 즉 정부가 주도적으로 디지털 교환설비의 혁신에 개입한 국가들에서 이 적극적 산업정책은 적절한 효과를 발휘했다고 할 수 있다. 따라서 정부-통신장비 기업 사이의 관계가 균열되고 있다고 평가하기는 어려울 수도 있다. 즉, 정부-통신장비 기업 관계에서는 통신정책 네트워크를 파괴하는 요소를 찾기가 힘들 수도 있다. 더구나 서부유럽에서 공공 통신장비 시장의 규모는 민간 장비시장의 약 15배였기 때문에 통신장비 기업은 정부에 의존적일 수밖에 없었다. 이는 미국이 10배이고, 일본이 6배인 것과 비교하면 상당히 큰 규모였다. 그러나 대부분의 국가들에서 디지털 교환설비를 조달하는 과정에서 기존의 독점구조를 해체해야 한다는 사고가 확산되고 있었음은 부인할 수 없다. 특히 미국이 통신장비 시장을 자유화하면서, 이에 상응하게 유럽시장의 개방을 요구하게 되면서 통신장비 시장의 개방은 불가피한 현실로 다가오고 있었다.

---

94) 이 표에서 주의할 것은 1984년의 시점에도 아날로그 방식의 교환 시스템이 여전히 주요한 구매대상이었다는 점이다. 예를 들어 1987년에도 독일에서는 DBP 가 구입하는 스위칭 장비 가운데 디지털 스위칭 장비가 차지하는 비율은 1/3 정도였다. 따라서 통신네트워크의 디지털화에 기초하여 1984년의 수치는 평가되어야 한다. 통신네트워크의 디지털화 정도는 나중에 다시 논의될 것이다.

〈표 5-8〉유럽의 교환 시스템 시장, 1974-1984

국가＼년도	1974	1984(디지털 교환)
오스트리아	Siemens ITT local manufacturers: ITT patent	Siemens ITT 50% local manufacturers 50% Northern Telecom Patent
벨기에	ITT 80% GTE 20%	ITT 80% GTE 20%
덴마크	Ericsson 70% ITT 10% Siemens 20%	Ericsson 80% ITT 20%
핀랜드	Ericsson 60% ITT 15% Siemens 25%	Cit-Alcatel(patent) 50% Ericsson 30% Siemens 15%
스페인	ITT 25% Ericsson 25%	ITT 70% Ericsson 30%
프랑스	ITT 42% Ericsson 18% Cit-Alcatel 40%	Cit-Alcatel ┐ Thompson ── 84% CGCT(ITT) 16%
영국	Plessey ITT GEC	Plessy ┐ GEC ── 100%
그리스	Siemens 40% ITT 40% Phillips 15%	n.a.
아일랜드	Ericsson 65% ITT 35%	Cit-Alcatel 40% Ericsson 40%
이탈리아	Itatel 50% ITT 20% GTE 5% Ericsson 15%	Itatel & Second pole
노르웨이	Ericsson 60% ITT 40%	ITT 100%
네델란드	Phillips 75% Ericsson 25%	Phillips-AT&T 75%
독일	Siemens 55% ITT 30% Tekada 15%	Siemens 60% ITT 40%
포르투갈	ITT 50% Plessey 50%	n.a.
스웨덴	Ericsson 100%	Ericsson 100%
스위스	ITT 35% Siemens 30%	n.a.

자료: G. Dang-Nguyen, "Telecommunications: A Challenge to the Old Order", in M. Sharp(ed.), *Europe and the New Technologies*(Ithaca: Cornell University Press, 1986), p.97의 표를 수정 보완.

4-4. 기업－기업 관계

교환설비의 구매선에 대한 1984년 통계를 볼 때, 정부－장비생산기업 사이의 관계는 거의 변한 것이 없다고 해도 과언이 아니다. 그럼에도, 교환설비시장의 자유화를 추진하려는 정부정책이나 기업활동의 변화는 조금씩 감지되고 있었다. 정부－장비생산기업 관계에서 살펴보았듯이 디지털 교환설비의 개발과정에서는 일종의 '내쉬 균형'(Nash equilibrium)이 성립되어 있었다. 즉 디지털 혁명의 영향이 직접적으로 기존의 통신정책 네트워크의 붕괴로 이어지지는 않은 것이다.

통신장비를 생산하는 대부분의 기업들이 디지털 설비에 관심을 가지게 되면서 기업의 행태에 있어 근본적 변화가 발생하기 시작했다. 유럽공동체 집행위원회는 통신장비 생산기업의 축적전략에 가장 큰 영향을 미친 요인을 다음과 같이 정리했다.[95] 첫째, 생산물 수명의 단축이다. 종전의 기계식 교환설비의 수명이 30-50년이었던 것에 반해, 디지털 교환설비의 수명은 약 10년 정도로 예견되었다. 둘째, 디지털 교환기기의 수명이 짧음에도 불구하고, 그것을 개발하는 데 소요되는 비용은 대략 5억 달러에서 14억 달러에 이르렀다.[96] 이 비용을 판매수입을 통해 회수하기 위해서는 적어도 이 연구개발 비용의 14배에 달하는 판매가 이루어져야 했다. 그러나 유럽국가 가운데 가장 큰 시장을 가지고 있는 독일의 경우에도 매년 이루어지는 판매는 1만 1천 달러에 지나지 않는다. 따라서 프랑스의 Alcatel과 같이 국가가 적극적으로 차세대 교환기술의 개발을 지원한 경우를 제외하고, 대부분의 통신기업들이 디지털 교환기기의 개발에 적극 나서지 못한 이유를 짐작할 수 있다.

우리는 우선 유럽공동체 국가들의 통신시장이 자생적으로 형성된 것이라기보다는 정부주도의 통신정책 네트워크에 의해 위로부터 부과된 것이라는

---

95) CEC, *Telecommunications*(Communication from the Commission to the Council), COM(83) 329 final(Brussels: CEC, 1983).

96) 각 통신기업들의 디지털 스위칭 시스템의 개발에 소요된 비용은 다음과 같이 추산되고 있다: ITT 10억 달러, Ericsson 5억 달러, CIT-Alcatel 10억 달러, Northern Telecom 7억 달러, GEC/Plessey/BT 14억 달러, AT&T 7억 5천만 달러, Siemens 7억 달러. Roobeek, *op. cit.*, p.299.

사실을 다시금 상기할 필요가 있다. 따라서 자체의 통신장비 기업을 보유하고 있던 국가들의 국내시장은 철저히 보호되어 왔다. 즉 시장구조를 조직하는 원칙은 통신정책 네트워크에 의한 시장의 '통제'(control)였다고 할 수 있다. 이 통제를 통해 국내의 통신장비 기업은 안정적 '시장점유'를 확보할 수 있었다.

일반적으로 시장을 조직하는 방법으로는 독립적 기업들 사이의 '경쟁', 독립적 기업들 사이의 명시적 또는 암묵적 협정에 기초한 '협력',97) 그리고 통신장비 시장처럼 독립적이지 않은 기업들의 공식적 또는 비공식적 권력에 기초한 '통제'로 구분할 수 있다.98) 기업의 활동목표가 시장점유율의 향상을 통한 이윤극대화에 있다면, 그들의 전략적 선택이 경쟁·협력·통제 가운데 어느 것이 될지에 대해서는 미리 예측할 수 없다. 또한 기업의 선택이 단순히 기업의 비용과 편익 분석을 넘어서서 '사회정치적' 요인에 의해 결정된다고 할 때, 선험적으로 어떠한 조직원리가 효율적이라고 말할 수도 없다. 따라서 '신자유주의자'의 담론에서 흔히 발견되는 경쟁체제의 미화는 전형적인 이데올로기적 수사라고 할 수 있다. 기업들은 경쟁이 자신들의 시장에서의 지위를 보증할 때만 경쟁체제를 수용할 것이기 때문이다. 민영화된 기업의 최고 책임자들도 안정적 시장점유 및 이윤극대화를 위해 경쟁적 시장보다는 독점적 시장을 더 선호할 가능성이 높다.99) 민영화 및 규제완화가 독점체제에서 경쟁체제로의 이행이 아니라 경향적으로 과점체제의 형성을 결과하는 것도 이 때문이라고 할 수 있다. 즉, 새로운

---

97) 일반적으로 영어의 cooperation과 collaboration은 호환적으로 사용되고 있다. 그러나 선진기술 분야에서 국제협력을 다루고 있는 J. Tucker는 전자가 규범적 의미를 갖고 있다고 주장하면서, 둘 이상의 자율적 행위자의 적극적 참여를 의미하는 가치중립적 용어로 collaboration을 사용하고 있다. 본 연구에서는 이 차이 짓기가 의미를 가질 수 있다고 생각하면서도, 기존의 관행대로 이 두 용어를 구분없이 사용한다. J. Tucker, "Partners and Rivals: A Model of International Collaboration in Advanced Technology", *International Organization*, Vol. 45, No.1(1991), p.83, fn. 1.

98) H. W. de Jong, "Introduction", in H. W. de Jong(ed.), *The Structure of European Industry*(Dordecht: Kluwer Academic Publishers, 1988), pp.1-2.

99) M. Chick, "Privatisation: The Triumph of Past Practice over Current Requirements", *Business History*, Vol. XXIX, No.4(1987), p.114.

시장구조의 형성은 자연스러운 과정이 아니라 시장을 매개로 한 권력관계에 의해 결정된다고 볼 수 있다.

유럽공동체 회원국가들에서 통신정책의 변화도 '신자유주의' 이데올로기의 범지구적 확산의 결과였다고 할 수 있다. 그럼에도, 통신부문에서 경쟁의 수사가 난무하기 시작했지만, 실제로 통신장비를 생산하는 대기업들은 '적대적 형제'(hostile brothers)라는 은유에 걸맞게 경쟁, 협력, 통제를 그들의 전략적 선택에서 배제하지 않았다. 특히, 1970년대 경제위기를 정부의 적극적 산업정책에 기대어 극복하고자 했던 대기업들이 1970년대 말부터 기업 간 협력을 적극적으로 모색했다. 이른바 '전략적 제휴'로 불리우는 합작, 라이센싱(licensing), 주문자생산방식(original equipment manufacturing, OEM) 등이 증가했다.

일반적으로 언급되는 전략적 제휴의 증가요인 가운데 통신부문에 적용될 수 있는 것들은 다음과 같다.[100] 첫째, 가장 중요한 이유로 '위험공유'를 들 수 있다. 통신부문에서 새로운 기술을 위한 연구개발투자 및 생산비용을 회수할 가능성이 감소하면서 기업들의 협력이 증대했다. 둘째, 국민국가 정부의 차별적 조달정책 및 비관세장벽을 극복하기 위한 기업 간 제휴도 증대했다. 예를 들어 AT&T와 STET-Itatel의 제휴는 AT&T의 관점에서 보면, 유럽시장의 진출을 위한 발판을 마련하기 위한 정책이었다고 볼 수 있다. 셋째, 핵심기술을 다양한 부문에 이용할 수 있게 되면서 기업 간 제휴가 증가했다. 컴퓨터 생산기업인 IBM의 통신기업과의 제휴가 그 사례일 수 있다. 넷째, 다양한 기술군집에서의 보완적 발전이 기업 간 제휴를 증대시키기도 했다. 예를 들어 통신기업들이 전송시설로 광섬유를 사용할 수 있게 되면서, 광섬유 분야에서 강력한 특허를 보유하고 있던 미국의 Corning Glass는 대부분의 통신기업의 제휴대상이었다. 다섯째, 위험공유뿐만 아니라 '위험회피' 전략으로 기업 간 제휴를 통해 공동의 표준을 만드는 작업이 진행될 수 있다. 여섯째, 협력 대상기업의 경쟁력에 의존하기 위해 전략적 제휴가 진행될 수 있다.

유럽공동체 국가들에 근거를 갖고 있던 통신기업들의 전략적 제휴에서는

---

100) van Tulder and Junne, *op. cit.*, pp.217-221.

특히 첫 번째와 두 번째 요인이 강력하게 작용했다. 〈표 5-9〉에서 볼 수 있듯이, 공공 교환설비의 생산은 선진자본주의국가의 기업들로 한정되어 있었다. 따라서 기업 간 전략적 제휴도 대부분 대기업 사이에 이루어졌다. 〈표 5-10〉은 1980-6년의 기간 동안 유럽공동체의 통신기업들이 유럽기업 및 미국·일본기업과 체결한 주요한 전략적 제휴의 사례를 모은 것이다. 특히 주목되는 것은 1985년 프랑스의 CIT-Alcatel, 영국의 Plessey와 GEC, 이탈리아의 Itatel, 독일의 Siemens가 공동으로 차세대 교환설비를 생산하기 위해 공동 연구팀을 만들기로 합의한 것을 제외하고는 유럽공동체 기업 간 협력이 거의 눈에 띄지 않는다는 점이다. 당시에는 유럽공동체 회원국가가 아니던 스웨덴의 Ericsson만이 유럽기업들과 협력을 추진했을 뿐이다. 대부분의 유럽의 통신 대기업은 미국 또는 캐나다 기업과 전략적 제휴를 추진하고 있었다. 통신기업들의 전략적 제휴에 대한 연구결과에 따르면, 1980-4년 동안 유럽 내부에서의 전략적 제휴는 유럽과 미국기업의 전략적 제휴에 비해 절반에도 못 미치는 수준이었다.[101]

〈표 5-9〉 공공 교환기를 생산하는 주요기업

기 업	전자기계식	크로스바	아날로그 공간분할	디지털 시간분할 다중송신
Western Electric(미국)	step-by-step, panel	# 1, 3, 4, 5	# 1, 2, 3, ESS	# ESS4, ESS5
Plessey(영국)	Strowger	5005	TXE-2, 4	System X
Ericsson(스웨덴)	AGF	ARF	AKE, ARE	AXE
NEC(일본)		C400, C82	DEX, XE1, 0-10, 20	NEAX-61
ITT(미국/유럽)	7A-2	Penta, Conta	Metaconta	System 12
Northern Telecom(캐나다)	SXX, Panel	1, 4A, 5A	SP-1	OMS-1, 10, 200, 300
Siemens(독일)	EMD	ESK	EWS-A	EWS-D
GTE(미국)	Strowger	Crossbar	# 1, 2 EAX	# 3 EAX, GTD-5
CIT-Alcatel(프랑스)		Crossbar		E10B, E10A
Phillips(네덜란드)				PRX
Itatel(이탈리아)				Proteo
Thompson(프랑스)				MT 25

자료: T. Durand and B. Stymne, "Technology and Strategy in a Hi-Tech Industry Reflections on the Past and Future of Two European Telecoms Companies", in L. Mattsson and B. Stymne, *Corporate and Industry Strategies for Europe*(Amsterdam: North-Holland, 1991), p.198의 표를 수정 보완.

---

[101] J. Hagedoorn, *Changing Patterns of Inter-Firm Strategic Alliances in Information Technologies and Telecommunications*, MERIT Paper(1991), p.17. 당시 최대의 전략적 제휴의 시장은 역시 미국이었다. 특이한 것은, 통신 부문에서 1980-4년의 기간 동안 유럽기업과 일본기업의 전략적 제휴가 존재하지 않았다는 점이다.

〈표 5-10〉 1980-6년의 기간 동안 유럽의 주요 통신기업이 맺은 국제협력 협정(무선통신 제외)

유럽기업	협정의 성격
Phillips(네덜란드) 〈-〉 AT&T(미국)	스위칭 설비의 개발 및 마케팅에서의 합작 (1984)
GEC(영국) 〈- Northern Telecom(캐나다)	대형 PABX의 라이센스 생산
Plessey(영국) 〈-〉 Rolm(미국)	디지털 전화 기술(1983년 종료)
Plessey(영국) -〉 Stromberg-Carlson(미국)	인수
ICL(영국) 〈-〉 Mitel(BT)	스위칭 장비의 마케팅
BT/British Aerospace(영국) 〈-〉 IBM(미국)	통신판매 시스템의 공동 생산
BT(영국) 〈-〉 Du Pont(미국)	광전자 구성요소(1986)
BT(영국) 〈-〉 Kokusai Denshin(일본)	디지털 네트워크의 합작
BT(영국) 〈-〉 McDonnal Douglas(미국)	부가가치 네트워크에서의 합작
Ferranti(영국) 〈-〉 GTE(미국)	합작: 영국시장에서 소비자 통신장비의 생산과 판매
Telettra(이탈리아) 〈-〉 GTE(미국)	디지털 전송을 위한 극초단파 시스템의 건설을 위한 미국 내 자회사의 설립(1986)
Siemens(80%, 독일) 〈-〉 GTE(20%, 미국)	유럽에서 전송시설 및 공공 스위칭 사업의 인수 1986)
Siemens(독일) 〈-〉 Xerox(미국)	PABX 분야에서의 협력
Olivetti(이탈리아) 〈- Intercom(미국)	PABX 기술
Olivetti(이탈리아) 〈- Northern Telecom(캐나다)	PABX 라이센싱
Olivetti(이탈리아) 〈- AT&T(미국)	25%의 인수
Itatel(이탈리아) 〈-〉 GTE(미국)	디지털 스위치 개발, 생산, 수출에서의 협력
Itatel(이탈리아) 〈-〉 Sesa(프랑스)	사적 패킷 스위칭 네트워크에서 합작
CIT-Alcatel(프랑스) 〈-〉 Plessey(영국)/GEC(영국) Itatel(이탈리아)	차세대 공공 전화교환 시스템에서의 협력 (1985)
Alcatel-Thompson(프랑스) 〈-〉 Fairchild Industries(미국)	서로의 시장에서 네트워크와 서비스에서 공동활동
Plessey(영국) -〉 Telenokia(핀란드)	디지털 전화기술의 공급
Plessey(영국) -〉 Olivetti(이탈리아)	PABX의 라이센스
Ericsson(스웨덴) 〈-〉 Thorn-EMI(영국)	영국에서의 합작
Ericsson(스웨덴) -〉 Thompson-CSF(프랑스)	디지털 스위칭 시스템(AXE)의 라이센스 생산

자료: R. van Tulder and G. Junne, *European Multinationals in Core Technologies* (Chichester: John Wiley & Sons, 1988), pp.235-236과 A. Cawson, K. Morgan, D. Webber, P. Holmes and A. Stevens, *Hostile Brothers*(Oxford: Claredon Press, 1990), pp.207-14에서 발췌 정리.

따라서 우리는 협력의 객관적 조건뿐만 아니라 이 조건에 기초한 기업들의 '전략적 선택'에 눈을 돌릴 필요가 있다. 즉 전략적 제휴에는 그 제휴에 참여하는 기업들 간의 권력관계가 내재되어 있다는 점에 주목해야 한다.102) 우리는 유럽국가들의 교환설비 시장이 국민국가를 대표하는 기업들

---

102) W. Ruigrok and R. van Tulder, *The Logic of International Restructuring*(London: Routledge, 1995), p.183.

인, CIt-Alcatel, Siemens, Plessey, GEC, Itatel, Phillips, Ericsson에 의해 분할점유되어 있다는 사실을 이미 알고 있다. 〈표 5-11〉은 1985년과 1987년의 시점에서 유럽의 통신장비 시장의 기업별 점유율을 보여 주고 있다. 이 점유율은 통신장비 시장이 성립된 이후로 거의 변하지 않았다. 따라서 유럽지역에서 어떤 기업이 자국이 아닌 다른 국민국가의 통신장비 시장에 진출하는 것은 매우 어려운 일이었다. 이것은 유럽의 통신기업들 사이에 협력을 위한 유인이 거의 없을 수도 있음을 의미하는 것이기도 했다.

〈표 5-11〉 유럽국가들의 통신장비 시장에 대한 기업별 점유율*

	점유율(%)	
	1985	1987
Alcatel(ITT)	42.9	31
Siemens	11.6	19
GEC/Plessey	20.2	15
Ericsson	13.0	9
Phillips		5
IBM		5
GTE		3
Itatel	6.4	3
기타 기업들	5.9	12
	100	100

*1985년 통계에서는 비유럽기업들을 기타 기업으로 처리함.
자료: H. Ungerer and N. Costello, *Telecommunications in Europe* (Luxembourg: CEC, 1990), p.129; A. Roobeek, "Telecommunications: An Industry in Transition" in H. W. de Jong(ed.), *The Structure of European Industry*(Dordecht: Kluwer Academic Publishers, 1988), p.320.

〈표 5-12〉세계 통신시장에서 기업별 판매액

기 업	1985년 공공 스위칭 장비 판매액 (100만 파운드)	1987년 총 장비 판매액(무선포함) (10억 달러)
AT&T(미국)	1,350	10.2
Alcatel(프랑스)	700	7.8
Siemens(독일)	950	6.2
NEC(일본)	1,000*	5.0
Northern Telecom(캐나다)	1,000	4.8
Motorola(미국)		3.5
Ericsson(스웨덴)	750	3.3
IBM(미국)		2.4
Fujitsu(일본)		2.0
GPT(GEC/Plessey, 영국)	520**	2.0
Phillips(네덜란드)	130***	1.7
Bosch(독일)		1.5
Hitachi(일본)		1.4
GTE(미국)	350	1.1
Itatel(이탈리아)	180	1.0
ITT(미국/유럽)	850****	

*NEC-Fujitsu-Hitachi를 합한 수치.
**1987년에 GEC와 Plessey가 합병됨. 이 수치는 GEC와 Plessey의 실적을 합한 것임.
***AT&T와 합작. ****ITT의 유럽지역 통신부문은 1986년 Alcatel에 흡수됨.
자료: H. Ungerer and N. Costello, *Telecommunications in Europe* (Luxembourg: CEC, 1990), p.128과 A. Roobeek, "Telecommunications: An Industry in Transition" in H. W. de Jong(ed.), *The Structure of European Industry*(Dordecht: Kluwer Academic Publishers, 1988), p.304에서 발췌 정리.

1987년을 기준으로 한 것이기는 하지만, 세계 통신기업 순위에 있어서도 유럽의 4개 기업, Alcatel, Siemens, Ericsson, GEC/Plessey가 10위 안에 포진해 있었다. 달리 표현한다면, 유럽 통신기업들의 국제경쟁력은 상당히 높았다고 할 수 있다. 그러나 사실 유럽기업들의 경쟁력은 미국이나 일본기업에 비해 상당 정도 저하하고 있었다. 〈표 5-13〉에서 볼 수 있는 것처럼, 1970년대 말부터 유럽기업들이 선진자본주의국가들 사이의 무역에서 차지하는 비중은 서서히 감소하고 있었다. 그럼에도 유럽기업들이 세계시장에

318

서 상위 순위를 유지할 수 있었던 것은 자국 정부의 지원 때문이었다. 예
를 들어 Alcatel은 세계 50개국 이상에서 자사의 디지털 교환 시스템인
E10을 수출했지만, 이 국가들은 대부분 발전도상국이었고, 프랑스정부의
압력이 효과를 발휘할 수 있던 국가들이었다. 또한 Siemens의 EWA-D도
독일정부가 발전도상국에 제공한 연성차관(soft loan)과 독일의 원조부
(Aid Ministry)의 자금지원을 통해 구입된 것이었다.103)

〈표 5-13〉 OECD 국가들 사이의 통신장비 무역에서 유럽공동체가 차지하는
비율: 1978-84(경상가격 100만 달러)

	1978	1980	1984
수출 유럽공동체	47.1	46.8	32.8
미국	17.3	16.2	17.5
일본	23.3	23.0	34.0
수입 유럽공동체	47.9	49.0	30.7
미국	30.2	29.1	50.0
일본	3.5	2.6	2.9

자료: R. van Tulder and G. Junne, *European Multinationals in Core Technologies*-
(Chichester: John Wiley & Sons, 1988), p.134.

따라서 우리가 기업들의 국제화 전략에, 국내정치경제에서 기업의 협상
력이 반영되고, 또한 동시에 그 기업의 협상 상대자에 대한 실제적 통제능
력이 반영된다는 주장을 수용한다면,104) 유럽의 통신기업들은 대부분 자국
정부의 특별한 지원하에 강력한 권력을 행사할 수 있었고, 따라서 만약 다
른 통신기업을 협력의 상대자로 선택할지라도 그 기업도 동일한 상황에 놓
여 있었기 때문에 실제적 통제를 획득하기는 어려웠을 것이다. 경험적으로
도 강한 기업들 사이의 협력은 상호 보완적 요구가 있지 않는 한 쉽게 이
루어지지 않는다. 또한 유럽의 통신기업들이 통신장비만을 전문적으로 생

---

103) Cawson et al., *op. cit.*, pp.142, 172.
104) Ruigrok and van Tulder, *op. cit.*, p.189.

산하는 기업들이 아니었다는 점도 유럽기업 간 협력을 저해한 요인이라고 할 수 있다. 예를 들어, 독일의 Siemens나 Bosch와 같은 기업들에서 통신부문이 차지하는 비중은 30% 정도 수준이었다. 그리고 이 기업들은 하이테크와 관련된 다양한 분야에서 자체의 생산 및 연구개발 능력을 갖추고 있었다. 따라서 기업 간 협력보다는 기업 내부적 해결이 선호되었다고 할 수 있다. 이 내부지향성은 유럽수준에서 협력보다는 경쟁을 선호하는 형태로 나타났다.

유럽의 통신기업 가운데 유럽기업과 전략적 제휴를 추진한 예외가 있다면 바로 스웨덴의 Ericsson이었다. 통신장비 전문기업으로서 Ericsson도 1970년대 중반에 이미 디지털 교환 시스템을 개발한 기업이다.[105] 그 전략적 선택의 직접적 결과는 아니겠지만 Ericsson의 혁신능력은 〈표 5-12〉에서 볼 수 있는 것처럼, 이 기업을 세계 7위의 통신기업으로 만든 중요한 요인 가운데 하나였다. Ericsson이 선도적으로 혁신정책을 편 이유는 아마 이 기업이 기반하고 있는 스웨덴이 상대적으로 작은 시장을 갖고 있다는 사실로부터 추정해 볼 수 있다. 해외시장 개척이 기업의 사활과 직결될 수밖에 없는 Ericsson으로서는 신기술의 개발 또는 신기술에의 적응은 중요한 과제일 수밖에 없었다. Ericsson이 합작 또는 라이센스 생산 등의 형태로 영국과 프랑스에 진출한 것도 철저하게 보호되어 있는 이들 시장을 공략하기 위한 전략적 선택이었을 것이다.

유럽기업과 미국·캐나다 기업의 전략적 제휴는 두 가지 유형으로 나눌 수 있다.[106] 첫째는 AT&T, GTE, 그리고 Northern Telecom과 같은 통신 대기업들은 유럽시장에 진출하기 위해 Phillips, Itatel, 그리고 GEC와 같은

---

105) 현재 교환기기 시장을 분할점령하고 있는 기업들은 1970년대에 디지털 교환 기기를 개발한 기업들이다. 대표적으로 AT&T의 Western Electric, 캐나다의 Northern Telecom, 일본의 NEC 등을 들 수 있다.

106) 유럽기업들이 미국 및 캐나다 기업과는 활발하게 전략적 제휴를 추진하는데 반해, 일본기업과의 전략적 제휴는 소수의 사례밖에 없다. 이것은 기업 간 협력에도 사회문화적 요인이 강력하게 작용할 수 있음을 보여주는 사례라고 할 수 있다. 이 문제를 집중적으로 천착하고 있는 논문으로는 A. Waytt-Walter, "Globalization, Corporate Identity and European Technology Policy", *Journal of European Public Policy*, Vol. 2, No.3(1995), pp.427-46을 참조.

기업들과 전략적 제휴를 체결했다. 둘째로 유럽기업들이 미국시장 진출을 목적을 갖고 주도적으로 미국의 중소기업과 전략적 제휴를 도모하는 경우도 있었다. 특히 영국과 이탈리아 기업들의 미국기업과의 전략적 제휴가 두드러진다. 이는 영국과 이탈리아가 프랑스나 독일의 기업에 버금갈 수 있는 기술적 사업적 능력을 보유하지 못하고 있었기 때문인 것처럼 보인다. 그리고 영국기업의 경우에는 보수당 집권 이후 국내시장의 수준에서도 강력하게 자유화정책을 추구했기 때문에 보다 손쉽게 미국기업과 전략적 제휴를 체결할 수 있었다.

이상의 기업 간 전략적 제휴를 유형화하면 〈표 5-14〉와 같다:[107]

〈표 5-14〉 기업 간 전략적 제휴에서 권력관계

주도기업＼대상기업	강한 기업	약한 기업
강한 기업	유형 1 ○보완성에 기초한 제휴 ○공세적 전략 ○일반적이지 않음 사례: CIT-Alcatel, Siemens, GEC/Plessey, Itatel의 제휴	유형 2 ○식민화 ○종종 기업인수의 첫 단계 ○강한 기업은 시장진입을 목표로 함 사례: AT&T와 Phillips Plessey와 Stromberg
약한 기업	유형 3 ○라이센싱 ○부차적 쏘오싱(second sourcing) ○OEM 협정 ○식민화될 위험 사례: Olivetti와 Northern Telecom	유형 4 ○수세적 전략 ○공동의 적에 대항하는 제휴 ○연대감 약화의 위험 사례: IBM에 대항했던 유럽 컴퓨터 기업 간 제휴

유형 2의 대표적 사례는 AT&T와 Phillips의 전략적 제휴였다. 이 제휴

---

107) 이 표는 Ruigrok and van Tulder, *op. cit.*, p.184의 유형화에 유럽사례를 적용하여 작성한 것이다.

는 1983년 AT&T에 의해 주도되었고, 따라서 AT&T의 강력한 지위는 계속 유지되었으며, 결국 Phillips의 통신부문은 AT&T에 흡수되었다. 유형 3의 대표적 사례는 이탈리아 통신기업들이 새로운 기술의 개발을 위해 미국기업과 합작한 것을 들 수 있다. 유형 4의 사례로는 IBM이 유럽에 상륙하게 되었을 때, 이에 공동으로 대처하기 위한 유럽의 컴퓨터 기업 간의 제휴를 들 수 있다.

본 연구에서 주된 관심을 갖는 사례는 바로 유형 1의 전략적 제휴이다. 일반적으로 강한 기업들 사이의 전략적 제휴는 기업들이 보완적 요소를 필요로 할 때 가능하다. 따라서 강한 기업들 사이의 전략적 제휴가 보편적 현상은 아니다. 우리는 통신부문에서 유럽의 국민국가를 대표하던 기업들인, Siemens, Alcatel, GEC/Plessey, Itatel의 협력에 주목한다.

이 강한 기업들 사이의 전략적 제휴는 유럽공동체 통신정책의 등장과 밀접히 연관되어 있었다. 앞서 언급한 것처럼, 기업들이 디지털 교환설비에 투자한 연구개발비용을 회수하기 위해서는 새로운 시장에 진출하는 것이 유일한 선택이었다고 할 수 있다. 그러나 1980년대에 들어서, 유럽공동체 기업들이 발전도상국에서는 강력한 지위를 갖고 있었지만, 미국 및 일본과의 교역에서 적자폭은 점점 증대했다. 영국기업인 Plessey가 미국의 Sromberg-Carlson을 인수해서 미국의 교환설비 시장에 진출한 것을 제외하고, 유럽기업들의 미국시장 진출은 성공적이지 못했다.[108] 또한 미국정부도 자국에 비해 상대적으로 시장진입이 어려운 유럽국가의 기업들이 미국시장에 진출하는 것을 환영하지 않았다.

자국의 산업정책에 깊이 연관되어 있었고, 또한 서로 경쟁하던 유럽기업들이 협력방안을 논의하기 시작한 것은 1970년대 후반부터였다. 가장 먼저, 정보기술 분야의 기업들이 본격적 논의를 시작했다. 1976년과 1977년 사이의 9개월에 걸쳐 유럽의 정보기술 관련기업과 정부 관계자들이 유럽기업들의 경쟁력 강화방안을 논의하면서, 정보기술 분야에서 장기발전계획을 제안했지만, 이 계획은 엄격한 예산규칙을 주장한 주요 회원국가의 반대에

---

108) Plessey의 미국 내 자회사인 Stromberg-Carlson은 1985년 미국시장에 7천만 달러의 공공 스위칭 장비를 판매했다.

322

부딪혀 실행되지 않았다.[109) 이 의제가 1970년대 말에 다시금 제기된 것은, 앞서 단일유럽시장의 형성과정에서 간략히 언급한 것처럼, 당시 벨기에 출신의 유럽공동체 산업담당 집행위원이었던 E. Davignon의 제안으로 12개 정보기술 관련기업들이 원탁회의를 구성하면서부터였다.

E. Davignon은 1979년 11월 열린 유럽공동체 정상회담에 제출한 보고서에서, '텔레마틱스'(telematics) 분야에서 유럽기업들의 기술적 경제적 경쟁력 저하를 막기 위해서는 유럽공동체 차원에서 강력한 산업정책 내지는 연구개발정책의 필요성을 지적한 인물이었다.[110) 그러나 이 보고서에서 통신부문은 컴퓨터와 소프트웨어, 전자부품과 반도체에 비해 상대적으로 경쟁력을 갖춘 산업으로 간주되었다. 유럽기업이 당시 통신장비 세계시장의 약 30%를 점유하고 있었기 때문이다.[111)

이 새로운 유형의 대기업 연합이 형성된 논리는 통신산업에도 역시 적용될 수 있을 것이다. 1980년대 초반에도 여전히 국민국가의 통제로부터 완전히 자유롭지 못하던 유럽의 기업들이 미국의 AT&T처럼 범지구화 또는 경쟁의 논리를 자신의 전략으로 채택할 수준은 아니었고, 다른 한편으로 과거와 같이 국민국가 정부가 보호하는 시장에 의존하는 것은 그 기업들의 수익성에 대한 치명적 위협이 될 수 있었다. 따라서 유럽수준에서의 초국적화는 일단 유럽의 대기업들이 선택할 수 있는 해결책 가운데 가장 설득력이 있는 것이었다. 게다가, 안정적인 국제제도였던 유럽공동체를 이용하여 그 기업들이 자신의 정치적 목표를 추진할 수 있는 가능성이 높았다는 점에서 유럽공동체는 그들에게 매력적인 대상이었다.[112)

---

109) van Tulder and Junne, *op. cit.*, p.213.
110) 텔레마틱스라는 용어는 통신, 전자공학, 컴퓨터를 가리키는 합성어이다. 그러나 Davignon의 보고서가 집행위원회의 통일된 의견을 반영한 것은 아니었다. 독일출신의 대외문제 담당 집행위원이었던 W. Haferkamp는 이 산업정책이 보호주의를 고무할 우려가 있음을 지적했다고 한다.
111) *The Economist*, 1980/4/12.
112) 1980-4년의 기간 동안에는, 미국기업과 유럽기업의 전략적 제휴가 지역 간 전략적 제휴에서 가장 많은 비중을 차지했다. 1985-9년의 기간 동안에도 유럽기업과 미국기업의 전략적 제휴가 지역 간 전략적 제휴에서 30%를 차지하고 있고, 유럽지역 내부의 전략적 제휴가 지역 간 전략적 제휴에서 차지하는 비율은 26.7%였다. 수치상으로 보면 여전히 미국기업과 유럽기업의 전략적 제

단순화한다면, 이 대기업 연합은 두 가지 논리에 의해 형성되었다고 할 수 있다. 첫째, 미국 및 일본기업과 경쟁에서 유리한 위치를 점할 수 있는 공동전선의 형성이었다. 이것은 유럽공동체 수준에서의 '중상주의' 또는 확장된 국민국가주의적 정책의 추진이라고 할 수 있다. 유럽공동체 집행위원회 주도로 형성된 첨단기술 분야의 연구개발 프로그램들은 바로 이 목표를 실현하는 구체적 정책도구였다. 이것이 유럽의 대기업들 사이에 협력의 정치를 가능하게 했던 요인이었다. 둘째, 이 대기업들은 유럽적 수준에서 단일시장의 형성, 달리 표현한다면 유럽 차원의 '신자유주의적' 정책의 도입을 적극적으로 주장했다. 즉 정보기술의 연구개발비용을 분담하는 것이 협력의 내용이었다면, 이 연구개발비용을 회수하는 문제는 국민국가를 넘어서서 유럽 차원의 경쟁을 통해 해결하려 한 것이다. 특히, 후자는 유럽 차원에서 통신산업에 부과되던 각종 규제를 철폐하려는 움직임으로 나타났다. 이 과정에서 유럽공동체 집행위원회가 수행한 역할 또한 주목의 대상이 될 수밖에 없다. 특히, 두 번째 요구는 유럽의 대기업들이 단순히 기업의 특수이익이 아니라 유럽 차원의 '일반이익'을 추구할 수도 있음을 보여주는 중요한 사례이다.

5. 소결: 회원국가 통신정책 네트워크의 붕괴요인

유럽공동체 통신정책이 공식적으로 제기된 것은 1983년이었다. 통신정책 네트워크를 주도하던 국민국가의 정부들은 1970년대 이후 통신 네트워크의 개선을 위해 적극적 산업정책을 전개하면서 부분적으로 제도개혁을 수행했다. 이 산업정책의 결과, 1980년대 중반과 1990년대 초반의 시점에 유럽공

휴가 가장 큰 비중을 차지하고 있지만, 우리는 유럽지역 내부에서의 전략적 제휴가 1985년 이후로 급증하고 있음을 발견할 수 있다. 지역 간 전략적 제휴에서 유럽지역 내부의 전략적 제휴가 차지하는 비중은 1980-4년의 기간 동안 14.0%에서 26.7%로 증가한 반면, 미국기업과 유럽기업의 전략적 제휴는 30.6%에서 30.0%로 감소했다. Hagedoorn, *op. cit.*, pp.16-7.

동체 회원국가에서 전화선은 포화상태에 이르게 되었다. 또한 제도개혁으로 대부분의 회원국가에서 통신 네트워크는 공기업이나 민영화된 기업에 의해 운용되기 시작했다. 그러나 여전히 정부는 통신 네트워크의 규제와 운용을 모두 책임지고 있었다. 따라서 회원국가의 정부가 주도적으로 통신정책 네트워크의 붕괴를 주도했다고 보기는 힘들 수도 있다. 그러나 점차 회원국가의 정부들은 연구개발비의 조달에 어려움을 느끼고 있었다.

반면 통신정책 네트워크에서 정부와 기업사용자 그리고 정부와 통신장비 생산업체 사이의 관계는 1970년대 이후로 변하기 시작했다. 기업사용자들, 특히 범지구적 수준에서 활동하던 대기업들은 새로운 통신기술에 기초하여 자신들의 독자적 통신 네트워크를 구축하기 시작했다. 이들에게 정부의 규제장벽은 자유로운 기업활동을 저해하는 요인으로 인식되었다. 특히 미국의 통신관련 대기업들이 유럽에 진출하면서 유럽의 국민국가별 규제구조를 둘러싸고 심각한 갈등이 야기되었다. 이 과정에서 유럽공동체는 이 갈등을 중재하고 더 나아가 유럽 차원의 규제구조 건설에 대한 명분을 획득할 수 있었다.

1970년대 이후로 교환 시스템을 생산할 수 있던 주요 회원국가들에서는 디지털 교환 시스템의 개발을 위한 노력이 진행되었다. 통신장비 생산업체들은 이 시장이 범지구화되고 있는 현실을 인식하면서도 정부가 최대의 구매자라는 사실 때문에 자국 정부에 의존하는 '정치적 기회주의자'의 모습을 보일 수밖에 없었다. 또한 기존의 통신 네트워크에 장착되어 있던 기계식 교환 장치 및 아날로그 교환장치를 유지·보수하는 것이 단기적으로 더 많은 이익을 제공할 수 있었기 때문에, 디지털 기술의 개발이 지체되기도 했다. 디지털 기술의 개발과정에서는 정부가 적극적으로 산업을 지원했던 프랑스에서 가장 뚜렷한 가시적 성과가 나타났다. 그리하여 프랑스의 Alcatel은 세계 최대의 통신장비 생산기업으로 부상했다. 새로운 통신기술의 개발에 많은 연구개발비용이 필요하고, 이 제품의 판매를 위해 보다 넓은 시장이 필요하다는 인식이 확산되면서, 점차적으로 통신장비 생산기업들은 위험회피 전략으로 '협력'의 필요성을 느끼게 되었고, 회원국가의 정부들은 교환장비의 조달에 '경쟁'을 도입하기 시작했다. 그리하여 대부분의 회원국가에서 통신장비 시장에 과점체제가 형성되었고, 다른 한편으로 유럽 차원의 협력과 경쟁이 필요하다는 인식이 확산되기 시작했다.

통신장비 시장을 둘러싼 경쟁이 격화되면서 유럽의 대기업들은 새로운 전략적 선택으로 기업 간 협력을 강화하기 시작했다. 특히, 약한 기업을 인수하거나 식민화하는 기업 간 협력이 아니라 대기업들 사이에 보완성에 기초한 전략적 제휴가 급증했다. 유럽의 대기업들은 미국이나 일본기업과의 전략적 제휴를 추진하면서도, 유럽 차원에서의 협력에 깊은 관심을 갖고 있었다. 유럽 대기업들은 협력을 통해 미국 및 일본기업에 대항할 수 있는 공동전선을 형성하기를 원했고, 더 나아가 유럽시장의 분절화를 극복할 수 있는 단일유럽시장 정책을 의제로 상정했다. 이 과정에서 유럽의 대기업들은 국민국가 정부들보다 단일한 대화창구로서 유럽공동체 집행위원회에 주목하게 되었다.

이상에서 볼 수 있는 것처럼, 회원국가 통신정책 네트워크의 붕괴는 기업사용자 그리고 통신장비 생산기업의 선호변화로부터 그 원인을 찾을 수 있다. 기업사용자들은 국민국가의 규제정책이 자신들의 이익을 침해하는 것에 반대했고, 통신장비 생산기업들은 더 넓은 시장을 원했다. 이들의 요구는 통신 분야에서 '신자유주의' 정책이 도입될 수 있는 기반이었다. 이 기업사용자와 통신장비 생산기업의 이탈은 유럽공동체 회원국가에서 보편적으로 나타난 현상이었다. 각 국가들에서 제도개혁 – 자유화, 민영화, 탈독점화 – 의 경로는 상이했지만, 통신정책 네트워크의 구성원 가운데 노동조합, 좌익 정당, 전통적 장비공급업자, 그리고 PTTs는 이 정책 네트워크를 유지하기를 원했고 기업사용자, 통신장비 생산기업, 우익 정당, 유럽공동체와 외국 정부 – 특히 미국정부 – 들은 이 정책 네트워크를 해체하기를 원했다.113) 이 주요 행위자들 사이의 대립에서 기업사용자와 통신장비 생산기업의 권력이 강화되고, 이들 기업들 사이에 경쟁과 협력이 공존하게 되면서 유럽공동체 통신정책의 필요조건이 형성되었다.

---

113) K. Morgan and D. Webber, "Divergent Paths: Political Strategies for Telecommunications in Britain, France and the Federal Republic of Germany", *West European Politics*, Vol. 9, No.4(1986), pp.75-6.

회원국가 통신정책 네트워크 구성원들의 행태변화에서 나타나고 있는 시간적 불일치 현상은 이후 유럽공동체 통신정책의 발전과정에서도 매우 분명하게 표현되고 있다. 일반적으로 유럽공동체 집행위원회가 작성한 1983년 '행동 프로그램'과 1987년 『녹서』가 유럽공동체 통신정책의 기초를 마련한 문건이라는 사실에는 대부분의 연구자들이 동의하고 있다. 그러나 두 제안은 미묘한 차이를 보이고 있다. 전자에서 유럽 차원의 산업정책이 주요 관심사항이었다면, 후자의 문건에서는 통신 서비스 및 장비시장의 자유화가 중요한 의제였다. 이것은 1980년대 중반까지도 유럽공동체 회원국가가 통신 네트워크의 발전을 위한 산업정책을 추진하고 있었다는 사실과 밀접히 연관되어 있다. 즉, 대기업들의 전략적 선택이 변하면서 유럽공동체 통신정책이 공식적 의제로 상정되었지만, 유럽 차원의 '신자유주의적' 통신정책이 본격적으로 구체화된 것은, 회원국가들에서 PTTs의 역사적 임무가 종료되고 난 이후라고 할 수 있다. 이 내용은 다음 장에서 구체적으로 분석될 것이다.

제6장 유럽연합 통신정책의 정치과정: 초국가적 정책 네트워크의 형성

1. 서 론

이 장에서는 유럽연합 통신정책의 형성을 둘러싸고 전개된 다양한 행위자들 사이의 상호작용에 초점을 맞춘다. 특히, 유럽연합 집행위원회, 유럽의회, 통신관련 대기업들의 연합, 유럽수준의 이익집단, 유럽 엘리뜨, 그리고 회원국가의 관료 및 정치가 등으로 구성된 초국가적 정책 네트워크의 활동에 주목한다. 이 새로운 행위자들의 출현이 곧 새로운 정책의 형성을 의미하지는 않는다. 새로운 행위자들의 등장이 새로운 정책의 형성으로 연결되기 위해서는 이 행위자들을 접합시키는 정책 네트워크가 존재해야 하기 때문이다. 본 연구에서는 유럽수준에서 형성된 초국가적 통신정책의 네트워크가 유럽연합 통신정책을 생산한 충분조건이었다고 주장할 것이다. 이 초국가적 정책 네트워크의 구성원은 각 단계별로 상이하고, 이전에 국민국가 수준에서 형성되었던 통신정책 공동체보다는 통합력의 측면에서 약화된 형태를 띠고 있다.

유럽연합 통신정책의 등장은 회원국가의 통신정책의 근본적 변형을 의미하는 통신정책의 '유럽화'로 규정될 수 있다. 이 유럽화는 두 가지 의미를 담고 있다. 첫째, 이 유럽화 현상은 유럽연합의 제도가 국민국가의 통신정책 결정과정에 영향을 미치는 주요한 변수가 되었음을 의미한다. 둘째, 이 유럽화 현상은 유럽연합 제도가 일부 통신정책의 영역에서 자율적 권력을 행사할 수 있음을 의미한다.

우선, 유럽연합 통신정책이 단일한 형태가 아니었음에 주목한다. 유럽연합 통신정책은 단계별로 그 형태와 내용이 변화되어 왔다. 유럽연합이 최초로 구체적 통신정책을 제시한 것은 1983년 집행위원회가 각료회의에 보낸 『통신』(Telecommunications)이라는 보고서에서였다.[1] 이 보고서에서 통신부문의 자유화가 언급되고 있기는 하지만, 국민국가 산업정책의 연장 선상에서 유럽 차원의 공동 연구개발정책과 같은 중상주의적 통신정책에 강조점을 두고 있었다.

유럽연합 통신정책의 두 번째 단계는, 1987년 유럽연합 집행위원회가 공개적 토론문건으로 『통신 서비스 및 통신장비 공동시장의 발전에 관한 녹서』의 발행을 전후로 한 시기이다.[2] 이 토론문건의 발행을 전후로 유럽연합 통신정책에서는 '신자유주의적' 사상이 중상주의적 사상에 우위를 점하게 되었고, 유럽수준의 초국가적 정책 네트워크도 완전한 형태로 기능하게 되었다.

유럽연합 통신정책의 세 번째 단계는 1992년 『통신 서비스 부문의 상황에 대한 리뷰』와 이 개괄적 검토에 대한 다양한 이익집단의 의견을 취합한 『보고서』의 발간을 전후로 한 시기이다.[3] 이 세 번째 단계에서는 '신자유주의적' 통신정책에 대한 완전한 합의가 이루어졌다. 그리고 통신 관련 대기업들의 개별행동이 나타나기 시작했다.

이 시기구분에 따라 각 단계별 핵심적 행위자들 및 그들과 연결된 주요 사상 그리고 그 행위자들이 생산한 주요 정책을 정리하면 〈표 6-1〉과 같다.

우선, 각 단계별로 나타나는 정치과정을 집행위원회와 각료회의가 간행한 문헌을 중심으로 연대기 순으로 살펴본다. 정책의 구체적 내용 및 실행과정은 다음 장에서 분석될 것이다. 연대기에서는 각 단계별로 다양한 행위자들의 상호작용을 고찰한다. 그리고 이 상호작용의 과정에서 등장한 정

---

1) Commission of the European Communities(이하에서 CEC로 표기), *Telecommunications*(Communications from the Commission to the Council), COM(83) 329 final(Brussels: CEC, 1983).
2) CEC, *Green Paper on the Development of the Common Market for Telecommunications Services and Equipment*, COM(87) 290 final(Brussels: CEC, 1987).
3) CEC, *1992 Review of the Situation in the Telecommunications Sector*, SEC(92) 1048(Brussels: CEC, 1992); CEC, *Communications to the Council and European Parliament on the Consultation on the Review of the Situation in the Telecommunications Sector*, COM(93) 159 final(Brussels: CEC, 1993).

치적 쟁점-로마조약 90조를 둘러싼 정치 및 집행위원회 내부의 갈등-을 분석한다. 마지막으로 유럽연합 통신정책의 발전과정에서 나타난 독특한 특징-초국가적 정책 네트워크의 형성 및 점진적 자유화 정책의 선택-을 정리하고, 유럽연합 통신정책 결정과정에서 주기적으로 반복되고 있는 자문과정을 유럽적 수준에서의 '엘리뜨 다원주의' 사례로 평가한다.

〈표 6-1〉 유럽연합 통신정책의 시기구분

	주요 행위자	주요 사상	주요 정책
1단계(1980년대 초-1987년)	회원국가의 관료 및 정치가 CEPT, 통신 대기업의 연합 유럽공동체 집행위원회	국민국가주의 국민국가주의의 유럽화로서 중상주의	유럽 차원의 연구개발정책 (RACE) 통신장비 시장의 부분적 자유화
2단계(1987년-1991년)	통신 대기업의 연합 유럽공동체 집행위원회 유럽수준의 이익집단 회원국가의 관료 및 정치가	신자유주의와 중상주의의 공존	통신장비 시장의 자유화 통신 서비스의 자유화 준비 유럽통신표준연구소의 설립
3단계(1992년-)	통신 대기업 유럽수준의 이익집단 유럽공동체 집행위원회 회원국가의 관료 및 정치가	신자유주의의 유럽화	통신 서비스의 자유화 유럽 차원에서 보편적 서비스의 제공을 모색

2. 유럽 차원의 중상주의적 통신정책: 부분적 자유화 및 RACE의 정치

2-1. 유럽연합 연구개발정책의 정치: 유럽 대기업의 '정치적' 집합행동

유럽연합 연구개발정책은 ESPRIT(European Strategic Programme for Research and Development in Information Technology)로부터 시작되었다. ESPRIT는, 유럽연합 집행위원회의 발의로 1983년 개념정립을 위한 시험단

계를 거쳐 1992년까지 2단계가 진행된 연구개발정책으로, 단일유럽시장의 창출에 지대한 영향을 미쳤을 뿐만 아니라 이후 다양한 연구개발정책의 형성에 촉매제 역할을 수행한 분수령적 프로그램이다. 따라서 유럽연합 연구개발정책은 유럽통합을 위한 '엔진'으로 평가되기도 한다.[4] 〈표 6-2〉는 1990년대 중반까지 시행된 유럽연합의 주요 연구개발정책의 사례들이다.

〈표 6-2〉 유럽연합의 연구개발정책

	기 간	예산 (백만 ECU)	내 용
ESPRIT	1단계 1984-87 2단계 1988-92	800 1,530	정보기술 연구개발정책
RACE	정의단계 1985-87 핵심프로그램 1988-92	21 460	Research and Development Program in Advanced Communication Techniques in Europe. 첨단 통신기술
BRITE/ EURAM	BRITE 1 1985-88		Basic Research in Industrial Technologies for Europe. 전통적 산업영역(엔지니어링, 화학, 섬유, 금속 등)을 선진기술로 생산방법을 현대화.
	EURAM 1 1986-88	100	European Research in Advanced Materials. 첨단 소재 개발정책.
	BRITE/EURAM 1988-92	450	Biotechnology Action Programme. 생명공학 기술의 개발.
BAP	1985-89	75	
BRIDGE	1989-93	100	Biotechnology Research for Innovation, Development and Growth in Europe. 생명공학 기술의 개발.
ECLAIR	1989-94	80	European Collaborative Linkage of Agriculture and Industry through Research. 생명공학의 응용을 통한 농업의 효율성 제고.
FLAIR	1989-94	25	Food-Linked Agroindustrial Research Programme. 식품과학.
	1단계 1987-89	30	
COMETT	2단계 1990-92	30	Community Action Programme in Education and Training for Technology. 기술교육과 훈련.

일반적으로 정보기술을 포함한 첨단산업 분야의 산업정책이나 연구개발

---

4) R. Williams, "The European Community's Technology Policy as an Engine for Integration", *Government & Opposition*, Vol. 24, No.2(1989).

정책은 국민국가 정부나 국민국가를 대표하는 기업의 배타적 영역으로 인식되었다. 앞 장에서 살펴본 것처럼, 1970년대 말 이후로 정보기술 분야에서 기업 간 제휴의 사례들이 많이 발견되고 있기는 하지만, 국민국가 정부가 초국가적 수준에서의 산업정책을 공식적으로 추인한 사례는 발견하기 힘들다. 정보기술이 국민경제에 미치는 파급효과가 크고, 또한 이 기술이 군사무기의 개발과 밀접히 연관되어 있기 때문이다. 따라서 '국가이익'과 직결될 수 있는 정보기술 분야의 공동 연구개발정책은 기존의 국가관념과 국가 간 관계를 근본적으로 변형할 수 있는 국제협력의 새로운 실험이라고 할 수 있다.

따라서 최초의 연구개발정책인 ESPRIT의 정치과정에 대한 고찰은, 유럽연합의 연구개발정책 또는 유럽연합의 공식용어로는 '프레임웍 프로그램'(Framework programme)의 정치과정의 연구에 유용할 틀을 제공할 수 있다. 즉, ESPRIT 계획은 통신부문의 연구개발정책인 RACE 프로그램의 모태라고 할 수 있다.

2-1-1. 집행위원회와 대기업의 관계

1979년 벨기에 출신의 E. Davignon이 산업담당 집행위원으로 취임하게 되면서 정보기술 분야에서 유럽연합 연구개발정책 구상이 구체화되기 시작했다. 그는 집행위원회 내부에 기존의 어느 부서에도 소속되지 않는 소규모 정보기술 관련 특별집단을 운영하기 시작했고, 동시에 정보기술 관련 유럽의 대기업들을 정책결정과정에 참여시키기 시작했다. 그는 1979년 11월 더블린 정상회담에 유럽 차원의 정보기술 발전 계획안을 제출했다. 그 계획안은 유럽연합 차원에서 텔레마틱스(telematics)의 발전을 위한 정책을 담고 있었다. 그 내용은 다음과 같다:

(1) 유럽공동체 안에서 혁신에 대한 저항을 없앨 것;
(2) 공동표준에 기초한 통신과 데이터 처리를 위한 유럽시장을 창출할 것;
(3) 기본적인 극소전자공학 기술을 발전시킬 것;
(4) 세계시장에서 경쟁력을 갖는 데이터 은행을 창출할 것;

(5) 유럽공동체 기구와 국민국가의 정부를 연결하는 통신 네트워크를 만들 것;

(6) 우주 및 통신관련 국제기구에서 공동입장을 발전시킬 것.[5]

E. Davignon은 이 계획안을 실현하기 위해 우선적으로 유럽의 정보기술 관련 기업들의 최고 책임자들을 동원했다. 독일의 Siemens, Nixdorf, AEG, 프랑스의 CGE, Thompson, Bull, 영국의 GEC, Plessey, STC-ICL, 이탈리아의 Olivetti, Stet, 그리고 네덜란드의 Phillips의 최고 책임자들은 E. Davignon의 주도로 원탁회의 모임을 결성했다. 그가 제시한 목표가 유럽기업들이 미국이나 일본의 기업을 능가할 수 있는 경쟁력을 갖는 것이었기 때문에, 대기업들을 설득하는 것은 어렵지 않은 일이었다고 할 수 있다. 사실, ESPRIT 계획은 미국 및 일본기업과의 경쟁에서 뒤처져 있던 유럽 기업들의 이익과도 부합하는 것이었다.

1982년 유럽연합 집행위원회는 ESPRIT의 계획안을 각료회의에 제출했다.[6] 이 ESPRIT의 정책목표는, 유럽 내부의 산업 간 협력의 증진, 유럽산업의 경쟁력을 유지할 수 있게 하는 기본기술의 제공, 그리고 유럽적 규범과 기준을 발전시키는 것이었다. 구체적으로 ESPRIT는 선진 극소전자공학, 소프트웨어(software), 선진 정보처리, 사무자동화 그리고 산업을 위한 통합 컴퓨팅 생산 시스템 개발 등의 다섯 분야로 나뉘어져 있었다.

이 제안 이후 1982년 ESPRIT의 개념정립을 위한 시험단계가 각료회의에 상정되었으나, 그 결정이 지연되었다.[7] 그러자 1983년, 원탁회의는 유럽연합 집행위원회에 당시 국민국가 수준에서 실행되고 있는 연구개발 프로그램이 장기적으로 유럽의 지위를 보호하기에 충분하지 않기 때문에 유럽 차원에서 정보기술 분야의 경쟁력을 제고할 수 있는 방안이 모색되어야 한

---

5) W. Sandholtz, *High-Tech Europe: The Politics of International Cooperation-* (Berkely: University of California Press, 1992), p.162.

6) CEC, *Towards a European Strategic Programme for Research and Development in Information Technologies,* COM(82) 486 fin 2(Brussels: CEC, 1982).

7) CEC, *Communication from the Commission to the Council: on Laying the Foundations for a European Strategic Programme of Research and Development in Information Technologies: The Pilot Phrase,* COM(82) 486 fin 2(Brussels: CEC, 1982).

다는 취지의 편지를 보냈다.[8] ESPRIT 계획이 각료회의를 통과한 것은 1983년 7월이었다.

1983년에는 유럽연합의 연구개발정책 및 유럽연합 집행위원회 – 회원국가의 정부 – 대기업 관계에 지대한 영향을 미친 두 가지 사건이 발생했다. 첫째, 당시 유럽연합 회원국가가 아니었던 국가들의 대기업의 최고 책임자들을 포함하는 '이익집단'으로 '유럽산업가의 원탁회의'(European Round Table of Industrialists, 이하에서는 ERT로 표기)가 조직되었다.[9] 이 ERT는 스웨덴의 자동차 생산기업인 Volvo의 최고 책임자인 P. Gyllenhammar에 의해 주도되었다. P. Gyllenhammar는 1982년 정보기술 기업의 원탁회의 모임을 주도했던 E. Davignon과 수차례의 만남을 통해 ERT의 구성원들을 확정했다(〈표 6-3〉 참조). 이 ERT의 구성원들은 집행위원회와 Volvo의 참모들에 의해 구성되었다고 한다.[10]

이 ERT는, 단순히 소속 기업들의 선택적(selective) 이익이 아니라 유럽 차원에서 이 집단에 소속되지 않은 기업들에게도 혜택을 제공할 수 있는 집합적(collective) 이익을 추구했다. 해당 기업의 최고 책임자들은 유럽 차원에서의 '정치적 행동'을 위한 사상을 조직하고 토론하는 포럼(forum)으로 ERT를 생각했고, 다른 한편으로 집행위원회의 관료들은 대부분 국민국가를 대표하는 이 기업들이 유럽연합의 정책을 회원국가에서 관철시키는 과정에서 강력한 영향력을 행사해 주기를 기대했다.[11]

이 ERT를 구성했던 기업들이 유럽 차원의 연구개발정책 및 기업 간 협력에 적극적으로 참여했음은 물론이다. Phillips, Olivetti, Volvo 등의 10개 기업이 암스테르담에 기반을 둔 벤쳐자본 회사인 Euroeventure를 결성했고, 원탁회의에 참여한 Phillips, Siemens, STET 등 8개 정보기술 기업은

---

8) CEC, *Proposal for a Council Decision Adopting the First European Strategic Programme for Research and Development in Information Technologies(ESPRIT)*, COM(83) 258 final(Brussels: CEC, 1983).
9) 이 ERT와 1970년대 말에 구성된 원탁회의는 동일한 조직이 아니다.
10) M. G. Cowles, "Setting the Agenda for a New Europe: The ERT and EC 1992", *Journal of Common Market Studies*, Vol. 33, No.4(1995), p.504.
11) R. van Tulder and G. Junne, *European Multinationals in Core Technologies*(Chichester: John Wiley & Sons, 1988), pp.214-5.

334

1985년 유럽 차원에서 표준을 설정하고 국제표준기구에서 단일의 목소리를 낼 수 있는 기구로 SPAG(Standard Promotion and Application Group)을 결성하면서, 유럽 차원의 기업 간 협력은 더욱 촉진되었다.[12]

〈표 6-3〉 ERT의 구성원들의 소속 기업[13]

1983년 4월(17개 기업)	1987년 7월(29개 기업)
Fiat(이탈리아), Olivetti(이탈리아), Unilever(영국), ICI(영국), Shell(영국), Volvo(스웨덴), ASEA(스웨덴), Nestlé(스위스), Ciba-Geigy(스위스), BSN(프랑스), St.Gobain(프랑스), Renault(프랑스), Lafarge Coppée(프랑스), Thyssen AG(독일), Bosch(독일), Siemens(독일), Phillips(네덜란드)	Volvo, Fiat, Phillips, Norsk Hydro, Olivetti, St. Gobain, Plessey, Sibeka(벨기에), Nokia(핀란드), Siemens, Nestlé(스위스), Bosch, ASEA, Pilikington(영국), ANOVA(스위스), Telefonica(스페인), Thyssen(독일), De Forenede Bryggerier(덴마크), Constantina Industrieverwaltungs GmbH(오스트리아), Pirrelli, Daimler-Benz(독일), Ferruzi, Thompson, Waterford Glas, Furnas Electronicsa de Cataluna, Lyonnaise des Eaux, BAT Industries

자료: 1983년은, M. G. Cowles, "Setting the Agenda for a New Europe", *Journal of Common Market Studies*, Vol. 33, No.4(1995), p.504; 1987년은, R. van Tulder and G. Junne, European *Multinationals in Core Technologies*(Chichester: John Wiley & Sons, 1988), p.214.

둘째, 1983년에는 E. Davignon이 주관하던 소규모 정보기술집단이 '정보

---

12) *Ibid.*, pp.215-6.
13) ERT 구성원은 시간이 지남에 따라 점차 증가했다. 1993년에는 45개의 기업대표들이 참여했다: Norsk Hydro(노르웨이), Fiat(이탈리아), Amorim(포르투갈), Trafalgar House(영국), St. Gabin(프랑스), R.obert Bosch(독일), Groupe Bolloré(프랑스), Sofina(벨기에), Lafarge Coppée(프랑스), Petrofina(벨기에), Fried. Krupp(독일), Sté Générale de Belg(벨기에), Olivetti(이탈리아), Kymmene Corp(핀란드), Ferruzi(이탈리아), Iberdrola(스페인), Hoffman-La Roche(스위스), Volvo(스웨덴), ICI(영국), Hoechst(독일), Solvay(벨기에), Thyssen(독일), Gevaert(벨기에), CEPSA(스페인), Unilever(네덜란드), Nestlé(스위스), AP Møller(덴마크), Lyonnaise des Eaux(프랑스), Statoil(노르웨이), Titan Cement(그리스), Siemens(독일), Pilkington(영국), Diamler-Benz(독일), BSN(프랑스), GPA(아일랜드), Anova AG(스위스), Austrian Industries(오스트리아), BAT Industries(영국), British Petroleum(영국), Carlsberg(독일), Total(프랑스), Phillips(네덜란드), Pirelli(이탈리아), Telefonica(스페인), Shell(네덜란드/영국). *The Ecologist*, July/August 1994.

기술 특별조사단'(Information Technology Task Force, 이하에서 ITTF로 표기)으로 전환되었다. 이 조사단은 정보기술 및 ESPRIT를 담당하는 부서와 통신을 담당하는 부서로 나뉘어져 있었다. 이 ITTF의 활동은 원탁회의 집단에 의해 강력하게 지지되었다. 극단적으로 표현한다면, 정보기술 분야에 대한 전문적 지식을 결여하고 있던 ITTF는 새로운 연구개발정책을 구체화하기 위해서는 이 대기업 집단에 의존할 수밖에 없었다. 이 대기업 집단은 ESPRIT 계획의 수립을 위한 운영위원회를 창설했고, 이 위원회 산하에 5개의 전문가 패널(panel)이 구성되었다. 이 패널에는 12개 기업으로부터 파견된 약 100명 정도의 전문가들이 유럽 차원의 연구개발 프로그램을 만들기 위해 노력했다. 1986년 ITTF는 '정보시장과 혁신'을 담당하던 기존의 DG XIII과 통합되면서 '통신, 정보산업 및 혁신'을 담당하는 DG XIII으로 승격되었다.

따라서 ESPRIT의 결정과정에서 유럽연합 집행위원회와 유럽 대기업들이 참여한 초국가적 정책 네트워크가 중요한 역할을 했다고 추론할 수 있다. 상징적 사례이기는 하지만, 산업담당 집행위원이면서 대기업 집단을 조직하는 과정에서 중요한 역할을 했던 E. Davignon이 집행위원직을 사임한 후, 벨기에 금융기업인 Sibeka의 최고 책임자가 된 이후 ERT의 구성원이 되었다는 사실에 주목할 필요가 있다.[14] 즉, 유럽연합 집행위원회와 유럽 대기업은 정책결정에 필요한 자원의 측면에서 상호의존했을 뿐만 아니라 그 구성원들은 강력한 네트워크를 형성하고 있었다. 전자가 유럽 차원의 협력을 제기하고 그것을 관련 행위자들에게 전파하는 역할을 수행했다면, 후자는 이 계획의 구체적 내용을 입안하고 이 계획의 최종 결정자인 회원국가의 정부를 설득하는 역할을 수행했다. 따라서 유럽연합 집행위원회가 ESPRIT를 주도했다는 신자유주의적 국제관계이론가의 평가는, 정책결정과정의 한쪽 측면만을 강조하고 있는 것이다.[15]

항상 유럽연합 집행위원회의 권력이 강해지는 것에 의혹의 눈초리를 보

---

14) G. Merritt, "Knights of the Roundtable: Can They Move Europe Forward Fast Enough?", *International Management*, July(1986), pp.22-6.
15) 대표적으로, W. Sandholtz, "ESPRIT and the Politics of International Collective Action", *Journal of Common Market Studies*, Vol. XXX, No.1(1992)를 참조.

336

내는 영국 상원(House of Lords)에서의 발언이기는 하지만, 원탁회의에 참여한 영국기업인 GEC의 기술이사는 유럽연합 집행위원회, 특히 ITTF와 이 원탁회의 기업들 사이의 관계를 아주 분명하게 묘사하고 있다:

> …… (ESPRIT 계획은) 브뤼셀 관료들에 의해 고안되거나 그들이 우리에게 강요한 프로그램이 아니다 …… 그것은 우리의 프로그램이다.[16]

또 다른 영국기업인 STC-ICL의 최고 책임자의 발언도 주목할 만하다:

> 우리는 국민국가의 정부와 유럽공동체 집행위원회가 산업체와의 협조를 통해 범유럽적 정책을 발전시킴으로써 우리의 지도를 따를 것을 기대한다.[17]

이 두 진술이 과장되어 있을 수 있지만, 집행위원회는 전문적 기술 분야의 지식을 획득하기 위해서는 이 대기업들에게 의존할 수밖에 없었을 것이다. 1986년을 기준으로, 〈표 6-4〉에서 볼 수 있는 것처럼, 최초 원탁회의에 참여했던 12개 기업은 50% 이상의 ESPRIT 프로젝트에 참여했고, 그 예산의 50% 이상을 소비했다.

그러나 유럽연합의 연구개발정책이 유럽 대기업의 이익에 절대적으로 종속되어 있었던 것은 아니다. ESPRIT를 비롯한 유럽연합 연구개발정책은 기본적으로 기업 간 협력을 증진하기 위해 고안된 것이다. 따라서 독특한 원칙이 유럽연합 연구개발정책에 적용되고 있다. 첫째, 2개 이상의 회원국가에 근거를 두고 있는 기업들이 협력을 수행해야 한다. 둘째, 예산의 50%는 기업에서 충당되어야 한다. 셋째, 유럽연합 집행위원회가 연구영역과 우선 분야를 획정하지만, 실제 연구 프로젝트는 참여자들에 의해 선택된다. 넷째, 각 프로젝트는 엄격한 시간표를 준수해야 하고, 프로젝트 진행과정은 프로그램 관리체계에 의해 감독된다.

---

16) van Tulder and Junne, *op. cit.*, p.214.
17) L. Cram, *Policy-Making in the EU: Conceptual Lenses and the Integration Process*(London: Routledge, 1997), p.81.

〈표 6-4〉 12개 기업의 ESPRIT 참여 정도(1986년)

기 업	참여 프로젝트	ESPRIT예산에서의 비율
Thompson	37	6.9
Phillips	34	5.9
Siemens	27	5.9
STET	36	5.0
Bull	38	5.0
GEC	45	4.8
STC/ICL	33	4.3
Olivetti	29	3.8
CGE	27	3.5
AEG	25	2.3
Nixdorf	13	1.8
Plessey	15	1.5
계	165	50.7

자료: M. Hobday, "The European Electronics Industry", in D. Dyker(ed.), *The European Economy*(Essex: Longman Group, 1992), p.285.

이 독특한 구조로 인해 유럽연합 집행위원회는 일정하게 정책집행의 자율성을 가질 수 있게 되었다. ESPRIT 1단계에는 227개의 프로젝트와 총 3,000여명의 연구자, 그리고 240여개의 기업들이 참여했다. 2단계인 1992년에 이르면, 총 561개의 프로젝트에 800여개의 기업이 참여하는 프로그램으로 확대되었다. 이 확대가 유럽연합 집행위원회의 의도에서 비롯된 것이든 아니면 이 연구개발정책의 침투확산의 효과이든, 또는 두 요인의 결합으로 평가될지라도, 중요한 것은 유럽연합 집행위원회가 정책결정과정에서 접촉할 수 있는 행위자 수가 확대됨으로써, 유럽연합 집행위원회의 대기업에 대한 의존성이 줄어들 수 있었다는 점이다. 유럽연합 집행위원회가 '중소기업'으로 눈길을 돌리게 된 것도 대기업 의존성을 탈피하고 보다 많은 기업으로부터 지지를 얻기 위한 시도로 평가될 수 있다.[18]

---

18) J. Peterson, "The European Technology Community", in D. Marsh and R. Rhodes(eds.), *Policy Networks in British Government*(Oxford: Oxford University Press, 1992), p.238.

ESPRIT에의 참여는 세 가지 형태로 이루어졌다. 첫째, 원탁회의 12개 기업만이 참여하거나 또는 12개 기업이 연구소 및 대학과 제휴하는 형태이다. 둘째, 12개 기업과 다른 기업과의 제휴이다. 셋째, 12개 기업 이외의 기업 간 제휴나 또는 대학 및 연구소와의 연계이다. 초기에는 첫 번째 형태의 제휴가 지배적이었으나, 시간이 지남에 따라 두 번째 형태의 제휴가 증가했다. 이는 12개 기업 이외의 Volvo, Peugeot, BMW, Volkswagen, British Aerospace 등과 같은 대기업들과 중소기업들이 적극적으로 ESPRIT에 참여하게 되었기 때문이다.[19] 특히 이 ERT 구성원들은 정보기술의 '사용자'로서 ESPRIT에 적극적으로 참여하였다. 그러나 〈표 6-4〉에서 볼 수 있는 것처럼, 원탁회의 12개 기업의 참여가 지배적이었음은 부인할 수 없다. 또한, 두 번째 형태의 참여가 증대했다는 것이, ESPRIT를 매개로 유럽 차원의 생산물 규준, 생산물의 호환성 증대, 유럽 차원의 표준설정 등의 작업이 이루어질 수 있음을 의미한다고 할 때, 12개 대기업에게도 다른 참여자의 증대가 손실로 계산될 수는 없었을 것이다.

또한 ESPRIT에서 연구개발되는 기술들의 상업적 응용이 5년에서 10년 이후에나 가능한 '전경쟁적'(pre-competitive) 연구에 집중되었다는 사실에 주목할 필요가 있다.[20] 만약 12개 기업들이 공동 연구개발정책을 통해 수

---

19) L. Mytelka and M. Delapierre, "The Alliance Strategies of European Firms in the Information Technology Industry and the Role of ESPRIT", *Journal of Common Market Studies*, Vol. XXVI, No.2(1987).

20) 유럽공동체 틀 내에서 형성된 공동 연구개발정책이 전경쟁적이었지만, 유럽공동체 틀 외부에서의 유럽기업들의 협력은 경쟁적 분야에서도 이루어졌다. 1985년 프랑스정부의 주도하에 미국의 '전략방위계획'(Strategic Defense Initiative, SDI)에 대항하기 위해 계획된 EUREKA(European multinational R&D effort in artificial intelligence, robotics, supercomputers, advanced microelectronics, new materials, optoelectronics, and high powered lasers) 프로그램이다. EUREKA는 ESPRIT보다 기업 간 협력을 강조하고, 어떠한 중앙집중적인 예산계획도 없다. 그리고 참여국가들도 유럽공동체 회원국가로 제한되지 않는다. EUREKA 프로그램에 유럽공동체 집행위원회는 국민국가의 정부와 동등한 자격으로 참여하고 있을 뿐이다. 영국이 EUREKA에 적극적으로 호응한 이유도 유럽공동체 집행위원회와 같은 초국가적 기구가 주도하는 프로그램이 아니었기 때문이다. ESPRIT와 EUREKA를 상호보완적 프로그램으로 인식하고 있는 연구로는, M. Sharp, "The Single European Market and European Policies for

익성의 제고와 시장점유율의 확대를 추진했다면, 12개 기업들은 전 경쟁적 분야에 치중된 연구개발정책에 반대했을 것이다. 그러나 기업들의 시장 지향적 연구개발정책에 대한 요구에도 불구하고 유럽연합 집행위원회는, 시장지향적 연구개발정책이 공동체 내부에서의 경쟁에 대한 위협이 될 것이라고 생각했다.[21] 그러나 이 전경쟁적 공동 연구개발정책이 시장 내에서의 권력관계를 더욱 왜곡할 가능성이 없었던 것은 아니다. 1984년 말 유럽연합 집행위원회는 유럽법 가운데 가장 구속력이 강한 '법규'(418/85)의 형태로 특정한 공동 연구개발을 유럽연합의 반트러스트(anti-trust) 경쟁규칙으로부터 면제하기로 결정했다.[22] 이 법규는 연구개발이 규정된 프로그램 내에서 수행될 때만 면제규칙을 적용하기로 했다는 점에서 유럽연합의 경쟁정책을 위반했다고 보기는 힘들지만, 일정하게 공동 연구개발정책에 참여하는 대기업들에게 혜택을 주는 조치라고 할 수 있다.

이상에서 볼 수 있는 것처럼, 유럽연합 집행위원회와 12개 기업의 관계는 상호의존적이면서도 동시에 경쟁적인 측면을 지니고 있었다. 집행위원회를 12개 기업에 전적으로 종속된 도구로 이해할 수는 없지만, 사실 집행위원회의 '정책자율성'은 개별 기업에게 혜택을 주기보다는 유럽 정보기술산업일반의 경쟁력 제고를 위한 방안을 마련하는 과정에서 비롯된 것이라고 할 수 있다. 따라서 의제설정의 단계를 지나 정책이 구체적으로 결정되고 실행되는 단계에 이르면, 집행위원회가 원탁회의 구성원들인 12개 기업들의 선택적 이익을 위해 정보기술 분야에 개입하기 시작했다는 평가를 내리기는 어렵다. 즉 초기에는 정보기술 관련 기업을 중심으로 한 정책 네트워크가 정책결정과정에서 주도적 역할을 수행했지만, 시간이 지남에 따라 이 네트워크의 통합력은 점점 약해졌고, 이 네트워크에 참여하는 행위자의 숫자가 증가했다.

Advanced Technologies", in C. Crouch and D. Marquand(eds.), *The Politics of 1992*(London: Basil Blackwell, 1990)를 참조. EUREKA의 정치에 대한 뛰어난 연구성과로는, J. Peterson, *High Technology and the Competition State*(London: Routledge, 1993)을 참조.

21) Cram, *op. cit.*, p.82.

22) Sandholtz, *High-Tech Europe*, p.168.

2-1-2. 회원국가 정부의 선택

이제 ESPRIT의 또 다른 주요 행위자인 회원국가의 정부들이 이 새로운 형태의 국제협력에 어떻게 반응했는가를 살펴보자. ESPRIT를 국가 간 협력으로 규정할 수 있는 근거는, ESPRIT 예산의 절반이 유럽연합에 의해 지원되었기 때문이다. 유럽연합의 예산이 회원국가의 부담이라는 점을 상기할 때, ESPRIT는 회원국가의 정부가 동의하지 않았다면, 불가능한 일이었을 것이다. 더구나 공동 연구개발정책은 로마조약에 그 법적 근거가 마련되어 있지 않았다. 따라서 형식적으로 회원국가의 어느 정부라도 이 제안에 반대한다면, 유럽연합 집행위원회의 공동 연구개발정책에 대한 제안은 기각될 수 있었다. 로마조약 235조에는 조약에 명시되지 않은 정책영역이 의제로 상정되었을 때, 그 제안의 결정을 위해 만장일치가 필요하다고 규정되어 있기 때문이다.

따라서 회원국가의 정부들이 공동 연구개발정책에 동의한 이유를 추적할 필요가 있다. 대부분의 유럽연합 회원국가들은 1970년대 독자적인 산업정책의 경험을 추진했지만, 그 정책들의 가시적 성과는 분명하지 않았다. 오히려 기술격차 및 실업문제는 더욱 심각한 상황이었다. 1973년 석유위기 이후 미국이 1천4백만, 일본이 3백만의 고용창출을 이룩한데 반해 유럽국가들에서는 2백만의 고용 감소가 있었다. 또 다른 지표로 1980년대 초반에 유럽의 일인당 반도체 소비는 미국의 1/3, 일본의 1/4 수준이었다.[23] 또한 세계 컴퓨터 시장에서 유럽기업들의 시장점유율은 1978년 8.1%에서 1984년 6.4%로 하락했다. 즉, 통신산업을 제외한다면, 하이테크 분야에서 유럽연합 회원국가들의 경쟁력은 미국 및 일본기업에 비해 현저하게 뒤처져 있었다. 더구나 미국정부의 초고속집적회로(VHSIC)의 개발계획과 일본정부의 슈퍼컴퓨터 개발계획은 유럽국가들에게 위기감을 확산시킨 계기가 되었다.

이 기술격차 문제가 1980년대 초반 유럽국가들에서는 경제위기의 주요 원인으로 인식되었다. 특히 혁신능력의 부족에 초점이 맞추어졌다. 〈표 6-5〉에서 볼 수 있는 것처럼, 주요 유럽국가들의 연구개발비 지출은 미국

---

23) *The Economist*, 1984/11/24.

과 일본에 비해 상당히 낮았다. 일단 총액 수준에서 보더라도 유럽국가 가운데 가장 많은 연구개발비를 지출한 독일의 경우에도 연구개발비 지출이 일본의 65% 수준이었다. 또한 방위산업에 많은 연구개발비를 지출하고 있는 미국을 예외로 한다면, 서유럽국가들의 민간부문에서 연구개발에 지출하는 비용은 일본에 비해 상대적으로 낮은 수준이었다.

〈표 6-5〉 연구개발비 지출

	정부(%)		민간(%)	총계(10억 달러)
	방위산업	기 타		
미국(1984)	32	16	52	100
일본(1981-82)	1	26	73	26
독일(1983)	4	37	59	17
영국(1981-2)	24	25	51	12
프랑스(1982)	21	38	41	11
이탈리아(1982)	2	47	51	4

자료: *The Economist*, 1984/11/24.

연구개발비의 총량규모에서의 상대적 부족과 더불어 유럽연합 회원국가의 혁신능력 부족을 야기한 다른 원인으로는 유럽시장의 분절화 및 정부지출의 대기업 편향이 지적되었다. 새로운 기술의 연구개발비용이 증가하는 상황에서 유럽국가들의 시장은 이 비용을 복구할 수 있을 정도로 크지 않았고, 또한 공동시장이 완성되지 않은 상태에서 각종 국경통제 및 회원국가 간 산업생산물 표준의 차이로 인해 발생하는 비용이 유럽연합 무역의 20%에 달하고 있다는 비판이 제기되었다. 정부지출과 관련하여서는, 정부조달이 유럽연합 국내총생산의 17%에 달하고 있지만, 이 정부조달이 대부분 자국 대기업에 편향되어 있기 때문에 새로운 기업 및 산업의 발전을 저해하고 있다는 점이 지적되기도 했다.[24]

---

24) *Ibid.* 전형적인 '신자유주의적' 경제논리를 추종하고 있는 *The Economist*는 기술혁신을 방해한 또 다른 원인들로 벤처(venture) 자본의 발전을 저해하는 유럽자본시장의 문제점, 대학과 산업의 연계부족, 세법, 최소임금입법, 파산법 등

　따라서 회원국가의 정부입장에서 볼 때, 시장의 확대 및 연구개발비의 증액은 기술혁신을 이룩하기 위한 필수적 구성물이었다. 그러나 유럽국가들의 정책선택이 반드시 유럽 차원의 기술협력일 필요는 없었다. 유럽국가들은, 자국 기업들이 미국이나 일본의 기업들과 전략적 제휴를 통해 기술혁신의 문제를 해결하도록 유도할 수 있었고, 아니면 여전히 국민국가적 발전전략을 추구할 수도 있었다. 그리고 만약 유럽연합과 같은 초국가적 기구가 강화되는 것을 원하지 않았다면, 유럽연합을 배제한 정부 간 협력을 추진할 수도 있었다. 사실 이 네 가지의 정책선택은 1980년대 초 유럽이라는 공간에서 공존하고 있었다. 특히 첫 번째 선택과 네 번째 선택을 유럽국가들은 배제하지 않고 있었다. 유럽연합 회원국가의 입장에서 볼 때, 시장통합을 목표로 하는 유럽연합이 이미 존재하고 있는 상황에서, 이 제도를 매개로 한 시장의 확대 및 연구개발비의 증액은 가장 손쉬운 선택이었을 것이다. 그러나 유럽연합 회원국가들이 언제든지 다른 선택을 할 수도 있었다는 사실을 염두에 두어야 한다.

　유럽연합 회원국가의 정부가 유럽 차원에서의 기술협력을 승인한 것은 국민국가 단위에서 해결하기 힘든 문제점을 유럽 차원으로 이전한 것이라고 볼 수 있다. 국민국가들은 독자적인 연구개발정책을 추진하면서도 공동 연구개발정책에 참여할 수 있고, 동시에 공동 연구개발정책은 자국 기업이 직면할 수도 있는 위험을 다른 국가의 기업과 공유할 수 있게 했다. 그리고 공동 연구개발정책은 부분적으로 정부지출의 감소효과 및 연구개발비용의 분담효과를 가져 올 수 있었다. 따라서 유럽연합 회원국가의 정부들은 국민국가적 산업정책의 연장선상에서 공동 연구개발정책을 이해했을 것이다. 즉, 유럽연합의 공동 연구개발정책은 국민국가를 대표하는 기업을 양성하는 것과 모순되지 않았다. 사후적 추론이기는 하지만, 대부분의 회원국가들이 ESPRIT에 반대하지 않았다는 사실을 상기할 필요가 있다.

　다음으로, 우리는 회원국가의 정부들이 공동 연구개발정책을 추인한 원인을 정부－대기업 관계에서 찾을 수 있다. 포드주의 축적체제가 위기에 직면하게 되면서 기업들의 전략적 선택의 폭이 넓어지기 시작했다. 다른

과 같은 법적 문제점 등을 지적하고 있다.

한편으로 '신자유주의적' 사상의 확산에 따라 국민국가의 시장들이 개방되면서 기업들은 보다 격심한 경쟁상황에 직면하게 되었다. 거기에다, 유럽연합 회원국가들은 그 규모 면에서 미국이나 일본에 비해 현저하게 작은 시장을 갖고 있었다. 예를 들어, 영국과 독일의 시장을 합칠 때, 일본시장과 거의 비슷한 규모였다. 따라서 유럽 대기업들의 단일유럽시장에 대한 요구는 미국이나 일본기업에 비해 경쟁력이 떨어지는 그들에게는 생존을 위한 탈출구였다고 할 수 있다. 그 기업들의 요구에 회원국가의 정부들은 순응할 수밖에 없었다. ESPRIT에 적극 동조했던 기업의 대표들은 자국의 수상이나 고위관료들에게 언제든지 전화통화를 할 수 있고 원한다면 특별한 만남을 가질 수 있던 인물들이었다.[25]

그럼에도, ESPRIT의 승인이 자동적 과정이었던 것은 아니다. ESPRIT 계획이 각료회의를 통과한 것은 1983년 12월이었지만, 1984년 2월까지 유보되었다. 연기사유는 ESPRIT 그 자체에 대한 반대가 아니라 회원국가의 유럽연합 예산분담을 둘러싼 논쟁 때문이었다. 영국정부는 유럽연합 예산을 삭감하고, 자국의 분담금을 줄이기 위해, 분명 자국 기업이 ESPRIT로부터 혜택을 볼 수 있음에도 불구하고 예산논쟁을 ESPRIT의 실행과 연계시켰다. 영국정부가 유럽연합 예산논쟁을 ESPRIT와 연계시키지 않기로 결정한 것은 1994년 2월 28일 회원국가 산업부 장관들의 모임에서였다. 당시 영국 통상산업부 장관이던 K. Baker는 산업담당 집행위원이던 E. Davignon이 공동체의 연구개발 예산이 '적정한' 수준에서 증가할 것이라고 한 발언을 수용하기로 결정한 것이다.[26]

이 과정에서 1984년 1월부터 각료회의 의장직을 수행하던 프랑스정부가 매개적 역할을 수행했다. 프랑스정부는 최초 2년 동안 ESPRIT의 예산을 당시 유럽연합 예산 이외의 부분에서 염출할 것을 제안했고, 영국정부와 독일정부는 이를 수용했다. 프랑스의 미테랑 정권이 기존의 일국사회주의 정책, 즉 공공지출의 확대를 통해 실업문제를 해결하면서 동시에 경제성장을 추구하는 정책을 폐기하고 시장지향적 정책으로 전환하면서 유럽 차원

---

25) Merrit, *op. cit.*
26) *The Economist*, 1984/3/4.

의 단일시장 형성 및 유럽 차원의 중상주의적 정책을 적극 추진하게 된 것도 이 타협이 이루어지게 된 중요한 배경 가운데 하나였다. 또한 ESPRIT를 지연시키는 데 가장 공헌한 영국정부의 입장에서도 자국 기업들의 경쟁력 약화라는 현실을 감안할 때, ESPRIT 계획은 매력적인 것이기도 했다. 사실 영국정부가 예산논쟁과 ESPRIT를 연계한 것은, 대부분의 회원국가들이 동의한 이 연구개발정책을 지연시키게 될 때, 자국의 유럽연합 분담금을 조금이라도 줄일 수 있는 효과가 발생할 것이라는 고도의 정치적 계산 때문이었다고 할 수 있다.

2-1-3. 정치경제적 쟁점

마지막으로 이후 통신정책의 정치에 시사점을 제공해 줄 수 있는 공동연구개발정책을 둘러싼 몇 가지 정치경제적 쟁점들에 대해 간략히 언급한다. 첫째, 유럽연합 회원국가들이 1987년 단일유럽법에 합의하면서, 시장자유화와 관련된 정책 분야에 대부분 특정다수결이 도입되었지만, ESPRIT와 같은 공동 연구개발정책인 프레임웍 프로그램의 결정에 있어서는 여전히 회원국가의 만장일치가 필요했다. 다만, 공동 연구개발정책의 실행과정에는 특정다수결이 적용되었다. 즉, 유럽연합 회원국가들은 하이테크 분야에서의 정부 간 협력을 추진하면서도, 이 협력으로 인해 하이테크에 대한 통제권을 상실하게 되는 것을 원하지 않았다고 볼 수 있다.

둘째, ESPRIT와 같은 공동 연구개발정책이 단일유럽법의 제정 이후 유럽연합의 공식적인 정책의제로 편입되면서, 정보기술 이외의 영역에서도 공동의 연구개발정책이 확대되기 시작했다. 이는 ESPRIT에 대한 긍정적 평가에 기반한 것이었다. ESPRIT가 전 경쟁적 부분에 치중되어 있고, 참여 기업들이 유럽 차원의 경쟁력보다는 자신들의 경쟁력 강화에 중점을 두고 있었다는 점에서 ESPRIT의 효과를 부정적으로 평가하는 견해도 있지만,27) 여타 기술 분야로 침투확산 효과를 생산했다는 점에서 ESPRIT의

---

27) Mytelka and Delapierre, *op. cit.*; L. Mytelka, "Strengthening the Relevance of European Science and Technology Programmes to Industrial Competitiveness", in M. Humbert(ed.), *The Impact of Globalization on Europe's Firm and*

효과는 쉽게 부정될 수 없을 것이다. 특히 이 부정적 평가자들도 인정하는 것처럼, ESPRIT를 계기로 유럽기업들이 유럽 내 기업 간 협력으로 관심을 이동한 측면도 있다. 그러나 ESPRIT와 같은 유럽 내 기업 간 협력이 유럽기업과 유럽 외부의 기업 사이의 전략적 제휴보다 유럽기업들에게 선호되었다고 말할 수는 없다. 예를 들어 유럽 차원의 기술협력에 가장 적극적으로 참여했던 기업들인 네덜란드의 Phillips와 이탈리아의 Olivetti는 다른 한편으로 미국기업인 AT&T와 적극적으로 전략적 제휴를 추진함으로써, 유럽의 대의를 저버린 배신자로 비난받기도 했다.[28] 특히, 1990년대로 넘어가면서 유럽 대기업들의 집합행동보다는 대기업의 단독행동 또는 둘이나 셋 정도 기업의 전략적 제휴가 두드러지게 나타나게 된다.

셋째, ESPRIT라는 의제를 제기하고 이의 실현을 위해 적극적으로 행동했던 유럽연합 집행위원회가 단일한 행위자가 아니었음을 지적할 필요가 있다. 유럽연합의 공동 연구개발정책은 산업담당 부서인 DGIII, 정보화 및 통신담당 부서인 DG XIII, 과학기술을 담당하는 부서인 DGXII 등에 의해 구체화되고 있다. 그러나 이들 부서들의 공동 연구개발정책에 대한 접근방식은 근본적으로 상이하다고 할 수 있다. 예를 들어 DG XIII이 국민국가의 산업정책과 유사하게 공동 연구개발정책을 운용하려 하는 반면, DGXII는 보다 시장논리에 충실하게 공동 연구개발정책을 사고하고 있다. 이와 더불어 우리는 경쟁정책을 담당하는 부서인 DGIV가 항상적으로 공동 연구개발정책이 초래할 수 있는 반경쟁적 상황을 염려하고 있다는 점을 고려해야 한다. 즉 협력과 집중을 강조하는 산업정책의 논리와 자유화와 규제완화 또는 탈규제를 내세우는 단일유럽시장의 논리가 구체적 정책을 둘러싸고 충돌할 수 있는 것이다. 이 모순적 경향이 결국은 '시장'에 의해 통제될 것이라는 견해도 있지만,[29] 이 대조적 경향의 순조로운 접합은 정세적 문제

  Industries(London: Pinter Publishers, 1987).

28) van Tulder and Junne, *op. cit.*, p.216.

29) M. Sharp, "The Single European Market and European Policies for Advanced Technologies": M. Sharp, "The Community and New Technologies", in J. Lodge(ed.), *The European Community and the Challenge of the Future*(London: Pinter Publishers, 1989): M. Sharp, "Technology and the Dynamics of Integration", in W. Wallace(ed.), *The Dynamics of European*

이다. 유럽연합 집행위원회 내부에도 중상주의와 자유주의의 접합과 탈구라는 근대적 동학이 재현되고 있다. 그러나 시간이 갈수록 '신자유주의'의 논리가 확산되고 있다.

2-2. 부분적 자유화 및 RACE의 전개과정

2-2-1. 집행위원회의 행동노선: 통신 행위자들 사이에 새로운 관계의 설정

1979년부터 실제적으로 활동을 개시했던 집행위원회 산하의 ITTF의 통신부서는 유럽연합 회원국가들의 전통적 통신정책에 대한 공격을 시작했다. 최초의 구체적 성과는 1980년 집행위원회가 제안한 『통신 분야에서 조화의 실행과 관련한 권고안』이었다.[30] 유럽연합의 체계적 통신정책이 등장한 것은 1983년이다. 1983년 6월 9일 집행위원회는 각료회의에 유럽의 통신산업 전반을 비판적으로 검토하는 문건을 보냈다.[31] 이 문건은 유럽연합이 주도하는 통신정책의 필요성을 입증하기 위해 작성되었다. 제시된 근거는 다음과 같다.

첫째, 유럽연합 집행위원회는 일단 통신 분야에서 유럽이 세계시장 점유율의 측면에서 상대적 우위를 갖고 있지만, 그 시장은 이미 수년전에 포화상태에 이른 시장임을 지적했다. 집행위원회는 1980-90년의 10년 동안 세계 통신시장이 44,000백만 달러에서 95,000백만 달러로 8.1% 성장할 것으로 예상되지만, 유럽의 시장은 '특별한 조처'가 취해지지 않는 한 세계시장의 증가율에 못 미치는 5% 정도의 성장(8,000백만 달러에서 14,000백만 달러)을 할 것이라고 예견했다.[32] 여기서 특별한 조처란 유럽시장의 분절화

Integration(London: Pinter Publishers, 1990).

30) CEC, *Recommendation concerning the Implementation of Harmonization in the Field of Telecommunications*, COM(80) 422 final(Brussels: CEC, 1980).

31) CEC, *Telecommunications*(Communication from the Commission to the Council), COM(83) 329 final.

32) *Ibid.*, pp.1-2.

를 해결할 수 있는 유럽연합 차원의 통신정책 통합을 의미하는 것이었다.

둘째, 집행위원회는 '사용자' 수준에서 필요한 다양한 통신기술 및 통신 서비스가 가장 동적인 부문임에도 불구하고, 미래 통신 네트워크의 불확실성 및 국민국가적 규제가 주는 제약으로 말미암아 개발이 이루어지지 않고 있음을 지적했다. 디지털화, 광섬유 및 인공위성의 발전 그리고 극소전자공학의 발전으로 새로운 통신 서비스를 제공할 수 있는 기술적 토대가 마련되고 있다는 것이 집행위원회의 지적이었다.[33] 유럽국가들에서 국민국가의 통신 네트워크가 국유화된 것이 사용자의 요구로부터 시작된 것처럼, 새로운 통신정책의 수립 또한 사용자의 요구에 기초하고 있었다.

마지막으로, 유럽시장이 회원국가들로 분절화되어 있는 상황에서 유럽기업들이 새로운 통신기술의 개발을 위한 연구개발비용을 충당하기 어렵다는 것이 지적되었다. 예를 들어 새로운 유형의 시간분할 교환기의 개발을 위해서는 700백만에서 1,300백만 달러가 소요되고, 만약 1,000백만 달러를 연구개발에 투자하고 이를 수익성을 보장할 수 있는 수준에서 회수하기 위해서는 14,000백만 달러의 판매가 필요하다고 한다. 그러나 영국시장이 7,200백만 달러, 프랑스시장이 10,900백만 달러, 그리고 독일시장이 11,700백만 달러인 상황에서, 유럽기업들이 자국시장만을 위해 대량의 연구개발비용을 투자하는 것은 매우 위험한 일이 될 수밖에 없었다.[34] 따라서 집행위원회는 미국의 AT&T 분할과 같은 통신시장 자유화 정책을 통해서는 유럽시장의 분절화를 해결할 수 있는 교훈을, 그리고 일본의 산업정책－예를 들어 통신 하부구조의 개발을 위한 INS(Information Network System) 프로젝트－을 통해서는 유럽 차원의 공동 연구개발정책을 수행할 수 있는 준거모형을 얻고자 했다.

집행위원회는 이 문건에서는 유럽시장의 분절화가 초래하는 부정적 효과 및 그것이 연구개발을 제약하는 측면을 지적하면서, 이를 해결하기 위한 새로운 제도적 질서를 제시했다. 우선, 집행위원회는 유럽연합, 회원국가의 PTTs, 그리고 유럽 PTTs의 국제기구인 CEPT 사이에 새로운 관계를 정

---

33) *Ibid.*, pp.2, 5.
34) *Ibid.*, p.6.

립하려 했다. 집행위원회는, 통신 네트워크가 입법적 권력을 보유하지 않은 CEPT의 자문을 토대로 규제와 표준이 조정되고 조화되는 형태로는 통신 분야에서의 새로운 국제협력을 창출할 수 없다고 지적하면서, 그동안 유럽연합이 이룩한 업적에 비추어 볼 때, 유럽연합이 이 새로운 국제협력을 담당할 수 있는 기구임을 강조하고 있다. 유럽연합은 자신의 업적으로 통신장비의 공공조달에서 GATT 조항의 적용과 표준 및 상호접속을 가로막는 기술적 장벽의 철폐 등을 포함한 공동 통상정책, 기업 간 협력에서 발생할 수 있는 불공정 관행을 통제하는 경쟁정책 그리고 표준화와 자유무역을 촉진한 공동시장정책 그리고 전 경쟁적 분야의 연구개발정책인 ESPRIT의 입안 등을 제시했다.[35]

그러나 유럽연합 통신정책이 가능하기 위해서는 회원국가의 동의가 필수적이었다. 더구나 통신이 로마조약에 언급되지 않은 정책영역이기 때문에 집행위원회는 통신정책의 입안과정에서 예상되는 정치적 반발을 고려해야 했다. 집행위원회는 유럽 차원의 통신정책이 회원국가 통신권력을 유럽연합으로 이전하게 할 수 있음을 인정한다. 그러나 이 정책으로 회원국가 PTTs의 위상이 실추되거나, 또한 각 회원국가가 재정자원을 PTTs에 이전하는 것이 어렵게 되지는 않을 것이라고 주장하면서, 예상되는 갈등을 사전에 방지하고자 했다. 특히, 집행위원회는 통신정책이 '매우 복잡하고 전문적'이라는 점을 지적하면서, 집행위원회와 회원국가의 관계가 정치적 의사결정기구인 유럽정상회담을 매개로 이루어지기보다는 오히려 회원국가의 고위관료(senior officials)들과 집행위원회의 직접 접촉을 통해 이루어지기를 원하고 있었다.[36] 통신 분야가 국민국가의 정치와 밀접히 연관되어 있다는 점을 고려할 때, 집행위원회가 유럽 차원의 통신정책이 정치적 쟁점화되는 것을 사전에 방지하기 위한 전술을 구사했다고 평가할 수 있는 대목이다.

1983년 9월 집행위원회는 회원국가의 승인을 기초로 1983년 6월 문건을 보다 구체화하면서, 각료회의가 6개의 '행동노선'을 채택할 것을 제안했다.

---

35) *Ibid.*, pp.3-4.
36) *Ibid.*, pp.9, 10.

이 9월 문건은, 국민국가 표준형태의 차이나 서비스 부문에서 발생하는 다양한 비관세 무역장벽을 포함하여 경쟁을 왜곡하는 모든 장벽을 제거하고 유럽 차원의 단일시장 건설을 목표로 제시한 1983년 6월의 쉬투트가르트 (Stuttgart) 유럽정상회담의 결정에 근거한 것이었다. 이 9월 문건에서 제시된 6개의 행동노선은 다음과 같다:

(1) 공동체 수준에서 중장기적 목표의 설정 및 PTTs, CEPT, CCITT가 참여하는 포럼의 설치;
(2) 연구개발을 위한 공동행동으로 새로운 프레임웍 프로그램;
(3) 인터페이스[37](interface) 표준과 공동체 내부시장의 건설을 위한 공동 행동 및 외부에 대한 연대;
(4) 미래 통신 하부구조의 초국가적 부분의 개발 및 유럽기업공동체의 건설;
(5) 공동체 내부의 저발전지역을 지원할 수 있는 현대적 기술의 개발;
(6) 공공조달의 방식으로 운영되는 통신장비 시장의 개방을 위한 공동행동.[38]

이 6개의 행동노선은 앞서 6월의 문건에서 제시된 유럽의 통신산업 분석에 근거하여 작성된 것으로, 이 행동노선에는 유럽 차원의 산업정책 및 유럽시장의 자유화라는 통신정책의 두 축이 제시되어 있었다.

사실, 당시 유럽시장의 분절화 및 이를 야기한 근본원인이라고 할 수 있는 국민국가의 규제는 심각한 수준이었다. 예를 들어 유럽시장에는 무려 9개의 상이한 공공 교환설비가 개발되고 있었다. 이에 반해, 일본에는 3개, 미국에는 4개의 공공 교환설비가 존재했다. 더구나 유럽시장이 분절화되어 있음에도 불구하고, 스웨덴의 Ericsson과 미국의 ITT와 같은 비유럽연합 기업들은 유럽 내 자회사를 통해 그리고 다른 통신기업과의 전략적 제휴를 통해 유럽 내 상이한 표준을 극복하고 성공적으로 시장에 진출한 상태였다. 또한 국민국가의 규제정책의 관성은 새로운 통신기기의 승인과정에서도 명확하게 드러나고 있었다. 예를 들어, 미국에서 PABX의 승인을 얻는

---

37) 기술적인 의미에서 인터페이스는 사용자와 기기를 연결하는 데 포함되는 부품이나 기술을 말한다.
38) CEC, *Communines of Actionication from the Commission to the Council on Telecommunications: L,* COM(83) 573 final(Brussels: CEC, 1983c), pp.8-13.

데 2달이 소요되는데 반해 독일의 Nixdorf가 DBP로부터 이 제품의 승인을 취득하는 데 2년이나 소요되었다고 한다.[39]

극소수의 관료만이 활동하고 있는 집행위원회의 통신담당 부서가 유럽의 통신산업에 대한 나름의 평가를 기초로 정책대안을 제시할 수 있었던 것은 민간 자문회사의 도움 때문이었다. 1983년 집행위원회가 발행한 통신관련 문건들은, 미국계 경영자문회사들인, McKinsey, A.D. Little International, Mackintosh International, Yankee Group의 보고서를 토대로 작성된 것이었다. 즉 집행위원회가 회원국가 정부를 설득하기 위해 사용했던 기술적 전문적 지식은 바로 민간기업의 평가에 기초한 것이었다. 이 집행위원회의 보고서에서 제시된 다양한 통신관련 지표들이 회원국가의 정부를 설득하기 위한 것이라기보다는 집행위원회의 전문성과 신뢰도를 증가시키기 위한 것이라고 평가될 수도 있다.[40] 그러나 집행위원회가 스스로의 전문성과 신뢰성을 증가시키는 이유는 궁극적으로 회원국가의 정부 및 유럽의 통신기업들을 설득하기 위한 것이었다. 회원국가의 정부 및 통신기업의 동의가 없다면, 집행위원회의 정책입안 자체가 불가능했기 때문이다.

집행위원회가 1983년 6월 제안한 통신관련 고위관료들의 모임인 SOG-T(Senior Official Group on Telecommunications)는 1983년 11월 4일 결성되었다.[41] 그리고 SOG-T 산하에는 '분석 및 예측 집단'(Analysis and Forecasting Group, 이하에서 GAP로 표기)라는 중요한 하부위원회가 설치되었다. 원래 집행위원회는 1983년 12월까지 이 SOG-T가 유럽연합 통신정책과 관련한 보고서를 완료하기를 원했지만, 이 SOG-T의 결성은 각료회의의 결정사항이었다.[42] 이 SOG-T의 결성이 지체되었기 때문에 보고서 발간 또

---

39) *The Economist*, 1984/11/24.

40) 이 평가는 유럽연합의 통신정책의 입안과정에서 집행위원회의 지도력을 강조하는 신자유주의적 국제관계이론가의 것이다. 예를 들어, Sandholtz, *High-Tech Europe*을 참조.

41) 직접적으로 통신 분야와 관련되어 있지는 않지만, SOG-T와 유사한 방식으로 유럽공동체 통신정책의 형성에 영향을 미친 조직으로는 SOGITS(Senior Official Group on Information Technology Standards)와 Senior Official Advisory Group for the Information Market이 있다.

42) Council of Ministers, "Council Recommendation of 12 November 1984

한 지체되었다. 집행위원회가 의장직을 수행하는 조직인 SOG-T는 다음과 같은 연구과제를 수행하도록 요구되었다:

(1) 통신부문에서 가장 전략적인 기술적 선택, 즉 네트워크 구성 및 성과, 네트워크의 호환성, 제공되는 서비스의 범위, 비용, 그리고 일반원칙 등이 어떻게 공동체 수준에서 결정될 수 있는가?

(2) 유럽의 통신산업이 전 경쟁적 분야에서 어떻게 협력할 수 있는가?

(3) 우편 및 통신담당 부서가 어떻게 공급자를 자유로이 선택하고 그들을 위해 보다 넓은 시장을 제공할 수 있는가?

(4) 산업가들이 자유로이 네트워크에 접속할 수 있도록 어떻게 과도한 규제를 제거할 수 있는가?

(5) 우주 통신정책을 어떻게 공동체 수준에서 주요 의제로 상정할 수 있는가?[43]

이와 더불어 집행위원회는 이 정책적 요구를 실행할 수 있는 유럽연합 예산으로 운용되는 특별기구를 설치할 것을 제안했다.

집행위원회와 SOG-T는 1983년 11월부터 1984년 3월까지 유럽연합 통신정책을 토론하는 여섯 차례의 모임을 가졌다. 또한 SOG-T의 창설 이후 유럽연합 집행위원회는 PTTs의 연구기관들(예를 들어 프랑스의 CNET, 독일의 FDB)과의 모임을 주선했지만, 회원국가의 통신담당 행정부서들은 이 모임에 참여하는 것을 주저했고, 결국 이들은 하급직원들을 이 모임에 대표로 파견했다.[44] 즉, 1983년 말, 1984년 초의 시점에서도 PTTs는 여전히 집행위원회의 통신정책에 대한 개입에 의혹의 눈초리를 보내고 있었다.

1984년 3월 '유럽의회'도 유럽연합 통신정책에 관한 입장을 결의안의 형태로 발표했다. 유럽의회는 이미 1981년 3월 집행위원회에 통신정책에 대

---

concerning the Implementation of Harmonization in the Field of Telecommunication", in CEC, *Official Documents of Community Telecommunications Policy*, DG XIII(Brussels: CEC, 1994), p.10. DG XIII가 발간한 이 *Official Documents*에는 각료회의가 채택한 대부분의 통신정책 관련 결정들이 담겨져 있다.

43) CEC, *Telecommunications*, pp.10-2.

44) Sandholtz, *High-Tech Europe*, p.239.

한 개입방식으로 '권고'보다 강력한 형태의 입법인 '지침'을 사용할 것을 제안하기도 했다. 즉, 유럽의회도 통신정책의 정치에 새로운 행위자로 개입하기 시작한 것이다. 유럽의회의 결의안의 주요 내용은 다음과 같다:

(1) 통신담당 행정부서의 전통적 규제체계가 과거에는 대중을 위해 잘 기능했지만, 이제 그 체계는 통신부문에서 급속한 혁신에 보조를 맞출 수 있는 유연성(flexibility)을 결여하고 있고, 따라서 개별 사용자가 그들의 장비를 통신 하부구조에 자유롭게 연결할 수 있게 하기 위해, 그리고 장비 공급자들이 다른 공동체 나라들에서 그들의 생산물을 판매할 수 있게 하기 위해, 기존의 장비공급의 독점체제를 자유화할 필요가 있다;

(2) 기존의 통신담당 행정부서 이외의 통신 서비스 제공자가 새로운 부가가치 서비스를 제공할 수 있어야 한다;

(3) 미국식의 탈규제 모델이 공동체 내부에 적용될 수 없고, 따라서 필요한 안전장치를 제공하면서 동시에 급속한 발전을 가능하게는 '재규제'(reregulation)가 필요하다;

(4) 가능한 한 가장 넓은 범위의 경쟁이 도입되어야 하고, 이 공동체 내부의 경쟁체제에 기초할 때만 해외시장에서의 경쟁에 적응할 수 있다.[45]

이상에서 살펴볼 수 있는 것처럼, 유럽의회는 독점적으로 운용되던 통신서비스 및 통신장비 시장의 자유화가 불가피한 대세임을 인정하면서도, 미국과 같이 완전한 탈규제를 지향하는 정책전환에 대해서는 반대입장을 분명히 했다. 유럽의회가 탈규제가 아니라 유럽 차원에서의 재규제를 주장하고 있는 이유에 대해서는 다음과 같은 설명이 제시될 수 있다.

첫째, 유럽의회가 유럽통합을 가장 적극적으로 찬성하는 기구 가운데 하나라는 사실이다. 부분적으로 유럽의회 내부에 통합 반대세력이 포진하고 있기는 하지만, 대부분의 유럽의회 의원들은 유럽통합이라는 정책에 찬성 의사를 갖고 있다. 따라서 보다 강력한 통합의 형태인 재규제를 선호했다고 볼 수 있다. 둘째, 유럽의회가 유럽연합 기구 가운데 유일하게 대중의

---

45) H. Ungerer and N. Costello, *Telecommunications in Europe*(Luxembroug : Offices for Publication of the Commission of the European Communities, 1990), p.230.

직접선거로 선출된 의원들로 구성되어 있기 때문에 유럽의회는 완전한 탈규제로 인해 일반대중의 통신 서비스 사용이 제약되는 것을 우려했다고 볼 수 있다. 셋째, 전통적인 케인즈주의적 경제정책을 선호하는 유럽 사회당들이 유럽의회에서 다수 의석을 점하고 있다는 사실을 고려할 때, 유럽수준에서의 재규제 정책은 이들의 정책노선과 부합했다. 그러나 유럽의회는 1980년대 초반의 시점에서 '한계적 행위자'였다는 사실을 기억해야 한다.

 1984년 5월 유럽연합 집행위원회는 SOG-T와 여섯 차례 모임을 가진 후 새로이 작성한 보고서를 각료회의에 제출했다.46) 이 보고서는 회원국가의 의견이 적절하게 반영된 문건으로, 22쪽에 걸쳐 유럽의 통신부문에 대한 개괄적 평가와 부록의 형태로 40쪽에 걸친 6개의 행동노선에 대한 실행계획을 담고 있었다. 특히, 6개의 행동노선이 그동안의 실행정도를 반영하여 보다 구체적인 형태로 제시되었다. 예를 들어, 두 번째 행동노선은 '연구개발정책의 정의 및 실행'으로 바뀌었고, 세 번째 행동노선에서는 공동체 내부시장의 건설을 위한 첫 단계로 '통신 터미널 시장의 확대'가 명시되었다. 또한 여섯 번째 행동노선에서는 공공조달이라는 표현이 통신 서비스 사업자의 조달이라는 표현으로 대체되었다.47) 이 용어 변화는 의식적으로 통신이 담고 있는 공공성을 제거하기 위한 것으로 해석될 수도 있다.

 특히, 이 1984년 보고서에서 흥미로운 것은, 유럽의 통신부문에서 새로이 조성되고 있는 환경이 PTTs 또는 통신 서비스 사업자에게 미치는 영향 및 그들이 직면하고 있는 고민이 구체적으로 적시되고 있다는 점이다. 1983년 문건들에서 이 영향은 모호한 수사로 처리되었다. 1984년 보고서에서는, 회원국가의 통신 서비스 사업자들이 공공 서비스 제공의 의무를 준수해야 한다는 점을 지적한다. 그리고 통신장비의 70-90%를 구매하고 네트워크의 내용과 형태를 결정하는 이 통신 사업자들이 통신산업 전반의 발전 및 사용자의 행태에 강력하게 영향을 미칠 수 있음에 주목한다. 그러나 연구개발 비용의 증대와 상품주기 및 연구개발비 회수기간의 단축으로 인해 통신 서비스

---

46) CEC, *Communication from the Commission to the Council on Telecommunication*, COM(84) 277 final(Brussels: CEC, 1984).
47) *Ibid.*, annex, p.2.

사업자가 어려움에 직면하고 있음을 인정한다. 즉, 통신 서비스 사업자가 공공 서비스의 제공이라는 의무를 수행하면서 동시에 새로운 서비스에 대한 연구개발비용을 조달하는 것이 매우 어려울 수 있고, 만약 통신 서비스 사업자가 이것을 동시에 수행한다면 상업적 기술적 위험에 직면할 수밖에 없다는 것이 집행위원회와 SOG-T가 공동으로 마련한 보고서의 주장이었다. 더구나 새로운 서비스를 도입할 때 발생하는 이득이, 사용자 및 통신장비 생산 기업에게 유리하게 배분된다는 사실이 이 어려움을 더욱 악화시키는 요인으로 지적되었다.48)

사실, 1980년대 초반에 국민국가의 통신 서비스 사업자나 PTTs는 새로운 통신정책을 선택해야 하는 상황에 직면하고 있었다. 유럽연합 집행위원회는 이 상황을 적절히 활용했다고 볼 수 있다. PTTs는 자신들이 직면한 난관을 극복하기 위해, PTTs들의 협력체, 즉 CEPT를 강화하는 방향을 선택하거나 아니면 유럽연합 집행위원회의 권력강화를 지지하는 것이 그들에게 현실적 대안일 수 있었다. 그러나 만약 '유럽연합'의 통신정책이 구체적 형태로 등장하게 되면, 이에 가장 적극적으로 저항할 것으로 예상되는 정치적 행위자로 PTTs와 PTTs의 유럽 차원 협력기구인 CEPT를 상정할 수 있었다. CEPT는 설립 이후로 그 자신의 기술적 전문적 활동이 정치쟁점화되는 것을 원하지 않았다.49) 그러나 유럽의 대기업 및 유럽연합 집행위원회가 새로운 정책을 입안하기 위해 노력하게 되면서, CEPT도 자신의 기득권-통신 서비스의 제공·기술적 측면·요금에 대한 특별한 책임-을 수호하기 위해서는 이 새로운 통신게임에 참가할 수밖에 없었다. 통신부문에서 유럽연합 집행위원회의 정책능력이 강화되는 것은 곧 CEPT의 권력약화를 의미했기 때문이다.

집행위원회는 통신부문에 대한 개입을 시도하면서 항상 CEPT를 염두에 두고 있고 있었다. 그리고 집행위원회의 개입이 이들의 권력약화로 이어지지 않는다는 점을 강조하면서, 오히려 협력의 필요성을 역설하고 있었다.

---

48) *Ibid.*, pp.11-2.
49) E. Noam, *Telecommunications in Europe*(Oxford: Oxford University Press, 1992), p.300.

유럽연합 집행위원회와 CEPT는 1984년 7월 상호 협력의 틀을 규정하고 있는 '협조 비망록'(Memorandum of Understanding)을 교환했다.[50] 이 협력 틀에 따라 1985년 이후 CEPT가 결정하는 표준화와 관련된 프로그램들이 유럽연합 집행위원회와 합의를 거쳐 시행될 수 있게 되었다. 이것은 '유럽 통신표준'(normes européennes des télécommunications, NETs)의 설정에 유럽연합 집행위원회가 개입할 수 있게 되었음을 의미한다. 이 비망록에 근거하여 CEPT는 표준화문제를 전문적으로 처리할 수 있는 기구로 그 하부에 TRAC(Technical Recommendations Applications Committee)이라는 기구를 설치했다. 1987년까지 유럽연합 12개 국가와 스웨덴, 노르웨이, 핀란드 등의 비유럽연합 국가가 집행위원회와 CEPT의 비망록에 서명함으로써 이 두 유럽기구 사이의 협력이 공식화되었다.

그러나 1980년대 초반의 상황에서 유럽연합이 CEPT보다 우위에서 통신정책을 결정할 수 있던 것은 아니었다. 1984년 11월, 각료회의는 '통신 분야에서의 조화의 실행에 관한 권고안' 및 '공공 통신계약에 대한 접근을 개방하는 1단계에 관한 권고안'을 채택했다.[51] 이 권고안들을 살펴보면, 이제까지 유럽연합 집행위원회가 제안한 통신정책 개혁에 관한 내용을 회원국가의 정부들이 어떻게 수용했는지를 알 수 있다. 이 권고안에는, 유럽 차원에서 통신 서비스의 조화, 동적인 통신장비 시장의 창출, 그리고 기업사용자를 위한 통신 서비스라는 목표가 제시되어 있었다. 또한 두 번째 권고안에서는 터미널 장치와 교환 및 전송장치를 구분하고 전자에 대한 공공조달 시장의 개방을 요구하면서, 공공조달 시장의 개방상황에 대해 회원국가의 정부가 6개월 단위로 그 진척도를 집행위원회에 보고하도록 규정했다. 그리고 이러한

---

50) Ungerer and Costello, *op. cit.*, pp.132-3, 150-1. 1985년 유럽공동체 집행위원회는 정보기술 분야에서 CEPT와 유사한 역할을 수행하던 기구인 CEN-Cenlec 와 비망록을 교환했다.

51) Council of Ministers, "Council Recommendation of 12 November 1984 concerning the Implementation of Harmonization in the Field of Telecommunication"; "Council Recommendation of 12 November 1984 concerning the First Phase of Opening up Access to Public Telecommunications Contracts", in CEC, *Official Documents of Community Telecommunications Policy*, DG XIII(Brussels: CEC, 1994), pp.11-2.

목적의 실현을 위해 노력하는 행위자들로 CEPT, CEN-Cenelec, CCITT, ISO 등을 언급하고 있다. 더욱 주목되는 것은, 각료회의 권고안에서는 여전히 유럽연합보다는 CEPT를 매개로 한 협력이 강조되었다는 사실이다. 유럽연합 집행위원회가 주기적으로 통신정책의 진전상황을 SOG-T에게 보고해야 함은 물론이었다. 즉, 통신부문에 대한 전문적 지식을 결여하고 있던 유럽연합 집행위원회는 통신장비의 생산업자이면서 동시에 통신의 주요한 사용자인 대기업에게 의존해야 했고, 동시에 회원국가의 대표들과 협력할 때만, 유럽 차원의 통신정책을 입안할 수 있었다. 그러나 유럽연합 집행위원회가 통신게임에 참가하게 되면서 통신 행위자들 사이의 관계는 점진적으로 변하고 있었다.

2-2-2. 유럽연합 통신정책의 형성: '사안별 접근' 그리고 집행위원회와 CEPT의 경쟁

1980년대 초 회원국가의 전화 보급률이 포화상태에 이르고, 기업사용자들이 새로운 통신 서비스를 강력히 요구하고 있었음을 지적한 바 있다. 또한 집행위원회 보고서에서 적절히 지적되듯이, 혁신주기의 단축과 디지털 장비의 수명단축으로 인해 연구개발비용을 회수하는 것이 과거보다 더욱 힘들게 되었다는 점은, 통신부문에서의 불확실성을 더욱 제고하는 요인이었다. 따라서 공동 연구개발정책은 이 불확실성을 제거하고 유럽 기업들의 경쟁력을 제고할 수 있는 하나의 대안으로 제시되었다.

그러나 앞서 ESPRIT의 사례에서 살펴본 것처럼, 유럽기업들이나 정부가 반드시 유럽 차원의 공동 연구개발정책을 선택할 이유는 없었다. 그럼에도, 통신부문에서도 공동 연구개발정책이 선택되었다. 이것은 부분적으로 ESPRIT의 침투확산효과로 인식될 수 있을 것이다. 사실, RACE가 처음 제안되었을 때, 기업들과 각종 연구소들은 이 제안을 적극적으로 환영했다고 한다.[52] 그러나 집행위원회가 1983년말 SOG-T의 창설 이후 PTTs의 연구기관을 초청했을 때 PTTs가 주저했던 것처럼, PTTs가 이 연구개발정

---

52) *The Economist*, 1983/10/6.

책에 강력하게 반대할 수도 있었다고 가정할 수 있을 것이다.

반면, 집행위원회와 기업의 만남은 순조롭게 진행되었다. 집행위원회는 통합 광대역(廣帶域) 통신(Integrated Broadband Communications, 이하에서 IBC로 표기)의 개발을 목표로 기업들과 협력을 모색한 결과, 기업의 전문가들로 구성된 특별 조직인 PET(Planning Exercise in Telecommunications)가 결성되었다. 1984년 여름 두 달 반 동안 집행위원회는 통신장비 생산기업의 도움에 힘입어 유럽연합 수준에서 공동 연구개발정책을 위한 600여쪽에 달하는 보고서인 '행동계획을 위한 제안'(Proposal for an Action Plan: RACE)을 작성했다. 이 보고서는 1995년까지 유럽 차원에서 모든 국가의 네트워크와 지역 네트워크를 포괄하는 IBC의 건설을 목표로 했다. 집행위원회는 PTTs에게 이 보고서를 검토해 줄 것을 의뢰했다. PTTs의 입장에서 이 계획에 참여하지 않는다면, 통신산업의 발전에 대한 통제권을 상실할 수 있고, 만약 참여한다면, 그 과정에서 자신들의 의지를 관철할 수 있었을 것이다.[53]

사실, 이 계획의 최종 결정권은 PTTs에 있었다. 집행위원회가 통신장비 생산기업을 동원하여 PTTs를 포위할 수 있는 연합을 결성한 것은 사실이다. 따라서 만약 PTTs가 참여하기로 결정했다면, 이것은 ESPRIT의 정치와 마찬가지로 집행위원회의 설득 때문이 아니라 PTTs와 공생관계를 유지하고 있던 대기업들의 설득 때문이었을 것이다. 각료회의의 1984년 11월 권고안에서 볼 수 있듯이 CEPT 체제하에서의 협력틀을 회원국가의 정부들은 여전히 선호하고 있었기 때문이다. 1984년 12월, 회원국가의 PTTs는 RACE 프로젝트에 대해 원칙적으로 합의했다.

1985년 3월 25일, 집행위원회는 ESPRIT의 경우와 마찬가지로 로마조약 235조에 근거하여, 1985년 7월부터 최대 18개월 동안 진행될 RACE의 개념정립 단계를 위한 제안을 각료회의에 제출했다.[54] 이 계획의 1부는 'IBC

---

53) Sandholtz, *High-Tech Europe*, pp.239-41; CEC, *Communication from the Commission to the Council on the Status of the Community Telecommunications Policy*, COM(85) 276 final(Brussels: CEC, 1985), p.8.

54) CEC, *Proposal for Council Decision on a Preparatory Action for a Community Research and Development Programme in the Field of Telecommunications Technologies: R&D in Advanced Communication Technologies for Europe-*

네트워크 기준모델(reference model)의 개발'·'IBC 터미널 환경의 개념정
립'·'미래 응용평가'(future applications assessment) 등의 세부분으로 구
성되어 있었다. 제2부에는 기획부터 실행까지 장시간이 소요되는 연구개발
프로그램으로, 고속도 집적회로·광전자공학·광대역 교환 시스템 등의 개
발계획이 포함되어 있었다. RACE 개념정립 시기의 예산은 유럽연합으로
부터 22.1백만ECU 그리고 국민국가의 행정부 및 다른 부문으로부터 20.8
백만ECU를 조달하기로 계획되었다.55) 즉, ESPRIT와 마찬가지로 재원조
달의 1:1 원칙이 역시 적용되었다.

집행위원회가 통신부문의 공동 연구개발정책을 각료회의에 제출하기 바
로 직전인 1985년 3월 20일, 유럽연합의 주요한 행위자 가운데 하나인 '유
럽법원'은 통신부문의 경쟁정책에 중요한 영향을 미칠 수 있는 판결을 내
렸다. 일명 'British Telecom 사례'로 불리는 이 판결은 유럽연합 통신정책
의 주요한 구성부분인 경쟁정책 또는 통신시장 자유화의 미래를 예시하는
것이었다. 유럽연합 회원국가의 다양한 표준에 대한 상호인정에 대한 계기
가 되었던 디종원칙에 대한 판결에서 볼 수 있듯이, 유럽법원은 각료회의
의 본래적 입법의도를 넘어서서는 판결까지 수행함으로써 '대체 입법자'라
는 평가까지 받고 있다.56)

British Telecom 사례도 디종판결에 버금가는 비중으로 평가되고 있다.
이 사례는, 영국의 민영 통신업체가 영국의 통신담당자가 독점적 지위를
남용하고 있다는 비판에서 시작되었다. 1981년 영국의 통신법 제정 이후
British Telecom(이하에서 BT로 표기)이, 유럽대륙의 국가나 북아메리카
지역의 텔렉스 전송망이나 컴퓨터 연결망을 경유해서 접수된 메시지를 텔
렉스 형태로 전송하는 것을 금지하자, 이 민영 통신사업자는 BT가 유럽연

(RACE), Definition Phase, COM(85) 113 final(Brussels: CEC, 1985).

55) 이 비용 가운데 실제 연구개발에 지출되리라 예상되는 비용이 20.82백만 ECU
    였고, 그 밖에 인건비로 0.99백만 ECU, 행정비용으로 0.29백만 ECU가 상정되
    어 있었다.

56) 이 판결에 대해서는 K. Alter and S. Meunier-Aitsahalia, "Judicial Politics in
    the European Community: European Integration and the Pathbreaking
    Cassis de Dijon Decision", *Comparative Poetical Studies*, Vol. 26, No.4(1994)
    를 참조.

합의 경쟁법을 위반했다고 주장했다. 집행위원회는 로마조약 90조 3항[57]을 적용한 1982년 12월 10일 집행위원회 결정(decision)에 근거하여 BT가 지배적 지위를 남용했다고 선언했다. 이탈리아정부는 집행위원회의 그 결정에 반대하여 집행위원회를 유럽법원에 제소했다.

1985년 3월 20일, 유럽법원은 공동시장 내에서 지배적 지위의 남용을 금지하고 있는 로마조약 86조에 근거하여 이탈리아정부의 제소를 기각했다. 그 주요 내용은 다음과 같다:

(1) BT의 사업내용이 지배적 지위의 남용으로 판단할 수 있는 이유는, 첫째 그 민간 업체가 영국 이외의 회원국가 고객들에게 새로운 서비스를 제공하는 것을 방해했기 때문이고, 둘째 기술적으로도 상업적으로도 필요하지 않은 공공 통신장비의 사용을 의무로 간주했기 때문이며, 셋째 그 민간 업체를 다른 회원국가의 통신 서비스 제공자와 비교하여 경쟁적인 측면에서 불리한 상태로 만들었기 때문이다:

(2) 유럽법원은, BT가 민간 통신업자에게 불리한 행동을 취했을 때, BT는 공적 기구가 아니라 기업으로 행동한 것이라는 결론에 도달했다:

(3) BT가 통신 네트워크의 운영과 관련하여 법적 독점체이기는 하지만, BT는 제삼자를 위해 메시지를 재전송하는 것과 같은 보조적 서비스의 제공에 대해서는 독점권을 갖고 있지 않다:

(4) 메시지의 전송을 빠르게 하는 새로운 장치와 방법의 도입은 공공이익 (public interests)에 부합하는 기술적 진보이다.[58]

이 판결은 새로운 통신 서비스 제공자의 활동에 대한 유럽 차원의 정당화라고 할 수 있다. 집행위원회는 유럽법원의 판결에 기대어, 로마조약에 규정된 경쟁규칙이 통신담당 행정부서에도 적용될 수 있고, 따라서 PTTs의 독점권도 좁게 해석될 수 있음을 강조하고 있다.

---

57) 이 조항에 따르면, 집행위원회는 각료회의와 협의를 거치지 않고도 지침이나 결정을 제정할 수 있다. 이 조항에 대한 자세한 설명 및 이 조항을 둘러싼 갈등은 나중에 언급된다.

58) CEC, *Green Paper on the Development of the Common Market for Telecommunications Services and Equipment*, COM(87) 290 final(Brussels: CEC, 1987), pp.122-3.

  1985년 3월 29일-30일 사이에 벨기에의 브뤼셀에서 개최된 유럽정상회담에서는, 1992년까지 단일유럽시장을 완성한다는 계획을 재확인하고 집행위원회에 다음 정상회담 이전에 구체적 시간표를 갖는 세부 계획서를 제출하도록 요구했다. 이 정상회담은 또한 통신정책의 영역에서도 분기점이 되었다. 이 회담에서는 유럽 산업의 기술적 토대와 경쟁력을 강화하는 방법의 하나로 통신부문의 발전을 일반적 목표로 승인했다. 이 정상회담을 통해 유럽연합 통신정책이 공식적으로 승인되었다고 평가될 수 있다. 이 정상회담의 결과를 토대로 1985년 5월 3일 집행위원회는 SOG-T 및 PTTs의 대표들과 유럽연합 통신정책의 수립을 위한 모임을 가졌다.

  RACE의 개념정립 계획안을 각료회의에 제출한 직후인 1985년 5월 30일 집행위원회는 유럽연합 통신정책의 진척상황을 점검하는 보고서를 각료회의에 제출했다.[59] 이 보고서에서는 유럽연합 통신정책의 영역을, (1) 공동체 통신장비 시장의 창출: (2) 유럽 차원의 통신 하부구조 건설: (3) 연구개발정책의 실행: (4) 공동체의 저발전 지역에 대한 지원; (5) 통신관련 국제기구에서 입장의 조정 등으로 명확히 구분하고 있다. 이 영역구분은 향후 유럽연합 통신정책의 본격적 전개과정에서 일관되게 관철되고 있다. 우리는 이 보고서가 RACE에 대한 심의가 각료회의에서 진행 중인 상황에서 제출되었다는 사실에 주목할 필요가 있다. 집행위원회의 솔직한 의사가 반영되어 있는 것인지 의심이 가기는 하지만, 집행위원회는 이 보고서에서 통신 네트워크의 운용자들이 CEPT의 잠재력을 강화하려고 노력하고 있는 것을 지지한다는 입장을 표명했다. 이는 RACE의 신속한 통과를 위한 집행위원회의 전술적 선택으로 해석될 수 있다.

  또 다른 주목사항으로는, 집행위원회가 각료회의에 상정되어 있던 '통신 터미널의 적합성 검사의 상호인정에 관한 지침'과 '정보기술 및 통신기술의 표준화에 관한 지침'의 신속한 통과를 요구했다는 점이다.[60] 이 지침들이 포괄할 영역들이 과거 CEPT의 고유영역이었다는 사실에 주목할 필요가

---

59) CEC, *Communication from the Commission to the Council on the Status of the Community Telecommunications Policy*, COM(85) 276 final(Brussels: CEC, 1985).
60) *Ibid.*, pp.2-5.

있다. 당시 시점에서도 CEPT 산하의 CCH(Comité de Coordination de l'Harmonisation)와 SSA(Secrétariat des Spécifications et Agréments)에서 여전히 표준화 일정을 마련하기 위한 작업을 하고 있었다. 이 지침들은 각 각 1986년 7월과 12월에 각각 지침과 결정의 형태로 각료회의에서 통과되 었다.[61] 다른 한편으로 집행위원회는 세계적 수준에서 ITU와 같은 통신관 련 국제기구가 급속하게 변하고 있음을 지적하면서 회원국가가 이 기구들 에서 공동입장을 개진해야 한다고 강조했다. 예를 들어 당시 미국이 Intelsat에 사적 경쟁체제를 도입하려는 시도 등에 대해서 긴급한 조정이 필요함을 제기했다.[62]

  RACE의 개념정립을 위한 집행위원회의 제안이 각료회의를 통과하는 과 정에서 중요한 문제점들이 제기되었다. 회원국가의 산업 및 통신담당 각료 회의에서는, IBC 기준모델의 개념정립 작업이 PTTs의 연합조직인 CEPT 에 의해 수행되어야 한다는 점을 강조했다.[63] 이는 유럽연합 연구개발정책 에 유럽연합 회원국가 이외의 국가들도 참여하고 있는 조직인 CEPT가 공 식적으로 참여하게 된 계기가 되었다. 예산논쟁이 ESPRIT처럼 재연되기 는 했지만, 이는 그렇게 중요한 쟁점은 아니었다. 원래 1985년 7월 1일부터 시작되기로 한 RACE의 시험단계의 시작은, 당시 핵융합에 관한 연구에서 매우 중요한 삼중수소(tritium)와 관련된 유럽연합 연구소를 북부 이탈리아 지역에 유치하고자 했던 이탈리아정부가 이 유치계획이 난관에 부딪히게 되자 이를 RACE 계획과 연계시킴으로써 지연되었다. 결국, 이 연구소가 이탈리아에 위치하기로 결정되면서 RACE 개념정립 단계에 대한 제안도 1985년 7월 25일 통과되었다.[64]

---

61) Council of Ministers, "Council Directive of 24 July on the Initial Stage of the Mutual Recognition of Type Approval for Telecommunications Terminal Equipment."; "Council Decision of 22 December of 22 December 1986 on Standardisation in the Field of Information Technology and Telecommunications", in CEC, *Official Documents of Community Telecommunications Policy.*
62) CEC, *Communication from the Commission to the Council on the Status of the Community Telecommunications Policy,* p.10.
63) Sandholtz, *High-Tech Europe,* p.243.
64) *Ibid.*

각료회의의 결정은 집행위원회의 제안과 거의 차이가 없었지만, RACE 와 같은 연구개발정책이 로마조약에 근거하지 않은 관계로, 각료회의 결정 에 첨부되어 있던 각종 조항 가운데 미묘한 변화가 발견되기도 한다. 대표 적으로는, 원래 집행위원회 초안에는 공동체 수준에서의 협력이 국민국가 적 프로그램들과의 공동보조로 명기되어 있었지만, 각료회의 결정에는 국 민국가적 국제적 수준에서 수행되는 통신기술 분야에서의 '공적', '사적' 행 동들과의 공동보조로 변경되었다.65) 앞서 통신정책의 원형을 탐색하는 과 정에서 살펴본 것처럼, 통신이 근대 초기에 공적 범주로 이해되었지만, 이 제 통신의 사적 부문과의 연관이 강조되는 시점에 이르렀음을 사소하기는 하지만 공식적으로 확인시켜 주는 변화이기도 하다.

그 밖의 주요 내용으로는, RACE를 위한 특별위원회 의사록을 일반에 공개하기로 결정했고, 이 위원회의 의사결정은 특정다수결의 방식으로 이 루어진다는 합의사실을 들 수 있다. 이는 부분적으로 단일유럽법 제정 이 전에도 일단 회원국가 정부의 만장일치로 합의가 이루어지면, 그 이후에는 의사결정의 효율성을 제고시키기 위해 특정다수결이 사용되기도 했던 중요 한 사례 가운데 하나이다. RACE 프로그램은 1987년 12월 14일 각료회의 결정으로 통과되었다.66) RACE의 1단계는 1987년부터 1992년까지, 2단계 는 1992년부터 1997년까지 수행하기로 합의되었다.

RACE와 ESPRIT를 간략히 비교하면서 어떤 연구자는 오히려 두 개의

---

65) CEC, *Proposal for Council Decision on a Preparatory Action for a Community Research and Development Programme in the Field of Telecommunications Technologies: R&D in Advanced Communication Technologies for Europe-(RACE)*: Council of Ministers, "Council Decision of 25 July 1985 on a Definition Phase for a Community Action in the Field of Telecommunications Technologies-R+D Programme in Advanced Communication Technologies for Europe(RACE)", in CEC, *Official Documents of Community Telecommunications Policy.*

66) Council of Ministers, "Council Decision of 14 December 1987 on a Community Programme in the Field of Telecommunications Technologies – Research and Development(R&D) in Advanced Telecommunications Technologies in Europe(RACE Programme)", in CEC, *Official Documents of Community Telecommunications Policy.*

연구개발정책이 유사점보다는 차이가 더 많음을 지적한다. 두 연구개발정책의 예산편성방식이나 의사결정방식에 있어서의 형식적 유사성을 강조할 수 있지만, ESPRIT의 '선거구민'이었다고 할 수 있는 12개 대기업이 ESPRIT의 계획의 입안부터 실행까지 적극적 참여자였지만, RACE에서는 주요한 선거구민이 될 수도 있었던 통신 서비스 제공자인 PTTs가 RACE에 소극적이었다는 점을 지적할 수 있다. 바로 이 문제 때문에 RACE는 "정책실행자가 결정한다"라는 것을 보여 주는 대표적 정책으로 평가될 수도 있다.[67] 즉, PTTs가 RACE에 참여하기로 계획되었지만, 그들이 그 프로그램의 결과들을 반드시 실행하지 않을 수도 있고, 사실 통신시장의 자유화와 통신 서비스의 민영화로 인해 경쟁이 더욱 격화되면서 PTTs가 장기적 투자보다는 단기적 이익에 치중하게 되면서 RACE의 결과를 실행하지 않는 경우가 발생하고 있다는 것이다. 이 지적은 매우 적절하게 정책실행의 문제를 지적하고 있다는 점에서 상당히 중요하다. 사실, 유럽연합의 공공정책이 갖는 중요한 문제 가운데 잘 부각되지 않고 있는 것이 바로 소위 '실행의 결핍'(implementation deficit)이기 때문이다. 집행위원회도 실행의 결핍을 언급하게 될 때, 자신들이 입안한 정책의 정치적 효용이 감소될 수 있다고 생각하고 있는 듯이 보인다.

1986년 7월 각료회의는 집행위원회가 신속히 제정되어야 할 지침 가운데 하나로 요구한 '통신터미널 장비의 형식승인에 대한 상호인정의 첫 단계에 관한 각료회의 지침'을 제정했다.[68] 이 지침은 공동시장의 수립 및 기능에 영향을 미치는 회원국가의 법령을 통제할 수 있는 권한을 명시한 로마조약 100조에 근거하여 작성되었다. 즉 이것은 RACE와 달리 로마조약의 테두리를 벗어나지 않는 지침이었다. 각료회의는, 일반적 표준화 프로그램이 GATT의 표준화 코드에 따라 실행되어야 함을 지적하면서, 이 지침이 1973년 2월 각료회의가 제정한 전자장비에 관한 지침과 1983년 3월 제정한 기술표준과 규제에 분야에서 정보의 제공을 절차를 규정한 지침의 연속선

---

67) Cram, *op. cit.*, pp.83-5.
68) Council of Ministers, "Council Directive of 24 July 1986 on the Initial Stage of the Mutual Recognition of Type Approval for Telecommunications Equipment."

상에 놓여 있음을 강조하고 있다.[69]

'터미널 장비의 형식승인'은 한 회원국가의 책임있는 기구가 확정한 것이 특별한 공공 통신네트워크와 연결되기에 적당한 것으로 인정됨을 의미한다. '터미널 장비에 관한 적합성 검사결과의 상호인정'은 한 회원국가의 책임있는 기구가 발행한 형식승인 검사결과의 증명이 다른 회원국가에서도 인정되고, 또한 더 이상의 형식승인 검사를 필요로 하지 않는다는 것이다. 이 형식승인의 상호인정은 기본적으로 CEPT와 집행위원회의 비망록에 기초하여 그 작업이 진행되는 것으로 규정되었다. 또한 1961년과 1973년에 설립된 유럽 차원의 표준화 기구인 CEN과 Cenelec도 주요한 행위자로 설정되었다. 그러나 여전히 핵심적 주체는 CEPT였다. 즉 형식승인의 상호인정은 NETs로 표현되는 CEPT의 권고안을 실행하는 과정으로 이해되었다. 여전히 표준화 과정에서 CEPT는 유럽연합 집행위원회보다 강력한 권력을 보유하고 있었기 때문이다.

1986년 10월 각료회의는 유럽연합 법률 가운데 가장 구속력이 강한 '법규'의 형태로 1987년-1991년까지 5년 동안 유럽연합 내부의 저발전 지역을 위한 지원하기로 결정했다.[70] 이 법규에서는 1985년 3월의 브뤼셀 정상회담과 1984년 12월 각료회의에서 채택된 행동노선을 STAR 프로그램의 법적 원천으로 규정했다. 이 STAR 프로그램의 혜택은, 스페인, 프랑스, 그리스, 아일랜드, 이탈리아, 포르투갈, 영국 등의 통신 저발전 지역으로 한정되었다. RACE가 유럽 차원의 산업정책으로, 시장의 자유화가 유럽 차원의 경쟁정책으로 이해될 수 있다면, 이 STAR 프로그램은 유럽 차원의 사회

---

69) Council of Ministers, "Council Directive 73/23/EEC of 19 February on the Harmonisation of the Laws of the Member States relating to Electrical Equipment Designed for Use within Certain Voltage Limits"; "Council Directive 83/189/EEC of 28 March 1983 laying down a Procedure for the Provision of Information in the Field of Technical Standards and Regulations."

70) Council of Ministers, "Council Regulation of 27 October 1986 instituting a Community Programme for the Development of Certain Less-favoured Regions of the Community by improving Access to Advanced Telecommunications Services, (STAR Programme)", in CEC, *Official Documents of Community Telecommunications Policy.*

정책이라고 할 수 있다.[71]

1986년 12월 22일 각료회의는 앞서의 터미널 장비 표준화 지침보다 더욱 포괄적인 내용을 담고 있는 '정보기술과 통신 분야에서의 표준화'에 관한 결정을 채택했다.[72] 1985년 3월 집행위원회는 이 표준화에 관한 의사결정이 '지침'의 형태로 이루어져야 한다고 요구했지만, 각료회의는 지침보다 구속력이 약한 '결정'의 형태로 표준화에 관한 유럽연합 차원의 정책을 제시했다. 또한 이 결정은 로마조약을 벗어나 있다고 판단되었기 때문에 로마조약 235조에 근거하여 작성되었다. 이 결정에서도 집행위원회, CEPT, 그리고 CEN-Cenelec 사이의 협력이 강조되었다. 이 결정은 앞서 터미널 장비의 형식승인에 대한 상호인정의 지침과 달리 포괄적 목표를 갖고 있었다. 즉, 유럽연합 차원의 표준화 작업을 통해, (1) 공동체 내부시장의 통합; (2) 공동체 생산업자의 국제경쟁력의 강화; (3) 공동체 차원에서 표준화와 관련된 정보교환의 촉진; (4) 사용자들이 자신들의 네트워크 형성에서 보다 많은 자유를 가질 수 있도록 기회를 제공 그리고 사용자에게 좀 더 낮은 가격의 서비스 제공; (5) 공공조달에 있어 표준 및 기능적 스펙의 적용을 증진하는 것을 목표로 설정했다.

1986년 12월 22일 각료회의는 '유럽연합에서 ISDN의 조정된 도입'에 관한 권고를 채택했다.[73] 사실, 음성 및 비음성 서비스를 디지털 네트워크를 통해 통합하려는 시도인 ISDN의 건설은, 사적 네트워크가 증가함에 따라, 1970년대부터 국민국가들이 추진하던 중요한 정책목표였다. 따라서 이 권고안은 새로운 디지털 기술에 기반한 통신 네트워크의 건설에 유럽연합이 개

---

71) DG XIII의 책임자가 직접 STAR 프로그램을 설명하고 있는 글이면서 동시에 그 정책의 성립배경에 대한 소개가 담겨 있는 논문으로는 E. Lalor, "Action for Telecommunications Development: STAR", *Telecommunications Policy*, No.11(1987)을 참조.

72) Council of Ministers, "Council Decision of 22 December 1986 on Standardisation in the Field of Information Technology and Telecommunications", in CEC, *Official Documents of Community Telecommunications Policy*.

73) Council of Ministers, "Council Recommendation of 22 December 1986 on the Coordinated Introduction of the Integrated Services Digital Network(ISDN) in the European Community", in CEC, *Official Documents of Community Telecommunications Policy*.

입함을 알리는 최초의 지표일 수 있다. 또한 ISDN의 도입을 유럽연합 차원에서 조정하는 것은, 곧 유럽연합 차원의 통신 네트워크 건설을 지향하는 것을 의미하기도 했다. 따라서 유럽연합이 기존의 국민국가 차원의 통신 네트워크를 넘어서서 유럽 차원의 통신 네트워크를 건설하려 하고 있다고 평가될 수도 있다. 그렇기 때문에 ISDN 도입을 유럽연합 차원에서 조정하려는 시도는 여러 가지 측면에서 상당한 난관에 부딪힐 수밖에 없었다.

유럽연합 집행위원회는 ISDN이 기존의 전화 네트워크를 대체할 뿐만 아니라 국민국가의 통신네트워크를 유럽적 네트워크로 변화시킬 수 있는 새로운 기술로 인식했다. 1982년 유럽연합 집행위원회는 국민국가 통신 전문가들과의 토론과정에서 ISDN의 건설에 우선적 중요성을 부여하기 시작했고, SOG-T 또한 유럽 차원의 ISDN 계획을 승인했다고 한다.[74] 특히, SOG-T 산하의 전문가 집단인 GAP가 유럽 차원의 ISDN에 대한 세부 프로그램을 작성한 것으로 알려져 있다. 그러나 각료회의가 유럽 차원의 ISDN 계획을 승인한 것은 '1986년'이었다.

1982년부터 1986년 사이에 유럽연합 통신정책이 홍수처럼 터져 나왔기 때문에 유럽 차원의 ISDN 계획이 지체되었다고 주장되기도 한다.[75] 그러나 당시 집행위원회의 기술적 전문적 지식의 수준으로는 ISDN의 발전계획을 고안할 수준이 아니었다. 또한, 디지털 네트워크의 형성은 이미 또 다른 연구개발정책이 필요하지 않을 정도로 국민국가들에서 차세대 통신 네트워크로 주목했던 부분이었다. 통신부문의 부분적 자유화나 RACE를 추진하기에도 유럽연합 집행위원회는 충분한 인력과 지식을 갖고 있지 못했다. 당시만 해도 유럽연합 집행위원회는 포괄적인 통신정책을 제시하는 수준이었고, 주된 관심은 유럽기업의 경쟁력을 강화할 수 있는 유럽 차원의 산업정책을 입안하는 것이었다. 따라서 부분적 자유화 조치와 RACE 및 STAR로 대표되는 산업정책이 시작되고 나서, 유럽 차원의 ISDN 계획이

---

74) G. Fuchs, "Policy-Making in a System of Multi-Level Governance: The Commission of the European Community and the Restructuring of the Telecommunications Sector", *Journal of European Public Policy*, Vol. 1, No.2(1994), p.180.

75) *Ibid.*

입안된 것은 어쩌면 당연한 순서이기도 했다.

유럽 차원의 ISDN 건설계획에서도 중심적 행위자는 여전히 CEPT였다. 각료회의가 채택한 이 권고안에서도 볼 수 있듯이, CEPT 내부에서의 조화를 위한 작업과 CEPT가 설정한 스펙 및 표준의 실행이 여전히 강조되었다. 회원국가의 PTTs가 서로 다른 디지털 네트워크를 보유하고 있던 상황을 고려할 때, CEPT를 매개로 한 조정은 불가피했다. 그럼에도, 유럽연합 집행위원회가 개입할 수 있었던 것은 이 상이한 네트워크의 상호접속에 어려움이 없어야 한다는 것에는 대부분의 행위자들이 동의하고 있었기 때문이다. 우선, 유럽연합 집행위원회는 144 Kbit/s와 2 Mbit/s로 접근할 수 있는 ISDN이 전화 네트워크의 자연스러운 발전과정이고 이 고속통신망이 사용자들에게 혜택을 제공할 것이라는 기술적 이유로 유럽 차원의 ISDN 계획의 조정을 정당화했다.[76]

각료회의의 이 권고안에서 흥미로운 것은, 유럽 차원의 ISDN 건설을 위해 필요한 명확한 과제와 시간계획이 제시되어 있었다는 점이다. 이것은 부분적 자유화를 위한 다양한 입법과 구분되는 점이고, 사실상 ISDN의 건설이 RACE와 유사하게 산업정책적 관심에서 시작되었음을 보여 주는 부분이기도 하다. 핵심과제는 공영 네트워크와 민영 네트워크의 상호접속을 위해, 그리고 공영 네트워크들 사이의 상호접속을 위해, 공동표준을 설정하는 것이었다. 이 인터페이스를 위한 표준으로는 ITU 산하의 CCITT가 제시하는 표준을 수용할 것을 권고했다. 그리고 1993년까지 실행되어야 할 구체적 서비스의 내용이 명시되었다.[77]

---

76) Council of Ministers, "Council Recommendation of 22 December 1986 on the Coordinated Introduction of the Integrated Services Digital Network(ISDN) in the European Community."

77) 1986년 말까지 그 세부내용이 구체화되고 1988년부터 모든 회원국가에서 제공되는 서비스: (1) Bearer services-Circuit switched transparent at 64 Kbit/s: (2) Teleservices-Telephony 3.1 kHz at 64 Kbit/s, Facsimile at 64 Kbit/s, Teletex at 64 Kbit/s, Mixed mode teletex/facsimile at 64 Kbit/s: Supplementary services-call-waiting, calling-line identification, closed user group, direct-dialling-in: Adaptors-adaptor X 21, adaptor X 25 on the B channel(for access to packet switched services), A/D adaptor specified according to national needs. 1987년말까지 그 세부내용이 구체화되고

3. 통신장비 및 서비스 시장의 자유화 준비기(1987-1991)

3-1. 유럽연합 통신시장의 자유화를 위한 『녹서』의 등장

1985년 유럽연합 집행위원회가 작성한 단일유럽시장의 완성을 위한 '백서'(White Paper on the Single Market)에서는 통신부문이 언급되지 않았다. 즉, 당시 통신장비 및 통신 서비스 시장의 부분적 자유화가 추진되기는 했지만, 1985년 6월 밀란(Milan) 정상회담에서 통과된 이 '백서'에는 통신부문의 전면적 자유화가 포함되어 있지 않았다. 그럼에도 추상적이기는 하지만, 국경을 가로지르는 서비스가 유럽경제의 발전에 점차적으로 중요한 역할을 할 것이라는 언명은 이 백서에 담겨져 있었다. 유럽연합 집행위원회가 통신부문에서 단일시장의 완성을 위해 본격적으로 개입한 것은 1987년 6월 30일, 『통신서비스 및 장비를 위한 공동시장의 발전을 위한 녹서』를 발행하면서이다.[78] 이 녹서는 다양한 행위자들 사이에 토론을 유도하고, 이를 기초로 유럽연합 통신정책을 입안하기 위해 유럽연합 집행위원회에 의해 제출되었다.

사실, 200여쪽에 달하는 이 『녹서』의 발행을 계기로 유럽연합 통신정책은 근본적 변화를 겪게 되었다. "현재 진행 중인 동태적 기술발전을 충분

1988-1993년까지 실행되어야 할 서비스: (1) Bearer services-packet bearer service on D channel; (2) Teleservices at 64 Kbit/s-Telephony(7 kHz at 64 Kbit/s), Audioconference at 64 Kbit/s, Videotext alphageometric at 64 Kbit/s, Image transmission and computer communication at 64 Kbit/s; (3) Adaptors-X 21 bit, for asynchronous terminals(V 24); (4) Supplementary services. 1990년 말까지 그 세부내용이 구체화되어야 할 서비스: (1) Teleservice based on packet service-Teletex, Videotex, Message handling, Teleaction; (2) Teleservices based on 64 Kbit/s-Audiography at 64 Kbit/s, Alphaphotographic videotex at 64 Kbit/s, If possible viewphone at 64 Kbit/s; (3) Supplementary services.

78) 이 녹서가 발간되던 시점에, 유럽공동체 집행위원회는 RACE 프로그램을 위한 제안을 각료회의에 계류시켜 놓고 있었다. 이 녹서의 발간 바로 직후인 1987년 7월 1일 유럽공동체 회원국가의 정부들은 단일유럽법에 합의했다.

히 고려하면서, 유럽의 사용자들에게 가장 유리한 조건으로 광범위하고 다양한 통신 서비스를 제공하고, 회원국가들의 균등한 발전을 도모하며, 열린 경쟁환경을 창출하는" 것을 목표로 설정한 이 『녹서』에서 제안된 주요 내용은 다음과 같이 요약될 수 있다:

(1) 네트워크 하부구조의 제공 및 운용과 관련하여 통신 행정부서의 특별한 권리 인정. 회원국가가 부분적으로든 전체적으로든 자유주의적 레짐을 선택한 경우에도, 전반적인 네트워크 하부구조의 통합성은 보호되어야 한다:

(2) 통신 행정부서의 배타적 서비스 제공이 공공 서비스의 목적을 보호하기 위해 필수적인 것으로 고려되는 경우, 제한된 숫자의 기본적 서비스의 제공과 관련하여 통신 행정부서의 특별한 권리를 인정. 그러나 배타적 권리는 '협소하게' 해석되어야 한다:

(3) '경쟁적 서비스'는 통신 행정부서를 위해 분명하게 유보된(reserved) 기본적 서비스를 제외한 모든 서비스를 포함한다:

(4) 공동체 차원의 호환성을 유지하거나 창출하기 위해 통신 행정부서 또는 다른 서비스 제공자에 의해 제공되는 네트워크 하부구조 및 서비스를 위한 표준과 관련하여 엄격한 필요조건의 설정:

(5) 네트워크 하부구조의 제공과 관련된 정의를 포함하여 통신 행정부가 네트워크의 사용에 대해 경쟁적 서비스 제공자에 부과하는 전반적 필요조건을 공동체 지침으로 명확하게 정의. 서비스 제공을 위해 부과되는 일반적 조건에 동의하기 위해, 표준, 주파수, 요금원칙 등에 대한 합의가 필요. '개방된 네트워크 제공'(Open Network Provision)을 회원국가 및 SOG-T와 협의를 거쳐 준비:

(6) 회원국가와 내부에서 그리고 회원국가들 사이에서 터미널 장비의 자유로운 공급. 최초 전화기의 제공이 일시적으로 경쟁적 제공으로부터 배제될 수 있다:

(7) 통신 행정부서의 규제적 기능과 네트워크 운용을 분리:

(8) 로마조약의 경쟁정책 조항(85조, 86조, 90조)에 근거하여 통신 행정부서의 네트워크 운용활동을 지속적으로 엄격하게 관찰:

(9) 지배적 지위의 남용을 방지하기 위해 로마조약 85조와 86조에 근거하여 새로이 개방된 부문에서 활동하는 모든 사적 서비스 제공자들에 대한 엄격하고 지속적인 관찰:

(10) GATT 협상이나 제3국과의 관계에서 공동체의 공동 통상정책을 완전하게 적용.[79]

이 집행위원회의 제안들을 이전의 행동노선과 비교하면, 상당한 차이점을 발견할 수 있다. 첫째, 무엇보다도 이 녹서에는 '경쟁적 환경'과 그 환경을 '규제할 수 있는 방법'에 대한 구체적 제안이 담겨져 있었다. 경쟁에 노출될 서비스가 무엇인가를 규정하는 방식이 아니라 경쟁이 유보되는 서비스 – 대표적으로 음성 전화통신 서비스 – 를 명확히 함으로써, PTTs의 기본적 서비스를 제외하고 모든 통신 서비스를 경쟁적으로 공급할 수 있게 하고 있다는 점에서, 이전의 통신정책과 근본적 차이를 지니고 있었다. 달리 표현한다면, 통신부문에도 단일유럽시장의 논리를 관철하기 위한 의도가 담겨져 있었다. 또한 PTTs의 입장에서도 자신들의 네트워크를 디지털화하기 위해서는 충분한 재정적 자원을 확보해야 했고, 이 재정적 자원은 자신들의 독점권을 유지할 때만 추출 가능한 것이었다. 그리고 유럽연합이 유럽인들에게 보편적 서비스를 제공할 수 없는 상황에서 PTTs에 대한 공격은 자칫 대중의 불만을 야기할 수 있는 요인이었다.[80] 따라서 유럽연합 집행위원회는 PTTs의 기본적 서비스를 경쟁환경에 노출시키지 않음으로써, 회원국가 PTTs의 예상되는 저항을 피할 수 있는 방법을 모색했다고 볼 수 있다.

둘째, PTTs와 유럽연합 집행위원회가 한편으로는 유럽 차원의 협력을 도모하고, 다른 한편으로는 유럽 차원의 경쟁을 자극하는 양면 전략은, PTTs에게 규제와 운용을 분리하라는 요구에서 분명하게 드러나고 있다. 집행위원회는 보다 경쟁적인 환경에서는 PTTs가 요금구조를 결정하고, 인허가 업무를 담당하며, 형식승인 및 스펙을 통제하는 '규제자'이면서 동시에 경쟁적 '시장의 행위자'일 수는 없다는 주장을 개진했다. 즉 경쟁적 게임에서 어떤 행위자가 심판이면서 동시에 선수일 수 없다는 것이다. 집행위원회는 회원국가마다 네트워크 운용형태가 상이하고, 또한 전용회선의 제공이나 전용회선의 재판매 등과 관련하여 다양한 규제정책이 공존하고 있음을 인정하면서도, 공동체 차원에서 새로운 규제적 틀을 모색하고 있었다. 더 나아가 유럽연합 집행위원회는 회원국가의 PTTs가 기존의 규제적 틀의 유지

---

79) CEC, *Green Paper*, Figure 3.

80) O. Stehman and R. Borthwick, "Infrastructure Competition and the European Union's Telecommunications Policy", *Telecommunications Policy*, Vol. 18, No.8(1994), p.601.

또는 기본의 규제적 틀을 보다 협소하게 정의하고 보다 많은 경쟁을 위한 여지를 제공하는 두 가지 선택에 직면하고 있다고 지적하면서, 후자가 세계적으로 불가피한 추세임을 강조했다. 이 선택에 대한 강조는 유럽연합 집행위원회가 PTTs의 저항에 맞설 수 있는 논리이기도 했다. 구체적으로, 집행위원회는 터미널 장비의 형식승인에 관한 지침의 확장과 통신관련 공공조달시장의 개방에 관한 권고를 지침으로 바꿀 것을 요구했다.[81]

셋째, 집행위원회는 CEPT 및 CEN-Cenelec 등과 같은 정부 간 기구가 지배적 행위자로 활동하고 있는 표준화 게임의 구조를 바꾸려고 시도했다. 구체적으로, 집행위원회는 유럽 차원의 '통신표준연구소'를 설립할 것을 제안했다. 이것은 유럽 차원의 표준설정 작업이 정부 간 기구인 CEPT의 고유 업무였다는 점을 생각한다면, 혁신적 조치로 받아들여질 수도 있다. 특히 집행위원회는 이 통신표준연구소의 회원자격을 PTTs로 국한하지 않으려 했다. 즉, CEPT의 회원자격은 PTTs에게만 주어지지만, 새로운 통신표준연구소의 회원자격은 '사용자' 및 '통신장비 생산기업'에게도 개방되었다.[82] 물론, 이것을 정당화하는 논리는 바로 경쟁적인 시장환경이었다.

넷째, 이전의 행동노선과 구별될 수 있는 또 다른 요소로, 경쟁적 통신 서비스 제공자에게 기존의 통신 네트워크에 대한 접속을 허용하는 '개방된 네트워크 제공'(Open Network Provision, 이하에서 ONP로 표기)의 원칙이 등장했다는 점이다. 집행위원회는 이 원칙을 통해 유럽 차원에서 통신장비 및 통신 서비스 시장의 자유화와 통일된 규제원칙을 만들려는 의도를 갖고 있었다. 집행위원회는 이 작업이 다양한 관련 행위자들의 의견을 토대로 SOG-T에 의해 주도되고, 집행위원회가 ONP 지침을 제안하는 방식으로 수행되어야 한다는 의견을 제시했다.[83] 이 ONP 원칙은 단일유럽시장을 구성하는 원칙인 상호인정과 비교될 수 있는 통신 분야에서의 혁신적 제안으로 평가될 수 있다.

---

81) CEC, *Green Paper*, pp.17-8.
82) *Ibid.*, p.189.
83) *Ibid.*, pp.189-90.

3-2. 『녹서』에 대한 정치적 입장들: 초국가적 정책 네트워크의 형성

집행위원회의 녹서가 진공상태에서 등장한 것은 아니었다. 가장 주목되는 사건으로는, 1980년대에 들어서 유럽연합 경제정책의 형성에 상당한 영향을 미쳤던 ERT와 유럽 기업가의 정상조직(peak association)인 UNICE(Union of Industrial and Employers' Confederation of Europe)가 통신부문에 대한 개입을 시작했다는 점이다. 1986년 6월 유럽 대기업들의 조직인 ERT는 '기업사용자'의 관점에서 회원국가의 정부들의 통신장비 구매에 대한 '완전한 자유화'를 주장하는 책자를 간행했다.[84]

이 기업사용자들은 통신장비 및 서비스의 호환불가능성이 언급하면서 구체적 사례를 적시하고 있다. 예를 들어, 패킷 데이터 네트워크가 국내에서는 48kbits/s로 정보를 전송하는데 반해, 국가와 국가가 연결된 부분에서는 1/10수준인 4.8kits/s로 전송되고 있었다. 그리고 프랑스의 비디오텍스(videotex)가 독일, 영국, 네덜란드의 시스템과 호환되지 않았고, 전용회선의 임대가격이나 전화요금, 전화설치 비용 등에서도 유럽 국가별로 엄청난 차이 - 예를 들어 시내전화 요금에 있어 영국은 포르투갈의 9배 - 가 존재하고 있었다.[85] 즉, 단일유럽시장의 형성이라는 '신자유주의적' 프로젝트를 주도했던 ERT는 통신부문에 있어서도 유럽시장의 분절화를 극복할 수 있는 '신자유주의적' 전환을 요구했다. 1987년 1월, 유럽기업들의 연합조직인 UNICE도 자신들의 입장을 밝히고 있는 책자에서 통신조직과 장비 생산업자들의 수직적 통합에서 야기되는 지배적 지위의 남용문제를 해결할 대안으로, 경쟁에 기반한 규제를 제시했다.[86] UNICE도 유럽연합의 최고 의사결정기구 가운데 하나인 각료회의에 직접적으로 영향을 미칠 수 있는 몇 안 되는 유럽집단 가운데 하나였다.[87]

---

84) ERT, *Clearing the Lines: A User's View on Business Communication*(Paris: ERT, 1986).

85) W. Sandholtz, "Institutions and Collective Action: The New Telecommunications in Western Europe", *World Politics*, Vol. 45, No.2(1993), pp.247-8.

86) UNICE, *Position Papers*(Brussels: Press Media, 1991).

87) F. Bindi, *The Role of Eurogroups in the EU Decision Making Process*(Florence:

즉, 우리는 ERT와 UNICE의 통신정책에 대한 통일된 입장의 정립을 보면서, 1987년을 전후로 한 시점에 유럽의 대기업들, 특히 통신정책의 변화를 주도할 세력인 기업사용자 및 통신장비 생산기업들 사이에 통신부문의 자유화라는 주제에 대한 합의가 이루어졌다고 가정할 수 있다. ESPRIT와 RACE를 추동한 것이 정보기술 및 통신기술과 관련된 장비를 생산하던 대기업들이었다면, 이제 정보통신을 기업활동의 일반적 하부구조로 생각했던 대기업들이 새로운 통신정책의 형성에 적극 개입하기 시작한 것이다.

유럽연합 집행위원회는 토론문건인 『녹서』의 발간 이후 유럽연합 통신정책의 형성을 위해 광범위한 공적 토론을 조직하기 시작했다. 집행위원회는 통신부문의 행위자들에게 이 『녹서』에서 제시된 통신정책에 각자의 의견을 제출할 것을 요구했다. 이 자문절차는 1988년 2월 9일, 결론과 계획의 형태로 출간되었다.[88] 유럽연합 집행위원회에 따르면, 45개 이상의 조직들이 1988년 1월까지 서면 답변을 보내 왔다고 한다. 이 자문과정을 통해 다양한 행위자들이 유럽연합 통신정책의 결정과정에 참여할 수 있는 기회가 보장되었지만, 모든 행위자들에게 개방된 것은 아니었다. 〈표 6-6〉은 집행위원회의 1987년 『녹서』에 의견을 제출한 조직들의 명단이다.

　　European University Institute, 1994).
88) CEC, *Towards a Competitive Community-wide Telecommunications Market in 1992-Implementing the Green Paper on the Development of the Common Market for Telecommunications Services and Equipment-State of Discussions and Proposals by the Commission*, COM(88) 48 final(Brussels: CEC, 1988).

〈표 6-6〉 녹서에 의견을 제출한 조직들

Aeronautical Radio, Inc.
American Chamber of Commerce
Amsterdam Informatics and Telecommunications Council
Association of European Chambers of Commerce and Industry(Eurochambers)
Belgian Telecommunications User Group(Beltug)
British Petroleum(BP)
British Telecom(BT)
Computer Association of Large French Companies(CIGREF)
Confederation of European Computer User Associations(CECUA)
Confederation of German Industry and Trade(DIHT)
Council of Netherlands Industrial Federations(CIB-RCO)
Digital Equipment Corporation(DEC)
Dutch Business Telecommunications User's Association(NVBTG)
Electronic Engineering Association(EEA)
Esprit industrial Round Table
European Association of Information Services(Eusidic)
European Association of Research Networks(RARE)
European committee for Standardization – European Committee for Electrotechnical Standardization(CEN-Cenelec)
European Computing Service Association
European Council of Telecommunications Users' Association(ECTUA)
European Federation of Public Servants(Eurofedop)
European Organisation for Nuclear Research(CERN)
European Service Industries Forum(ESIF)
European Space Agency(ESA)
European Telecommunications and Professional Electronics Industry(Ectel)
French Committee of the International Chambers of Commerce
French Telephone and Telecommunications User's Association
German Machinerey & Equipment Manufacturers' Association(VDMA)
German Postal Services Users' Association
Institute of Satellite Applications(ISA)
International Businee Machines(IBM)
International Chamber of Commerce(ICC)
International Data Exchange Association(IDEA)
International Telecommunications Users' Group(INTUG)
Italian Telematics Forum(FTI)
National Council of French Management(CNPF)
Plessey
Postal, Telegraph and Telephone International(PTTI)
Round Table of European Industrialists

Shell
Society of Telecom Executives(STE)
Telecommunications Equipment Manufacturers' Association(TEMA)
Televerket: Swedish Telecom
Unilever
Union of Industrial and Employers' Confederations of Europe(UNICE)
US Council for International Business
US Government

통신담당 행정부서, 사용자, 생산업자, 서비스 제공자, 그리고 노동조합이 이 자문과정에 참여했다. 이 자문과정은 공동의 유럽전략을 발전시키기 위한 핵심조건이었다.

자료: Ungerer and Costello, *Telecommunications in Europe*, pp.231-2.

이 조직들의 명단을 자세히 살펴보면 유럽연합 통신정책의 형성과정에서 나타나는 독특한 특징인 '엘리뜨 다원주의'를 확인할 수 있다. 이 『녹서』를 둘러싼 자문과정의 특징은 다음과 같이 정리될 수 있다.

첫째, 회원국가의 PTTs 가운데서 가장 먼저 민영화의 길을 걸은 영국의 BT를 제외하고 이 명단에 올라 있는 PTTs가 없다. 회원국가의 통신부문 관료들로 구성된 SGO-T 및 통신담당 행정부서와 지속적인 논의가 진행되었다고 언급되고 있지만, PTTs의 이름들이 구체적으로 적시되지는 않았다. 이는 『녹서』를 작성하는 과정에 이미 PTTs의 대표들이 참가했기 때문일 수도 있다. 그러나 앞서 지적한 것처럼, 유럽연합 집행위원회는 통신부문에 대한 개입을 시작하면서부터 회원국가의 PTTs를 포위하는 전략을 구사했음을 기억할 필요가 있다. 당시, 유럽연합 회원국가가 아닌 스웨덴의 PTT인 Televerket은 자문에 참여했다.

둘째, INTUG(International Telecommunications Users' Group)를 비롯한 유럽 차원의 다양한 사용자 이익집단들 10개와 국민국가 차원의 사용자 이익집단 11개가 이 명단에 올라 있다. INTUG는 수천여 개에 달하는 기업들로 구성되어 있는 영향력있는 사용자 이익집단으로 1974년에 조직되었다. 이 조직의 목적은 국제통신에서 사용자의 이익을 증진하고, ITU, CEPT, OECD, EEC와 같은 통신관련 국제기구에서 자신들의 공동이익을 실현하는 것이다.[89] 이 INTUG와 비교될 수 있는 유럽 차원의 이익집단으로는

ECTUA(European Counicl of Telecommunication Users' Association)가 있다. 우리는 통신 서비스의 국유화가 기업사용자의 요구에 의해 이루어진 것처럼, 통신부문의 자유화 정책에도 사용자들이 강력한 영향력을 행사하고 있음을 확인할 수 있다. 유럽연합 집행위원회도 자신들의 견해를 가장 잘 수용하고 또한 가장 적극적으로 지지할 수 있는 조직으로 바로 이 사용자 집단을 상정했을 것이다.

셋째, 통신장비 생산업체로는 3개의 다국적 기업과, 4개의 국민국가 차원의 정상조직과 부문조직, 그리고 UNICE와 Ectel 등 2개의 이익집단이 자문대상이었다. 1985년에 설립된 Ectel은 유럽 차원에서 통신장비 부문을 대표하는 유일한 조직이다. Ectel에 소속되어 있는 기업들은 유럽국가의 통신장비 생산의 90% 이상을 점하고 있었다.[90] 따라서 자문대상 조직의 숫자만을 계산한다면, 통신장비 기업들이 과소대표(under-representation)되었다고 주장될 수도 있지만, ERT 산하에 Siemens와 Phillips 같은 주요한 장비생산업자가 포함되었다는 점을 기억해야 한다. 또한 회원국가 기업가들의 정상조직인, 영국의 CBI(Confederation of British Industry), 프랑스의 CNPF(Conseil National du Patronat Française), 독일의 BDI(Bundesverband der Deutschen Industrie), 이탈리아의 Confindustria(Confederazione Generale dell' Industria Italiana)들도 유럽 차원의 정책결정에 영향을 미치던 이익집단들이고, 이들 조직에 통신장비 생산기업들이 참여하고 있었다.

넷째, IBM, US Council of International Business, 미국정부 등 미국의 다양한 이익집단이 이 자문과정에 참여했다.[91] 1987년의 시점에서 미국정부는 이미 통신산업은 물론 통신 서비스의 분야에서도 자유화와 탈규제를 시행하고 있었기 때문에, 집행위원회의『녹서』보다 더욱 강력한 형태의 자유화 정책을 지지했을 것으로 추측된다. 따라서 집행위원회는 보수적인 회

---

89) V. Schneider, "Organized Interests in the European Telecommunications Sector", in J. Greenwood, R. Grote and K. Ronit(eds.), *Organized Interests and the European Community*(London: Routledge, 1990), pp.61-4.
90) *Ibid.*, pp.58-9, 62-4.
91) IBM의 1987년『녹서』에 대한 공식적 견해로는, IBM Europe, "Commentaires d'une Multinationale", *Le Communicateur*, N° Spécial(Février 1988), pp.137-43 을 참조.

원국가의 정부를 설득하기 위한 방법으로 미국의 이익집단들을 자문과정에 초대했을 것이다. 또한 미국기업들도 유럽시장에 진출하기 위해서는 여전히 부분적으로 보호주의적 정책을 고수하고 있는 회원국가와 직접 접촉하는 것보다는 유럽연합을 통해 우회하는 전략이 보다 유효할 뿐만 아니라 비용을 절감하는 방법이라고 생각했을 것이다.

다섯째, 유럽연합 집행위원회의 문건에는 분명 노동조합도 녹서에 대한 자문에 참여했다고 주장되고 있다. 그러나 위의 명단에서, 노동자를 대표하는 조직으로 IPTT(Internationale des Postes et des Télécommunications)가 기록되어 있기는 하지만, 회원국가의 통신관련 노동조합은 보이지 않는다. 즉, 통신정책의 정치에서 주요한 행위자였던 노동조합의 몰락을 확인할 수 있다. 유럽연합 집행위원회가 의도적이었든 의도적이지 않았든 노동조합을 자문대상에서 생략한 것은, 자유화 정책이 노동조합의 강력한 반발을 야기할 수 있었기 때문일 것이다. 또한 이 시점에서 통신부문의 자유화를 계획하고 있던 회원국가들도 노동조합의 약화를 부정적으로 받아들이지는 않았을 것이다.

여섯째, 자문대상 조직의 폭이 확대되면서 유럽연합에 영향을 미치는 이익집단들이 국민국가 차원에서의 이익집단 정치에서 볼 수 있는 것과 같은 특별한 지위를 향유하지 못하고 있다는 점이다. 예를 들어 UNICE나 ERT와 같은 조직도 형식적으로는 자문대상 조직 가운데 하나일 뿐이었다. 달리 표현한다면, 유럽 이익집단과 유럽연합 기구 사이에는 대부분 회원국가에서 존재하던 사회타협적 정책결정관계가 존재하지 않는다는 것이다. 대기업들은 이 정상조직을 경유하지 않고도 유럽 차원에서 자신들의 이익을 실현할 수 있는 '직접적' 통로를 개설하고 있었다.[92] 예를 들어, BT, British Petroleum, IBM, Plessey, Unilever 등의 대기업들은 부분적으로 UNICE나 ERT의 회원기업이면서도 개별적으로 녹서의 자문과정에 참여했다.

그러면 이제 녹서에 대한 각 행위자들의 의견을 취합해 보자. 먼저 네트

---

92) Schneider, *op. cit.*, p.67. 이 같은 관찰을 기초로, V. Schneider는 유럽공동체의 정책결정과정을 설명하기 위해, 사회타협주의보다는 정책 네트워크가 적절할 것이라고 주장한다.

워크 운용자인 PTTs의 견해부터 살펴본다. PTTs의 입장이 자세히 개진되어 있는 문헌은 그렇게 많지 않다. 그리고 PTTs가 동일한 입장을 견지하고 있었다고도 말할 수 없을 것이다. 회원국가들 사이에 '불균등 발전'이 존재했기 때문이다. 만약, 집행위원회의 『녹서』가 PTTs의 의견이 반영된 것이라면, 그리고 항상적으로 회원국가의 정부에 의존해야 하는 집행위원회가 PTTs의 의견을 무시할 수 없었다면, PTTs가 자신들의 입장을 문헌의 형태로 자세히 밝힐 필요는 없었을 것이다. PTTs의 녹서에 대한 입장은 IBC Technical Services Ltd.가 1987년 10월 조직한 『녹서』에 관한 국제회의에서, 프랑스의 우편 및 통신부 산하의 규제위원회 대표(Le Chef de La Mission a La Regelementation)인 J. P. Chamoux의 발표와 프랑스에서 발행하는 통신관련 정기간행물인 Le Communicateur에 게재된 『녹서』에 대한 독일, 벨기에, 스페인, 영국, 그리고 이탈리아의 입장을 중심으로 간략하게 정리한다.93)

우선적으로 PTTs도 통신부문의 자유화가 거부할 수 없는 추세임을 인정하고 있었다. 그러나 통신이 경제성장에서 중요한 역할을 하고 있다는 사실과 더불어 통신의 정치경제 속에는 역사적, 사회적, 정치적 요소들이 복합적으로 작용하고 있음을 지적했다. 즉, 국민국가의 PTTs는 각국의 특수한 조건을 반영하고 있기 때문에, 동일한 조직으로 취급할 수 없다는 것이다. 앞서 살펴본 통신정책 정치의 원형에서 볼 수 있듯이 통신은 국민국가의 형성과정과 밀접한 연관을 갖고 있었고, 따라서 쉽사리 경제적 논리에 의해 지배될 영역이 아닌 것은 사실이다. 그러나 PTTs들도 새로운 기

---

93) J. P. Chamoux, "Regulation of Liberalised Telecommunications", Paper presented at the Conference, The Liberalisation of European Telecommunications: A Policy for the Europe as set out in the European Commission's 'Green Paper' organised by IBC Technical Services Ltd., 1987; J. Scherer, "Vu d'Allemagne", *Le Communicateur*, N° Spécial(Février 1988), pp.41-54; R. Kinsoen, "Vu de Belgique", *Le Communicateur*, N° Spécial(Février 1988), pp.55-61; G. Perez, "Vu d'Espagne", *Le Communicateur*, N° Spécial(Février 1988), pp.63-70; N. Garnham, "Vu de Grande-Bretagne", *Le Communicateur*, N° Spécial(Février 1988), pp.71-9; M. Benedetti, "Vu d'Italie", *Le Communicateur*, N° Spécial(Février, 1988), pp.81-100.

술에 기반하여 제공되는 통신 서비스가 전신과 전화의 사례와 같이 '자연
독점'이 될 수 없음은 인정했다. 바로 이 지점에서 PTTs가 집행위원회의
『녹서』와 타협할 수밖에 없는 논리가 형성된다. 또한 생산의 일반적 조건
을 고려할 수밖에 없는 PTTs로서는 연구개발 비용의 조달을 위해, 기존의
독점체제를 유지해야 한다는 부차적 단서조항을 필요로 할 수밖에 없었다.
따라서 PTTs는 집행위원회『녹서』가 기본적 통신 서비스에 대한 PTTs의
배타적 권리가 인정하고 있었기 때문에,『녹서』를 완전히 부정하는 의견을
제출하지는 않았다.

 둘째, 통신장비 생산업자들은 통신장비의 생산을 자유화 프로그램과 분리
해서는 안 된다고 주장했다. 녹서의 자문과정에 참여했던 TEMA(Tele-
communications Engineering and Manufacturing Association Limited)와
UNICE의 대표들은, 네트워크 하부구조에 대한 PTTs의 독점권을 인정한 것
을『녹서』의 주요한 한계로 설정했다. 즉, "정확히 네트워크 하부구조가 무
엇인가"라는 질문을 던지면서, 공공 네트워크와 새로운 서비스 네트워크의
경계를 명확히 할 필요가 있음을 지적했다. 더 나아가 이들은 PTTs의 하부
구조를 이용해야 하는 경쟁자들이 새로운 장비와 서비스를 도입할 수 있는
기회가 PTTs의 독점적 권리에 의해 침해되지 않아야 함을 지적했다. PTTs
와 통신장비 생산기업의 관계에 대해서도, 장비생산업자들은 자신들에게 안
정적 수요를 보장했던 수직적 통합을, 이제는 통신산업의 발전을 저해하는
요인으로 인식하고 있었다.[94]

 음성 전화통신의 독점에 대해서도, 그것이 PTTs의 재정적 생존을 위해
필요함을 인정하면서도, 통신장비 생산업자들은 사실상 음성 전화통신과
데이터 통신의 구분이 모호해져 가는 디지털 환경하에서, 이 음성 전화통

---

94) J. Bailey, "Liberalisation of European Telecommunications: A Policy for the
    Future", Paper for the Conference on the Liberalisation of European
    Telecommunication: A Policy for the Europe as set out in the European
    Commission's 'Green Paper' organised by IBC Technical Services Ltd., 1987;
    UNICE, *op. cit*; J. Dunogue, "Des Questions pour L'Industrie", E. Weiss,
    "Les Utilsateurs Internationaux", *Le Communicateur*, N° Spécial(Février
    1988), pp.131-5. J. Bailey는 TEMA(Telecommunications Engineering and
    Manufacturing Association Limited)의 이사회 구성원이었다.

신에 대한 독점은 유럽의 생산업자들의 재정적 생존능력을 감퇴시킬 것이고, 이는 국제경쟁에서 유럽기업들의 후퇴로 이어질 것이라고 주장했다. 즉, 이미 자국 내에서의 통신장비 판매로는 안정적 수익을 올릴 수 없었던 이 기업들에게 PTTs의 독점권은 장애물이었다. 유럽연합 집행위원회가 공공조달 시장의 개방－1989년까지 교환설비 및 전송설비의 40%, 1992년까지 100%－을 적극 추진하는 것에 대해서도, 통신장비 생산기업들은 회의적이었다. 유럽 차원의 표준인 NETs가 확산되더라도 국민국가를 대표하는 기업들을 선호하는 회원국가 정부의 행태가 쉽사리 바뀌지 않을 것이라고 이들은 예측했다.[95] 즉, 기존의 통신정책 네트워크의 수혜자인 통신장비 생산기업들은, 한편으로는 국민국가의 보호를 필요로 하면서도, 다른 한편으로 이 보호가 철폐될 때만이 자신들의 안정적 수익이 보장된다는 양면적 인식을 갖고 있었다.

유럽 차원의 표준문제에 대해서, 통신장비 생산기업들은 표준을 자유화의 필수적 요소로 생각하고 있었다. 이들은 유럽 차원의 독립적인 표준연구소의 건설이 매우 중요함을 인정하면서도, 이것이 CEPT 활동의 연장선상에서 이루어져서는 안 된다고 주장했다. 새로운 표준연구소에서는 CEPT의 구성원들, 즉 PTTs가 지배적 지위를 차지하는 것이 아니라 CEPT, 통신장비 생산기업들, 사용자, 유럽연합 집행위원회가 동등하게 대표되어야 한다는 것이었다. PTTs에서 규제와 운용을 분리하는 것이, 공정한 경쟁을 위해 반드시 필요하다는 것이 통신장비 생산기업의 입장이었고, 더 나아가 이들은 유럽연합의 경쟁법이 PTTs의 상업적 활동에 엄격하게 적용되어야 한다고 주장했다.[96] 즉, 이들은 유럽연합 집행위원회가 독립적 규제기구로 기능하는 것을 원하고 있었다고 말할 수 있다.

셋째, 녹서에 대해서 가장 선명한 입장을 표명했던 사용자의 견해를 살펴보자. INTUG의 대표였던 G. McKendrick은 INTUG의 구성원들의 녹서에 대한 의견을 취합해서 논문의 형태로 제시했다. INTUG는 PTTs의 독점권 유지 조항에 대해서 원칙적 반대의사를 밝히면서, 기본적으로 로마조

---

95) Bailey, *op. cit.*, pp.3-5.
96) *Ibid.*, pp.6-8.

약은 독점을 인정하지 않는다는 원론적 입장을 개진했다. PTTs의 독점권을 정당화하는 공공적 목표에 대해서도, 이 목표가 PTTs에 의해 독점적으로 설정될 수 없음을 분명히 했다. 그리고 PTTs의 독점권을 통해서만 이 보편적 서비스의 제공되는 것은 아니라는 것이 이들의 주장이었다. 음성 전화통신의 독점권에 대해서도 이 용어가 너무 포괄적임을 지적하면서 '공공 교환 음성 서비스'(public switched voice service)라는 구체적 용어를 제시했다. 당연히 INTUG는 사적 네트워크와 공적 네트워크의 자유로운 상호접속 및 부가가치 서비스의 완전한 개방에 동의하고 있었다.[97]

INTUG는 유럽표준의 필요성은 인정하면서도, 다른 행위자들과 달리 '세계적 수준'에서 호환가능한 표준의 필요성을 언급했다. 유럽통신연구소의 설립에 대해서 긍정적 의견을 제출하면서도, 통신장비 생산기업과 마찬가지로 이 연구소가 CEPT에 의해 통제되는 것에 대해서는 강력하게 반대하면서 사용자와 통신장비 생산기업이 이 연구소의 활동에 적극적으로 참여할 수 있어야 한다고 주장했다. "우리는 『녹서』의 어느 부분에선가 유럽통신표준연구소가 CEPT에 의해 통제되어야 한다는 제안에 불안을 느끼고 있다"는 INTUG의 발언은 새로운 표준설정과정에 대한 사용자 집단의 이해를 적절하게 보여 주는 부분이다.[98]

마지막으로, 유럽연합 통신정책의 결정과정에서 가장 소외되었던 집단인 노동세력의 『녹서』에 대한 의견을 살펴보자. 이 노동세력의 의견은 IPTT의 유럽위원회(Le comité européen)가 작성한 것으로, 이 의견은 집행위원회가 『녹서』를 발간하기 약 1년 전인 1986년 8월 코펜하겐에서 열린 IPTT의 유럽대회에서 채택된 정책에 기초한 것이었다. 이 정책의 기본원리는, "PTTs가 공공기관으로 조직되어야 한다"는 것이었다. 즉, 일반대중이 통신 서비스에 접근할 수 있게 하는 것이 PTTs의 임무이고, 따라서 "모든 규칙의 변화는 보편적 서비스를 제공하는 PTTs의 능력을 강화하는 것이

---

97) G. McKendrick, "The INTUG View on the EEC Green Paper", *Telecommunication Policy*, No.11(1987), pp.325-327. 국제적 사용자의 『녹서』에 대한 또 다른 의견으로는, E. Weiss, "Les Utilsateurs Internationaux", *Le Communicateur*, N° Spécial(Février 1988), pp.113-8을 참조.

98) *Ibid.*, pp.327-8.

어야 한다"는 것이 IPTT가 통신정책의 변화를 바라보는 시각이었다.[99]

IPTT가 유럽연합의 통신정책을 승인하는 입장도 이채롭다. IPTT는 집행위원회가 유럽통신의 탈규제에 반대하고 재규제를 선호하고 있다고 생각하고 있었다. 이 주장의 진위 여부는 상당한 논란을 야기할 수도 있었다. 유럽연합 집행위원회가 국민국가의 중앙정부와 유사한 역할을 수행하고 있는 것은 사실이지만, 그와 동등한 권력을 갖고 있다고 말하기는 어렵기 때문이다. 녹서의 첫 번째 제안에 대해, IPTT는 PTTs의 네트워크 독점권을 인정하면서 거기에 더해서 새로운 세대의 네트워크 작업 및 거기에 필요한 투자가 가능하도록 PTTs의 재정적 생존능력을 보호할 것을 요구했다. 동일한 이유로, IPTT는 PTTs의 배타적 권리가 협소하게 해석될 때, 즉 집행위원회가 사적 서비스 제공자의 상업적 이익에만 관심을 가질 때, 미래의 네트워크 개발을 위한 재정적 능력의 감소로 이어질 수 있다고 주장했다. 당연히 기본적 서비스를 제외한 서비스의 경쟁적 상태로의 진입에 대한 집행위원회의 견해에 대해서도 IPTT는 반대했다.[100]

유럽 차원의 표준설정과정에 있어서, 통신장비 생산기업이나 사용자 집단이 CEPT의 역할이 축소되어야 한다고 주장하는데 반해, ITTP는 CEPT가 지속적으로 중심적 역할을 해야 한다는 견해를 피력했다. ITTP의 PTTs의 역할에 대한 강조는 CEPT의 역할에 대한 강조로 이어지고 있는 것이다. ONP 원칙에 대해서도 ITTP는 이 원칙이 기술발전과 그것을 위해 필요한 재정자원의 조달을 위협해서는 안 된다고 주장하면서, 이 원칙의 입법과정에서 '너무나 협소한' 집단인 SOG-T가 중심적 역할을 수행해서는 안 되며, 보다 폭 넓은 자문과정이 필요하다고 지적했다. 통신장비 시장의 개방에 대해서도 ITTP는 PTTs의 독점권을 부분적으로 인정하는 방향의 정책을 제시했다. 규제와 운용의 분리 문제에 있어서도, 중앙정부의 한 부서나 공기업이 통신 네트워크를 운용할 때, 그 부서나 기업이 규제에 책임을 맡아야 한다는 논리를 폈다. 그럴 때만이 통신정책에 대한 '민주적 통

---

99) Internationale des Postes et des Télécommunication(IPTT), "Une Approche Syndicale", *Le Communicateur*, N° Spécial(Février 1988), p.104.
100) *Ibid.*, pp.105-8.

제'가 가능할 수 있다는 것이었다. 더 나아가 유럽연합 경쟁정책에서 주요 규제 대상 가운데 하나인 보조금 지급 문제에 대해서도 IPPT는 여전히 보조금이 필요한 정책수단이라는 입장을 표명했다. IPPT는 최종적으로 유럽연합 통신정책이 고용에 미치는 효과를 고려해야 한다는 주장으로 자신의 입장을 마감했다.[101]

이제까지 살펴본 것처럼, 노동조합을 제외하고 대부분의 행위자들은 유럽연합 집행위원회가 제시한 통신정책의 기본골격에 동의했다. 통신장비 생산기업들과 사용자들은 보다 강력한 형태의 자유화 정책이 필요함을 역설했다. 특히, 기업사용자와 통신장비 생산기업들은, PTTs와 CEPT의 독점권을 폐지하거나 제한할 것을 강력히 요구했다. 그리고 자신들이 표준설정과정에 참여할 수 있는 제도적 장치를 마련할 것을 요구했다. 결국, 이들의 자유화에 대한 요구는, 유럽연합 집행위원회가 통신정책을 둘러싸고 회원국가의 PTTs나 SOG-T 등과 협상하는 과정에서 중요한 지지의 원천으로 기능했다고 볼 수 있다.

또한 흥미로운 것은, 유럽연합 집행위원회가 자신들의 통신정책을 실현하기 위해 다양한 이익집단들을 조직하기 위해 노력했다는 사실이다. 이는 유럽연합 집행위원회가 자신들의 지지기반을 확대하는 중요한 방법 가운데 하나였다. 유럽 차원의 ISDN 사용자 모임인 EIUF(European ISND User Forum)는 집행위원회가 자신의 재원으로 운영하는 이익집단이었다. 또한 ITUG(Information Technology User Group)과 ECTUA(European Communications Technology User Association)는 집행위원회의 도움으로 설립되었다. 이 유럽 차원의 이익집단은 집행위원회의 정책결정과정에 일상적으로 접근할 수 있는 통로를 갖고 있었을 뿐만 아니라 이들의 의견은 집행위원회의 정책수립에 중요한 기초가 되었다.[102]

---

101) *Ibid.*, pp.109-12.
102) CEC, *Towards Trans-European Networks – For a Community Action Programme*, COM(90) 585 final(Brussels: CEC, 1990), p.14: G. Fuchs, "The European Commission as Corporate Actor? European Telecommunications Policy After Maastricht", in C. Rhodes and S. Mazey(eds.), *The State of the European Union: Building a European Polity*(Boulder: Lynne Rienner, 1995),

집행위원회가 토론 문건을 제시하고, 관련된 다양한 행위자들이 의견을 제출하고, 집행위원회가 다시 의견을 수집하여 구체적 정책대안을 제시하는 '자문과정'은, 이후 유럽연합 통신정책의 형성과정에 정착된 하나의 '제도'로 기능하게 된다. 이 자문과정의 정착은, 유럽적 수준에서 통신 행위자들의 연합체인 '초국가적 정책 네트워크'이 형성되었음을 의미하는 것이었다. 이 초국가적 정책 네트워크는, 앞서 3장에서 제시한 정책 네트워크 모형들 가운데, 기업사용자를 포함한 경제적 이익집단이 중심적 역할을 수행하는 '생산자 네트워크'의 성격에 근접하고 있다. 그러나 국민국가 차원의 생산자 네트워크와 달리 산업의 정상조직이 중심적 역할을 수행하지 않는다는 점에서 '개방된' 생산자 네트워크라고 할 수 있다.

이 자문과정은 원칙적으로 모든 행위자들에게 열린 공간을 제공한다. 따라서 유럽연합 수준에서의 이익대표과정은, 기존의 정상조직의 역할이 약화되고, 따라서 덜 위계적이며 내적으로 경쟁이 강화된 '다원주의'로 묘사될 수 있다.[103] 그러나 동일한 기업들이 다양한 조직에 소속되어 있다는 점에서 다원주의는 정확한 묘사가 아닐 수 있다.[104] 특히, 노동조합이나 소비자들의 참여는 제한적 수준에서만 이루어지고 있다. 회원국가의 정부 및 유럽연합 집행위원회에 영향력을 행사할 수 있는 행위자들은, 대부분이 기술변화에 적응한 상태에서 자유화 프로그램을 선호하는 기업 및 기업집단으로 제한되고 있는 것이다. 따라서 이 자문과정은 특정 집단에게만 정책결정과정이 개방되어 있는 '엘리트 다원주의'의 구체적 사례라고 할 수 있다.

3-3. 1987년 『녹서』에 기초한 정책의 형성

유럽연합 집행위원회는 자문내용을 종합하여 『녹서』의 실행계획안을 발표했다. 주목되는 것은, 단일유럽시장의 완성과 통신시장의 개방을 연계한

---

p.424.

103) W. Streeck and P. Schmitter, "From National Corporatism to Transnational Pluralism", *Politics & Society*, Vol. 19, No.2(1991), pp.133-164.
104) Schneider, *op. cit.*

것이었다. 이것은 통신시장의 개방을 가속화하려는 집행위원회의 전략적 선택이라고 볼 수 있다. 따라서 통신시장의 개방에 대해서도 '1992년까지'라는 엄격한 시간표가 제시되었다. 이제 집행위원회의 관심은 유럽 차원의 산업정책에서 경쟁정책 내지는 자유화 정책으로 이동했다. 집행위원회의 실행 계획서에서 제시된 시간표는 다음과 같다:

(1) 1990년 12월 31일까지 터미널 장비 시장을 경쟁에 개방:
(2) 1989년 이후로 음성통신을 제외한 모든 다른 통신 서비스 시장을 점진적으로 경쟁에 개방. 텔렉스와 데이터 통신시장을 1989년 12월 31일까지 개방. 1988년 말까지 통신 서비스 시장의 단계적 개방을 위한 지침의 발행:
(3) 비용에 기반한 요금원칙의 실행.[105]

이와 더불어, 유럽연합 경쟁규칙에 부합하는 규제와 운용의 분명한 분리, ONP에 대한 명확한 개념정의, 유럽통신표준연구소의 설립, 터미널 장비의 형식승인에 대한 완전한 상호인정, 1990년 1월 1일까지 통신 분야에 부가가치세 도입, 통신부문에 경쟁규칙을 적용하기 위한 지침의 제정, 정부조달시장의 개방, 위성통신에 대한 유럽연합의 일관된 정책, 새로운 통신 서비스 분야에서 보편적 서비스의 제공, 국제기구에서 유럽연합 공동입장의 설정, 사회적 대화와 사회적 차원의 설정 등이 구체적 정책으로 제시되었다.

『녹서』에서 제시된 정책의 구체적 성과 가운데 하나로 1988년 3월 유럽통신표준연구소(European Telecommunications Standards Institute, 이하에서 ETSI 표기)가 프랑스의 니스 근방에 위치한 소피아-앙티폴리스(Sophia-Antipolis)에 설치되었다.[106] 집행위원회는 1987년 『녹서』에서 ETSI의 설립

---

105) Ungerer and Costello, *op. cit.*, pp.235-6.
106) 소피아-앙티폴리스는 1972년에 조성된 첨단기술단지이다. 이 도시에는 1998년 현재, 50개국의 1백10개 기업, 프랑스의 국립데이터처리연구원 등의 4천여 개의 연구기관, 그리고 소피아-앙티폴리스 대학과 각종 첨단기술과 관련된 대학원 등이 자리잡고 있다. 이 첨단산업 단지는 중앙정부에 의존하지 않고 지방정부의 노력과 기업, 연구기관, 대학, 투자기관 사이의 긴밀한 연계를 통해 건설되었다. 미국의 실리콘밸리가 사전 계획없이 자연스럽게 조성되었다면, 이 첨단산업 단지는 지방정부의 철저한 계획 아래 조성되었다. 현재도 이 지역 지방

386

이 진정으로 개방된 경쟁시장의 완성을 위해 필요하다고 진술하면서, CEPT 내부에서 PTTs와의 협력과 CEN-Cenelec 등 기존의 표준기구와의 협력을 통해 ETSI를 건설할 것임을 분명히 했었다. 반면, INTUG를 비롯한 사용자들은 CEPT가 중심에 위치한 정부 간 협력의 틀에 반대의사를 표명했었다. 이 반대는, CEPT 내부의 기술적 전문적 집단이 사용자와 장비 생산기업들을 배제하고 단지 PTTs에게 개방되어 있었다는 역사적 사실로부터 비롯된 것이었다.

　CEPT의 사무총장이 ETSI의 설립을 결정했을 때, 사용자와 장비 생산기업들의 강력한 반대에 부딪혀, ETSI는 유럽의 장비산업 및 사용자와의 협력에 기반해야 한다는 기본원칙에 대한 동의가 이루어졌다. 따라서 ETSI는 표준설정과정에 다양한 경제적 이익집단이 참여하는 포럼의 형태가 되었다.[107] 이 새로운 특징은 〈표 6-7〉에서 볼 수 있는 것처럼, ETSI의 회원명단에서 극명하게 표현되었다. 새로운 회원 가운데, 통신장비 생산기업이 절반 이상을 차지하고 있음을 볼 수 있다. 예상할 수 있었던 것처럼, 국민국가 차원에서 통신장비 생산기업과 친밀한 관계를 유지하고 있던 국민국가의 표준설정기구의 참여는 거의 이루어지지 않았다. ETSI 내부에서의 정책결정과정에서도 기술총회에서 심각한 논쟁이 발생할 경우 가중치가 설정된 국민국가별 투표가 이루어지기는 했지만, 일반사항에 대해서는 단순 다수결을 적용하기로 합의가 이루어졌다.[108]

자치체의 콘소시움이 이 첨단산업 단지를 운영하고 있다. 『문화일보』, 1998/1/5.

107) S. Temple, *ETSI: A Revolution in European Telecommunications Standards Making*(Hull: Kingston Public Relations, 1991), p.4.
108) *Ibid.*, p.29.

〈표 6-7〉ETSI의 회원(1991년 3월)

회원범주	숫 자	비 율
통신장비 생산기업	167	62.08%
공공 네트워크 운용자	40	14.87%
행정부서	28	10.41%
사용자	23	8.55%
연구기관 및 기타	11	4.09%
합계	169	100.00%

자료: G. Fuchs, "ISDN: 'The Telecommunications Highway for Europe after 1992' or Paving a Dead-End Street?': The Politics of Pan-European Telecommunications Network Development", Discussion paper 93/6, Max-Planck Institute für Gesellschaftsforschung, Cologne, 1993, p.25.

ETSI의 설립은 사실 CEPT의 통신권력에 대항한 유럽연합 집행위원회의 승리로 기록될 수 있다. 그동안 집행위원회는 CEPT의 정규 모임에 참석하지 못했고, 따라서 CEPT의 결정에 영향을 미칠 아무런 방법을 갖고 있지 못했다. 그러나 이제 집행위원회는 ETSI의 일반총회 및 기술총회에 대표를 파견할 수 있게 되었다. 그러나 그들이 발언할 기회는 가질 수 있지만, 투표할 권리는 없다.[109]

결국, ETSI의 구성과정에서 볼 수 있듯이, 극단적으로 본다면, SOG-T 및 CEPT에 포위되어 있던 집행위원회는 기업사용자 및 장비 생산기업들을 동원하여 자신의 권력을 확대해 나갔다고 평가할 수 있다. 그러나 유럽연합 집행위원회의 정책결정과정에 항상적으로 개입할 수 있었고 개입해야 했던 SOG-T가 동의하지 않았다면, 집행위원회의 권력강화는 불가능했을 것이다. 따라서 우리는 SOG-T 자체가 '유럽화'되었다고 추론할 수 있다. 즉 회원국가의 통신관련 관료들은 한편으로는 유럽 차원의 중상주의정책을 추진하고, 다른 한편으로는 유럽 차원의 자유화 정책을 추진하는, 유럽적 '신자유주의' 체제의 핵심적 결정자 가운데 하나로 기능했다고 추론할 수 있다.

1988년 5월 16일, 유럽연합 집행위원회는 통신 터미널 장비시장에서의 경쟁에 관한 '집행위원회 지침'을 제정했다.[110] 이 지침은 경쟁규칙과 관련하

---

109) *Ibid.*, p.65.

여 집행위원회가 각료회의에 자문하지 않고서도 지침을 제정할 수 있게 한 로마조약 90(3)조에 기반하여 작성되었다. 이 조항에는 '필요한 경우' 집행위원회가 경쟁정책에 관한 지침을 발행할 수 있도록 규정되어 있다. 따라서 만약 집행위원회가 이 조항에 의거하여 지침이나 결정을 발행한다면, 회원국가의 정부와 충돌할 소지가 많았다. 이 지침의 제정을 통해 집행위원회는 유럽 차원의 표준화 작업을 CEPT 산하의 표준화 기구인 TRAC으로부터 ETSI로 이전하는 '무혈 쿠데타'를 수행했다고 평가되기도 한다.[111] 이 지침은 기술적 발전으로 인해 통신 터미널의 형식이 다양해지고 있기 때문에 사용자의 자유로운 선택이 반드시 허용되어야 한다는 내용을 담고 있었다. 따라서 통신 터미널에 대한 PTTs의 수요독점적 지위가 폐지되었다. 여기에 더해 집행위원회는 로마조약의 기본정신인 무역의 자유화를 가로막는 것이 '공동체의 이익'을 손상할 수 있다는 취지의 논리를 전개했다.

이 지침의 뒤를 이어, 각료회의는 구속력이 약한 '결의안'의 형태로 통신서비스 시장의 개방 및 표준화와 관련된 결정을 내리기 시작했다. 1988년 6월 각료회의는 1992년까지 '통신 서비스 및 장비의 공동시장의 발전'에 관한 결의안을, 1989년 4월에는 '정보기술 및 통신 분야에서의 표준화'와 관련된 결의안을, 1989년 7월에는 'ISDN 도입의 조정을 강화'하는 것을 내용으로 하는 결의안을, 1990년 1월에는 '범유럽적 네트워크의 건설'에 관한 결의안을 채택했다.[112] 특히 주목되는 결정은, 1989년 12월 통신담당 각료

---

110) CEC, *Commission Directive of 16 May 1988 on Competition in the Markets in Telecommunications Equipment*, 90/388/EEC, OJ L 192/10(Brussels: CEC, 1990a).

111) Noam, *op. cit.*, p.307.

112) Council of Ministers, "Council Resolution of 30 June 1988 in the Development of the Common Market for Telecommunications Services and Equipment up to 1992"; "Council Resolution of 27 April 1989 concerning Standardisation in the Fields of Information Technology and Telecommunications"; "Council Resolution of 18 July on the Strengthening of the Coordination for the Introduction of the Integrated Service Digital Network(ISDN) in the European Community up to 1992"; "Council Resolution of 22 January 1990 concerning Trans-European Networks", in CEC, *Official Documents of Community Telecommunications Policy*.

들의 특별모임에서 통신 서비스 시장의 점진적 개방에 대한 합의가 이루어
졌다는 사실을 들 수 있다.[113] 이 합의는 결국 장기적으로 회원국가 정부
의 통신 서비스 독점에 대한 파괴로 이어질 수밖에 없기 때문이다.

1990년 6월 28일, 각료회의는 'ONP를 통해 통신 서비스를 위한 단일시
장의 건설에 관한 지침'을 제정했다. 같은 날, 집행위원회는 '통신 서비스
시장에서의 경쟁에 관한 지침'을 제정했다.[114] 이 두 지침은 통신 서비스
분야에 경쟁의 도입을 추진하고 있다는 점에서 유럽연합 통신정책에서 중
요한 의미를 갖는 것이었다. 각료회의 지침에서는 새로운 서비스 제공자와
사용자를 위해 네트워크 하부구조에 대한 접근을 개방하는 ONP의 기본원
리가 제시되었다. 그리고 그 접근을 위해 필요한 기술적 인터페이스, 사용
조건, 요금원칙에 있어서 유럽연합 차원의 조화가 이루어져야 한다는 내용
이 담겨 있었다. 집행위원회의 지침은, 앞서의 통신 터미널에 관한 지침에
서처럼 로마조약 90(3)조에 기초하여 작성되었다. 통신 서비스를 음성, 데
이터, 부가가치 서비스로 구분하고, 각 분야마다 상이한 정책을 추진하는
것을 주요 내용으로 하는 이 지침은 집행위원회와 각료회의의의 타협을 통
해 작성될 수 있었다.[115] 즉, 음성 전화통신의 분야에서는 PTTs의 독점권
이 인정하면서도, 부가가치 서비스 분야에서는 완전한 경쟁체제를 도입하
고, 데이터 통신 분야는 점진적으로 자유화하는 방안이 제시되었다.[116] 그

---

113) *I&T Magazine*, April 1991.
114) Council of Ministers, "Council Directive of 28 June 1990 on the Establishment
of the Internal Market for Telecommunications Services through the
Implementation of Open Network Provision"; CEC, Commission Directive of
28 June 1990 on Competition in the Markets for Telecommunications
Services", in CEC, *Official Documents of Community Telecommunications
Policy.*
115) *I&T Magazine*, April 1991.
116) 그러나 기본적 서비스와 부가가치 서비스를 명확히 구분하는 것은 어려운 문
제이다. 일반적으로 부가가치 서비스는 단순한 전송을 넘어서는 통신행위라는
합의는 존재한다. 예를 들어 컴퓨터 문서파일의 형태가 변경되지 않고 전송된
다면, 기본적 서비스라고 할 수 있다. 부가가치 서비스의 분명한 형태로는 전
자우편, 데이터 뱅크, 비디오텍스 등을 들 수 있다. Sandholtz, "Institution
and Collective Action", p.264, fn. 50.

러나 기본적 서비스에 대한 개념정의를 둘러싼 논란이 완전히 해소된 것은 아니었다. 집행위원회가 기본적 서비스를 음성 전화통신으로 국한하려고 한데 반해서, 프랑스정부는 패킷 스위칭 서비스도 기본적 서비스로 간주되어야 한다고 주장했다.

1990년 7월 30일 집행위원회는 '통신 서비스에 관한 공동위원회를 설립하는 결정'을 채택했다.117) 이 결정은 통신부문에서 유럽 차원의 사회적 대화를 모색한 최초의 구체적 행동이라고 할 수 있다. 집행위원회가 1987년 『녹서』에서 밝힌 것처럼, 새로운 기술의 순조롭고 성공적인 도입을 촉진하기 위해 노동자와 고용주들의 모임을 주선한 것이다. 1990년 8월 1일부터 효과를 발휘하는 이 결정에 따르면, 이 위원회는 50명의 대표로 구성된다. 그 가운데 22명은 ITTP와 공공부문 노동자의 연합조직인 Federation Européene du Personnel des Services Publics의 추천으로, 22명은 회원국가의 통신부문 고용주의 추천으로, 나머지 6명은 집행위원회의 추천으로 구성된다. 이 위원회의 보고서는 집행위원회의 통신정책 가운데 사회정책과 관련된 부분에 영향을 미치게 된다. 이 위원회의 설립으로 유럽연합 통신정책의 자본가 편향을 일정 정도 희석할 수 있는 가능성이 열리게 되었다.

1990년 9월 17일, 각료회의는 물·에너지·수송·통신부문에서 공공조달 절차에 관한 지침을 발표했다.118) 단일유럽시장의 형성과정에서도 공공조달 부문의 시장통합이 언급되기는 했지만, 이 네 분야는 전통적으로 국민국가의 고유권한에 의해 공공조달이 이루지는 것으로 간주되어 왔다. 이 지침에 따르면, 1993년부터 공공조달 시장이 부분적으로 개방된다.119) 이 지침에서는, 잠재적 공급자가 통신구매 수요에 대한 정확한 정보를 갖게

---

117) CEC, "Commission Decision of 30 July 1990 setting up a Joint Committee on Telecommunications Services" in CEC, *Official Documents of Community Telecommunications Policy.*

118) Council of Ministers, "Council Directive of 17 September 1990 on the procurement procedure of entities operating in the water, energy, transport and telecommunications sector", in CEC, *Official Documents of Community Telecommunications Policy.*

119) 그러나 스페인에서 1996년 1월, 그리스와 포르투갈은 1998년 1월에 개방하는 것으로 되어 있다.

함으로써, 구매과정에서의 정책결정을 투명하게 하고 차별을 금지하는 것을 핵심 목표로 설정했다. 예를 들어 국민국가의 담당자들은 공공조달의 내용을 출간해야 하고 또한 이 속에는 명확한 시간표가 제시되어야 한다. 또한 이 지침에는 통신부문의 공공조달을 다루는 자문위원회의 설치가 포함되었다. 이 위원회는 회원국가의 대표들로 구성되고 DG XIII의 관료가 그 위원회의 의장역할을 수행한다. 이 위원회의 주요 임무는 이 지침의 정치적, 경제적, 법적 영향에 대한 평가수행이다. 이 지침은 단일유럽시장 건설의 근본적 부분으로 간주되었고, 이를 통해 공급자와 사용자, 그리고 PTTs의 이익이 보호될 것으로 예상되었다. 이 지침에 대한 보조적 지침으로 1992년 2월 25일에는 공공조달 과정에서 불이익을 받은 사람이나 단체 누구나 유럽연합 차원에서 법적 행동을 취할 수 있도록 하는 지침이 제정되었다.120)

 1990년 12월 10일, 유럽연합 집행위원회는 범유럽적 네트워크의 건설을 위한 공동체 행동프로그램을 각료회의와 유럽의회에 발송했다.121) 이 제안은 유럽 차원의 하부구조로서 범유럽적 네트워크의 발전 및 상호접속이 강조된 1989년 12월과 1990년 6월의 유럽정상회담의 성과에 기초한 것이었다. 이 이전에 집행위원회는 1989년 12월 18일 *Towards Europe-wide Networks-*(COM(89) 643 final)를 간행했고, 이에 고무되어 각료회의는 1990년 1월 그 해 말까지 집행위원회에게 보고서를 제출할 것을 요구했었다. 이 제안은 사실상 유럽수준에서 '생산의 일반적 조건'으로서 기본 네트워크의 건설을 도모하고 있다는 점에서 그 의미가 크다고 할 수 있다.

 1990년 동안, 유럽연합 집행위원회는 회원국가의 대표들로 구성된 실무자들과 여섯차례의 모임을 주도했고, 1990년 10월 8일, 사용자, 공급자 등

---

120) Council of Ministers, "Council Directive of 25 February 1992 coordinating the Laws, Regulations and Administrative Provisions relating to the Application of Community Rules on the Procurement Procedures of Entities Operating in the Water, Energy, Transport and Telecommunications Sector", in CEC, *Official Documents of Community Telecommunication Policy.*

121) CEC, *Towards Trans-European Networks for a Community Action Programme,* COM(90) 585 final(Brussels: CEC, 1990b).

다양한 민간 행위자들이 참여한 가운데 비공식적 공청회를 조직했다. 결정의 핵심은, 범유럽적 네트워크의 건설이 민간부문의 주도로 이루어져 한다는 것이었다. 이것이 바로 '신자유주의적 산업정책'의 핵심이라고 할 수 있다. 또한 범유럽적 네트워크 건설에 있어 가장 장애가 되는 요소로 통신 행정부서의 자의적 요금결정 문제가 제기되었다. 예를 들어 유럽 내에서는 a 국가에서 b 국가로의 전화요금이 b 국가에서 a 국가로의 전화요금의 3 배가 되는 경우도 있었다. 따라서 실제 비용에 기초한 요금체계의 수립이 범유럽적 네트워크 건설의 필요조건으로 인식되었다.

4. 완전한 자유화로의 길(1991 – 현재)

4-1. 자유화 정책의 선택: 1992년 『리뷰』

1987년 『녹서』가 제출되고 난 직후인 1988년 프랑스의 퐁테인블로(Fontainebleau)에 위치한 INSEAD(Institut Européen d'Administration des Affaires)는, 집행위원회의 요구로 『공동체에서 통신 서비스 단일시장 완성의 이득』과 『공동체에서 통신장비 단일시장 완성의 이득』이라는 두 문건을 집행위원회에 제출했다.[122] 이 두 보고서는 1985년 단일유럽시장의 완성을 위해 준비했던 집행위원회의 백서에 비유될 수 있는 중요한 문건이었다.

INSEAD 보고서에서는 우선적으로 유럽연합 차원에서 통신 서비스 부문에서 조화가 이루어져 할 영역을 다음과 같이 설정했다:

(1) 규제 구조: (2) 공급의 조달: (3) 운용의 형식: (4) 요금 정책: (5) 표준화: (6) 네트워크의 사용: (7) 네트워크에 대한 접근 및 접속.[123]

---

122) INSEAD, *The Benefits of Completing the Internal Market for Telecommunications Services in the Community*(Fontainbleau, 1988): *The Benefits of Completing the Internal Market for Telecommunications Equipment in the Community*(Fontainbleau, 1988).

사실, 위의 주제들은 1987년 『녹서』 발간 이후, 점진적으로 유럽 차원의 규제구조의 창출 및 경쟁의 도입을 통해 이미 제기되거나 해결된 문제들이기도 하고, 당시 시점에서 진행 중인 내용들도 있었다. 결국, INSEAD의 보고서의 핵심은, 보고서 후반에 나와 있던 통신 서비스 시장의 통일을 위한 시나리오였다고 할 수 있다. 유럽 차원의 '규제'와 '자유화'가 대립적 정책이 아니라는 기본관점하에서, INSEAD 보고서는 세 가지 가능한 시나리오를 제시하고 있다:

(1) 현 상태의 시나리오; (2) 유럽공동체의 『녹서』에 부합하는 시나리오; (3) 완전한 네트워크 경쟁의 시나리오.[124]

첫 번째 시나리오는 CEPT와 그 산하의 조정위원회를 통해 통신 서비스의 통합을 이루는 방식이다. 두 번째 시나리오는 이미 앞서 『녹서』의 제안들에서 살펴본 것처럼, 사기업에 의해 제공되는 통신 서비스 분야에서 경쟁을 허용하고, 개방된 네트워크의 제공, PTTs에서 규제와 운용의 분리 등을 담고 있다는 점에서 보다 자유화된 정책이라고 할 수 있다. 세 번째 시나리오는 미국이나 영국과 같이 '장거리' 통신 서비스 분야에서 완전한 경쟁체제를 도입하는 것이다. 주요 내용은, 다른 네트워크 제공자의 제한된 형태의 진입, 새로운 진입자에게 지방의 통신측선 및 국제 네트워크에의 공정한 접속의 허용, 전용회선의 재판매 및 공동사용의 허용 등과 녹서에서 제시된 (5), (6), (7), (8), (9)의 제안을 수용하는 것이다.

이 세 시나리오가 1980년대 후반의 시점 유럽에서 경쟁하고 있던 것은 사실이다. 통신수입에 지대한 관심을 갖고 있던 프랑스나 아직 통신 서비스를 시장에 개방할 정도로 발전시키지 못한 남부유럽 국가들의 PTTs에게 있어서는 첫 번째 시나리오가 매력적일 수 있었다. 그러나 대부분의 회원국가 정부들은, 1980년대 후반에 제정된 지침이나 결의안 등에서 볼 수 있듯이, 『녹서』에서 제시된 수준의 통신 서비스 시장의 통합에는 동의하고

---

123) INSEAD, *The Benefits of Completing the Internal Market for Telecommunications Services in the Community*, p.10.
124) *Ibid.*, pp.16-9.

394

있었다. 쟁점사항은, 미국이나 영국과 같은 경쟁체제를 도입하는 것과 유럽
연합의 규제적 권력의 증가를 회원국가 정부들이 승인하는 문제였다. 따라
서 INSEAD의 보고서는 완전한 경쟁과 집행위원회의 권한강화로 가는 길
목에서 회원국가의 정부들을 설득하기 위한 도구였다고 볼 수 있다.

이 INSEAD 보고서에서는, 『녹서』의 입장과 완전한 경쟁체제의 차이점
을 경쟁적 조달정책 및 요금개혁에서 찾고 있다.[125) 경쟁적 조달정책과 관
련하여서는 단순히 유럽연합 통신시장의 분절화 및 보호주의적 조달정책
때문에 발생하는 불충분한 경쟁적 압력을 지적하는 수준을 넘어 구체적으
로 유럽 차원의 통합된 시장의 잠재력을 평가한 후 이를 개척할 수 있는
유럽 차원의 규체적 틀을 요구했다.[126) 그러나 이 보고서에서 제시한 완전
한 경쟁체제의 도입이 곧 PTTs의 소멸을 의미하는 것은 아니었다. 그럼에
도 당연히 이 보고서의 결론은 완전한 경쟁체제의 경제적 효과, 즉 통신장
비 비용 및 비용에 기반한 요금체계의 측면에서 완전한 경쟁체제가 『녹서』
에서 제시된 통신정책보다 효율적이라는 결론을 내리고 있었다. 통신장비
비용의 저하가 『녹서』의 효과로서는 20-40억 ECU라면, 완전경쟁하에서는
40억 ECU에 이른다는 것이고, 요금의 측면에서도 후자가 40억 ECU의 효
과를 갖는다는 것이 이들의 주장이었다.[127) 사실 이 수치의 정확성 여부는
중요하지 않다. 민간 차원에서 제출된 이 보고서는, 완전한 경쟁체제의 도
입이라는 시나리오에 정당성을 부여하는 역할을 했다고 볼 수 있다.

1988년부터 1990년까지 유럽연합 통신정책의 점진적 변화는 이미 간략하게
고찰한 바 있다. 유럽연합 집행위원회가 통신부문에 유럽연합 경쟁규칙의 완
전한 적용을 시도하는 정책을 발표한 것은 1991년 9월이었다.[128) 이 가이드
라인에 따르면, 경쟁규칙의 완전한 적용이 유럽연합 통신정책의 핵심 의제가

---

125) *Ibid.,* p.86.
126) INSEAD, *The Benefits of Completing the Internal Market for Telecommun-
    ications Equipment in the Community.*
127) INSEAD, *The Benefits of Completing the Internal Market for Telecommuni-
    cations Services in the Community,* p.87.
128) CEC, "Guidelines on the Application of EEC Competition Rules on the
    Telecommunications Sector, DG XIII", in CEC, *Official Documents of
    Community Telecommunications Policy,* pp.215-239

되었다. 즉, 유럽연합 통신정책이 본격적으로 자유화의 방향으로 선회한 것이다. 특히, 집행위원회는 로마조약 85조, 86조, 그리고 90조를 통신부문에 적용하는 구체적 방식을 제시했다. 그러나 이 가이드라인에서도 경쟁규칙의 완전한 적용을 언급하면서도 여전히 PTTs의 독점권을 부정하지는 않았다.[129]

이 가이드라인에서 가장 흥미로운 부분은, 통신부문 관련 조직들 사이의 협력의 필요성을 강조하는 부분이다. 경쟁과 협력의 공존 가능성은 논란의 대상일 수밖에 없다. 유럽연합 집행위원회도 인수 및 합병을 통한 기업 간 협력이 유럽 통신산업의 경쟁력 강화에 도움을 줄 수 있다고 생각하면서도, 이 인수 및 합병으로 인해 반경쟁적 상황이나 지배적 지위의 강화라는 부정적 상황이 초래될 수도 있음을 인정하고 있었다. 집행위원회는 사안별로 인수 및 합병이 단순한 시장점유의 확대가 아니라 공동체 전체의 경제적 이익을 증진시킨다면 이를 허용할 것이지만, 이 수직적 통합이 부정적 효과를 미친다면, 이를 허용하지 않을 것이라는 중간적 입장을 밝히고 있었다. 그러나 이 효과를 정확히 계산할 수 있을지는 불분명하다. 이는 경험적 분석을 통해 검증될 문제이지 사전적으로 결정될 수 있는 문제가 아니기 때문이다. 경향적으로 보면, 유럽연합의 경쟁정책의 강화와 인수 및 합병으로 대표되는 집중의 경향은 공존하고 있다.

우선적으로 우리는 통신부문에서 유럽연합 차원의 경쟁정책이 강화되고 있음을 확인할 수 있다. 1992년 6월 5일, 각료회의는 '전용회선에 대한 ONP의 적용에 관한 지침', '유럽 차원의 통신 하부구조로서 공동체 차원의 ISDN 발전에 관한 결의안', '공공 패킷 스위칭 데이터 서비스에 ONP를 적용하는 것에 관한 권고안' 그리고 'ISDN에 ONP를 적용하는 권고안'을 채택했다.[130] 이 지침과 결의안들은, ISDN에 관한 결의안을 제외한다면, 『녹

---

129) 이 가이드라인에서 집행위원회는 기존의 PTTs를 단순히 Telecommunication Organizations(TO)로 표현하고 있다. 이 표현은 PTTs의 독점권의 해체를 전제한 것이라고 할 수 있다.

130) Council of Ministers, "Council Directive of 5 June 1992 on the Application of Open Network Provision to Leased Lines", in CEC, *Official Documents of Community Telecommunications Policy*, pp.271-80; "Council Resolution of 5 June 1992 on the Development of the Integrated Services Digital Network(ISDN) in the Community as a European-wide Telecommunications

서』에서 논의된 경쟁정책이 구체적으로 입안되었음을 알리는 것이다.

1992년 10월 21일, 유럽연합 집행위원회는 『통신 서비스 부문의 상황에 대한 리뷰』라는 토론용 보고서를 제출했다. 이 보고서에서, 유럽연합 집행위원회는 유럽연합 통신정책으로 채택될 수 있는 4가지의 가능한 선택을 제시했다. 즉 이 보고서는 앞서의 INSEAD의 보고서에 기초한 것이라고 할 수 있다. 이 4가지 선택은 다음과 같다:

> (1) 자유화 과정의 중단: (2) 요금과 투자 양 측면에서 포괄적인 규제의 도입: (3) 모든 음성 전화통신의 자유화: (4) 회원국가 사이의 음성 전화통신을 경쟁에 개방하는 중간단계의 선택.[131]

1992년 11월 19일, 통신담당 각료회의는 이 1992년 『리뷰』의 자문과정을 지지하는 의견을 제출했고, 이에 근거하여 1992년 12월 17일 각료회의 결의안의 형태로 통신부문의 상황을 평가할 '특별위원회'(Ad Hoc High Level Committee of National Regulatory Authorities)가 설립되었다. 국민국가의 규제담당 고위관료들로 구성된 이 특별위원회와 집행위원회가 함께 그 자문과정을 이끌었다. 이 자문과정은 유럽의 '산업전체'와 통신부문의 주요 행위자들의 의견을 취합하는 것이었다. 즉, 생산의 일반적 조건으로서의 통신과 이제 생산의 특수한 조건으로서도 기능하고 있는 통신 분야에서 새로운 정책을 수립하기 위해 가능한 모든 행위자들을 포괄하는 자문을 시도한 것이다.[132]

〈표 6-8〉은 이 1992년 『리뷰』의 내용에 대한 공청회에 참여한 통신관련 행위자들이고, 〈표 6-9〉는 서면으로 자문에 응한 통신관련 행위자들이다.

Infrastructure for 1993 and beyond", pp.281-2: "Council Recommendation of 5 June 1992 on the Application of Open Network Provision to Public Packet Switched Data Service", pp.283-92: "Council Recommendation of 5 June 1992 on the Application of Open Network Provision to ISDN", pp.293-302.

131) CEC, *1992 Review of the Situation in the Telecommunications Service Sector*, SEC(92) 1048(Brussels: CEC, 1992).

132) CEC, *Communication to the Council and European Parliament on the Consultation on the Review of the Situation in the Telecommunications Service Sector*, COM(93) 159 final(Brussels: CEC, 1993), p.31.

〈표 6-8〉 1992 통신 서비스 『리뷰』에 관한 공청회 참여자

통신 운용자 대표들의 원탁회의

Administration P & T(Luxembourg)
Belgacom
BT
Companhia Potuguesa Radio Marconi
Deutsche Bundespost TELEKOM
France Telecom
Mercury Communications
OTE
PTT Nederland
STET
Telecom Eireann
Telecom Portugal
Tele Denmark
Telefones de Lisboa e Porto
Teleónica de España

통신 서비스 사용자를 위한 공청회

American Chamber of Commerce in Belgium
American Express Europe
Association Française des Utilisateurs de Téléphone et des Télécommunications
Bureau Européen des Unions de Consommateurs
CALL(France)
Club Informatique des Grandes Entreprises Françaises(CIGREF)
Confederation of European Computer Users Associations
Danish Shippers Council
Daten Zentrale Schleswig-Holstein
Deutsche Bundesbahn
Du Pont de Nemours
European Council of Telecommunications Users Associations
European Information Industry Association(Luxembourg)
Eurocontrol(Belgium)
Eutelis T.M.C.(Belgium)
GE Technical Services(the Netherlands)IBM Europe
ICI plc(UK)
International Chamber of Commerce(France)
INTUG Europe
N.V. Nederlandse Gasunie
Shell International(UK)
Telecommunications Users Association(UK)
Telecom Managers Association(UK)

Time Warner Europe(Belgium)

<u>통신 서비스 제공자를 위한 공청회</u>

AID(France)
American Chamber of Commerce in Belgium
Cabel and Wireless plc(UK)
Dansk Mobiltelfon
Electracom(UK)
ENEL(Italy)
Esat(Iretand)
European Telecommunications Services Association(ETSA)
Eutelsat
Federation des constructeurs et installaleurs agrèes d'èquipements tèlèphoniques(Belgium)
Gaz de France
HIT Rall(the Netherlands)
IBM(Germany)
INFONET
Inmarsat
NYNEX(US)
ONP-CCP
Pacific Telesis International(US)
Reuters(UK)
SITA(France)
Sociètè française de Rodiotèlèphone
Sonofon(Denmark)

<u>통신장비 생산업자를 위한 공청회</u>

Alcatel(Spain)
Alcatel Bell(Belgium)
Alcatel Network Systems(Belgium)
Alcatel Alsthom(France)
ANIE(Italy)
ANIE(Spain)
Ascom(Switzerland)
ATEA(Belgium)
AT&T-MSI(the Netherlands)
Danish Electronics Industry Association
Digital Equipment(France)
Digital Equipment(Germany)
ECTEL
EEA(UK)
Ericsson(Sweden)
Eurobit

Fabrimetal(Belgium)
GPT(UK)
IBM(Belgium)
IBM(Germany)
ICL Europe
IT Round Table
Italtel(Italy)
Melecom(the Netherlands)
Nokia Telecommunications(Finland)
Northern Telecom Europe(Canada)
Philips(the Netherlands)
Siemens AG(Germany)
Syndicat des industries de télécommunications(France)

<u>통신부문의 노동조합을 위한 공청회</u>

Eurofedop CVCC(Belgium)
CGSP Telecom(Belgium)
DTF(Denmark)
CFDT(PTT), (France)
CGT(PTT), (France)
Communications Workers Union(Ireland)
FCTA/CGTP(Portugal)
SINDETELCO(Portugal)
CCOO FETCOMAR(Spain)
UGT FETTC(Spain)
Post, Telegraph and Telephone International(Switzerland)
STE(UK)
NCU(UK)

〈표 6-8〉과 〈표 6-9〉에서 언급되고 있는 노동조합들은 또한 공청회 이전인 1993년 1월 21일에 열린 '통신에 관한 공동위원회'의 모임에서 자신들의 입장을 발표했다.

FSPTT-FO(France)
OME-OTE(Greece)
Deutsche Postgewerkschaft(Germany)
Eurofedop(Germany)
FILPT(Italy)
UIL/telecommunicazioni(Italy)
Abvakabo(the Netherlands)
KPN(the Netherlands)

자료: CEC, *Communication to the Council and European Parliament on the Consultation on the Review of the Situation in the Telecommunications Sector*, Annex 2, pp.1-4.

〈표 6-9〉 1992 통신 서비스 『리뷰』의 자문과정에서 서면답변을 한 조직

Alliance International de la Distribution Càble(France)
American Chamber of Commerce in Belgium
American Chamber of Commerce in Germany
Antelope Consulting(UK)
Asociación Espanola de Usuarios de Telecomunicaciones(Spain)
Association Française des Utilisateurs de Tèlèphone et des Tèlècommunications
Association of British Insurers(UK)
Associazione Nazionale Utenti Italiani di Telecomunicazioni(ANUIT)
AT&T(USA)
Belgacom
British Petroleum(UK)
BT
BTG Nedelandse Vereniging van Bedrijfstelecommunicatie Grootgebruikers
Bureau Europèen des Unions de Consommateurs(BEUC)
BVB
Systeme e V(Germany)
Cable and Wireless plc(UK)
Club Informatique des Grandes Entreprises Françqises(CIGREF) ー(France)
Conseil Naional du Patronat Français
Compagnie Gènèrale des Eaux(France)
Confederation of Danish Industries
Consumers in the European Community Group(UK)
CPR Marconi(Portugal)
Dansk Datalorening(Denmark)
Danmarks Roderilorening(Danish Shipowners Association)
Deutsche Bundespost Telekom
Deutscher industrie und Handlungstag
Deutsche Telekom e.V.
ECTEL-The European Telecommunications and Professional Electronics Industry
ECTUA-European Council of Telecommunications User Associations
Electronic Data Systems(EDS), (UK)
Engineering Electronics Association(UK)
EFTA Experts
Electracom(UK)
East(Ireland)
ETNO-European Telecommunications Network Operators General Assembly
Erivervenes Transportudvalg(Danish Shippers Council)
Eurobit-European Association of Manufacturers of Business Machines and Information
Technology Industry
Fèdèration des constructeurs et installateurs agrèès d'èquipments tèlèphoniques(Belgium)
Finansradet(Danish Bankers Association)
France Telecom

Gesamtverband der Deutschen Versicheungswirtschaft
GE Technical Services(the Netherlands)
Hermes Europe(the Netherlands)
International Chamber of Commerce(France)
International Chamber of Commerce, United Kingdom Committee on Computing,
Telecommunications and Information Policy
INTUG Europe
Information Technology Industry Round Table
Kingston Communications(UK)
Kontor & Data(Association of Office and Computer Equipment), (Denmark)
Landbrugsraadet(Agricultrual Council of Denmark)
Lloyds of London(UK)
Colin Long(UK)
Luxembourg Administration Postes et Telecommunications
Mercury Communications(UK)
NetCom GSM(Norway)
Northern elecom(Ganada)
ONP-CCP
OTE
Pacific Telesis International(US)
PTT Nederland
Reuters(UK)
Syndicat des Fabicants de Matèrels Informatiques et Bureautiques(SFIB), (France)
Sociètè Française du Radiotèlèphone(SFR)
SITA(France)
Sociètè Nationale de Chemm de Fer FRançais(France)
STET
Sprint International(UK)
Telecommunications Users Association(UK)
Telecom Eireann
Telecom Portugal
Tele Denmark
Telefones de l
Telefonica de l spina
The Oil Industry International Exploration & Production Forum(UK)
UNICE
Unilever plc(UK)
US Council for International Business(US)
US West(USA)
Vereniging van Exploitanten en Machtigingbhouders
Volkswagen

자료: CEC, *Communication to the Council and European Parliament on the Consultation on the Review of the Situation in the Telecommunications Sector*, Annex 2, pp.4-6.

위의 표에서 볼 수 있는 것처럼, 1992년 『리뷰』의 자문과정에는, 1987년 『녹서』의 자문과정보다 훨씬 많은 행위자들이 참여했다. 이 자문과정에 참여한 130여개 조직은, 사용자 연합, 규모가 큰 상업적 사용자들, 유럽의 통신 네트워크 운용자 연합, 공동체 차원에서 활동하는 통신조직, 새로운 서비스 제공자, 통신장비 생산자 연합, 개별 장비 생산업체, 통신조직과 노동조합을 대표하는 공동의 통신위원회 등이었다. 이외에도 유럽연합 회원국가가 아닌 유럽국가들과 북아메리카 국가의 통신관련 조직들도 이 자문과정에 참여했다. 특히, PTTs의 후신인 통신 서비스 운용자, 새로운 통신 서비스 제공자, 그리고 노동조합의 참여가 주목되는 사실이었다. 이 가운데 노동조합은, 더 이상 고용의 안정과 보편적 서비스의 획득이 국민국가 차원의 정책을 통해 성취되는 것이 점점 어렵게 되고, 유럽연합의 통신정책이 기존의 국민국가 수준에서 형성되어 있던 정책공동체를 해체하게 되자, 1992년 『리뷰』의 자문과정에 적극적으로 참여했다.

이 자문과정이 시작되기 이전에 이미 집행위원회는 단계적 자유화 정책을 선호했지만, 이것이 자문과정에 영향을 미치지는 않았다고 주장하고 있다. 노동조합과 통신 서비스 경영진을 대표하는 공동 통신위원회의 의견이 1993년 1월 21일 접수되었고, 1993년 4월 20일 유럽의회는 이 자문과정을 지지하는 결의안을 채택했다. 최종적으로 이 자문과정은 1993년 4월 28일, 집행위원회의 보고서 형태로 출간되었다.[133]

자문과정에서 제기된 주요 쟁점들은 집행위원회가 특별위원회와 협의를 통해 정리했다. 각 쟁점별 행위자들의 의견을 종합하면 〈표 6-10〉과 같다.

---

133) CEC, *Communication to the Council and European Parliament on the Consultation on the Review of the Situation in the Telecommunications Service Sector*, COM(93) 159 final(Brussels: CEC, 1993).

〈표 6-10〉 1992년 『리뷰』에 대한 각 행위자들의 의견

행위자 \ 이 슈	PTTs와 국민국가의 규제기구	사용자, 서비스제공자, 장비제조업자	노동조합	공통의 쟁점 및 의견
공동체 텔레콤 입법의 현재 실행상태		#사적 네트워크 운용의 어려움 #적정한 가격으로 제공되는 고능력 전화회선의 부족 #투명한 인허가 절차의 부재		#공동체 지침의 실행과 제안된 법안들의 조속한 채택에 동의 #국민국가의 규제기구와 운영기구의 분리
텔레콤 정책과 경제성장 및 효율	#운용자들 간의 협력을 기초로 범유럽적 서비스를 제안(예를 들어 GSM, ISDN, GEN METRAN) #운용자들이 국가예산에 대한 기여와 같은 비텔레콤적 의무수행의 자유	#자유화가 텔레콤 및 경제전반의 성장을 주도 #자유화가 투자유인을 증대 #자유화의 부재로 높은 요금, 저질의 서비스가 발생 #제조업자들은 PTTs의 지속적 투자능력의 유지를 선호	#PTTs의 지속적 투자능력의 유지 #텔레콤 부문에서의 고용발전 및 적절한 직업훈련의 필요성	#텔레콤 가격, 서비스 혁신, 수입 및 투자 #보다 자유화된 환경에서 PTTs의 이윤 및 투자 보증 가능성 #PTTs의 선도투자 역할 #사용자 및 제조업자들은 높은 요금, 전화회선의 부족, 선진서비스의 부족을 지적
보편적 서비스	#운용자들이 보편적 서비스 제공을 재정적으로 지원할 수 있는 특권을 보유	#요금체계에 대한 보다 세밀한 고려의 필요성		#경쟁적 시장에서 보편적 서비스라는 사회적 목적의 달성 #보편적 서비스의 내용으로 기본음성전화, 보편적 범위, 적정한 가격 #접속 비용이 보편적 서비스의 분담 공유의 주요수단
요금	#작은 네트워크와 저발전 지역에 대한 고려에 기초한 요금재편성 #국제, 국내, 지역 전화요금의 재편성에 필요한 충분한 이행시간 #새로운 경쟁에 대응할 수 있는 유연한 요금계획	#높은 가격비판, 특히 공동체 여러 국가에 거점을 두고 있는 사용자들은 기업통신 가격에 대한 비판	#작은 네트워크와 저발전 지역에 대한 고려에 기초한 요금재편성	#비용에 기초한 가격책정

이슈 ＼ 행위자	PTTs와 국민국가의 규제기구	사용자, 서비스제공자, 장비제조업자	노동조합	공통의 쟁점 및 의견
공동체 안에서 지역적 사회적 응집	#자유화가 이 지역에 대한 투자유인효과 그리고 고용창출	#자유화가 이 지역들에 대한 투자유인효과, 그리고 고용창출		#자유화과정에서 작은 네트워크를 갖고 있는 국가와 저발전지역을 고려할 필요성 #TENs의 필요성
국제적 차원	#일부 PTTs도 사용자들의 견해에 동의	#회원국가들의 내부정책의 조정 #공동체 시장의 자유화 일정을 수립한다면, 외부협상에서 공동체 지위강화		#국제협상에서 공동의 입장 #공동체 내부에서 외국기업의 역할 #공동체 국가들의 공공조달정책
자유화와 조화의 적절한 균형	#국민국가 규제기구가 국민국가적 수준에서 책임성을 갖는 구조	#공동체 수준에서의 규제를 선호		#조화와 자유화의 균형 #공동체 수준에서의 규제환경 및 보조성의 원칙 #보편적 서비스와 상호접속이 규제에서의 필수적 요소 #시장우위의 규제환경

자료: CEC, *Communication to the Council and European Parliament on the Consultation on the Review of the Situation in the Telecommunications Sector*, pp.4-13을 편집.

〈표 6-10〉에서는 각 행위자들의 주장을 단순화하기 위해, 행위자의 범주를 ① PTTs와 국민국가의 규제기구, ② 사용자, 서비스 제공자, 장비제조업자, ③ 노동조합으로 구분했다. 〈표 6-10〉을 자세히 살펴보면, 각 행위자들이 정책영역에 따라 정책연합의 건설이 가능할 수도 있었다. '통신정책과 경제성장의 관계' 문제에 있어 PTTs 및 노동조합이 PTTs의 투자능력의 유지를 주장하고 있음에 반해서, 기업들은 보다 자유화된 환경을 요구했다. 통신요금의 설정문제에 있어서도 비용에 기초한 가격설정이 공통된 의견이기는 하지만, 보편적 서비스의 제공을 위한 요금설정이 필요하다는 것이 PTTs와 노동조합의 의견이었다. 기업들은 유럽연합 회원국가들에서의 통신요금이 미국의 10배라는 주장을 하면서 요금인하를 강력히 주장했다. 통신부문에 대한 규제에 있어서도 기업들이 유럽연합 수준에서의 규제를 선호하고 있는데 반해서, PTTs는 국민국가적 수준에서의 규제를 선호했다.

이제 유럽연합 통신정책의 미래를 결정할 4가지 선택에 대한 의견을 정리해 보자. 처음부터 집행위원회는 선택 4를 지지하고 있었다. 선택 1과 2에 대해서는 거의 지지가 없었다고 한다. 현 상태의 유지, 즉 선택 1로는 미국 및 일본의 통신관련 기업 및 운용자들과 경쟁할 수 없다는 것이었고, 선택 2는 유럽연합 차원의 규제가 적절할 경우에만 이를 시행하기로 한 '보조성(subsidiarity)의 원칙'을 위반하는 것으로 인식되었다. 그러나 유럽연합 차원에서 요금체계를 수립하고 감독하며, 표준정책을 수립하는 것에 대해서는 긍정적 의견이 제시되었다. 음성 전화통신을 포함한 완전한 자유화에 대해서는, 사용자와 새로운 통신 서비스 제공자가 찬성한 반면, PTTs의 후신인 통신 네트워크 운용자들은, 단계적 접근을 제시했다. 선택 4를 최종 목표로 제시한 세력은 아무도 없었다. 통신부문의 자유화 추세에 대해서도 국민국가의 통신 네트워크 운용자들도 이는 궁극적으로 불가피한 것으로 생각하고 있었고, 다만 완전한 자유화로 가기 위해서는 새로운 규제적 틀이 필요하고, 보편적 서비스의 제공을 위한 적절한 해결책이 필요하며, 유럽연합 내부의 저발전 지역에 대한 네트워크 투자가 필요하다는 동의가 있었다.[134]

따라서 당연히 선택 4가 유일한 대안으로 제시되었다. 그러나 PTTs 및 노동조합에게 있어서 선택 4가 곧장 국민국가적 수준에서의 규제 및 보편적 서비스의 제공을 포기하는 정책으로 인식된 것은 아니었다. 이행의 시간표를 어떻게 설정하느냐에 따라 각 행위자들의 이익도 달라질 수 있었다. 통신 하부구조의 제공에 경쟁을 도입하는 것에 대해서 대부분의 행위자들이 동의할 수는 있었지만, 통신 서비스가 여전히 회원국가의 재정수입에서 중요한 부분을 차지하고 있다는 점과 통신이 공공 서비스라는 인식이 완전한 자유화를 위한 걸림돌이었다. 당시 논쟁의 핵심은 단계적 접근을 수용하는 선에서 시간표 설정의 문제였다. 노동조합과 다수의 운용자들은 요금구조의 조정과 장기적 투자재원을 확보하기 위해 점진적인 이행단계의 도입을 요구하고 있었기 때문이다. 사용자들이 통신 하부구조에도 경쟁을 도입할 것을 주장하자, 통신 네트워크 운용자들은 전화회선을 사용자에게

---

134) *Ibid.*, pp.14-6.

임대함으로써 사용자의 불편을 해소할 수 있다고 맞섰다.

회원국가 '사이의' 음성 전화통신에 대해 경쟁을 도입하는 선택 4를 기초로 유럽연합 집행위원회는 가능한 자유화 일정을 제시했다. 이 일정에 따르면, 1993년부터 1995년까지 1단계 기간 동안, 사용자들에게 통신 하부구조를 제공하는 다양한 정책의 실현 및 보편적 서비스 정책을 보완하는 것이 주요 내용이었다. 1996년부터 1998년까지의 2단계에서는 유럽연합 내부의 저발전 지역에서 통신 서비스의 발전 정도를 검토한 후, 이 지역에 완전한 자유화의 도입을 유예하는 조치를 취할 것인가의 여부를 결정하고, 가능한 지역에서 1998년 1월에 이르러 공공 음성 전화통신의 완전한 자유화를 실현하는 것을 목표로 설정하고 있었다.[135]

4-2. 사회정책 및 산업정책에 대한 고려

이 자문과정의 종료는 유럽연합 통신정책의 골격이 완성되었음을 의미한다고 할 수 있다. 1993년 7월 22일, 각료회의는 이 자문절차를 통해 공유된 결론을 확증하는 결의안을 채택했다. 통신부문의 자유화 일정에 대한 합의가 이루어진 이후, 유럽연합보다 구체적으로 집행위원회와 유럽의회의 관심은 유럽 차원의 '보편적 서비스의 제공'으로 이동했다. 이는 앞서 통신정책의 원형에서 살펴본 것처럼, 집행위원회는 자신이 마치 국민국가의 중앙정부인 것처럼, 자신의 증가한 정치권력을 정당화하는 것에 관심을 갖기 시작한 것이다.

1993년 11월 15일, 집행위원회는 '경쟁적 환경에서 통신을 위한 보편적 서비스를 발전시키기 위한 제안'이라는 문건을 각료회의, 유럽의회, 그리고 경제사회위원회에 보냈다.[136] 일반적으로 국민국가에서 보편적 서비스의

---

135) *Ibid.*, pp.33-6.
136) CEC, *Communication from the Commission to the Council, the European Parliament and the Economic and Social Committee: Developing Universal Service for Telecommunications in a Competitive Environment*, COM(93) 543 final(Brussels: CEC, 1993).

제공은, 수익성이 높은 국제전화나 장거리전화의 수입을 지역전화에 이전하는 방식으로 이루어져 왔다. 또한, 저소득층이나 지리적 접근이 어려운 지역에 거주하는 사람들이 전화 서비스를 향유할 수 있었던 것은 PTTs의 보조정책 때문이었다. 만약, 유럽 차원에서 경쟁정책이 강화되고 이것이 PTTs에게도 강제된다면, PTTs의 선호에 상관없이, PTTs의 보편적 서비스 제공기능이 약화되거나 또는 폐지될 수도 있을 것이다. 따라서 노동조합이나 일반대중의 입장에서는 경쟁적 환경에서도 보편적 서비스를 제공받을 수 있는지의 여부가 중요한 문제가 될 수밖에 없다.

국민국가가 아닌 유럽연합에서 제공하는 보편적 서비스의 원칙은, 네트워크 및 서비스에 대한 공정하고 비차별적 접근을 보증하고, 공동체 차원에서 기본적인 음성 전화통신의 제공을 보증하는, ONP의 원칙에 입각할 수밖에 없었다. 따라서 전용회선의 네트워크 접속의 표준규정, ISDN의 상호접속을 위한 규정, 패킷 교환방식의 데이터 서비스의 기술규정 등도 보편적 서비스의 내용으로 포함되어 있다. 또 하나 특징적인 것은, 유럽연합 내부의 통신 저발전 지역을 지원하는 프로그램도 보편적 서비스 제공이라는 의미를 갖는다는 것이다.

유럽연합 집행위원회는 보편적 서비스의 제공을 위해 필요한 재원의 조달이 '시장 참여자들' 사이에서 분담되어야 한다는 원칙을 제시했다. 그리고 재원을 조달하는 방법으로 회원국가의 PTTs가 장거리전화와 국제전화의 수익을 이전하는 것을 인정하고, 또한 새로운 서비스 제공자들도 적절한 정도로 보편적 서비스의 제공에 기여해야 한다는 점을 분명히 했다. 그러나 경쟁정책의 주요 내용 가운데 하나인 비용에 기초한 통신요금의 책정이 추진될 때, 보편적 서비스 제공을 위한 재원을 염출할 수 있을지가 불분명한 것도 사실이다.[137] 그러나 집행위원회 문건에서 이 모순이 부각되지는 않고 있다.

집행위원회가 제안한 '통신부문에서 보편적 서비스 원칙에 관한 결의안'은 1994년 2월 7일 각료회의에서 채택되었다.[138] 최초의 집행위원회 제안

---

137) *Ibid.*, pp.8-10.
138) Council of Ministers, "Council Resolution of 7 February 1994 on Universal

408

과 각료회의 결의안에는 미묘한 차이가 존재한다. 각료회의 결의안에는 보편적 서비스의 제공을 위해 '구체적인 국민국가적 조건'을 고려해야 한다는 구절이 삽입되었다. 이는 유럽 차원의 통신정책에는 기본적으로 동의하지만, 끊임없이 유럽연합 또는 유럽연합 집행위원회의 권력강화를 우려하는 회원국가의 입장이 반영된 것이라고 할 수 있다.

유럽연합 집행위원회는 통신부문에서 경쟁정책을 강력하게 추진하면서도 유럽 차원의 산업정책에 대한 관심을 포기하지 않았다. 경쟁정책의 강화만큼 산업정책도 강화되었다고 볼 수 있다. 1993년 집행위원회가 발간한 '경쟁력, 성장 그리고 고용에 관한 백서'에서 제시된 가이드라인에 기초하여, 1994년 3월 30일 집행위원회는 제4차 프레임웍 프로그램(1994-1998)에 대한 계획을 발간했다.[139]

이 제안은 이전까지 각 산업부문별로 산업정책을 입안하던 것과 달리, 정책결정과정의 일관성과 투명성을 증진하기 위해, 모든 프레임웍 프로그램을 단일 문건으로 처리하고 있다는 점이 특징적이었다. 이 제안에서는 '정보 및 통신기술', '산업기술', '환경', '생명과학 및 기술' 등의 분야에서 유럽 차원의 연구개발정책이 필요함을 지적했다. 특히, 미국에서 국내총생산의 2.8%, 일본에서 국내총생산의 3%가 연구개발비로 투자되는 것에 반해, 유럽에서는 국내총생산의 2%만이 연구개발비로 투자되고 있다는 점을 지적하면서, 여전히 유럽산업의 경쟁력 약화가 논의되었다. 다른 한편으로는 혁신과정에서 '중소기업'의 역할이 유럽의 경우 상당히 미진하다는 평가에 기초하여 유럽 차원의 프레임웍 프로그램에 중소기업을 참여시키는 것이 중요한 목표로 설정되었다.[140]

Service Principles in the Telecommunications Sector", in CEC, *Official Documents of Community Telecommunications Policy*, pp.417-8.

139) CEC, *White Paper on Competitiveness, Growth, and Employment*, COM(93) 700 final(Brussels: CEC, 1993). 이 백서는 1993년 12월 10일 - 11일 양일간 브뤼셀에서 개최된 유럽정상회담에서 인준되었다. CEC, *Proposal for Council Decisions concerning the Specific Programmes implementing the Fourth European Community framework Programme for Research, Technological Development and Demonstration Activities*, COM(94) 68 final(Brussels: CEC, 1994).

4-3. 완전한 자유화의 선택: 1994년 『녹서』

1994년 10월 25일, 유럽연합 집행위원회는 통신부문의 완전한 자유화를 준비하는 문건인 『통신 하부구조 및 유선 텔리비젼 네트워크의 자유화에 관한 녹서(1부)』를 간행했다. 이 녹서(1부)에서는 일반원칙과 행동을 위한 시간표가 제시되었다. 이어 1995년 1월 25일, 집행위원회는 통신 하부구조에 관한 유럽연합 정책이 담긴 『녹서(2부)』를 출간했다.[141] 이 『녹서』들도 Mercer Management Consultants, Devotech, KPMG, IDATE, Coudert, Coopers and Lybrand, Analysys, WIK, Arthur Andersen 등의 민간 연구 기관 및 자문회사에 의해 작성된 보고서에 기초한 것이었다.

1994년 『녹서(2부)』는 이전의 문헌과 달리 '정보화 사회'의 건설이라는 맥락에서 유럽연합 통신정책의 새로운 방향을 모색하고 있었다. 1993년 12월 브뤼셀에서 열린 유럽정상회담에서는, 유럽연합 집행위원인 M. Bagemann 에게 1994년 6월 24일-25일 양일간 Corfu에서 열릴 유럽정상회담에 유럽 차원의 정보화 사회 건설에 필요한 정책 보고서를 제출할 것을 요구했다. 당시 M. Bangemann은 유럽 대기업 최고 책임자들과 정보화 사회의 건설을 위해 필요한 유럽연합 차원의 하부구조의 건설방향을 논의하고 있었다.[142]

---

140) *I&T Magazine*, Autumn 1994.

141) CEC, *Green Paper on the Liberalisation of Telecommunications Infrastructure and Cable Television Networks*, Part One, COM(94) 440 final(Brussels: CEC, 1994); CEC, *Green Paper on the Liberalisation of Telecommunications Infrastructure and Cable Television Networks*, Part Two, COM(94) 440 final(Brussels: CEC, 1994).

142) 이 보고서는 집행위원이었던 방계만의 주도로 구성된 집단에 의해 작성되었다. 이 집단의 구성원은 다음과 같다: Peter L. Bonfield, ICL; Enrico Cabral Da Fonseca, Companhia Communicacoes Nacionais; Etienne Davignon, Societe generale de Belgique; Peter J. Davis, Reed Elsevier; Carlo DE Benedetti, Olivetti; Jean-Marie Descarpentries, Bull; Brian Ennis, Irish Medical Systems; Pehr G. Gyllenhammar, Volvo; Hans-Olaf Henkel, IBM Europe; Lothar Hunsel, De Temobilfunk; Anders Knutsen, Bang & Olufsen; Pierre Lescure, Canal+; Constantin Makropoulos, ELSYP; Pascual Maragall, Polis; Romano Prodi, IRI; Gston Egmont Thorn, Cie Luxembrougeoise de

이 집단 가운데는 정보 및 통신기술 분야의 연구개발정책의 수립을 주도한 전임 집행위원 E. Davignon과 ERT의 주도적 인물인 P. Gyllenhammar가 포함되어 있었다. 1994년 5월 26일 발간된『유럽과 범지구적 정보화 사회』에는, 정보화 사회의 하부구조 역할을 수행하는 통신부문에 대한 제안이 담겨져 있었다.[143] 그 구체적 내용은 다음과 같다.

첫째, 이들은 회원국가가 통신부문에서 진행 중인 자유화 과정을 가속화해야 한다고 제안했다. 이를 위해 여전히 독점영역인 '통신 하부구조' 및 '서비스'가 경쟁에 개방되어야 하고, 통신운용자에게 부과되어 있는 비상업적인 정치적 부담 및 예산제약이 제거되어야 하며, 이러한 목표들을 성취하기 위해 필요한 실제적 조치를 실행하기 위한 분명한 시간표와 마감시한이 설정되어야 한다는 것이 이들의 의견이었다. 음성 전화통신의 자유화가 통신 하부구조의 자유화와 동시적으로 추진된 것은, 전용회선의 임대만을 허용할 경우, 통신사업자들이 인위적인 진입장벽을 설치하거나 임대료를 인상하는 방식으로 경쟁의 효과를 반감시킬 수 있다고 예상되었기 때문이다.[144] 둘째, 네트워크의 상호접속 및 서비스의 상호운용이 우선적인 유럽연합의 목표가 되어야 한다는 것이 이들의 의견이었다. 이는 유럽 차원의 표준화 과정과 밀접한 관련을 갖고 있는 문제였다. 셋째, 긴급한 문제로서, 국제전화 및 장거리전화 그리고 전용회선의 요금이 다른 선진자본주의국가의 요금에 맞추어 조정되어야 한다는 의견이 개진되었다. 넷째, 이들은 유럽 차원의 시장개방은 다른 지역에서 시장개방에 맞추어 진행되어야 하고, 따라서 서로 동등한 접근이 이루어져야 한다고 주장했다.

이 보고서의 작성을 위해 Bangemann 집단은 미국의 '국가 정보하부구조 특별조사단'(National Information Infrastructure(NII) Task Force)과 일정한 협의를 거쳤고, 그 협의의 합의사항은 자유시장 접근을 통해서만이

<hr>

Telediffusion; Jan D. Timmer, Phillips Electronics; Candido Velazquez, Telefonica; Heinrich von Pierer, Siemens. *I&T Magazine*, Winter 1994.

143) CEC, *Europe and the Global Information Society*(Brussels: CEC, 1994), pp.32-5.

144) O. Stehmann and R. Borthwick, "Infrastructure Competition and the European Union's Telecommunications Policy", *Telecommunications Policy*, Vol. 18, No.8(1994), pp.605-7.

서비스의 향상 및 가격저하가 가능하고, 이를 국제적 수준에서도 적용해야 하며, 또한 공공 권위체가 정보화 사회의 출현을 가속화할 책임을 갖고 있다는 것이었다.[145] 그럼에도, 이 집단은 '신자유주의' 시대에 부합하는 산업정책은 국가의 발의가 아니라 사적 발의에 의해 주도되어야 한다는 점을 분명히 했다. 유럽연합의 기능은 안정적 규제의 틀을 마련함으로써 이 과정을 보조하는 것으로 설정되었다.

1994년 『녹서』도 이 문제의식을 벗어나지 않았다. 즉, 이 1994년 『녹서』는 통신부문의 완전한 자유화와 새로운 규제적 틀을 수립하는 것을 목적으로 했다. 집행위원회는 이 『녹서』에서 통신부문의 미래 환경과 관련하여 다음과 같은 질문을 제기했다.

(1) 어떻게 보편적 서비스가 발전될 수 있는가? 그것은 얼마나 비용이 들고, 누가 그것을 지불해야 하는가?
(2) 상호접속 및 상호운용을 위한 미래의 틀은 무엇인가?
(3) 통신 네트워크는 어떻게 허가될 것인가?
(4) 공정한 경쟁환경은 어떻게 보증될 수 있는가?
(5) 하부구조에 도입된 경쟁은 고용에 어떠한 영향을 미치는가?
(6) 유럽은 범지구적 시장에 동등하고 효과적 접근을 보증할 수 있는가?
(7) 정보화 사회의 사회적 영향은 무엇이고, 규제적 틀은 이 영향을 어떻게 처리할 수 있는가?[146]

집행위원회는 이 『녹서』에서 통신부문의 규제적 틀을 구성하는 세 가지 축을 설정했다. 첫째, 통신장비, 서비스 그리고 하부구조 제공에서 경쟁을 자극할 수 있는 '자유화'이다. 둘째, 통신 네트워크 및 서비스에 대한 접근을 위한 공동의 규제적 틀의 발전을 지원하기 위한 '조화'이다. 셋째, 유럽연합의 경쟁규칙을 통신부문에 완전하게 적용함으로써 달성되는 '공정한 경쟁'이다. 위의 질문에 대한 집행위원회의 입장은 이 세 축을 벗어나지 않았다.

---

145) *I&T Magazine*, Winter 1994.
146) CEC, *Green Paper on the Liberalisation of Telecommunications Infrastructure and Cable Television Networks*, Part two, p. i.

(1) 통신 하부구조의 사용을 둘러싼 특별하고 배타적 권리의 제거. 서비스 제공을 위한 우선적인 하부구조의 자유로운 선택: (2) 보편적 서비스의 보호 및 발전. 통신관련 공공 서비스 의무만이 보편적 서비스 의무로 간주됨. 보편적 서비스의 비용 및 재원조달의 투명성 보장: (3) 경쟁규칙의 범위 안에서 상호접속 및 상호운용을 합의. 통신 하부구조에 대한 개방된 접근: (4) 통신 하부구조의 허가와 관련하여, 그 절차에 있어 공개성, 비차별성, 투명성의 원칙을 보장: (5) 공정한 경쟁의 보증을 위해 상호접속 협정을 감독, 서비스 제공자에게 부여된 접근조건을 감독, 합작에 대한 감독, 보편적 서비스를 위한 재원염출 계획에 대한 평가 등등을 수행: (6) 하부구조를 위한 경쟁시장의 성공적 발전을 위해 특정한 기본적 자원에 대한 접근을 보장: (7) 데이터 보호와 사생활 보호와 관련하여 공동규칙의 수립이 정보화 사회의 발전을 위해 반드시 필요: (8) 새로운 기술 및 서비스가 유럽시민의 삶의 질 및 생활방식에 미치는 효과에 대한 연구: (9) 하부구조에 대한 범지구적 접근을 통해 다른 국가의 시장에 대한 공정한 접근을 보증: (10) 기술발전 및 시장환경의 변화에 조응하면서 미래의 정보화 사회를 발전시킬 수 있는 규제적 환경의 모색.[147]

집행위원회의 이 제안은 1987년 『녹서』나 1992년 『리뷰』와 마찬가지로 광범위한 자문과정을 거쳤다. 1995년 2월 10일, 네트워크 운용자 대표[148]들의 모임이 개최되었고, 1995년 2월 20-21일 약 125개 조직이 참여한 일반 자문회의가 열렸다. 1995년 3월 14일에는 노동조합과의 모임이 개최되었고, 3월 16일에는 국민국가의 규제담당자들의 '특별위원회'와의 만남이 있었다. 그리고 국민국가의 규제기구, 공동 통신위원회, 그리고 개별 조직으로부터 서면 답변이 있었다. 서면 답변에 응한 조직들의 명단은 〈표 6-11〉에서 확인할 수 있다.

---

147) *Ibid.*, pp.55-111.
148) 여기에는 기존의 통신사업자뿐만 아니라 이동통신 운용자 및 대안적 네트워크 운용자를 포함하여 54개 하부구조 운용자들이 참여했다.

〈표 6-11〉 1994년 『녹서』에 서면 응답을 한 조직들

국민국가의 규제기관

Austrian National Regulatory Authorities(AU)
Bundesministerium für Post-und Telekommunikation(D)
Department of Trade and Industry(UK)
General Directorate of Posts and Telecommunications(ICE)
Institute belge des services postaux et des télècommunications(BE)
Instituto das Comunicaç o es de Portugal(PO)
Ministerie van Verkeer en Waterstaat(NL)
National Post and Telecom Agency(SW)

공동 통신위원회

연합조직

Association of Private European Cable Operators
Association of Finnish Telephone Companies(ATC)
Association Française des Utilisateurs de Télèphone et des Télècommunications(AFUTT)
Bureau Européen des Unions de Consommateurs
The Cable Communications Association
Conseil National de Patronat Français
Danish Bankers Association
Danish Chamber of Commerce
Danish Insurance Association
Deutsche Industrie und Handlestag
Deutsche Postgewertkschaft
ECTEL(the European Telecommunications and Professional Electronics Industry)
European Public Telecommunications Network Operators Association(ETNO)
EU Committee of the American Chamber of Commerce
European Association of Advertising Agencies
European Broadcasting Union
European Council of Telecommunications Users Association(ECTUA)
European Conference of Data Protection Commissioners
European IT Industry Round Table(EITIRT)
EVUA-European Virtual Private Network Users Association
Federation Belges des Coopératives(FEBECOOP)
Federation of the Electronics Industry(FEL)
French Consumer and User Associations: (joint submission of ASSECO CFDT, AFOC, ANC, AFUTT, LEO, Lagrange, ORGECO, CSF, UNAF, CNAFAL, Familles Rurales, CNAPFS, CGI, UFCS, J. Lucas)
Foreningen af Teknikumingengeniører

Gewerkschaft der Post-und Femmeldebediensteten
IT Association of Denmark
Mediaraad
Motion Picture Association
Office of the United States Trade Representative
UNICE
Verband der Telekommunikationsnetz und Mehrwertdiensteanbieter(VTM)
Vereniging van exploitanten en machitginghouders van centrale antenne inrichtingen(VECAI)
World Travel & Tourism Council

개별 조직

ARD
Airtouch
AT&T
BBC
Belgacom
BellSouth Europe
Bouygues Telecom
British Telocom
Cable & Wireless plc
Cellnet
Club informatique des grandes entreprises françaises
CNI-Communications Network International GmbH
Colin Long, Coudert Brothers
Communication Media Services S.A.
Compagnie Générale des Eaux
Datsa Belgium
Debitel
Deutsche Sparkassen und Giroverband
Deutsche Telekom
Energis
Enertel
E-Plus Mobilfunk
EURIM
France Telecom
Fundesco
Hermes Europe Hitrail B.V.
Kingston Communications
Mannesmann Mobilfunk
Mercury Communications
Mercury one2one

MFS Communications
National Research and Development Centre for Welfare and Health(NAWH), (FIN)
Netcologne GmbH
Netcom GSM
Nokia
OTE
Orange
Österreichische Post
Post et Télécommunications(LUX)
Post & Telekom(AU)
Portugal Telecom
PTT Telecom
Société Française du Radiotéléphone(SFR)
Sonofon GSM
Stet
TeleDanmark
Telecom Finland
Telefónica
Telekommunikations Gesellschaft für Betrieb
und Dienstleistungen mbH
Telenor Mobil
Thyssen Telecoms AG
Torch Telecom
Telia
Unisource
Dr Rolf H. Weber
Prof. Dr. Paul J.J. Welfens

자료: CEC, *The Consultation on the Green Paper on the Liberalisation of Telecommunications Infrastructure and Cable Television Networks*(Brussels: CEC, 1995), Annex.

이 자문의 결과는 1995년 5월 3일 발표되었다.149) 이 보고서에 따르면, 스페인, 포르투갈, 그리스, 아일랜드 등 통신 저발전 국가들에서 통신 하부구조 및 서비스에 대한 완전한 경쟁의 도입을 1-2년간 유예하지만, 나머지 국가들에서는 1998년 1월부터 통신 하부구조 및 서비스의 전면적 자유화를 포함하는 대부분의 집행위원회의 제안에 대한 동의가 이루어졌다.150) 즉, 통신의

---

149) CEC, *The Consultation on the Green Paper on the Liberalisation of Telecommunications Infrastructure and Cable Television Networks*, COM(95) 158 final(Brussels: CEC, 1995a).

150) 1996년 6월 13일, 통신부문 각료회의에서는 통신 하부구조의 자유화에 대한

전 부문에 걸쳐 경쟁정책을 도입하기로 결정되었다. 그러나 자유화의 속도, 보편적 서비스의 재원조달 방식, 신규 통신사업자의 허가방식, 그리고 ONP 원칙의 적용방법을 둘러싸고 여전히 이견이 남아 있는 상태였다.151)

5. 통신정책의 정치과정에서 나타난 쟁점들

5-1. 로마조약 90조의 정치

집행위원회가 주도하는 유럽연합 통신정책이 점점 더 구체적 형태를 띠게 되자, 원칙적으로 유럽 차원의 통신정책에 동의하고 있던 회원국가의 정부들이 집행위원회의 지도력에 반발하기 시작했다. 특히, 회원국가의 정부들은 집행위원회가 각료회의에 자문하지 않고 지침을 발행하는 것에 이의를 제기했다. 1988년 집행위원회의 DGIV가 터미널 장비에 대한 자유화 지침을 제정하자, 프랑스정부는 즉각 집행위원회의 로마조약 90조 사용을 막기 위해 집행위원회를 유럽법원에 제소했다(Case C-208/88). 프랑스정부는 자신들이 터미널 장비시장의 자유화에는 동의하지만, 집행위원회가 그것을 달성하기 위해 로마조약 90조에 의거하는 것에 반대의사를 표명했다.152) 같은 해 11월, 이탈리아, 벨기에, 독일, 그리스 정부는 프랑스의 청원을 지지하는 문건을 유럽법원에 보냈다.

우선 논란의 대상이 된 로마조약 90조를 살펴본다:

로마조약 90조
　(1) 공공사업과 회원국가가 특별한 또는 배타적 권리를 부여하고 있는 사업의 경우에, 회원국가는 로마조약에 포함되어 있는 규정들, 특히 7조 및 85조에서 94조까지에 실려 있는 규정들에 상반되는 어떠한 조치도

　　결의안을 승인했다.
151) *Ibid.*, pp.6-50.
152) Sandholtz, "Institutions and Collective Action", p.263.

법령화하거나 실행할 수 없다.
(2) 일반적 경제적 이익과 관련된 서비스의 운용이 위임된 사업 또는 재
    정수입을 생산하는 독점의 성격을 갖는 사업은, 로마조약에 포함되어
    있는 규정, 특히 경쟁에 관한 규정에 종속된다. 그러나 이것은 그 규
    정들의 적용이 그 사업에 부과된 특별한 과업의 법적 또는 실제적 수
    행을 방해하지 않는 한에서이다. ……
(3) 집행위원회는 이 조항의 적용을 책임지고, 필요한 경우에 회원국가에
    적절한 지침 또는 결정을 제기한다.

이 90조는 유럽연합 차원에서 경쟁규칙을 폭 넓게 규정하고 있는 로마조
약 85조와, 지배적 지위의 남용을 금지하고 있는 86조와 연계하여 이해할
필요가 있다. 정부가 특별한 권리를 부여한 사업에 있어서도 경쟁규칙의
적용이 언급되고 있기는 하지만, 이 90조는 사실상 통신부문의 정부독점을
인정하는 구절로 해석될 여지가 있다. 따라서 이 조약 90조의 해석은 상황
논리에 지배될 가능성이 매우 높았다.

로마조약 90조를 둘러싼 논란으로는, 1974년 이탈리아의 민간 텔리비젼
중계소를 운영하는 Giuseppe Sacchi가 텔리비젼의 국가독점을 규정하고 있
는 이탈리아 법을 위반하자, 이탈리아 법원이 유럽법원에 질문을 한 사례
(Case 155/73)를 들 수 있다. 이 질문의 주요 내용은 국가독점의 유지가
로마조약에 부합할 수 있는지를 묻는 것이었다. 당시 유럽법원은, "로마조
약 86조와 90조를 함께 해석하면서, 회원국가가 특별한 권리를 부여한 사
업이 독점권을 갖고 있다는 사실이 로마조약 86조와 부합하지 않는 것은
아니다"라는 결론을 내렸다. 즉, 텔리비젼의 국가독점을 인정한 것이다.[153]

그러나 1980년대 초 유럽연합이 통신정책에 개입하기 시작하면서 집행위
원회는 로마조약 90조에 대한 입장을 조금씩 바꾸기 시작했다. 1980년대
초 독일의 Bundestpost가 새로운 통신장비인 모뎀(modem)을 전화 네트워
크의 일부로 해석하고 이것이 Bundespost에 의해서만 공급되어야 한다고
주장하자, 집행위원회는 이 독점권의 확대에 이의를 제기했다. 집행위원회

---

153) R. Plender, *Cases and Materials on the Law of the European Communi-
    ties*(Edinburgh: Butterworths, 1989), pp.444-5.

는 Bundespost의 독점권 확대가 로마조약 37(1)과 지배적 지위의 남용을 금지하고 있는 86조를 위반했다고 주장하면서, 만약 이를 철회하지 않는다면 로마조약 90(3)에 의거한 입법을 추진할 것이라고 독일정부에 통보했다. 그러자 1986년 6월 Bundespost는 모뎀의 판매를 자유화했다.[154]

1980년대 중반부터 경쟁정책 담당 집행위원이었던 P. Sutherland의 주도하에 DGIV는 본격적으로 로마조약 90조를 독점금지 조항으로 해석하기 시작했다.[155] 이것은 범지구적 차원에서 그리고 유럽적 차원에서의 '신자유주의적' 사상의 확산과 밀접한 관련을 갖고 있었다. 회원국가의 정부들도 당시 이미 '신자유주의적' 개혁을 추진하고 있었기 때문에 정부독점의 파괴 또는 민영화는 거역할 수 없는 추세이기도 했다. 그러나 로마조약 90조를 둘러싸고 논란이 발생하게 된 것은, 회원국가의 일부 정부들이 이 '신자유주의적' 정책이 회원국가의 동의 없이 집행위원회의 단독 결정에 의해 추진되는 것에 이의를 제기했기 때문이다.

1990년 6월, 집행위원회가 통신 서비스 시장의 자유화에 관한 지침을 발행한 것도 회원국가 사이에 그리고 회원국가와 집행위원회 사이에 엄청난 논란의 대상이었다. 앞서 언급한 것처럼, 1988년 6월, 각료회의는 통신 서비스 및 장비시장을 위한 공동시장의 건설이라는 결의안을 채택했다. 당시 프랑스정부의 주도하에 다수의 회원국가들은 기본적 서비스에 대해서는 독점권이 유지되기를 희망했다. 1989년, 독일과 영국정부는 통신 서비스의 자유화에 기본적으로 동의하면서, 만약 회원국가가 타협에 도달하지 못한다면, 집행위원회가 로마조약 90조에 의거하여 '신자유주의적' 개혁을 추진하는 것에 동의했다.[156] 독일은 이미 강력한 통신 서비스 네트워크를 확보한 국가이고, 영국은 유럽연합 회원국가 가운데 가장 먼저 신속하게 신자유주

---

154) Ungerer and Costello, *op. cit.*, pp.170-1. 집행위원회가 로마조약 90조를 적용하겠다는 위협을 가한 사례는 아니지만, 1980년대 초 집행위원회는 Bundespost의 무선 전화기에 대한 독점권을 주장에 대해서 그리고 이탈리아 PTT의 모뎀 및 최초의 텔렉스 단말기에 대한 독점권 주장에 대해서, 이의를 제기했고 이후 양국 정부는 이 주장을 철회했다.

155) K. Middlemas et al., *Orchestrating Europe: The Informal Politics of the European Union 1973-1995*(London: Fontana, 1995), p.586.

156) Sandholtz, "Institutions and Collective Action", p.264.

의적 개혁을 추진한 국가였다. 따라서 항상적으로 유럽연합이 자국의 주권을 위협하고 있다고 주장한 영국정부가 로마조약 90조의 적용에 반대하지 않았다는 것은, 주권이라는 수사가 자신들의 이익에 선행할 수 없음을 보여주는 대표적 사례이기도 했다. 따라서 독일과 영국에게는 집행위원회의 지침 발행이 자국에게 불리하게 느껴질 아무런 이유가 없었다고 할 수 있다. 결국, 집행위원회의 통신 서비스 시장의 자유화 지침은 앞서 지적한 것처럼, 통신 서비스를 음성, 부가가치, 데이터 서비스로 구분하고 각 영역마다 상이한 자유화 일정을 부과하는 타협의 방식으로 제정되었다.

1991년 3월 19일, 유럽법원은 프랑스정부가 집행위원회를 제소한 것에 대한 판결을 내렸다. 기본적으로 유럽법원은 집행위원회의 입장을 지지했다. 유럽법원은 특별한 배타적 권리는 로마조약 90조 (1)항에 언급되고 있는 다른 조항들과의 합치 여부에 따라 결정되어야 한다는 입장을 표명했다. 즉, 회원국가의 규제정책이 직간접적으로 또는 실제적으로나 암묵적으로 회원국가들 사이의 무역에 손해를 끼칠 수 있다면, 이는 수입에 대한 수량제한이나 동일한 효과를 갖는 모든 조치가 금지되어야 한다고 규정되어 있는 로마조약 30조를 위반하는 것이라고 결론을 내렸다. 또한 집행위원회에 대해서도 특별한 권리의 정확한 유형을 그 지침에서 자세히 규정하지 않았다고 판시했다.157)

이 판결은 유럽연합 통신정책의 발전과정에서 중요한 의미를 지니는 것이었다. 첫째, 통신부문의 자유화가 이 판결을 계기로 거역할 수 없는 대세로 자리잡게 되었다. 즉, 어떤 회원국가도 자유화의 시간표에만 문제를 제기할 뿐, 자유화라는 원칙에 대해서는 반대할 수 없게 되었다. 둘째, 이 판결을 계기로 집행위원회가 통신부문에서 행사할 수 있는 권력이 증가하게 되었다. 회원국가의 정부들이 입장의 일치를 보지 못할 때, 유럽연합 집행위원회가 그 틈새에서 자신의 권력을 증가시킬 수 있었던 것이다. 이 과정에서 앞서 지적한 것처럼, 유럽의 대기업의 지지가 없었다면, 그리고 집행

---

157) M. Thatcher, "Regulatory Reform and Internationalization in Telecommunica-
tions", in J. Haywood(ed.), *Industrial Enterprise and European Integration*-
(Oxford: Oxford University Press, 1995), pp.255-6.

위원회의 전문적 지식의 결여를 그 대기업들의 도움으로 보완할 수 없었다면, 집행위원회가 통신정책의 영역에서 권력을 강화하는 것이 불가능했을 것이다.

5-2. 집행위원회 산하 DG들 사이의 갈등과 협력

이미 부분적으로 언급한 것처럼, 유럽연합 통신정책은 그 하위정책의 성격에 따라 각기 다른 집행위원회 부서에 의해 추진되고 있다. 유럽 차원의 산업정책 및 보편적 서비스 제공이 DG XIII에 의해 주도되고 있다면, 경쟁정책은 DGIV에 의해 추진되고 있다. 그리고 단일유럽시장의 완성은 DGIII가, 재정 및 경제문제는 DGII가, 대외정책은 DGI이 책임지고 있다. 이 부서들 사이의 갈등과 협력도 유럽연합 통신정책의 입안과정에서 중요한 변수로 기능하고 있다. 특히, 유럽연합의 산업정책과 경쟁정책은 갈등을 빚을 가능성이 높은 정책 분야이다.

이 DG 사이의 갈등을 탐색하기 위해서는 유럽연합 집행위원회의 성격 및 집행위원회 내부의 정책결정과정에 대한 이해가 우선 필요하다. 회원국가에 의해 임명된 집행위원과 개별 집행위원을 보좌하는 비서진(cabinet) 및 공채를 통해 선발된 전문엘리뜨들로 구성된 집행위원회는 하나의 기구로 취급되지만, 그 속에는 정치적 집합체(political college)라는 성격과 행정부서로서의 성격이 중첩되어 있다.[158] 따라서 다국적 인물들로 구성된 집행위원회는 국민국가의 행정부와 달리 매우 이질적 성격을 갖고 있다. 그렇기 때문에 집행위원회 내부의 정책결정과정은 항상적으로 정치적 쟁점화될 소지를 안고 있다.

예를 들어 집행위원 및 DG 책임자의 임명에서도 회원국가의 국가전통이 반영되고 있다. 농업을 담당하는 DGVI의 경우, 전통적으로 농업정책을 중시하는 프랑스의 관리가 임명되었고, 경쟁정책의 담당자는 대부분 근대국가 초기부터 경쟁정책을 강력하게 추진했던 독일의 몫이었다. 또한 프랑스

---

158) M. Westlake, *The Council of the European Union*(London: Catermill, 1995).

가 실제로 국내정치에 영향력을 갖고 있는 정치가들을 집행위원회로 보낸 반면 영국이나 독일은 국내정치에서 성공을 거두지 못한 정치가들을 브뤼셀로 보내는 경향이 있다. 정책성향에 있어서도 영국출신들이 대부분 자유경제주의자인데 반해서 프랑스인들은 보다 개입주의적인 정책을 지지하는 인물들이었고, 독일출신들은 자유시장 경제의 기능에 필요한 경제적 질서와 정책들에 관심을 갖고 있었다.[159] J. Delors가 집행위원장으로 취임한 이후에는 프랑스 출신의 젊은 관료들이 비서진에 대거 충원되었고, 이들은 집행위원회의 의사결정과정에서 강력한 영향력을 행사했다.[160]

일반적으로 집행위원회 내부절차에서는 어떤 안건에 관련되는 DG가 여럿 있을 경우에는 함께 작업하고 또한 관련 DG는 안건의 내용을 담은 '서류'(dossier)를 잠재적으로 관련이 있는 DG 및 법률담당 관료들에게 회람하게 되어 있다. 그 서류에는 만약 정해진 날짜 안에 특별한 언급이 없다면, 반대가 없는 것으로 간주한다는 각서가 첨부되어 있다. 정책입안 단계에서 그 서류에 반대가 발생하면, 해당 집행위원의 비서진에게 예상되는 갈등을 통보하게 된다. 특히 집행위원회의 사무총장은 이 서류의 회람이 사전에 이루어진 이후 집행위원들의 모임에 제출되도록 하는 책임을 지고 있다.[161]

집행위원회의 정책결정과정에서 갈등이 발생할 경우, 합의를 도출하기 위한 토론이 계속되지만, 만약 합의가 이루어지지 않을 경우 단순다수결에 의해 의사결정이 이루어진다. 그리고 대외적으로는 집행위원 내부의 갈등을 은폐하기 위해 다수결 결과를 발표하지 않는다고 한다.[162] 그러나 드문

---

159) I. Mae, "The Development of Economic Thought at the European Community", in A. Coats(ed.), *The Post-1945 Internationalization of Economics*(Durham: Duke University Press, 1997), pp.247-8.

160) W. Grant, "Pressures Groups and the European Community: An Overview", in S. Mazey and J. Richardson(eds.), *Lobbying in the European Community*(Oxford: Oxford University Press, 1994).

161) M. Cini, *The European Commission: Leadership, Organisation and Culture in the EU Administration*(Manchester: Manchester University Press, 1996), pp.152-3.

162) DG X(Information, Communication, Culture, Audiovisual) 산하 Relations avec les autres institutions의 Chef d'Unite인 M. Westlake와의 인터뷰.

경우이기는 하지만, 종종 특정국가의 집행위원이 정치적 목적으로 의사결정과정을 공개하는 경우도 발생하고 있다.

유럽연합 통신정책을 주도하던 DGIV와 DG XIII 사이에는 지속적 갈등이 존재한 것처럼 보인다. 예를 들어 DGIV가 유럽 차원의 ISDN 건설계획과 같은 임무지향적 주도권에 반대하고 그들의 주요 목표를 시장개방을 삼고 있는 반면, DG XIII는 고전적 의미의 산업정책적 지향을 보이고 있다.163) 유럽연합이 설립 초기부터 경쟁정책을 주요한 정책 분야로 설정했다면, 유럽 차원의 산업정책은 J. Delors가 집행위원장으로 취임하면서부터 본격적으로 의제로 상정되기 시작했다. 그리고 이 J. Delors의 야심찬 기획은 '신자유주의'가 지배적 사상으로 부상하던 시점에 시도되었다는 점에서 대단히 흥미롭다.

1986년 Delors 비서진 가운데 한 명인 Jean-Charles Leygues이 DG XIII의 설립을 주도하고, 유럽 차원의 산업정책을 제안하기 시작했을 때, 집행위원회 내부에서는 회의적 시각이 있었다고 한다. 그럼에도 당시에 J. Delors의 정치적 지도력은 이를 극복할 수 있는 힘이었다. 1990년 10월 유럽 차원의 산업정책을 정의하는 문건인 『개방되고 경쟁적인 환경에서의 산업정책』(*Industrial Policy in an Open and Competitive Environment*)에서는 유럽 대기업들의 경쟁력 회복을 위해서 기업이 행동의 주체가 되는 산업정책의 필요성을 역설했다.164) 즉, 이 산업정책은 기존의 공적 개입을 주요 내용으로 하는 산업정책이 아니라 기업의 결정을 존중하는 '신자유주의적' 산업정책이라고 할 수 있다.

1990년 11월, Delors 비서진을 중심으로 '전략적 산업'이라는 개념을 도입하면서 통신을 포함한 하이테크 산업의 분야에서 유럽 차원의 네트워크 건설을 제안하고 이것이 집행위원회 내부에서 토론되었을 때, 이 정책은 시장에 기초한 것이 아니라 기술에 기초하고 있다는 비판과 아울러 가장 강

---

163) G. Fuchs, "Policy-Making in a System of Multi-Level Governance: The Commission of the European Community and the Restructuring of the Telecommunications Sector", pp.183-4.

164) G. Ross, *Jacques Delors and European Integration*(Cambridge: Polity, 1995), pp.116-7.

력한 비판이 DGIV에서 제기되었다. DGIV는 전략적 산업이라는 개념을 거부했다. 또한 집행위원회 내부에서는 DG XIII이 완전히 기업에 포획되었다는 비난이 제기되기도 했다. 반면 단일유럽시장의 완성에 책임을 지고 있던 DGIII의 책임자인 R. Perssich와 집행위원인 M. Bangemman은 집행위원회와 기업 최고 책임자의 모임에 우호적인 의사를 표명했다. 그러나 영국출신의 관료들은 이 산업정책이 결국은 프랑스 기업의 경쟁력을 회복하기 위한 의도라고 주장하면서 Delors 비서진의 활동에 공격을 가했다.[165]

사실, 이념적 차이를 반영하는 이 갈등은 부분적으로 각 DG를 구성하는 관료들의 교육배경과도 관련이 있다. DGIV가 대부분 변호사 출신들로 구성된 반면, DG XIII은 하이테크 산업과 관련된 전문가들이 중심을 이루고 있었고, DGIII에는 다수의 경제학자들이 포진하고 있었다. 법률가들의 원칙주의적 경향이 유럽 차원의 산업정책을 반대하는 과정에서 매우 분명하게 표현된 것이다.[166]

범지구주의와 국민국가주의가 유럽연합 차원에서 공존하고 있고, '신자유주의적' 유럽 또한 국가개입과 유사한 산업정책을 필요로 하고 있음을 보여주는 이 갈등의 해결방식은 매우 절충적이다. 집행위원인 M. Bangemann은 시장경제와 산업정책이 조화될 수 있을 것인가라는 질문에 대해서 산업정책이 기존의 국가개입과 동일시될 수 없다는 입장을 표명했다. 그는 산업의 경

---

165) *Ibid.*, pp.117-20.
166) 유사한 갈등은 대외정책의 결정과정에서도 드러나고 있다. DGI과 DGIII는 대외정책의 결정과정에서 종종 갈등을 빚는다. DGIII가 대외정책에 소극적인 반면, DGI은 대외정책에서 유럽공동체가 보다 강력한 지도력을 행사해야 한다고 주장하고 있다. 그럼에도 이들의 관계는 보완적이기는 하다. DGIII의 단일유럽시장 완성 노력이 DGI이 수행하는 대외관계를 위한 물리적 토대를 제공하고 있고, DGI의 다자주의적 무역체계의 발전에 대한 공헌으로 유럽공동체가 내부적 시장의 자유화에만 집중하고 있다는 비판의 주요 대상인 DGIII도 어느 정도 대외활동의 유용성을 인정하고 있기 때문이다. Howell, T., R. Gwynn, and R. Gadbow, "European Community", in T. Howell, A. Wolff, B. Bartlett, and R. Gadbaw(eds.), *Conflict among Nations: Trade Policies in the 1990s*(Boulder: Westview, 1992), pp.440-1. 그러나 이후 유럽연합의 대외 통신정책의 역할에 대한 분석에서 볼 수 있는 것처럼, DGI은 완벽한 지위를 향유하는 통상대표로서의 기능을 수행하고 있지는 못하다.

424

쟁력 강화를 위해서는 산업정책이 필요하고, 이는 환경과 같은 공공목표라는 점을 분명히 했다.[167] 이것은 '신자유주의적' 시대에 산업정책을 전개하면서 제시할 수 있는 정당화 방식이라고 할 수 있다. 향후 통신정책의 실행과정에서 자세히 살펴보겠지만 유럽연합의 통신정책은 기본적으로 '신자유주의적' 정향을 보이면서도 여전히 산업정책적 관심이 부가되어 있다. 이것이 바로 본 연구에서 주목하는 '신자유주의'의 역설적 측면이면서 동시에 '신자유주의'가 지역적 수준에서 실현될 때 나타나는 모습이기도 하다.

6. 소결: 엘리뜨 다원주의의 출현

유럽연합의 통신정책은 공동 연구개발정책으로 시작하여 통신시장의 자유화 정책 그리고 탈규제를 위한 규제정책의 순서로 발전해 왔다. 초기에는 통신장비 부문에서 미국 및 일본기업과 경쟁할 수 있는 조건을 창출하는 것이 유럽연합의 주된 관심사였다. 그러나 1987년 『녹서』의 발간을 기점으로 통신장비 및 통신 서비스 시장의 자유화가 핵심 정책영역이 되었다. 1980년대 초반에 자유화 및 민영화 정책을 추진한 영국을 제외한다면, 유럽국가들의 자유화에 관심은 상대적으로 늦은 편이었다. 더구나 1987년 『녹서』에서 음성 전화통신은 경쟁체제의 도입이 유보된 분야였다. 미국에서는 이미 1982년에 장거리전화 부문에 경쟁이 도입되었고, 1984년에는 AT&T의 독점체제가 해체되었다. 일본에서는 1985년에 NTT(Nippon Telegraph and Telephone Corporation) 및 KDD(Kokusai Denshin Denwa Company Ltd.)의 전화 독점체제를 종식시키는 법률이 통과되었다. 4장에서 살펴본 것처럼, 통신을 국가가 직접 제공하는 공공재로 인식했던 유럽국가의 전통이 자유화 정책의 지체를 야기한 원인인 것처럼 보인다. 그래서 유럽국가들은 유럽연합의 통신정책을 더 필요로 했을 수도 있다. 또한 5장에서 살펴본 것처럼, 1970년대 말부터 1980년대 초반까지 유럽연합 회원국가에서는 통신 네트워크의 개선

---

167) *I&T Magazine*, May 1993.

을 위해 적극적 산업정책을 시행했고, 그 노력이 일정한 성과를 거둘 수 있었던 것도 통신부문의 자유화가 늦어지게 된 원인이라고 할 수 있다. 이러한 국가전통에도 불구하고, 유럽연합의 자유화 정책을 회원국가들이 승인한 것은, 통신부문을 자유화하지 않으면 미국과 일본 시장에 진출하는 것이 점점 더 어렵게 될 수 있었기 때문이다.

음성 전화통신 및 통신 하부구조에 경쟁을 도입하는 문제가 논의된 것은 1992년 『리뷰』의 발간 이후였다. 유럽연합은 이 자유화 정책과 더불어 유럽 차원에서 통신 네트워크의 자유로운 접속을 보장하는 ONP 원칙을 정책으로 제시했고, 기존의 PTTs를 해체하여 규제와 운용을 분리하는 것에도 지대한 관심을 표명했다. 이것은 유럽적 차원에서 새로운 규제구조를 창출하려는 노력으로 평가될 수 있다. 그러나 이 자유화 정책과 규제정책이 곧 유럽 PTTs의 '민영화'로 이어지지는 않았다. 1998년부터 음성 전화통신 및 통신 하부구조에 경쟁을 도입하기로 결정했지만 엄청난 매몰자본을 필요로 하는 음성 전화통신 분야에 경쟁 사업자가 출현하는 것도 쉬운 일이 아닐 것이다.[168]

유럽연합의 자유화 정책이 '점진적' 성격을 띠게 된 것은 유럽연합 차원에서 활동하던 통신 행위자들의 협력과 갈등 때문이었다. 1980년대 이후 유럽연합 집행위원회는 기업사용자 및 통신장비 생산기업을 동원하여 유럽 차원의 정책 네트워크를 형성하기 위해 노력했다. 1987년 『녹서』의 발행을 계기로 이 초국가적 통신정책 네트워크가 기능하기는 했지만, 집행위원회는 여전히 회원국가의 PTTs 및 이들의 연합조직인 CEPT와 경쟁해야 했다. PTTs와 CEPT는, 유럽 차원의 협력이 필요함을 인식하고 있었지만, 회원국가 정책 네트워크의 점진적 해체를 원하고 있었다. 따라서 초국가적 정책 네트워크의 구성원이었던 기업사용자와 통신장비 생산기업이 통신시장의 자유화를 적극 지지하기는 했지만, 이 행위자들 사이의 이해 불일치로 인해 자유화 정책은 점진적으로 추진되었다고 볼 수 있다.

이 행위자들 사이의 갈등은 1987년 『녹서』의 발간 이후 제도화된 자문과정을 통해 타협이 이루어졌다. 최초 이 자문과정에 참여한 조직들은 대부

---

168) 자세한 실행과정은 다음 장을 참조.

분 대기업들의 연합조직이었다(〈표 6-6〉을 참조). 특히, ERT나 UNICE는 이미 유럽연합 통신정책에 대한 자신들의 제안을 갖고 있었다. 이들이 단일유럽시장의 형성과정에서 자신들의 직접적 이익보다는 유럽 차원의 성장모형을 제시했던 것처럼,[169] 이들은 유럽연합 통신정책의 형성과정에서도 단순히 자신들의 직접적 이익을 추구하기보다는 정치적 행위자로서 새로운 통신정책 모형으로 자유화를 제시했다고 볼 수 있다.

이후 1992년『리뷰』와 1994년『녹서』의 자문과정에서는 1987년『녹서』의 자문과정과 상이한 모습이 나타났다. 연합조직이 여전히 자문과정에서 지배적 위치를 점하고 있기는 하지만, 일단 자문과정에 참여하는 행위자의 숫자가 증가했고, 개별 조직들의 참여가 두드러졌다. 즉, 초기에 생산자 네트워크의 성격을 갖고 있었던 초국가적 통신정책 네트워크가, 제한된 정도의 상호의존을 갖고 있는 많은 수의 참여자로 특징지워지는 이슈 네트워크로 전환되었다고 볼 수 있다. 이 전환은 통신관련 기업들 사이에 경쟁의 격화를 반영하는 것이다. 초기 초국가적 정책 네트워크를 주도했던 유럽연합 집행위원회의 입장에서 볼 때, 대기업 연합조직에 대한 의존도가 감소했다는 점에서 집행위원회의 자율성 증대를 예상할 수도 있지만, 오히려 행위자 숫자의 증가는 중재자로서 집행위원회의 역할을 감소시킬 수도 있는 요인이었다. 또 다른 측면에서 우리는 이 개별 조직 가운데 소비자의 이익이나 일반대중의 이익을 대표하는 조직은 노동조합을 제외하고는 거의 없다는 사실을 발견할 수 있다. 따라서 우리는 유럽연합 통신정책을 둘러싼 자문과정이, 점차 연합조직보다는 개별조직에 의존한다는 점에서 유럽 국가들의 정책결정양식이었던 사회타협주의와 구분되고, 또한 기업사용자 및 통신장비 생산기업 중심으로 자문과정이 진행되면서 일반대중의 참여가 사실상 불가능한 구조였다는 점에서 '엘리뜨 다원주의'적 성격을 갖고 있다고 평가할 수 있다.

---

169) M. Green Cowles, "The Changing Architecture of Big Business", Paper presented at the 5th biennial ECSA conference, May 29, 1997.

제7장 유럽연합 통신정책의 실행: 유럽연합의 정치적 기능

1. 서 론

1-1. 정치와 기술

유럽연합 집행위원회와 각료회의가 발행한 통신정책 관련 문헌들을 살펴보면, 항상적으로 통신정책의 필요성을 기술발전 및 시장구조의 변화라는 변수를 통해 도출하고 있다. 이 담론구조는, 유럽연합 기구들이 의도하든 의도하지 않았든, 기술 또는 시장이 가치중립적이라는 효과를 생산하면서 동시에 은연중 기술결정론을 전파하고 있다. 기술을 정치와 유리시키는 이 담론구조를 통해 유럽연합은 국민국가 고유의 영역이었던 통신정책에 개입할 때 발생할 수 있는 정치적 문제를 회피할 수도 있다. 다른 한편으로, 회원국가 정부는 통신정책을 유럽연합으로 이전할 때 발생할 수 있는 국내적 저항을, 기술발전 및 시장구조의 변화라는 담론으로 무력화할 수 있다. 기술결정론적 담론이 정치를 은폐하고 있는 것이다.

기술과 정치의 관계에 대해서 일반이론을 정립하는 것은 불가능할 수 있다. 그러나 기술이 도구적 가치를 지니고 있는 인간이 만든 물건들로 구성된다고 할 때, 그리고 그 기술이 우리가 살고 있는 사회의 형태를 형성하고 반영한다고 할 때, 기술의 형성과정에 정치가 결여되어 있다고 말할 수는 없을 것이다. 그러나 기술이 정치체계의 작동을 위한 조건을 제공한다거나 또는 역으로 정치가 기술의 형태를 결정한다고 주장할 수도 없을 것이다.[1] 따라서 우리는 기술과 정치가 일정한 상관관계를 갖고 있음을 가정하면서, 기술과 정치가 접합되는 우연적 과정 및 구조를 탐색할 수밖에 없다.

---

1) J. Street, *Politics and Technology*(London: Macmillan, 1992), pp.10-3.

428

　유럽연합의 기술결정론적 담론은 정치를 행정 및 관리의 문제로 치환하는 효과를 발휘한다. 왜냐하면, 기술발전이 초래한 '불가피한' 선택으로 유럽연합 통신정책을 인식하게끔 하기 때문이다. 또한 유럽연합 통신정책의 자문과정은 가능한 '모든' 행위자들이 참여하여 기술의 형태를 결정하는 독특한 민주적 과정으로 보이기도 한다. 그러나 유럽연합은 전통적 국민국가와 같은 안정적 정체가 아니다. 그럼에도 앞의 장에서 살펴본 것처럼, 자문과정의 반복을 통해 통신정책의 형성과정이 '제도화'됨으로써, "누가, 언제, 어떻게, '왜' 얻는가"라는 정치학적 문제설정을 적용할 수 있다.

　따라서 우리는 유럽연합 통신정책의 결정과정에서 여타의 국제기구와 구분되는 두 가지 특징을 발견할 수 있다. 첫째, 통신정책이 행정 및 관리의 문제로 치환되면서 유럽연합 관료들의 정책결정 능력이 제고되고 있다. 이들은 마치 국민국가 정부의 관료들이 공공정책의 결정과정에서 행사하는 것과 유사한 권력을 갖고 있다. 이들의 권력증가는 부분적으로 통신정책의 결정과정이 매우 '전문적' 지식을 필요로 하기 때문에 발생하고 있기도 하다. 둘째, 정치와 기술의 관계에서, 기존의 국민국가가 자국 기업의 경쟁력 제고 및 자국의 안보를 유지하기 위해 연구개발정책에 재정적 지원을 하거나 또는 새로운 기술의 원활한 도입 및 실제 생산에의 적용을 위해 규제구조를 변경하는 것처럼, 유럽연합도 마치 기존의 국민국가처럼 새로운 기술도입을 촉진하는 역할을 수행하고 있다. 우리는 유럽연합 통신정책의 목표가 유럽기업의 경쟁력 강화 및 단일시장의 완성이라는 사실을 기억할 필요가 있다.

　디지털 혁명 이후 국가와 기술의 관계 그리고 그 사이에서 발생하는 정치의 성격은 상당한 논란의 대상이 되고 있다. 과학기술의 발전으로 우리의 사회가 보다 복잡해지면서, 인간이 추구하는 선한 사회와 그것을 달성하기 위한 방법 사이에 일정한 격차가 발생하고 있다는 주장에 일단 주목하자.[2] 이 주장은 두 가지 의미를 지닌다. 첫째, 우리가 하고 있는 것을 우리가 통제하는 것이 더욱 어렵게 된다는 것이다. 따라서 정치는 더욱더 복

---

2) G. Sartori, "Undercomprehension", *Government & Opposition*, Vol. 24, No.4-
　 (1989).

잡하게 된다. 특히, 기술의 발전으로 인해, 기술혁신의 주체인 기업이 주요한 정치적 행위자로 부상하면서 그 복잡성은 더욱 증가하고 있다. 둘째, 이 통제의 어려움을 극복하면서, 정부가 기술의 발전을 감독할 수 있는 능력이 그 정부의 생존에 필수적 요건이 된다.3) 이것은 국가가 반드시 기술발전에 개입해야 함을 의미하지는 않는다. 국가의 비개입 결정이 기술발전을 촉진할 수 있다면, 그것도 유용한 선택일 수 있다. 일단, 두 번째 주장에 논의를 집중해 보자.

일반적으로 국가와 기술의 관계는 다음과 같은 세 가지 차원을 담지하고 있다.

(1) 개입의 유형; (2) 통제의 정치적 구조; (3) 통제의 한계.4)

개입의 유형 및 통제의 정치적 구조와 관련하여, 국가는 특정 기술에 기반한 생산물의 '구매자'(customer), 기술의 운용 및 관리 그리고 실천방식을 규정하는 '규제자'(regulator), 그리고 개별 기업이 비용을 감당하기 힘들고 또한 국가안보와 직결되는 연구개발사업 및 산업정책에 재원과 자원을 제공하는 '지원자'(underwriter)의 역할을 수행한다.5) 만약 이 역할을 통신부문에 적용한다면, 국가는 그 동안 터미널 및 교환 시스템의 독점적 구매자였고, 통신 서비스를 국가가 직접 운용하면서 규제구조 또한 국가의 정책으로 결정하던 규제자였으며, 동시에 통신부문의 디지털 혁명을 선도한 지원자였다.

그러나 국가가 기술발전을 통제할 수 있는 능력은 점차적으로 감소하고 있다.6) 첫째, 선진자본주의국가의 정책결정과정에서 정치적 대표체계와 기

---

3) Street, *op. cit.*, p.47.

4) *Ibid.*, p.48.

5) J. Street는 이 세 가지 기능을 통해 국가별 기술발전의 차이를 분석하고 있다. 그가 주목하고 있는 변수는 '정치구조'라는 제도이다. 예를 들어, 연방제와 같이 분절화된 통제가 이루어지는 국가와 중앙집중화된 통제를 유지하고 있는 국가에서의 기술발전의 궤적이 다르게 나타난다는 것이 그의 핵심적 주장이다. *Ibid.*, pp.48-63.

6) *Ibid.*, pp.63-9.

술에 대한 전문적 지식 또는 전문가의 의견이 공존할 수 있는 방법을 찾기란 상당히 어려운 일이 되어 가고 있다. 이는 기술 자체가 복잡화하고 있기 때문이기도 하지만, 동시에 기술정책의 결정과정에 일반대중이 참여할 수 있는 통로를 개설하는 것도 쉽지 않은 일이기 때문이다. 기술정책과 같이 장기적 관점에서 결정되어야 하는 사업에서 민주주의적 참여가 이루어지기는 매우 힘들다고 할 수 있다. 둘째, 이와 더불어 다국적 내지는 초국적 기업이 증가하면서, 이 기업들의 기술정책을 개별 국민국가의 정부들이 통제하는 것이 더욱 힘들어지고 있다. 이제 기업이 정치의 중심에 위치하게 되었다고 평가되기도 한다.[7] 유럽연합이 회원국가의 기술정책에 개입하고 더 나아가 독자적 기술정책을 입안할 수 있었던 것도 이 두 요인 때문이었다.

유럽연합이 통신정책에서 수행하는 역할도 국민국가의 기술정책에서 발현되고 있는 국가의 역할과 상당히 유사하다. 유럽연합, 보다 구체적으로 유럽연합 집행위원회가 국민국가의 정부와 같은 독점적 구매자는 아니지만 부분적으로 구매의 절차를 통해 기술의 발전에 영향을 미치고 있고, 주요하게는 유럽수준에서 통신부문을 규제하고, 공동 연구개발정책의 형태로 통신산업의 발전을 지원하는 역할을 수행하고 있다. 이와 더불어 유럽연합 집행위원회는 ITU나 GATT 등에서 벌어지는 국제통신 협상의 과정에서 회원국가의 이익을 대표하는 역할을 수행하고 있다. 그리고 규제정책의 일부이기는 하지만, 유럽연합 집행위원회 및 유럽의회는 유럽인들에게 보편적 통신 서비스를 제공하기 위해 노력하고 있다. 따라서 우리는 유럽연합이 구매자로서의 역할은 미미하지만, '규제자', '지원자', '협상자' 그리고 '보편적 서비스의 제공자'로서의 역할을 하고 있다고 규정한다.[8]

---

7) A. Cawson, K. Morgan, D. Webber, P. Holmes, and A. Stevens, *Hostile Brothers*(Oxford: Claredon Press, 1990), p.378.

8) 유럽연합이라는 정체의 속성상 유럽연합이 구매자의 역할을 수행하기는 매우 힘들다. 유럽연합이 국민국가와 같이 영토적 경계 내에서 통신 서비스를 제공하는 정체가 아니기 때문이고, 유럽연합이 국민국가의 정부에 버금갈 정도의 조직적 규모를 갖추고 있지 않기 때문이다. 그럼에도 유럽연합의 구매행위가 통신정책에 미치는 영향을 부정하는 것은 아니다. 1986년 1월 13일-17일까지 스트라스부르그(Strasbourg)에서 열린 유럽의회 회기 중에, 이 구매자로서의 역할에

1-2. 정책의 실행

유럽연합이 통신정책에서 수행하는 역할, 즉 유럽연합의 '실제적' 기능은 통신정책의 '실행과정'에서 가장 명확히 표현된다. 일반적으로 정책결정은 정책의 실행을 통해 완료된다. 그러나 어떤 정책이 원래 의도했던 목표와 동일하게 실행된다고 볼 수는 없다. 정책의 형성과정에서 나타나는 공동행동보다 사실 정책의 실행과정에서 나타나는 공동행동이 더욱 복잡한 성격을 띠고 있기 때문이다.9) 유럽연합 통신정책의 형성과정에서 볼 수 있듯

대한 흥미로운 토론이 전개되었다. 유럽의회의 '예산통제 및 유럽공동체의 데이터 처리장비 정책에 관한 위원회'에서 프랑스 출신의 Mrs. Scrivener는 데이터 처리장비에 관한 보고서를 제출했다. 그녀는 유럽연합 집행위원회가 컴퓨터 산업에서 구매자이면서 동시에 정책결정의 중심에 설 수 있음을 강조한다. 유럽연합 집행위원회가 생산자 독점을 고려하지 않아도 되는 조직이라는 점에 주목하면서 그녀는 집행위원회가 구매정책을 통해 유럽공동체 제도 내부에서 다양한 장비의 호환이라는 목표를 실현할 수 있다고 말한다. 따라서 집행위원회의 구매 행위는 산업정책의 맥락에서 이해될 수 있는 것이다. 사회당 출신의 유럽의회 의원인 Mr. Tomlinson은 이 보고서를 토론하면서 당시 집행위원회 장비의 호환 수준은 20% 정도에 지나지 않음을 지적하면서, 이를 극복할 수 있는 대안으로 적절한 공공조달 정책을 주장했다. 유럽의회 의원인 Mr. Cornelissen도 이 보고서를 토론하면서, 당시 유럽시장에서 팔리는 컴퓨터의 10개 가운데 8개가 미국 산이라는 점을 지적하면서, 유럽적 표준을 갖는 유럽시장의 건설을 위해서도 집행위원회의 구매정책이 중요한 의의를 가질 수 있다고 주장했다. 유럽공동체 집행위원회 부의장이던 Mr. Christophersen은 이 보고서와 토론에 대답하면서, 유럽공동체 제도가 정보시장 및 기술시장에서 유럽산업의 지위를 강화하기 위한 공동 전략을 추진하는 데 공헌할 수 있고, 집행위원회가 구매과정에서 단일 공급자나 비유럽적 공급자에게 의존하지 않음으로써 유럽기업들이 생산한 데이터 처리장비의 호환성을 제고할 수 있다고 주장했다. 이 토론은 유럽공동체 집행위원회의 구매정책이 유럽 차원의 표준설정에 상당한 영향을 미칠 수 있음을 보여주는 중요한 사례라고 할 수 있다. European Parliament, "Debates of the European Parliament, 1985-1986 Session Report of Proceedings from 13 to 17 January 1986", Europe House, Strasbourg, *Official Journal of the European Communities*, Annex(1986).

9) J. Pressman and A. Wildavsky, *Implementation*, 3rd ed(Berkely: University of California Press, 1984). 이들은 공공정책의 실행확률이 실패확률보다 더 높다는 결론을 내리고 있다. 1960년대 소수민족들의 고용창출을 위해 미국 캘리포니아 주 오클랜드 지역에서 시행된 프로젝트의 실행과정을 분석한 이들의 연구는 정

이, 대기업 - 유럽연합 집행위원회 - 국민국가의 관료로 구성된 초국가적 정책 네트워크의 활동으로 통신정책에 대한 합의가 이루어질 수 있었지만, 정책의 실행 주체는 이 정책 네트워크의 구성원뿐만 아니라 이 연합에 주도적으로 참여하지 않은 행위자들도 포함된다는 점을 상기할 필요가 있다.

따라서 유럽연합의 정책실행 구조는 국민국가 차원에서의 공공정책의 실행보다 더욱 복잡하다. 더구나 유럽연합 정책에 대한 '비순응'(non- compliance)이 체계적 현상이라는 지적까지 나오고 있는 실정이다.10) 유럽연합이 생산한 정책의 실행은, 회원국가의 책임이든지 아니면 그 정책을 집행할 수 있는 권위를 갖고 있는 유럽연합 기구의 책임이다. 그러나 좀 더 정확하게 이야기한다면, 유럽연합의 정책이 의미를 갖기 위해서는 회원국가 내부에서 실현되어야 한다. 따라서 정책형성 단계와 달리, 실행과정은 유럽연합의 '연방적' 질서가 본질적으로 정부 간 체계와 화해할 수밖에 없는 지점이라는 주장이 설득력을 갖게 된다.11) 그러나 이 주장은 유럽연합의 정책을 실행하는 주체로 단순히 회원국가의 중앙정부만을 전제할 때 도출될 수 있는 결론이다. 왜냐하면, 이 실행 주체로 다국적 내지는 초국가적 기구, 초국가적 기업 또는 지방정부 등이 상정될 수 있기 때문이다.

우리는 유럽연합의 공공정책들이 법규와 지침 같은 법적 형태로 생산되고 있다는 사실에 주목할 필요가 있다. 특히, 유럽연합의 정책들에서 가장 자주 사용되는 지침은 국민국가 차원에서 새로운 법의 형태로 전화되어야만 그 효력을 발휘할 수 있다. 로마조약 5조에서는 공동체 제도가 취한 행동들에 대해 회원국가들이 적절한 조처를 취해야 한다고 규정하고 있지만,

---

책실행에 관한 거의 최초의 본격적 연구성과로 평가되고 있다. 일반적으로 정책실행에 대한 연구가 주목의 대상이 아니었던 것처럼, 유럽공동체 정책의 실행과정에 대한 연구성과도 그렇게 체계적이지 않다. 회원국가에서 공동체 입법의 실행에 대한 주요한 연구성과로는, H. Siedentopf and J. Ziller(eds.), *Making European Policies Work*(London: Sage, 1988)을 참조.

10) M. Mendrinou, "Non-compliance and the European Commission's Role in Integration", *Journal of European Public Policy*, Vol. 3, No.1(1996), pp.2-4.

11) A. Jordan, "From Brussels to Blackpool and Southport: 'Post-Decisional Politics' in the European Community", Paper presented at the Political Studies Association Annual Conference, Glasgow, 1996.

사실 이 적절한 조처에 대한 결정은 회원국가 정부의 고유 권한이라고 할 수 있다. 유럽연합 정치가 강력한 법적 토대에 의존하는 이유에 대해 공동의 유럽적 정체성의 결여가 지적되기도 한다. 즉, 국민국가에서는 강력한 정체성이 정책결정의 원천으로 기능하기 때문에 입법이 보조적 정책도구로 사용되는 반면, 유럽연합에서는 법적 도구를 제외하고 강제력을 행사할 수 있는 다른 도구가 많지 않기 때문에 보다 법에 의존할 수밖에 없다는 것이다. 따라서 유럽연합은 행정적 실행의 측면에서 철저하게 회원국가의 협력에 의존할 수밖에 없다.[12] 이는 실행과정조차도 정책형성 단계에서와 마찬가지로 '협상'의 성격을 띠고 있음을 의미한다.

따라서 정책도구(policy instrument)의 선택과 실행과정은 긴밀한 연관을 맺고 있다. 정책도구의 선택을 통해, 핵심 행위자들의 존재와 역할, 그리고 사용가능한 자원의 배치 등이 결정된다는 원론적 의미에서뿐만 아니라 정책도구의 선택이 실행과정의 정치를 규정하고 다시금 실행을 통해 정치도구의 재선택이 이루어진다는 상호적 의미에서 이 연관은 중요하다. 유럽연합에서는 로마조약에 명시되어 있지 않은 정책의 초기 형성과정에서, 회원국가 정부 또는 중요한 부문적 행위자들이 반대할 수도 있는 지침이나 법규와 같은 구속력이 있는 조처들의 사용이 자제된다.[13] 통신정책의 사례에서 볼 수 있는 것처럼, 초기의 입법은 실행과 제재의 측면에서 구속력이 없는 '연성법'[14](soft law)의 형태인 권고나 의견이 대다수를 차지한다. 그 이후 다양한 행위자들 사이에서 합의가 이루어지면서 보다 구속력이 강한 지침이나 법규의 형태로 정책이 생산됨을 볼 수 있다.

---

12) J. From and P. Stava, "Implementation of Community Law: The Last Stronghold of National Control", in S. Andersen and K. Eliassen(eds.), *Making Policy in Europe: The Europeification of National Policy Making*(London: Sage, 1993), pp.60-1.

13) L. Cram, *Policy-Making in the EU: Conceptual Lenses and the Integration Process*(London: Routledge, 1997), p.99.

14) 연성법은 원칙적으로 법적 구속력은 없지만 그럼에도 불구하고 실제적 효과를 발휘할 수 있는 행동의 규칙(rules of conduct) 또는 공동체의 권리와 의무를 담고 있지는 않지만 회원국가, 공동체 제도, 기업, 개인들에 영향을 미치는 행동의 규칙으로 정의된다. *Ibid.*, pp.4-5.

따라서 초기 통신정책은 실행을 목적으로 한 것이라기보다는 의제설정을 위한 '과정'이었다고 할 수 있다.[15] 그 이후 공동 연구개발정책인 RACE 프로그램은 유럽연합이 직접 그 비용을 지출하는 방식으로 수행되었다. 경쟁정책 분야 가운데 통신장비 시장의 자유화를 위해서는 구속력이 강한 법규 및 지침이 사용되었고, 통신 서비스 시장의 자유화를 위해서는 일단 연성법을 이용한 접근이 이루어졌다. 통신 서비스 시장의 개방에 대해서는 회원국가 PTTs가 강력히 저항했기 때문이다.

유럽연합의 정책영역 가운데 경쟁정책은 그 실행이 가장 잘 이루어지고 또한 감독과 처벌이 가능한 분야이다. 시장지배적 지위의 남용을 금지하고 있는 로마조약 86조는 1980년대 초 'BT 사례'에서 볼 수 있는 것처럼, 비교적 이른 시기에 통신정책에 적용되었다. 또한 1980년대 중반부터는 로마조약 90조가 PTTs의 독점을 금지하는 조항으로 해석되기 시작했다. 1962년 제정된 법규에 따르면, 유럽연합은 경쟁정책을 위반하는 사례가 발생할 경우, 중지명령을 내릴 수 있고, 더 나아가 시정권고 및 과징금 부과가 가능하다. 또한 집행위원회는 경쟁정책을 위반한 해당 사업자에게 필요한 정보를 요구할 수 있고, 또한 조사권을 발동할 수도 있다. 그리고 유럽법원은 집행위원회가 부과한 벌금과 기간별 과징금의 부과를 검토할 수 있는 권리를 갖고 있다.[16]

사실, 유럽연합 집행위원회가 실행과정을 감독하기 위해서는 그 과정에 대한 충분한 정보를 입수할 수 있어야 한다. 집행위원회가 정보를 입수하는 방법은 다양하다:

(1) 회원국가의 통보; (2) 시민과 기업으로부터 정보의 입수; (3) 정책 네트워크; (4) 정책의 투명성; (5) 이해 당사자에게 감독을 위임; (6) 정

---

15) L. Cram은 유럽연합 정책의 발전유형을 설명하는 네 가지 범주를 설정하고 있다: (1) 과정 – 유럽연합 수준에서 위원회와 조직을 설치하고, 규칙과 절차를 만드는 것; (2) 유럽연합의 행동/직접 지출 – 유럽연합의 직접 지출 및 개입; (3) 규제 – 표준을 설정하고, 국민국가의 정부·기업·개인이 순응해야 하는 행동규칙의 수립; (4) 연성법 – 구속력이 없는 입법이기는 하지만 정치적 중요성을 갖는 정책도구. *Ibid.*, p.99.
16) 권오승, 『EC 경쟁법』(서울: 법문사, 1992), pp.255-317.

보의 원천으로서 언론.[17]

유럽연합 통신정책의 실행과정에서도 위에 열거한 감독방법들이 모두 동원되고 있다. 각 회원국가들은 통신관련 입법의 실행 상황을 6개월 단위로 집행위원회에 보고해야 한다. 정책 네트워크는 집행위원회가 실행과정을 감독하는 가장 강력한 무기일 수 있다. 회원국가의 통신관련 관료들로 구성된 SOG-T와의 정기적 만남이나 통신관련 대기업들과의 접촉을 통해 집행위원회는 정책의 실행상태를 점검할 수 있다. 또한 RACE 프로그램에서는 실행과정을 감독하는 위원회의 설치를 통해 그 과정의 투명성이 확보되고 있다.

유럽연합 통신정책의 결정과정에서 토론문건인 『녹서』의 제출을 통해 주기적 자문과정이 이루어지고 있는 것도 사실은 실행과정의 어려움을 반영하는 것이다. 유럽연합 집행위원회는 주기적으로 유럽연합 통신정책의 실행상태를 보고서 형태로 작성한 후, 이를 통신정책의 공공영역이라고 할 수 있는 다양한 행위자들이 참여하는 토론장에 회부한다. 사실, 이 토론은 유럽연합 통신정책을 불이행한 주체에 대한 간접적 처벌의 성격을 띠고 있다고 볼 수 있다. 이는 유럽연합이 정책실행과정에도 다양한 행위자들을 동원할 수밖에 없음을 보여주는 것이고, 실행과정도 협상의 정치라는 원론적 주장을 검증시켜 주는 것이기도 하다.

마지막으로, 유럽연합 정책의 실행이 국민국가에 미치는 영향을 간략하게 언급한다. 유럽연합 통신정책에서는 산업정책과 경쟁정책이 공존하고 있다. 그것은 마치 통신이 등장하던 초기에 '이상적인 집합적 자본가'로서 국민국가가 수행했던 역할과 비슷하다. 즉, 한편으로 유럽연합은 국민국가가 아니면서도 생산의 일반적 조건을 제공하기 위해 노력하고 있다. 그러나 과거의 국가형성 시기의 경험과 달리 유럽연합은 통신 서비스에서 공공재의 성격을 벗겨 내기 위한 정책을 추진하고 있다. 유럽연합의 이러한 개입이 통신부문에서 국민국가의 주권을 위협할 수도 있다. 그러나 유럽연합의 권력강화가 반드시 회원국가의 권력약화를 의미하는 것은 아니다. 앞으로 살펴보겠지만, 회원국가가 연구개발비에 지출하는 비용이 갑작스럽게

---

17) From and Stava, *op. cit.*, pp.63-4.

떨어지지도 않았고, 회원국가가 경쟁정책 분야에서 갖는 힘이 약화된 것도 아니다. 회원국가들도 유럽연합의 정책에 보조를 맞추어 탈규제 또는 규제완화 정책을 추구하고 있지만, 그것이 반드시 국가의 약화를 의미하지는 않는다. 본 연구에서는 이 신중세적 공존이 자본주의적 질서의 범지구화라는 새로운 현상과 여전히 고수되고 있는 국민국가주의의 긴장을 해소하는 제도적 해결책이라고 생각한다. 그리고 그 공존의 중요한 정치적 함의 가운데 하나는, 정치적 엘리뜨들이 의도했든 의도하지 않았든, 민주주의적 정당화 과정의 축소이다.

1-3. 주의사항

유럽연합 정책의 실행과정을 분석함에 있어 가장 논란이 될 수 있는 문제는, 유럽연합이 입안한 정책의 실행과정에서 인과관계가 모호할 수도 있다는 점이다. 구체적으로 유럽연합의 규제정책이 회원국가에서 실현되었다는 것이, 곧 유럽연합의 정책이 원인으로 기능했다는 것을 의미하지 않을 수도 있기 때문이다. 즉, 어떤 유럽연합 회원국가가 지속적으로 자유화 정책을 추진하는 과정에서, 유럽연합이 자유화 정책을 입안했다면 이의 실행을 유럽연합 정책 때문이라고 주장하기는 어려울 수도 있다. 예를 들어, 영국정부의 통신부문 자유화 정책은 유럽연합 통신정책에 선행했다. 특히 국민국가 규제체계의 변화를 요구하는 유럽연합의 통신정책의 경우, 즉 반드시 국민국가적 수준에서의 정책변화를 수반해야 하는 경우, 인과관계의 모호성은 더욱 극대화될 수밖에 없다.

따라서 국민국가적 수준에서 규제체계의 변화를 요구하는 유럽연합 통신정책, 예를 들어 국민국가 수준에서 통신부문에서의 규제와 운용의 분리와 같은 정책영역에서, 유럽연합의 정책은 기존의 국민국가적 정책을 추인하거나 또는 '가속화'하는 역할을 하고 있다고 해석될 수 있다. 다른 한편으로, 국민국가 정부는 유럽연합 정책을 이용하여 국내적 저항을 무력화하고 자유화 정책을 정당화한다. 따라서 우리는 1980년대 초반부터 범지구적 차원에서 확산되기 시작한 통신부문의 자유화와 관련된 정책영역에서는 국민국가적 정책과 유럽연합 정책의 공생관계를 엿볼 수 있다.

반면, 유럽 차원의 통신부문 조화정책 및 공동 연구개발정책의 경우에 정책의 실행은 유럽 차원에서 이루어진다. 국민국가 통신 네트워크의 상호접속 및 상호운용 과정에서 발생하는 경쟁규칙의 위반을 감독하는 것은 유럽연합의 임무로 귀속될 수 있다. 또한 공동 연구개발정책은 유럽연합이 제안하고 실행하는 정책이라는 점에서 이 정책의 실행과정은 유럽연합의 책임이다.

마지막으로 지적할 수 있는 부분은 '신자유주의적' 통신정책이 반드시 규제의 소멸을 의미하지 않는다는 것이다. '신자유주의의 역설'이라고 표현할 수 있는 이러한 현상의 등장은 담론으로서의 '신자유주의'와 정책으로서의 '신자유주의'를 구분하는 중요한 기준이 될 수 있을 것이다. 유럽연합 통신정책의 사례에서 볼 수 있듯이 정책으로서의 '신자유주의'는 항상적으로 공적 권위체의 개입을 그 내용으로 담고 있다. 이 담론과 정책의 불일치는 누가 '신자유주의적' 담론과 정책으로부터 이익을 얻는가라는 질문에 대한 대답을 통해 해결될 수 있을 것이다.

2. 규제자로서 유럽연합

2-1. 규제된 경쟁과 조화

유럽적 차원의 규제적 틀을 모색하는 유럽연합 통신정책은 세 가지 축선을 따라 발전해 왔다:

(1) 통신장비, 통신 서비스, 그리고 통신 하부구조의 제공에서 경쟁을 자극하기 위한 '자유화';
(2) 독점적 영역으로 남아 있던 통신 네트워크 및 서비스에 접근할 수 있는 공동의 규제적 틀의 발전을 지원하고 유럽연합 내에서 기본적 통

438

신 서비스의 제공 및 표준의 건설을 위한 '조화';
(3) 유럽연합 경쟁규칙을 통신부문에 완전하게 적용함으로써 달성되는 '공정한 경쟁'.18)

보다 단순화한다면, 유럽연합의 통신 규제정책은 자유화와 조화(harmonization)라는 두 가지 내용으로 압축될 수 있다. 자유화 및 경쟁과 관련된 정책에는, 통신장비 시장의 자유화, 통신 서비스 시장의 자유화, 통신 하부구조의 자유화 그리고 유럽연합 경쟁규칙을 통신관련 산업에 완전하게 적용하는 것 등이 포함된다. 조화정책으로는 통신 네트워크의 상호접속 및 상호운용을 가능하게 하는 '개방된 네트워크의 제공'(Open Network Provision, 이하에서 ONP로 표기) 및 보편적 서비스의 제공 등을 들 수 있다.19)

일반적으로 신고전파 (정치)경제학자들은 정부개입 또는 정부의 규제행위가 등장하게 된 원인으로, 시장의 실패(market failure)에 주목한다.20) 그러나 이미 자연독점 이론에 대해 비판적 이론을 제출한 바 있는 시카고학파는, 규제 또는 정부개입에 대해서도 강력한 이익집단이 자원배분의 강제력을 가진 정부를 '포획하여'(capture) 자원을 재분배하려는 의도 때문에 발생한다고 주장한다.21) 따라서 시카고학파의 주장에 의거한다면, 공공정책의 발생은 이익집단 정치 또는 정부-산업 관계로 환원될 수 있다. 다른 한편으로, 조절이론을 따른다면, 공공정책의 등장은 축적체제의 안정화를 위한 헤게모니 프로젝트로 이해될 수 있다. 즉 정부가 어떤 공공정책의 수

---

18) CEC, *Green Paper on the Liberalisation of Telecommunications Infrastructure and Cable Television Networks, Part Two,* COM(94) 683 final(Brussels: CEC, 1994), p.55.
19) 조화정책의 일부인 보편적 서비스의 제공은 별도의 항목으로 다루어질 것이다.
20) 시장의 실패요인으로는 (1) 불완전한 경쟁; (2) 정보의 불충분성; (3) 공공재; (4) 외부효과 등이 제시된다. 최병선, 『정부규제론: 규제와 규제완화의 정치경제』(서울: 법문사, 1993), pp.57-102.
21) G. Stigler, "The Theory of Economic Regulation", *Bell Journal of Economics and Management Science,* Vol. 2(1971). 이 특수한 이익집단은 다음과 같은 정부규제에 의해 혜택을 얻는다: (1) 직접적 보조금의 지급; (2) 진입제한; (3) 자기 산업과 대체적 관계에 있는 산업을 억제하거나 또는 자신들과 보완적 관계에 있는 산업을 지원하는 정책; (4) 높은 수익률을 보장하는 가격고정 (price-fixing).

행과정에서 강력한 이익집단에 포획되어 있다는 점을 인정하면서도 동시에 정부는 이 강력한 이익집단에 포함되지 않은 집단들도 고려한다는 사실을 수용해야 한다. 국민국가의 정부가 강력한 이익집단을 고려한 규제정책을 실시하면서도 보편적 서비스를 항상적으로 규제정책에 포함시키고 있는 것도 바로 이러한 이유에서이다. 그러나 보편적 서비스의 수혜대상의 범위는 유동적일 수밖에 없다. 이것은 축적전략과 헤게모니 프로젝트가 반드시 일치하지 않을 수도 있음을 의미하는 것이다. 다시금, 우리는 공공정책이 자본주의적 정치와 국민적 정치가 교직하는 지점에서 발생한다는 앞서의 이론적 논의를 상기해야 한다.

통신부문에서의 정부규제는 이미 통신정책 정치의 원형을 고찰하면서 언급했다. 이 규제는 진입장벽의 설치, 비용에 근거하지 않은 가격책정, 정부의 보조금, 그리고 정부의 구매정책 등으로 표현되었다. 그러나 초국가적 정체인 유럽연합이 생산하는 규제정책은 과거 국민국가의 규제정책과 그 내용면에서 상이하다. 탈규제 또는 규제완화라는 '신자유주의적' 논리를 담지하고 있는 유럽연합의 규제정책은, 진입장벽의 철폐, 비용에 근거한 통신가격의 설정, 보조금의 폐지, 그리고 정부의 선별적 구매정책의 폐기라는 정반대의 논리로 집약된다. 그러나 유럽연합의 경쟁정책이 무제한적인 경쟁의 추구로 이어지지는 않고 있다. 여기에서 유럽연합의 독특한 성격이 표출된다.

유럽연합의 경쟁정책은 '규제된 경쟁'(regulatory competition)으로 표현된다. 이 규제된 경쟁의 개념은 유럽연합의 정책이 회원국가에서 실행되어야 한다는 독특한 특징과 긴밀히 연관되어 있다. 규제된 경쟁의 출현은, 국제적 생산요소의 이동이 국민국가의 경제활동에 미친 효과에 대한 적극적 대응으로 해석될 수 있다. 유럽 단일시장이라는 맥락에서 규제된 경쟁을 촉진하는 두 가지 기본적 요소로 생산요소의 '자유로운 이동'(free movement) 및 '상호인정'(mutual recognition)이 제시된다.[22] 특히, 주목되는 것은 앞서 언급한 Cassis de Dijon 판결로 승인된 상호인정의 원칙이다. 이 상호인정의 원칙

---

22) J. Sun and J. Pelkmans, "Regulatory Competition in the Single Market", *Journal of Common Market Studies*, Vol. 33, No.1(1995), pp.59-60.

440

은 국민국가적 규제를 초국가적 규제로 대체하지 않고서도 경제통합을 가능
하게 한 규제적 원칙으로 평가되기도 한다.[23]

　　그러나 '상호인정'은 단순히 한 회원국가의 규제적 틀을 다른 회원국가가
수용할 뿐, 유럽연합 수준에서 규제적 틀의 조정(adjustment)를 반드시 필
요로 하지 않을 수도 있다. 그리고 이 시장 논리를 거역하는, 관료들이 주
도하는 방식의 정치화된(politicized) '조화정책'은 '신자유주의적 시대'에 규
범적 근거에서 적합하지 않다고 판단될 수 있다. 따라서 유럽통합을 지지
하는 정책결정자들과 이론가들은 국제적인 생산요소의 자유로운 이동에 대
응할 수 있는 규제된 경쟁을 선호하고 있다. 이 논자들은 규제된 경쟁과
조화에 대해 다음과 같은 비용/편익 분석을 제시하고 있다.

〈표 7-1〉 규제된 경쟁과 조화의 비교 - 비용/편익의 관점에서

	편 익	비 용
규제된 경쟁	1. 더 많은 규제의 선택 2. 국민국가의 규제 시스템에 대한 '규율 효과' 3. 발견, 실험 그리고 혁신을 위한 전략	1. 제한이 없고 왜곡적 2. 하위최적적 규제 - 너무 적은 규제 또는 너무 많은 규제 3. 국민국가의 규제적 편차
조 화	1. 법적 조처를 통한 왜곡의 제거 2. 다양한 양식, 강도 그리고 범위를 통한 유연성	1. 시장의 실패에 비례하지 않는 규제 2. 일단 자리잡게 되면 변경하기 어려운 규제

자료: J. Sun and J. Pelkmans, "Regulatory Competition in the Single Market",
Journal of Common Market Studies, Vol. 33, No.1(1995), pp.82-8.

　　위의 〈표 7-1〉에서 볼 수 있듯이, 규제된 경쟁과 조화는 나름의 장점과
단점을 지니고 있다. 현재 수준에서 규제된 경쟁이 조화보다 선호되는 이
유는, '규범적' 의미에서 시장에 의해 형성되는 또는 시장질서의 변화에 반

---

23) W. Streeck, "From Market Making to State Building? Reflections on the
Political Economy of European Social Policy", in S. Leifried and P.
Pierson(eds.), *European Social Policy: Between Fragmentation and
Integration*(Washington D.C.: The Brookings Institution, 1995).

응하는 규제가 위로부터 형성된 규제보다 우월하다는 '신자유주의적' 신념 때문이다.

그러나 규제된 경쟁과 조화를 구분하는 것이 상당히 어려울 수도 있다. 어떤 규제정책이 시장에서 발원한 것인지 아니면 위로부터 부과된 것인지는 각 사례에 따라 평가될 수 있는 문제이기 때문이다. 규제된 경쟁을 주창하는 이론가들도, 비용/편익의 관점에서, 규제된 경쟁과 조화의 구분은 사례별로 보조성의 원칙에 따라 결정되며, 또한 이 두 규제적 형태가 대체적 관계가 아니라 보완적 관계임을 인정하고 있다.[24] 좀 더 근원적으로는 국제적 수준에서의 규제정책이 주요하게는 정부-기업 관계, 기업-기업 관계, 그리고 정부-정부 관계의 변화에 의존한다는 점을 기억할 필요가 있다. 여기에 더해서 유럽연합 집행위원회 (및 유럽의회)는 규제정책 분야에서 자신의 권력을 증대하려고 노력하고 있다. 예를 들어, 어떤 생산물에 대한 상호인정이 회원국가 정부에 의해 부정된다면, 피해를 입은 기업이나 정부는 유럽법원에 제소하거나 또는 유럽연합 집행위원회를 통한 입법의 방식으로 새로운 규제적 틀을 모색할 것이다. 그렇다면, 이 과정을 "시장에 반응하는 과정"으로 해석할 수 있을 것인가? 사실상 이것은 기업과 회원국가의 정부 및 기업과 유럽연합 집행위원회의 시장 내부에서의 권력관계가 변화하고 있다고 해석하는 것이 올바를 것이다. 따라서 규제된 경쟁이라는 의미는 정확히 이야기한다면, 기업-정부 관계 또는 국가-자본 관계의 변화를 '신자유주의적'으로 정당화하는 개념이라고 할 수 있다.

2-2. 자유화 정책: 규제된 경쟁?

유럽연합의 통신부문 자유화 정책은, (1) 통신장비 시장의 자유화 정책: (2) 통신 서비스 시장의 자유화 정책으로 구분해 볼 수 있다. 이 두 자유화 정책은 유럽연합의 전통적인 경쟁정책의 맥락에서 분석될 수 있다. 현재, 유럽연합의 통신부문에서 경쟁정책을 위반하는 사례는 다음의 두 가지

---

24) Sun and Pelkmans, *op. cit.*, p.88.

로 요약된다.[25] 첫째, 국가독점의 반경쟁적 행태는 회원국가의 국내법 또는 정부정책에 의해 발생한다. 이 경우, 유럽공동체 집행위원회는 로마조약 37조 또는 90(1)조와 90(3)조에 의거하여 위반사항을 처벌한다. 둘째, 통신 또는 정보기술 분야에서 활동하고 있는 기업이 반경쟁적 행태를 보일 수 있다. 이 경우, 유럽공동체 집행위원회는 지배적 지위의 남용을 금지하고 있는 로마조약 85조와 86조에 의거하여 이 기업들에 제재를 가할 수 있다.

2-2-1. 통신장비 시장의 자유화 정책

통신 터미널 시장의 자유화는 유럽공동체 집행위원회가 입안한 최초의 구체적 통신정책이라고 할 수 있다. 유럽연합 집행위원회가 통신 터미널 시장의 자유화를 가장 먼저 의제로 제기한 이유로 두 가지를 들 수 있다. 첫째, 통신 터미널은 통신장비 가운데 핵심적 부분을 차지하는 것이 아니다. 앞서 살펴본 것처럼, 통신장비에서 가장 중요한 부분은 교환설비라고 할 수 있다. 일반적으로 교환설비는 국민국가를 대표하는 기업들에 의해 생산되던 통신장비였다. 따라서 유럽연합 집행위원회는 전략적으로 통신 터미널의 자유화 정책을 먼저 선택했다고 볼 수 있다. 둘째, 상호인정이 1992 프로젝트에서 규제정책의 핵심을 구성한다고 할 때, 유럽 차원의 '생산물 관련(product-related) 규제'는 상대적으로 달성하기 어렵지 않은 정책이었다고 할 수 있다.[26] 그리고 로마조약 30조에 명기되어 있는 것처럼, 수입 수량의 제한이나 여기에 상응하는 모든 조치는 금지되어 있던 상태였

---

25) H. Ungerer and N. Costello, *Telecommunications in Europe*(Luxembourg: Offices for publications of the Commission of the European Communities, 1990), p.167.
26) F. Scharpf는 규제를 '생산물 관련 규제'와 '과정 관련 규제'로 구분한다. 전자가 합의적 성격을 띠고 있는데 반해, 후자는 갈등 유발적 성격을 갖고 있다. 유럽연합 차원에서 사회민주주의를 도입하려는 시도, 구체적으로 사회적 규제를 도입하려는 시도가 장벽에 부딪히는 것도 과정 관련 규제의 어려움을 반영하는 것이다. F. Scharpf, "Negative and Positive Integration in the Political Economy of European Welfare States", in G. Marks, F. Scharpf, P. Schmitter, and W. Streeck, Governance in the *European Union*(London: Sage, 1996), pp.20-2.

다. 따라서 유럽연합 집행위원회는 통신 터미널 시장의 자유화를 상대적으로 실행이 용이한 정책으로 판단했을 것이다.

　1986년 7월 각료회의가 터미널 장비 상호인정의 첫 단계에 관한 지침을 제정했을 당시, 유럽의 통신장비 시장에서 터미널 장비, 교환설비, 그리고 전송장비가 차지하는 비율은 〈표 7-2〉와 같다.[27] 〈표 7-2〉에서 볼 수 있는 것처럼, 교환설비가 통신장비의 거의 50%를 점하고 있었다. 이 비율이 가장 큰 이유는 통신부문에서의 투자가 대부분 교환설비의 혁신에 집중되어 왔기 때문이기도 하다. 통신 터미널 장비는 두 번째의 위치를 차지하고 있었다.

〈표 7-2〉 유럽의 통신장비 시장(1986년)

	백만 달러	비율(%)
교환 장비	7,050	47
터미널 장비	3,600	24
전송장비	1,950	13
기타	2,250	15

　자료: INSEAD, *The Benefits of Completing the Internal Market for Telecommunications Equipment in the Community*(Fontainebleau: INSEAD, 1988), p.3.

　1980년대 중반 통신 터미널 장비시장은, Ericsson, IBM, GTE, Alcatel, Phillips, Siemens, Northern Telecom, Nixdorf 등의 국민국가를 대표하는 기업들이 장악하고 있었다는 점에서 '보호된' 시장으로 평가될 수 있지만, 상대적으로 상당수의 중소기업이 이 시장에 진출하고 있었다는 점에서 그 보호정도는 약한 상태였다. 터미널 장비시장의 진입장벽이 교환설비 시장에 비해 상대적으로 낮았기 때문이다. 1986년 각료회의 지침은 회원국가의 법 또는 규제의 접근(approximation)을 위한 지침의 발행을 규정하고 있는

---

27) Council of Ministers, "Council Directive of 24 July on the Initial Stage of the Mutual Recognition of Type Approval for Telecommunications Terminal Equipment Market." in CEC, *Official Documents of Community Telecommunications Policy*(Brussels: CEC, 1994), pp.19-24.

로마조약 100조에 의거한 것으로, 이 지침의 제정을 위해서는 회원국가 정부의 '만장일치'가 필요했다. 이 터미널 장비를 위한 공동시장의 창출은 유럽 차원의 표준설정과 규제의 감소를 통해 달성될 수 있는 것이었다.[28] 각료회의가 이 지침의 제정을 위해 회원국가의 만장일치가 필요한 로마조약 100조를 사용했다는 사실은 여전히 터미널 장비시장에 대한 부분적 보호의 사를 갖고 있었던 것으로 해석될 수 있다.

1987년 『녹서』에서 제안된 터미널 장비시장의 자유화는, 1988년 5월 '로마조약 90조'에 근거하여 유럽연합 집행위원회가 제정한 "통신 터미널 장비 시장에서의 경쟁에 관한 지침"으로 구체화되었다.[29] 이 지침의 2조에서는 통신 터미널의 수입 및 연결과 관련하여 회원국가가 공공 또는 민간사업자에게 부여된 특별한 권리가 철회되어야 함을 명시하고 있다. 그리고 이 지침이 고시되고 3개월 내에 회원국가 정부가 이 지침의 실행사항을 집행위원회에 통지하도록 규정되었다. 이 지침 8조에는, 최초에 설치되는 전화기 이외의 추가 전화기와 PABXs는 1988년 12월 31일까지, 텔렉스 터미널, 데이터 전송 터미널, 이동전화기 등은 1989년 9월 30일까지, 최초 전화기와 기타 터미널 장비는 1990년 6월까지 회원국가의 정부가 기술적 스펙과 형식승인 절차를 집행위원회에 보고하도록 규정하고 있다.

집행위원회가 이 지침을 제정하던 시점에서 주목되는 사항은, 이미 터미널 장비시장에서는 사적 구매가 공공 구매를 앞지르고 있었다는 점이다. 따라서 터미널 장비 거래량의 폭증과 터미널 장비의 기술혁신으로 인해 터미널 장비의 가격이 상당히 저하하던 시점이었다.[30] 다른 사항으로, 우리는 1987년과 1988년 사이에 유럽국가들의 통신장비 무역수지가 적자로 돌

---

28) INSEAD, *The Benefits of Completing the Internal Market for Telecommunications Equipment in the Community*(Fontainebleau: INSEA, 1988), p.31. 또한 터미널 장비의 공급을 둘러싼 갈등은 운용과 검정(certification)의 분리를 통해 해결함으로써 공동시장 창출의 가능성을 더욱 높일 수 있었다.

29) CEC, "Commission Directive of 28 June 1990 on Competition in the Markets in Telecommunications Equipment", in CEC, *Official Documents of Community Telecommunications Policy*, pp.69-74.

30) INSEAD, *op. cit.*, pp.31-2. 예를 들어 1983년에서 1985년 사이에 PABX의 가격은 20% 정도 하락했다고 한다.

아서고 있다는 사실에 주목할 필요가 있다.[31] 그러나 이 적자로의 전환이
유럽 통신장비 산업의 약화를 의미하는 것은 아니었다. 세계 통신장비 수
출은 연평균 17%의 성장률을 기록하면서 1984년 210억 달러에서 1991년
640억 달러로 증가했고, 이 가운데서 유럽국가들은 세계수출의 32%, 수입
의 34%를 점하고 있었다. 1988년 현재 유럽 내 통신 터미널 장비의 무역
에 있어서도 한 국가당 평균적으로 5개 정도의 기업이 주요한 공급자 역할
을 하고 있었다.

　따라서 1988년 5월 유럽공동체 집행위원회의 지침은 통신 터미널 장비의
무역추세를 사후적으로 추인하는 정책이었다고 할 수 있다. 유럽공동체의
통신부문 전반을 점검하는 보고서인 1992년 『리뷰』에도, 1988년 터미널 장
비에 관한 지침과 그 후속작업이라고 할 수 있는 1991년 4월 각료회의가
제정한 "통신 터미널 장비의 적합성에 대한 상호승인을 포함한 통신 터미
널 장비에 관한 회원국가 법의 근접에 관한 지침"의 실행에 대해 부정적
의견이 포함되어 있지 않았다.[32] 1992년 ITU의 설문조사에서도 유럽공동
체 모든 국가들은 전화기, PBAX, 텔렉스, 모뎀 등의 통신 터미널 장비가
자유화되어 있다는 응답을 했다.[33]

　통신 터미널의 자유화 정책이 유럽연합의 지침 형태로 꾸준히 제기된 반면,

---

31) ITU, *World Telecommunication Development Report 1994*(Geneva: ITU,
　　1994), pp.22-3.
32) CEC, *1992 Review of the Situation in the Telecommunications Services Sector*,
　　SEC(92) 1048(Brussels: CEC, 1992). Council of Ministers, "Council Directive
　　of 29 April on the Approximation of the Laws of the Member States
　　concerning Telecommunications Equipment, including the Mutual Recognition
　　of their Conformity", in CEC, *op. cit.*, pp.161-178. 이 지침은 각료회의가 특정다
　　수결로 법 및 규제의 조화를 달성할 수 있는 로마조약 100a조에 근거하여 제정
　　되었다. 이 지침에서는 형식승인의 구체적 절차와 형식승인을 거친 제품에 부착
　　되는 상징까지도 언급하고 있다. 또한 이 지침 13조 1항에서는, 이 작업을 위해
　　집행위원회의 자문기관으로 회원국가의 대표로 구성되고 집행위원회가 의장직
　　을 수행하는 "터미널 장비 승인위원회"(Approvals Committee for Terminal
　　Equipment)를 조직하기로 결정되었다. 이 위원회는 이 지침의 실행과정에서 중
　　요한 연결지점이었다.
33) ITU, *Telecommunication Indicators for Western and Southern Europe*(Geneva:
　　ITU, 1994), p.3.

446

통신 전송장비나 교환장비 시장의 자유화를 추진하는 정책은 거의 눈에 띄지 않는다. 1987년 『녹서』와 1992년 『리뷰』에서도 전송장비나 교환장비 시장의 자유화는 주요한 정책목표로 설정되어 있지 않았다. 1988년 현재, Ericsson, Alcatel, Marconi, Phillips, Siemens, Telettra 가운데 평균적으로 세 개의 기업이 한 국가에서 전송장비를 공급했다. 교환장비 분야에서는 Ericsson, GTE, Alcatel, ATT-Phillips, GEC-Plessey, Siemens, Itatel, Northern Telecom 중에서 평균적으로 두 기업이 각 국가에서 시장을 점유하고 있었다.

특히, 교환장비 시장에서도 사적 운용자들의 등장으로 공공조달이 아닌 사적 조달이 경향적으로 증가하고 있었음에도 불구하고 이 시장이 독점 내지는 과점 상태를 유지하게 된 몇 가지 이유를 지적할 수 있다. 첫째, 교환장비는 과거 네트워크 투자에 의존적이다. 따라서 기존에 사용하던 장비의 계속적 사용이 불가피한 영역이고, 따라서 처음 개발된 교환장비로 기존 설비를 대체하는 것은 용이한 일이 아니었다. 둘째, 우리는 통신 교환장비를 생산하던 대기업들이 독자적인 교환장비를 생산했다는 점을 기억할 필요가 있다. 이 장비들은 통신 터미널처럼 상호인정이 불가능한 것들이었다. 따라서 교환장비 시장에서 독점 내지는 과점이 더욱 강화될 수밖에 없었다. 셋째, 각 국민국가들의 차별적 공공조달 정책은 이 공급독점을 더욱 강화한 수요 측면의 요인이었다.

따라서 유럽연합이 교환장비 시장에 개입할 수 있는 유일한 방식은 정부조달시장의 개방을 강제하는 것이었다. 공공조달시장의 개방은 단일유럽시장의 완성이라는 맥락에서 제기되었다.[34] 유럽연합 집행위원회는 국적에 근거한 차별을 금지하고 있는 로마조약 6조 및 수입의 수량제한을 금지하고 있는 30조 등에 의거하여 공공조달시장의 자유화를 위한 지침을 생산하기 시작했다.[35] 유럽공동체 집행위원회가 설정한 기준은 '차별금지', '판정

---

34) 공공조달시장은 유럽공동체 국내총생산의 약 15%를 차지하는 대규모 시장이지만, 그 시장의 특성상 대부분 자국기업에 우선권이 주어졌고, 1988년에 간행된 한 보고서에 따르면 유럽공동체 총 공공계약 가운데 유럽공동체 이외의 국가에 낙찰되는 비율은 0.2%였고 다른 회원국가에 의해 공급이 이루어지는 비율은 2% 미만이었다고 한다. 윤현수, 『EC 1992』(서울: 을지서적, 1991), pp.114-6.

35) Council Directive 93/36/EEC(The Public Supplies Directive); Council Directive

절차의 투명성', '다른 국제적 표준이나 국민국가적 표준이 아닌 유럽적 표준에의 순응', '계약자를 선발하는 절차의 투명성' 등이었다. 특히, 주목되는 내용은 공공조달에 관한 내용을 유럽연합이 발행하는 정기간행물의 부록에 고지하도록 한 것이었다. 또한 집행위원회 (및 유럽법원)는 공공조달의 절차를 감독할 수 있을 뿐만 아니라 더 나아가 위반사실이 발견될 때, 해당 기구들에 그 절차를 집행위원회에 보고하도록 강제할 수 있게 되었다.[36)]

그러나 공공조달시장의 자유화에 관한 지침에서도 통신을 포함한 공익사업은 배제되어 왔다. 1993년 공익사업 지침에서는 보다 신축적 접근이 제기되기는 했지만, 여전히 경쟁입찰의 경우에도 공익사업을 담당하는 계약기구는 어떤 기업도 입찰에 참여할 수 있는 '개방된 절차', 한정된 기업만이 경쟁입찰에 참여할 수 있는 '제한된 절차', 그리고 선택된 기업과 경쟁의 조건만을 협상하는 '협상된 절차' 가운에 어느 하나를 선택할 자유를 갖고 있었다. 따라서 사실상 통신을 포함한 공익사업 분야에서는 공공조달시장의 개방이 이루어지지 않았다고 평가할 수 있다. 또한 교환설비를 포함한 공공조달시장의 개방을 위한 지침의 작성은, 통신 터미널 장비를 위한 지침과 달리 각료회의가 만장일치로 의결해야 하는 로마조약 100조에 의거하고 있었기 때문에 모든 회원국가들이 거부권을 행사할 수 있었다. 공공조달 부문에서 나타난 이 자유화 정책은 통신장비 생산기업들의 강력한 로비활동의 결과이기도 했다. 1992년 12월, Alcatel과 Siemens 등의 11개 통신장비 생산기업들은, 유럽 외부의 시장이 개방되지 않은 상태에서 유럽시장을 개방해서는 안 된다며 집행위원회의 공공조달 지침에 강력한 반대의

93/37/EEC(The Public Works Directive): Council Directive 92/50/EEC(The Public Services Directive): Council Directive 89/665/EEC(The Public Remedies Directive): Council Directive 93/38/EEC(The Utilities Directive): Council Directive 92/13/EEC(The Remedies Utilities Directive).

36) 1989년 유럽공동체 집행위원회는 덴마크정부의 교량건설사업에 개입했다. 집행위원회는 덴마크정부가 자국기업에 공사를 맡기는 과정에서 다른 회원국가의 기업 – 영국과 프랑스의 기업 – 을 차별했다고 통보하고, 덴마크정부를 유럽법원에 제소할 것이라고 통보했다. 법적 제재를 두려워 한 덴마크정부는 규칙위반을 인정하고 차별당한 기업들이 덴마크 법원에 손해배상을 위한 소송을 제기하는 것을 허용하였다. *The Economist*, 1991/6/8.

448

사를 표명했다.[37]

　사실, 교환설비 시장의 자유화는 정책적 측면에서 무의미한 것이기도 했다. 왜냐하면 이 산업에서 회원국가 간 '불균등 발전'이 매우 심한 상태였고, 따라서 유럽연합의 교환설비 시장은 소수의 대기업에 의해 과점되고 있었기 때문이다. 자국시장에서 독점적 지위를 향유하던 프랑스의 Alcatel, 독일의 Siemens, 영국의 GEC-Plessey, 그리고 스웨덴의 Ericsson이 단일유럽시장의 수립 여부에 관계없이 유럽시장을 분점하고 있었다. 예를 들어 1988년의 시점에서 프랑스의 Alcatel은 영국을 제외한 모든 유럽공동체 국가에 교환설비를 공급하고 있었다. 오히려 교환설비 시장이 터미널 장비시장의 경우처럼, 자유화가 이루어진다면 이들의 분점체제는 미국과 일본의 교환장비 생산기업에 의해 파괴될 가능성도 있었다고 볼 수 있다.

　따라서 우리는 유럽연합 통신정책의 이중성을 다시금 발견하게 된다. 한편으로 자유화를 추구하지만, 다른 한편으로 유럽기업들에게 손해가 될 수 있는 정책은 입안하지 않는다. 터미널 장비시장의 자유화가 적극적으로 추진되지만, 교환설비 시장의 자유화에 대한 언급은 거의 없다. 그럼에도 유럽연합이 발행한 문건이나 관련 기관에서 발행한 보고서에서는 통신장비에 대한 구분없이 완전한 자유화를 최선의 정책으로 제시하고 있다.[38]

　그러나 그 논리는 상당히 취약하다. 예를 들어 유럽연합 관료들은 1987년도 기준으로 모든 유럽연합 회원국가들의 대미, 대일 무역적자를 지적하면서, 회원국가들이 세계시장에서의 경쟁에 맞서 자국의 산업을 보호하는 규제정책이 유용하지 않다고 지적한다. 그러면서 세계시장에서 생존하기 위해서는 그 산업들을 경쟁에 노출시키는 것 이외에는 대안이 없다고 말한다. 그리고 미래의 세계시장을 형성함에 있어 '유럽 기업들의 단결'만이 강한 목소리를 가능하게 할 것이라고 주장한다.[39]

　〈표 7-3〉의 수치들을 보면, 이들의 주장이 어느 정도 타당성을 갖고 있다고 생각할 수도 있다. 유럽공동체 12개국은 OECD 국가들의 교환장비 수출의 50% 이상을 점하고 있었다. 기타 통신장비의 수출에 있어서도 유럽연합

---

37) *Financial Times*, 1992/12/3.
38) Ungerer and Costello, *op. cit.*; INSEAD, *op. cit.*
39) Ungerer and Costello, *op. cit.*, pp.112-3.

을 하나의 단위로 본다면, 미국 및 일본보다 상당 정도 앞서 있는 상태였다. 그러나 우리가 유의해야 할 것은, 유럽 대기업들의 수출이 대부분 유럽연합 이외의 국가 가운데 특히 발전도상국에 집중되고 있다는 점이다. 1988년 이후 유럽연합 국가들의 통신장비 무역에서 적자폭은 확대되어 갔다.

〈표 7-3〉 1992년 통신장비 수출(천 달러)

국 가＼장 비	전화기 세트	스위칭 장비	수신 터미널	통신 선장비	전송 장비	기타 장비
벨기에 – 룩셈부르크	40,999	36,179	16,018	490,000	32,727	75,668
덴마크	43,326	6,993	7,268	42,499	125,786	11,370
프랑스	75,323	213,293	6,459	462,955	419,142	617,676
독일	150,493	1,137,800	43,616	1,040,099	497,681	571,976
그리스	257	73	9	26,244	569	969
아일랜드	3,423	3,534	29,661	166,699	24,223	54,369
이탈리아	0	12,964	7,251	176,913	233,172	32,290
네덜란드	36,392	61,011	17,907	367,343	26,799	85,191
포르투갈	27,778	1,417	355	34,528	1,358	2,706
스페인	33,535	113,618	3,099	128,949	40,606	31,702
영국	141,412	98,042	72,747	323,064	665,977	337,886
유럽공동체 12국	552,947	1,684,924	202,927	3,259,333	2,068,040	1,821,753
OECD	1,369,144	2,987,254	909,245	8,058,612	7,738,115	6,195,739
스웨덴	79,748	70,922	13,970	1,224,647	550,801	108,210
캐나다	150,672	63,089	7,268	774,986	267,055	169,059
미국	160,148	530,669	260,785	1,411,856	2,164,244	940,623
일본	356,365	467,912	391,225	1,025,576	2,187,248	2,627,349

자료: OECD, *Communication Outlook*(Paris: OECD, 1995), p.108.

그러나 유럽연합 내에서 교환장비를 생산하는 기업들이 세계시장에서 차지하는 위치는 더욱 공고화되고 있다. 〈표 7-4〉에서 볼 수 있는 것처럼, 1994년 기준으로 프랑스의 Alcatel이 통신장비 판매에서 세계 제일의 위치를 차지하고 있다. 〈표 7-5〉에서 볼 수 있는 것처럼, 통신장비 생산에 있어서도 상위 10개국 가운데 유럽의 7개국이 자리를 점하고 있다. 이 통계수치가 유럽연합의 통신시장 자유화 정책의 의도하지 않은 역설적 결과라고 단언할 수는 없지만, 우리는 프랑스의 Alcatel에 대한 국가차원의 지원이 현재 Alcatel이 세계적 기업으로 부상할 수 있던 원동력이라는 점을 고려할 때, 실제로 유럽연합의 통신장비 시장의 자유화 정책이 의도한 것이 무엇이었는가를 다시금 생각해 볼 필요가 있다.

〈표 7-4〉 통신장비 판매 기업순위(1994년)

기 업	국 가	백만 달러	기업총판매에서 차지하는 비율	수출의 비율	시장점유율
Alcatel	프랑스	20,401	67.6	72.0(%)	15.8(%)
Motorola	미국	14,389	64.7	44.0	10.8
AT&T	미국	14,279	19.0	9.8	10.7
Siemens	독일	12,779	24.5	58.0	9.6
Ericsson	스웨덴	10,699	100.0	90.0	7.4
NEC	일본	9,841	27.1	16.0	7.1
Nortel	캐나다	8,223	92.7	87.0	6.2
Fujitsu	일본	4,774	15.5	30.0	3.6
Bosch	독일	3,413	16.1	54.0	2.6
Nokia	핀란드	2,531	43.8	85.0	1.9
총계		100,969			75.7
기타		32,571	34.6	40.0	24.3
범지구적 총계		133,540			100.0

자료: *Financial Times*, 1995년 10월 3일.

〈표 7-5〉 통신장비 생산 상위 10개국

국 가	백만 달러	비율(%)
미국	40,365	30.2
프랑스	22,194	16.6
독일	18,733	14.0
일본	14,535	10.9
캐나다	10,054	7.5
스웨덴	9,947	7.4
영국	3,601	2.7
핀란드	2,987	2.2
네덜란드	2,570	1.9
스위스	1,782	1.3
총계	126,768	94.9
범지구적 총계	133,540	100.0

자료: *Financial Times*, 1995/10/3.

만약 유럽연합이 추진한 통신장비 시장의 자유화 정책이 역설적으로 기존의 독과점 체제를 공고화하는 방향으로 기여했다면, 우리는 이 역설적 상황을 어떻게 설명해야 하는가? 일단, 통신장비 기업들의 다국적화 내지는 초국적화는 인정할 수밖에 없다. 그러나 이 기업들이 새로운 시장을 개척하는 것은 용이한 일이 아니다. 미국의 AT&T나 일본기업들이 유럽시장에 진출하는 방식을 보면 대부분 전략적 제휴라는 방식을 통할 때만이 가능했다. 만약 이러한 상황전개를 경쟁체제로의 전환으로 이해한다면, 이 경쟁은 범지구화 시대에 생존할 수 있는 대기업들 사이에 자유로운 경쟁을 보장하는 체제일 뿐이다. 유럽연합이 반드시 대기업의 이익만을 보증하는 조직체는 아니지만, 그들이 생산하는 '신자유주의적' 담론은 이 대기업들의 자유로운 경쟁과 협력을 보장하는 역할을 수행하고 있음을 부정할 수 없다. 통신장비 시장의 자유화 담론 및 정책의 결과는 유럽수준에서 독과점의 강화를 초래하고 있을 뿐이다. 유럽연합 회원국가 가운데 강력한 힘을 발휘하는 주요 국가들은 이 유럽연합의 '신자유주의적' 담론을 통해 '자국' 기업의 경쟁력 강화라는 효과를 얻고 있지만, 이 '신자유주의적' 담론은 그 회원국가들의 기업에 대한 통제 또한 약화시키고 있다.

2-2-2. 통신 서비스의 자유화 정책

1988년 6월 30일, 통신 서비스 및 통신장비를 위한 공동시장의 발전을 위한 각료회의 결의안의 후속작업으로 유럽연합 집행위원회는 1990년 6월 28일, '로마조약 90(3)조'에 의거하여 "통신 서비스 시장에서의 경쟁에 관한 지침"을 발행했다.[40] 이 지침도 전형적인 기술결정론적 담론에 근거하고 있었다. 즉, 통신부문에서의 기술적 진보가 서로 다른 통신 서비스 제공자들 사이의 경쟁을 기술적으로 경제적으로 가능하게 만들고 있다는 것이 이 지침의 발행을 정당화하는 논리였다. 먼저 이 지침의 자세한 내용을 살펴보자.

---

40) CEC, "Commission Directive of 28 June on Competition in the Markets for Telecommunications Services", CEC, *Official Documents of Community Telecommunications Policy*, pp.103-112.

집행위원회는 우선적으로 회원국가에서 인정하는 독점의 범위를 최소화하기 위해 노력했다. 그리하여 통신 네트워크의 보전, 네트워크의 안전, 그리고 상호운용 및 데이터 보호를 제외하고 통신 서비스 독점의 정당한 근거가 없다는 입장을 견지했다. 또한 로마조약 59조에 의거하여 유럽연합 회원국가의 국민이 다른 회원국가에서 통신 서비스를 제공할 수 있다고 주장했다. 집행위원회는 로마조약 86조를 해석하면서, 어떤 회원국가가 특정 서비스 제공자의 통신 서비스 시장에의 진입을 방해하거나 또는 네트워크 사용자가 통신 서비스 제공자에게 자신들의 독점적 권리에 종속되는 서비스를 사용하도록 강제하는 것이 지배적 지위의 남용임을 분명히 했다.

그리고 기존의 PTTs의 규제가 통신 서비스의 자유화를 가로막는 장벽으로 기능하고 있다고 주장하면서 PTTs를 공격하기 시작했다. 이미 1987년『녹서』에서 제기한 것처럼, PTTs가 규제적 기능과 상업적 기능을 동시에 수행하는 것이 통신 서비스의 경쟁을 저해하는 요소라는 것이었다. 구체적으로는 음성 전화통신을 제외한 통신 서비스의 공급에 있어 회원국가의 특별한 권리가 폐지되어야 한다는 것이 이 지침의 핵심적 내용이었다. 집행위원회는 이 지침의 실현을 위한 구체적 시간표를 제시하는 방식으로 회원국가를 압박했다.[41]

사실, 통신 서비스의 자유화는 유럽연합의 정책으로 구체화되기 이전에 이미 몇몇 국가에서 실행되기 시작했다. 미국과 영국은 대표적으로 통신 서비스 시장에 경쟁을 도입한 국가들이다. 이들 국가에서 통신독점이 붕괴되면서, 통신 또한 교역될 수 있는 재화로 간주되기 시작했다. 여전히 전통적인 음성 국제전화통신이 지배적 재화이기는 하지만, 특정 사용자들을 위한 통신 서비스가 민간기업에 의해 제공되면서 통신 서비스 시장의 자유화는 주요 정책의제로 부상하게 되었다. 1988년 멜버른에서 개최된 ITU 세

---

41) 이 지침에 따르면 회원국가는 1992년 6월 30일까지 집행위원회에 패킷방식의 데이터 서비스의 제공에 대한 허가절차의 계획서를 보고해야 하고, 늦어도 1992년 12월 31일까지 그 절차를 출판하도록 요구되었다. 또한 이 지침을 자국에 적용하는 구체적 과정을 1990년 12월 31일까지 보고하도록 요구했다. 그리고 이 규제적 기능이 기존의 PTTs로부터 독립한 독자적 기구에 의해 수행되는 것은 1991년 7월 1일부터로 규정되었다.

계총회에서는 ITU 회원국가가 국제적 통신 서비스의 제공을 위해 특별한 협정을 맺는 것을 인정했고, 또한 점진적 자유화에 대한 합의가 도출되기도 했다.[42]

유럽연합이 통신 서비스의 자유화를 제기하기 시작한 것도 바로 이 시점이다. 1987년 『녹서』에서는 원칙적인 입장만이 개진되었지만, 1988년의 INSEAD 보고서는 통신 서비스의 자유화에 대한 구체적 계획을 제시하고 있다.[43] 이 보고서에서는 음성 전화통신 이외의 통신 서비스가 등장하면서 통신 서비스 시장의 재구조화가 일어나고 있음을 지적하면서, 동시에 미국, 영국, 일본이 통신 서비스에 경쟁체제를 도입함에 따라 전통적인 음성 전화통신 서비스의 교역구조에 변화가 발생할 수 있다고 주장한다. 예를 들어 제 삼국을 경유하는 국제전화의 경우, 어떤 국가가 통신 네트워크의 사용요금을 인하할 경우, 불가피하게 경쟁체제가 도입될 수밖에 없다는 것이다. 이 인식을 기초로 이 보고서에서는 완전한 경쟁체제의 도입이 유럽에서는 현실적으로 실현가능성이 당장은 희박하기는 하지만 유럽국가들도 불가피하게 그 길을 가는 것이 경제적으로 이득이라고 역설하고 있다.

1980년대에 미국이 통신 서비스를 완전히 자유화하고, 영국과 일본이 부분적 자유화 조치를 취했음에도 불구하고, 1990년 유럽연합 집행위원회가 통신 서비스 시장의 자유화 지침을 발행했을 때, 유럽연합 국가 가운데 영국을 제외하고 이 자유화 정책을 실행하고 있던 국가는 하나도 없었다. 전용회선의 임대에 대해서도 일정한 제한이 가해지고 있던 상황이었다. 유럽연합이 이 지침에서 음성 전화통신의 독점을 기본적으로 인정하고 기타의 영역에서 경쟁의 도입을 주장한 것도 당시 유럽공동체 국가들의 '보수적' 통신정책을 반영한 것이라고 볼 수 있다.

1992년 7월, 유럽공동체 집행위원회는 통신 서비스의 자유화를 보다 강력하게 추진하고 회원국가에서의 실행과정을 보다 철저하게 감독하기 위해 통

---

42) 1988년에 시작된 GATT 협상, 즉 우루과이 라운드에서도 국경을 넘는 통신 서비스의 자유화에 대한 논의가 시작되었고, 1993년 타결된 '서비스 교역에 관한 일반협정'(GATS)에 통신에 관한 부록이 포함되었다.

43) INSEAD, *The Benefits of Completing the Internal Market for Telecommunications Services in the Community*(Fontainebleau: INSEAD, 1988).

454

신 서비스 운용허가에 상호인정 및 '공동체 통신위원회'(Community Telecommunications Committee, CTC)의 설립을 제안했다.44) 이 제안은 1990년 지침의 '실행'을 위한 집행위원회의 적극적 공격이었다. 이 실행과정의 강화를 위한 제안의 등장은, 집행위원회가 통신 서비스 시장의 자유화 정책을 주도하는 것이 매우 어려웠다는 것을 간접적으로 보여 주는 것이다.

이 제안의 핵심 내용은 하나의 회원국가 이상에서 통신 서비스의 제공을 원하는 사업자가 각 회원국가로부터 허가권을 받는 것이 시간을 낭비하는 행위라는 것이다. 즉, 집행위원회는 이미 합의된 ONP 원칙에 따라, 어떤 사업자가 한 국가에서 통신 서비스 제공의 허가를 얻게 되면, 상호인정을 통해 이 허가를 유럽공동체 차원에서 인정하자고 제안했다. 그러나 집행위원회가, 공동체 법에 부합해야 한다는 단서를 달고 있기는 하지만, 회원국가가 부여하는 독점권에 기초한 상호인정에 대한 거부를 인정하고 있다는 사실은, 여전히 유럽 차원의 통신 서비스 시장의 자유화가 쉽지 않은 정책임을 보여 주는 것이다.

집행위원회는 공동체 통신 사업자에 대한 허가를 단일화하는 것이, 초국가적 수준에서 필요한 부가적 허가가 아니라 회원국가들 사이의 상호인정임을 분명히 하면서, 이 절차를 감독할 기구로 '공동체 통신위원회'의 설립을 제안한 것이었다. 집행위원회는 이 위원회가 회원국가의 규제 담당자로 구성되기를 원했다. 이 위원회는, CEPT 산하에 설립된 '유럽 통신규제 위원회'(European Committee for Telecommunications Regulatory Affairs, ECTRA), SOG-T, '통신에 관한 공동위원회'(Joint Committee on Tele-communications), 그리고 ETSI 및 CEN-Cenelec와 협력하도록 규정되었다. 집행위원회는 이 협력틀이 유럽공동체 통신정책의 형성과정에서 갖는 전략적 중요성을 인정하면서, 특히 SOG-T의 대표로, 서비스 제공자와 통신산업체가 참여할 수 있도록 SOG-T의 대표를 증원할 것을 요청했다.

---

44) CEC, *Proposal for a Council Directive on the mutual recognition of licences and other national authorizations to operate telecommunications services, including the establishment of a Single Community Telecommunications Licence and the setting up of a Community Telecommunications Committee*(CTC), COM(92) 254 final(Brussels: CEC, 1992).

그러나 이 제안은 각료회의나 집행위원회에 의해 법률의 형태로 제정되지는 않은 것처럼 보인다. 만약 이 제안이 통과된다면, 사실상 회원국가가 통신 사업자를 선택할 수 있는 권리가 박탈될 수 있었기 때문이다. 대신 1992년 『리뷰』가 발간된 직후 유럽연합 통신정책 전반을 논의하고 정책의 실행을 강화하기 위해 회원국가의 규제기구의 대표들로 구성된 '특별위원회'(Ad Hoc High Level Committee of National Regulatory Authorities)가 설립되었다. 이는 유럽연합 정책의 실행과정이 정부 간 협력의 형태를 띨 수밖에 없음을 보여주는 것이기도 하다.

1992년 『리뷰』에서는 1990년 통신 서비스에 관한 지침의 실행에 대한 비판이 제기되었다.[45] 집행위원회는 통신정책과 관련된 다양한 입법 가운데 특히 서비스 지침이 가장 불완전하게 실행되고 있음을 지적했다. 사용자들과 통신 서비스 제공자들은 많은 회원국가에서 특정 사용자 집단에게 음성 서비스를 제공하는 사적 네트워크를 운용하는 것이 매우 어렵다는 불평을 하고 있었다. 또한 사용자들과 통신 서비스 제공자들은 높은 용량의 전용 회선을 적정한 가격으로 임대하는 것이 쉽지 않다고 주장했다. 집행위원회도 회원국가의 과도한 규제가 존재하는 상황에서 사적 네트워크의 발전은 지체될 수밖에 없다는 점에 동의하고 있었다. 집행위원회는 미국에서 700,000개의 사적 네트워크가 운용되고 있는데 반해, 유럽공동체에서는 14,000개의 사적 네트워크가 운용되고 있다는 사실을 하나의 사례로 제시했다.

1992년 12월 31일 현재, 유럽연합 12개 국가 가운데 영국만이 국내전화 서비스에 경쟁체제를 도입한 상태였고, 국제전화 서비스 영역에서는 부분적 경쟁을 실시하고 있었다. 영국의 이 '선도적' 자유화 정책은 유럽연합 통신정책의 영향이라기보다는 유럽연합 차원의 자유화 정책을 추진하게 된 배경 가운데 하나라고 할 수 있다. 그러나 데이터 통신부문에서 자유화 정책은 대부분의 국가에서 실시되고 있었다. 그리스와 이탈리아를 제외하고 모든 국가에서 데이터 통신 분야에서는 경쟁체제가 도입되었다.[46] 이것은

---

45) CEC, *1992 Review of the Situation in the Telecommunications Services Sector*, SEC(92) 1048(Brussels: CEC, 1992).

데이터 통신이 국제화된 자본의 연결망 역할을 하고 있었기 때문이다.

우리는 다시금 새로운 통신 서비스가 누구를 위해 제공되고 있고, 누가 그것을 추진하는가에 대해 생각해 볼 필요가 있다. 앞서 지적했던 것처럼, 새로운 통신 서비스는 대기업의 축적전략 변화를 가능하게 했던 조건 가운데 하나였다. 따라서 우리는 유럽연합이 기본적 통신 서비스에 대해서는 회원국가의 독점권을 인정하면서도 기타 새로운 서비스 분야의 자유화를 적극 추진한 것이 바로 이 자본의 축적전략 변화에 조응하는 것이라고 주장할 수 있다. 유럽의 대기업들은 유럽연합 12개 회원국가를 각기 상대하는 것보다 유럽연합과 직접 대화를 통해 정책을 추진하는 것이 훨씬 더 비용과 시간의 측면에서 쉬운 일이었을 것이다.

유럽국가들의 통신정책 역사에서 살펴볼 수 있듯이, 국가가 적극적으로 통신부문에 개입하여 독점체제를 유지했던 유럽국가들에서 통신 서비스의 자유화는 미국이나 영국과 달리 점진적으로 실행될 수밖에 없었다. 1992년 『리뷰』를 통해 통신 서비스의 자유화 지침의 실행이 부진하다는 인식하에 1993년 7월 각료회의는 그동안 유보되었던 영역인 음성 전화통신의 영역에까지 자유화 정책을 확대하는 결의안을 채택했다.47) 1994년 『녹서』의 자문 과정 이후에는 통신 하부구조의 제공에도 경쟁이 도입되었다. 1990년대에 들어서 회원국가들이 1987년 『녹서』에서 제안된 규제와 운용의 분리와 이에 기초한 통신 서비스의 자유화 및 통신운용기업의 민영화를 정책적으로 추진하고 있었다는 점에서 이 각료회의의 결의안들은 회원국가의 통신정책의 변화를 반영한 것이었다. 그러나 결의안은 일종의 권고사항이지 강제적 입법의 대상이 아니었다.

---

46) ITU, *Telecommunications Indicators for Western and Southern Europe*, (ITU: Geneva, 1994), p.3.

47) Council of Ministers, "Council Resolution of 22 July 1993 on the Review of the Situation in the Telecommunications Sector and the Need for Further Development in that Market", in CEC, *Official Documents of Community Telecommunications Policy*, pp.379-82.

〈표 7-6〉 1990년 통신 서비스의 자유화 지침에 따른 회원국가의 정책변화 (1): 입법상황

회원국가	입법상황 및 주요 정책의 변화
벨기에	1991년 3월 21일, 공기업(Public Economic Enterprises)의 개혁에 관한 입법, 그 법은 1993년 7월부터 시행. 이 법에 의해 공기업의 자율성을 강조하고, 기존의 RTT를 자율적 공기업인 Belgacom으로 이름을 변경.
덴마크	1990년 통신법에 따라 Tele Denmark가 통신 네트워크의 운용 및 설치를 담당.
프랑스	1990년 7월 2일 우편 및 통신 서비스에서 공공 서비스 조직에 관한 법, 1990년 12월 29일 통신규제에 관한 법. 1990년 12월 법에 따라 France Telecom을 설립. 이 기구는 공공 서비스 제공이라는 의무를 가짐. 유럽 공동체 지침에 따라 네트워크를 공익사업으로 공급되는 서비스에 반대되는 전송을 위한 물리적 시설로 규정.
독일	1989년 7월 1일 DBP 헌법에 따라 경쟁을 강화. 전송선 및 공공 음성통신을 제외한 모든 영역에 경쟁을 도입. 1994년 DBP의 민영화를 위한 법안이 의회에 제출됨.
그리스	1992년 유럽공동체의 1990년 지침을 실행하는 법령을 채택. 정부가 OTE의 투자, 운용, 요금 등에 대한 규제. 1993년 10월 사회당(Pan-Hellenic Socialist Party)은 부분적으로 OTE를 민영화하려는 계획을 수정. 그러나 그 기업의 25%를 1994년 11월 말에 민영화 시도.
아일랜드	1992년 유럽공동체의 1990년 지침을 실행하기 위한 'European Communities Telecommunication(Services) Regulations'을 제정.
이탈리아	Telecom Italia가 기본적 네트워크 서비스를 독점. 1994년까지 새로운 법령을 최종적으로 확정.
룩셈부르크	P&T Luxembourg가 통신부 관할권하에 있는 공기업.
네덜란드	새로운 법이 제정되지는 않았으나 유럽공동체의 1990년 지침에 따라 음성 전화통신과 텔렉스를 제외한 모든 영역에 경쟁을 도입.
포르투갈	1989년 'Establishing, Management and Exploitation of Telecommunications Infrastructure'라는 기본법을 제정하고 기본적 통신 하부구조 및 음성 전화통신과 텔렉스 분야에서의 Portugal Telecom의 독점을 인정.
스페인	유럽공동체의 1990년 지침을 실행하기 위해 1992년 12월 3일 법령을 제정.
영국	1990년 3월의 발행된 백서인 "Competition and Choice: Telecommunications Policy for the 1990's"에 따라 BT와 Mercury의 복점체제를 종식시키는 경쟁체제의 도입을 고려.

자료: OECD, *Communication Outlook*(OECD: Paris, 1995), pp.121-132에서 발췌 정리.

따라서 1990년 집행위원회 지침이 회원국가에서 어떻게 반영되었는지를 조사하는 것이 매우 중요하다. 첫째, 이 지침이 집행위원회에 의해 작성되었다는 점에서 이 지침의 실행여부는 집행위원회의 실제적 힘을 판단하는 중요한 기준이 될 수 있기 때문이다. 즉 우리는 이 지침의 실행여부에 따라 유럽연합 통신정책의 실제적 효과를 판단할 수 있을 것이다. 둘째, 이 지침은 국민국가의 이익과 직접적으로 연관되는 통신 서비스의 영역을 다루고 있다. 따라서 이 서비스 지침의 실행은 국민국가의 '통신주권'을 위협할 수 있는 사안이었다. 1990년 집행위원회 지침의 실행상황은 〈표 7-6〉에서 확인할 수 있다.

앞의 표를 보면, 독일과 포르투갈이 집행위원회 지침의 발행 이전인 1989년에 통신관련 새로운 법령을 제정한 것을 제외하고는, 모든 회원국가들에서 1990년 집행위원회 지침의 실행을 위해 새로운 법령을 제정하거나 또는 그에 상응하는 조치를 취했음을 알 수 있다. 국내전화에 경쟁체제를 이미 도입했던 영국정부는 더 나아가 기존의 BT와 Mercury의 복점(複占) 체제를 해체하고 국내전화 분야에 완전한 경쟁체제를 도입하려는 노력을 보이고 있다. 즉, 1990년 지침의 실행은 집행위원회가 1992년 『리뷰』에서 비판한 것보다는 상당히 높은 실행정도를 보이고 있었다. 그리고 이 실행상황은 1990년 지침에 집행위원회가 설정한 시간표에도 부합한다.

〈표 7-7〉은 1987년 『녹서』와 1990년 지침에서 통신부문에 경쟁체제를 도입하기 위한 기초작업으로 평가된 회원국가에서 통신규제와 통신 네트워크 운용의 분리상황을 요약한 것이다.

앞의 표에서 볼 수 있듯이, 대부분의 회원국가에서 통신 네트워크의 운용은 민영화된 기업이 반국영 반민영기업에 의해 운용되고, 규제업무는 민영화를 적극적으로 추진한 국가에서는 일반적으로 독립적 규제기관이 담당하고 그렇지 않은 국가에서 정부의 통신담당 부서가 담당하는 방식으로 재편되었다. 이 재편도 유럽공동체의 규제와 운용의 분리요구에 대한 순응으로 평가될 수 있다.

〈표 7-7〉 1990년 통신 서비스 자유화 지침에 따른 회원국가 통신정책의
변화 (2): 규제와 운용의 분리현황

회원국가	규제와 운용의 분리 현황
벨기에	국민국가의 규제기구로 통신에 책임을 지니는 부서, Belgium Institute of Postal Services and Telecommunications(IBPT), 그리고 아주 작은 영역에서 왕이 규제를 담당.
덴마크	1990년 통신법에 따라 규제와 운용의 분리. National Telecom Agency가 규제를 담당.
프랑스	1989년 5월 Direction de la Réglementation Générale(DGR)의 설립으로 규제와 운용의 분리. 1993년 12월 1일 이후로 산업, 우편, 통신, 및 대외무역 부에 소속되어 있는 Direction générale des postes et télécommunications(DGPT)가 이를 대체.
독일	Federal Ministry of Posts and Telecommunications이 최고의 규제기구. 이 부서가 Deutche Telekom의 전반적 활동, 요금결정, 통신사업자의 허가, 보편적 서비스의 제공 등의 '주권적' 규제적 임무를 담당.
그리스	Ministry of Transport and Communications이 OTE에 대한 전반적 규제를 담당. 유럽공동체 지침에 순응하는 규제와 운용의 분리.
아일랜드	Department of Transport, Energy and Communications이 Telecom Eireana의 전반적 활동을 규제.
이탈리아	National Regulatory Authorities가 전반적 활동을 규제.
룩셈부르크	P&T Luxembourg가 통신부 관할권하에 있는 공기업.
네덜란드	Ministry of Transport, Public Works and Water Management 산하의 Telecommunications and Post Department(HDTP)가 규제를 담당. HDTP는 Royal PTT Netherlands의 주주.
포르투갈	1989년 8월에 설립된 ICP가 규제를 담당. 행정적 재정적 자율성을 갖는 ICP는 Ministry of Public Works, Transports and Communications에 보고.
스페인	1978년 스페인 헌법에는 모든 형태의 통신에 국가가 절대적 권한을 갖고 있다고 규정. Telefonica가 사적 혼합경제 회사로 규정됨.
영국	1984년 통신법(Telecommunications Act)에 따라 독립적 규제기관으로 Office of Telecommunications(Oftel)을 설립. 통상산업부(Department of Trade and Industry)도 통신규제에서 일정한 역할을 수행.

자료: OECD, *Communication Outlook*, pp.138-44에서 발췌 정리.

〈표 7-8〉은 1990년 지침이 통신 서비스 시장의 자유화에 미친 결과를 정리한 것이다. 회원국가들이 여전히 음성 전화통신에 대해서는 독점을 유지하고 있었지만, 그 외의 통신 서비스에는 경쟁체제를 도입하고 있음을 알 수 있다.

위의 표들에서 볼 수 있는 것처럼, 1990년 집행위원회 지침은 거의 실행된 것으로 판단된다. 그러나 1993년 결의안에 따른 음성 전화통신의 자유화 실현은 점진적으로 가능하겠지만, 실제로 계획된 것처럼 1998년 1월부터 실행될 수 있을지는 미지수이다. 사실상, 경쟁을 허용한다고 하더라도 신규 진입자는 기존의 통신독점체의 회선을 임대하거나 또는 스스로 새로운 네트워크를 구축해야 한다. 특히, 유럽 내 지도적인 산업자본가들로 구성된 방게만 그룹이 정보화 사회 건설계획을 발표한 이후, 통신부문의 자유화는 이제 일반대중에게 제공되는 통신 서비스 네트워크의 자유화로까지 확대되고 있다. 이제 1998년 1월부터 유럽연합 회원국가들에서 음성 전화통신과 통신 네트워크의 자유화에 대한 합의가 이루어진 상태이다.[48]

그러나 만약 신규 진입자가 통신회선을 임대한다면, 불가피한 물리적 종속이 발생할 수밖에 없다. 그렇다고 해서 신규 진입자가 새로운 네트워크를 구축하기에는 너무나 많은 비용이 소요된다. 통신 네트워크는 엄청난 양의 매몰자본(sunk capital)을 필요로 하기 때문이다. 따라서 영국의 Mercury처럼 특수한 사용자들, 예를 들어 기업사용자나 특정 집단사용자들을 대상으로 통신 서비스를 제공하는 것을 주요 목표로 설정하는 방식으로, 신규 진입자의 활동은 제한될 수밖에 없을 것이다. 거기에 더해서 만약 경쟁체제가 보편적 서비스의 제공이라는 국민국가의 정당화 논리를 파괴한다면, 사용자들 및 일반대중의 저항이 발생할 수도 있을 것이다.

---

48) 그리스, 아일랜드, 스페인, 포르투갈은 2003년까지, 룩셈부르크는 2000년까지 유예.

〈표 7-8〉1990년 통신 서비스 자유화 지침에 따른 회원국가 통신정책의
　　　　 변화 (3): 독점과 경쟁의 영역

회원국가	독점과 경쟁의 영역
벨기에	1991년 3월 21일 법령으로 Belgacom이 네트워크 하부구조와 대부분의 기본 서비스에 대한 독점권을 보유.
덴마크	전화서비스의 건설에 대한 정부독점이 Tele Denmark로 이관됨. Tele Denmark는 1993년 1월부터 ISDN을 포함하여 모든 패킷과 circuit switched 텍스트 데이타 통신의 제공에 대한 독점권을 상실. 사적 운용자 들은 Tele Denmark로부터 대여한 전송시설을 통해 서비스 공급. 대여된 전화선의 재판매에 대한 제한은 폐지됨. Tele Denmark는 국제전화서비스, 위성서비스 그리고 텔레콤 네트워크를 통한 무선 및 텔레비젼 프로그램의 전송에 대한 독점권을 유지.
프랑스	1990년 집행위원회 지침에 순응하여 기본적 음성서비스는 France Telecom의 독점. 기본적 데이타 전송 분야에서 1993년 1월부터 규제된 경쟁을 허용.
독일	DBP Telekom이 네트워크 하부구조 및 음성 전화통신의 유일한 제공자. 1992년 12월부터 경쟁자들이 제한된 사용자 집단에만 음성서비스를 제공하는 것을 허용. 사적 운용자들이 X.25 데이타 서비스를 제공할 수 있지만, 그들은 DBP Telekom에 네트워크 사용료를 지불.
그리스	Hellenic Telecommunications Organisation(OTE)가 통신 네트워크 및 음성 전화통신에 대한 독점. 그러나 1993년 통신 서비스 자유화에 대한 결의안을 기초로 OTE의 독점을 축소될 예정.
아일랜드	Telecom Eireana가 기본적 텔레콤 서비스에 대한 독점권을 보유.
이탈리아	Telecom Italia가 기본적 네트워크 서비스를 독점. 1993년 1월 데이타 전송시장이 완전경쟁체제에 돌입.
룩셈부르크	P&T Luxembourg가 통신부 관할권하에 있는 공기업. 모뎀이나 데이타 터미널을 사적으로 구입가능하나, 이 기기들을 P&T가 인허가. 모든 기본적 네트워크 서비스는 P&T의 독점. 2000년에 개방할 예정.
네덜란드	PTT Telecom이 기본적 네트워크 서비스를 독점. 데이타 서비스는 1993년 1월 경쟁체제로 돌입.
포르투갈	1994년 6월 모든 텔레콤 회사(Companhia Portuguesa de Radio Marconi, CPRM 제외)가 국가소유기업인 Portugal Telecom의 통제를 받게 됨. CPRM도 가까운 장래에 Portugal Telecom에 통합될 예정. Portugal Telecom은 전화 네트워크를 독점하고 있고, CPRM은 국제전화와 텔렉스 제 공자의 역할을 수행함.
스페인	민영화된 Telefonica가 음성전송 서비스를 독점. 1998년에 경쟁이 도입될 예정.
영국	기본적 네트워크 서비스가 경쟁체제. 통상산업부(DTI)가 서비스 제공자를 허가. BT가 지배적 텔레콤 회사. Mercury가 영국 텔레콤 시장의 약 8%를 점유. Cable TV 회사들도 전화사업에 대한 허가를 획득.

자료: *Yearbook of European Telecommunications 1995*(London: CIT Publications, 1994), pp.44-57을 기초로 재구성.

2-2-3. 규제완화, 민영화, 탈독점화

우리는 1980년대 후반부터 1990년대 초중반에 걸쳐, 통신장비 및 서비스 시장의 자유화가 유럽연합 집행위원회의 계획대로 실행되고 있음을 확인할 수 있다. 대부분의 회원국가 정부들은 세계적 추세에 걸맞게 유럽연합이 제시한 통신장비 및 서비스 시장의 자유화에 동의했고, 이를 실제로 실행했다고 평가할 수 있다. 이 자유화 정책은, 규제완화 정책, 탈독점화 정책, 민영화 정책으로 구분해 볼 수 있다.

첫째, PTTs의 규제기능과 운용기능은 점차적으로 분리되면서, 회원국가 정부 내에 독립적 규제기관이 설치되었다. 이 규제기관은, 통신시장의 보호를 위한 규제가 아니라 통신시장의 개방을 위한 규제정책을 입안하고 있다. 즉, 그동안 PTTs가 만들었던 인위적 장벽을 해체하는 정책을 추진하고 있다. 따라서 유럽연합의 자유화 정책 가운데 규제완화 정책은 회원국가의 동의를 획득했다고 볼 수 있다.

둘째, 그러나 이 규제완화 정책이 그동안 독점적으로 운용되던 통신장비 및 서비스 시장의 경쟁체제로의 전환을 의미하지는 않는다. 오히려 경쟁의 강화라는 담론을 통해 독점에서 과점으로 또는 독점에서 복점으로 전환될 것이라는 예측이 보다 정확할 것이다. 예를 들어 통신장비 가운데 교환기기 시장에서 이 과점체제가 정착되고 있음을 확인할 수 있다. 통신 서비스 시장에서도 기존의 통신운용자가 새로운 서비스 시장에 진입하는 것이 금지되어 있지 않은 상황에서 그들은 어떤 새로운 서비스 제공자보다 강력하게 시장에서 새로운 권력을 획득할 가능성이 높다.[49] 마지막으로, 이 새로운 과점체제가 기존의 독점체제보다 더 높은 효율성과 더 많은 보편적 서비스를 제공할 수 있을 것인지도 확실하지 않다.

셋째, 대부분 국가가 소유하던가 아니면 국가가 일정한 지분을 보유하고 있는 공기업의 형태로 운용되던 통신 서비스 사업자의 민영화가 유럽연합의 정책으로 강제되지는 않았다. 대표적으로, 통신장비 기업 가운데 프랑스

---

49) W. Sauter, "The Relationship Between Industrial and Competition Policy under the Economic Constitution of the European Union", Doctoral Thesis of the European University Institute, 1995, p.215.

의 Alcatel은 국가의 적극적 지원을 통해 세계적 기업으로 성장했지만, 유럽연합이 이 기업의 민영화를 요구하지 않았다. 또한 공기업의 형태로는 범지구화로 인해 확대되고 있는 세계 통신 서비스 시장에 진출하는 것이 어렵다는 인식이 확산되고 있었지만, 통신 서비스 기업의 민영화는 각 회원국가의 국가전통에 따라 개별적으로 처리될 수밖에 없는 문제였다.

결국, 유럽연합의 자유화 정책은 규제완화를 통한 과점체제의 형성으로 요약될 수 있다. 규제완화는 통신시장의 통합을 위한 필수적 구성물이었다. 그러나 완전한 경쟁체제의 도입은 대규모 투자를 필요로 하는 통신산업의 특성상 불가능한 일이었다. 따라서 시장의 논리를 강조하는 '신자유주의적' 담론에도 불구하고 자유화 정책의 최종 귀착점은 과점체제였다. 이 과점체제는 사실상, 소수의 기업이 경쟁할 수밖에 없는 유럽 통신시장의 상황을 정확히 반영한 것이었다. 따라서 유럽연합으로서도 유럽기업의 경쟁력 강화라는 목표를 실현하기 위해서는 이 과점체제를 수용할 수밖에 없었다. 통신기업의 민영화는, 실제적으로 가능하지는 않겠지만 만약 회원국가들이 기존 PTTs의 지배적 지위의 남용을 금지하겠다는 약속을 한다면, 유럽 차원에서 강제할 수 없는 정책이었다.

2-3. 조화정책: 유럽연합 차원의 규제적 틀의 모색

통신부문에서 유럽연합의 조화정책은 ONP 원칙으로 대표된다. 1990년 6월 28일, 각료회의는 로마조약 100a조에 의거하여 "ONP의 실행을 통해서 통신 서비스를 위한 내부시장의 수립"에 관한 지침을 제정했다.[50] ONP의 조건은 "일반적인 공공이익(public interests)의 이유를 제외하고 네트워크와 서비스에 대한 접근을 제한해서는 안 된다"는 것이다. 이 ONP 개념은 음성 전화통신과 같이 회원국가에 그 독점권이 유보된 서비스를 제외한 통

---

50) Council of Ministers, "Council Directive of 28 June 1990 on the Establishment of the Internal Market for Telecommunications Services through the Implementation of Open Network Provision", in CEC, *Official Documents of Community Telecommunications Policy*, pp.103-12.

464

신 서비스 부문, 특히 국경을 가로지르는 통신 서비스 제공과 관련된 시장
에 경쟁체제를 도입하기 위해 고안된 것이었다.[51] 즉, ONP는 새로운 통신
서비스 제공자들에게 공공 네트워크에 대한 공정한 접근을 보장하는 개념
이다.[52] 즉, 기존 PTTs의 공공 네트워크에 대한 독점적 통제를 방지하기
위한 개념이라고 볼 수 있다.

　각료회의는 ONP의 '조화'를 위해 회원국가의 대표들로 구성되는 자문위
원회로 'ONP 위원회'를 구성하고, 이 위원회가 ONP의 내용과 관련하여
사용자, 소비자, 장비생산업자, 그리고 서비스 제공자들에게 자문을 구할
것을 요구했다.[53] 이 ONP 위원회의 설치는, 로마조약 145조에 의거하여
지침의 실행이 각료회의에서 집행위원회에게 위임되는 상황에서, 회원국가
가 집행위원회를 감독하기 위한 방법이었다.[54] 또한 조화된 기술적 인터페
이스 및 접속조건에 대한 공동체 차원의 정의가 반드시 국제적 표준 및 기
술적 스펙에 부합해야 한다는 원칙이 제시되었다. 그리고 ONP의 기본원칙
으로 '객관적 기준', '투명성', '비차별성'이 강조되었다.

　다른 지침들과 유사하게 각료회의는 이 지침이 국민국가에 의해 입법화
되는 시한을 설정했고, 그 시한은 1991년 1월 이전이었다. ONP 조건은, 기
술적 인터페이스·사용조건·요금원칙 등과 관련하여 조화된 조건을 포함
할 수 있도록 명시되었다. 그리고 이 조건이 적용되는 구체적 영역으로,

---

51) Sauter, *op. cit.*, p.219; CEC, *Green Paper on the Development of the
Common Market for Telecommunications Services and Equipment*, COM(87)
290 final(Brussels: CEC, 1987). ONP의 개념은 SOG-T 산하에 있던 Analysis
and Forecasting Group(GAP)에 의해 최초로 정의되었다. 이 그룹의 구성원들
은 대부분 PTTs 출신이었다. 따라서 ECTUA, INTUG 등의 사용자집단과
International Chamber of Commerce와 같은 통신장비 생산업자들은 이 지침의
형성과정에 자신들이 깊이 참여하지 못한 것에 대해 불만을 토로했다고 한다.
R. Mansell, *The New Telecommunications*(London: Sage, 1993), p.74.
52) 미국의 Open Network Architecture(ONA)와 유럽의 ONP는 유사한 개념이다.
두 개념은 모두 새로운 서비스 제공자에게 공공 통신 네트워크에 대한 공정한
접근을 보장하고자 하는 것이다. 그러나 전자가 기술적 인터페이스를 목표로 하
고 있다면, 후자는 서비스 및 공동의 원칙과 관계된 것이다. 즉, 전자가 기술을
통해 문제해결을 시도한다면, 후자는 제도를 통해 문제에 접근한다. *Ibid.*, p.74.
53) 이 위원회의 의사결정에 있어서도 특정다수결이 적용된다.
54) Sauter, *op. cit.*, p.221.

‘전용회선’, 패킷 방식으로 교환이 이루어지는 ‘데이터 서비스’, ‘ISDN’, ‘음성 전화통신’, ‘텔렉스 서비스’, ‘이동통신 서비스’ 등이 설정되었다. 사실, ONP 조건은 공공 네트워크와 사적 네트워크 사이에 상호접속을 보장하는 제도적 장치라고 할 수 있지만, 이를 위해서는 또한 상호접속을 가능하게 하는 기술적 표준이 필요하게 된다. 1991년 3월, ETSI는 집행위원회의 요청에 따라 ONP를 위한 ‘전략적 조정그룹’(Strategic Coordination Group)을 결성했고, 이 그룹은 ONP 조건이 적용되는 영역을 위한 인터페이스를 개발하는 임무를 수행했다.

결국, ONP 조건은 ‘상호접속’을 위한 제도적 장치의 마련 및 기술적 표준의 설정문제로 요약될 수 있다. 따라서 ONP 조건은 통신 서비스 시장의 자유화를 촉진하기 위한 보완적 장치로 해석될 수 있다. 집행위원회가 발주한 상호접속에 관한 연구에서도, 현존 통신 네트워크 사용자의 독점적 권력 때문에, 상호접속의 허용이 통신부문에 경쟁을 성공적으로 도입하기 위한 필수조건이라는 견해가 피력되었다.[55] 1990년대 초반에 이 상호접속 문제에서 가장 논란이 된 영역은, PTTs로부터 통신회선을 임대할 수밖에 없는 새로운 ‘사적’ 서비스 제공자들의 공공 네트워크에 대한 접속의 허용조건과 유럽공동체 회원국가들이 ‘독자적으로’ 개발해 온 ISDN을 위한 유럽 차원의 표준설정의 문제였다. 이하에서는 이 두 문제를 중심으로 ONP의 실행과정을 살펴본다.

2-3-1. 상호접속의 실행(1): 전용회선

1992년 6월 5일, 각료회의는 ONP 지침의 후속조처로 ‘전용회선’의 임대에 ONP를 적용하기 위한 지침을 제정했다.[56] 이 지침은 ONP 지침의 실행을 통해 통신 서비스 시장의 자유화를 이룩하기 위한 내용을 담고 있다.

---

55) W. Neu and K. Neumann, “Interconnection Agreements in Telecommunications” Wissenschaftliches Institut für Kommunikationsdienste, Diskussionsbeitrag Nr. 106, 1993.

56) Council of Ministers, “Council Directive of 5 June 1992 on the Application of Open Network Provision to Leased Lines”, CEC, *Official Documents of Community Telecommunications Policy*, pp.271-80.

이 새로운 지침은, 기술적 접근, 요금, 서비스의 품질, 전용회선의 제공 조건 등에 대한 비차별의 원칙에 기초하고 있다. 또한 유럽공동체 차원에서 전용회선의 사용을 고무하기 위해 하나 이상의 통신 사업자의 전용회선을 임대할 경우에도 모든 거래가 한 지점에서 완료되는 일괄 주문 및 일괄 계산 체제를 도입하고 있다. 그러나 하나의 네트워크 종료지점이 유럽연합 외부에 위치한 경우에 이 지침은 적용되지 않는다. 즉, 이 지침은 유럽연합 차원에서 사적 통신 서비스의 발전을 위한 제도적 기술적 장치를 마련하기 위한 것이었다.

회원국가의 규제기구들은, '네트워크 운용의 안전'과 같은 본질적 필요조건을 위협하는 경우를 제외하고 집행위원회와 ONP 위원회가 설정한 표준에 부합하는 '최소한의 전용회선'을 사용자의 요구에 의거하여 제공하도록 규정되었다.[57] 전용회선의 요금은, 최초의 연결비용과 임대비용으로 구성되며, 요금결정에 있어서 투명성과 원가에 근거한 요금책정의 원칙이 적용된다. 그리고 전용회선을 이용하여 독자적인 상업적 서비스를 제공하는 행위인 전용회선의 '단순한 재판매'(simple resale of capacity)는 1990년 통신 서비스 시장의 자유화 지침에서 규정된 1992년 12월 31일까지는 금지하는 것이 허용되었다. 전용회선을 둘러싼 행위자 사이의 갈등은 로마조약 169조 또는 170조에 규정된 조정절차를 따르도록 규정되었다.[58] 실행과정의 정치에서 중요한 의미를 가질 수 있는 이 절차를 좀 더 구체적으로 살펴보면 다음과 같다:

---

57) 최소한의 전용회선이 제공될 때, 그 전용회선의 기술적 특징은 다음과 같다:

전용회선의 유형	기술적 특징	
	인터페이스 스펙	퍼포먼스 스펙
Ordinary quality vocie bandwidth	2 or 4 wire analogue	CCITT M. 1040
Special quality voice bandwidth	2 or 4 wire analogue	CCITT M. 1020/ M. 1025
64 kbit/s digital	CCITT G. 703	Relevant CCITT G. 800 series recommendations
2 048 kbit/s digital – unstructured	CCITT G. 703	Relevant CCITT G. 800 series recommendations
2 048 kbit/s digital – structured	CCITT G. 703 and G. 704	Relevant CCITT G. 800 series recommendations

이 기술적 규정은 다음의 표에서 볼 수 있듯이 거의 완벽하게 실행된 것처럼 보인다:

*전용회선의 기술적 특징

(1) 어떤 사용자가 이 지침의 위반사항이 발견될 때, 그 사용자는 우선
    해당 국가의 규제기구에 호소할 권리를 갖는다;

(2) 국민국가적 수준에서 합의가 이루어지지 않을 때, 국민국가의 규제기
    구와 집행위원회에 서면통보를 한다;

(3) 국민국가의 규제기구와 집행위원회가 더 조사가 필요하다고 판단할
    경우, 그 문제를 ONP 위원장에게 이관할 수 있다;

(4) ONP 위원회 위원장은 적어도 ONP 위원회 위원 2명, 국민국가의 규
    제기구 대표 1명, 그리고 ONP 위원장으로 구성되는 조사집단을 구성
    하고, 회원국가의 규제기구 또는 통신운용자에게 구두 또는 서면으로

	아날로그	디지털	국제전용회선
벨기에	2-wire and 4wire at CCITT M. 1040, M.1025, M.1020.	from 64kbps to 2, 8 and 34Mbps.	유럽, 일본, 미국, 캐나다에 아날로그와 디지털 전용회선 제공
덴마크	위와 동일.	140 Mbps 추가..	위와 동일.
프랑스	위와 동일.	Transfix, offered at transmission rate of up to 19,200bps.	위와 동일.
독일	위와 동일.	CCITT의 권고안 수용.	위와 동일.
그리스	위와 동일.	1993년에 시작.	유럽, 일본, 미국, 캐나다에 아날로그 전용회선을 제공. 유럽지역에 디지털을 제공.
아일랜드	위와 동일.	64kbps and 2Mbps.	벨기에와 동일.
이탈리아	위와 동일.	2,048kbps까지.	위와 동일.
룩셈부르크	위와 동일.	64kbps and 2Mbps	유럽지역에서 아날로그와 디지털 회선을 제공.
네덜란드	위와 동일.	56kbps, 64kbpsd, 2Mbps	벨기에와 동일.
포르투갈	위와 동일.	64kbps and 2Mbps	위와 동일.
스페인	n.a.	n.a.	n.a.
영국	n.a.	n.a.	아날로그 300-3400Hz는 유럽, 미국, 캐나다, 일본에 48kHz는 유럽에만. 64kbps to 2Mbps는 전지역에.

자료: *Yearbook of European Telecommunications 1995*. pp.44-57에서 발췌 정리.

58) 로마조약 169조에는 어떤 회원국가가 로마조약에서 규정된 의무사항을 수행하
    지 않았을 때, 집행위원회는 해당 회원국가에게 소견을 제출할 기회를 준다.
    그러나 그 국가가 집행위원회가 규정한 기간 안에 그 의견에 따르지 않을 때,
    집행위원회는 그 문제를 유럽법원에 제소할 수 있도록 규정되어 있다. 로마조
    약 170조에는 회원국가 사이에도 이 절차를 적용할 수 있도록 규정하고 있다.

그들의 의견을 피력할 기회를 제공하며, 그리고 나서 당사자들 사이에 합의를 도출한다.

이 절차에, 로마조약 169조와 170조와 같이, 유럽법원의 역할이 명시되어 있지 않다는 점이 흥미롭다. 이는 통신부문의 정책갈등이, 유럽법원과 같은 초국가적 분쟁조정기구가 아니라 국민국가 규제기구들 사이의 조정을 통해 해결되도록 한 것이라고 볼 수 있다. 이 조정절차는, 실행과정에 초국가적 기구가 개입하는 것을 원천적으로 봉쇄하고 있다는 점에서 실행과정의 정부 간 관계론적 성격을 드러내는 것이기도 하지만, 다른 한편으로 유럽 차원의 중앙집중화된 갈등 해결형식을 취하고 있다는 점에서 중요한 발전으로 평가되기도 한다.[59]

회원국가들은 1993년 6월 5일 이전에 이 지침을 실행하기 위해 필요한 조처들을 완수하도록 규정되었다. 그러나 OECD가 1994년 초에 실시한 설문조사에 의하면 유럽연합 국가들 가운데 예를 들어 스페인의 경우에는 여전히 당시에도 전용회선에 대한 규제정책을 준비 중에 있었다. 사실, 사적 이익을 위해 임대된 전용회선과 공공 네트워크의 연결은, 국민국가의 입장에서 본다면, '공공이익'을 침해할 수도 있다. 〈표 7-9〉는 1994년의 시점에서 유럽연합 회원국가의 전용회선에 대한 규제정책을 정리한 것이다.

위의 표에서 알 수 있듯이 전용회선에 대한 ONP의 적용은 음성 전화통신을 제외한 통신 서비스 시장의 자유화보다 그 실행수준이 낮은 편이었다. 1993년이라는 시한에도 불구하고 스페인은 1994년 현재 규제조치를 준비하고 있는 실정이고, 유럽 내 저발전 국가들에서는 전용회선과 공공 네트워크의 접속이 부분적으로 허용되거나 또는 허용되지 않고 있었다. 또한 많은 회원국가들이 전용회선의 재판매를 금지하고 있었다. 각료회의 지침을 가장 성실히 실행한 국가로는 유럽엽합의 통신정책을 주도한 프랑스와 독일이라고 할 수 있다. 이 두 국가는 1990년 통신 서비스 자유화 지침에서 유보된 영역인 음성 전화통신의 독점을 유지하면서도 그 밖의 영역에 대해서는 대부분 ONP 원칙을 적용하고 있었다. 이러한 실행의 불균등은

---

59) Sauter, *op. cit.*, p.222.

유럽연합 지침의 작성과정에서도 회원국가의 영향력이 불균등하게 행사되고 있음을 반영하는 것이다. 영국이 이미 선도적으로 자유화 정책을 추진하고 있는 상황에서, 이 지침의 제정을 반대하기 위해 회원국가의 표를 동원하는 것은 불가능했을 것이다.

〈표 7-9〉 유럽연합 회원국가들의 전용회선에 대한 규제정책

	국내전용회선과 공공네트워크의 접속	국제전용회선과 공공네트워크의 접속	상호접속의 조건	전용회선의 전매
벨기에	1991년 3월 새로운 통신법에 따라 허용.	n.a.	제삼자가 전용회선을 경유하는 것을 허용하지 않음.	금지.
덴마크	허용.	허용.	제한이 없음. 그러나 상호접속은 회선의 사용에 따라 상이한 조건을 적용.	1993년 1월부터 데이터 서비스를 위한 순수한 재판매 허용.
프랑스	제한이 없음. 단 전용회선에 기초한 통신서비스의 공급은 통신서비스 공급에 관한 일반규칙을 만족시켜야 함.	관련 당사자 사이의 협정에 기초. 유럽공동체 내부에서는 1990년 서비스 지침에 순응.		1993년 1월 이후 단순 재판매 허용. 제한된 사용자 집단을 위한 전매는 자유화.
독일	허용. 이 상호접속은 제삼자를 위한 음성의 교환에 이용될 수 없음.	국내와 국제의 차이가 없음.	제삼자를 위한 음성의 교환을 제외하고 전송회선의 자유로운 사용.	음성전화통신을 제외하고 단순 전매 허용.
그리스	허용될 예정.	허용될 예정.		허용하지 않음.
아일랜드	현재 허용되지 않음.	허용되지 않음.	n.a.	허용하지 않음.
이탈리아	현재 허용되지 않음.	허용되지 않음.		금지.
룩셈부르크	n.a.	n.a.	n.a.	n.a.
네덜란드	허용.	허용.	표준 인터페이스	허용.
포르투갈	부분적 허용.	부분적 허용.		데이터 서비스를 위해 허용.
스페인	규제를 준비 중.	규제를 준비 중.	준비 중.	준비 중.
영국	제한이 없음.	제한이 없음. 그러나 기본적 서비스와 데이터 서비스는 공공네트워크를 경유해야 함.	특별한 조건이 없음.	허용.

자료: *Yearbook of European Telecommunications 1995*, pp.44-57에서 발췌 정리.

위의 표만을 본다면, 유럽공동체 주요 국가들에서 ONP 지침이 실행되고 있다고 판단할 수 있을 것이다. 그러나 유럽의 기업사용자들은 유럽과 북아메리카 사이에 나타나고 있는 전용회선의 임대 시 발생하는 요금차이에 대해서 많은 불만을 토로하고 있었다. 사실, ONP 지침에서는 원가에 기초한 요금설정이 규정되어 있었지만, 사실상 이는 실행되지 않은 것으로 해석할 수도 있다. 그러나 유럽연합 국가들에서 제공되는 전용회선의 요금이 평균적으로 미국보다 비싼 것은 사실이지만, 유럽연합 주요 국가들인 영국, 프랑스, 독일 등에서의 전용회선 요금은 미국과 비교할 때 거의 동등한 수준이거나 또는 더 저렴했다.[60] 따라서 유럽연합 차원에서 전용회선의 요금을 낮추는 문제는 결국 유럽연합 회원국가 사이에 발생하고 있는 불균등발전을 해소하는 문제와 직결되어 있었다고 볼 수 있다.

2-3-2. 상호접속의 실행 (2): 유럽 차원의 ISDN의 건설

ISDN은 ITU 산하의 CCITT에 의해 그 구체적 개념이 처음으로 정의되었다. ISDN은 디지털 방식에 의해 복수의 통신 네트워크를 통합하여 음성, 화상, 영상, 데이터 등의 혼합 전송 서비스를 가능하게 하는 통신 네트워크를 지칭한다. 앞서 살펴본 것처럼, ISDN은 전화 네트워크가 포화상태에 이르게 되면서 국민국가들이, 사적 통신 네트워크의 증가에 대항하여, 미래의 대안적 통신 네트워크로 적극 개발하기 시작했다. 따라서 디지털 교환 방식의 차이에 비례해서 ISDN 표준도 각국마다 상이했다.[61] 그렇기 때문에, 디지털 네트워크의 발전 정도는 각국의 ISDN 정책에 지대한 영향을 미치고 있었다.

유럽연합 주요 국가들에서도 ISDN의 '표준' 및 ISDN에 대한 '인식'도 매

---

60) OECD, *Communication Outlook*, pp.65-6.
61) 기술적 측면에서, 비디오 통신에 사용되는 384Kbit/s의 공급에서, 패킷 네트워크 서비스에 대한 접근에서 그리고 전용회선에 대한 접근에서 그 국가별 차이가 드러난다고 한다. J. Arlandis, "ISDN: A European Perspective", in C. Steinfield, J. Bauer, and L. Caby(eds.), *Telecommunications in Transition: Policies, Services and Technologies in the European Community*(London: Sage, 1994), pp.223-4.

우 상이했다. 프랑스에서는 처음부터 384Kbit/s 서비스에 접근하는 것이 가능하지 않았고, 영국에서는 패킷 네트워크와 ISDN이 연결되지 않았다. 프랑스에서 ISDN은 '공공 서비스 목표'(public service goal)를 충족시키기 위한 통신 네트워크로 간주된 반면, 영국에서는 데이터를 전송하기 위한 새로운 방법으로 고려되기는 했지만, BT나 Mercury 모두 ISDN에 적극적 투자하지 않았다. 독일에서 ISDN은 음성 및 데이터를 전송할 수 있는 통신 네트워크로 간주되면서 '보편적 서비스'의 제공이라는 맥락에서 발전되었다.[62)]

그러나 독일과 프랑스도 미묘한 차이를 보이고 있었다. 디지털화가 세계에서 가장 먼저 이루어진 프랑스에서는 France Télécom 주도로 ISDN을 미래의 통신 네트워크 형태로 간주하면서 적극적 투자가 이루어진 반면, 디지털 네트워크가 프랑스보다 확산되지 않았던 독일에서는 ISDN보다는 '통합 광대역 통신 네트워크'(Integrated Broadband Communications Networks, IBCN)에 더욱 많은 관심을 갖고 있었다. 이 '경로의존적'(path-dependent) 정책은 ISDN에 대한 인식에도 정확히 반영되어 있었다. 영국의 BT가 ISDN을 '새로운 부가가치 네트워크' 가운데 하나로 인식한 반면, 독일의 DBP Telekom은 상이한 네트워크를 연결하는 '메타 네트워크'(meta-network)으로 간주했고, 프랑스의 France Télécom은 미래의 '보편적 네트워크'으로 사고하고 있었다.[63)]

유럽연합 집행위원회가 회원국가들의 ISDN 상호접속 및 표준의 마련에 개입하기 시작한 것은 ISDN이 상업화되기 시작한 1980년대 말 이전인 1982년이었다. 처음에 유럽연합 집행위원회는 ISDN을 '유럽 차원의(pan-European) 통신 네트워크'을 건설할 수 있는 무기로 생각했고, 이 임무는 SOG-T 산하의 GAP에 부과되었다. GAP가 유럽 ISDN의 건설 계획을 작

---

62) Arlandis, *op. cit.*, pp.224-5. 영국과 독일의 이 차이에 주목할 때, 전자를 '기술적 접근'으로 후자를 '시장 접근'으로 구분할 수 있다. 독일에서는 ISDN의 상업적 서비스 이전에 스펙이 고안된 반면, 영국에서는 단지 필요한 경우에만 시장의 논리에 따라 스펙이 고안되었다. J. Hills with S. Papathanassopoulos, *The Democracy Gap: The Politics of Information and Communication Technologies in the United States and Europe*(New York: Greenwood, 1991), p.159.

63) Arlandis, *op. cit.*, p.230.

성한 것은 1980년대 초반이었다.[64] 그러나 단일유럽시장이라는 중요한 이슈가 제기되고 있는 상황에서 ISDN과 관련한 유럽공동체의 입법은 1986년으로 연기되었다. 1986년 각료회의는 '연성법'인 권고의 형태로, 회원국가들에서 ISDN 도입을 조정하기 위해 개입했다.[65]

이 권고안에서는 가입자들이 144Kbit/s와 2Mbit/s로 접근할 수 있는 통신 네트워크를 ISDN으로 규정하면서 이 ISDN이 일반대중이 아니라 기업 사용자를 위해 특히 필요한 통신 네트워크임을 분명히 했다. 이 권고안의 실행에서 강조점이 두어진 부분은, CCITT에서 규정한 S/T 인터페이스의 표준화와 실행, 특히 1988년부터 1993년의 기간 동안 제공될 예정인 서비스의 일정대로의 실행, 그리고 상업적 전략에 부합하는 네트워크의 개방이었다. 그리고 표준설정과정이 CEPT의 틀 내에서 이루어지도록 규정되었다.

무엇보다도, 회원국가에서 ISDN 도입의 조정, 특히 회원국가별 표준의 차이를 조화시킬 수 있는 유럽 차원의 표준설정이 중요한 과제였다. 통신 부문에서 과거의 표준이 국민국가들의 통신 네트워크를 접속하는 부분인 관문장비(gateway)에 집중되었다면, 아날로그 네트워크의 디지털 네트워크로의 변화로 말미암아 이제 표준설정은 그 수준을 넘어서게 되었고, 따라서 표준설정의 제도적 구조 또한 변화가 요구되었다.[66] 1987년 『녹서』에서 ETSI 설립이 제기된 것도 이 기술적 변화의 맥락에서 이해할 수 있다. 따라서 기존의 관문장비 표준의 설정이 ITU를 통한 협상으로 해결된 반면, 이 ISDN 표준의 통일은 과거보다 훨씬 더 어려운 일이 되었다.

예를 들어, 유럽의 통신 사업자들이 사용자 쪽의 사용자영역(user premises)

---

64) G. Fuchs, "Policy-Making in a System of Multi-Level Governance: the Commission of the European Community and the Restructuring of the telecommunications Sector", *Journal of European Public Policy*, Vol. 1, No.2(1994), p.180.

65) Council of Ministers, "Council Recommendation of 22 December 1986 on the Coordinated Introduction of the ISDN in the European Community", in CEC, *Official Documents of Community Telecommunications Policy*, pp.41-6.

66) R. Hawkins, "The Doctrine of Regionalism: A New Dimension for International Standardisation in Telecommunications", Telecommunications Policy(May/June 1992), pp.339-53.

인 T 인터페이스를 가입자들에게 공급하려고 했던 것에 반해, 미국에서는 가입자들에게 T 인터페이스를 제공하는 것을 금지하고 공공 네트워크 쪽의 사용자영역인 U 인터페이스까지 제공하는 것으로 통신 사업자들의 역할을 제한했다. 이는 통신 터미널 수준에서의 자유경쟁을 유지하기 위한 것이었다.[67) ISDN을 위한 통신장비 가운데 하나인 PABXs의 표준설정 문제에서도 France Télécom이 공동의 표준을 부과하려고 시도한 반면, BT은 단지 개방된 체계를 제안했을 뿐이다.[68) 이 같은 표준설정의 어려움은 시장에서 지배적 지위를 획득함으로써 '법적'(de jure) 표준이 아닌 '사실상의'(de facto) 표준을 획득하는 방법으로 해결될 수밖에 없을 것이다. 즉, 표준설정과정에서도 시장주도적 표준설정이 불가피한 상황이 되어 가고 있었다.

1989년 각료회는 1992년까지 유럽공동체에서 ISDN 도입의 조정을 강화하는 결의안을 채택했다.[69) 이 결의안은, 1989년 4월 CEPT의 모임에서 유럽의 통신관료들이 채택한 유럽 차원에서 최소한의 ISDN 서비스를 제공하는 것을 내용으로 하는 협정서에 기초한 것이었다. 이 결의안에서 주목되는 것은, 표준설정과정에서 CEPT가 아니라 1988년에 설립된 ETSI의 역할을 강조하고 있다는 점이다.[70) 그리고 통신장비 생산업자가 통신 터미널

---

67) Arlandis, *op. cit.*, p.225.

68) *Ibid.*, p.228.

69) Council of Ministers, "Council Resolution of 18 July 1989 on the Strengthening of the Coordination for the Introduction of the ISDN in the European Community up to 1992", in CEC, *Official Documents of Community Telecommunications Policy*, pp.91-4. 이 결의안이 채택되기 전인 1988년 10월 집행위원회는 1987년 권고의 실행과 관련하여 제1차 연례보고서를 제출했다 (Communication from the Commission concerning the implementation of recommendation 86/659/EEC-first annual progress report from the Commission to the European Parliament(COM(88) 589 of 31 October 1988). 또한 이 결의안의 내용은 SOG-T와 1988년 11월 5일 아테네에서 열린 통신담당장관 모임에서 논의되었다.

70) 유럽국가들의 통신표준 설정을 위한 협력기구인 ETSI의 상대자는 미국의 T1 Committee와 일본의 Telecommunications Technology Committee이다. 미국과 일본의 표준화기구에 비해서 ETSI는 다수의 국가들이 참여하고 있다는 점에서 신속한 의사결정이 이루어질 수 없는 비효율적 기구일 수밖에 없다. R. Hawkins는 지역표준기구가, 조정해야 하는 참여자의 숫자를 줄였다는 점에서

474

및 PABXs의 유럽표준 및 공동 스펙의 제정에 적극적으로 기여하도록 유
도하고 있다.

각료회의의 이 결의안은 ETSI의 표준설정과정에 정확히 반영되었다.
ETSI에서 ISDN의 표준화작업에서는 통신장비를 공급하는 기업에서 파견
된 대표가 의장직을 수행했다. 또한 미국의 상무부는 유럽의 ISDN 표준이
독점적 네트워크 운용자의 이익을 강화하는 방향으로 진행되고 있다고 주
장하면서, 유럽 ISDN을 거부한다는 의견을 제출하기도 했다.[71] 그러나 위
의 결의안에서 확인할 수 있듯이 유럽연합은 국제적 표준에 근거한 ISDN
표준설정을 이야기하면서도 '유럽 차원의 ISDN' 건설을 핵심적 목표로 설
정하고 있었다. 따라서 우리는 통신부문에서의 표준설정이라는 것이 한편
으로는 상호접속을 용이하게 하는 제도이면서 동시에 상호접속을 가로막는
요소가 될 수 있다는 사실을 확인할 수 있다.[72]

그러나 유럽연합이 추진했던 유럽적 표준의 건설 또는 유럽 차원의 ISDN
네트워크의 건설은 난관에 부딪힌 것처럼 보인다. 국민국가들이 독자적인
ISDN 서비스를 제공하게 되고, 민간부문에서 운용하는 ISDN 네트워크가 증
가하게 되면서 유럽연합의 목표는 유럽 차원의 보편적 ISDN 네트워크의 건
설이라는 산업정책적 목표에서, ONP 원칙에서 드러나듯, 탈규제된 경쟁환
경하에서 다양한 ISDN 네트워크를 조정하는 역할로 제한되고 있다.[73]

1990년대에 들어 유럽연합의 주요 국가들은 ISDN에 대한 상업적 서비스
를 제공하기 시작했다. 〈표 7-10〉은 유럽공동체 국가들의 통신 네트워크의

효율적이기는 하지만, 이 기구가 현재의 변화에 대한 적절한 해결책이 아니라
고 주장한다. R. Hawkins, "The Doctrine of Regionalism: A New Dimension
for International Standardisation in Telecommunications", *Telecommunications
Policy* May/June(1992), pp.339-53. 또한 ETSI는 유럽의 복잡한 통신체계의
잡동사니와 같은 집합으로 평가되기도 한다. *Financial Times*, 1992/2/23. 본
연구에서는 ETSI도 유럽연합과 마찬가지로 범지구주의와 국민국가주의의 갈
등을 해결하는 제도적 해결책이라고 생각한다. 따라서 그 제도들이 미래에 어
떠한 형태로 전화될지는 불확실하지만, 현재 유럽연합 차원에서 공동 표준의
설정을 위해 적절한 역할을 수행하고 있다고 본다.
71) Fuchs, *op. cit.*, p.186.
72) Hawkins, *op. cit.*
73) Fuchs, *op. cit.*, p.189.

디지털화 현황 및 ISDN 서비스의 제공과 관련된 내용들이다.

〈표 7-10〉 유럽연합 국가들의 디지털화 현황 및 ISDN 서비스

내 용 국 가	디지털화(%)					ISDN 서비스 현황	Euro-ISDN
	1990	1991	1992	1993	비 고		
벨기에	37	45	48	54	가입자의 94.9%가 디지털 네트워크에 직접 접속.	ISDN 서비스는 Aline. 64kbps. 1989년 중반에 상용화.	1993년 12월 이후로 접속 가능. 그리스 제외.
덴마크	29	33	40	40	모든 간선의 디지털화.	1992년부터 상용화. 54/64kbps.	1994부터 실행.
프랑스	70	79	83	90	지역 루프(loop)는 99%.	Numeris. 1990년 말부터 전국적 서비스.	Euro-ISDN을 위해 Numeris를 개선.
독일	12	16	30	80	1993년 수치는 간선 네트워크.	1989년에 8개 대도시에서 완전한 서비스 실시. 베를린에서 광대역 ISDN(BERKOM) 실시.	1993년 12월 Euro-ISDN 도입.
그리스	1	4	11	n..a.	Siemens가 디지털화에 공헌.	1994년에 대도시 중심으로 ISDN 서비스 계획.	Euro-ISDN의 표준에 따라 국내 ISDN 구축.
아일랜드	55	63	68	86	1993년은 간선 네트워크의 수치.	1993년에 대도시 중심의 ISDN 상용화.	처음부터 Euro-ISDN의 표준에 순응.
이탈리아	33	41	48	n.a.	1996년까지 가입자의 77%가 디지털 직접접속.	1991년에 시험서비스 실시. 1994년에 완전한 네트워크 운용.	1994년에 Euro-ISDN 실행. 이는 Alcatel, Ericsson, Itatel, Siemens, CSELT의 콘소시움의 일부.
룩셈부르크	31	50	70	82		1994년 말부터 전국적 서비스.	1994년 3월에 개시.
네덜란드	33	79	86	93	1994년에 전자기계식 교환기 철수.	1993년 중반 이후로 30개 대도시에서 서비스 실시.	1993년 6월 Euro-ISDN 개시.
포르투갈	30	45	54	60	1993년은 지역네트워크의 수치.	1994년 현재 기업사용자들에게 상업적 서비스 제공.	1994년 현재 국제서비스를 계획.
스페인	28	34	36	41	1993년은 지역네트워크의 수치.	1993년 7월에 상업적 서비스 실시.	ETSI의 표준 채택.
영국	47	55	64	75	간선은 100%. Mercury는 시작부터 디지털.	BT에 의해 제공되는 중소기업을 위주로 한 ISDN 2와 큰 조직을 위한 ISDN 30. Mercury가 제공하는 2100 Premier ISDN.	1993년에 Euro-ISDN 시작. Mercury의 ISDN도 유럽 주요국가와 연결됨.

자료: ITU, *Telecommunications Indicators for Western and Southern Europe: Yearbook of European Telecommunications 1995*, pp.44-57에서 발췌 정리.

위의 표에서 볼 수 있듯이, 유럽연합 회원국가들은 1990년대에 들어 Euro-ISDN 건설에 대부분 동참하고 있었다. 그러나 각료회의의 권고와 결의안에서 제시된 시간표는 준수되지 않았다. 그리고 실제 ISDN 가입자를 기준으로 볼 때, 1990년대 초반에 10만 명 이상의 가입자를 가진 국가는 프랑스, 독일, 영국뿐이었다.[74] ISDN의 보급은 그 국가 통신 네트워크의 디지털화 정도와 밀접히 연관되어 있었다.

476

ISDN 후발국가의 경우, 처음부터 Euro-ISDN 표준을 따랐지만, 대부분의 선발국가들은 독자적 표준을 개발한 상태였다. 이 표준을 통일하는 것은 쉽지 않은 문제였다. 예를 들어 사소한 문제이기는 하지만 유럽에는 ISDN 을 연결하기 위한 통신장비의 플러그(plug)만도 네 개의 다른 형태가 존재하고 있었다. 그리고 앞서 언급한 것처럼, 각국의 표준화정책도 상이했다. 영국정부는 위로부터의 강제적 표준이 아니라 시장에서 결정되는 표준을 선호하고 있었다. 따라서 유럽연합 집행위원회는 초기 '하나의' ISDN 유럽 네트워크를 건설하려던 야심찬 기획에서 다양한 표준의 상호인정이라고 할 수 있는 ONP 원칙으로 후퇴할 수밖에 없었다.

Euro-ISDN의 건설과정을 둘러싸고 연구자들 사이에는 상이한 평가가 존재한다. 집행위원회의 역할을 강조하는 연구자의 경우, 집행위원회가 EIUF(European ISDN User Forum)와 같은 이익집단을 조직하여 '유럽적 이익'(European interests)을 실현하려고 했음을 강조한다.[75] 그러나 유럽 연합 집행위원회와 회원국가의 통신사업자들이 상호접속에 대해서 공유된 의견을 갖고 있기는 했지만, 유럽 차원의 ISDN 건설은 가까운 장래에 쉽지 않을 것으로 보인다.[76] 회원국가의 독자적인 ISDN 정책이 너무 두드러지고, ISDN에 대한 인식도 상이하기 때문이다. 그러나 만약, 유럽연합이 ONP 원칙에서 제시된 상호인정의 관점에서 산업정책적 목표를 폐기하고 최소한의 호환성만을 추구한다면, 유럽연합의 ISDN 정책은 순조롭게 진행될 수도 있을 것이다.

마지막으로 우리는 ISDN 도입의 사회적 의미를 생각해 볼 필요가 있다. 국민국가들에서 ISDN의 도입은 일반대중의 생활에 지대한 영향을 미칠 수 있는 정보화 사회 논의와 맞물려 있었다. 그러나 ISDN의 도입을 둘러싼 공개 토론은 유럽연합 차원에서도 수행되지 않았다. 은행과 같이 대규모 데이터를 처리해야 하는 기업사용자들이 ISDN의 도입을 선호했고, 또한 통신장비 생산업자들은 ISDN 도입으로 가장 큰 혜택을 볼 수 있는 수혜자 들이었다.[77] 결국, 유럽연합 집행위원회의 ISDN 정책은 기업사용자 및 통

---

74) ITU, *Telecommunications Indicators for Western and Southern Europe*, p.11.
75) Fuchs, *op. cit.*
76) Arlandis, *op. cit.*

신장비 생산업자의 이해를 적절하게 반영한 것이었다.

3. 연구개발정책의 '승인자'로서 유럽연합

3-1. 산업정책과 경쟁정책

유럽 차원의 산업정책이라고 할 수 있는 RACE는 사실 유럽연합 집행위원회, 보다 구체적으로는 DG XIII의 추진력과 유럽 대기업의 이해관계가 적절하게 조화된 정책이라고 할 수 있다. 특히, RACE는 그 실행이 사적 영역에서 활동하고 있는 기업 및 연구소에 위임된다는 점에서 여타의 통신정책과 구분된다. 또한 RACE는 시장 자유화 내지는 공동시장의 완성을 목표로 하는 소극적 통합과 달리 유럽적 차원에서 유럽기업의 경쟁력 강화를 도모하는 적극적 통합의 성격을 띠고 있다는 점에서 유럽연합의 역할과 관련하여 중요한 정치적 문제를 제기하는 정책이라고 할 수 있다.

계속 지적되는 문제이지만, 기본적으로 '신자유주의적' 노선을 고수하고 있는 1980년대 이후의 유럽연합이 국민국가의 산업정책과 유사한 정책을 추진하고 있는 것은 일견 이상하게 보일 수도 있다. 따라서 유럽연합의 산업정책에 대한 인식을 먼저 살펴볼 필요가 있다. 유럽연합 집행위원회의 산업정책에 대한 체계적 견해는 1990년에 발표한 "개방되고 경쟁적인 환경에서 산업정책: 공동체적 접근을 위한 가이드라인"과 1991년에 발표한 "1990년대를 위한 유럽의 산업정책"에서 구체적으로 나타나고 있다.[78]

---

77) Hills, *op. cit.*, p.162. 반면 ISDN을 공급하는 통신 사업자의 경우, 외딴 지역 등에 이 서비스를 제공할 경우 상당한 손해를 감수해야 한다. 따라서 ISDN 공급업자와 사용자 사이에 잠재적 갈등이 존재한다는 지적에 주목할 필요가 있다. *Financial Times*, 1992/10/15.

78) CEC, *Industrial Policy in an open and competitive environment: Guideline for a Community approach*, COM(90) 556(Brussels: CEC, 1990); *European Industrial Policy for the 1990s: Communication to the Council and European*

478

집행위원회는 산업정책을 시장에 의한 자원의 최적 배분이라는 맥락에서 사고하고 있다. 즉, 산업경쟁력의 제고는 기업 자신의 책임이고, 따라서 공적 권위체는 그 경쟁력의 제고를 위한 '경쟁적' 조건을 창출하는 매개적 역할을 수행할 뿐이라는 것이다. 이 목적의 완수를 위해 집행위원회는, (1) 경쟁적 경제환경의 유지 및 높은 수준의 교육과 사회적 응집; (2) 구조조정을 위한 촉매제의 역할; (3) 구조조정을 위한 도구의 개발이라는 세 가지 핵심적 요소가 적절하게 균형을 유지해야 한다고 주장한다. 1991년에 발표한 "경쟁정책의 가이드라인"에서는 산업정책이 경쟁정책의 맥락에서 고려되어야 한다는 점을 강조하고 있다.

그러나 그 경쟁정책의 가이드라인에서도 경쟁정책을 위협할 수 있는 대기업들 사이의 전략적 제휴에 대해, 만약 그것이 유럽산업의 구조를 향상시키고 세계시장에서 유럽기업들의 경쟁력을 강화시킬 수 있다면 예외적으로 취급될 수 있음을 분명히 하고 있다. 즉, 유럽연합의 경쟁정책이든 산업정책이든 그 정책의 목표는 '유럽기업의 경쟁력 강화'라는 더 큰 목표에 종속되는 것이다. 유럽연합이 공동 연구개발정책과 같이 자칫 경쟁적 환경을 저해할 수 있는 기업 간 결합을 격려하는 것도 이 유럽기업의 경쟁력 강화라는 지고의 목표를 전제한다면 충분히 이해될 수 있다. 우리는 '신자유주의적' 경쟁의 논리가 항상 그 자체가 목표가 아니라 대기업을 중심으로 한 기업집단의 이익에 종속되는 것이라는 점을 상기해야 한다.

통신부문과 같이 대량의 선도투자가 필요한 부문에서는 정부가 개입하지 않는다면 항상적으로 과소투자가 발생할 위험이 있다. 국민국가의 역사에서 공통적으로 확인되는 것은, 정부의 직접적 개입이든 아니면 독점을 허용하는 방식이든, 최소한 이 선도투자를 보장하는 정책을 실행해 왔다는 사실이다. 신자유주의적 담론이 득세를 하고 있는 현실에서도 이 통신부문의 논리는 변하지 않고 있다. 그러나 현재 요구되고 있는 산업정책은 정부주도가 아니라 민간주도의 형태로 이루어지고 있고, 유럽연합은 이 논리의 확산에 기여하는 정책을 입안하여 실행하고 있다.

Parliament(Brussels: CEC, 1991).

3-2. RACE의 실행

3-2-1. RACE Ⅰ의 실행

RACE의 개념정의 단계는 유럽 산업부장관들의 주도로 1985년 개시되었다. 그리고 1987년 12월, 10년 계획의 RACE 프로그램이 유럽공동체 각료회의에서 채택되었다. "좋은 통신이 기업경쟁력에 결정적이다"라는 RACE를 책임지는 집행위원회 산하의 DG XIII의 표현에서 볼 수 있듯이, RACE의 목표는 유럽기업들의 경쟁력을 강화하기 위한 통신 하부구조의 건설이었다.[79] 보다 구체적으로, ESPRIT의 뒤를 잇는 두 번째 프레임웍 프로그램으로서 RACE는 "발전하고 있는 ISDN과 국민국가 차원의 도입전략을 고려하면서, 1995년까지 공동체 차원의 서비스로 이어지는 통합광대역 통신(Integrated Broadband Communications, 이하에서 IBC로 표기)의 도입"을 핵심적 목표로 설정했다.[80]

RACE의 실행과정은 독특한 제도적 구조를 매개로 진행되었다.[81] RACE의 개별 프로젝트는 경쟁입찰 방식으로 적어도 두 회원국가의 독립된 행위자들이 공동으로 수행해야 하고, 이 행위자들은 프로젝트 예산의 50%를 제공해야 한다. 이 원칙은 유럽연합이 발의한 모든 공동 연구개발정책에 적용된다.

---

79) CEC, *R&D in Advanced Communications Technologies for Europe(RACE): Final Report on Phase I of RACE(1988-1992)*(Brussels: CEC, 1993), Preface를 참조. RACE를 조직했던 집행위원회의 DG XIII/B의 책임자인 Roland Hübner는 유럽의 국내총생산의 85% 이상이 통신 의존적이라는 점을 지적한다. 따라서 기업의 경쟁력과 새로운 고용의 창출에 통신이 결정적 역할을 할 것이라고 말하고 있다. 그는 2000년에 이르면 통신부문이 식품 및 화학 산업에 이어 세 번째로 큰 산업부문이 될 것으로 예상하고 있다.

80) 원래 이 목표에는 '국민국가의 도입전략'이라는 표현이 없었다고 한다. 그러나 프레임웍 프로그램을 둘러싼 회원국가 사이의 갈등이 심화되면서 회원국가 사이의 다양한 통신 발전단계 및 발전전략을 고려하는 이 표현이 추가되었다. 자세한 내용은 W. Sandholtz, *High-Tech Europe: The Politics of International Cooperation*(Berkeley: University of California Press, 1992), pp.249-250을 참조.

81) RACE Ⅰ의 실행에 관한 이하의 서술은 특별한 인용이 없는 한 *R&D in Advanced Communications Technologies for Europe(RACE): Final Report on Phase I of RACE(1988-1992)*의 내용이다. RACE에 대한 평가는 필자의 의견이다.

RACE의 관리는, DG XIII 산하의 '선진 통신기술 및 서비스'(Advanced Communications Technologies & Services)를 담당하는 Directorate B의 책임이다.[82] 이 부서는 SOG-T와 유사하게 국민국가의 고위관료들로 구성된 'RACE 관리위원회'(Management Committee)와 긴밀한 관계를 유지했다. 이 위원회는 제안된 프로젝트의 내용을 최종적으로 승인하는 권한을 갖고 있었다.

개별 프로젝트의 관리는 프로젝트 콘소시움의 책임이고, 매달 작업의 진척상황이 보고서로 작성되고, 이 보고서는 집행위원회에 제출되었다. 만약 프로젝트 참가자가 예기하지 않은 문제에 부딪히게 되면, 그 참여자는 매달 간행되는 프로젝트 관리 보고서에서 그의 협력자와 집행위원회에게 어려움을 호소할 수 있다(Red Flag procedures). 그렇게 되면, 그 문제는 집행위원회의 도움으로 해결되거나 또는 콘소시움 내부에서 자체 해결된다. 각각의 프로젝트 참가자는 연례 보고서를 작성하고, 이 보고서에는 프로젝트 팀의 자체평가가 실리게 된다. 또한 RACE의 실행과정은, 전략적, 기술적, 프로그램 관리, 그리고 재정적 측면에서 감사가 이루어진다.

1988년부터 1992년까지 실행된 RACE I 은 세 부분으로 나뉘어 실행되었다. 첫 번째 부분은 'IBC 개발 및 실행전략'(IBC Development and Implementation Strategies)이다. 이 부분에서는 '개방된 시스템 접근'에 부합하는 IBC 표준 및 개념의 정립을 위한 기능적 스펙과 시스템 및 운용연구를 다루고 있다.[83] IBC의 발전에 대한 공동의 이해를 추구하는 이 프로

---

82) DG XIII/B는 1995년 2월 현재 7명의 책임자로 구성되어 있다. 각 책임자들의 임무는, ① 총괄업무; ② 프로그램의 준비와 감독; ③ IBC를 위한 선진 네트워크 및 서비스의 개발; ④ 선진 통신기술 및 디지털 전송; ⑤ 이동통신; ⑥ 통신 서비스 엔지니어링; ⑦ 통신 및 정보 시스템의 보안 등으로 구분된다. 우리는 이 부서의 인원이 단지 7명이라는 사실에 주목할 필요가 있다. 이 소수의 인원으로 RACE 프로그램을 관리하는 것은 불가능하다. 따라서 집행위원회는 RACE의 관리를 위해 회원국가의 대표들과 사적 행위자들에 의존할 수밖에 없다.

83) 구체적으로는, Common understanding of the IBC evolution and its implications; Common definition of IBC systems and sub-systems; Guideline for functional specification of IBC systems and integrated services; Identification of technology and R&D requirements, An understanding of the cost-effectiveness of alternative implementation routes; Analysis of

젝트는 ETSI와의 긴밀한 협조 속에서 진행되었다. 1989년 하부 프로젝트인 '합의 관리 프로젝트'(Consensus Management Project)와 ETSI 사이에 '조정그룹'이 결성되었고, '비동기교환방식'(Asynchronous Transfer Mode, 이하에서 ATM으로 표기)의 통신시스템을 위한 유럽적 표준에 대한 합의가 이루어졌다. 또한 IBC의 기능적 스펙이 채택되었고, 이 스펙은 1990년에 광범위하게 배포되었다. 따라서 우리는 RACE를 통해 ETSI의 기능이 강화되고 있음을 발견할 수 있다.

두 번째 부분은 'IBC 기술'로서, IBC 장비 및 서비스를 저비용으로 실현할 수 있는 기술의 개발과 관련되었다.[84] 이 프로젝트에서는 광대역 전송을 위한 광섬유 시설, ATM 기술, 통신 소프트웨에와 같은 IBC 기술의 개발에 주된 관심이 두어졌다. 세 번째 부분은 기능 및 운용개념을 평가하기 위한 '개방된 검정 환경'의 실현과 관련된 '전규준적 기능적 통합'(Pre-normative Functional Integration)의 성격을 띠고 있다.[85] 이 프로젝트의 실행을 위해서 1989년에 실험적 토대로 광대역 네트워크를 제공하기 위한 제안이 유럽의 통신담당 행정부서에 의해 제출되었다. 이 제안은 '초국가적 연결'을 위해 2 Mbits/s에서 140 Mbits/s로 발전하는 '유럽의 광대역 상호접속 시도'(European Broadband Interconnection Trial, EBIT)에 대한 유럽의 네트워크 운용자들의 합의에 기초한 것이었다.

이 RACE 프로그램의 실행은 두 단계로 진행되었다. 1988년 1월에 시작된 프로젝트는 첫 번째와 두 번째 부분을 실행하는 것이었고, 세 번째 부분은 1989년 1월에 시작되었다. 특히, 세 번째 부분에 대한 자원의 투입이

---

standardisation requirements 등이다.

84) Use of advanced technology for cost-effective implementation of IBC: Telecommunications software for complex integrated systems; Advance in ergonomic and cognitive facilities of IBC equipment; Realisation of evolutionary subsystems and networks 등이다.

85) Development of verification tools, verification of design concepts, functional groups or protocols, Refinement of functional specifications and/or verification of standards proposals; Development of experimental situations where service providers, network operators and users can test IBC experimental products-to clarify the potential for IBC commercial exploitation 등이 그 주요 분야이다.

증가했다. 〈표 7-11〉은 RACE Ⅰ의 예산 및 그 배분에 대한 기록이다.

〈표 7-11〉 RACE Ⅰ에서 재정자원의 사용

프로그램	결정 액수(MECU) 및 비율		실제 비율
제1부	60	11.9%	18.0%
IBC 전략	14	2.8	
IBC 실현	28	5.5	
IBC 사용	10	2.0	
공동의 운용환경	8	1.6	
제2부	332	65.7	55.0
IBC 시스템 기능	94	18.6	9.0
IBC 프로그래밍 하부구조	49	9.7	25.0
유용성 엔지니어링	12	2.4	11.0
네트워크 발전	177	35.0	10.0
제3부	113	22.4	27.0
검정 도구	63	12.5	6.0
IBC 적용 시험	50	9.9	

자료: CEC, *R&D in Advanced Communications Technologies for Europe(RACE): Final Report on Phase I of RACE(1988-1992)*(Brussels: CEC, 1992), p.9.

위의 표에서 볼 수 있듯이 RACE 실행과정에서 기술개발이 여전히 예산의 가장 많은 부분을 차지하고 있기는 했지만, 서비스 개발, 수요조사, 그리고 RACE에 대한 공동의 인식을 가질 수 있도록 하는 작업에도 많은 예산이 투입되었다.

RACE Ⅰ에는 유럽의 모든 통신 행위자들이 참여했다고 해도 과언이 아니다. 유럽공동체에서는 306개 기업이 참여했고, EFTA 국가에서 27개의 조직이 이 프로그램에 참여했다. 이 참여 조직들을 유형별로 살펴보면, 통신기업 43.1%, 사용자 19.3%, 연구소 15.1%, 대학 12.4%, 네트워크 운용자 10.1% 등이었다. 5,000명 이상의 인원을 보유하고 있는 조직의 참여가 가장 많기는 했지만, 중소기업도 28% 정도의 참여율을 기록했다. 〈표 7-12〉는 RACE에 참가한 유럽기업들의 참여도를 보여준다.

⟨표 7-12⟩ RACE에 참여한 기업들

	참 여	주도한 프로젝트의 숫자
Alcatel	70	15
Phillips	30	4
BT	29	6
Swedish Telecom	25	1
Thomson	23	3
Telefonica	21	
Netherlands PTT	20	
France Telecom	20	
Ericsson	19	3
DBP Telekom	17	4
Bosch Telecom	15	1
GEC	15	
Siemens	14	1
STC	13	3
Plessey	11	3
Telecom Eireann	10	3
Kjobenhavns Telefon	10	
AT&T-NSI	10	
IBM	10	1
Matra	10	1

자료: T. Schnöring, "European Telecommunications R&D Systems in Transition", in C. Steinfield, J. Bauer, and L. Caby(eds.), *Telecommunications in Transition: Policies, Services and Technologies in the European Community*(London: Sage, 1994), p.153.

　국가별로 보면, 영국, 프랑스, 독일 국적을 갖고 있는 기관들의 참여가 많았다. 특히, 영국국적의 기업 및 연구조직들의 참여가 많았던 것은, 가장 강력하게 '신자유주의적' 경제정책을 실행하고 있던 영국에서 많은 기업들과 연구조직들이 재원의 조달을 위해 유럽연합에 의존했기 때문이라고 볼 수 있다. 영국정부가 유럽통합을 둘러싼 게임에서 '거북한 협력자'(awkward partner)로 평가되지만,[86] 사실 영국국적의 기업 및 연구조직들은 유럽통합에 적극적으

---

86) S. George, *Britain and European Integration since 1945*(Oxford: Basil

로 참여하는 역설적 상황이 전개되고 있는 것이다. 따라서 우리는 영국정부의 유럽통합에 대한 담론과 영국국적의 기업 및 연구조직의 활동을 정교하게 구분해야 한다.

RACE Ⅰ의 주요 성과로는 유럽의 통신 하부구조의 조화를 강화했다는 것이 제시된다. 구체적으로 '공동의 기능적 스펙'이 유럽의 IBC를 위한 '청사진'으로 간주되고 있다. 즉, RACE Ⅰ은 유럽의 네트워크 운용자, 통신산업, 방송 그리고 주요한 사용자들이 참여하는 협력의 틀을 마련했다는 점에서 그 의의가 있다고 볼 수 있다. RACE Ⅰ 프로그램은 여타의 프레임웍 프로그램과 마찬가지로, 유럽통합을 정부 간 협력의 수준을 넘어서 다양한 사적 행위자들과 공적 행위자들이 결합할 수 있는 수준으로 변경시키는 효과를 생산한 것이다.

RACE Ⅰ에 대한 평가와 감사는 프로그램의 준비와 실행과정을 통해 지속적으로 이루어졌다. 프로그램의 진행과정에 대해서는 다양한 통신 행위자들이 참여하는 평가과정을 통해, 프로그램 전반 및 각 프로젝트에 대한 평가가 1년단위로 이루어졌다. 또한 각료회의의 결정에 따라 집행위원회는 RACE 관리위원회와 협의를 거쳐 각 회원국가와 유럽의회에 RACE에 대한 평가 보고서를 제출할 의무가 있었다.

RACE에 대한 감사는 일년단위로, 국제적 맥락에서 유럽공동체의 전략적 정책적 목표와 관련하여 RACE 전반의 실행을 평가하는 '전략적 감사'와 RACE 목표와 관련하여 개별 프로젝트의 실적을 평가하는 '기술적 감사'의 두 측면에서 수행되었다. 1989년에 이루어진 독립적인 전략적 감사에서는 RACE의 기본적 목표가 여전히 유효함을 강조하면서, '보조성'의 원칙에 기반하여 국민국가 정부의 조직들이 RACE 프로그램 외부에서 이 프로그램을 지원하는 활동이 이루어져야 한다는 데 초점을 맞추고 있었다. 즉, 이 감사 보고서에서는 IBC의 도입을 위해 국민국가 수준에서 필요한 규제적 환경에 대한 정리작업을 요구했다.[87]

Blackwell, 1991).

87) 이 요구는 구체적으로 유럽 내부에서 장거리 연결망 및 운용체계에서 네트워크 운용자들의 긴밀한 협력을 담고 있었다. 그리고 유럽연합 수준에서의 공동 행동을 강화하기 위한 기구로 European Institute for research and strategic

1990년에는 기업의 최고 책임자들과 회원국가 정부의 관료들로 구성된 'Telecom 2000'이 통신부문의 연구개발정책을 위한 새로운 필요조건을 재검토하는 보고서를 작성했고, 그 보고서를 계승하여 집행위원회는 30개월 동안의 진행상황을 평가한 보고서를 각료회의와 유럽의회에 제출했다. 이어 1991년과 1992년 초에 RACE를 정보기술 분야의 연구개발정책인 ESPRIT와 DRIVE[88]의 맥락에서 평가하는 작업이 Phillips의 최고책임자인 W. Dekker가 주관하는 독립적인 패널에 의해 수행되었다. 1992년 집행위원회는 두 번째 프레임웍 프로그램에 대한 평가를 보고서의 형태로 제출했고, 이 보고서는 CREST에 의해 평가되었고, CREST는 이를 RACE 관리위원회에 이관했다.[89]

프로그램 관리에 대한 감사는 1989년 독립적 기구에 의해 수행되었다. 그 주요 내용은 집행위원회가 채택한 관리방식의 적절성에 대한 검토였다. RACE의 개별 프로젝트에 대한 '기술 감사'도 매년 독립적인 전문가들에 의해 수행되었다. 각 프로젝트 참가자에 의한 자체평가 이후, 이 자체평가들은 독립적인 외부의 전문가들에 의해 평가되었고, 그 보고서는 집행위원회가 주관하는 청문회를 통해 검토되었다. 독립적인 외부의 전문가들로 구성된 패널은 그들의 결론과 권고들을 '감사 패널 보고서'의 형태로 RACE 관리 위원회와 집행위원회에 제출했다. 그 감사보고서는 집행위원회의 프로젝트 담당자가 수행한 평가에 의해 보완되었다.

이상에서 볼 수 있는 것처럼, RACE 프로그램의 실행에 대한 평가도 유럽공동체 통신정책을 입안하는 자문과정과 유사하게 다양한 사적 행위자들

---

studies in telecommunications GmbH(EURESCOM)의 설립되면서 부분적으로 실현되기도 했다. 그러나 방송과 케이블 텔리비젼의 통합이나 HDTV의 개발은 상당히 지체되었다.

88) Dedicated Road Infrastructure for Vehicle Safety in Europe의 약어. DG XIII에 관리하는 공동 연구개발정책으로, 정보 공학 분야에서 도로 이용자의 안전, 삶의 질 및 환경보호 등의 분야에 집중되었다. 1988년에서 1991년 사이에 총 6,000만 ECU가 투입되었다.

89) 집행위원회의 보고서는 CEC, *Communication from the Commission on "Evaluation of the Second Framework Programme for Research and Technological Development"*, SEC(92) 675 final(Brussels: CEC, 1992)를 참조.

이 참여하는 형태로 이루어졌다. 소수의 관료들로만 구성된 집행위원회 스스로 감사를 수행하는 것은 불가능했을 것이다. 그리고 감사의 객관성을 위해서도 외부의 전문가를 초빙하는 방식은 회원국가의 관료들을 설득하기 위한 주요한 무기였다고 평가될 수 있다.[90] 통신장비 생산기업이나 기업사용자들은 이 실행평가 과정에 참여함으로써 자신들의 이익을 실현할 수 있었을 것이다.

3-2-2. RACE Ⅱ의 실행

RACE Ⅱ는 1991년에 개시되었다.[91] 이것은 유럽연합의 제3차 프레임웍 프로그램의 일부였다. RACE Ⅱ의 개별 프로젝트는 1992년 1월부터 시작되었다. 따라서 1992년은 RACE Ⅰ과 Ⅱ가 겹치던 시기였다. 이 시기의 중복은 RACE 프로그램에 대한 인식의 전환 때문이었다. 즉, RACE 프로그램의 실행 초기에 IBC가 단지 미래의 가능성으로만 논의되었지만, 1991년

---

90) RACE와 회원국가의 관계를 매개한 조직은 기존의 정부 간 협력기구인 CEPT 였다. CEPT는 RACE 프로그램의 전개에 따라 거기에 필요한 기구들을 설치하였다. CEPT와 RACE의 관계는 RACE 실행과정에서 상당한 변화를 겪게 되었다. RACE의 개념정립 단계에서 CEPT는 '광대역 통신에 관한 특별그룹'(Special Group on Broadband Communications, GSLB)을 설립했고, 이 그룹은 RACE Ⅰ을 위한 작업계획의 수립에서 중요한 역할을 수행했다. 1987년 설립된 'Group Mixed RACE'(GMR)는 1987년에서 1988년의 기간 동안 RACE와 CEPT의 조정을 담당했다. 또한 1988년에는 IBC 작업(EBIT)을 위한 시험대를 도입하기 위한 상호협정이 CEPT를 매개로 유럽의 통신담당 행정부서 사이에 체결되었다. CEPT는 새롭게 등장하고 있는 유럽공동체의 통신정책에 부응하여 그 산하에, 네트워크 운용자들이 네트워크의 상호운용에 대해 토론하는 포럼인 ETNO(European Telecommunications Network Operators Group)와 공동의 전략적 연구를 위한 포럼인 EURESCOM을 설치했다. 이 기구들은 집행위원회와 네트워크 운용자를 연결하는 중요한 고리들이었다. 표준화와 관련하여서도 ETSI의 주도하에 596개의 각기 다른 표준화작업이 RACE의 전규준적 연구개발의 성과로 표준화기구에 제출되었다.

91) RACE Ⅱ의 실행과정은 특별한 언급이 없는 한, 집행위원회의 DG XIII이 간행한 *R&D in Advanced Communications Technologies for Europe: RACE 1995*(Brussels: CEC, 1995): *R&D in Advanced Communications Technologies for Europe: Mid-term Report on Phase Ⅱ of RACE(1991-1994)*(Brussels: CEC, 1994)에 기초한 것이다.

의 시점에서 그것의 '상업적' 이용이 4년 이내에 가능한 것으로 인식되었기 때문이다. 그 이유 때문에 각료회의와 유럽의회는 RACE Ⅱ를 서둘러 유럽연합의 제3차 프레임웍 프로그램에 포함시켰다. 따라서 RACE Ⅱ는 IBC 도입을 둘러싼 평가에 집중된 RACE Ⅰ과 달리 IBC의 도입을 준비하기 위한 연구개발정책이었다.[92]

RACE Ⅱ가 포괄하는 영역 및 각 프로젝트에 대한 재정자원의 배분은 〈표 7-13〉과 같다.

〈표 7-13〉 RACE Ⅱ의 영역 및 재정자원의 배분

예산배분 프로그램	결정액수 (MECU)	추가예산 (MECU)	총계(MECU)
영역 1 IBC 연구개발	111	9	120
영역 2 지능 네트워크	43	5.4	48.4
영역 3 이동 및 개인통신	53	9	62
영역 4 화상 및 자료통신	68.11	14	82.11
영역 5 서비스 통합 기술	39	4	43
영역 6 정보 보안기술	29	2	31
영역 7 선진통신의 실험	121	13	134
영역 8 시험을 위한 하부구조 및 상호작용	20	8	28

자료: *R&D in Advanced Communications Technologies for Europe: Mid-term Report on Phase Ⅱ of RACE(1991-1994)*(Brussels: CEC, 1994), p.19.

위의 예산표에서 볼 수 있듯이 RACE Ⅱ에서는 상업화 준비 프로젝트라고 할 수 있는 영역 7에 가장 많은 예산이 배당되었다. 그 다음으로 IBC 연구개발을 위한 영역 1과 화상 및 자료통신의 개발을 위한 영역 4에 많은 예산이 배당되었다. 추가예산도 위의 세 영역에 집중되었다.

RACE Ⅱ에는 574개의 상이한 조직들이 참여하는 117개의 프로젝트가 추진되었다. 또한 EFTA 국가에서는 49개의 조직이 참여했다. 특히, 통신

---

92) 원래 10개년 계획으로 준비된 RACE 프로그램은 1994년에 종료될 예정이었다. 그러나 1993년에 1년 연장되어 1995년에 종료되었다.

장비 생산업체의 참여가 두드러졌다. 참여자의 37%가 통신장비 생산업체였고, 17%가 네트워크 운용자였다. 예를 들어 세계 최대의 통신기업인 Alcatel은 60개의 프로젝트에 참여했다. 중소기업의 참여는 RACE Ⅰ보다 늘어 RACE Ⅱ에서는 41%를 기록했다. 조직 유형별 참여비율은 〈표 7-14〉와 같다. 국가별 참여율은 독일 18.29%, 영국 17.42%, 프랑스 16.86%를 기록했다. 또한 유럽연합 내부의 저발전 지역에 기반하고 있는 조직들이 RACE Ⅰ 단계의 60%보다 높은 70%의 프로젝트에 참여했다.

〈표 7-14〉 조직의 유형별 참여

조 직＼참여정도	참여(ManMonth 기준)	참여(협력자의 숫자)
대학 및 교육기관	13%	17%
통신 및 정보기술 산업체	47	37
국민국가의 공공조직	1	2
통신운용자 조직	18	17
통신 및 정보기술 사용자	7	7
정부 또는 다른 연구기관	10	11
통신 서비스 제공자 조직	2	4
기타	2	5

자료: *R&D in Advanced Communications Technologies for Europe: Mid-term Report on Phase Ⅱ of RACE(1991-1994)*(Brussels: CEC, 1994), annex Ⅲ.

RACE Ⅱ의 실행과정에서는 RACE라는 공동 연구개발정책의 의의가 재정립되었다. 특히, 탈규제 정책이 유럽공동체 회원국가들에서 확산되면서 기존의 통신운용자들이 '장기간의 선도투자'를 주저하고 있는 여건을 보완하기 위해 산업정책적 차원이 보다 큰 의미를 얻게 되었다. 또한 투자위험이 증가하고 있는 상황에서 RACE는 회원국가의 정부 및 통신기업들이 이 위험을 공유할 수 있는 산업정책이었다. 이러한 의미에서 유럽연합 집행위원회는 RACE 프로그램의 실행에서 발생하는 경제적 효과로 이미 경제학 문헌에서 언급되던 규모의 경제와 범위의 경제 이외에 '통합의 경제'를 강조하기 시작했다.[93] 즉, 유럽 차원의 네트워크 건설이 마스프리히뜨 조약 Chapter XII에 명시되면서, RACE 프로그램이 국민국가에서 추진되던 산업정책에 보다 근접하게 된 것이다. 여기에 더해서 RACE 보고서에는 생산의 일반적 조건으로서 통신이 금융산업을 비롯한 다양한 부문에 미치는 효과가 강조되었다.

3-2-3. RACE에 대한 평가

우리가 유념해야 할 것은 RACE에 투입된 자본의 양이 국민국가가 통신산업에 투자한 연구개발비용과 비교할 때 매우 적다는 사실이다. 〈표 7-15〉는 유럽연합 국가들의 공공 통신투자의 변화추이를 집계한 것이다.

〈표 7-15〉 유럽공동체 국가들에서 공공 통신투자(1992년 경상가격 및 환율 기준, 백만 달러)

	1983-85	1986-88	1989-1991	1992
벨기에	786.13	650.76	828.07	720.49
덴마크	472.84	635.44	544.51	439.22
프랑스	6,806.55	6,287.43	5,760.30	5,685.68
독일	10,392.52	11,700.71	13,189.83	17,898.98
그리스	467.82	256.15	449.78	710.98
아일랜드	354.40	261.76	282.23	265.31
이탈리아	5,962.55	6,439.47	10,045.21	9,399.35
룩셈부르크	20.18	39.30	57.29	82.76
네덜란드	843.80	1,004.33	1,562.64	1,617.75
포르투갈	413.10	533.67	982.79	991.16
스페인	2,485.31	2,859.85	6,087.65	4,216.80
영국	3,565.13	4,438.99	4,659.84	3,824.56
EC 12국	32,570.38	35,107.87	44,376.23	45,752.88
북아메리카	22,539.65	25,760.54	26,225.95	28,101.48
아시아–태평양	14,707.63	17,960.68	20,840.32	22,696.71

자료: OECD, *Communication Outlook*(Paris: OECD, 1995), pp.46-7을 발췌 정리.

---

93) 규모의 경제는 통신량의 증가에 따른 비용의 감소를 의미한다. 범위의 경제는 서비스의 매력의 증가, 즉 시장침투의 증가에 따른 비용의 감소를 가리킨다. 통합의 경제는 통합에 따른 자원공유에서 발생하는 비용의 감소를 지칭한다.

유럽연합이 지출한 RACE Ⅰ의 총 예산은 505 MECU였고, RACE Ⅱ의 총 예산은 440.51 MECU였다. 이 예산은, ECU와 미국 달러의 환율을 1:1.18로 계산할 때,[94] 유럽공동체 12개 국가의 공공 통신투자의 약 1/100 수준이다. 즉, RACE를 통한 통신 네트워크에 대한 투자는 사실 미미한 수준이었다고 해도 과언이 아니다. 그러므로 RACE가 실제로 통신 네트워크의 발전에 미친 효과는 과대평가될 수 없다.

따라서 RACE를 평가하기 위해서는 다른 기준이 필요할 것이다. 유럽연합이 기존의 국민국가와 동일한 정치형태가 아니라는 점도 주요한 고려대상이 되어야 한다. 유럽연합은 자신의 통신 네트워크를 보유하고자 하는 것이 아니라 회원국가의 통신 네트워크의 상호접속을 통해서만 존립할 수 있는 정치형태이다. 따라서 유럽연합의 입장에서는 이 상호접속을 가능하게 하는 표준의 설정이 주요한 목표일 수밖에 없다. 따라서 RACE를 통한 IBC의 공동 기능적 스펙의 설정 및 ETSI를 매개로 한 표준의 설정이 RACE를 통해 얻을 수 있는 최대의 효과로 평가될 수 있다. 1994년 9월 15일, 제4차 프레임웍 프로그램으로 정보하부구조(infostructure)의 건설을 목표로 하는 ACTS(Advanced Communications Technologies) 프로그램이 승인된 것은, RACE의 성과에 대한 승인의 의미를 갖는 것이었다.[95]

유럽연합 차원의 통신 산업정책은 또한 유럽의 공공부문과 민간부문을 연결하는 협력의 틀을 제공했다는 점에서 그 상징적 의의를 찾을 수 있다. 공공부문과 민간부문의 협력을 통해서 분절화된 유럽시장을 통합할 수 있는 계기가 마련되었다. 그리고 점차로 통신 네트워크의 중심이 공공부문에서 민간부문으로 이전되고 있는 상황에서, RACE는 이 두 유형의 네트워크에

---

94) 1988년 6월의 환율. ECU의 환율변화의 추이는 부표를 참조.

95) 정보고속도로의 건설을 주요 목표로 하는 ACTS 프로그램에는 1999년까지 603million ECU가 투입될 예정이다. 이동통신 분야가 ACTS에서 가장 큰 프로젝트이다. 13.1million ECU가 소요되는 이 이동통신 프로젝트에는 독일의 Siemens, 핀란드의 Nokia, 스웨덴의 Ericsson 등 세계 최대의 통신산업체들이 참여하고 있다. Siemens의 이 프로젝트 담당자인 Marcus Dillinger는 유럽의 이동통신 표준인 GSM 방식을 넘어서는 차세대 이동통신 방식으로 'universal mobile telecom services'(UMTS)을 개발하는 것이 프로젝트의 목표라고 말하고 있다. *European Voice*, 1996/4/25.

대한 구분없이 선진적 통신 네트워크를 개발하고자 하는 연구개발정책으로 평가될 수 있다. 또한 회원국가의 입장에서도 '신자유주의적' 이데올로기가 확산되는 상황에서 공공지출을 줄이는 것이 주요한 정책목표가 되고 있다는 점을 고려할 때, RACE와 같은 산업정책을 통해 자국기업에 대한 지원을 할 수 있었다는 점에서 유럽연합 차원의 산업정책을 반대할 이유가 없었다.

RACE는 유럽연합에서 경쟁과 협력이 공존하는 방식을 보여주는 대표적 사례 가운데 하나이다. '신자유주의적' 유럽연합에도 만약 경쟁을 저해할 수 있는 기업 간 제휴가 발생한다고 할지라도 그것이 유럽기업의 경쟁력을 강화할 수 있다면, 그것은 더 이상 금지의 대상이 아니다. 지역 차원의 중상주의적 정책으로서 RACE는, '신자유주의적' 담론 속에 위치하면서, 통신 부문에서 강력한 초국가적 산업연합의 결성을 유도한 주요한 계기였다. 그럼에도 RACE 관리위원회의 구성에서 볼 수 있듯이 RACE가 회원국가의 통제를 벗어나 있는 정책도 아니었다.

4. '보편적 서비스 제공자'로서 유럽연합

4-1. 보편적 서비스의 개념 정립

유럽연합이 본격적으로 통신정책을 생산하기 시작하면서, 마치 자신의 정치권력을 정당화해야 하는 국민국가 정부처럼, 유럽연합 집행위원회와 유럽의회는 모든 사용자들에게 네트워크에 대한 접근을 보장하는 보편적 서비스의 원칙을 각종 규제정책 및 산업정책에 부가적 요소로 첨부하기 위해 노력해 왔다. 특히, 유럽연합 통신정책이 일정한 궤도에 오른 이후 집행위원회는 유럽 차원의 보편적 서비스라는 개념을 도입하기 시작했다. 그리하여 1987년 『녹서』를 기점으로 유럽연합에서는 규제정책의 일부분으로 보편적 서비스의 원칙이 공식적으로 언급되기 시작했다.

원래 보편적 서비스 원칙은 AT&T라는 사기업이 통신 서비스 시장을

492

독점하고 있던 미국에서 발전된 개념이다. AT&T는 미국의 구석구석까지 하나의 시스템과 하나의 정책에 기초한 보편적 서비스를 성취하고자 했다. 그 이전에 이미 미국에서는 영국의 관습법 전통에 의거하여, 사적 소유물의 사용이 공공이익과 관련될 때, 그것은 공중에 의해 통제되어야 한다는 자유주의적 원칙이 확립되어 있었다. 1934년 규제기구로 FCC가 설립되면서, 가능한 모든 사용자에게 통신 서비스를 제공하기 위해 사적 독점체를 공적으로 규제할 수 있게 되었고, 그에 따라 사적 독점체의 권력이 제한될 수 있게 되었다.[96]

이 보편적 서비스의 개념이 유럽대륙에서는 '공공 서비스'(public service)의 개념으로 전환되었다. 관습법보다는 로마법 전통에 입각한 공공 서비스의 개념은 국가를 사회적 합리성 및 공공이익의 최고의 형태의 표현으로 인식하는 헤겔주의적 전통에 기반한 것이었다.[97] 1987년 『녹서』에서도 공공 서비스의 하위 범주로 보편적 서비스가 논의되었다.[98] 그러나 그 이후 유럽연합의 문헌에서는 공공 서비스라는 용어 대신 보편적 서비스라는 용어가 통용되고 있다. 이 용어의 전환은 공공 서비스라는 개념이 갖는 국가와의 연관성을 의식한 것으로 해석될 수도 있다.

그러나 유럽 차원의 보편적 서비스의 제공은 1987년 『녹서』의 주요 관심사항이 아니었다. 보편적 서비스의 개념은 통신 서비스 및 장비시장의 자유화 맥락에서 논의되고 있었을 뿐이다. 1987년 『녹서』에서는 국민국가에서 보편적 서비스를 제공하기 위해 사용하던 정책도구인 '상호보조'(cross-subsidisation) 및 비용에 기초하지 않은 가격책정 방식에 대한 재검토를 요

---

96) 1984년 발간된 FCC 문헌에서는 보편적 서비스를 다음과 같이 정의하고 있다: "전화 서비스에 대한 접근은 점차적으로 급격한 정보의 교환에 의존하는 우리의 사회 및 경제에서 완전한 참여에 결정적 요소이다. 많은 경우, 특히 노인들, 빈민, 또는 장애인들에게 전화는 바깥세상을 연결하는 생명선이다. …… 통신법하에서 우리의 책임은 그 법과 다른 FCC의 목표하에서 우리의 권위와 일치하는 조치를 취하게 한다. …… 그것은 보편적 서비스의 퇴화 및 우리의 사회가 정보를 가진 자와 가지지 못한 자로 분열되는 것을 막는 것이다." Mansell, *op. cit.*, pp.216-8.

97) *Ibid.*, p.218.

98) CEC, *Green Paper on the Development of the Common Market for Telecommunications Services and Equipment*, p.77.

구하고 있었다. 예를 들어 통신운용자가 수익성이 낮은 우편 서비스나 지역 전화를 보조하는 행위라든지, 통신운용자가 지배적 지위를 남용하여 약탈적 가격설정을 한다든지, 또는 공공 통신에 부가가치세를 면제하는 등등의 국민국가에서 실행되고 있는 통신정책에 대한 철저한 감시가 필요하고 또한 그 정책결정과정이 투명해야 한다는 것이 집행위원회의 주장이었다. 또한 요금산정에 있어서도 통신운용자가 시골이나 외딴 지역에 전화 서비스를 제공하기 위해 전화보급률이 높은 지역에 요금을 높게 책정하는 정책도 보편적 서비스의 제공이라는 측면에서 설득력이 있지만, 그러한 차별적 요금산정이 '공정하게' 이루어져야 한다는 것이 집행위원회의 주장이었다.99)

　사실, '독자적인' 통신 네트워크를 보유하고 있지 않은 유럽연합이 보편적 서비스의 제공이라는 정당화 정책에 개입할 여지는 그렇게 많지 않다고 볼 수 있다. 유럽연합이 개입할 수 있는 방식은 회원국가의 규제정책을 변경할 수 있는 입법조처를 통해 보편적 서비스를 확대하는 것이다. 그러나 유럽연합이 자유화 및 조화정책을 통해 유럽 '통신기업의 경쟁력'을 강화하는 것을 일차적 목표로 설정하고 있던 1987년의 시점에서 정교한 보편적 서비스의 개념을 제시하는 것은 불가능했을 것이다. 우선 1987년『녹서』를 중심으로 보편적 서비스의 개념을 살펴보자.

　1987년『녹서』에는 두 가지의 보편적 서비스 개념이 제시되었다.100) 첫째, 보편적인 지리적 접근가능성(universal geographical availability)이다. 이 개념은 한 국가의 경계 내에서 어디에 위치하든 통신 네트워크에 접근하는 것을 보장하는 '순수한 접근'의 개념이다. 이 개념은 근대 초기의 통신정책이 국민통합의 수단이었다는 점을 상기하면 쉽게 이해될 수 있다. 둘째, 보편적 서비스의 개념은 가격 또는 서비스의 수준이라는 측면에서 모든 사용자에게 비차별적 또는 평등한 접근을 허용하는 것일 수 있다. 첫 번째가 양적 해석이라고 한다면, 두 번째는 질적 해석이라고 할 수 있다.

　이 두 개념을 유럽연합에 도입할 경우, 몇 가지 문제가 발생할 수 있다. 우선 유럽연합이 영토성에 기반한 국민국가가 아니라는 점을 다시 한번 강

---

99) *Ibid.*, pp.76-82.
100) *Ibid.*; Mansell, *op. cit.*, pp.218-9.

조할 필요가 있다. 더구나 유럽연합은 독자적인 통신 네트워크를 갖고 있지 않다. 따라서 유럽연합의 통신 네트워크는 회원국가에 설치되어 있는 상이한 네트워크들의 네트워크, 즉 '메타 네트워크'(meta-network)으로 이해되어야 한다. 그러나 1987년 『녹서』가 발간된 시점에서 유럽공동체는 이 메타 네트워크를 규제할 수 있는 정책도구를 갖고 있지 못했다.[101] 예를 들어 당시에는 메타 네트워크의 운용에 필수적 구성요소라고 할 수 있는 유럽 차원의 표준설정기구가 설립되기 이전이었다.

1987년 『녹서』와 1992년 『리뷰』를 통해서, 그리고 유럽 차원의 네트워크 건설이 본격적 의제로 상정되면서, 유럽 차원의 규제구조가 확립되어 감에 따라 보편적 서비스의 개념도 세련화되기 시작했다. 보편적 서비스의 개념은 이 메타 네트워크의 규제원칙이라고 할 수 있는 ONP 규칙에 근거하고 있었다. 1993년 집행위원회는 1992년 『리뷰』의 자문결과를 토대로, 모든 사용자에게 적정한 가격으로 최소한으로 규정된 명확한 품질의 서비스를 접근가능하게 만드는 것으로 보편적 서비스의 개념을 규정했다.[102]

4-2. 독립적 정책영역으로서 보편적 서비스의 제공: 유럽 차원의 정당화?

1993년 집행위원회는 보편적 서비스 제공이라는 문제만을 다루고 있는 문건을 유럽의회에 보냈다.[103] 여기서는 ONP 규칙이 네트워크와 서비스에 대한 공정하고 차별이 없는 접근을 보장하는 원리로 해석되었다. 그러나 보편적 서비스가 제공되는 통신 분야는 음성 전화통신으로 제한되었다. 음

---

101) 따라서 당시에 적정한 비용에 기초한 통신 서비스의 보편적 침투(penetration)의 개념이 공공토론이나 유럽공동체의 공식 문헌에 나타나지 않고 있다는 R. Mansell의 비판은 성급한 주장일 수도 있다. Mansell, *op. cit.*, p.219.

102) CEC, *Communication to the Council and European Parliament on the Consultation on the Review of the Situation in the Telecommunications Sector*, COM(93) 159 final(Brussels: CEC, 1993), p.4.

103) CEC, *Developing Universal Service in Telecommunications. Communication to the European Parliament*, Com(93) 543(Brussels: CEC, 1993).

성 전화통신은 1987년 『녹서』에서도 경쟁의 도입이 유보되었던 영역이었다. 그리고 새로운 통신 서비스는 일반대중을 위한 것이 아니라 특별한 구매자 집단을 위한 것이라는 것이 집행위원회의 기본입장이었다.

그러나 1993년 6월 각료회의가 음성 전화통신의 분야에도 경쟁을 도입하기로 결정함에 따라 보편적 서비스는 다시금 논란의 대상이 되기 시작했다. 즉 완전한 경쟁환경에서 기존의 국민국가에 의해 제공되던 보편적 서비스가 유지 가능한가라는 질문이 제기되기 시작한 것이다. 공/사 구분이 흐려지는 경쟁환경하에서 보편적 서비스에 대한 재정의가 필요하다는 것이 통신관련 행위자들의 공통된 생각이었다. 유럽연합 집행위원회는, 시장에 참여하는 행위자들이 보편적 서비스를 제공할 때 발생하는 비용을 분담할 수 있다면, 자유화가 보편적 서비스의 제공을 침해하지 않을 수 있다는 절충적 의견을 제시했다. 그리고 보조성의 원칙을 따른다면, 보편적 서비스가 회원국가에 의해 제공될 수밖에 없지만, 이것이 시장진입을 가로막는 장벽이 되어서는 안 된다는 의견을 덧붙였다.

각료회의는 연성법인 결의안의 형태로 ONP 원칙의 적용이 보편적 서비스의 정의를 위한 토대를 구성한다는 원론적 주장을 개진했다.[104] 그리고 집행위원회의 역할은 보편적 서비스의 제공과 관련하여 '정치적 합의'를 도출하는 것이라는 입장을 제시했다. 집행위원회가 도출해야 하는 정치적 합의의 중심에는 보편적 서비스에 필요한 '비용'을 조달하는 문제가 놓여 있었다. 보편적 서비스에 필요한 재원을 조달하는 문제에 대해서, 집행위원회는 회원국가의 규제기구 및 운용자와의 협의를 거쳐야 한다는 점을 지적하면서도 현재 회원국가의 규제기구에 의해 정치적으로 결정되는 통신 서비스 요금에 대한 조정을 통해서 보편적 서비스를 위한 재원을 조달해야 한다는 입장을 피력했다. 이는 정상적인 상업적 원리로 충족될 수 없는 보편적 서비스의 비용을 정확히 계산해야 한다는 주장으로 이어졌다. 그러나 전통적인 재원조달 방식들인, 수익성이 높은 통신 분야에서 그렇지 않은

---

104) Council of Ministers, "Council Resolution of 22 July 1993 on the Review of the Situation in the Telecommunications Sector and the Need for further Development in that Market", in CEC, *Official Documents of Community Telecommunications Policy*, pp.379-82.

분야로의 '내부이전'(internal transfer)이나 통신 네트워크의 운용자가 자신의 네트워크에 접속하는 행위자들에게 보편적 서비스의 제공에서 발생하는 손실을 보상하기 위해 '접속요금'을 부과하는 것이 향후 요금재편의 대안이 될 수 없음을 분명히 했다.

최종적으로, 집행위원회는 보편적 서비스 제공의 일반적 목표로 적정한 가격이라는 보편성, 지역적 위치에 상관없이 통신 네트워크에 접근할 수 있는 평등성, 그리고 서비스의 계속적 제공을 보장하는 지속성을 일반적 목표로 설정했다. 그리고 보편적 서비스의 기본적 구성요소로, 기본적인 통신 네트워크와 음성 전화통신의 제공, 서비스 질의 보장, 합리적 가격설정, 서비스와 관련된 정보의 출간, 사용자를 위한 분쟁해결 절차, 전화번호부의 제공, 유럽연합 차원의 전화번호 문의 서비스 제공, 공중전화 및 긴급 서비스 전화의 제공, 장애자 및 특별한 요구를 갖는 사용자를 위한 조건의 명시 등을 제시했다.[105]

1994년 출간된 방게만 보고서를 계기로 유럽연합 내에서 정보화 사회 논의가 확산되면서, 보편적 서비스의 제공은 새로운 의미를 얻기 시작했다. 즉, '정보화 사회에서의 보편적 서비스'로 그 개념적 내용에 변화가 발생했다.[106] 이 변화는 새로운 통신 서비스가 특수한 구매집단에게만 제공되는 것이기 때문에 일반대중은 그 서비스의 수혜대상일 수 없다는 기존 입장의 수정을 의미했다. 음성 전화통신은 물론 통신 하부구조까지 경쟁에 개방된 상태에서 보편적 서비스의 개념은 수정될 수밖에 없었던 것이다.

1996년 3월 20일, 유럽연합 집행위원회는 "완전히 자유화된 환경의 관점에서 보편적 서비스: 정보화 사회의 본질적 요소"라는 문건을 각료회의, 경제사회위원회, 그리고 지역위원회에 보냈다.[107] 이 문건은 1995년 가을에 집행위원회가 수행한 보편적 서비스에 대한 자문결과를 종합한 보고서의

---

105) 부가적 구성요소로는, 항목이 구분된 전화요금 계산서의 제공, 착신전환 서비스, 무료전화 서비스 등을 제시했다.

106) CEC, *Europe and the Global Information Society*(Brussels: CEC, 1994).

107) CEC, *Universal Service for Telecommunications in the Perspective of a Fully Liberalised Environment*, Communication to the European Parliament, the Council, the Economic and Social Committee and the Committee of the Region, Brussels, 20 March, 1996, pp.31-2.

성격을 띠고 있었다. 이 자문과정은 유럽공동체 통신정책의 결정을 위한 자문과정과 유사했다. 자문에 서면으로 답변한 조직들에는 회원국가의 통신운용자 및 통신 규제기구 그리고 통신과 관련된 소비자 단체 및 사용자 단체 등이 포함되어 있었다.[108] 보편적 서비스의 개념을 명료화하기 위한 이 자문절차의 진행은 유럽연합 통신정책 결정과정의 진일보한 모습으로 평가될 수 있다.

유럽연합 집행위원회는 자문결과를 '보편적 서비스의 범위(scope)', '유럽적 수준에서 서비스의 질', '보편적 서비스의 비용산출 및 재원확보', '요금 재조정' 그리고 '정보화 사회에 대한 공공적 접근' 등으로 구분하여 요약정리하고 있다.[109] 첫째, 보편적 서비스의 범위를 확대하는 문제에 대해서 대

---

108) 서면으로 자문과정에 참여한 조직들은 다음과 같다: ANGA; Antelope Consulting; APEC-Association of Private European Cable Operators; ARD-Radio＋TV; ASIMILEC; AT&T; ATC Finland; Austrian Ministry of economy and transport; Belgacom; BellSouth; British Telecom; Bureau Européen des Unions des Consumateurs; Conseil National du Patronat Francais; Compagnie General des Eaux; COST 219-National Research & Development Centre for Welfare & Health; COST 219 The Mike Martin Consultancy; CRID; CURDS-University of Newcastle; Dansk Industri(DI); Department of Trade and Industry(UK); Deutsche Postgewerkschaft; Deutsche Telekom; Direction Générale des Postes et Télécommunications(FR); ETNO; EU Committee of the American chamber of Commerce in Belgium; European Conference of Data Protection Commissioners; Forschungsinstitut für anwendungsorientierte Wissensverarbeitung; France Telecom; Fundesco; GEF-Global Electronic Finance Management; INESC; Ingeneriay Gestion de Redes; INTEL; International Council of Aircraft Owner and Pilot Associations; IPTT; Kooperativa Institutet; Erika Mann M.E.P.; Mercury Communications Ltd; MFS Communications; Ministerie Van Verkeer en Waterstaat(NL); Ministry of Transport & Communications(FIN); Ministry of Transport & Communications(SWED); Omnitel Pronto Italia; Portugal Telecom; PTT Force Ouvrière; PTT Telecom; STET; TAG-Telecommunications Action Group; TELECEL S.A.; Telecom Eireann; Telefonica de Espana; Telenor; TELIA AB; The Finnish Consumers Association; Thyssen Telecom A.G.; The Telecommunications Managers Association; United States Council for International Business; Universidad de Valencia; Universität Potsdam; VEBACOM.

부분의 참여자들은 현재의 보편적 서비스 개념을 급격하게 재편하는 것에 반대의사를 표명했다. 그러나 사용자 단체 및 저발전 지역의 통신운용자들은 현재의 보편적 서비스 개념을 확대하고 전용회선 및 ISDN도 보편적 서비스에 포함시켜야 한다고 주장했다.[110] 둘째, 서비스의 질과 관련해서는 회원국가들 사이에서 불균등한 서비스의 제공이 지적되었다. 특히, 사용자들은 회원국가의 규제정책의 차이 때문에 보편적 전화 서비스의 기본적 지표를 획득할 수 없음에 불만을 토로했다. 또한 소비자 단체들은 서비스의 질을 보장할 수 있는 적절한 제재조치가 국민국가 수준에서 존재하는지에 대해 문제를 제기했다. 셋째, 보편적 서비스의 비용산출 및 보편적 서비스를 위한 재원조달 방식은 가장 논란이 된 쟁점이었음에도 불구하고 합의가 이루어지지 않은 부분이다. 넷째, 요금인하가 많은 사용자에게 통신 서비스를 향유할 수 있는 기회를 제공할 것이라는 점에는 이견이 없었다. 그리고 소비자 단체는 비용 때문에 통신 네트워크를 떠날 수밖에 없는 사용자들에 대해 특별한 고려가 필요하다고 주장했다. 마지막으로, 새로이 등장하고 있는 통신 서비스가 보편적 서비스의 대상이 아님을 인정하면서도 학교, 병원, 도서관과 같은 공공시설에 대한 보편적 접근의 필요성이 제기되었다. 또한 소비자 단체들은 보편적 서비스의 실행을 감독하는 과정에 자신들의 참여가 보장되어야 한다고 주장했다.

우리는 이 자문과정에서 소비자 단체의 진출을 볼 수 있다. 그동안 통신정책을 둘러싼 정치과정에서 소비자 단체는 주요한 행위자가 아니었다. 그동안 통신정책의 결정과정에서 사용자, 특히 기업사용자들의 이해는 강력하게 반영되었지만, 소비자 단체는 사실 자문의 대상도 아니었다. 단일유럽시장을 주도적으로 진행하던 J. Delors 집행위원회에서도 소비자의 이익은 주요 관심사항이 아니었다. 그러나 유럽연합이 입안하는 정책이 대중의 일

---

109) CEC, *Universal Service for Telecommunications in the Perspective of a Fully Liberalised Environment*, pp.31-2.

110) '유럽적 수준'에서 현재의 보편적 서비스 개념을 강화하기 위해 사용자가 그들이 지출하는 비용에 대해 정확한 정보를 획득할 수 있는 방안, 예를 들어 명세표가 포함된 요금계산서와 같은 제도적 장치가 모색될 필요가 있다는 의견이 제기되기도 했다.

상생활과 직접 연관이 있는 부분으로 확장되면서 마스뜨리히뜨 조약에는 소비자 보호에 관한 조항(129a조)이 첨가되었다. 사실, 경쟁적 환경에서 보편적 서비스의 개념을 재정의하는 문제는 소비자로 표현되는 일반대중의 이해와 긴밀히 연관되어 있는 문제였다.

예를 들어 유럽 차원의 소비자 단체인 BEUC(Bureau Européen des Unions des Consumateurs)는 집행위원회의 제안이 출간되기 직전 다음과 같이 보편적 서비스에 대한 견해를 표명했다:

> 우리는 집행위원회가 가격 상한제 또는 다른 지표를 도입하지 않는다면, 적정성은 임의적인 것이 될 것이라고 생각한다.111)

또한 유럽의 통신운용자 가운데 가장 국민국가주의적 성격을 띠고 있던 France Télécom도 집행위원회의 제안에 대해 비판적 의견을 갖고 있었다:

> 프랑스에서 공공 서비스는 정말로 중요하고 항상 중요하게 취급되어 왔다. 따라서 집행위원회가 이 문제에 대해, 특히 모든 고객의 평등성 문제를 너무 가볍게 처리하고 있다고 생각하는 것이 놀라운 일이 아니다.112)

국가소유의 공기업 대변인의 발언이기는 하지만, 우리는 이 발언에서 유럽연합의 보편적 서비스에 관한 정책이 사실상 보편적 서비스를 제거하는 방향으로 흐를 수도 있음을 느낄 수 있다.

집행위원회, 유럽의회, 그리고 각료회의도 보편적 서비스에 대해서 다른 의견을 갖고 있었다. 집행위원회는 통신부문의 자유화가 보편적 서비스의 제공을 보장하는 규제구조의 창출과 동시적으로 진행되어야 한다는 '중립적' 입장을 견지하고 있었다. 반면, 유럽의회가 경제적 목표와 사회적 목표의 상보성, 즉 자유화와 보편적 서비스의 균형을 주장하고 있는데 반해서, 각료회의는 기존의 보편적 서비스 개념을 수용하면서도 각 국민국가의 특수한 조건을 고려해야 한다는 입장을 견지하고 있었다.113)

---

111) *European Voice*, 1996/2/28.
112) *Ibid.*

500

그러나 이 공식적 견해의 차이보다 더 중요한 것은 경쟁적 환경에서 보편적 서비스가 안정적으로 제공될 수 있을지에 대해서 상당한 회의적 견해가 유포되고 있었다는 점이다. 위에서 언급한 소비자 단체 및 France Télécom의 견해는, 결국 완전히 자유화된 환경하에서 "누가 보편적 서비스에 소요되는 비용을 지불할 것인가?"라는 질문으로 요약될 수 있다. 심지어 만약 통신시장이 완전히 개방된다면 전화회사는 수익성이 있는 구매자에게만 서비스를 제공할 것이라는 우려가 확산되고 있었다.114) 결국, 집행위원회의 문건에서 정의되고 있는 보편적 서비스의 내용 가운데 '적정한' 가격은 곧 요금인상을 의미할 수도 있다는 것이었다.

유럽연합 집행위원회는 자문결과를 토대로 현재 단기적으로 보편적 서비스의 발전을 위해 제기되는 쟁점을 다음과 같이 정리했다:

(1) 왜 유럽연합은 현재 보편적 서비스에 대한 보다 폭 넓은 정의를 내리지 않는가?

(2) 자유화된 환경에서 어떻게 보편적 서비스의 적정성이 유지될 것인가?

(3) 완전히 자유화된 환경에서 국민국가의 통신요금을 통일하게 된다면 어떤 일이 발생할 것인가?

(4) 유럽연합의 저발전 지역에서 보편적 서비스는 어떻게 향상될 수 있을 것인가?

(5) 장애인이나 또는 특별한 요구가 있는 사용자들에게 적절한 서비스가 제공되는가?

(6) 서비스의 질에 관한 표준이 회원국가에서 효과적으로 감독되고 실행되고 있는가 그리고 그 표준의 설정과정에서 유럽연합의 역할은 무엇인가?

(7) 사용자들은 서로 다른 회원국가들에서 서비스의 질, 가격 그리고 적정성을 어떻게 비교할 수 있는가 그리고 사용자들은 어떻게 서비스의 질 및 적정성의 수준을 설정함에 있어 보다 강력한 역할을 수행할 수 있는가?115)

---

113) CEC, *Universal Service for Telecommunications in the Perspective of a Fully Liberalised Environment*, p.3.

114) *European Voice*, 1996/2/28.

115) CEC, *Universal Service for Telecommunications in the Perspective of a*

집행위원회는 유럽적 수준에서 보편적 서비스의 개념을 도입해야 하는 이유로, 상이한 서비스 의무가 유럽 차원의 통신 서비스를 방해할 수 있다는 문제를 제기하면서, 궁극적으로 보편적 서비스에 대한 일관된 국민국가적 입장의 부재가 '효과적인 경쟁'에 새로운 장벽을 설치하는 계기가 될 수 있다는 '신자유주의적' 인식을 보이고 있었다. 결국, 현재 유럽 차원에서 보편적 서비스를 둘러싼 논의는, 효과적인 경쟁을 해치지 않는 범위 내에서 그리고 유럽 차원의 단일한 규제구조가 필요하다는 인식을 전제로, 보편적 서비스의 '범위', '가격의 적정성' 그리고 '보편적 서비스의 재원조달 방식'을 둘러싸고 전개되고 있다.

서비스의 범위는, 1995년 제정된 "음성 전화통신에 ONP의 적용"에 관한 지침에 근거하여 팩스와 모뎀을 포함하여 고정된 연결망을 경유하는 음성전화통신으로 제한되었다. 그리고 부가적으로 긴급구조 전화의 제공이나 전화번호 문의 서비스 등이 포함되었다. 집행위원회는 단기적 관점에서 전용회선이나 ISDN을 보편적 서비스의 내용으로 포함시킬 수 없는 이유로, 사용자나 가계가 필요로 하지도 않고 사용하지도 않는 서비스에 대해 비용을 지불할 우려가 있고, 이 새로운 서비스를 보편적 서비스에 포함시킬 때 발생하는 비용 때문에 신규 통신 사업자의 시장진입이 제약될 수 있다는 점을 들고 있다.[116]

집행위원회는 일단 보조성의 원칙에 기반하여, 적정한 가격의 설정은 국민국가에 의해 결정될 문제라는 점을 분명히 하고 있다. 따라서 유럽수준의 가격규제에 대해서는 회의적이기도 하다. 그럼에도 집행위원회는 적정성이 모든 시민에게 통신 서비스를 확장할 수 있는 결정적 정책도구라는 점을 인정한다. 그리고 암묵적으로 경쟁이 통신요금의 저하를 결과할 것이라는 주장을 개진하고 있다.[117] 그러나 우리는 경쟁적 환경의 도입을 통해 통신요금이 저하될 것이라는 주장에 동의할 수 없다.

OECD의 연구결과에서 볼 수 있듯이, 통신요금을 결정하는 가장 큰 요인은 시장구조라기보다는 한 나라의 전체적인 경제발전의 상태와 긴밀히

Fully Liberalised Environment.

116) *Ibid.,* pp.5, 8-9.

117) *Ibid.,* pp.5-7.

연관되어 있다. 예를 들어 기업사용자가 지불하는 통신요금의 시계열적 분석을 보면, 적극적으로 자유화를 추진했던 국가들뿐만 아니라 독점을 유지하고 있던 몇몇 국가들에서도 기업사용자들의 통신요금이 경향적으로 저하하고 있음을 발견할 수 있다. 반면, 복점체제조차 붕괴시키고 완전한 경쟁을 도입한 영국에서 일반 사용자의 통신요금은 증가하는 경향을 보이고 있다.118) 즉, 통신부문의 자유화가 통화량이 많은 기업사용자에게는 요금인하의 혜택을 제공할 수 있지만, 일반사용자에게 반드시 요금인하의 혜택을 줄 수 있을지는 불분명하다. 영국의 사례는 완전히 자유화된 환경에서 통화량이 적은 일반사용자의 통신요금이 인상될 수도 있음을 보여 준다.

유럽연합 자체조사에서도 〈표 7-16〉에서 볼 수 있듯이, 1990년에서 1995년의 기간 동안 국제전화 요금 및 시외전화 요금은 인하되었지만, 시내전화 요금 및 가정용 전화설치 비용은 인상되었다. 우리는 국제전화나 시외전화의 주 사용자가 기업임을 상기할 필요가 있다. 따라서 통신 서비스 시장에 경쟁이 도입되기 시작하면서 기업사용자에게는 유리한 조건이 창출되었지만, 일반사용자들은 요금인상을 감수해야 했다. 일반사용자의 선택 폭이 넓어지고 더 질 높은 서비스가 제공될 수 있다고 반론이 제기될 수 있지만, 현재 협소하게 정의되고 있는 보편적 서비스라는 맥락에서 본다면, 이 요금변화는 분명 보편적 서비스의 퇴보를 의미할 수밖에 없다.

---

118) OECD, *Communication Outlook*, pp.55-80.

〈표 7-16〉 유럽연합 국가들에서 통신요금의 변화(1990-1995)

	전체 변화	설치비용	임대1	시내	지역1	전국1	국 제
벨기에	n/a	신규 +39% 기존 전화선 -37%	+35% 대지역 +50% 중간지역 +70% 소지역	+7.6%	+5.8%	-5.8%	사례: 프랑스 -22.2%; 이탈리아 -33.3%; 스페인 -28.6%; 미국 -40%; 일본 -55%;
덴마크	+0.5%	+8.3%	+3.5%	+8.5%	변화 없음	-20.6%	-5%
독일	n/a	-15.4%	-15.4%	-15.4%	n/a	-55.4% (>100km)	사례: 미국 -68.9% 노르웨이 -33.9%
그리스	-43.2% (명목변화 -7.2%)	+105.2%	+68.1%	+89.1%	–	+68.6%	-1.6%
스페인	n/a	+2.38%	+24.2%	+192.3%	-23.5%	+10.6%	사례: EC -23% 미국 -61%
프랑스	-14% (명목변화-3.4%)	+30% (+16%)		+25% (+11.5%)	-29.5% (-37%)	-19%(>100km) (-27.5%)	-18.7% (-27.5%)
이탈리아	n/a	n/a	가정: +42% 기업: 변화없음	Peak: +41% 기업: +12%	–	Peak: -11% 기업: -6%	사례: 영국Peak -20%; 할인시간대 -20% USA Peak -43% 할인시간대 -48%

	전체 변화	설치비용	임대l	시내	지역l	전국l	국 제
아일랜드	-42% (명목변화 -25%)	변화 없음	변화 없음	+10%	–	-4.6%0	영국　-4.7% 기타　-4.7%
룩셈부르크	n/a	변화 없음	변화 없음	전국참조	전국참조	Peak: -6% 기타: -13.4%	1995년 -13에서 -50%까지
네덜란드	필수적 서비스 +3.7% 소규모 사용자 요금 + 6.6%	변화 없음	16.7%	평균　+22% peak　+26% 할인　+18%	평균　+22% peak　+26% 할인　+18%		-21.3%
오스트리아	n/a	+33%	변화 없음	변화 없음	-40%	-11%	-21.3%
포르투갈	-10.2% (명목변화 +27.6%)	-0.6% (명목변화 +41.2%)	-5.9% (명목변화 +33.7%)	+11.9% (명목변화 +58.9%)	+27.1%- (명목변화 +80.6%)	-13.7% (명목변화 +22.6%)	유럽: -32.2% (명목변화 -3.6%) 기타: -44.5% (명목변화 -21.2%
핀란드	-5%13	n/a	n/a	+14.2%	n/a	Peak: -61.2%	사례 스웨덴　-47.4% 독일　-19.2% 미국　-16.8%
스웨덴	-8% (명목변화 +8%)	n/a	+15 to 20%	+60%	–	n/a	n/a
영국	-23.7% (명목변화 -10.2%	가정: -0.7% 기업: -33.1%	가정: +37.5% 기업: +37.7% 전체: +54.5%	-13%	-19.8%	B1-rate: -19.5% B-rate: -35.5%	-22.3%

자료: CEC, *Universal Service for Telecommunications in the Perspective of a Fully Liberalised Environment*, pp.21-2에서 발췌 정리.

가장 중요한 문제인 보편적 서비스를 위한 재원조달의 방법으로는 국민국가 수준에서 '독립적인 보편적 서비스 기금'을 만드는 방식과 상업적 목적으로 공공 네트워크에 접속하는 통신 서비스 제공자에게 부가적 요금, 즉 '접속요금'을 징수하여 보편적 서비스의 재원을 조달하는 방식이 제안되고 있다.[119] 두 번째 방식은 규제와 운용의 분리라는 집행위원회의 논리에 부합하지 않는다. 반면, 회원국가의 통신운용자들은 자신들의 권력을 유지하기 위해서 두 번째 방식을 선호하고 있다. 이 부분은 아직 결론이 나지 않은 상태이다. 유럽연합 집행위원회가 유럽 차원에서 보편적 서비스 기금을 만드는 문제를 제기하지 않는 것도 상당히 흥미로운 점이다. 아마 이것은 유럽연합의 활동원리라고 할 수 있는 보조성의 원칙을 위반하는 행위이기 때문일 것이다. 집행위원회도 보조성의 원칙이 유럽 차원의 보편적 서비스에 관한 규제정책을 제약하고 있음을 인정하고 있다.[120]

사실, 유럽연합을 구성하는 주요 국가들에서 음성 전화통신 서비스는 앞서 지적한 것처럼 포화상태라고 할 수 있다. 덴마크, 프랑스, 네덜란드, 핀란드, 스웨덴, 영국 등에서는 이미 10가구당 9가구 이상이 전화를 보유하고 있는 상태이다. 그러나 포르투갈이나 그리스는 이 국가들의 절반 수준에도 못 미치고 있다. 특히 〈표 7-17〉에서 볼 수 있듯이, 전화접속 및 전화설치를 위해 대기하는 시간과 설치비용을 보면 유럽연합 내부의 불균등 발전의 정도를 짐작할 수 있다.

---

119) CEC, *Universal Service for Telecommunications in the Perspective of a Fully Liberalised Environment*, p.6.

120) *Ibid.*, p.16.

〈표 7-17〉 1995년 현재 유럽연합 국가들에서 신규 네트워크 접속에 소요되는
시간 및 일반 사용자가 지불하는 비용(1995년 기준)

	목 표	실제공급시간	신규설치비용 (신규, ECU)	임대비용 (두달기준)
벨기에	20일(working day) 내에 90%	20일 내에 90.9% 5일 내에 61.3%	90	23
덴마크	계약 당일에 95% 나머지 5%는 10일 이내	목표 안에 98%	212	27
독일	20일 내에 80%	서부 Länder에서는 20일 내에 87.1% 동부 Länder에서는 20일 내에 42.3% 계약 당일에 전화선의 98.3%	46	23
그리스	30일 내에 새로운 접속의 80%	평균 220일	160	11
스페인	n/a	평균 5일	133	16
프랑스	5일 내에	평균 8일	39	12
아일랜드	n/a	평균 11일	148	25
이탈리아	새로운 접속 60일, 이전 30일	목표 안에 97.8%	99	12
룩셈부르크	n/a	30일 내에 60%, 3개월 내에 89% 3개월 11%	64	11
네덜란드	1개월	목표 안에 96%	93	22
오스트리아	n./a	평균 45일	90	24
포르투갈	2개월('95), 1.5개월(96), 1개월('97)	평균 0.4개월('95년 9월)	77	19
핀란드	n/a	평균 5.4일	169	20
스웨덴	5일 이내	평균 1일 미만	79	20
영국	BT: 일반사용자 8일 이내 기업사용자 6일 이내 Mercury: 2일 이내	BT: 일반사용자 목표 안에 85.3% 기업사용자 목표 안에 76.4% Mercury: 계약 당일 72.8%	117(BT) 117(M)	17(BT) 25(M)

자료: CEC, *Universal Service for Telecommunications in the Perspective of a Fully Liberalised Environment*, pp.8, 17에서 발췌 정리.

위의 표에서 볼 수 있듯이, 유럽연합 국가들의 보편적 서비스 제공은 상당한 차이를 보이고 있다. 통신 네트워크의 디지털화 측면에서는, 〈표 7-10〉에서 볼 수 있는 것처럼, 회원국가 간 격차가 더 크게 나타나고 있다. 또한 스웨덴이나 핀란드와 같이 통신부문의 각종 수치가 세계 최고 수준인 국가들이 유럽연합에 가입하게 되면서 국가별 차이는 더욱 심화될 가능성이 높다. 따라서 지역통합 기구인 유럽연합의 관점에서 저발전 지역에서 통신 네트워크의 선진화는 보편적 서비스의 제공을 위한 물적 토대로 간주될 수 있다. 집행위원회도 지역별 차이를 극복하는 것, 예를 들어 네트워크의 디지털화를 촉진하는 것이 보편적 서비스의 제공을 위해 필수적 요소라는 점을 강조하고 있다.121) 1987년부터 1991년까지 시행된 STAR 프로그램도 저발전 지역의 통신 네트워크를 선진화하기 위한 지원정책이었다.

STAR 프로그램의 예산은 유럽연합의 '지역발전기금'(Regional Development Fund)에서 60%−780백만 ECU−가 조달되고 나머지는 해당 회원국가에서 지출했다.122) STAR 프로그램에서 주목되는 것은, RACE와 달리, 저발전 지역에서 '중소기업' 사용자를 지원하는 것을 핵심적 목표로 설정하고 있었다는 점이다. 이것은 유럽연합 집행위원회가 자신의 '선거구민'을 넓히는 작업으로 해석될 수 있을 것이다. 또한 이제까지의 다양한 통신정책이 대기업 편향을 보였다면, 이 STAR 프로그램은 집행위원회가 유럽연합 통신정책의 필요성을 정당화할 수 있는 중요한 정책이었다고 할 수 있다. 또한 STAR는 RACE와 달리, 유럽기업 간 협력이 아니라 회원국가 차원의 계획에 따라 진행되었다.

그리스, 아일랜드, 포르투갈, 스페인, 이탈리아, 영국, 프랑스 등에서 실시된 STAR 프로그램은 여전히 기업사용자에게 선진 서비스를 제공하기 위한 것이었다.123) 기업사용자에게 선진 서비스를 제공하는 것이 경제발전으

---

121) *Ibid.*, p.22.

122) 유럽투자은행(European Investment Bank)도 저발전 지역의 통신 네트워크 개선을 위한 차관을 제공했다. 유럽투자은행이 유럽연합 차원의 공공정책에서 수행하는 역할에 대해서는, P. Honohan, "The Public Policy Role of the European Investment Bank within the EU", *Journal of Common Market Studies*, Vol. 33, No.3(1995)를 참조.

123) 상대적으로 통신 네트워크가 잘 발달되어 있던 영국, 프랑스, 이탈리아는 각

로 이어지고 그 결과 일반 사용자들에게 보편적 서비스를 제공할 수 있다는 단순 논리가 제시될 수 있지만, 그 효과는 장기적인 것이다. 따라서 유럽연합 국가들 사이의 불균등 발전으로 말미암아 유럽 차원의 조화된 또는 통일된 보편적 서비스의 정의는 보편적 서비스의 하향 평준화를 결과할 수도 있다.

사실, 유럽연합의 주도하에 보편적 서비스를 협소하게 정의하거나 또는 보편적 서비스의 수준을 하향 평준화하는 것은 회원국가의 정부 입장에서도 선호할 수 있는 정책이다. 정부지출의 축소가 '보편적' 원리로 받아들여지고 있는 '신자유주의' 시대에 유럽연합 회원국가의 정부들은 정치권력의 정당화에 소요되는 비용을 초국가적 기구의 공공정책을 통해 감소시킬 수 있기 때문이다. 그러면서도 보편적 서비스의 내용과 형태에 대한 결정권은 여전히 회원국가가 보유하고 있다. 따라서 회원국가의 정부들은 유럽연합 집행위원회가 보편적 서비스에 대한 강력한 규제능력을 갖지만 않는다면, 유럽 차원에서 벌어지는 보편적 서비스 논의를 반대할 이유가 없을 것이다.

통신 서비스 시장에 진출하는 대기업들의 입장에서도 보편적 서비스의 현상유지는 새로운 통신 서비스 시장에 진출하는 비용을 감소시켜 줄 수 있기 때문에 환영할 만한 정책이라고 할 수 있다. 또한 유럽 차원의 보편적 서비스의 일환으로 실행되는 STAR 프로그램은 통신장비 기업 및 기존의 통신운용자에게 새로운 시장에 진출할 기회를 제공하는 것이다. 또 다른 측면에서 통신사용자이기도 한 대기업들은 이미 국제전화 및 시외전화 요금의 인하로 상당한 혜택을 누리고 있다. 따라서 이 기업의 행위자들에게도 유럽 차원의 보편적 서비스 논의는 적극 권장할 만한 주제가 될 수도 있을 것이다. 더구나 유럽연합 회원국가 숫자만큼의 규제가 존재하는 상황에 대해 가장 큰 불만을 토로하고 있던 대기업들로서는 보편적 서비스의 제공이라는 측면에서도 유럽연합 집행위원회 주도의 단일 규제정책을 선호할 수밖에 없다.[124]

각 자국의 저발전 지역인 북아일랜드, 코르시카 및 해외영토, Mezzogorno 지역의 개발을 위해 STAR 프로그램에 참가했다.

124) 예를 들어 유럽 대기업들의 모임인 ERT는 1986년 발표한 *Clearing the Lines: A Users' View on Business Communications in Europe*에서, 유럽 차원의 서비

유럽연합 집행위원회는 대기업과 회원국가 정부의 이익 사이에 절묘한 균형점을 제공하고 있다. 그러면서도 스스로가 대기업의 이익이나 정부의 이익에 포획되어 있지 않다는 사실을 보여 주기 위해 노력하고 있다. 우리는 유럽연합 집행위원회가 소비자, 즉 일반대중의 이익을 대변하기 위해 노력하고 있다는 사실에 주목할 필요가 있다. 국민국가의 정부가 한편으로 자본일반에 필요한 생산의 조건으로서 통신 서비스를 제공하면서 국민일반에게 통신 서비스를 제공한다는 명분으로 정당화 작업을 수행하는 것처럼, 유럽연합 집행위원회도 대기업 편향적인 통신정책을 입안하면서 이것이 일정 궤도에 오르게 되자 자신의 권력을 정당화하는 방법으로 보편적 서비스의 제공을 의제로 상정하고 있는 것이다. 그러나 회원국가의 정부와 대기업에 동시적으로 의존적이어야 하는 유럽연합 집행위원회는 보편적 서비스의 영역에서는 자유화 정책이나 연구개발정책의 영역에서 행사하고 있는 수준의 권력을 획득하지 못하고 있다. 만약 유럽연합 집행위원회가 보편적 서비스의 영역에서 자신의 권한을 확장할 수 있다면, 그것은 유럽연합이라는 새로운 정치형태의 미래에 중요한 의미를 갖는 변화가 될 것이다.

5. 국제무대의 '협상자'(negotiator)로서 유럽연합

5-1. 국제 통신협상의 시작

유럽연합의 통신정책이 입안되기 시작한 이후로 유럽연합 집행위원회는 ITU나 GATT와 같은 국제기구에서 전개되는 통신협상에서 '공동이익'을

스 요금이 국내 요금보다 훨씬 높다는 점과 그 요금도 국가들 사이에 자명하지 논리에 따라 매우 심하게 변하고 있다는 점을 지적하고 있다. 그리고 미국의 가격과 비교해서도 유럽 차원의 서비스 요금이 너무 높다고 주장하고 있다. 그들이 내린 결론은, 장거리 통신요금의 과다 책정으로 인해 유럽단일시장의 효율적 발전이 저해될 수도 있다는 것이었다. 유럽연합 국가들에서 장기적인 통신요금 추세는 이 ERT의 요구에 적절하게 부합하는 변화로 읽힐 수 있다.

실현하기 위해 '공동입장'을 취할 것을 요구해 왔다. 즉, 유럽연합 집행위원회가 회원국가를 '대표'해서 국제협상의 무대에서 다른 국민국가 정부의 대표에 준하는 활동을 할 수 있어야 한다는 것이었다. 달리 표현한다면, 유럽연합 집행위원회는 회원국가의 동의를 기반으로 '국제적 행위자' 또는 '국제적 협상자'로서의 지위를 획득하고자 했다.[125]

사실, 유럽공동체의 설립목적 가운데 하나가 바로 공동관세정책 및 공동체 내부의 무역장벽 제거로 대표되는 공동 통상정책의 수립이라고 할 수 있다. 따라서 유럽공동체의 조약들에는 이미 유럽공동체 집행위원회가 국제적 행위자로서 활동할 수 있는 법적 근거가 마련되어 있었다. 로마조약 3(b)조에는 제 삼국에 대한 공동관세 및 공동 통상정책의 수립이 공동체의 목표로 규정되어 있고, 110조에서 116조까지에는 공동 통상정책의 구체적 내용 및 그것의 실행을 위한 정책도구가 담겨져 있다.

이 가운데 특히 공동 통상정책의 실행과 관련하여 중요한 의미를 지니는 조항이 113조이다. 이 조항에 따르면, 관세율, 관세 및 무역협정의 체결, 자유화 조치에서 통일성의 획득, 수출정책, 그리고 자유무역을 보호하기 위한 제 조처들과 관련하여 공동 통상정책은 통일된 원칙에 기반하도록 규정되어 있다(1항). 그리고 공동 통상정책의 실행을 위해서는 집행위원회가 각료회의에 그 계획을 제안하고(2항), 또한 제 삼국과의 협정에 협상이 필요한 경우에 집행위원회는 각료회의에 필요한 협상을 개시할 권한을 집행위원회에 위임하도록 권고할 수 있다(3항). 그러나 이 협상은 집행위원회 독자적으로 수행하는 것이 아니라 각료회의가 임명한 회원국가의 대표들로 구성된 특별위원회와의 협의를 거쳐 진행된다(3항). 이 특별위원회는 '113조 위원회'[126](Article 113 Committee)로 불리우고 있다. 그리고 이 113조와 관련된 통상정책의 실행에 있어 각료회의는 '특정다수결'로 정책결정을 하도록 규정되어 있다.[127]

---

125) 현재 유럽연합은 세계 110개 이상의 국가들과 외교관계를 맺고 있고, 많은 국가에 상주 대표부를 파견하고 있다.

126) 이 위원회 외에도 '위원회절차'(comitology)에 근거하여 공동 통상정책의 실행을 위한 덤핑위원회나 보조금위원회와 같은 자문위원회가 활동하고 있다. 이 위원회도 회원국가의 대표들로 구성된다.

만약 이 법 조항들을 문자 그대로 받아들인다면, 113조 위원회에 의해 유럽연합 집행위원회가 통제되기는 하지만, 그럼에도 불구하고 공동 통상정책의 영역에서 유럽연합 집행위원회가 국제적 행위자 또는 협상자로서의 지위를 부여받고 있다고 해석할 수 있다.[128] 그러나 통신부문과 같이 국민국가가 보호주의적 정책을 취하고 있던 산업부문에서 유럽공동체 집행위원회가 국제무대에서 행위자 또는 협상자의 지위를 확보하는 것은 쉬운 일이 아니었다. 왜냐하면 보호무역 체제하에서는 국민국가 정부의 정책결정이 다른 어떤 권위체의 정책결정보다 우선할 수밖에 없고, 다자간 협상보다는 쌍무적 또는 일방적 보호조치들이 주류를 이루기 때문이다. 특히 전후 포드주의 축적체제하에서 쌍무적 무역 외교관계가 지배적 형태였기 때문에 유럽공동체 집행위원회도 회원국가의 보호주의적 무역정책을 반영하여 쌍무적 협상에 주력할 수밖에 없었다.[129]

1970년대에 들어 선진자본주의국가들의 무역정책은 경제위기에 대한 대응이 국가의 개입주의적 정책으로 나타나게 되면서 보다 보호주의적 형태를 띠기 시작했다. 예를 들어 유럽공동체 국가들과 일본과의 무역분쟁이 심화되었을 때, 회원국가들은 공동입장을 취하기보다는 오히려 상이한 입장을 견지했다.[130] 프랑스정부는 유럽공동체 내부의 무역장벽 제거에는 찬성했지만, 외부 국가에 대해서는 높은 무역장벽을 설치하기를 원했다. 특히 첨단산업의 보호를 위한 무역장벽이 필요하다는 입장이었고, 동시에 유럽 차원의 첨단산업 육성을 위한 공동 연구개발정책을 제안하기도 했다. 반면 독일정부는 유럽공동체 내부에서의 자유무역을 강조하면서도 외부 무역장

---

127) 그러나 형식적으로 회원국가의 독자적 행동을 완전히 배제한 것은 아니다. 115조에는 긴급한 경우 회원국가가 필요한 조치를 취할 수 있고, 그 이후 다른 회원국가 및 집행위원회에 보고하도록 규정되어 있다.

128) 제한적이기는 하지만 유럽공동체는 '원산지 규정', '반덤핑법', '수량제한', '관세', '경쟁정책' 등의 정책도구를 사용하여 국제적 행위자로서 활동하고 있었다.

129) T. Howell, R. Gwynn, and R. Gadbow, "European Community", in T. Howell, A. Wolff, B. Bartlett, and R. Gadbaw(eds.), *Conflict among Nations: Trade Policies in the 1990s*(Boulder: Westview, 1992), p.410.

130) A. Rugman and A. Verbeke, *Global Corporate Strategy and Trade Policy*(London: Routledge, 1990), p.80.

512

벽이나 투자장벽의 설치에는 회의적이었다. 또한 유럽공동체 차원의 공동 연구개발정책에 대해서도 그것이 자유시장의 기능을 왜곡한다면, 환영할 수 없다는 것이 독일정부의 입장이었다. 이탈리아정부는 보호무역과 외국인 직접투자에 제한을 두자는 프랑스정부의 의견에 동의하고 있었고, 유럽 북부의 네덜란드와 덴마크는 독일정부의 입장을 지지했다. 따라서 이같이 회원국가의 입장이 상이할 때, 유럽공동체 집행위원회가 국제적 협상자로 활동하는 것은 어려울 수밖에 없었다.

그러나 1980년대에 들어 전 세계적으로 '신자유주의' 이데올로기가 확산되면서 GATT 시스템을 재편하기 위한 논의가 시작되고, 유럽 차원에서는 역내 무역장벽의 완전한 철폐를 위한 움직임이 본격화되면서, 유럽공동체의 무역정책도 변화를 보이기 시작했다. 이 세계 무역질서의 재편은 1980년대 초 미국정부에 의해 주도되었다. 1982년 미국의 레이건 행정부는 국제무역질서의 자유화를 본격적으로 추진하기 시작했다. 미국정부는 한편으로 쌍무적 협상을 통해 무역자유화를 실현하면서도 동시에 새로운 다자간 협상을 통해 무역질서 일반에 대한 신자유주의적 개혁을 시도했다.[131] 미국정부의 이 시도는 1986년 9월 20일 우루과이의 푼타 델 에스테(Punta del Este)에서 새로운 GATT 라운드가 시작되면서 구체화되었다. 이 우루과이 라운드의 주요한 특징 가운데 하나는 그동안 무역협상의 대상이 아니었던 '서비스' 분야가 의제로 상정되었다는 점이다. 이것은 이제까지 국제 협상에서 제외되었던 '통신 서비스'가 새로운 GATT 라운드의 주요 논의 대상이 될 수도 있음을 의미하는 것이었다.

5-2. 국제무대에서 유럽연합의 역할: '제한적' 협상자

유럽연합 집행위원회가 국제적 행위자 또는 국제적 협상자가 되었다는

---

131) R. Snape, "Discrimination, Regionalism, and GATT", in T. Ito and A. Krueger(eds.), *Trade and Protectionism*(Chicago: The University of Chicago Press, 1993). 미국정부는 1983년 카리브 연안국가와, 1985년 이스라엘과, 1988년 캐나다와 쌍무적 자유무역 협정을 체결했다.

것은, 집행위원회가 단순히 개별 회원국가들의 집합행동을 위한 체계라는 의미를 넘어서서 자신의 고유한 제도적 자원 및 자기이익을 갖고 '단일한 행위자'로 기능하고 있음을 의미할 수도 있다.[132] 이 이론적 입장은 앞서 지적한 것처럼, 유럽공동체 통신정책의 등장원인을 설명하는 유력한 틀을 제공하고 있기도 하다. 그러나 본 연구의 비판처럼, 유럽연합 집행위원회는 회원국가에 의존적이면서 동시에 유럽의 대기업에 의존한다. 즉, 유럽연합 집행위원회가 회원국가 정부의 집합행동으로부터의 탈퇴를 방지하면서 제도화된 안정적 근거에서 행위자로 활동하기 위해서는 이 두 세력의 확고한 지지를 필요로 한다. 유럽연합이 국제적 협상자로서의 역할을 수행하기 위해서도 이 두 세력의 동의가 전제되어야 한다.

이미 살펴본 것처럼, 다국적 기업은 새로운 통신기술의 효과를 가장 먼저 활용한 정치세력들이었다. 그들은 세계적 차원에서 전개되는 그들의 활동을 보조하는 도구로서 통신을 고려했을 뿐만 아니라 범지구적 차원의 경제성장에서 통신 서비스가 갖는 중요성을 인식하고 있었다. 따라서 네트워크 기업화하고 있던 다국적 기업들은 1970년대 중반 이후부터 국민국가들의 상이한 규제체제가 자신들의 활동에 주요한 장애물이라고 생각하고 있었다.[133] 우리는 유럽 대기업들의 포럼인 ERT가 단일유럽시장을 의제로 상정하는 과정에서 가장 강력한 목소리를 내었음을 상기할 필요가 있다.

---

132) P. Kenis and V. Schneider, "The EC as an International Corporate Actor: Two Case Studies in Economic Diplomacy", *European Journal of Political Research*, Vol. 15(1987), pp.437-57. 이들은 1970년대에 전개된 화학제품 통제정책 및 다자간 섬유협정의 체결을 둘러싼 국제협상을 사례로 분석하면서 유럽공동체 집행위원회가 경제외교에서도 단일한 행위자로 활동하고 있다고 주장하고 있다. 그러나 본 연구에서는 1970년대에는 기본적으로 보호무역정책이 선진자본주의국가들에서의 지배적 무역정책이었다는 점에서 유럽공동체 집행위원회의 국제적 협상자로서의 기능이 제한적이었다는 입장을 취하고 있다.

133) 미국에서는 여행, 금융, 데이터 처리, 하이테크 분야의 대기업들인, American Express, Citibank, Merrill Lynch, American International Group, IBM 등은 자유무역을 실현하기 위해 강력한 동맹을 형성했다고 한다. K. Nicolaidis, "Learning while Negotiating", in A. Bressand and K. Nicolaidis(eds.), *Strategic Trends in Services: An Inquiry into the Global Service Economy*(New York: Harper & Row, 1992), p.164.

514

그리고 ERT의 통신에 관한 보고서에 가장 강력하게 시장 자유화에 대한 긍정적 입장이 표명되어 있었음을 알고 있다.

그러나 다국적 기업의 이 요구가 실현되기 위해서는 불가피하게 정부 간 협상이라는 절차를 통과해야 한다. 1979년 OECD 사무국이 서비스의 무역 문제를 논의하기 위한 위원회를 설치한 이후, 1982년 가을 미국정부가 GATT의 틀 내에서 서비스 자유화 문제를 제기하는 각료모임을 개최하고 나서야 유럽공동체 집행위원회는 집행위원회 내부의 관료들로 이 문제를 다루는 특별모임을 구성했다. 그러나 당시에 서비스의 무역문제에 대해서 유럽공동체의 인지도는 낮았을 뿐만 아니라 회원국가에서도 이 문제를 심각하게 고려하지 않았다고 한다.[134] 즉, 기존의 PTTs가 통신 서비스 부문에서 공급독점적 지위를 갖고 있고, 통신장비의 구매에서도 수요독점적 지위를 갖고 있는 상황에서, 서비스의 교역문제에 대해 유럽연합 집행위원회가 회원국가의 의견을 수렴하여 국제협상과정에서 공동입장을 도출하는 것은 쉬운 일이 아니었다.

통신 서비스가 1986년에 시작된 우루과이 라운드에서 협상대상으로 지정되었다는 사실은, 관련 국민국가들에서 통신에 대한 인식이 변했음을 의미한다.[135] 즉 통신 서비스를 교역될 수 있는 재화로 인정했음을 의미하고 아울러 이는 통신 서비스의 국가독점에 대한 비판적 인식이 확산되어 가고 있는 추세에도 부합하는 것이었다. 당시 서비스의 교역을 둘러싼 협상의제로는 (1) 서비스 교역의 정의와 통계; (2) 서비스 교역의 개념정립; (3) 서비스 산업의 포괄범위; (4) 기존의 협정 및 규약 그리고 (5) 서비스 교역과 관련된 조치 및 행위 등이었다.

이 의제설정은 유럽공동체 회원국가 및 유럽공동체 집행위원회의 동의에 기반한 것이었다. 유럽공동체 집행위원회는 통신 서비스를 둘러싼 GATT

---

134) *Ibid.*, pp.166-7.
135) Nicolaidis는 행위자들이 자신들의 이익을 재정의하는 과정을 '학습과정'(learning process)으로 보고 있다. 그러면서 행위자들이 국제적 서비스 흐름의 실제적 역할 및 특징에 대한 그들의 신념을 바꾸고 이것을 '국가이익'의 재정의와 연관시키는 과정을 '실체적(substantive) 학습과정'이라고 부르고 있다. *Ibid.*

라운드에 대비하여 폭 넓은 자문과 통신 서비스의 개념정립을 위한 연구를 수행하였고, 1985년 3월 유럽공동체의 무역관련 장관들은 통신 서비스를 GATT 라운드에 포함시킨다는 선언을 채택하였다. 당시 대외문제를 책임 지는 DG Ⅰ의 집행위원이었던 Willy De Clerq는 "유럽공동체가 세계 최대 의 서비스 수출국"이라는 점을 강조하면서 서비스 라운드에 대한 자신감을 표명했다.[136]

유럽공동체의 이 인식변화는, 유럽공동체 통신기업들의 강한 경쟁력을 전제로 한 것이기는 하지만, 일정하게 미국의 쌍무적 무역협상에 대한 반 응이면서 동시에 회원국가 사이에서 통신부문의 재편에 대한 인식의 공유 가 이루어졌기 때문에 가능한 것이었다. 유럽연합 통신정책의 분수령적 위 치를 차지하고 있는 1987년 『녹서』에서도 통신부문의 자유화 정책 및 이를 근거로 국제협상에 임하는 유럽연합 집행위원회의 인식이 매우 분명하게 표출되었다.

유럽공동체 집행위원회는 유럽연합 시장에 대한 개방압력을 '기회'와 '도 전'으로 표현했다. 유럽공동체 국가들이 통신장비 부문에서 주요한 수출국 가라는 사실이 유럽공동체 국가들에게 새로운 기회를 제공한다면, 통신 서 비스 분야에서도 유럽공동체 국가들이 통신장비 부문에 버금가는 경쟁력을 확보할 수 있다는 자신감의 표현이었다고 할 수 있다. 1980년대 초반 통신 서비스를 둘러싼 국제협상을 적극적으로 수용하지 못했던 집행위원회는 이 제 기존의 쌍무적 협상을 벗어나서 통신 서비스의 점진적 시장 자유화를 실현하는 다자간 협상틀에 대한 선호의사를 밝히고 있었다. 특히, 각 국민 국가가 시장 자유화의 실현을 위해 '적절한' 또는 '수용가능한' 규제정책을 실시하는 것이 이 서비스 자유화의 주요한 조건이라고 명시했다.[137]

유럽연합 회원국가들이 GATT 서비스 라운드를 승인할 수밖에 없었던 것 은 통신 서비스의 경쟁이 미래의 목표가 아니라 현실로 다가 왔기 때문이다. 미국이 국제전화 시장의 독점을 해체하면서 MCI, US Sprint, Graphnet 등

---

136) *Ibid.*, pp.170-1.
137) CEC, *Green Paper on the Development of Telecommunications Services and Equipment*, pp.150-3.

과 같은 새로운 국제전화 및 데이터 서비스 제공자가 등장하면서 유럽지역과 북미지역을 연결하는 북대서양 통신노선을 둘러싼 경쟁이 격화되면서 CEPT와 미국의 규제기구인 FCC가 체결한 협정인 '북대서양 자문과정'(North Atlantic Consultative Process, NACP)이 약화되었기 때문이다.[138] 〈표 7-18〉은 유럽공동체의 주요 국가들인 독일, 프랑스, 영국과 미국 사이의 전화통화량에 대한 기록이다.

〈표 7-18〉 1992년 프랑스, 독일, 영국, 미국 사이의 전화통화량(백만 분)

from/to	프랑스	독 일	영 국	미 국	일 본	총계(OECD 국가)
프랑스	–	303.0	275.3	153.1	17.0	1,920.0
독 일	318.0	–	287.0	235.0	30.0	2,961.0
영 국	269.0	325.0	–	575.0	43.0	2,481.0
미 국	239.9	563.0	733.7	–	366.8	5,193.9
일 본	18.7	25.7	42.7	249.0	–	426.0

자료: OECD, *Communication Outlook*(Paris: OECD, 1995), p.35에서 발췌 정리.

〈표 7-18〉에서 볼 수 있는 것처럼, 프랑스와 독일에서 미국으로의 통화량은 다른 OECD 국가들로의 전화량의 각 8% 정도를 차지하고 있고, 영국에서 미국으로의 통화량은 23%에 이르렀다. 미국에서 프랑스, 독일, 영국으로의 통화량은 각 5%, 11%, 14% 정도였다. 기존의 국제전화 요금이 분배되는 방식에 따르면, 보다 많은 통화를 한 국가들이 전화를 받은 국가들 그리고 소비자 가격을 인하한 국가보다 수입 면에서보다 유리하다.[139]

---

138) *Ibid.*, pp.155-6.
139) 국제통신 수입은 다음과 같이 분배된다. A라는 국가가 B라는 국가에 10단위의 100통의 전화를 하고, B라는 국가가 A라는 국가에 7.5단위의 150통의 전화를 했다고 하자. accounting rate가 5단위이고 그것이 50:50으로 분배된다면, A라는 국가는 500단위를 지불하고 750단위를 받고 1,250단위를 유지하게 되고, B국가는 750단위를 지불하고 500단위를 받고 875단위를 유지하게 된다. ITU, *World Telecommunication Development Report 1994*(Geneva: ITU,

따라서 미국의 입장에서는 이 불균등한 수입분배 체계를 시정하는 것이 자국의 통신 서비스 제공자를 위해 필요한 정책적 조처였다고 할 수 있다. 당연히 미국국적의 다국적 기업과 사용자들은 미국정부가 다자간 서비스 협상을 주도하도록 압력을 가했다.[140] 즉, 미국정부의 '신자유주의적' 공세는 미국기업들의 이해관계와 긴밀히 연관되어 있었다.

유럽연합 집행위원회는 공동체 외부의 통신 서비스 제공자와 공동체 네트워크의 상호접속이라는 문제를 해결하기 위해 긴급하게 '공동입장'을 마련해야 한다는 의견을 개진했다.[141] 사실 미국정부가 통신부문에서 탈규제 정책을 취한 후 그것을 국제적으로 확장할 때 가장 염두에 두었던 것은 바로 유럽이었기 때문이다. 미국과 유럽연합은 양측의 통신 서비스 상황에 대한 이해를 증진하기 위해 1986년과 1987년에 양 지역에 대한 상호방문을 통해 사실 확인작업을 거친 후, 1987년 2월 4일-6일 동안 브뤼셀에서 개최된 양측의 모임을 통해 CEPT와 미국의 ECSA-ANSI 사이에 통신 스펙을 포함하는 표준설정문제에 대한 긴밀한 협력을 하기로 합의했다. 그러나 유럽연합 집행위원회는 미국의 일방적 정책의 실행에 대해 불만을 토로하고 있었다.[142] 미국이 영국 및 일본과 국제적 부가가치 통신 네트워크에 대한 상호협정을 체결한 것이 대표적인 불만의 사례였다.

당시 집행위원회 부위원장이었던 Narjes는 유럽의 통신산업을 경쟁에 노출시키는 것 이외에는 대안이 없다는 입장을 밝히면서 1988년에 개최될 예정인 ITU 총회인 WATT-C에서 집행위원회가 공동입장을 대표하는 것이 중요한 정치적 목표라는 견해를 피력했다.[143] 이 ITU 총회는 통신 서비스

1994), p.29.

140) R. Woodrow and P. Sauvé, "Trade in Telecommunications Services: The European Community and the Uruguay Round Services Trade Negotiations", in J. Steinfield, J. Bauer, and L. Caby(eds.), *Telecommunications in Transition: Policies, Services and Technologies in the European Community*(London: Sage, 1994), p.100.

141) CEC, *Green Paper on the Development of Telecommunications Services and Equipment*, p.157.

142) *Ibid.*, p.165.

143) Ungerer and Costello, *op. cit.*, pp.224, 243.

518

를 위한 새로운 규제구조로서 개방된 국제환경의 필요성을 다시금 확인하는 계기였다.

1988년 12월, 캐나다의 몬트리올에서는 서비스 협상 전반에 대한 중간점검 및 향후 협상진전을 위한 각료회의가 개최되었다. 이 회의에서는 서비스 교역의 정의, 포괄범위, 서비스 협정에 포함되어야 하는 개념, 원칙 및 규칙, 그리고 향후 일정에 대한 부분적 합의가 이루어졌다.144) 특히 이 회의에서는 발전도상국들이 서비스 협상에 참여할 수 있도록 발전도상국 서비스 산업의 발전 및 경제발전 정도에 조응하는 점진적 자유화, 그리고 발전도상국의 개별적인 규제권 등에 대한 인정이 이루어졌다.145) 특히 서비스 시장의 점진적 자유화는 유럽공동체의 1987년 『녹서』의 입장에 조응하는 것으로 미국을 중심으로 한 급격한 자유화 세력과 유럽연합 및 발전도상국의 점진적 자유화 제안의 타협으로 이해될 수 있다.

1989년 가을에 들어 서비스 협상은 본격 궤도에 오르기 시작했다. 그 직전에 토론용 문건이 회람되었지만, 유럽공동체는 그때까지 통신 서비스 협상에 대한 공동입장을 수립하지 못한 상태였다. 당시 DG Ⅰ은 113조 위원회의 의견을 반영하여 기본적 통신 서비스가 가까운 장래에 자유화될 가능성이 없다고 주장하면서도 네트워크 접속 문제와 관련된 쟁점들이 의제에

---

144) 서비스 교역의 정의와 관련하여, 서비스의 국경 간 이동, 소비, 생산요소의 국경 간 이동에 의한 서비스 교역 등이 서비스 협정에서 다루어져야 할 대상으로 규정되었다. 그러나 생산요소의 국경 간 이동에 의한 서비스 교역의 경우는 목적의 특정성(specificity of purpose), 거래의 분리성(discreteness of transactions), 기간의 제한성(limited duration) 등이 고려되어야 한다고 규정되었다. 서비스 협정의 포괄범위와 관련하여 어떠한 서비스 분야도 사전에 배제되어서는 안 되며 모든 참가국의 이익이 균형있게 고려되어야 하고 개도국 수출관심 분야가 포함되어야 하며, 특별한 사유가 있는 경우 특정 서비스 분야의 일부 또는 전부를 배제시킬 수 있으며, 폭 넓은 서비스 분야에 가능한 많은 국가의 참여를 유도할 수 있는 협정이 되어야 한다는 합의가 이루어졌다. 서비스 협정의 규칙으로는 공개주의(transparency), 점진적 자유화, 내국민 대우(national treatment), 최혜국/무차별 원칙(most favored nation/nondiscrimination), 시장접근, 발전도상국의 국제무역 참여증대, 긴급수입규제 및 예외조항, 신규규제의 도입권 인정 등이 제안되었다. 박태호, "서비스교역," 대외경제정책연구원(편), 『UR 총점검: 분야별 평가와 우리의 대응』(서울: 대회경제정책연구원, 1992), p.306.

145) *Ibid.*, p.307.

포함되어야 한다는 입장을 갖고 있었다. 1989년 10월 SOG-T는 통신 서비스의 교역문제는 당시 입법이 진행 중이던 통신 서비스와 ONP에 대한 지침에 의거할 것이라는 의견을 피력했다.[146] ONP는 미국의 ONA에 상응하는 원칙으로서 사실 유럽공동체가 통신 서비스 협상에 활용할 수 있는 최대의 무기였다고 할 수 있다.

통신장비 및 서비스 지침을 집행위원회가 로마조약 90조에 의거하여 발행하는 것을 둘러싼 갈등이 또한 대외정책을 위한 공동입장의 수립에도 영향을 미쳤다. 통신 서비스에 관한 지침을 발행하는 것에 대해 프랑스를 중심으로 한 회원국가의 반발과 ONP의 적용범위를 둘러싼 회원국가 사이의 갈등 때문에 유럽연합 집행위원회가 통신 서비스의 교역문제에 대한 공동입장을 갖는 것은 쉬운 일이 아니었다. 1989년 12월 초 유럽연합 통신담당 각료회의에서는 서비스 지침의 부분적 수정과 ONP 지침에 보다 '신자유주의적' 국가들의 의견을 반영하여 정책결정에 특정다수결을 적용하는 방식으로 타협이 이루어졌다. 1990년 4월 113조 위원회는 통신 서비스 협상의 목표를 다음과 같이 설정했다:

(1) 제삼의 시장에 대한 동등한 기회: (2) 적절한 시장 접근: (3) 국제적 표준의 증진: (4) 우루과이 라운드와 ITU의 상보적 관계: (5) 발전도상국의 특별한 문제에 대한 인정: (6) 공정한 정보접근: (7) 데이터 보호나 지적 소유권에 대한 고려: (8) 공적 통신 서비스 제공자뿐만 아니라 사적 제공자들이 행사할 수 있는 지배적 지위의 남용에 대한 고려.[147]

위의 협상목표에서 볼 수 있듯이, 113조 위원회의 입장은 1980년대 이후 전개되어 온 유럽연합 통신정책의 연장선상에 위치하고 있었다. 특징적인 것은 발전도상국이 통신 하부구조의 건설에 필요한 재원조달의 문제 등을 제기하게 되면서 유럽연합이 미국과 발전도상국의 갈등을 중재하는 역할을 담당할 수 있었다는 점이다.[148]

---

146) Woodrow and Sauve, *op. cit.*, p.104.
147) *Ibid.*, pp.107-8.
148) Nicolaidis, *op. cit.*

1990년 4월과 5월에 걸쳐 DG XIII은 통신 서비스의 교역에 관한 유럽연합의 의견을 정리하는 작업을 시작했다. 그러나 회원국가들은 통신 단일시장의 건설에서 보였던 갈등과 유사한 형태로 상이한 입장을 개진했다. 가장 자유화된 통신시장을 갖고 있던 영국은 유보된 서비스의 범위를 가능한 한 제한하려 했고, 이 영국정부의 입장은 독일, 네덜란드, 덴마크, 아일랜드 정부에 의해 지지되었다. 반면 프랑스정부는 공공 서비스의 실현을 위해서는 네트워크 하부구조 및 음성 전화통신에 대한 독점이 유지되어야 한다는 입장을 갖고 있었고, 이 입장은 역시 자유화를 선호하지 않는 나머지 회원국가들에 의해 지지되었다. 사실, 회원국가가 공동입장에 도달하지 못하는 한 유럽연합의 집행위원회의 협상자로서의 위치는 약화될 수밖에 없었다.149)

이 회원국가들의 정치적 입장의 차이는 미국정부의 통상압력에 대응하는 과정에서 조정되었다고 해도 과언이 아니다. 미국 무역대표부(United States Trade Representative, USTR)는 Omnibus Trade Act of 1988에 기초하여 1989년 초부터 유럽연합을 '우선 협상국'으로 규정하고, 유럽연합 내부에서 통신부문의 공공조달 및 서비스에 대한 정보를 요구하기 시작했다. 당시까지도 유럽연합 회원국가들은 영국을 제외한다면 미국과 달리 점진적 자유화 정책을 선호했고 더구나 공공조달 부문에서는 여전히 회원국가 정부가 강력한 영향력을 행사하고 있었다.150)

한편으로 유럽연합은 미국정부가 제기한 문제에 답하면서도 다른 한편으로 미국 내에 존재하는 통신장비 및 서비스 무역에 대한 장벽을 공격하기 시작했다. 그리고 보다 중요하게 이 서비스 협상이 미국과 유럽연합 사이

---

149) 1989년에서 1992년까지 우루과이 라운드 협상이 진행되는 동안 J. Delors의 집행위원회에서는, GATT 체제에 대한 유럽연합의 책임성을 강조하면서 보다 많은 자유화를 추진했던 네덜란드 출신의 집행위원 F. Andriessen과 자유화 조처에 강력하게 반대했던 아일랜드 출신의 농업담당 집행위원인 R. MacSharry가 심각하게 대립했다고 한다. 유럽연합 회원국가의 분열과 더불어 집행위원회 내부의 분열이 나타남으로써 유럽연합 집행위원회의 우루과이 라운드 협상에서의 지위는 현저하게 약화되었다고 한다. C. Grant, *Delors: Inside the House that Jacques Built*(London: Nicholas Brealey Publishing, 1994), p.171.

150) Woodrow and Sauve, *op. cit.*, p.110.

의 쌍무적 보복 관계가 아니라 우루과이 라운드라는 다자간 협상을 통해 이루어져야 한다는 기본적 입장을 피력했다.[151] 유럽연합의 기본 입장은 일국에서의 자유화 정책이 반드시 다른 국가의 자유화 정책으로 이어질 가능성이 당시 상황에서 존재하지 않는다는 것이었고, 오히려 쌍무적 접근은 강력한 행위자의 규칙이 일반규칙으로 될 위험을 내포하고 있다는 것이었다. 유럽연합이 이 쌍무적 접근에 대한 대안으로 제시한 것이 바로 다자간 협상이었다.[152]

유럽연합이 1990년부터 강력하게 공동입장을 개진할 수 있게 된 것은 공동체 내부적으로 통신 서비스 및 ONP 지침에 관한 합의가 이루어졌기 때문이다. 1990년 여름, 유럽연합은 통신 서비스에 관한 일반협정의 통신 관련 부속서에, 기본적 통신 서비스가 포함되어야 하고 또한 최혜국 대우와 내국민 대우로부터의 일탈이 최소한으로 유지되어야 한다는 취지의 중간적 입장의 의견을 제출했다.[153] 그러나 미국정부는 기본 통신 분야에 최혜국 대우를 부여하는 것에 반대입장을 표명했다. 미국정부는 다른 국가들의 자유화 약속이 만족할 만한 수준이 될 경우에 최혜국 대우 원칙을 적용할 수도 있다고 주장했다.[154] 이것은 AT&T를 비롯한 미국의 통신 서비스 제공자들이 미국시장이 개방된 만큼 타국의 시장이 개방되지 않는 한 기본적 통신 서비스는 최혜국 대우에서 제외되어야 한다고 주장했기 때문이다.[155]

미국정부는 1992년에 이르러 기본적 통신 서비스의 자유화에 관한 논의를 GATT 틀 내에서 배제했다. 이것은 미국정부가 자국의 기본적 통신 서비스 시장을 '보호'하기 위한 조치였다. 미국정부는 이 정책을 다른 국제기구인 IMF나 ITU를 통해 차관을 제한하는 방식으로 자국의 논리를 관철하기 위해 노력했다. 즉 다른 국가의 주권을 침해하면서 자국의 주권을 보호하려는 미국정부의 이 정책은 일방적인 범지구적 차원의 '산업정책'으로 평

---

151) *Ibid.*
152) CEC, *Communication to the Council and European Parliament on the Consultation on the Review of the Situation in the Telecommunications Sector.*
153) Woodrow and Sauve, *op. cit.*, p.111.
154) 박태호, *op. cit.*, p.315.
155) Woodrow and Sauve, *op. cit.*, p.114.

가되기도 한다.[156]

　미국의 이 일방적 산업정책은 단일한 행위자로서 유럽연합의 기능을 훼손하기도 했다. 통신부문의 협상과정에서 미국과 유럽연합은 1993년 5월과 6월 상대방 국가들의 기업들이 자국의 통신장비 입찰에 참여하는 것을 금지하는 조처를 내리기도 했다. 그 와중에서 독일은 로마조약 합의 이전인 1954년 미국과 체결한 상호무역 차별 금지조약에 기초하여 유럽연합 회원국가의 공동 전선을 이탈하여 미국에 대한 보복조처에 참여하지 않기로 결정했고, 미국은 독일기업인 Siemens의 입찰참여를 허용했다. 더 나아가 독일정부는 공동체 업자들에게 부여하기로 한 3% 가격특혜 지침도 지킬 수 없다고 선언했다.[157] 1993년 6월 17일 독일정부가 유럽연합의 대미 보복제재에 참여할 수 없다고 공식 통보하자 유럽연합은 회원국가가 로마조약의 체결 이전에 맺은 쌍무협상은 무효라는 논리로 맞섰다.[158] 이 사건은 국제협상의 무대에서 유럽연합의 공동입장이 미국과 같은 강대국의 일방적 요구에 의해 와해될 수 있음을 보여주는 대표적 사례이다.

　1990년 이후로 유럽연합 회원국가들은 기본적 통신 서비스의 자유화에 대해서는 약간의 논란이 있기는 했지만 대부분 통신 서비스 및 장비 시장의 자유화에 대해 동의하고 있었다. 따라서 우루과이 라운드 협상에서 공동입장을 취할 수 있었다. 이는 곧 유럽연합 집행위원회가 국제무대에서 단일한 협상자로 기능할 수 있었음을 의미했다. 그러나 위의 독일 사례에서 볼 수 있는 것처럼, 이것조차도 과대평가될 수 없다. 미국은 만약 유럽연합이라는 단일한 행위자가 협상의 비용을 줄이는 데 필요하다면, 유럽연합과 협상을 벌이지만, 유럽연합의 공동입장이 자국의 이익을 침해하는 경우에는 개별국가와의 쌍무협상을 선택하기도 한다. 유럽연합 회원국가들도 마찬가지의 행동을 보이고 있었다.

　우루과이 라운드 최종협상안에 대한 서명이 임박했던 시점에 유럽연합 집행위원회와 몇몇 회원국가 사이에서는 유럽연합을 대표하여 집행위원회

---

156) J. Hills, "A Global Industrial Policy", *Review of International Political Economy*, Vol. 1, No.2(1994).
157) 한겨레신문, 1993/6/16.
158) 한겨레신문, 1993/6/18.

가 이 최종 협상안에 서명할 것인지 아니면 회원국가별로 서명할 것인지를 둘러싸고 갈등이 발생했다. 유럽연합이 이 최종 협상안의 서명에 공식적으로 참여하기는 했지만, 1994년 말 유럽법원은 이 갈등에서 많은 사람들이 예상했던 것과 달리 회원국가의 요구를 수용하는 판결을 했다.[159] 이 판결은 여전히 국제무대의 협상자로서 유럽공동체 집행위원회가 회원국가에 의존적일 수밖에 없음을 보여주는 것이다.

미국정부의 일방적 통신정책은 1994년 타결된 우루과이 라운드 서비스 협상 최종문헌에도 그대로 반영되었다. 통신에 관한 부속서에는 대부분의 국가들이 동의하고 있던 부가가치 서비스의 자유화가 주요 내용이었고, 기본적 통신 서비스와 관련해서는 '기본적 통신에 관한 협상에 관한 부속서'가 별도로 첨부되었다.[160] 즉, 1994년 우루과이 라운드 협상이 최종 타결되었지만, 통신 분야에서는 여전히 타협이 이루어지지 않은 상태였다.

6천억 달러가 걸린 통신시장-ITU는 오는 2000년이면 그 두 배인 1조 2천억 달러에 달할 것이라고 추정-의 개방을 둘러싼 재협상이 시작되면서, 각 행위자들의 이견이 또 다시 표출되기 시작했다. 미국은 통신협상의 타결을 위해 제출한 양허(讓許, concession) 계획서에서 무선통신 분야에서 20%의 외국인 투자제한을 설치하는 것을 제외하고는 대표적 기간통신사업자에 대한 외국인 투자제한을 철폐했다. 유럽연합 회원국가 가운데서는 영국이 이미 1996년말 국내 통신 서비스 시장의 완전한 자유화를 선언한 상태였다.[161] 반면 독일과 프랑스정부는 외국인 소유제한을 철폐하면서도

---

159) F. Hayes-Renshaw and H. Wallace, *The Council of Ministers*(New York: St. Martin Press, 1997), pp.317-8.

160) GATT, *The Results of the Uruguay Round of Multilateral Trade Negotiation: The Legal Texts*(Geneva: GATT, 1994), pp.359-64.

161) 영국정부는 1997년 1월 1일을 기해 국내외를 연결하는 모든 통신 서비스에 대한 허가를 내주기로 결정했다. 미국의 AT&T는 이미 영국정부로부터 허가를 획득한 상태이고, 독일과 프랑스의 글로벌 원 등도 영국시장에 대한 진출을 계획하고 있다. 특히 AT&T는 영국이 가장 개방된 국가이기는 하지만 경쟁법의 상대적 미발달로 인해 반경쟁적 행태를 금지할 수 있는 것이 아무것도 없다는 불평을 했다. AT&T는 통신회선을 기존의 BT나 Mercury로부터 임대하는 수준을 넘어 독자적 네트워크를 통해 영국 내에서 모든 종류의 통신 서비스를 제공하는 업체로 기능하기를 원하고 있었다. *Financial Times*,

DBP Telekom과 France Télécom의 일정 지분을 자국 정부가 소유할 것을 주요 내용으로 하는 양허안을 제출했다. 그리고 캐나다, 호주, 한국, 일본을 비롯한 국가들은 대표적 기간 통신사업자에 대한 외국인 지분을 제한하고자 했다. 그리스, 포르투갈, 싱가포르 등의 국가들은 개방시한을 1998년보다 늦추는 방향으로 자국의 입장을 정리했다.[162]

1997년 2월 15일, 통신 서비스 협상이 최종 타결되었다.[163] 이 타결을 통해 WTO 회원국가들에서 통신 서비스 제공기업에 대한 외국인 지분의 제한이 철폐되거나 또는 그 한도가 확대되었다. 이 타결로 인해 통신요금의 대폭적 인하와 통신업체들 사이에 치열한 경쟁이 전개되리라고 예상되고 있다. 유럽연합의 무역담당 집행위원인 Leon Brittan은 이 타결을 "전 세계 통신 시장을 자유화하는 획기적 합의"로 평가했다고 한다.[164] 그러나 유럽연합의 회원국가들의 공동입장은 현저히 약화되었다. 이미 유럽연합 회원국가들은 자국의 사회경제적 조건에 부응하는 양허한을 제출한 상태였다.

유럽연합 집행위원회가 국제무대에서 완전한 협상자로서의 지위를 획득하지 못하는 것은 부분적으로 회원국가들 사이의 정책갈등 때문이기도 하지만 다른 한편으로 협력과 경쟁이 공존하고 있는 새로운 기업환경 때문이기도 하다. 유럽공동체의 주요 국가들인 독일, 영국, 프랑스, 스페인의 대표적인 통신 서비스 기업들은 현재 극단적으로 이야기한다면 서로를 배제한 전략적 제휴를 체결하고 있다. 독일의 DBP Telekom과 프랑스의 France Télécom이 미국의 Sprint와 Phoenix라는 이름의 동맹 - 글로벌 원으로 그 명칭을 변경 - 을 형성하면서 범지구화 전략을 채택하고 유럽 차원에서는 공동 자회사인 Eunetcom을 설립하여 유럽 차원의 통신 네트워크 건설을 시도하고 있는 반

1996/1/24; 1996/11/13.

162) 조선일보, 1996/2/15.

163) 그러나 미국정부는 자국이 무선통신 분야에서 외국인 투자를 20%로 제한했음에도 불구하고 기간 통신 사업자의 지분제한을 유지한 일본과 캐나다를 격렬히 비난하면서 다시금 쌍무적 협상을 재개할 준비를 갖추고 있다. 한겨레신문, 1997/2/18. 즉, 미국은 다자간 협상과 쌍무적 협상을 동시적으로 추진하는 전략을 여전히 고수하고 있다. 미국정부의 이러한 전략은 유럽연합이 공동의 입장을 형성하는 데 장애요인이 될 것으로 보인다.

164) 조선일보, 1997/2/16.

면, 영국의 BT는 미국의 MCI와 Concert라는 동맹을 체결한 상태이다.[165] 그리고 스페인의 Telefonica와 포르투갈의 Portugal Telecom 등은 미국의 AT&T와 Unisource라는 전략적 제휴를 체결한 상태이다. 이 Unisource에는 동아시아 국가들의 통신사업자들도 참여하고 있다.[166]

따라서 우리는 유럽 차원에서 통신정책의 통합이 대외적으로 유럽연합 회원국가들이 집행위원회를 매개로 공동입장을 관철할 수 있는 계기를 마련해 주고 있지만, 유럽연합 회원국가 정부 및 통신기업들의 분열적 집합행동 또는 단독행동에서 볼 수 있듯이, 범지구적 수준 및 유럽수준에서의 경쟁은 이 공동입장을 약화시키는 요인이라는 사실을 확인할 수 있다. 즉, 범지구화 및 국민국가주의적 논리가 지역통합체의 공동입장을 약화시키는 데 기여하고 있는 것이다.

6. 소 결

6-1. 정책실행의 불균등: 공공재의 성격변화

이제까지 살펴본 것처럼, 유럽연합은 통신정책의 영역에서 규제자, 산업정책의 지원자, 보편적 서비스의 제공자, 국제무대에서 협상자의 역할을 수행하고 있다. 그러나 각 정책영역에서 유럽연합의 역할은 균등하지 않다. 규제정책 및 산업정책의 실행과정에서 유럽연합의 권한이 강화되었고, 국제협상에서 부분적으로 유럽연합은 회원국가를 대표하고 있는데 반해, 보편적 서비스의 제공 부분에서 유럽연합은 아직 원론적 차원의 문제를 제기하고 있을 뿐이다.

---

165) 영국의 BT는 더 나아가 1996년 11월 이후로 미국의 MCI의 인수를 추진하고 있다. 그러나 성공적으로 진행되는 것처럼 보였던 BT의 MCI 인수는 현재 미국의 통신회사인 월드콤이 인수경쟁에 뛰어들면서 혼선을 빚고 있다.
166) *Financial Times*, 1995/10/3: 조선일보, 1997/3/24.

이 정책영역별 불균등 발전은, 마치 국민국가 형성시기에 나타난 정책영역별 불균등발전과 유사하다. 즉, 국민국가에서 시장형성을 위한 규제적 장치의 마련하려는 정책과 산업정책이 선행하고 그 뒤를 이어 노동력 재생산의 보장을 위해 사회정책이 제기된 것처럼, 유럽연합에서는 산업정책과 규제정책이 앞서면서 그 뒤를 이어 사회정책적 과제가 논의되고 있다. 그렇다고 해서 유럽연합을 국민국가와 동일한 형태의 정체로 취급할 수는 없다. 실행과정에서 특히 선명하게 나타나는 것처럼, 유럽연합은 초국가적 행위자들의 이익을 접합하는 역할을 수행하면서도 항상적으로 회원국가 정부들 사이의 관계에 의존해야 하는 특이한 정체이기 때문이다.

따라서 새로운 정체로서 유럽연합이 독립적 정체의 성격을 갖기 위해서는, 즉 달리 표현한다면 유럽통합을 보다 심화시키기 위해서는 이 실행과정의 어려움을 극복해야 한다. 이를 위해 정책발전에 조응할 수 있는 정책실행을 감독할 수 있는 기능의 확보가 유럽연합의 미래를 판가름하는 중요한 기준 가운데 하나가 될 수 있을 것이다. 그러나 유럽연합이 안정적 정체로서 성장할지는 아직 미지수이다. 만약 우리의 세계에서 범지구화 논리가 가속화되면서 국민국가적 해결책의 제시가 불가능하고 동시에 범지구적 통치를 위한 제도적 질서가 마련되지 않는다면, 유럽연합과 같은 지역통합체의 활동은 당분간 지속될 수 있을 것이다.

새로운 정체로서 유럽연합이 통신정책에서 수행하는 역할은, 이제까지 국민국가에 의해 제공되던 공공재의 사적재로의 전환 또는 유럽 차원에서 기업의 자유로운 활동 및 기업 간 제휴를 고무하기 위한 유사 공공재를 제공하는 것이라고 할 수 있다. 규제정책의 측면에서 유럽연합은, 국민국가 내부에서 생산의 일반적 조건이면서 국민통합의 도구였던 통신이라는 공공재를 해체하는 공공정책을 실행하고 있다. 더불어 산업정책의 측면에서도 기존의 적극적 국가지원과 달리 시장질서에 기초하여 경쟁적 환경을 제공할 수 있는 '신자유주의적' 산업정책을 모색하고 있다. 그러나 유럽적 정체성의 형성과 유럽수준에서의 정당화의 토대가 될 수 있는 통신 공공재, 즉 보편적 서비스의 제공은 아직 이루어지지 않고 있다. 본 연구에서 유럽연합을 초국가적 수준에서 기능하고 있는 자본주의제도로 해석하는 것도 이 정책실행에서 나타나는 불균등발전 때문이다.

6-2. 유럽연합 통신정책의 미래: 민주적 통제의 가능성

현재, 유럽연합의 규제정책과 산업정책은 새로운 형태로 변모를 거듭하고 있다. 통신부문에서 자유화 정책이 불가피한 대세임을 인정하면서도 유럽 차원의 산업정책은 계속되고 있다. RACE의 뒤를 이어 ACTS가 정보화 사회를 위한 정보고속도로의 건설이라는 맥락에서 광대역 서비스의 광범위한 확산을 목적으로 추진되고 있다. 또한 규제정책의 분야에서도 1998년부터 실행하기로 합의한 통신 하부구조의 자유화를 위해 기존의 지침들을 수정하는 작업이 진행 중이다.

통신정책이 새로운 단계에 접어들게 되면서 유럽의회가 적극적으로 통신정책에 개입하려 하고 있다. 유럽의회는 유럽수준의 산업정책의 필요성을 인정하고 그 정책에 대한 예산할당을 승인하면서도, 이 정책이 가진 자와 갖지 못한 자를 결합하는 정보연합(union of information)의 건설로 이어져야 한다고 주장하고 있다. 즉 시민들의 기술공포증을 해결하면서 공공의 이해에 복무할 수 있는 인간적 요소를 갖춘 정보화 사회의 건설을 요구하고 있다.[167]

유럽의회의 규제정책에 대한 개입은 보다 구체적으로 나타나고 있다. 1997년 5월, ONP 실행 및 전용회선 제공과 관련된 각료회의 지침을 개정하는 '조정위원회'가 개최되었다. 대단히 어려운 모임이었다고 전해지는 이 조정위원회에서 유럽의회와 각료회의는 부분적 합의에 도달했다고 한다. 그 내용은, 첫째로 국민국가 규제기관들의 독립성을 보장하고 규제적 기능과 소유 또는 통제와 연관된 활동을 구조적으로 분리하는 것이고, 둘째로는 각 회원국가에 걸쳐서 적어도 하나의 운용자로부터 전용회선을 임대할 수 있는 권리를 보장하는 것이었다.[168]

---

167) *EP News*, May 1997.
168) Council of the European Union General Secretariat, *Press Release*

이 합의내용을 살펴보면, 통신부문의 규제정책이 국민국가 수준과 유럽연합 수준에서 일정한 분업의 형태를 띠고 발전할 것이라는 인상을 받게 된다. 유럽의회가 강력하게 유럽연합 수준의 규제를 선호하고 있음에도 불구하고 부분적 타협의 내용이 이렇게 나타난 것은 역시 각료회의와 유럽의회의 힘관계를 반영하는 것이라고 볼 수 있다. 그러나 그동안의 경과를 보면 유럽연합 수준에서 규제의 증가가 회원국가 수준에서의 규제의 약화를 결과한 것은 아니었다. 오히려 경제적 효율의 증대를 목적으로 하는 규제완화를 위한 규제가 국가의 새로운 역할로 자리매김되고 있다.[169]

이 새로운 규제장치 - 예를 들어 영국의 Oftel - 가 기존의 사회적 목표보다 경제적 목표에 정책 우선권을 두고 있다는 점에서 그리고 대중의 통제로부터 일정 수준 벗어나서 매우 전문적인 영역을 다루고 있다는 점에서, 이러한 규제기관의 등장은 민주주의의 후퇴로 평가될 수도 있다. 더불어 초국가적 수준의 규제기구인 유럽연합의 역할강화도 동시에 민주주의의 후퇴요인일 수 있다.

지역통합이 야기하는 이 새로운 정치현상에 대한 규범적 처방 가운데 하나로, 민주주의가 국민국가 내부에 존재한다는 전통적 관념의 수정을 통해 초국가적 수준에서 민주적 체제를 건설하는 문제를 제기할 수도 있을 것이다.[170] 그러나 유럽연합의 통신정책에서 드러나듯, 대기업을 제외하고 시민사회의 활동자들이 통신정책의 결정과정에 참여하는 것은 쉽지 않은 일이다. 유럽인의 직접 선거로 선출된 유럽의회를 매개로 유럽연합 수준에서

8546/97(Presse 174) Brussels, 3 June 1997. 이 조정위원회에서는 유럽의회 부의장인 Renzo Imbeni와 각료회의 의장국가인 네덜란드의 교육, 문화, 과학부 장관인 Aad Nuis가 공동의장직을 수행했다. 이 조정위원회는 유럽의회와 각료회의의 의견이 상충될 때 소집되는 위원회로 마스뜨리히뜨 조약에 도입된 공동결정 절차의 일부로, 이 위원회에는 유럽의회와 각료회의의 구성원이 동수로 참여한다. 그리고 이 조정위원회의 합의사항은 유럽의회에서는 만장일치로, 각료회의에서는 특정다수결로 처리된다.

169) E. Grande, "The New Role of the State in Telecommunications: An International Comparison", *West European Politics*, Vol. 17, No.3(1994).

170) J. Hirsch, "Nation-State, International Regulation and the Question of Democracy", *Review of International Political Economy*, Vol. 2, No.2(1995), pp.267-84.

정책결정의 민주성을 강화하는 것도 정책형성과정 및 실행과정에서 볼 수 있듯이, 기술과 시장의 담론이 지배하는 현재의 제도적 질서 속에서는 쉽게 달성되기 어렵다. 유럽인이 공유하고 있는 집합적 정체성을 결여하고 있는 유럽연합은 마찬가지로 정책정당성을 위한 원천을 결여하고 있을 수도 있다.[171] 더 나아가 우리는 유럽연합이 정책의 정당화 또는 민주적 정책결정을 필요로 하지 않는 새로운 유형의 기능적 정체가 아닌가라는 질문을 제기할 수도 있을 것이다.

---

171) D. Obradovic, "Policy Legitimacy and the European Union", *Journal of Common Market Studies*, Vol. 34, No.2(1996), pp.191-221.

제8장 결 론

이 결론은 세 부분으로 구성된다. 첫 번째 부분에서는 지금까지의 분석을 요약한다. 두 번째 부분에서는 유럽연합이 생산하는 다양한 공공정책들의 비교 및 유럽연합과 다른 지역통합체-예를 들어 APEC, ASEAN, NAFTA 등-의 비교를 위한 연구과제를 제시한다. 마지막으로 유럽연합 및 유럽연합 통신정책의 미래를 진단한다.

1. 분석의 요약

본 연구는, 근대적 의미의 주권국가가 아닌 유럽연합에서 1980년대 이후 공공정책 생산이 급증하고 있는 새로운 현상에 주목했다. 유럽연합의 공공정책 생산은, 유럽연합이 국민국가의 정부와 유사하게 다양한 이익집단들 사이에서 발생하는 갈등을 조정하고 그들에게 공공선 또는 공공재를 제공하는 역할을 수행하게 되었음을 의미한다. 본 연구의 첫 번째 부분에서는 유럽연합이라는 초국가적 정체의 등장과정에 대한 역사적-이론적 분석을 통해 유럽연합이 공공정책을 생산하게 된 이유를 설명했다. 두 번째 부분에서는 이 이론적 논의를 기초로 유럽연합의 공공정책 가운데 분배적(산업정책), 재분배적(사회정책), 규제적(규제정책) 내용을 모두 포괄하고 있는 통신정책을 사례로 선택하여 분석했다. 특히, 주목의 대상이 되었던 것은 유럽연합 공공정책의 불균등 발전이었다. 통신정책 가운데서도 기업사용자 및 통신장비 생산기업에게 혜택을 주는 산업정책 및 규제정책의 발전이 두드러졌지만, 사회정책은 여전히 담론수준에 머물고 있다.

본 연구의 첫 번째 부분에서는, '1980년대 이후' 유럽통합이 가속화된 원인과 그 과정, 그리고 그 통합이 초래한 결과를 분석했다. 그리고 단일유럽시장의 형성을 계기로 유럽연합이 새로운 정체로 발전하고 있다는 인식을 전제로 유럽연합이라는 새로운 정치형태의 성격을 규명하는 것이었다. 이를 위해, 유럽통합의 재활성화에 조응하여 폭발적으로 전개된 통합이론 재구성 작업의 장단점을 정리한 이후, 단일유럽시장의 형성과정에 대한 역사적-이론적 분석에 기초하여 초국가적 공공정책이 생산되는 과정을 분석했다. 이 분석은 "1980년대 서유럽이라는 시공간에서, 국민국가라는 정치형태에서 공공정책이 생산되고 있음에도 불구하고, 정치적 행위자들은 왜 유럽연합이라는 정치형태를 통해 또 다른 공공정책을 생산했는가?"라는 질문에 대한 대답이었다.

연구결과는 다음과 같이 요약될 수 있다.

현재, 유럽연합의 발전과정 및 그 정치적 성격을 둘러싼 논쟁의 중심축은, 국가중심주의와 탈국가중심주의의 대립이다. 국가중심주의적 이론에서 유럽연합을 정부 간 협력을 증진하는 국제레짐으로 이해하는데 반해, 탈국가중심주의적 이론에서는 유럽연합을 새로운 정체로 이해한다. 본 연구에서는 탈국가중심적 경향을 중심으로, 근대 국민국가 및 국민국가체계의 역할을 부정하지 않는 절충론적 입장을 취했다.

단일유럽시장의 건설이라는 의제는 유럽시장을 주요 무대로 활동하고 있던 초국가적 기업들과 이 기업들의 연합조직에 의해 제기되었다. 이 기업들은, 세계경제가 자신들에게 안정적 시장을 제공하지 않고, 기존의 국민경제가 제공하는 시장은 너무 협소하다는 인식을 기초로, 분절화된 유럽시장의 통합을 요구했다. 특히, 유럽시장에 주된 관심을 두고 있던 프랑스 국적의 기업들과 세계시장과 유럽시장을 동시에 개척하던 독일 국적의 기업들이 가장 강력하게 단일유럽시장의 건설을 제기했다. 이 과정에서 초국가적 기업들은 자신들의 선택적 이익뿐만 아니라 유럽 자본주의의 재편이라는 일반적 이익을 논의하기 시작했고, 이 공공 토론장의 개설과정에서 유럽공동체 집행위원회가 주도적 역할을 수행했다. 유럽의 초국가적 기업들이 유럽 자본주의의 재편을 논의하던 1970년대 말과 1980년대 초반, 케인즈주의적 복지국가의 정치가 및 관료들 사이에는 시장이 모든 것을 결정한다는 '신자유주의적' 담론이 확산되었고, 점차 케인즈주의 복지국가는 시민적 조직과 기업적 조직이 결합된 '신자유주의적' 기업국가로 변모되었다. 초국가적 기업의 축적전략의 변화와 그 뒤를 이어 나타난 국가형태의 변화로 인해 단일유럽시장의 형성을 위한 필요조건이 형성되었다. 유럽의 초국가적 기업은 범지구적 수준의 '신자유주의적' 경제질서에 참여할 때 초래될 수 있는 위험을 회피하기 위한 전략으로 유럽연합 내부에서의 시장자유화와 유럽연합 차원에서의 규제정책 및 중상주의적 전략을 선호했다.

이 지역통합운동이 실제 정책으로 등장할 수 있었던 것은, 유럽 차원에서 활동하던 '신자유주의적' 엘리뜨, 초국가적 기업의 최고 책임자, 유럽연합 및 회원국가의 관료들로 구성된 초국가적 정책 네트워크의 적극적 활동 때문이었다. 이 정책 네트워크에서 요구했던 단일유럽시장의 건설이라는 의제가 성공적으로 완수되기 위해서는 정부 간 협상이라는 제도적 절차를 통과해야 했다. 가장 강력한 '신자유주의적' 정향을 보이던 영국정부와 개입주의적 전통을 갖고 있던 프랑스정부, 그리고 그 중간에서 독특한 형태의 사회적 시장경제를 유지하고 있던 독일정부가 단일유럽시장이라는 의제에 타협할 수 있었던 것은, 케인즈주의적 복지국가로의 복귀와 범지구적 '신자유주의'로의 지향이 야기할 수 있는 정치경제적 불확실성 때문이었다. 즉, 단일유럽시장의 형성은 범지구화 논리가 유럽연합 내부에서 실현된 것으로 평가될 수 있다.

단일유럽시장의 제정을 전후로 해서, 유럽연합의 정책을 제안하고, 부분적으로 입안된 정책의 실행권한을 보유하고 있던 유럽연합 집행위원회의 자율성이 확대되었다. 유럽연합 집행위원회가 초국가적 정책 네트워크의 형성을 주도하면서 그 자율성이 확대된 것이다. 이 자율성 확대는, 유럽지역 내부에서 범지구화 논리가 관철되면서, 일정한 영토적 경계 내부에서 국민적 통합을 유지하는 국민국가이면서 동시에 자본주의적 생산관계의 재생산을 보증하는 자본주의국가로 기능하는 근대국가의 이중성이 탈구되면서 비롯되었다. 즉, 근대국가가 보유하고 있던 자본주의국가적 기능이 부분적으로 유럽 차원으로 이전되면서, 달리 표현한다면 이차대전 이후의 국민적 자본주의국가 체제가 붕괴되면서, 국가기능의 공간적 분화 및 분업현상이 발생했다. 따라서 새로운 정체로서 유럽연합은, 초국가적 수준에서 존재할 수 있는 자본주의국가의 맹아적 형태라고 할 수 있다.

시장형성을 통해 새로운 정체가 건설된 이 과정은, 근대 영토국가의 등장 이후 자유시장이 그 내부에서 발전된 역사적 경험과 근본적으로 상이했다. 국가없는 시장의 형성은 유럽연합이 생산하는 공공정책의 '불균등 발전' 속에 정확하게 반영되었다. 근대국가에서 가장 먼저 등장했던 외교정책, 방위정책, 사법 및 내무정책, 그리고 통화정책이 유럽연합으로의 포섭은 단일유럽시장의 형성 이후 마스뜨리히뜨 조약이 체결되면서 가능했다. 공공정책 중에서도, 시장자유화를 촉진할 수 있는 규제정책의 발전이 가장 두드러지고, 그 뒤를 이어 특정 산업에 대한 지원을 담고 있는 산업정책이 유럽연합 차원에서 입안되었다. 유럽의 저발전 지역에 대한 직접 지원을 제외하고는 소득의 재분배를 도모하는 전통적 의미에서의 사회정책은 거의 모습을 드러내지 않고 있지만, '신자유주의적' 원리와 부합할 수 있는 사회적 규제정책은 점진적으로 발전하고 있다. 자유화정책과 산업정책의 공존은, 유럽연합이 내부적으로는 '신자유주의적' 범지구화 논리를 수용하고 있지만, 외부적으로는 마치 중상주의적 국가와 같이 활동하고 있음을 의미한다.

결국, 1980년대 이후의 유럽통합과정을 규범적 측면에서 평가한다면, '신자유주의적' 기업국가에서 진행된 두 국민(two nations) 전략의 국제화에 비유될 수 있다. 정책영역별 불균등 발전에서 볼 수 있듯이, 단일유럽시장의 건설은 초국가적 기업을 선택적으로 고려하는 제한된 형태의 헤게모니 프로젝트로 규정될 수 있다. '신자유주의적' 관점에서 성장윤리는 분배정의에 우선하고 분배정의는 경제성장의 부산물로 취급될 수밖에 없다. 즉, '신자유주의' 정치학의 핵심은 자율성 시장의 보호를 위해 사회구조를 전복하고 재편하는 것이라고 할 수 있다.

본 연구의 두 번째 부분은, 유럽연합 통신정책의 기원·형성·실행에 대한 분석이었다. 통신정책은 두 가지 의미에서 유용한 사례로 평가될 수 있다. 첫째, 통신정책에는 경제활동의 하부구조를 발전시키기 위한 산업정책적 고려, 보편적 서비스의 제공이라는 사회정책적 고려, 그리고 상호접속이나 요금구조를 결정하는 규제정책적 고려가 포함되어 있다. 즉, 통신정책은 공공정책의 제 요소를 포괄하는 대표적 사례 가운데 하나이다. 둘째, 통신정책은 전통적으로 국민국가 고유의 배타적 정책영역으로 인정되었다. 따라서 세계경제의 변화와 연동되지 않을 수 있을 정도로 국민국가는 통신정책의 영역에서 상당한 자율성을 갖고 있었다. 따라서 통신정책의 유럽화는 1970년대 이후 국제체제의 변화 및 근대사회에서 공공성 범주의 재편을 상징하는 사례이기도 하다.

유럽연합은 1980년대에 들어서서 통신정책에 개입할 수 있었다. 1980년대라는 시점을 강조하는 이유는, 그 이전에 유럽연합 집행위원회가 간헐적으로 통신정책을 입안하기 위해 노력했지만, 항상 실패로 끝났기 때문이다. 또한 단일유럽법 이전의 로마조약에 따르면 유럽연합은 통신정책을 입안할 수 있는 권한을 갖고 있지 않았다. 통신은 교역될 수 없는 '공공재'로 간주되었기 때문이다. 따라서 회원국가 내부에 존재하던 통신정책 공동체가 붕괴되고, 유럽적 수준에서 통신정책을 입안하려는 적극적 행위자들이 존재할 때만 유럽연합 통신정책이 등장할 수 있었다.

유럽연합 통신정책의 기원·형성·실행 과정을 분석을 위해, 앞서의 이론적 논의를 기초로, 통신정책을 둘러싼 정부-정부 관계 이외에도 통신기업의 국제화 및 네트워크화의 출현을 계기로 강화되고 있는 기업-기업 관계와 정부-기업 관계를 강조했다. 특히 기업-기업 관계 및 정부-기업 관계의 변하면서 형성된 초국가적 통신기업과 국제화된 통신관료들 그리고 '신자유주의적' 엘리뜨의 동맹과 기존의 정부 간 협상의 상호작용에 초점을 맞추었다. 유럽연합은 이 상호작용이 역사적으로 형성된 안정적 제도-집행위원회와 각료회의-를 매개로 이루어진다는 점에서 매우 독특한 성격을 갖고 있다.

연구결과를 요약하면 다음과 같다.

1970년대에 들어서면서, 정부-기업사용자-통신장비 생산기업이 주도적 역할을 했던 국민국가의 통신정책 네트워크가 위기에 직면하게 되었다. 국민국가의 정부들은 대부분 통신 네트워크의 개선을 위해 적극적 산업정책을 추진했지만, 기업사용자와 통신장비 생산기업들은 이전과 다르게 행동하기 시작했다. 범지구적 시장이 형성되고 그에 따라 기업들의 조직도 네트워크로 변모되면서, 다국적 기업들은 단순히 전화와 텔렉스 메시지를 전송하는 통신 시스템 수준을 넘어서서 생산과정 및 판매과정을 새롭게 재편할 수 있는 통신 네트워크를 원했다. 또한 대부분의 국가들에서 통신장비를 조달하는 과정에서 기존의 독점구조를 해체해야 한다는 사고가 확산되었다. 정부의 입장에서는 자국 기업의 경쟁력 강화를 위해 안정적 공급과점을 해체하기를 원했고, 기업의 입장에서는 디지털 교환기의 개발에 투자된 자본을 회수하기 위해 타국 시장에 대한 진출해야 했기 때문이다.

디지털 교환기와 같은 새로운 통신장비의 개발에 막대한 투자가 필요하고, 이 투자비를 회수하기 위해서는 국민국가의 시장규모가 너무나 협소하며, 또한 디지털 교환기의 수명이 기존의 기계식 교환기의 1/3 정도라는 이유 때문에 통신기업들 사이의 경쟁과 협력이 공존하게 되었다. 연구개발투자의 위험을 공유하고 국민국가 정부의 차별적 조달정책 및 비관세장벽을 극복하기 위해 유럽의 통신 대기업들 사이의 전략적 제휴가 1970년대 말 이후로 급증했다. 유럽의 통신대기업들 – Alcatel, Siemens, Itatel, GEC/Plessey – 이 세계시장에서 강력한 지위를 갖고 있었음에도 불구하고 협력을 선택한 것은 상호 보완적 요소가 필요했기 때문이다. 미국의 AT&T처럼 범지구화 전략을 선택할 수도 없고, 다른 한편으로 과거와 같이 국민국가가 보호하는 시장에 안주할 수도 없는 유럽의 대기업들은, 미국 및 일본기업과의 경쟁에 유리한 위치를 점할 수 있는 공동전선을 형성하고자 했다. 이 대기업들은 위험회피의 수단으로 유럽 차원의 공동 연구개발정책을 제안하면서 동시에 유럽시장의 자유화라는 '신자유주의적' 정책을 추진했다. 유럽연합 집행위원회는 이들을 동원하여 강력한 정치적 이익집단으로 형성하는 역할을 수행했다.

유럽연합 통신정책이 공식적 의제로 상정된 것은 1983년이었다. 이 시점에서 유럽공동체는 기업사용자와 정부의 갈등의 중재자로서 그리고 기업 간 협력에 대한 지지자로 활동하고 있었다. 유럽연합 집행위원회와 대기업 사이에는 일종의 정책연합이 이미 형성되어 있었다. 또한 1983년 말에는 회원국가 통신관료들이 유럽연합 통신정책을 논의하는 모임인 SOG-T가 형성되어 있다. 따라서 1980년대 초반에 유럽연합 집행위원회의 관료, 통신 대기업, '신자유주의적' 관료 및 정치가들이 참여한 맹아적 형태의 '초국가적 정책 네트워크'이 형성되었다고 볼 수 있다.

1983년 이후로 유럽연합 통신정책의 발전은 3단계로 구분할 수 있다. 1983년부터 1987년 『녹서』가 발행되기 전까지의 1단계에서는 통신부문에서의 공동 연구개발정책 및 부분적 자유화 정책이 주요 의제였다. 집행위원회는 통신 분야의 공동 연구개발정책인 RACE를 입안하기 위해 통신기업들과 긴밀히 협력했다. 그러나 당시만 해도 각료회의는 여전히 정부 간 기구인 CEPT를 매개로 한 협력을 강조하고 있었다. 1985년 3월 RACE에 대한 합의가 이루어졌고, 단일유럽시장에 대한 논의가 본격적으로 이루어지면서 통신부문에서도 자유화 정책이 도입되기 시작했다.

1987년 집행위원회가 발간한 『녹서』는 유럽연합 통신정책의 골격을 제시한 중요한 토론문건이었다. 이 『녹서』에는, 첫째 경쟁적 환경과 그 환경을 규제할 수 있는 방법에 대한 구체적 제안이 담겨져 있었다. 그리고 경쟁이 유보되는 서비스로 음성 전화통신을 제시했다. 둘째, PTTs의 규제와 운용 기능을 분리하라는 요구가 담겨져 있었다. 셋째, 집행위원회는 유럽 차원의 표준화 게임에서 PTTs와 CEPT뿐만 아니라 사용자 및 통신장비 생산기업이 참여할 수 있는 새로운 유럽통신표준연구소를 설립하자고 제안했다. 넷째, 경쟁적 통신 서비스 제공자들에게 기존의 네트워크에 대한 자유로운 접속을 허용하는 ONP 원칙이 제시되었다. 이 『녹서』의 자문과정에는 45개 이상의 조직들이 참여했다. 이 자문과정에서 기존의 PTTs는 『녹서』에서 기본적 통신 서비스에 대한 자신들의 독점을 인정하고 있었기 때문에 『녹서』를 완전히 부정하는 의견을 제출하지는 않았다. 기업사용자와 통신장비 생산기업은 보다 강력한 형태의 자유화를 요구했다. 반면 국민국가 통신정책 네트워크의 구성원이었던 노동조합의 참여는 IPTT 하나뿐이었다. IPTT는 유럽 차원의 재규제와 CEPT의 강화를 선호했다. 결국, 이 『녹서』에 대한 자문을 기초로, 터미널 장비 시장의 개방, 음성 전화통신을 제외한 다른 통신 서비스 시장의 점진적 개방, 그리고 다양한 비국가적 행위자가 참여하는 유럽통신표준연구소 건설 등에 대한 합의가 이루어졌다. 이 자문과정은 유럽 차원의 엘리뜨 다원주의를 보여 주는 대표적 사례라고 할 수 있다. 이후 이 자문과정은 제도화되었고, 그 제도화는 유럽연합 차원에 초국가적 통신정책 네트워크가 형성되었음을 의미하는 것이었다.

1992년 집행위원회가 발표한 통신부문의 상황에 대한 『리뷰』는 유럽연합 통신정책이 완전한 자유화로 가는 여정에서 중요한 의미를 갖는 문건이었다. 130여 개의 조직들이 참여한 이 『리뷰』의 자문과정에는 1987년 『녹서』의 경우와 달리, 기존의 통신 서비스 운용자, 새로운 통신 서비스 제공자 그리고 노동조합까지도 적극적으로 참여했다. 이것은 초기 생산자 네트워크의 성격이 강했던 초국가적 정책 네트워크가 이슈 네트워크로 변모했음을 보여 주는 것이었다. 이 『리뷰』의 자문과정의 결과로 단계적 자유화가 선택되었다. 이 자문과정을 통해 통신부문에 경쟁정책을 도입하는 것이 확정되자, 집행위원회는 유럽 차원에서 보편적 서비스 제공하는 사회정책을 제시하기 시작했다. 다른 한편으로 중소기업이 적극적으로 참여할 수 있는 공동 연구개발정책이 제시되었다. 1994년에 이르러서는 음성 전화통신은 물론 통신 하부구조에 경쟁을 도입하는 결정이 이루어졌다. 그리고 정보화 사회의 건설이라는 맥락에서 통신정책이 고려되기 시작했다.

유럽연합이 생산한 통신정책의 실행은, 회원국가에 귀속되던지 아니면 그 정책을 실행할 수 있는 권위를 갖고 있는 유럽연합 기구의 책임이다. 사실 유럽연합 통신정책의 대부분은 회원국가 차원에서 새로운 법의 형태로 전환되어야만 효력을 발휘할 수 있는 지침의 형태로 이루어졌다. 따라서 정책의 실행과정도 형성과정과 유사하게 협상의 성격을 띠고 있었다. 유럽연합이 통신정책에서 수행하는 역할은 국민국가의 기술정책에서 나타나고 있는 국가의 역할과 상당히 유사했다. 유럽연합은 국가와 같은 독점적 구매자의 역할을 수행하고 있지는 않지만, 유럽수준에서 통신부문을 규제하고, 공동 연구개발정책의 형태로 통신산업의 발전을 지원했다. 그리고 유럽연합은 국제통신의 협상과정에서 회원국가의 이익을 대표하는 역할을 수행했고, 또한 미약한 수준이기는 하지만, 규제정책적 차원에서 유럽인에게 보편적 서비스를 제공하기 위해 노력했다.

2. 비교공공정책 및 비교지역주의 연구를 위한 함의: 연구과제(1)

새로운 정체로서 유럽연합의 공공정책 생산 및 그 사례로 통신정책을 분석한 본 연구의 결과는, 이론적으로 지역통합 및 유럽연합 정치를 설명하는 주류 이론인 국가중심적 이론의 기각을 위해 사용될 수 있다. 그리고 본 연구의 결과를 토대로 현대 세계에 등장하고 있는 새로운 통치구조에 대한 연구를 수행할 수 있을 것이다. 즉, 본 연구는 현대 세계의 탈국가중심적 경향에 대한 앞으로의 연구에 기여할 수 있을 것이다. 본 연구의 이론적 성과가 보편성을 획득하기 위해서는 다음과 같은 두 측면에서 앞으로의 연구가 보완될 필요가 있다.

첫째, 유럽연합 통신정책이 다른 여타의 공공정책과 구분되는 특수한 정책이라는 비판이 가해질 수 있다. 즉, 통신이 갖는 기술적 특성 때문에 통신부문에서만 예외적으로 통합현상이 가속화되었다는 주장이 제기될 수 있다. 둘째, 지역통합의 사례로서 유럽연합에서 발생하고 있는 통합현상이 예외적이라는 비판이 제기될 수 있다. 즉, 유럽연합에 적용되고 있는 지역통합이론은 보편성을 가질 수 없다는 것이다.

2-1. 유럽연합 내부에서 공공정책들의 비교

유럽연합이 생산하는 다양한 공공정책들에 대한 연구는 활발하게 진행되고 있다. 개별 사례에 대한 연구는, 기존의 농업정책이나 단일시장정책에 대한 연구 수준을 넘어서서, 통화정책, 사회정책, 환경정책, 교육 및 직업훈련정책, 에너지 정책, 수송정책, 방위정책, 외교정책 등으로 그 영역이 확대되고 있다. 특히 통신정책에 버금갈 만큼 국민국가의 배타적 영역으로 인정되던 사회정책 분야에서도 유럽연합 차원의 입법이 진행되고 있다. 그리고 방위정책과 사법정책은 여전히 정부 간 협력의 형태로 진행되고 있기는 하지만, 마스뜨리히뜨 조약의 체결을 계기로 유럽연합 체계에 포섭된 상태이다.

유럽연합이 포괄하는 정책영역의 발전은 근대국가의 정책영역이 발전하던 과정과는 매우 상이하다. 유럽연합에서는 국방이나 외교정책의 발전이 가장 더딘 반면 시장건설 또는 시장의 자유화를 위한 정책이 우선적으로 발전되어 왔다. 즉, 근대국가의 성립 당시 전쟁수행을 위해 필요했던 정책들이 가장 먼저 발전했다면, 유럽연합이라는 형성 중인 초국가적 정체에서는 자본의 자유로운 활동을 보장하는 정책들이 먼저 발전하고 그 뒤를 이어 유럽적 정체성의 형성과 관련된 정책들이 점진적으로 제기되고 있다.

본 연구의 핵심적 주장 가운데 하나는, 기존의 근대국가가 보유하고 있던 자본주의국가적 기능이 부분적으로 유럽연합으로 이전되면서 회원국가와 유럽연합 사이에 자본주의국가적 기능의 공간적 분업이 발생하고 있고, 그 분업체계는 유럽연합 차원에서 형성되고 있는 정책 네트워크를 매개로 유럽연합 수준에서 다양한 형태의 공공정책을 생산하는 기능을 수행하고 있다는 것이었다. 통신정책의 사례에서 볼 수 있는 것처럼, 통신자본을 위한 규제정책 및 산업정책은 이제 유럽연합 차원에서도 수행되고 있다. 그리고 근대국가에서 자본의 필요와 노동의 보호를 위해 사회정책을 입안했던 것처럼, 유럽연합 통신정책의 영역에서도 규제정책과 산업정책이 입안된 이후 미약한 수준에서나마 보편적 서비스의 원칙이 제기되고 있다. 최근 들어 노동의 보호를 위한 사회정책이 증가하고 있는 것도 통신정책의 발전유형과 상당히 유사한 모습이라고 할 수 있다.[172]

문제는 유럽연합이 새로운 정체로서 초국가적 수준에서 기능하는 자본주의제도로 발전하고 있다는 본 연구의 주장이 설득력을 갖기 위해서는, 통화정책을 포함하는 거시경제정책 및 노동력의 재생산을 보증하는 근대국가의 정책이 유럽연합 수준으로 이전되고 있음을 보여주어야 한다는 것이다. 유럽 통화동맹을 위한 계획이 구체화되고 노동력의 재생산을 유럽수준에서 안정적으로 보장하려는 사회적 규제정책이 증가한다면, 유럽연합의 초국가

---

172) 1997년에 들어서 유럽연합 수준에서 사회적 대화를 진행했던 자본과 노동의 대표들은 '무보수 육아휴가'에 합의했고, 시간제 노동자에 대해서 일반 노동자와 동등한 법적 권리를 유럽 차원에서 제공하는 문제를 토의했다고 한다. *Financial Times*, 1997/6/6.

적 자본주의적 제도로서의 성격은 더욱 강화될 것이다.

더 나아가 유럽연합이 기존의 근대국가가 갖고 있던 축적과 정당화라는 두 가지 기능을 모두 포괄할 수 있을 것인가에 대한 질문, 즉 유럽연합이 그 구성원들에게 새로운 시민권을 부여할 수 있을 것인지에 대한 질문이 제기될 수 있다. 앞서 살펴본 것처럼, 유럽연합 통신정책에서는 미약하기는 하지만 유럽인에게 보편적 서비스를 제공하고자 하는 의지가 표출되고 있다. 유럽인에게 기존의 국민국가적 정체성 이외에 유럽적 정체성을 부여할 수 있는 정책들에 대한 분석은 유럽연합이 기존의 국민국가와 구별되는 새로운 '국가'로 발전할 수 있을 것인가를 가름하는 시금석이 될 수 있을 것이다.

2-2. 비교 지역주의 연구

앞서 지적한 것처럼, 유럽연합에서 현재 기능하고 있는 제도적 질서는 이미 1950년대에 주조된 것이었다. 따라서 유럽연합은 제도적 측면에서 여타의 지역통합체와 질적으로 구분될 수 있다. 그러나 본 연구에서는 1980년대 이후 지역통합 운동이 범지구화의 맥락에서 발생하고 있다는 점에서 공통점을 갖고 있다는 인식에서 출발했다. 즉 범지구화 전략의 불확실성과 국민국가 단위의 성장전략이 불가능한 상황에서 지역통합은 유럽 이외의 지역에서도 유효한 전략적 선택일 수 있다는 것이다.

1991년 ASEAN 자유무역지대의 형성, 1992년 NAFTA의 조인, 1994년 APEC에서 역내 무역자유화 추진 합의 등은 '신자유주의적' 경제정책의 지역적 수준에서 실현이 범지구적 차원에서 이루어지고 있음을 보여주는 대표적 사례들이다. 즉, 세계경제의 범지구화 논리에 대한 대응으로 지역적 수준에서 '신자유주의적' 정책을 도입하고 이 지역통합체를 토대로 다른 지역과 경쟁하는 방식이 일반화되고 있는 것이다. 즉, 유럽연합에서 나타나고 있는 것처럼, '신자유주의'와 중상주의가 공존하고 있는 것이다. 이에 따라 최근 중남미, 아프리카, 동남아시아 등지에서 전개되고 있는 지역통합운동까지도 포괄하는 비교지역주의 연구가 활발하게 진행되고 있다.[173]

542

본 연구의 분석틀을 유럽 이외의 지역에 적용하기 위해서는 다음과 같은 연구가 필요할 것이다. 첫째, '신자유주의적' 기업국가의 출현은 이제 유럽의 선진자본주의국가에만 국한된 현상이 아니다. ASEAN, NAFTA, APEC과 지역통합체를 구성하는 국가들이 유럽국가들과 같은 형태의 복지국가를 경험하지 못한 것은 사실이지만, 범지구화가 가속화되면서 이들 국가에서는 복지국가의 경험없이 '신자유주의적' 기업국가로의 이행이 진행되고 있다고 볼 수 있다. 즉, 공급중심의 경제개입과 사회정책을 노동시장의 유연성과 구조적 경쟁력의 요구에 종속시키는 '신자유주의적' 기업국가가 보편적 현상이 되고 있는지를 판단하는 것이 중요한 작업이 될 수 있다. 이 국가형태의 변환이 현재 지역통합의 중요한 원천이기 때문이다.

둘째, 유럽연합과 달리 ASEAN, NAFTA, APEC 등에서는 높은 수준의 제도화가 이루어지지 않고 있다. 그러나 이 지역통합체에서도 자본의 국제화 및 시장자유화가 빠른 속도로 진행되고 있는 것이 사실이다. 즉, 1980년대 이후의 지역통합 현상은 초국가적 또는 다국적 기업이 설정한 의제이고 그것이 정부 간 협상을 통해 제도화되는 과정이라는 문제의식이 유럽 이외의 지역에서도 유효할 수 있다. 그렇다면 유럽 이외의 지역에서는 왜 자본 간 경쟁과 국가의 경제개입을 조정하는 체계화된 제도가 발생하지 않고 있

---

173) Ali M. El-Agraa(ed.) *Economic Integration Worldwide*(New York: St. Martin Press, 1997); A. Gamble and A. Payne(eds.) *Regionalism & World Order*(London: Macmillan, 1996); L. Fawcett and A. Hurrel(eds.) *Regionalism in World Politics: Regional Organization and International Order*(New York: Oxford University Press, 1995); H. Milner, "Regional Economic Co-operation, Global Markets and Domestic Politics: A Comparison of NAFTA and the Maastricht Treaty", *Review of International Political Economy*, Vol. 2, No.3(1995); R. Higgot, "Economic Co-operation in the Asia Pacific: A Theoretical Comparison with the European Union", *Journal of European Public Policy*, Vol 2, No.3(1995); R. Higgot and R. Stubbs, "competing Conceptions of Economic Regionalism: APEC versus EAEC in the Asia Pacific, *Review of International Political Economy*, Vol 2, No.3(1995); P. Smith(ed.), *The Challenge of Integration: Europe and the Americas*(New Brunswick: Transaction Publishers, 1993); J. Frankel and M. Kahler(eds.), *Regionalism and Rivalry*(Chicago: The University of Chicago Press, 1993) 등을 참조.

는가라는 질문이 제기될 수 있다. 이 질문은, 기업 간 관계나 기업 내 관계 또는 초국가적 기업 및 지역 엘리뜨가 형성하는 비공식적 네트워크에 대한 연구를 통해 보완될 수 있을 것이다. 즉, 유럽연합의 공식적 제도에 상응하는 기능적 등가물을 다른 지역에서도 발견할 수 있다면, 이 제도화 수준의 차이가 하나의 분석틀 속에서 설명될 수도 있을 것이다.

3. 유럽연합 통신정책의 변화 전망: 연구과제 (2)

3-1. 연구영역의 확장

본 연구의 결과를 일반화하기 위해서는 유럽연합 통신정책의 영역에서도 더 많은 연구를 필요로 한다. 첫째, 기본적 통신 서비스에 집중함으로써, 다양한 부가가치 통신과 무선통신에 대한 분석이 결여되어 있다. 특히 이 분야에 있어서는 다양한 표준이 공존하고 있는 상황이기 때문에 무엇보다도 표준화의 정치에 대한 연구가 필요하다. 둘째, 정보화사회론에 입각한 초고속정보통신망 계획에 대한 연구가 보다 진전될 필요가 있다. 이제 통신기술은 교환기기에서 전송기술로 그 강조점이 이동하고 있다. 이에 덧붙여 정보화사회론의 사회정책적 측면에 대한 연구가 요구된다. 셋째, 최근에 들어 통신과 방송이 수렴하는 현상이 나타나고 있다. 이는 통신과 컴퓨팅의 결합으로 발생한 디지털 혁명에 버금가는 중요성을 갖는 기술적 변화라고 할 수 있다. 이에 따라 유럽 차원의 방송공동체를 건설하려는 움직임도 나타나고 있다. 넷째, 유럽연합 수준의 통신정책 연구는 개별 회원국가 단위에서 여전히 진행 중인 통신정책에 대한 연구를 통해 보완되어야 한다. 다섯째, 유럽연합 통신정책이 통신 노동자들의 작업조건이나 고용조건에 미친 영향이 앞으로 보완되어야 한다. 그리고 전략적인 측면에서 통신정책 네트워크의 구성원이었던 통신노동자들이 유럽적 수준에서 집합적 행위자로 등장할 수 있는 가능성에 대한 연구가 필요할 것이다.

3-2. 유럽연합의 미래와 통신정책

1997년 암스테르담 정부 간 회의에서 볼 수 있는 것처럼, 현재 유럽연합에서 가장 논란이 되고 있는 주제는 통화동맹의 건설과 유럽연합의 확대 문제이다. 전자가 유럽연합의 정책통합을 강화하는 '심화'의 문제라면, 후자는 동유럽국가들의 유럽연합 가입과 관련된 것으로 유럽연합의 외연을 '확대'하는 문제이다.

정책통합의 가속화가 NAFTA와 APEC과 같은 지역통합체와의 경쟁에서 유럽연합에게 유리한 입지를 제공할 것임은 분명하다. 그러나 정책통합의 심화는 회원국가의 자율성을 제약하는 결과를 초래할 수도 있기 때문에, 각 회원국가들 사이에 정책통합의 심화를 둘러싼 갈등이 증폭되고 있다. 그럼에도 회원국가들이 보다 완화된 형태이기는 하지만 통화동맹을 수용할 가능성은 높다고 볼 수 있다. 가장 강력한 반대자였던 영국정부도 최근 노동당이 집권하면서 통화동맹에 참여할 의사를 밝히고 있다.

유럽연합의 외연을 확대하는 문제를 둘러싸고도 회원국가들 사이에는 상당한 갈등이 존재한다. '신자유주의적' 지향이 강한 국가들에게 동유럽국가들의 가입은 새로운 안정적 시장의 등장을 의미할 수도 있다. 그리고 수출 중심의 경제구조를 갖고 있는 국가들도 동유럽국가들의 가입을 환영할 것이다. 그러나 다른 한편으로 대부분 실업문제로 고민하고 있는 유럽연합 회원국가들은 동유럽국가들의 가입 이후 예상되는 동유럽노동자들의 유입에 대해서는 부정적 견해를 갖고 있다.

정책통합의 가속화는 새로운 정책영역의 개발이라기보다는 기존의 정책통합을 심화하는 침투확산의 형태로 이루어지고 있기 때문에 단일유럽법과 마스뜨리히뜨 조약에 근거한 유럽연합의 제도적 틀을 크게 변화시키지는 않을 것으로 보인다. 그러나 유럽연합의 확대는 유럽연합의 제도적 틀에 커다란 영향을 미칠 것이다. 새로이 가입한 국가들에게 집행위원직을 할당해야 하고, 각료회의의 특정다수결 제도 또한 엄청난 변화를 겪을 수밖에 없기 때문이다. 또한 이들 국가에서도 유럽의회 의원이 선출되어야 하고, 이들 국가들에게도 각료회의 의장직이 주어져야 한다. 따라서 유럽연합의 확대는 이제까지 유지되어 왔던 제도적 틀에 대한 근본적 변화를 의미할 수도 있다. 그렇기 때문에 기존의 유럽연합 회원국가들은 공동체 외연의 확대가 주는 경제적 이익에 큰 관심을 표명하면서도 동유럽국가들의 가입 문제에 대해 쉽게 결정을 내리지 못하고 있는 실정이다. 그러나 1997년 12월 13일 룩셈부르크 정상회담에서는 헝가리, 체코, 슬로베니아, 에스토니아, 키프로스와 정회원국 가입을 위한 협상을 시작하기로 결정했다고 한다.

이 심화와 확대를 둘러싼 유럽연합의 고민은 본 연구의 분석대상이었던 통신정책과 관련하여도 중요한 의미를 지닐 수 있다. 1997년 우루과이 라운드의 협상대상이었던 통신부문의 자유화 정책이 타결되었다. 즉, 대부분의 국가들에서 통신정책의 자유화는 이제 거역할 수 없는 대세로 인정되고 있다. 그러나 각국마다 통신정책의 '자유화 일정'이 상이하다. 예를 들어 미국을 중심으로 한 선진자본주의국가들이 자국의 통신 서비스 시장에 대한 외국자본의 출자제한을 폐지한 데 반해, 한국, 캐나다, 호주 그리고 일부 아시아 국가들은 20-50% 범위 내에서 외국인 출자를 허용하기로 결정했다. 유럽연합 회원국가들은 이미 통신 하부구조 및 음성 전화통신에 경쟁 체제를 도입하는 것에 합의한 상태이다. 따라서 유럽 차원에서 통신정책의 통합은 더욱 가속화될 것이다. 즉, 유럽연합이 통신정책의 자유화를 감독하는 기구로서 그 위상은 더욱 제고될 전망이다. 그러나 기업 간 경쟁이 가속화되면서 유럽의 통신사업자들이 각기 다른 해외 통신사업자와 전략적 제휴를 체결하고 있다는 점에서, 유럽연합이 기업 간 협력을 매개하는 역할은 축소될 수 있을 것이다.

또한 동유럽국가들의 가입도 유럽연합 통신정책에 심대한 영향을 미칠 것으로 예상된다. 서유럽의 통신장비 생산업체들은 새로운 시장의 출현에 환영의사를 표명하고 있고, 이미 동유럽시장에 진출해 있는 기업들도 있다. 통신장비가 10-15년 정도의 내구성을 갖는 장비이고 다양한 장비를 동시에 사용하기가 매우 힘들다는 사정을 감안한다면, 서유럽 통신장비 생산업체들에게 동유럽 진출을 상대적으로 북미 및 동아시아 시장에 진출하기가 힘든 실정에서 대단한 매력일 수 있다. 그리고 통신 서비스 제공자들에게 있어서도 전략적 제휴의 형태로 동유럽국가들에 진출할 기회가 확대될 것이다.

  그러나 동유럽시장을 둘러싼 서유럽 통신업자들의 경쟁은 정책통합의 가속화를 가로막는 장애물로 기능할 수 있을 것이다. 이미 드러나고 있듯이 유럽 차원에서 정책통합을 선호하면서도 외국시장을 둘러싸고 유럽의 통신업자들 사이에 경쟁은 가열되고 있다. 따라서 유럽연합의 심화와 확대 사이의 고민이 유럽연합 통신정책에 있어서도 동일한 형태로 재현될 것으로 보인다.

참고 문헌

1. 자 료

Commission of the European Communities, *La Politique Industrielle de la Communaute*(the Colona Report), COM(70) 100 final, Brussels: CEC, 1970.

_____________________, *Recommendation concerning the Implementation of Harmonization in the Field of Telecommunications*, COM(80) 422 final, Brussels: CEC, 1980.

_____________________, *Towards a European Strategic Programme for Research and Development in Information Technologies*, COM (82) 287, Brussels: CEC, 1982a.

_____________________, *Communication from the Commission to the Council: On Laying the Foundations for a European Strategic Programme of Research and Development in Information Technologies: The Pilot Phrase*, COM (82) 486 fin 2, Brussels: CEC, 1982b.

_____________________, *Proposal for a Council Decision Adopting the First European Strategic Programme for Research and Development in Information Technology(ESPRIT)*, COM(83) 258 final, Brussels: CEC, 1983a.

_____________________, *Telecommunications*(Communication from the Commission to the Council), COM(83) 329 final, Brussels: CEC, 1983b.

_____________________, *Communication from the Commission to the Council on Telecommunications: Lines of Action*, COM(83) 573 final,

548

Brussels: CEC, 1983c.

__________________________, *Communication from the Commission to the Council on Telecommunications*, COM(84) 277 final, Brussels: CEC, 1984.

__________________________, *Proposal for a Council Decision on a Preparatory Action for a Community Research and Development Programme in the Field of Telecommunications Technologies: R&D in Advanced Communication-Technologies for Europe(RACE)*, Definition Phase, COM(85) 113 final, Brussels: CEC, 1985a.

__________________________, *Communication from the Commission to the Council on the Status of the Community Telecommunications Policy*, COM(85) 276 final, Brussels: CEC, 1985b.

__________________________, *The Second Phase of Esprit*. COM (86) final, Communication from the Commission to the Council, Brussels: CEC, 1986.

__________________________, *Green Paper on the Development of the Common Market for Telecommunications Services and Equipment*, COM(87) 290 final, Brussels: CEC, 1987.

__________________________, *Commission Directive of 16 May on Competition in the Markets in Telecommunications Terminal Equipment*, 88/301/EEC, OJL 131/73, Brussels: CEC, 1988a.

__________________________, *Towards a Competitive Community-wide Telecommunications Market in 1992: Implementing the Green Paper on the Development of the Common Market for Telecommunications Services and Equipment, State of Discussions and Proposals by the Commission*, COM(88) 48 final, Brussels: CEC, 1988b.

__________________, *Commission Directive of 28 June 1990 on Competition in the Markets for Telecommunications Services*, 90/388/EEC, OJ L 192/10, Brussels: CEC, 1990a.

__________________, *Towards Trans-European Networks-For a Community Action Programme*, COM(90) 585 final, Brussels: CEC, 1990b.

__________________, *European Industrial Policy for - the 1990s*, Bullet in of the European Communities, Supplement 3/91, 1991a.

__________________, *The European Electronics and Information Technology Industry: State of Play, Issues at Stake and Proposals for Action*, Commission of the European Communities DG-XIII, 1991b.

__________________, *Guidelines on the Application of EEC Competition Rules in the Telecommunications Sector*, COM(91) C233/02 OJ C 233/2, Brussels: CEC, 1991c.

__________________, *1992 Review of the Situation in the Telecommunications Services Sector*, SEC(92) 1048, Brussels: CEC, 1992a.

__________________, *Proposal for a Council Directive on the Mutual Recognition of Licences and Other National Authorization for Telecommunications Services Including the Establishment of a Single Community Telecommunications License and the Setting up of a Community Telecommunications Committee*, COM(92) 254 final, Brussels: CEC, 1992b.

__________________, *R&D in Advanced Communications Technologies for Europe (RACE): Final Report on Phase I of RACE(1988-1992)*, DG XIII/B, 1992c.

__________________, *Treaty on European Union*, Office for Official Publications of the European Communities, 1992d.

__________________, *Communication to the Council and European Parliament on the Consultation on the Review of the Situation in the Telecommunications* Sector, COM(93) 159 final, Brussels: CEC, 1993a.

__________________, *Developing Universal Service in Telecommunications. Communication to the European Parliament*, Com(93) 543, Brussels: CEC, 1993b.

__________________, *Commission Report to the European Council on the Adaptation of Community Legislation to the Subsidiarity Principle*, COM(93) 545 final, Brussels: CEC, 1993c.

__________________, *Official Documents of Community Telecommunication Policy*, DG XIII, Brussels: CEC, 1994a.

__________________, *Europe and the Global Information Society*, 1994b.

__________________, *Green Paper on the Liberalization of Telecommunications Infrastructure and Cable Television Networks, Part One*, COM(94) 440 final, Brussels, 1994c.

__________________, *Green Paper on the Liberalization of Telecommunications Infrastructure and Cable Television Networks, Part Two*, COM(94) 683 final, Brussels, 1994d.

__________________, *R&D in Advanced Communications Technologies for Europe (RACE): Mid-term Report on Phase II of RACE-(1991-1994)*, 1994e.

__________________, *The Consultation on the Green Paper on the Liberalization Infrastructure and Cable Television Networks*, COM(95) final, Brussels, 1995a.

__________________, *Proposal for a European Parliament and Council Directive on a Common Framework for General Authorizations and Individual Licences in the Field of Telecommunications Services*, COM(95) 545, 1995b.

__________________________, *Research and Technology Development in Advanced Communications Technologies in Europe, RACE 1995*, DG XIII/B, February, 1995c.

__________________________, *Universal Service for Telecommunications in the Perspective of a Fully Liberalized Environment*, Communication to the European Parliament, the Council, the Economic and Social Committee and the Committee of the Region, Brussels, 20 March, 1996.

ECSC-EC-EAEC, *Eurostat(Ecustat)*, Brussels: CEC, 1996.

ESPRIT Review Board, *The Mid-Term Review of ESPRIT*, Brussels: CEC, 1987.

Eureka Secretariat, *The Eureka Projects*, Brussels: Eureka Secretariat, 1987.

European Parliament, "1985-1986 Session Report of Proceedings from 13 to 17 January 1986", *Official Journal of the European Communities, Annex*, 1986.

Eurostat, *Transport and Communication: Annual Statistics 1970-1987*, Brussels, 1990.

GATT, *The Results of the Uruguay Round of Multilateral Trade Negotiation: The Legal Texts*, Geneva, 1994.

INSEAD, *The Benefits of Completing the Internal Market for Telecommunications Services in the Community*, Fontainebleau, 1988a.

________, *The Benefits of Completing the Internal Market for Telecommunications Equipment in the Community*, Fontainebleau, 1988b.

International Telecommunications Union(ITU), *The Changing Role of Government in an Era of Deregulation*, Geneva, 1993.

__________________________________, *World Telecommunication Development Report 1994*, Geneva, 1994a.

__________________________________, *Telecommunication Indicators for Western and Southern Europe, Geneva, 1994b.

__________________________________, The Changing Role of Government in an Era of Telecom Deregulation, Geneva, 1994c.

__________________________________, World Telecommunications Development Conference, Final Report, Buenos Aires, 1994d.

__________________________________, Interconnection: Regulatory Issues, Geneva, 1995.

Organization for Economic Cooperation and Development(OECD), Telecommunications: Pressures and Policies for Change, Paris, 1983.

__________________________________, Review of Innovation Policies, Paris, 1986a.

__________________________________, Review of National Science and Technology Policies, Paris, 1986b.

__________________________________, Science and Technology Indicators, Paris, 1989.

__________________________________, Technology and the Economy, Paris, 1992a.

__________________________________, Convergence between Communications Technologies, Paris, 1992b.

__________________________________, Information Networks and New Technologies: Opportunities and Policy Implications for the 1990s, Paris, 1992c.

__________________________________, Labour Force Statistics 1973-1993, Paris, 1995a.

__________________________________, Communications Outlook, Paris, 1995b.

__________________________________, Telecommunications Infrastructure: The Benefits of Competition, Paris, 1995c.

Rudden, B. and Wyatt, D., Basic Community Laws, Oxford: Claredon

Press, 1992.

UNCTAD, *World Investment Report 1994*, 1994.

UNCTC, *Regional Economic Integration and Transnational Corporations in the 1990s*, United Nations, 1990.

World Trade Organization(WTO), *Regionalism and the World Trading System*, Geneva: WTO, 1995.

Yearbook of European Telecommunications 1995, CIT Publications, 1994.

2. 참고문헌

Aglietta, M., "World Capitalism in the Eighties", *New Left Review*, 136, 1982.

Agnew, J., "The Devaluation of Place in Social Science", J. Agnew and J. Duncan(eds.), *The Power of Place*, Boston: Unwin and Hyman, 1989.

__________, "Timeless Space and State-Centrism: The Geographical Assumptions of International Relations Theory", in S. Rosow, N. Inayatullah, and M. Rupert(eds.), *The Global Economy as Political Space*, Boulder: Lynne Rienner Publishers, 1994.

Agnew, J. and Corbridge, S., *Mastering Space*, London: Routledge, 1995.

Ahn, Chung-Si, "Northeast Asia in the Global and Regional Context: Security Options for the Next Century", T. Tanaka and T. Inoguchi(eds.), *Globalism and Regionalism*, Tokyo: The United Nations University, 1997.

Alagappa, M., "Regionalism and Conflict Management: A Framework for Analysis", *Review of International Studies*, 21, 1995.

Albert, M., *Capitalism vs. Capitalism*, New York: Four Walls Eight Windows, 1993.

Allison, G., *The Essence of Decision: Explaining the Cuban Missile Crisis*, Boston: Little Brown, 1971.

Allot, P., "The European Community is not the True European Community", *Yale Law Journal*, 100:8, 1991.

Alter, K. and Meunier-Aitsahalia, S., "Judicial Politics in the European Community: European Integration and the Pathbreaking Cassis de Dijon Decision", *Comparative Political Studies*, 26:4, 1994.

Althusser, L., "Machiavelli's Solitude", *Economy and Society*, 17:4, 1988.

Amin, A. and Dietrich, M., "From Hierarchy to 'Hierarchy': The Dynamics of Comtemporary Corporate Restructuring in Europe", in A. Amin and M. Dietrich(eds.), *Towards a New Europe? Structural Change in the European Economy*, Aldershot: Edward Elgar, 1991.

Andersen, C., *Influencing the European Community*, London: Kogan Page, 1992.

Andersen, S. and Eliassen, K., "European Community Lobbying", *European Journal of Political Research*, 27, 1991.

_______________________________, (eds.), *Making Policy in Europe: The Europeification of National Policy Making*, London: Sage, 1993a.

_______________________________, "The EC as a New Political System", in S. Andersen and K. Eliassen(eds.), *Making Policy in Europe: The Europeification of National Policy Making*, London: Sage, 1993b.

_______________________________, "Policy-Making in the New Europe", in S. Andersen and K. Eliassen(eds.), *Making Policy in Europe: The Europeification of National Policy Making*, London: Sage, 1993c.

_______________________________, "EU lobbying: The New Research Agenda", *European Journal of Political Research*, 27: 427-441, 1995.

______________________, "Introduction: Dilemmas, Contradictions and the Future of European Democracy", in S. Andersen and K. Eliassen(eds.), *The European Union: How Democratic Is It*, London: Sage, 1996a.

______________________, "Democracy: Traditional Concerns in New Institutional Settings", in S. Andersen and K. Eliassen(eds.), *The European Union: How Democratic Is It*, London: Sage, 1996b.

Andersen, S., "The European Union and the Erosion of Parliamentary Democracy: A Study of Post-parliamentary Governance", in S. Andersen and K. Eliassen(eds.), *The European Union: How Democratic Is It*, London: Sage, 1996.

Anderson, B., *Imagined Communities*, London: Verso, 1983.

Anderson, Jeffrey, "The State of the(European) Union", *World Politics*, 47:3, 1995.

Anderson, J. and Goodman, J., "Regions, States and the European Union: Modernist Reaction or Postmodern Adaptation", *Review of International Political Economy*, 2:4, 1995.

Angell, I., "Winners and Losers in the Information Age", *Social Science & Modern Society*, 34:1, 1996.

Arendt, H., *The Human Condition*, Chicago: Chicago University Press, 1958.

Aristotle, *The Politics*, translated by T. A. Sinclair, revised and re-presented by T. J. Saunders, London: Penguin, 1981.

Arlandis, J., "ISDN: A European Perspective", in C. Steinfield, J. Bauer, and L. Caby(eds.), *Telecommunications in Transition: Policies, Services and Technologies in the European Community*, London: Sage, 1994.

Aronson, D. and Cowhey, P., *When Nations Talk: International Trade in Telecommunications*, Cambridge: Ballinger, 1988.

__________________, "Bilateral Telecommunications Negotiations", in A. Bressand and K. Nicolaidïs(eds.), Strategic *Trends in Services: An Inquiry into the Global Service Economy*, New York: Harper & Row, 1989.

Ashley, R., "The Poverty of Neorealism", *International Organization*, 38:2, 1984.

Atik, J., "Complex Enterprises and Quasi-Public Goods", Journal *of International Business Law*, 16:1, 1995.

Bailey, J., "Liberalisation of European Telecommunication: A Policy for the Future", Paper for the Conference on the Liberalisation of European Telecommunications: A Policy for the Europe as Set out in the European Commission's 'Green Paper' Organised by IBC Technical Services Ltd., 1987.

Bakke, E., "Towards a European Identity?" ARENA Working Paper No.10/95, 1995.

Balassa, B., *The Theory of Economic Integration*, London: Allen & Unwin, 1961.

Baldwin, D. (ed.), *Neorealism and Neoliberalism: The Contemporary Debate*, New York: Columbia University Press, 1993.

Balibar, E., "The Nation Form", in E. Balibar and I. Wallerstein, *Race, Nation, Class*, London: Verso, 1991.

Barry, A., "The European Community and European Government", *Economy and Society*, 22:3, 1993.

Barry, N., "Ideas and Interests", in A. Gamble *et al.*(eds.), *Ideas, Interests and Consequences*, London: The Institute of Economic Affairs, 1989.

Bartrip, W., "State Intervention in Mid-Nineteenth Century Briatin: Fact or Fiction?" *The Journal of British Studies*, 23, 1983.

Batherwick, D., *The International Politics of Telecommunications*, Berkely: Institute for International Studies, 1987.

Bauer, J. M., "Conceptual Frameworks for the Design of Telecommunications Policy", in C. Steinfield, J. Bauer, and Caby L.(eds.), *Telecommunications in Transition: Policies, Services and Technologies in the European Community*, London: Sage, 1994.

Bauer, J. and Steinfield, C., "Telecommunications Initiative of the European Communities", in C. Steinfield, J. Bauer, and Caby L. (eds.), *Telecommunications in Transition: Policies, Services and Technologies in the European Community*, London: Sage, 1994.

Bellamy, R., *Liberalism and Modern Society*, Cambridge: Polity Press, 1992.

__________, "Liberalism", in R. Eatwell and A. Wright(eds.), *Contemporary Political Ideologies*, Boulder: Westview Press, 1993.

Benedetti, M., "Vu d'Italie", *Le Communicateur*, N° Spécial, Février, 1988.

Benjamin, R. and Duvall, R., "The Capitalist State in Context", in R. Benjamin and S. Elkin(eds.), *The Democratic State*, Lawrence: The University Press of Kansas, 1985.

Bentham, J., *The Panopticon Writings*, edited and introduced by M. Bozovic, London: Verso, 1995.

Berger, S. and Dore, R. (eds.), *National Diversity and Global Capitalism*, Ithaca: Cornell University Press, 1996.

Bertramsen, R., Thomsen, J., and Torfing, J., "From the Problems of Marxism to the Primacy of Politics", in R. Bertramsen, J. Thomsen, and J. Torfing(eds.), State, *Economy and Society*, London: Unwin Hyman, 1991.

Bindi, F., *The Role of Eurogroups in the EU Decision-Making Process*, Florence: European University Institute, 1994.

Blatherwick, D., *The International Politics of Telecommunications*, Berkely: University of California Press, 1987.

Bogdanor, V. and Woodcock, G., "The European Community and

Sovereignty", *Parliamentary Affairs*, 44:4, 1991.

Bonefield, W. and Holloway, J. (eds.), *Post-Fordism & Social Form: A Marxist Debate on the Post-Fordist State*, London: Macmillan, 1991.

Bornholz, R. and Evans, D., "The Early History of Competition in the Telephone Industry", in D. Evans(ed.), *Breaking Up Bell*, New York: North Holland, 1983.

Bortherwick, R. and Stehmann, O., "A Strategy towards Infrastructure Competition in the European Union", *Telecommunications Policy*, 18:8, 1994.

Bowler, S., "Government-Business Bargaining and the Impact of EC Institutions: the Lindblom Problem", *Political Studies*, XXXVI, 1988.

Boyle, C., "The Imagining the World Market: IPE and the Task of Social Theory", *Millenium*, 23:2, 1994.

Braudel, F., *The Mediterranean and the Mediterranean World in the Age of Phillip II*, New York: Harper & Row, 1966.

__________, *Ecrits sur l'Histoire*, 이정옥 역, 『역사학 논고』, 서울: 민음사, 1990.

Bressand, A. and Nicolaidis, K., "Regional Integration in a Networked World Economy", in W. Wallace(ed.), *The Dynamics of European Integration*, London: Pinter, 1990.

Brock, G. W., *The Telecommunications Industry*, Cambridge: Harvard University Press, 1981.

Bud, S. and Jones, A., *The European Community*, London: Kogan Page, 1992.

Bull, H., *The Anarchical Society: A Study of Order in World Politics*, London: Macmillan, 1977.

Bulmer, J., "The Governance of the European Union: A New Institutionalist Approach", *Journal of Public Policy*, 13:4, 1994.

Burnham, P., "Neo-Gramscian Hegemony and the International Order", *Capital and Class*, 45, 1991.

Burley, A. and Mattli, W., "Europe before the Court: A Political Theory of Legal Integration", *International Organization*, 47:1, 1993.

Business Week, "Telecommunications Liberalization", in T. Forester(ed.), *The Information Technology Revolution*. Oxford: Basil Blackwell, 1983.

Butt Philip, A., *Pressure Groups in the European Community*, London: University Association for Contemporary European Studies, 1985.

Butt Philip, A.(ed.), *The Directory of Pressure Groups in the European Community*, Harlow, Essex: Longman, 1991.

Butt Philip, A. and Porter, M., "Business Alliances, Network construction and Agenda Definition: Recent Development in Lobbying Activities in Brussels and Strasbourg", Paper presented at the 1997 ECSA conference, 1997.

Cadiou, J. M., "Esprit: un premier bilan", *Bulletin de Liaison de la Recherche en Informatique et Automatique*, 105, 1986.

Calhoun, C., "Nationalism and the Public Sphere", in J. Weintraub and K. Kumar(eds.), *Public and Private in Thought and Practice*, Chicago: The University of Chicago Press, 1997.

Calingaert, M., "Government-Business Relations in the European Community", *California Management Review*, 35: 118-133, 1993.

Cameron, D., "The 1992 Initiative: Causes and Consequences", in A. Sbragia(ed.), *Euro-Politics: Institutions and Policymaking in the "New" European Community*, Washington, D.C.: The Brookings Institution, 1992.

Camiller, P., "Beyond 1992: The Left and Europe", *New Left Review*, 175, 1989.

Caporaso, J., "Introduction: The State in Comparative and International Perspective", in J. Caporaso(ed), *The Elusive State: International and Comparative Perspective*, London: Sage, 1989.

__________, "Four Central Controversies of Regional Integration Theories", Paper presented at Ideologies and Policies of Korea in the 21st Century, 1995.

__________, "The European Union and Forms of State: Westphalia, Regulatory or Post-Modern?" *Journal of Common Market Studies*, 34:1, 1996.

Carporaso, J. and Keeler, J., "The European Union and Regional Integration Theory", in C. Rhodes and S. Mazey(eds.), *The State of the European Union: building a European polity*, Boulder: Lynne Rienner, 1995.

Caporaso, J. and Levine, D., *Theories of Political Economy*, Cambridge: Cambridge University Press, 1992.

Carton, A., "EUREKA: a West European Response to the Technological Challenge posed by the SDI Research Programme", in H. G. Brauch(ed.), *Star Wars and European Defense*, New York: St. Martin's Press, 1987.

Cassels, A., *Ideology & International Relations in the Modern World*, London: Routledge, 1996.

Castells, M., "Crisis, Planning, and the Quality of Life: Managing the New Historical Relationship between Space and Society", *Environment and Planning D: Society and Space*, 1:1, 1983.

Cawson, A., Morgan, K., Webber, D., Holmes P., and Stevens, A., *Hostile Brothers: Competition and Closure in the European Electronics Industry*, Oxford: Claredon Press, 1990.

Cechnni, P., *The European Challenge 1992*, Aldershot: Gower, 1988.

Cerny, P. and Schain, M. (eds.), *Socialism, the State and Public Policy in France*, New York: Methuen, 1985.

Cerny, P., "Globalization and the Changing Logic of Collective Action", *International Organization*, 49:4, 1995.

Chamoux, J., "Regulation of Liberalised Telecommunications", Paper presented at the Conference, *The Liberalisation of European Telecommunications: A Policy for the Europe as set out in the European Commission's 'Green Paper'* organised by IBC Technical Services Ltd., 1987.

Chandler, A., *The Visible Hand*, Cambridge: Harvard University Press, 1977.

Chick, M., "Privatisation: The Triumph of Past Practice over Current Requirements", *Business History*, 29, 1987.

Cini, M., *The European Commission: Leadership, Organisation and Culture in the EU Administration*, Manchester: Manchester University Press, 1996.

Clark, I., *Globalization and Fragmentation: International Relations in the Twentieth Century*, Oxford: Oxford University Press, 1997.

Cocket, R. *Thinking the Unthinkable: Think Tank and the Economic Counter-Revolution 1931-1983*, London: Harper Collins, 1993.

Cocks, P., "Towards a Marxist theory of European Integration", *International Organization*, 34:1, 1990.

Coen, D., "The Evolution of the Large Firm as a Political Actor in the European Union", *Journal of European Public Policy*, 4:1, 1997.

Coleman, W. and Underhill, G., "Introduction: Domestic Politics, the Single Market and Global Economic Integration", *Journal of European Public Policy*, 2:3, 1995.

Conybeare, J., "Public Goods, Prisoners' Dilemmas and the International Political Economy", *International Studies Quarterly*, 28:1, 1984.

Cornett, L. and Caporaso, J., "'And Still It Moves!' State Interests and Social Forces in the European Community", in J. Rosenau and E. Czempiel(eds.) *Governance without Government: Orders and Change in World Politics*, Cambridge: Cambridge University Press, 1992.

562

Cowhey, P. F., "The International Telecommunications Regime: the Political Roots of Regime for High Technology", *International Organization*, 44:2, 1990a.

__________, "Telecommunications", in G. C. Hufbauer(ed.), *Europe 1992: An American Perspective*, Washington D.C.: The Brookings Institution, 1990b.

Cowles, M. G., "Setting the Agenda for a New Europe: The ERT and EC 1992", Journal *of Common Market Studies*, 33:4, 1995.

__________, "The Changing Architecture of Big Business", Paper presented at the 1997 ECSA conference, 1997.

Cox, R., "Social Forces, States and World Order: Beyond International Relations Theory", *Millennium*, 10:2, 1981.

__________, "Global *Perestroika*", in R. Miliband and L. Panitch(eds.), *Socialist Register 1992*, London: The Merlin Press, 1992.

__________, *Production, Power, and World Order: Social Forces in the Making of History*, New York: Columbia University Press, 1993a.

__________, "Structural Issues of Global Governance", in S. Gill(ed.), *Gramsci, Historical Materialism and International Relations*, Cambridge: Cambridge University Press, 1993b.

Cox, R. with Sinclair, T., *Approaches to World Order*, Cambridge: Cambridge University Press, 1996.

Cox, R. and Jacobson, H.(eds.), *The Anatomy of Influence*, New Haven: Yale University Press, 1973.

Cram, L., "The European Commission as a Multi-Organization: Social Policy and IT Policy in the EU", Journal *of European Public Policy*, 1:2, 1994.

__________, *Policy-Making in the EU: Conceptual Lenses and the Integration Process*, London: Routledge, 1997.

Crick, B., *In Defence of Politics*, London: Penguin Books, 1964.

Croty, J., "The Limits of Keynesian Macroeconomic in the Age of the Global Marketplace", in A. MacEwan and W. K. Tabb(eds.), *Instability and Change in the World Economy*, New York: Monthly Review Press, 1989.

Culter, A., "Global Capitalism and Liberal Myths: Dispute Settlement in Private International Trade Relations", *Millenium*, 24:3, 1995.

Curwen, P., "Telecommunications Policy in the European Union", *Journal of Common Market Studies*, 33:3, 1995.

Damgaard, E., Gerlich, P. and Richardson, J. J.(eds.), *The Politics of Economic Crisis*, Aldershot: Avebury, 1989.

Dang-Nguyen, G. L., Schneider, V. and Werle, R., "Networks in European Policy-Making: Europeification of Telecommunication Policy", in S. S. Andersen and Eliassen, K. A.(eds.), *Making Policy in Europe*, London: Sage, 1993.

Dang-Nguyen, G., "Telecommunications: A Challenge to the Old Order", in M. Sharp(ed.), *Europe and the New Technologies*, Ithaca: Cornell University Press, 1986.

______________, "Telecommunications in France", in J. Foreman-Peck and Müller, J.(eds.), *European Telecommunications Organisations*, Baden-Baden: Nomos, 1988.

Daniels, P. W., Service *Industries in the World Economy*, Oxford: Blackwell, 1993.

Davies, A., *Telecommunications and Politics*, London: Pinter Publishers, 1994.

de Jong H. W., "Introduction", in H. W. de Jong(ed.), *The Structure of European Industry*, Dordecht: Kluwer Academic Publishers, 1988.

Der Derian, J. and Shapiro, M.(eds.), *International/Intertextual Relations: Postmodern Readings of World Politics*, Toronto: Lexington Books, 1989.

Desseler, D., "What's at Stake in the Agent-Structure Debate?"

International Organization, 43:3, 1989.

Deleuze, G. and Guattari, F., *Anti-Oedipus*, Minneapolis: University of Minnesot a Press, 1983.

Deutsche, K., *Political Community at the International Level*, Garden City, NY: Doubleday, 1954.

__________, *Nationalism and Social Communication*, Cambridge: The MIT Press, 1966.

Devetak, R., "The Project of Modernity and International Relations Theory", *Millennium*, 24:1, 1995.

Dine, J., Douglas-Scott, S. and Persaud, I., *Procedure and the European Court*, London: Chancery, 1991.

Dodgson, M., *Technology Strategy and the Firm*, London: Longman, 1988.

Drainville, A., "Of Social Space, Citizenship, and the Nature of Power in the World Economy", *Alternative*, 20:1, 1995.

Drake, W., "The Transformation of International Telecommunications Standardization: European and Global Dimension", in C. Steinfield, J. Bauer, and Caby L.(eds.), *Telecommunications in Transition: Policies, Services and Technologies in the European Community*, London: Sage, 1994.

Drake, W. and Nicolaïdis, K., "Ideas, Interests and Institutionalization: 'Trade in Services' and the Uruguay Round", *International Organization*, 46:1, 1992.

Dreyfous, E., "Liberalisation of European Telecommunications", Paper for the Conference on the Liberalisation of European Telecommunications: A Policy for the Europe as Set out in the European Commission's 'Green Paper' Organised by IBC Technical Services Ltd., 1987.

Drucker, P., *Post-Capitalist Society*, New York: Harper & Collins, 1993.

Dunning, J. and Robson, P., "Multinational Corporate Integration and Regional Economic Integration", *Journal of Common Market*

Studies, XXVI: 2, 1987.

Durand, T. and Stymne, B., "Technology and Strategy in a Hi-Tech Industry Reflections on the Past and Future of Two European Telecoms Companies", in L. Mattsson and B. Stymne, *Corporate and Industry Strategies for Europe,* Amstredam: North-Holland, 1991.

Dyson, K., *The State Tradition in Western Europe,* Oxford: Martin Robertoson, 1980.

__________, "West European States and the Communication Revolution", *West European Politics,* 9:4, 1986.

Dyson, K. and Humphrey, P.(eds.), *The Political Economy of Communications,* London: Routledge, 1990.

Eichenberg, R. and Dalton, R., "Europeans and the European Community: The Dynamics of Public Support for European Integration", *International Organization,* 47:4, 1993.

El-Agraa, Ali M.(ed.) *Economic Integration Worldwide,* New York: St. Martin Press, 1997.

Elam, M., "Puzzling out the Post-Fordist Debate: Technology, Markets and Institutions", in A. Amin(ed.), *Post-Fordism: A Reader,* Oxford: Blackwell, 1994.

Eley, G., "Nations, Publics, and Political Cultures: Placing Habermas in the Nineteenth Century", in C. Calhoun(ed.), *Habermas and Public Sphere,* Cambridge: The MIT Press, 1992.

Elixmann, D. and Schnöring, T., "Internationalization of the German Telecommunications Service Market and Strategic Behaviour of DBP Telekom", Wissenschaftliches Institut für Kommuni-kationsdienste, Diskussionsbeitrag Nr. 112, Bad Honnef, Juli 1993.

Elster, J., *Explaining Technical Change: A Case Study in the Philosophy of Science,* Cambridge: Cambridge University Press, 1983.

Engels, F., *The Origin of The Family, Private Property and the State,*

Moscow: Progress Publishers, 1990.

Esser, J. and Noppe, R., "Private 'Muddling through' as a Political Programme?: The Role of European Commission in the Telecommunications Sector in the 1980s", *West European Politics*, 19:3, 1996.

Evans, D. and Heckman, J., "Natural Monopoly", in D. Evans(ed.), *Breaking Up Bell*, New York: North Holland, 1983.

Evans, P., Jacobson, H. and Putnam, R.(eds.), *Double-Edged Diplomacy: International Bargaining and Domestic Politics*, Berkely: University of California Press, 1993.

Faulhaber, G. and Tamburini, G.(eds.), *European Economic Integration: The Role of Technology*, Boston: Kluwer Academic Publishers, 1991.

Fawccett, L. and Hurrell, A.(eds.), *Regionalism in World Politics*, Oxford: Clarendon Press, 1995.

Feagin, J. and Smith, M., "Cities and New International Division of Labor: An Overview", in Smith, M. and Feagin, J.(eds.), *The Capitalist City*, London: Basil Blackwell, 1987.

Federal Trust Report, *Network Europe and the Information Society*, London, 1995.

Fisher, M., "Feudal Europe, 800-1300: Communal Discourse and Conflictual Practices", *International Organization*, 46:2, 1992.

__________, "On Context, Facts, and Norms: Reply to Hall and Kratochwil", *International Organization*, 47:3, 1993.

Foreman-Peck, J. and Müller, J.(eds.), *European Telecommunications Organisations*, Baden-Baden: Nomos, 1988.

__________________________________, "The Changing European Telecommunications System", in J. Foreman-Peck and J. Müller(eds.), *European Telecommunications Organisations*, Baden-Baden: Nomos, 1988.

Foreman-Peck, J. and Manning, D., "Telecommunications in Italy", in J. Foreman-Peck and J. Müller(eds.), *European Telecommunications Organisations*, Baden-Baden: Nomos, 1988.

__________________________________, "Telecommunications in the United Kingdom", in J. Foreman-Peck and J. Müller(eds.), *European Telecommunications Organisations*, Baden-Baden: Nomos, 1988.

Frankel, J. and Kahler, M.(eds.), *Regionalism and Rivalry*, Chicago: The University of Chicago Press, 1993.

From, J. and Stava, P., "Implementation of Community Law: The Last Stronghold of National Control", in S. Andersen and K. Eliassen(eds.), *Making Policy in Europe: The Europeification of National Policy Making*, London: Sage, 1993.

Frow, J., "Information as Gift and Commodity", *New Left Review*, 219, 1996.

Fuchs, G., "Integrated Services Digital Network: The Politics of European Telecommunications Network Development", *Journal of European Integration*, 16, 1992.

__________, "ISDN: "The Telecommunications Highway for Europe after 1992' or Paving a Dead-End Street?': The Politics of Pan-European Telecommunications Network Development", Discussion paper 93/6, Max-Planck Institute für Gesellschaftsforschung, Cologne, 1993.

__________, "Policy-Making in a System of Multi-Level Governance: the Commission of the European Community and the Restructuring of the telecommunications Sector", *Journal of European Public Policy*, 1:2, 1994.

__________, "The European Commission as Corporate Actor? European Telecommunications Policy After Maastricht", in C. Rhodes and S. Mazey(eds.), *The State of the European Union: building a European Polity*, Boulder: Lynne Rienner, 1995.

Fukuyama, F., *The End of History and the Last Man*, London: Hamish

568

Hamilton, 1992.

Gamble, A., *The Free Economy and the Strong State*, Durham: Duke University Press, 1988.

________, "Ideas and Interests in British Economic Policy", in A. Gamble et al.(eds.), *Ideas, Interests and Consequences*, London: The Institute of Economic Affairs, 1989.

________, "The New Political Economy", *Political Studies*, 43:3, 1995.

________, "The Crisis of Conservatism", *New Left Review*, 214, 1995.

Gamble, A. and Payne, A.(eds.), *Regionalism and World Order*, London: Macmillan, 1996.

Gamble, A. and Payne, A., "Introduction: The Political Economy of Regionalism and World Order", in Gamble, A. and Payne, A.(eds.), *Regionalism and World Order*, London: Macmillan, 1996.

________, "Conclusion: The New Regionalism", in Gamble, A. and Payne, A.(eds.), *Regionalism and World Order*, London: Macmillan, 1996.

Garnham, N., "Vu de Grande-Bretagne", *Le Communicateur*, N° Spécial, Février, 1988.

Garrett, G., "International Cooperation and Institutional Choice", *International Organization*, 46:2, 1992.

Garrett, G. and Lange, P., "Political Response to Interdependence: What's 'left' for the Left", *International Organization*, 45:4, 1991.

Garret, G. and Weingast, B., "Ideas, Interests, and Institutions: Constructing the European Community's Internal Market", in J. Goldstein and R. Keohane(eds.), *Ideas and Foreign Policy*, Ithaca: Cornell University Press, 1993.

Gasman, L., *Telecompetition: The Free Market Road to the Information High Way*, Washington: Cato Institute, 1994.

Gellner, E., *Nation and Nationalism*, London: Basil Blackwell, 1983.

__________, *Culture, Identity and Politics*, Cambridge: Cambridge University Press, 1987.

George, S., *Britain and European Integration since 1945*, Oxford: Basil Blackwell, 1991a.

__________, *Politics and Policy in the European Community*, Oxford: Oxford University Press, 1991b.

Giddens, A., *Social Theory and Modern Sociology*, Oxford: Basil Blackwell, 1987.

__________, *The Consequences of Modernity*, Cambridge: Polity, 1990.

__________, "A Reply to My Critics." D. Held and J. Thompson(eds.), *Social Theory of Modern Societies: Anthony Giddens and His Critics*, Cambridge: Cambridge University Press, 1992.

__________, *Beyond Left and Right: The Future of Radical Politics*, Cambridge: Polity, 1994.

Gill, S. and Law, D., *The Global Political Economy*, Baltimore: Johns Hopkins University, 1988.

Gill, S., *American Hegemony and Trilateral Commission*, Cambridge: Cambridge: University Press, 1990.

__________, "The Emerging World Order and European Change: The Political Economy of European Union", in R. Miliband and L. Panitch(eds.), *Socialist Register 1992*, London: The Merlin Press, 1992.

__________, (ed.), *Gramsci, Historical Materialism and International Relations*, Cambridge: Cambridge University Press, 1993a.

__________, "Gramsci and Global Politics: Towards a Post-hegemonic Research Agenda", in S. Gill(ed.), *Gramsci, Historical Materialism and International Relations*, Cambridge: Cambridge University Press, 1993b.

__________, "Epistemology, Ontology, and the 'Italian School'", in S. Gill (ed.), *Gramsci, Historical Materialism and International*

Relations. Cambridge: Cambridge University Press, 1993a.

__________, "The Global Panopticon? The Neoliberal State, Economic Life, and Democratic Surveillance", *Alternative*, 20:1, 1995a.

__________, "Globalisation, Market Civilisation, and Disciplinary Neoliberalism", *Millenium*, 24:3, 1995b.

Gilpin, R., *The Political Economy of International Relations*, Princeton: Princeton University Press, 1987.

Glyn, A. and Sutcliffe, B., "Global but Leaderless", in R. Miliband and L. Panitch(eds.), *Socialist Register 1992*, London: The Merlin Press, 1992.

Goldstein, J. and Keohane, R., "Ideas and Foreign Policy: An Analytical Framework", in J. Goldstein and R. Keohane(eds.), *Ideas and Foreign Policy*, Ithaca: Cornell University Press, 1993.

Golub, J., "Sovereignty and Subsidiarity in EU Environmental Policy", *Political Studies*, 44:4, 1996.

Gough, I., *The Political Economy of the Welfare State*, London: Macmillan, 1979.

Gourevitch, P., *Politics in Hard Times: Comparative Responses to International Economic Crises*, Ithaca: Cornell University Press, 1986.

Grahl, J. and Teague, P., "The Cost of Neo-Liberal Europe", *New Left Review*, 174, 1989.

__________, "Economic Citizenship in the New Europe", *The Political Quarterly*, 65:4, 1994.

Gramsci, A., *Selections from the Prison Notebook*. New York: International Publishers, 1971.

Grande, E., "The New Role of the State in Telecommunications: An International Comparison", *West European Politics*, 17:3, 1994.

Grant, C., *Delors: Inside the House that Jacques Built*, London: Nicholas

Brealey Publishing, 1994.

Grant, W., "Pressure Groups and the European Community: An Overview", in S. Mazey and J. Richardson(eds.), *Lobbying in the European Community*, Oxford: Oxford University Press, 1994.

Greenwood, J.(ed.), *European Business Alliances*, Hempel Hempstead: Prentice Hall, 1995.

Greenwood, J. and Cram, L., "European Level Business Collective Action: The Study Agenda Ahead", *Journal of Common Market Studies*, 34:3, 1996.

Greenwood, J., Grote, J. and Ronit, K.(eds.), *Organized Interests and the European Community*, London: Sage, 1992.

Grewlich, K., "Telecommunications: a European Perspective" in S. Wilks and M. Wright(eds.), *Comparative Government-Industry Relations*, Oxford: Claredon Press, 1987.

Grieco, J. M., "Anarchy and the Limits of Cooperation: a Realist Critique of the Newest Liberal Institutionalism", D. Baldwin(ed.), *Neorealism and Neoliberalism: The Contemporary Debate*, New York: Columbia University Press, 1993a.

___________, "Understanding the Problem of International Cooperation: The Limits of Neoliberal Institutionalism and the Future of Realist Theory", D. Baldwin(ed.), *Neorealism and Neoliberalism: The Contemporary Debate*, New York: Columbia University Press, 1993b.

Haag, M. and Schoof, H., "Telecommunications Regulation and Cable TV Infrastructures in the European Union", *Telecommunications Policy*, 18:5, 1994.

Haas, E. B., *The Uniting of Europe*, London: Stevens and Son, 1958.

___________, *Beyond the Nation-State: Functionalism and International Organization*, Stanford: Stanford University Press, 1964a.

___________, "Technocracy, Pluralism and the New Europe", in S. Graubard(ed.), *A New Europe*, Boston: Bacon Press, 1964b.

_____________, *The Obsolescence of Regional Integration Theory*, Berkeley: Institute of International Studies, 1975.

_____________, "Turbulent Fields and the Theory of Regional Integration", *International Organization*, 30:2, 1976.

_____________, *When Knowledge is Power*, Berkely: University of California Press, 1990.

Haas, J., 최몽룡 역, 『원시국가의 진화』, 서울: 민음사, 1989.

Haas, P., "Do Regime Matter? Epistemic Communities and Mediterranean Pollution Control", *International Organization*. 43:3, 1989.

_______, "Introduction: Epistemic Community and International Policy Coordination", *International Organization*, 46:1, 1992.

Habermas, J., *The Structural Transformation of the Public Sphere*, Cambridge: Polity, 1989.

_______, "Further Reflection on the Public Sphere", in C. Calhoun(ed.), *Habermas and Public Sphere*, Cambridge: The MIT Press, 1992.

Hagedoorn, J., *Changing Patterns of Inter-Firm Strategic Alliances in Information Technologies and Telecommunications*, MERIT Paper, 1991.

Hall, J., *Power and Liberties: The Causes and Consequences of the Rise of the West*, Oxford: Basil Blackwell, 1985.

Hall, J., "Introduction." in Hall, J.(ed.), *State in History*, Oxford: Basil Blackwell, 1986.

Hall, J. and Ikenbery, G., *The State*, Milton Keynes: Open University Press, 1989.

Hall, R. and F. Kratochwil, "Medieval Tales: Neorealist 'Science' and the Abuse of History", *International Organization*, 47:3, 1993.

Hall, S., Held, D. and McGrew, T.(eds.), *Modernity and Its Future*, Cambridge: Polity, 1992.

Hald, A. and Müller, J., "Telecommunications in the Federal Republic of

Germany", in Foreman-Peck, J. and Müller, J.(eds.), *European Telecommunications Organisations*, Baden-Baden: Nomos, 1988.

Hall, S. and Schwarz, B., "State and Society, 1880-1930", in Lanman, M. and Schwarz, B.(eds.), *Crises in the British State 1880-1930*, London: Hutchinson, 1985.

Halliday, F., *Rethinking International Relations*, London: Macmillan, 1994.

Hamelink, C., *The Politics of World Communication*, London: Sage, 1994.

Hanna, N. and Dodge, H., *Pricing: Policies and Procedures*, London: Macmillan, 1995.

Hantrais, L., *Social Policy in the European Union*, London: Macmillan, 1995.

Harmsen, R., "The State and European Integration", Paper presented at the Annual Conference of the Political Studies Association, 1996.

Harrop, J., *The Political Economy of Integration in the European Community*, Alder shot: Edward Elgar, 1989.

Hart, J., "The Politics of Global Competition in the Telecommunications Industry", *Information Society*, 5:3, 1988.

Hartley, T., *The Foundation of European Community Law*, Oxford: Oxford University Press, 1981.

Harvey, D., *The Condition of Postmodernity*, 구동민·박영민 공역, 『포스트모더니티의 조건』 서울: 한울, 1994.

__________, *Justice, Nature & the Geography of Difference*, Oxford: Blackwell Publishers, 1996.

Hawkins, R. "The Doctrine of Regionalism: A New Dimension for International Standardisation in Telecommunications", *Telecommunications Policy*, May/June, 1992.

Hayes-Renshaw, F. and Wallace, H., *The Council of Ministers*, New York: St. Mart in Press, 1997.

Hayward, J.(ed.), *Industrial Enterprise and European Integration*, Oxford:

574

Oxford University Press, 1995.

Heaton, H., *Economic History of Europe*, New York: Harper & Brothers, 1936.

Held, D., *Political Theory and the Modern State: Essays on State, Power and Democracy*, Cambridge: Polity, 1989.

__________, "The Decline of the Nation-State", in Hall, S. and Jacques, M. (eds), *New Times*, London: Verso, 1990.

__________, *Democracy and the Global Order*, Cambridge: Polity, 1995.

Held, D. and McGrew, A., "Globalization and the Liberal Democratic State", *Government & Opposition*, 28:2, 1993.

Henderson, David, "International Economic Integration", *International Affairs*, 68:4, 1992.

Hettne, B. "Neo-Mercantilism: The Pursuit of Regionness", *Cooperation and Conflict*, 28:3, 1993.

Higgot, R., "Economic Co-operation in the Asia Pacific: A Theoretical Comparison with the European Union", *Journal of European Public Policy*, 2:3, 1995.

Higgot, R. and Stubbs, R., "Competing Conceptions of Economic Regionalism: APEC versus EAEC in the Asia Pacific", *Review of International Political Economy*, 2:3, 1995.

Hills, J., *Deregulating Telecom: Competition and Control in the United States, Japan and Britain*, London: Frances Pinter, 1986.

Hills, J. with Papathanassopoulos, S., *The Democracy Gap: The Politics of Information and Communication Technologies in the United States and Europe*, Greenwood: New York, 1991.

Hills, J., "A Global Industrial Policy. US Hegemony and GATT. The Liberalization of Telecommunications", *Review of International Political Economy*, 1:2, 1994.

Hintze, O., *The Historical Essays of Otto Hintze*, edited with an

Introduction by Felix Gilbert, New York: Oxford University Press, 1975.

Hirsch, J., "Nation-State, International Regulation and the Question of Democracy", *Review of International Political Economy*, 2:2, 1995.

Hirst, P. and Thompson., G., "The Problem of 'Globalization': International Economic Relations, National Economic Management and the Formation of Trading Blocs", *Economy and Society*, 21:4, 1992.

Hix, S., "The Study of the European Community: The Challenge to Comparative Politics", *West European Politics*, 17:1, pp.1-30, 1994.

________, "Parties at the European Level and the Legitimacy of EU Socio-Economic Policy", *Journal of Common Market Studies*, 33:4, 1995.

Hobday, M., "The European Electronic Industry", in Dyker, D.(ed.), *The European Economy*, London: Longman, 1992.

Hobsbawm, E., "Mass-Producing Traditions: Europe, 1870-1914", in Hobsbawm, E. and Ranger, T.(eds.), The Invention of Tradition, Cambridge: Cambridge University Press, 1983.

____________, *Nations and Nationalism since 1780*, Cambridge: Cambridge University Press, 1990.

____________, "The Future of the State", *Development and Change*, 27, 1996.

Hoffman, J., *Beyond the State: An Introductory Critique*, Cambridge: Polity, 1995.

Hoffman, M., "Critical Theory and the Inter-Paradigm Debate", *Millennium*, 16:2, 1987.

Hoffman, S., "Obstinate or Obsolete? The Fate of the Nation State and the Case of Europe", *Daedalus*, 95, 1966.

__________, "An American Social Science: International Relations", *Daedalus*, 106, 1977.

576

__________, "Reflections on the Nation-State in Western Europe Today", *Journal of Common Market Studies*, 21, 1982.

__________, "European Community and 1992", *Foreign Affairs*, 68:4, 1989.

Holloway, J., "Global Capital and the Nation-State", *Capital and Class*, 52, 1994.

Holman, O., "Transnational Class Strategy and the New Europe", *International Journal of Political Economy*, 22:1, 1992.

Honohan, P., "The Public Policy Role of the European Investment Bank within the EU", Journal *of Common Market Studies*, 33:3, 1995.

Hood, C., *Explaining Economic Policy Reversals*, Buckingham: Open University Press, 1994.

Hormats, R., "Making Regionalism Safe", *Foreign Affairs*, 73:2, March/April 1994.

Holsti, M., "Admission of European Free Trade Association States to the European Community: Effects on Voting Power in the European Community Council of Ministers", *International Organization*, 47:4, 1993.

Howell, Thomas, Noellert, W., MacLaughlin, J. and Wolff, Alan W., *The Microelectronics Race: The Impact of Government Policy on International Competition*, Boulder: Westview Press, 1988.

Howell, T., Gwynn, R. and Gadbow, R., "European Community", in Howell, T., Wolff, A., Bartlett, B. and Gadbaw, R.(eds.), *Conflict among Nations: Trade Policies in the 1990s*, Boulder: Westview, 1992.

Huelshoff, Michael G., "Domestic Politics and Dynamic Issue Linkage: A Reformulation of Integration Theory", *International Studies Quarterly*, 38:2, 1994.

Humbert, Marc(ed.), *The Impact of Globalization on Europe's Firms and Industries*, London: Pinter Publishers, 1993.

Humphrey, P., "Legitimating the Communication Revolution", *West European Politics*, 9:4, 1986.

Humphrey, P. and Simpson, S., "European Telecommunication and Globalization", in Gummett, P.(ed.), *Globalization and Public Policy*, Cheltenham: Edward Elgar.

Hurrel, A., "Explaining the Resurgence of Regionalism in World Politics", *Review of International Studies*, 21, 1995.

IBM Europe, "Commentaires d'une Multinationale", *Le Communicateur*, N° Spécial, Février, 1988.

Internationale des Postes et des Télécommunications(IPTT), "Une Approche Syndicale", *Le Communicateur*, N° Spécial, Février, 1988.

Irwin, M., "Telecommunications and Government: the US Experience", in Wilks, S. and Wright, M.(eds.), *Comparative Government-Industry Relations*, Oxford: Claredon Press, 1987.

Jacobs, F. and Corbett, R., *The European Parliament*, Boulder: Westview, 1990.

Jacobson, H., "ITU: A Potpourri of Bureaucrats and Industrialists", in Cox, R. and Jacobson, H.(eds.), *The Anatomy of Influence*, New Haven: Yale University Press, 1973.

__________, *Networks of Interdependence*, New York: Alfred A. Knopf, 1979.

Jaikumar, R. and Upton, D., "The Coordination of Global Manufacturing", in S. Bradely, J. Hausman and R. Nolan(eds.), *Globalization, Technology, and Competition: The Fusion of Computers and Telecommunications in the 1990s*, Boston: Harvard Business School Press, 1993.

Jameson, F., "Postmodernity, or the Cultural Logic of Late Capitalism", *New Left Review*, 146, 1984.

Jeppesen, S., K. Paulsen, and Schnelder, F., "Telecommunications in

Denmark", in J. Foreman-Peck, and J. Müller(eds.), *European Telecommunications Organisations*, Baden-Baden: Nomos, 1988.

Jessop, B., *State Theory: Putting the Capitalist State in Its Place*, Cambridge: Polity, 1990.

__________, "Capitalism, Nation-State and Surveillance." Held, D. and Thompson, J.(eds.), *Social Theory of Modern Societies: Anthony Giddens and His Critics*, Cambridge: Cambridge University Press, 1992.

__________, "Towards a Schumpeterian Workfare State? Preliminary Remarks on Post-For dist Political Economy", *Studies in Political Economy*, 40, 1993.

Jessop, B., K. Bonnet, Bromley, S. and Ling, T., *Thatcherism: A Tale of Two Nations*, Cambridge: Polity, 1988.

Jordan, A., "From Brussels to Blackpool and Southport: 'Post-Decisional Politics' in the European Community", Paper presented at the Political Studies Association Annual Conference, Glasgow, 1996.

Kahler, M., "Multilateralism with Small and Large Numbers", in J. Ruggie(ed.), *Multilateralism Matters: The Theory and Praxis of an Institutional Form*, New York: Columbia University Press, 1993.

Kapteyn, P., *The Stateless Market: The European Dilemma of Integration and Civilization*, London: Routledge, 1996.

Kassim, H., "Policy Networks, Networks and European Union Policy Making: A Sceptical View", *West European Politics*, 17:4, 1994.

Katzenstein, P.(ed.), *Between Power and Plenty*, Wisconsin: The University of Wisconsin Press, 1978.

__________, "Regionalism in Comparative Perspective", *Cooperation and Conflict*, 31:2, 1996.

Kay, Neil, "Industrial Collaborative Activity and the Completion of the Internal Market", *Journal of Common Market Studies*, XXIX:3,

1991.

Kay, N., Ramsay, H. and Hennart, J., "Industrial Collaboration and the European Internal Market", *Journal of Common Market Studies*, 34:3, 1996.

Kenis, P. and Schneider, V., "The EC as an International Corporate Actor: Two Case Studies in Economic Diplomacy", *European Journal of Political Research*, 15: 437-457, 1987.

Keohane, R., *After Hegemony*, Princeton: Princeton University Press, 1984.

__________(ed.), *Neorealism and Its Critics*, New York: Columbia University Press, 1986.

__________, *International Institutions and State Power*, Boulder: Westview Press, 1989.

Keohane, R. and Hoffman, S. "Community Politics and Institutional Change", in W. Wallace(ed.), *The Dynamics of European Integration*, London: Pinter, 1990.

Keohane, R. and Nye, J.(eds.) *Transnational Relations and World Politics*, Cambridge: Harvard University Press, 1972.

Keynes, J., *The General Theory of Employment, Interest, and Money*, Macmillan St. Martin Press, 1973.

Kim, H, "Bones without Soul? Power Relations between Organized Labour and Business in the European Community", Ph. D dissertation at the University of Wisconsin-Madison, 1997.

Kindleberger, C., *World in Depression, 1929-1939*, Berkely: University of California Press, 1973.

__________, "Dominance and Leadership in the International Economy: Exploitation, Public Goods, and Free Rides", *International Studies Quarterly*, 25:2, 1981.

King, A., "The Times of Spaces of Modernity(or Who Needs Postmodernism?)", Featherstone, M. Lash, S. and Robertson, R.(eds.),

Global Modernities, London: Sage, 1995.

King, G., Keohane, R. and Verba, S., *Designing Social Inquiry*, Princeton: Princeton University Press, 1994.

Kinsoen, R., "Vu de Belgique", *Le Communicateur*, N° Spécial, Février, 1988.

Kirchner, E. and Schwaiger, K., *The Role of Interests Group in the European Community*, Farnborough, Eng.: Gower, 1981.

Kirchner, E., *Decision-Making in the European Community*, Manchester: Manchester University Press, 1992.

Knieps, G., "Deregulation in Europe: Telecommunications and Transportation", in G. Majone(ed.), *Deregulation or Re-regulation*, London: Pinter Publishers, 1990.

Koo, K. W., "The Disruption of National Policy Communities in Europe: The Precondition for a European Policy", Paper presented at the 1997 ECSA Conference, 1997.

Kooiman, J.(ed.), *Modern Governance*, London: Sage, 1993.

KPMG, *High Tech 1992: The Impact of Single European Market on High Technology Business*, London: Graham & Trotman, 1989.

Krasner, S., "Structural Causes and Regime Consequences: Regimes as Intervening Variables", in S. Krasner(ed.), *International Regimes*, Ithaca: Cornell University Press, 1983.

__________, (ed.), *International Regimes*, Ithaca: Cornell University Press, 1983.

__________, "Approaches to the State: Alternative Conceptions and Historical Dynamics", *Comparative Politics*, 16:2, 1984.

__________, "Global Communication and National Power: Life on the Pareto Frontier", *World Politics*, 43:3, 1991.

Laclau, E. and Mouffe, C., *Hegemony and Socialist Strategy*, London: Verso, 1985.

Laitin, D., "The Cultural Identities of a European State", *Politics & Society*, 25:3, 1997.

Lalor, E., "Action for Telecommunications Development: STAR", *Telecommunications Policy*, 11, 1987.

Lapid, Y. "Quo Vadis International Relations? Further Reflections on the 'Next Stage' of International Theory", *Millennium*, 18:1.

Lapius, M., "Beyond the Nation-State: The Multinational State as the Model for the European Community", *TELOS*, 91, 1992.

Lash S. and Urry, J., *Economies of Signs & Space*, London: Sage, 1994.

Laursen, F., "On Studying European Integration: Integration Theory and Political Economy", in Laursen, F.(ed.), *The Political Economy of European Integration*, The Hague: Kluwer Law International, 1995.

Lee, K., *Global Telecommunications Regulation: A Political Economy Perspective*, London: Pinter, 1996.

Lefevre, H., *The Production of Space*, translated by D. Nicholson-Smith, Oxford: Basil Blackwell, 1984.

Lewis, J., "The European Union as a 'Multiperspectival Polity'", Paper prepared for the Fourth Biennial International Conference of the European Community Studies Association, May 11-14, 1995.

Lindberg, L., *The Political Dynamics of European Economic Integration*, Stanford: Stanford University Press, 1963.

__________, "Comment on Moravscik", in Bulmer, B. and Scott, A. (eds.), *Economic and Political Integration in Europe*, London: Blackwell Publishers, 1994.

Lindberg, L. and Scheingold, S., *Europe's Would-Be Polity*, Englewood Cliffs, N.J.: Princeton Hall, 1970.

Lipietz, A., "Behind the Crisis", *Review of Radical Political Economics*, 18:1&2, 1986.

__________, "The Regulation Approach and Capitalist Crisis: An Alternative Compromise for the 1990s", in Dunford, M. and Kafkalas, G.(eds.), *Cities and Regions in the New Europe*, London: Belhaven, 1992a.

__________, *Towards a New Economic Order: Postfordism, Ecology and Democracy*, Oxford: Oxford University Press, 1992b.

Locksely, G., "Information Technology and Capitalist Development", in Little, R. and Smith, M.(eds.), *Perspective on World Politics*, London: Routledge, 1991.

Lodge, J., "EC Policy-making: Institutional Consideration", in Lodge, J.(ed.), *The European Community and the Challenge of the Future*, New York: St. Martin's Press, 1989a.

__________, "Social Europe: Fostering a People's Europe", in Lodge, J. (ed.), *The European Community and the Challenge of the Future*, New York: St. Martin's Press, 1989b.

Long, D., "The Harvard School of Liberal International Theory", *Millenium*, 24:3, 1995.

Lowi, T., "American Business, Public Policy, Case Studies, and Political Theory", *World Politics*, 16, 1964.

Luke, T., "New World Order or Neo-world Orders: Power, Politics and Ideology in Informationalizing Glocalities", in Featherstone, M., Lash, S. and Robertson, R.(eds.), *Global Modernities*, London: Sage, 1995.

Lüthje, B., "On the Political Economy of Post-Fordist Telecommunications", *Capital & Class*, 51, 1994.

Lyotard, J., *The Postmodern Condition*, Manchester: Manchester University Press, 1986.

Mae, I., "The Development of Economic Thought at the European Community", in Coats, A.(ed.), *The Post-1945 Internationalization of Economics*, Durham: Duke University Press, 1997.

Majone, G.(ed.), *Deregulation or Re-regulation*, London: Pinter Publishers, 1990.

_______________, "The European Community Between Social Policy and Social Regulation", Journal *of Common Market Studies*, 31:2, 1993.

_______________, "The Rise of the Regulatory State in Europe", *West European Politics*, 17:3, 1994a.

_______________, "Paradoxes of Privatization and Deregulation", *Journal of European Public Policy*, 1:1, 1994b.

_______________, *Regulating Europe*, London: Routledge, 1996.

Mankiw, N., "The Growth of Nations", *Brookings Papers on Economic Activity* 1, 1995.

Mandel, E., "International Capitalism and 'Supranationality'", in H. Radice(ed.), *International Firms and Modern Imperialism*, London: Penguin Books, 1975.

_______________, *Long Waves of Capitalist Development*, London: Verso, 1995.

Mann, M., "Book Review: Coercion, Capital, and European States", *American Journal of Sociology*, 96:5, 1993a.

_______________, *The Source of Social Power: The Rise of Classes and Nation-States*, Cambridge: Cambridge University Press, 1993b.

Manning, D., Jagow, D. von, Foreman-Peck, J. and Müller, J., "Telecommunications in Spain", in Foreman-Peck, J. and Müller, J. (eds.), *European Telecommunications Organisations*, Baden- Baden: Nomos, 1988.

Mansell, R., P. Holmes, and Morgan, K., "European Integration and Telecommunications: Restructuring Markets and Institutions", *Prometheus*, 8:1, 1990.

Mansell, R., *The New Telecommunications*, London: Sage, 1993.

584

__________, "Multinational Organizations and International Private Networks: Opportunities and Constraints", in Steinfield, C., Bauer, J. and Caby, L.(eds.), *Telecommunications in Transition: Policies, Services and Technologies in the European Community*, London: Sage, 1994.

March, J. and Olsen, J., "Institutional Perspectives on Governance", ARENA Papers, 1993.

Marsh, D. and Rhodes, R., "Policy Communities and Issue Networks: Beyond Typology", in Marsh, D. and Rhodes, R.(eds.) *Policy Networks in British Government*, Oxford: Claredon Press, 1992.

Marks, G., "Structural Policy in the European Community", in Sbragia, A.(ed.), *Euro-Politics: Institutions and Policymaking in the "New" European Community*, Washington, D.C.: The Brookings Institution, 1992.

Marks, Gary, Liesbet Hooghe, and Kermit Blank, "European Integration and the State", Paper presented at the American Political Science Association Meeting, 1994.

__________, "European Integration from the 1980s: State-Centric v. Multi-level Governance", Journal of *Common Market Studies*, 34:3, 1996.

Marx, K., *Capital I*, London: Lawrence & Wishart, 1974a.

__________, *Capital II*, London: Lawrence & Wishart, 1974b.

Massey, D., "Politics and Space/Time", *New Left Review*, 196, 1992.

Mayer, T. and Mott, T., "Effective Demand and Structural Dependence of the State", in Greenberg, E. and Mayer, T.(eds.), *Change in the State*, London: Sage, 1990.

Mazey, Sonia and Newman, M.(eds.), *Mitterrand's France*, London: Croom Helm, 1987.

Mazey, S. and Richardson, J.(eds.), *Lobbying in the European Community*, Oxford: Oxford University Press, 1994.

___________________, "Introduction: Transference of Power, Decision Rules, and Rules of the Game", in Mazey, S. and Richardson, J.(eds.), *Lobbying in the European Community*, Oxford: Oxford University Press, 1994.

___________________, "Conclusion: A European Policy Style", in Mazey, S. and Richardson, J.(eds.), *Lobbying in the European Community*, Oxford: Oxford University Press, 1994.

McCord, N., *British History 1815-1906*, Oxford: Oxford University Press, 1991.

McKendrick, G., "The INTUG View on the EEC Green Paper", *Telecommunications Policy* 11, 1987.

McLaughlin, A., Jordan, G. and Maloney, W., "Corporate Lobbying in the European Community", *Journal of Common Market Studies*, 31:2, 1993.

Mearsheimer, J., "Back to the Future: Instability in Europe After the Cold War", *International Security*, 15:1, 1990.

Melody, W., "Telecommunication: Policy Directions for the Technology and Information Services", in Finnegan, R., Salaman, G. and Thompson, K.(eds.), *Information Technology: Social Issues*, Milton Keynes: The Open University Press, 1987.

Mendrinou, M. "Non-compliance and the European Commission's Role in Integration", *Journal of European Public Policy*, 3:1, 1996.

Merritt, G., "Knights of the Roundtable: Can They Move Europe Forward Fast Enough?" *International Management*, July, 1986.

Mensch, G., *Stalemate in Technology*, Cambridge, MA: Ballinger, 1979.

Michalet, C., "Global Competition and Its Implication for Firms", in OECD, *Technology and Productivity*, OECD: Paris, 1991.

Middlemas, K. et. al., *Orchestrating Europe: The Informal Politics of European Union, 1973-1995*, London: Fontana, 1995.

Mill, J., *On Liberty*, London: Penguin Books, 1985.

Milner, H., "Regional Economic Co-operation, Global Markets and Domestic Politics: A Comparison of NAFTA and the Maastricht Treaty", *Review of International Political Economy*, 2:3, 1995.

Milward, A., *The European Rescue of the Nation-State*, London, 1992.

Mistral, J., "국제체제와 각국의 진로", Boyer, R.(ed.), *Capitalisme Fin de Siecle*, 김진엽 역, 『자본주의 위기론: 조절국면의 세계자본주의』서울: 논장, 1988.

Mitrany, D., *A Working Peace System*, Chicago: Quadrangle Books, 1966.

Miyoshi, M., "A Borderless World: From Colonialism to Transnationalism and the Decline of the Nation-State", *Critical Inquiry*, Summer, 1993, 김승순 역, "국경없는 세계인가?: 식민주의로부터 초국적주의로", 『창작과 비평』, 겨울호, 1993.

Mols, Manfred, "The Integration Agenda: A Framework for Comparison", in P. Smith (ed.), *The Challenge of Integration*, New Brunswick: Transaction Publishers, 1993.

Monnet, J., *Memoirs*, translated by Richard Mayne, London: Collins, 1978.

Monod, J., Gyllenhammar, P. and Dekker, W., *Reshaping Europe. A Report from the European Round Table of Industrialists*, Brussels: ERT, 1991.

Moravcsik, A., "Negotiating the Single European Act: National Interests and Conventional Statecraft in the European Community", *International Organization*, 45:1, 1991.

__________, "Introduction: Integrating International and Domestic Theories of International Bargaining", in P. Evans, H. Jacobson, and R. Putnam(eds.), *Double-Edged Diplomacy: International Bargaining and Domestic Politics*, Berkely: University of California Press, 1993.

__________, "Preference and Power in the European Community" in

B. Bulmer and A. Scott(eds.), *Economic and Political Integration in Europe*, London: Blackwell Publishers, 1994.

__________, "Liberal Intergovernmentalism and Integration: A Rejoinder", *Journal of Common Market Studies*, 33:4, 1995.

Morgan, K. and Webber, D., "Divergent Paths: Political Strategies for Telecommunications in Britain, France and the Federal Republic of Germany", *West European Politics*, 9:4, 1986.

Müller, J., "Telecommunications in Belgium", in J. Foreman-Peck and J. Müller(eds.), *European Telecommunications Organisations*, Baden-Baden: Nomos, 1988.

Münch, R., "Between Nation-States, Regionalism and World Society", *Journal of Common Market Studies*, 34:3, 1996.

Murphy, C., *International Organization and Industrial Change: Global Governance since 1850*, Cambridge: Polity, 1994.

Mytelka, L. K. and Delapierre, M., "The Alliance Strategies of European Firms in the Information Technology Industry and the Role of ESPRIT, *Journal of Common Market Studies*, XXVI:2, 1987.

Mytelka, L. K., "Strengthening the Relevance of European Science and Technology Programmes to Industrial Competitiveness: the Case of ESPRIT", in Humbert, M.(ed.), *The Impact of Globalization on Europe's Firms and Industries*, London: Pinter Publishers, 1993.

Nelsen, B. and Stubb, A.(eds.), *The European Union: Readings on the Theory and Practice of European Integration*, London: Lynne Rienner Publishers, 1994.

Neu, W. and Neumann, K., "Interconnection Agreements in Telecommunications" Wissenschaftliches Institut für Kommunikationsdienste, Diskussionsbeitrag Nr. 106, 1993.

Neunreither, K., "Subsidiarity as a Guiding Principle for European Community Activities", *Government & Opposition*, 28:2, 1993.

588

Nicolaidïs, K., "Learning While Negotiating", in Bressand, A. and Nicolaidïs, K.(eds.), *Strategic Trends in Services: An Inquiry into the Global Service Economy*, New York: Harper & Row, 1989.

Nicoll, W., "The Luxembourg Compromise", *Journal of Common Market Studies*, XXIII:1, 1984.

Noam, E., *Telecommunications in Europe*, Oxford: Oxford University Press, 1992.

Noam, E. and Kramer, R., "Telecommunications Strategies in the Developed World: A Hundred Flowers Blooming or Old Wine in New Bottles", in Steinfield, C., Bauer, J. and Caby, L.(eds.), *Telecommunications in Transition: Policies, Services and Technologies in the European Community*, London: Sage, 1994.

Noel, E., *Workign Together-The Institution of the European Community*, Luxembourg: Office for Official Publications, 1992.

North, R., *War, Peace, Survival: Global Politics and Conceptual Synthesis*, Boulder: Westview Press, 1990.

Obradovic, D., "Prospects for Corporatist Decision-Making in the European Union: The Social Policy Agreement", *Journal of European Public Policy*, 2:2, 1995.

__________, "Policy Legitimacy and the European Union", *Journal of Common Market Studies*, 34:2, 1996.

Ohmae, K., *The End of the Nation State*, New York: The Free Press, 1996.

Olsen, J., "Europeanization and Nation-State Dynamics", ARENA Working Paper 96/3, 1996.

Olson, M., "How Ideas Affect Societies" in Gamble, A. *et al.*, *Ideas, Interests and Consequences*, London: The Institute of Economic Affairs, 1989.

Olson, W. C. and Groom, A., *International Relations Then & Now*, London: Routledge, 1991.

Onuf, N., "Levels", *European Journal of International Relations*, 1:1, 1995.

Osborne, D. and Gaebler, T., *Reinventing Government: How the Entrepreneurial Spirit is Transforming the Public Sector*, London: Plume, 1992.

O'Sullivan, N., "Conservatism", in Eatwell, R. and Wright, A.(eds.), *Contemporary Political Ideologies*, Boulder: Westview Press, 1993.

Palloix, C., "The Internationalization of Capital and the Circuit of Social Capital", in Radice H.(ed.), *International Firms and Modern Imperialism*, London: Penguin Books, 1975.

Panitch, L., "Globalization and the State", Miliband R. and Panitch, L. (eds.), *Socialist Register 1994*, London: The Merlin Press, 1994.

Pascual, J., "Why did Telecommunications Monopolies Appear? Reflections on the Evolution of the Notions of Common Carrier, Public Service and Universal Service, and Their Relations with the Concept of Monopoly", June Paper, Department of Law, European University Institute, 1996.

Pauly, L. and Reich, S., "National Structures and Multinational Corporate Behavior: Enduring Differences in the Age of Globalization", *International Organization*, 51:1, 1997.

Pecar, J., O'Connor, R. and Garvin, D., *The McGraw-Hill Telecommunications Factbook*, New York: McGrw-Hill, 1993.

Peck, J. and Tickell, A., "Searching for a New Institutional Fix: the *After*-Fordist Crisis and the Global-Local Disorder", in Amin, A.(ed.), *Post-Fordism: A Reader*, Oxford: Blackwell, 1994.

Pelassy, D., *Qui Gouverne en Europe?*, Paris: Fayard, 1992.

Pelkmans, J., "European Direct Investment in the European Community", *Journal of European Integration*, VII:1, 1983.

__________, "The New Approach to Technical Harmonization and Standardization", *Journal of Common Market Studies*, XXV:3, 1987.

Pelkmans, J. and Winters, A., *Europe's Domestic Market*, London: RIIA, 1988.

Peters, G., "Bureaucratic Politics and the Institutions of the European Community", in Sbragia, A.(ed.), *Euro-Politics*, Washington D.C.: Brookings Institution, 1992.

Perez, G., "Vu d'Espagne", *Le Communicateur*, N° Spécial, Février, 1988.

Perry, C. R., *The Victorian Post Office: The Growth of a Bureaucracy*, Suffolk: The Boydell Press, 1992.

Peterson, J., "Eureka and the Symbolic Politics of High Technology", *Politics*, 9, 1989.

__________, "Technology Policy in Europe: Explaining the Framework Programme and Eureka in Theory and Practice", *Journal of Common Market Studies*, XXIX:3, 1991.

__________, "The European Technology Community", in Marsh, D. and Rhodes, R.(eds.), *Policy Networks in British Government*, Oxford: Oxford University Press, 1992a.

__________, "Assessing the Performance of European Collaborative R&D Policy", *Research Policy*, 21, 1992b.

__________, "Towards a Common European Industrial Policy? The Case of High Definition Television", *Government & Opposition*, 28:4, 1993a.

__________, *High Technology and the Competition State*, London: Routledge, 1993b.

__________, "EU Research Policy: The Politics of Expertise", in Rhodes, C. and Mazey, S.(eds.), *The State of the European Union: Building a European Polity*, Boulder: Lynne Rienner, 1995a.

__________, "Policy Networks and European Union Policy Making: A Reply to Kassim", *West European Politics*, 18:2, 1995b.

__________, "Decision-Making in the European Union: Towards a

Framework for Analysis", *Journal of European Public Policy*, 2:2, 1995c.

__________, "The European Union: Pooled Sovereignty, Divided Account ability", *Political Studies*, XLV, Special Issue, 1997.

Picciotto, S., "The Internationalization of the State", *Capital and Class*, 43, 1991.

Pierson, P., "The Path to European Integration: A Historical Institutionalist Analysis", *Comparative Political Studies*, 29:2, 1996.

Plender, R., *Cases and Materials on the Law of the European Communities*, Edinburgh: Butterworths, 1989.

Poggi, G., *The Development of the Modern State*, Stanford: Stanford University Press, 1978.

Polanyi, K., *The Great Transformation: The Political and Economic Origins of Our Time*, New York: Farrar, 1944.

Pontusson, J., "From Comparative Public Policy to Political Economy", *Comparative Political Studies*, 28:1, 1995.

Pooley, S., "The State Rules, OK? The Continuing Political Economy of Nation-States", *Capital and Class*, 43, 1991.

Porter, M., *The Competitive Advantage: Creating and Sustaining Superior Performance*, New York: The Free Press, 1985.

Poulantzas, N., *Classes in Contemporary Capitalism*, London: Verso, 1978.

Pressman, J. and Wildavsky, A., *Implementation*, 3rd ed, Berkely: University of California Press, 1984.

Przeworski, A. and Wallerstein, M., "Structural Dependence of the State on Capital", *American Political Science Review*, 82:1, 1988.

Puchala, D. and Fagan, S., "International Politics in the 1970s: The Search for a Perspective", *International Organization*, 28:2, 1974.

Putnam, Robert D., "Diplomacy and Domestic Politics: The Logic of Two Level Games", *International Organization*, 42:3, 1988.

Radice, H., "The National Economy: A Keynesian Myth?" *Capital and Class*, 22, 1984.

Ramsay, Harvie, "Whose Champions?: Multinationals, Labour and Industry Policy in the European Community after 1992", *Capital & Class*, 48, 1992.

Rennger, N., "Going Critical: A Response to Hoffman", *Millennium*, 17:1, 1988.

Rhodes, C. and Mazey, S., "Introduction: Integration in Theoretical Perspective", in Rhodes, C. and Mazey, S.(eds.), *The State of the European Union: Building a European Polity*, Boulder: Lynne Rienner, 1995.

Rhodes, R., "The New Governance: Governing without Government", *Political Studies*, 44:4, 1996.

Rhodes, R. and Marsh, D., "Policy Networks in British Politics: A Critique of Existing Approaches", in Marsh, D. and Rhodes, R.(eds.), *Policy Networks in British Government*, Oxford: Oxford University Press, 1992.

Richardson, J. J. and Smart, P., "The Privatisation of British Telecom", *European Journal of Political Research*, 14, 1986.

Risse-Kappen, T.(ed.), *Bringing Transnational Back In: Non-State Actors, Domestic Structures and International Institutions*, Cambridge: Cambridge University Press, 1995.

__________, "Bringing Transnational Relations Back In: Introduction", in Risse-Kappen, T. (ed.), *Bringing Transnational Back In: Non-State Actors, Domestic Structures and International Institutions*, Cambridge: Cambridge University Press, 1995.

__________, "Exploring the Nature of the Beast: International Relations Theory and Comparative Policy Analysis Meet the European Union", *Journal of Common Market Studies*, 34:1, 1996.

Robertson, R., *Globalization: Social Theory and Global Culture*, London: Sage, 1992.

Robinson, H., *The Post Office*, London: Penguin, 1948.

Robson, P., *The Economics of International Integration*, London: George Allen & Unwin, 1980.

Robson, P. and Wooton, I., "Transnational Corporations and the Theory of Regional Integration", *Journal of Common Market Studies*, 32:1, 1993.

Roobeek, A., "Telecommunications: An Industry in Transition" in Jong, H. W. de(ed.), *The Structure of European Industry*, Dordecht: Kluwer Academic Publishers, 1988.

__________, *Beyond the Technology Race*, Amsterdam: Elsevier Science Publishers, 1990.

Rosenau, J., *Linkage Politics*, New York: Free Press, 1969.

__________, *Turbulence in World Politics*, Princeton: Princeton University Press, 1990.

Rosenau, J. and Czempiel, E.(eds.) *Governance without Government: Orders and Change in World Politics*, Cambridge: Cambridge University Press, 1992.

Rosenberg, J., *The Empire of Civil Society: A Critique of the Realist theory of International Relations*, London: Verso, 1994a.

__________, "The International Imagination: IR Theory and Classic Social Analysis", *Millenium* 23:1, 1994b.

__________, "Isaac Deutscher and the Lost History of International Relations", *New Left Review*, 215, 1996.

Rosow, S., "On the Political Theory of Political Economy: Conceptual Ambiguity and the Global Economy", *Review of International Political Economy*, 1:3, 1994.

Rosow, S., Inayatullah, N. and Rupert, M.(eds.), *The Global Economy as*

594

Political Space, London: Lynne Rienner Publishers, 1994.

Ross, G., "Confronting the New Europe", *New Left Review*, 191, 1992.

________, *Jacques Delors and European Integration*, Cambridge: Polity, 1995.

Rothwell, R. and Zegveld, W., *Industrial Innovation and Public Policy*, London: Frances Pinter, 1981.

Roundtable of European Industrialists, *Clearing the Lines: A User's View on Business Communication in Europe*, Paris: European Roundtable, 1986.

Ruggie, J., "International Responses to Technology: Concepts and Trends", *International Organization*, 36:2, 1975.

________, "International Regimes, Transactions, and Change: Embedded Liberalism in the Postwar Economic Order", *International Organization*, 36:2, 1982.

________, "Continuity and Transformation in the World Polity: Towards a Neorealist Synthesis", Keohane, R.(ed.), *Neorealism and Its Critics*, New York: Columbia University Press, 1986.

________, "Territoriality and Beyond: Problematizing in International Relations", *International Organization*, 47:1, 1993a.

______(ed.), *Multilateralism Matters: The Theory and Praxis of an Institutional Form*, New York: Columbia University Press, 1993b.

________, "At Home Abroad, Abroad at Home: International Liberalisation and Domestic Stability in the New World Economy", Millenium, 24:3, 1995.

Rugman, A. and Verbeke, A., *Global Corporate Strategy and Trade Policy*, London: Routledge, 1990.

Ruigrok, W. and Tulder, R. van, *The Logic of International Restructuring*, London: Routledge, 1995.

Rupert, M., "Alienation, Capitalism and the Inter-state System: Toward a Marxian/Gramscian Critique", in Gill, S.(ed.), *Gramsci, Historical Materialism and International Relations*, Cambridge: Cambridge University Press, 1993.

__________, "(Re)Politicizing the Global Economy: Liberal Common Sense and Ideological Struggle in the US NAFTA Debate", *Review of International Political Economy*, 2:4, 1995a.

__________, *Producing Hegemony: The Politics of Mass Production and American Global Power*, Cambridge: Cambridge University Press, 1995b.

Ryan, A., "Liberalism", in Goodin, R. and Pettit, P.(eds.), *A Contemporary Political Philosophy*, Oxford: Basil Blackwell, 1995.

Sabatier, P. "An Advocacy Coalition Framework of Policy Change", *Policy Science*, 21, 1988.

Sabine, G., *A History of Political Theory*, 4th ed. revised by Thorson, T., New York: Holt, Rinehart and Winston, 1973.

Saduskra, R., "Reshaping Europe-Or 'How to Keep Poor Cousins in (Their) Home': A Comment on *The Transformation of Europe*", *Yale Law Journal*, 100:8, 1991.

Sally, R., "Public Policy and the Janus Face of the Multinational Enterprise: National Embeddedness and International Production", in Gummett, P.(ed.), *Globalization and Public Policy*, Cheltenham: Edward Elgar.

Sandholtz W. and Zysman, J., "1992: Recasting the European Bargain", *World Politics*, 42:1, 1989.

Sandholtz, W., *High-Tech Europe: The Politics of International Cooperation*, Berkeley: University of California Press, 1992a.

__________, "ESPRIT and the Politics of International Collective Action", Journal *of Common Market Studies*, XXX:1, 1992b.

__________, "Institutions and Collective Action: The New Tele-communications in Western Europe", *World Politics*, 45:2, 1993a.

596

__________, "Choosing Union: Monetary Politics and Maastricht", *International Organization*, 47:1, 1993b.

__________, "Membership Matters: Limits of the Functional Approach to European Institutions", *Journal of Common Market Studies*, 34:3, 1996.

Sargent, J., "Corporatism and the European Community", in Grant, W.(ed.), *The Political Economy of Corporatism*, New York: St. Martin Press, 1985.

Sartori, G., "Undercomprehension", *Government & Opposition*, 24:4, 1989.

Sauter, W., "The Relationship Between Industrial and Competition Policy under the Economic Constitution of the European Union", Doctoral Thesis of the European University Institute, 1995.

Savage, J., *The Politics of International Telecommunications Regulation*, Boulder: Westview, 1989.

Sbragia, A.(ed.), *Euro-Politics: Institutions and Policymaking in the "New" European Community*, Washington, D.C.: The Brookings Institution, 1992.

__________, "Introduction", in Sbragia, A.(ed.), *Euro-Politics: Institutions and Policymaking in the "New" European Community*, Washington, D.C.: The Brookings Institution, 1992.

__________, "Thinking about the European Future: The Uses of Comparison", in Sbragia, A.(ed.), *Euro-Politics: Institutions and Policymaking in the "New" European Community*, Washington, D.C.: The Brookings Institution, 1992.

Scharpf, F., "Community and Autonomy: Multilevel Policymaking in the European Union" *Journal of European Public Policy*, 1, 1994.

__________, "Negative and Positive Integration in the Political Economy of European Welfare States", in Marks, G., Scharpf, F., Schmitter, P. and Streek, W., *Governance in the European Union*, London: Sage, 1996.

Scherer, J., "Vu d'Allemagne", *Le Communicateur*, N° Spécial, Février, 1988.

Schermers, H., "Comment on Weiler's *The Transformation of Europe*", *Yale Law Journal*, 100:8, 1991.

Schmidt, S. and Werle, R., "Technical Controversy in International Standardisation", MPIFG Discussion Paper 93/5, v.

Schmitter, P., "The European Community as Emergent and Novel Form of Political Domination", Estudio/Working Paper 1991/26, Centro de Estudios Avanzados en Ciencias Sociales, Fundacion Juan March, Madrid, September, 1991.

__________, "Examining the Present Euro-Polity with the Help of Past Theories", in Marks, G., Scharpf, F., Schmitter, P. and Streek, W. *Governance in the European Union*, London: Sage, 1996a.

__________, "Imagining the Future of the Present Euro-Polity with the Help of Past Theories", in Marks, G., Scharpf, F., Schmitter, P. and Streek, W., *Governance in the European Union*, London: Sage, 1996b.

Scheneider, V., "Organized Interests in the European Telecommunication Sector", in Greenwood, J. J., Grote, R. and Ronit, K.(eds.), *Organized Interests and the European Community*, London: Sage, 1992.

Schlesinger, P., "Europeanisation and the Media: National Identity and the Public Sphere", ARENA Working Paper, No.7/95, 1995.

Schneider, V. and Werle, R., "International Regime or Corporate Actor? The European Community in Telecommunications Policy", in Dyson, K. and Humphreys, P.(eds.), *The Political Economy of Communications*, London: Routledge, 1990.

Schnöring, T., "European Telecommunications R&D Systems in Transition", in Steinfield, C., Bauer, J. and Caby, L.(eds.), *Telecommunications in Transition: Policies, Services and*

Technologies in the European Community, London: Sage, 1994.

Schoof, H. and Brown, A., "Information Highways and Media Policies in the European Union", *Telecommunications Policy*, 19:4, 1995.

Schwartz, H., *States versus Markets: History, Geography, and the Development of the International Political Economy*, New York: St. Martin Press, 1994.

Sennet, R., *The Fall of Public Man*, Boston: Faber and Faber, 1977.

Sharkey, W., *The Theory of Natural Monopoly*, Cambridge: Cambridge University Press, 1982.

Sharp, M., "The Community and New Technologies", in Lodge, J.(ed.), *The European Community and the Challenge of the Future*, London: Pinter Publishers, 1989.

__________, "Technology and the Dynamics of Integration", in Wallace, W.(ed.), *The Dynamics of European Integration*, London: Pinter Publishers, 1990a.

__________, "The Single European Market and European Policies for Advanced Technologies", in Crouch, C. and Marquand, D.(eds.), *The Politics of 1992*, London: Basil Blackwell, 1990b.

Sharp, Margaret and Pavitt, K., "Technology Policy in the 1990s: Old Trends and New Realities, *Journal of Common Market Studies*, 31:2, 1993.

Sharp, M. and Sherman, C., *European Technological Collaboration*, New York: Routledge & Kegan Paul, 1987.

Shaw, M., "Civil Society and Global Politics: Beyond a Social Movement Approach", *Millennium*, 23:3, 1994.

Shearman, C., "European Collaboration in Computing and Telecommunications: A Policy Approach", *West European Politics*, 9:4, 1986.

Siedentopf, H. and Ziller, J.(eds.), *Making European Policies Work*, London: Sage, 1988.

Skidmore, D. and Hudson, V., "Establishing the Limits of State Autonomy: Contending Approaches to the Study of State-Society Relations and Foreign Policy-Making", in Skidmore, D. and Hudson, V.(eds.), *The Limits of State Autonomy: Societal Groups and Foreign Policy Formulation*(Boulder: Westview Press, 1993)

Sklar, H. (ed.), *Trilateralism*, Boston: South End Press, 1980.

___________, "Trilateralism: Managing Dependence and Democracy", in Sklar, H.(ed.), *Trilateralism* Boston: South End Press, 1980.

Sklar, H. and Everdell, R., "Who's Who on the Trilateral Commission", in Sklar, H.(ed.), *Trilateralism*, Boston: South End Press, 1980.

Skowronek, S., *Building a New American State: The Expansion of National Administrative Capacities 1877-1920*, Cambridge: Cambridge University Press, 1982.

Sloot, T. and Verscuren, P., "Decision-making Speed in the European Community", *Journal of Common Market Studies*, 29:1, 1990.

Smith, Adam, *An Inquiry into the Nature and Causes of the Wealth of Nation*, Oxford: Claredon Press, 1976. 김수행 역, 『국부론』, 서울: 동아출판사, 1992.

Smith, Anthony, "National Identity and the idea of European Unity", *International Affairs*, 68:1, 1992.

Smith, M., "The Agricultural Policy Community: Maintaining a Closed Relationship", in Marsh, D. and Rhodes, R.(eds.) *Policy Networks in British Government*, Oxford: Claredon Press, 1992.

Smith, P. H.(ed.), *The Challenge of Integration*, New Brunswick: Transaction Publishers, 1993.

___________, "The Politics of Integration: Concepts and Themes", in Smith, P. H.(ed.), *The Challenge of Integration*, New Brunswick: Transaction Publishers, 1993.

Smith, S., Booth, K. and Zalewski, M., *International Theory: Positivism*

600

and Beyond, Cambridge: Cambridge University Press, 1996.

Snape, R., "Discrimination, Regionalism, and GATT", in Ito, T. and Krueger, A.(eds.), *Trade and Protectionism*, Chicago: The University of Chicago Press, 1993.

Solomon, J., "The EEC Green Paper: A Faltering Step in the Right Direction", *Telecommunications Policy*, 11, 1987.

Spruyt, H., "Institutional Selection in International Relations: State Anarchy as Order", *International Organization*, 48:4, 1994.

Stehmann, O. and Borthwick, R., "Infrastructure Competition and the European Union's Telecommunications Policy", *Telecommunications Policy*, 18:8, 1994.

Stehmann, O., *Network Competition for European Telecommunications*, Oxford: Oxford University Press, 1995.

Steiner, H., "Territorial Justice", in Gummett, P.(ed.), *Globalization and Public Policy*, Cheltenham: Edward Elgar.

Steinfield, C., Bauer, J. and Caby L.(eds.), *Telecommunications in Transition: Policies, Services and Technologies in the European Community*, London: Sage, 1994.

Stigler, G., "The Theory of Economic Regulation", *Bell Journal of Economics and Management Science*, 2, 1971.

Stohr, W.(ed.), *Global Challenge and Local Response*, New York: The United Nations University, 1990.

Strange, S., *States and Markets: An Introduction to International Political Economy*, London: Pinter Publishers, 1988.

__________, "An Eclectic Approach", in Murphy, C. and Tooze, R.(eds.), *The New International Political Economy*, Boulder: Lynne Reinner Publishers, 1991.

Streeck, W., *Social Institutions and Economic Performance*, London: Sage Publications, 1992.

__________, "German Capitalism", MPIFG Discussion Paper 95/5, 1995a.

__________, "From Market Making to State Building? Reflections on the Political Economy of European Social Policy", in Leifried, S. and Pierson, P.(eds.), *European Social Policy: Between Fragmentation and Integration*, Washington D.C.: The Brookings Institution, 1995.

__________, "Public Power Beyond the Nation-State? The Case of the European Community", in Boyer, R. & Drache, D.(eds.), *The Future of Nations and the Limits of Markets*, London: Routledge, 1996.

Streeck, W. and Schmitter, P., "From National Corporatism to Transnational Pluralism: Organized Interests in the Single European Market", *Politics and Society*, 19:2, 1991.

Street, J., *Politics and Technology*, London: Macmillan, 1992.

Sun, J. and Pelkmans, J., "Regulatory Competition in the Single Market", Journal *of Common Market Studies*, 33:1, 1995.

Swann, D., *Competition and Industrial Policy in the European Community*, London: Methuen's EEC series, 1983.

__________, *The Economics of the Common Market: Integration in the European Union*, London: Penguin Books, 1995.

Tarrow, S., "The Europeanization of Conflict: Reflections from a Social Movement Perspective", *West European Politics*, 18:2, 1995.

Taylor, P., "Intergovernmentalism in the European Communities in the 1970s: Patterns and Perspectives", *International Organization*, 36:4, 1982.

__________, "The European Community and the State", *Review of International Studies*, 17:2, 1982.

__________, *International Organization in the Modern World: The Regional and the Global Process*, London: Pinter, 1993.

Temple, S., *ETSI: A Revolution in European Telecommunications Standards Making*, Hull: Kingston Public Relations, 1991.

Thatcher, M., "Regulatory Reform and Internationalization in Telecommunications", in Haywood, J.(ed.), *Industrial Enterprise and European Integration*, Oxford: Oxford University Press.

Tilly, C., *Coercion, Capital, and European States: AD 990-1992*, London: Basil Blackwell, 1992.

Thompson, G., *The Political Economy of the New Right*, London: Pinter, 1990.

Traxler, F. and Schmitter, P., "The Emerging Euro-Polity and Organized Interests", *European Journal of International Relations*, 1:2, 1995.

Tsebelis, G., "The Power of the European Parliament as a Conditional Agenda Setter", *American Political Science Review*, 88:1, 1994.

Tsoukalis, *The New European Economy*, Oxford: Oxford University Press, 1993.

Transholm-Mikkelsen, J., "Neo-Functionalism: Obstinate or Obsolete? A Reappraisal in the Light of the New Dynamism of the EC", *Millennium*, 20:1, 1991.

Tucker, J., "Partners and Rivals: A Model of International Collaboration in Advanced Technology", *International Organization*, 45:1, 1991.

UNICE, *Position Papers*, Brussels: Press Media, 1991.

Ungerer, H., "Comments on Telecommunications Reform in the European Community", in Majone, G.(ed.), *Deregulation or Re-regulation*, London: Pinter Publishers, 1990.

Ungerer, H. and Costello, N., *Telecommunications in Europe*, Luxembourg: Offices for publications of the Commission of the European Communities, 1990.

Urry, J., "Social Relations, Space and Time", in Gregory, D. and Urry, J. (eds), Social *Relations and Spatial Structures*, London: Macmillan, 1985.

Urwin, D., *The Community of Europe: A History of European Integration since 1945* Harlow: Longman, 1991.

van Apeldoorn, B., "The Political Economy of Capitalism versus Capitalism and the Struggle for the Future Socio-Economic Order of the European Union: A Transnational Perspective", European University Institute, Robert Schuman Center, 1995.

van der Pijl, K., "Class Formation at the International Level", *Capital & Class*, 9, 1979.

_______________, "Ruling Classes, Hegemony, and the State System", *International Journal of Political Economy*, 19:3, 1989.

_______________, "The History of Class Struggle: From Original Accumulation to Neoliberalism", *Monthly Review*, 49, 1997.

van Schendelen, M.(ed.), *National Public and Private EC Lobbying*, Aldershot: Dartmouth Publishing Company, 1993.

van Tulder, R. and Junne, G., *European Multinationals in Core Technologies*, Chichester: John Wiley & Sons, 1988.

Vickers, J. and Yarrow, G., *Privatization: An Economic Analysis*, Cambridge: The MIT Press, 1988.

Walker, R. B. J., "Security, Sovereignty, and the Challenge of World Politics", *Alternatives*, 15:3, 1990.

_______________, *Inside/Outside: International Relations as Political Theory*, Cambridge: Cambridge University Press, 1993.

_______________, "International Relations and the Concept of the Political." in Booth, K. and Smith, S.(eds.), *International Relations Theory Today*, Cambridge: Polity, 1995.

Wallace, W., "Less than a Federation, More than a Regime: The Community as a Political System", in Wallace, H., Wallace, W. and Webb, C.(eds.), *Policy-Making in the European Community*, Chichester: John Wiley & Sons, 1983.

_______________, *The Transformation of Western Europe*, London:

Pinter Publishers, 1990.

__________, "Rescue or Retreat? The Nation State in Western Europe, 1945-1993", *Political Studies* XLII, 1994a.

__________, *Regional Integration: The West European Experience*, Washington D.C.: The Brookings Institution, 1994b.

__________, "Regionalism in Europe: Model or Exception?" in Fawcett, L. and Hurrel, A.(eds), *Regionalism in World Politics*, Oxford: Oxford University Press, 1995.

Wallerstein, I., *The Politics of the World-Economy*, Cambridge: Cambridge University Press, 1984.

__________, "The Collapse of Liberalism", Miliband, R. and Panitch, L.(eds.), *Socialist Register 1992*, London: The Merlin Press, 1992.

Waltz, K., *Man, the State and War*, New York: Columbia University Press, 1959.

__________, *Theory of International Politics*, Reading, Mass: Addison-Wesley, 1979.

__________, "Reflections on *Theory of International Politics*: A Response to My Critics", in Keohane, R.(ed.), *Neorealism and Its Critics*, New York: Columbia University Press, 1986.

Waters, M., *Globalization*, London: Routledge, 1995.

Weber, M., *From Max Weber: Essays in Sociology*, translated, edited, and with an Introduction by Gerth, H. H. and Mills, C. W., New York: A Galaxy Book, 1958.

Webster, F., *Theories of the Information Society*, London: Routledge, 1995.

Weiler, J., "The Transformation of Europe", *Yale Law Journal*, 100:8, 1991.

__________, "A Quiet Revolution: The European Court of Justice and Its Interlocutors", *Comparative Political Studies*, 26:4, 1994.

Weintraub, J., "The Theory and Politics of the Public/Private Distinction", in Weintraub, J. and Kumar, K.(eds.), *Public and Private in Thought and Practice*, Chicago: The University of Chicago Press, 1997.

Weiss, E., "Les Utilisateur Internationaux", *Le Communicateur*, N° Spécial, Février, 1988.

Weiss, L., "Globalization and the Myth of the Powerless State", *New Left Review*, 225, 1997.

Wendt, A., "The Agent-Structure Problem in International Relations Theory", *International Organization*, 41:3, 1987.

__________, "Anarchy is what States make of it: The Social Construction of Power Politics", *International Organization*, 46:2, 1992.

__________, "Collective Identity Formation and the International State", *American Political Science Review*, 88:2, 1994.

Wessels, W., "The Modern West European State and the European Union: Democratic Erosion or a New Kind of Polity", in Andersen, S. and Eliassen, K.(eds.), *The European Union: How Democratic Is It*, London: Sage, 1996.

Westlake, M., *The Commission and the Parliament: Partners and Rivals in European Policy-making*, Harlow: Longman, 1993.

__________, *A Modern Guide to the European Parliament*, London: Pinter Publishers, 1994.

__________, *The Council of the European Union*, London: Cartermill, 1995.

Wieland, B., "Telecommunications in the Netherlands", in Foreman-Peck, J. and Müller, J.(eds.), *European Telecommunications Organisations*, Baden-Baden: Nomos, 1988.

Wight, M., *Power Politics*, Leicester: Leicester University Press, 1978.

Wilke, M. and Wallace, H., "Subsidiarity: Approaches to Power Sharing

606

    in the European Community", RIIA Discussion Papers 27, London: Royal Institute of International Affairs, 1990.

Wilkie, T., *British Science and Politics since 1945*, Oxford: Blackwell, 1991.

Williams, R., *European Technology: The Politics of Collaboration*, London: Croom Helm, 1973.

——————, "The European Community's Technology Policy as an Engine for Integration", *Government & Opposition*, 24:2, 1989.

Williams, S., "Sovereignty and Account ability in the European Community", The Political Quarterly, 61:3, 1990.

Williamson, O., *Markets and Hierarchies*, London: Macmillan, 1975.

Wilson, K. and van der Dussen, J.(eds.), *The History of the Ideas of Europe*, London: Routledge, 1995.

Wincot T. D., "Institutional Interaction and European Integration: Towards an Everyday Critique of Liberal Intergovernmentalism", *Journal of Common Market Studies*, 33:4, 1995.

Wolin, S., *The Presence of the Past: Essays on the State and the Constitution*, Batimore: The Johns Hopkins University Press, 1989.151-79.

Wood, E., "The History of Market", *Monthly Review*, July-August, 1994.

——————, *Democracy against Capitalism*, Cambridge: Cambridge University Press, 1995.

——————, "Modernity, Postmodernity, or Capitalism." *Monthly Review*, July-August, 1996.

Woodrow, R. and Sauvé, P., "Trade in Telecommunications Services: The European Community and the Uruguay Round Services Trade Negotiations", in Steinfield, J., Bauer, J. and Caby, L.(eds.), *Telecommunications in Transition: Policies, Services and Technologies in the European Community*, London: Sage, 1994.

Woods, N., "Economic Ideas and International Relations: Beyond Rational Neglect", *International Studies Quarterly* 39:2, 1995.

Wright, E., "Models of Historical Trajectory: An Assessment of Giddens's Critique of Marxism", in Held, D. and Thompson, J. (eds.), Social *Theory of Modern Societies: Anthony Giddens and His Critics*, Cambridge: Cambridge University Press, 1989.

Wright, V.(ed.), *Les Privatisations en Europe*, Paris: Acts Sud, 1993.

Wyatt-Walter, A., "Globalization, Corporate Identity and European Technology Policy", *Journal of European Public Policy*, 2:3, 1995.

Young, O., "Political Leadership and Regime Formation", *International Organization*, 45, 1991.

Young, S., "The Nature of Privatisation in Britain", *West European Politics*, 9:2, 1986.

Zacher, M. and Sutton, B., *Governing Global Networks: International Regimes for Transportation and Communications*, Cambridge: Cambridge University Press, 1996.

Zysman, J., *Governments, Market, and Growth*, Ithaca: Cornell University Press, 1983.

Zysman, J. and Borous, M., "From Failure to Fortune? European Electronics in a Changing World Economy." *The ANNALS*, 531 January: 141-167, 1994.

Agence Europe.

Analysys.

EP News.

European Voice.

Financial Times.

I&T Magazine.

Le Monde.

608

The Ecologist.

The Economist.

http://www.ceu.lu/EUROPA

http://www.ispo.cec.be/

http://www.cordis.lu/CORDIS

http://www.echo.lu/I'M Europe

http://www.eurunion.org

http://www.fco.gov.uk/British Foreign Office home page.

http://www.fco.gov.uk/europe/igc/index.html

구영록, "Two Patterns of Working 'Bureaucracy': Supranationalism v. Intergovernmentalism", 『外交』, 1970년 6월.

______, 『인간과 전쟁』, 서울: 법문사, 1989.

______, "국제관계", 『정치학대사전』, 서울: 박영사, 1992.

______, "국가이익과 한국의 외교정책", 『국제정치논총』, 34:1, 1992.

______, "대외정치의 핵심개념으로서의 국가이익", 『한국과 국제정치』, 10:3, 1994.

______, 『한국의 국가이익: 외교정치의 현실과 이상』, 서울: 법문사, 1995.

______, "국가중심주의와 평화체제", 『국제정치논총』, 37:1, 1997.

권오승, 『EC 경쟁법』, 서울: 법문사, 1992.

김세균, "유럽공동체 시장통합의 정치경제학", 『지역연구』, 1:1, 1992.

______, "신자유주의 정치이론의 연구경향과 문제점", 『이론』, 15, 1996.

김세원, 『EC의 경제·시장통합』, 서울: 한국경제신문사, 1990.

김진균·홍성태, 『군신과 현대사회: 현대 군사화의 논리와 군수산업에 관한 연구』, 서울: 문화과학사, 1996.

박병규, "범세계화인가, 지역주의인가", 『동향과 전망 봄-여름』, 1993.

박복영, "1980년대 이후 자본의 국제화와 국제적 경제조절", 『국제화와 한

국사회』, 서울: 나남, 1995.

박찬욱·구갑우·김영순, "유럽공동체의 정책결정과정에서 국민국가와 초국가적 제도간의 상호작용에 관한 연구", 『지역연구』, 3:2, 1994.

박태호, "서비스교역", 대외경제정책연구원, 『UR 총점검: 분야별 평가와 우리의 대응』, 1992.

신욱희, "분석수준과 분석단위에 관한 새로운 논의", 김달중·박상섭·황병무 편, 『국제정치학의 새로운 영역과 쟁점』 서울: 나남출판, 1995.

안청시, "ASEAN 기구의 설립과 발전", 『동남아와 ASEAN』, 서울: 서울대학교 출판부, 1981.

______, "아시아의 민족주의와 지역협력의 정치경제", 『동남아정치론』, 서울: 법문사, 1983.

윤현수, 『EC 1992』, 서울: 을지서적, 1991.

______, 『유럽통합사전』, 서울: 삼연기획, 1993.

이상헌, "경제학과 신자유주의", 『이론』, 15, 1996.

이정복, "미일간의 무역마찰: 이론적 배경", 『일본연구논총』, 8, 서울: 현대일본연구회, 1993.

자유주의경제학연구회, 『시카고학파의 경제학』, 서울: 민음사, 1994.

장달중, "탈냉전 후의 동북아 국제정세와 한반도 안보", 『안보학술논집』, 4, 1993.

______, "기업과 정치", 『전환기 한국정치학의 새지평』, 서울: 나남, 1994.

장훈, "영국 보수당에서의 신보수주의 등장의 정치과정", 『한국과 국제정치』, 9권 1호, 1993.

장회익, 『과학과 메타과학』, 서울: 지식산업사, 1990.

조형제, "유럽통합과 산업구조조정정책: 정보통신 분야의 '유럽 요쇄'는 가능한가?" 고려대학교 EU연구센터 제2회 학술세미나 발표 논문, 1995.

______, "세계 정보통신질서의 변화와 한국의 선택", 조형제 외, 『정보고속도로와 정보기술산업: 미국의 질주와 동아시아의 추격』, 서울: 서울대학교 출판부, 1996.

최병선, 『정부규제론: 규제와 규제완화의 정치경제』, 서울: 법문사, 1993.
______, "EC 통상정책의 결정체계 및 특성", 『지역연구』, 1:1, 1992.
함택영, "국가와 국가이익", 『국가와 전쟁을 넘어서』, 서울: 법문사, 1994.
조선일보.
한겨레신문.
문화일보.

부 표

〈A. 1-1〉 ECU의 연평균 환율

	1985	1986	1987	1988	1989	1990	1991	1992	1993	1994	1995
B/LFR	44.9137	43.7979	43.0410	43.4285	43.3806	42.4257	42.2233	41.5932	40.4713	39.6565	38.5519
DKR	8.01877	7.93565	7.88472	7.95152	8.04929	7.85652	7.90859	7.80925	7.59359	7.54328	7.32804
DM	2.22632	2.12819	2.07153	2.07440	2.07015	2.05209	2.05076	2.02031	1.93639	1.92452	1.87375
DR	105.739	137.425	156.268	167.576	178.840	201.412	225.216	247.026	268.568	288.025	302.989
PTA	129.135	137.456	142.165	137.601	130.406	129.411	128.469	132.526	149.124	158.918	163.000
FF	6.79503	6.79976	6.92910	7.03644	7.02387	6.91412	6.97332	6.84839	6.63368	6.58261	6.52506
IRL	0.71517	0.73353	0.77545	0.77567	0.77682	0.76777	0.76781	0.76072	0.79995	0.79362	0.81553
LIT	1447.99	1461.88	1494.91	1537.33	1510.47	1521.98	1533.24	1595.51	1841.23	1915.06	2130.14
HFL	2.51101	2.40090	2.33418	2.33479	2.33526	2.31212	2.31098	2.27482	2.17521	2.15827	2.09891
OS	15.6428	14.9643	14.5710	14.5861	14.5695	14.4339	14.4309	14.2169	13.6238	13.5395	13.1824
ESC	130.252	147.088	162.616	170.059	173.413	181.109	178.614	174.714	188.370	196.896	196.105
FMK	4.69423	4.97974	5.06517	4.94362	4.72301	4.85496	5.00211	5.80703	6.69628	6.19077	5.70855
SKR	6.52133	6.99567	7.31001	7.24192	7.09939	7.52051	7.47926	7.53295	9.12151	9.16307	9.33192
UKL	0.58898	0.67154	0.70457	0.66443	0.67330	0.71385	0.70101	0.73765	0.77999	0.77590	0.82879
USD	0.76309	0.98417	1.15444	1.18248	1.10175	1.27343	1.23916	1.29810	1.17100	1.18952	1.30801
YEN	180.559	164.997	166.598	151.459	151.938	183.660	166.493	164.223	130.147	121.332	123.012

B/LFR: 벨기에/룩셈부르크 프랑: DKR: 덴마크 크로네: DM: 독일 마르크: DR: 그리스 드라츠마: PTA: 스페인 페스타: FF: 프랑스 프랑: IRL: 아일랜드 파운드: LIT: 이탈리아 리라: HFL: 네덜란드 길더: OS: 오스트리아 실링: ESC: 포르투갈 에스쿠도: FMK: 핀란드 마르크: SKR: 스웨덴 크로네: UKL: 영국 파운드 스털링: USD: 미국 달러: YEN: 일본 엔

자료: ECSC-EC-EAEC, *Eurostat(Ecustat)* (Brussels: CEC, 1996), p.62.

· 저자 ·

구 갑 우   · 약 력 ·
      서울대학교 경제학과 졸업
      서울대학교 대학원 정치학과 석사
      영국 쉐필드대학 정치학과 대학원 수학
      서울대학교 대학원 정치학과 박사

      현재 북한대학원대학교 교수

      · 주요논저 ·
      「지역통합 이론의 재검토: 국가중심주의와 탈국가중심주의」
      「국제정치경제(학)와 비판이론: 존재론과 인식론을 중심으로」
      「남북한 관계에 대한 메타이론적 접근」
      「The System of Division on the Korean Peninsula and Building
       a 'Peace State」
      「동아시아지역 국제경제기구의 형성 및 제도화」(공저)
      「한반도 평화체제 수립과 동아시아 다자간 안보협력에 관한 연구」(공저)
      외 다수

유럽통합의 정치와 신자유주의적 통신정책
: 1980년대와 1990년대를 중심으로

· 초판 인쇄	2007년 3월 15일
· 초판 발행	2007년 3월 15일
· 지 은 이	구갑우
· 펴 낸 이	채종준
· 펴 낸 곳	한국학술정보㈜
	경기도 파주시 교하읍 문발리 526-2
	파주출판문화정보산업단지
	전화 031) 908-3181(대표) · 팩스 031) 908-3189
	홈페이지 http://www.kstudy.com
	e-mail(출판사업부) publish@kstudy.com
· 등 록	제일산-115호(2000. 6. 19)
· 가 격	36,000원

ISBN   978-89-534-6467-4 93340 (Paper Book)
       978-89-534-6468-1 98340 (e-Book)